W0238993

GUINNESS WORLD RECORDS™ 2002

www.guinnessworldrecords.com

Einleitung

Willkommen bei *GUINNESS WORLD RECORDS/GUINNESS BUCH DER REKORDE 2002!*

Auch diese Ausgabe enthält wieder viele erstaunliche, neue Rekorde und Rekordkategorien, wie z. B. Colin Winkelmanns tollkühner Motor-unterstützter Rampensprung mit einem BMX-Rad (▶ Seite 220), Mikael Bigerssons großartiger Kraftakt beim Zerschlagen von Betonblöcken (▶ Seite 238), der fantastische Laufrekord von American Football-Star Corey Dillon (▶ Seite 198), Madonnas weltweit größte Live-Performance (▶ Seite 168) und natürlich die sensationellen Rekorde aus unserer TV-Show GUINNESS – Die Show der Rekorde (▶ Seite 4-7).

Mit diesem Buch präsentieren wir nicht nur brandneue Rekorde und Höchstleistungen: Die Ausgabe 2002 ist so interaktiv und multimedial wie nie zuvor. Das Symbol verweist direkt auf Internet Foren, in denen sich die Record-Community weltweit austauscht.

Außerdem gibt es erstmalig lustige Icons und tolle Klingeltöne zum Herunterladen aufs Handy. Das Symbol steht für Icons, das Symbol ♬ für Klingeltöne. Wie dies genau funktioniert, zeigen wir auf Seite 8.

Im Uhrzeigersinn von oben nach unten:
Die teuerste Toilette der Welt; Meiste Strass-Steine auf einem Körper, Tina-Marie Stoker; Jüngster Solo-Rapper, Lil Bow Wow

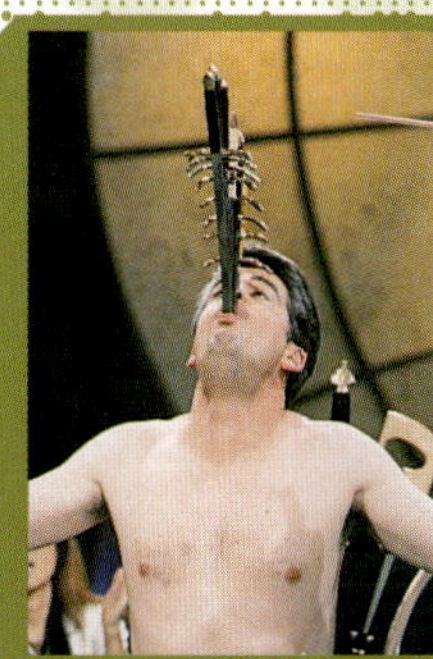

Wer sich näher für einen Rekord oder ein bestimmtes Thema interessiert, kann jetzt im Internet dank der neuartigen ACCESS CODES und THEMEN URLs schnell und bequem zu den gewünschten Informationen gelangen und weltweit mit anderen Rekord-Fans über die jeweiligen Themen- und Fachgebiete diskutieren – vielleicht auch mit dem Rekordhalter persönlich!

Die neue Vorgehensweise, um GUINNESS-Weltrekordhalter zu werden, steht auf Seite 258.

Die Zusammenstellung dieser Ausgabe hat uns viel Freude bereitet und war ein besonderes Erlebnis. Wir möchten allen Rekord-Teilnehmern danken und wünschen viel Spaß mit GUINNESS WORLD RECORDS / GUINNESS BUCH DER REKORDE 2002!

Im Uhrzeigersinn von oben nach unten:
Ski-Sprung über Schneepflüge, Candide Tovex; Jüngster NBA-Spieler, Kobe Bryant; Schwertschlucker, Brad Byers; Bogenschießen mit den Füßen, Hang Thu Thi Ngyuen; Meisttätowierter Mann, Tom Leppard; Schlangenmenschen Daniel, Bonnie und Leslie in GUINNESS – Die Show der Rekorde; Die meisten Siege im Europacup, Real Madrid (Abb.: Luis Figo); Larry und Danny Ramos Gomez von der behaartesten Familie der Welt; Meiste Sprünge eines Hundes, Olive Oyl

GUINNESS WORLD RECORDS™

Guinness – die Show der Rekorde

LIEBE LESERIN, LIEBER LESER,

„GUINNESS – Die Show der Rekorde", die große ARD-Familienshow, geht ins vierte Jahr. Viele haben zum Erfolg dieser Sendung beigetragen, in erster Linie aber meine zahlreichen Kandidaten, die Rekordhalter und die Herausforderer. Sie sind die Stars der Sendung.

„Olympia für Jedermann", das ist und bleibt die Idee unserer Show. Alle haben nur ein Ziel: Den Eintrag ins GUINNESS WORLD RECORDS/ GUINNESS BUCH DER REKORDE. Dieser Eintrag ist es, der bei unseren Kandidaten alles in Bewegung setzt. Stellvertretend für die vielen anderen tollen Leistungen möchte ich vier Rekorde hervorheben, die bei mir einen bleibenden Eindruck hinterlassen haben. Denn alle vier Rekorde zeigen, wie aus einer originellen Idee ein fesselnder Rekordversuch oder Wettkampf werden kann. Nennen wir sie

„MEINE LIEBLINGSREKORDE":

Gelenkige Athleten

Auf eine solche Idee muss man erst einmal kommen! Man nehme eine handelsübliche Bierbank und umklettere diese in 90 Sekunden so oft wie möglich. Keine Chance für mich, das auch nur einmal zu schaffen, ohne mit der Bank umzufallen. Aber meine Kandidaten trainierten wie die Verrückten, entwickelten ästhetisch beeindruckende Klettertechniken und übertrafen den alten Rekord von 13 Umrundungen souverän. Unglaublich, aber der Sieger Sebastian Hauser wickelte sich insgesamt 17-mal um die wackelige Bierbank, ohne einmal den Boden berührt zu haben.

Schnelle Schwestern

Ein absoluter Renner war der Rekordversuch der „Barmherzigen Schwestern vom Heiligen Vinzenz von Paul". Die sympathischen Damen hatten sich – ganz weltlich – die Aufgabe gestellt, 1.000 Brote so schnell wie möglich mit Frischkäse zu bestreichen. Angepeilte Zeit: 5 Minuten. Sie schafften es in 5 Minuten 6 Sekunden und eroberten damit die Herzen der Zuschauer. Die „heilige Speisung" diente einem guten Zweck, denn die Schwestern wollten Aufmerksamkeit erregen für ihr Hilfsprojekt in Tansania. Das ist ihnen auf fabelhafte Weise gelungen.

Erstaunliches Gedächtnis

Der sechsfache Gedächtnisweltmeister Dominic O'Brien begeisterte das Publikum und mich mit einem neuen GUINNESS-Rekord. Der Brite merkte sich die Reihenfolge von zwei Rommee-Spielen, insgesamt 104 Spielkarten. Was mich besonders verblüffte: Er memorierte die beiden Spiele parallel und gab sie nacheinander wieder.

Schon mehrfach haben mir die Kandidaten ihre Memoriertechnik erklärt. Ich gestehe, dass ich selbst mit Kenntnis der Technik nicht in der Lage wäre, mir auch nur ein Dutzend Karten zu merken.

Die vielen tollen Leistungen haben bewiesen, dass jeder mit Engagement, Ausdauer und Hingabe zu Außergewöhnlichem fähig ist. Mit Kraft, Köpfchen oder Geschicklichkeit kann man den Sprung ins GUINNESS WORLD RECORDS/ GUINNESS BUCH DER REKORDE schaffen. Ich freue mich auf viele neue, verrückte Ideen und spannende Wettkämpfe in den kommenden Folgen unserer Show, wenn die Kandidaten das Publikum wieder mit erstaunlichen Rekordversuchen faszinieren.

HOLT EUCH DEN REKORD!

Herzlichst, Ihr

www.guinness-show.de/rekorde/pfannenbiegen.html

Starke Männer

Vor mir standen vier muskelbepackte Giganten, bereit, alles zu geben beim kraftraubenden Duell im Pfannenbiegen. Sogar mich trugen sie mühelos auf Händen. Mit bloßen Händen rollten die Kandidaten eine Alupfanne zusammen, leicht wie eine Zeitung. Der Beste, Ralf Ber aus Österreich, kam dabei auf einen Durchmesser von 23,5 Zentimetern.

GUINNESS ←

AKTUELLES ZUR SHOW

Neueste Informationen zu Rekordhaltern, Stargästen und Musikacts gibt's online unter www.guinness-show.de. Außerdem finden Sie dort das GUINNESS-Quiz, die Rekordbörse und unser TV-Rekordarchiv.

www.guinness-show.de/next.html

GROSSE SPRÜNGE

Yoann Michelli (F) ist unumstrittener Meister in der GUINNESS-Disziplin „Froschsprung". Beim „Froschsprung" umfasst der Athlet mit den Händen seine großen Zehen und darf diese erst nach der Landung wieder loslassen. Der 13-jährige Franzose sprang in der Show vom 2. September 2000 sensationelle 76 cm weit.

www.guinness-show.de/rekorde/froschsprung.html

KRAFT UND SAFT

SCHNELLSTER HOLZFÄLLER

Werner Brohammer (D) aus dem Schwarzwald bewältigte in der Show vom 2. September 2000 die Disziplinen des Holzfällertriathlons – Schnellsägen, Blockspalten und Zielfällen – in nur 1 Minute 57 Sekunden.

UNTER-WASSER-FAHRRAD

Im Wortsinn atemlose Spannung herrschte in den „GUINNESS-Charts" vom 15. September 2001: Benjamin Franz (D) aus der Oberpfalz legte in 2 Minuten 3 Sekunden auf einem Hometrainer 636 Meter zurück. Und das Ganze mit angehaltenem Atem in einem riesigen Wassertank!

GRÖSSTE HOCHSEIL-PYRAMIDE

Die Artistenfamilie „Flying Wallendas" aus Sarasota (USA) errichteten in der Show vom 31. März 2001 die erste 8-Personen-Pyramide der Welt auf dem Hochseil – und das Ganze in 25 Fuß Höhe und ohne Sicherung und Netz.

MEISTE RECKFUSSBALL-TORE

Die ungewöhnlichste Verbindung zweier Sportarten seit es GUINNESS gibt: Reckfußball. Beim Reckfußball versucht ein Turner mit Riesenfelgen möglichst viele Tore zu erzielen. In der Show vom 27. Januar 2001 stellte das Team Cottbus mit Markus Papiernik (D) an der Stange einen neuen Rekord auf: 22 Treffer in 90 Sekunden!

MEISTE GRÄTSCHEN

Für Ernest Louvilov (RUS) eröffnete GUINNESS London sogar eine neue Kategorie: Der russische Startänzer überzeugte in der Show vom 31. März 2001 Publikum und Jury mit einer langen Folge von Grätschsprüngen. 19 Stück dieser ausgesprochen schwierigen tänzerischen Figur schaffte Louvilov – eine sowohl ästhetische als auch athletische Glanzleistung.

PFANNENBIEGEN

Europa gegen Amerika – unter diesem Motto stand in der Show vom 27. Januar 2001 das kraftraubende Duell im Pfannenbiegen. Ziel dieser GUINNESS-Disziplin ist es, innerhalb von 30 Sekunden eine Bratpfanne möglichst kompakt zusammenzubiegen. Josi Durrer aus der Schweiz, Ralf Ber aus Österreich und Heinz Ollesch aus Deutschland waren angetreten, dem Amerikaner Craig Pumphrey den Titel zu entreißen. Doch so sehr sich die drei Europäer auch mühten, die Rekordmarke von 23,5 cm konnten sie nicht übertreffen. Ralf Ber gelang es immerhin, den Rekord einzustellen – ein großer Erfolg für den Vertreter der Alpenrepublik.

BIERBANK-BOULDERN

Selbst seine ästhetisch beeindruckenden Felgaufschwünge nutzten Rasmus Zschunke (D) in der Show vom 31. März 2001 nichts: Zwar übertraf der gelernte Turner mit 13 Umrundungen den bis dahin geltenden Rekord im Bierbank-Bouldern, doch Sebastian Hauser (D), der Erfinder dieser GUINNESS-Disziplin, konterte souverän: Insgesamt 17-mal wickelte sich der Student um die wackelige Bierbank, ohne dass diese umfiel oder er den Boden berührte.

www.guinness-show.de/rekorde/schlangenmenschen.html

SCHLANGEN-MENSCHEN

Platz ist in der kleinsten Hütte: Mit einem Rekordversuch auf engstem Raum begeisterten die drei amerikanischen Schlangenmenschen Daniel, Bonnie und Leslie in der Show vom 27. Januar 2001. Sage und schreibe 2 Minuten 35 Sekunden hielten es die Kontorsionisten in einem Plexiglaswürfel mit den Maßen 65 x 65 x 60 cm aus.

GUINNESS
DIE SHOW DER REKORDE

Guinness – die Show der Rekorde

MIT GEDULD UND SPUCKE

GENAUESTER TRINKER

Patrick Göb (D) aus Würzburg (D) verbesserte in der Show am 2. September 2000 seinen eigenen Rekord im Grammtrinken: Bei fünf Versuchen, eine durch Zufall vorgegebene Menge so exakt wie möglich abzutrinken, „verschluckte" er sich insgesamt nur um 3 g.

SCHÄRFSTE TREPPE

Jean Yves Mulot (F) stieg in der Show vom 4. November 2000 im Zirkus Roncalli eine Treppe hinauf, deren Stufen aus jeweils vier rasiermesserscharfen Klingen bestanden. Insgesamt überwand der Franzose 20 Stufen und damit 80 Klingen – ein neuer spektakulärer GUINNESS-Rekord!

JONGLAGE IM RHÖNRAD

Das Rhönrad-Team des TSV Taunusstein (D) schaffte es in der Show vom 4. November 2000, zwölf gefüllte Sektgläser mit ihrem Sportgerät innerhalb von eineinhalb Minuten unfallfrei über einen bestimmten Parcours ins Ziel zu bringen.

HEADSPINS

Benny Kimoto (D) von der Breakdance-Truppe „Flying Steps" aus Berlin (D) schaffte in der Show vom 2. September 2000 sagenhafte 62 Headspins. Bei einem Headspin rotiert der Tänzer auf dem Kopf um seine eigene Achse und darf dabei weder mit den Armen noch mit den Beinen den Boden berühren.

www.guinness-show.de/rekorde/headspins.html

www.guinness-show.de/rekorde/baseballbruch.html

HAMMERHART

Schwerter zu Pflugscharen oder: Baseballschläger zu Kleinholz! Abrüstung auf seine ganz persönliche Art betrieb Kampfsport-As Markus Böck in der Show am 31. März 2001. Der Mann aus Datteln zertrümmerte in einer Minute 23 Baseballschläger mit dem bloßen Schienbein und übertraf damit seinen eigenen Rekord um 4 Schläger.

SUPERHIRNE

AMPELN MEMORIEREN

Wilfried Possin (D) aus Berlin (D) memorierte in der Show vom 2. September 2000 in einer Minute 29 Ampelschaltungen. Es galten die vier verkehrsüblichen Schaltungen, also: rot, gelb, grün sowie rot und gelb.

SPIELKARTEN MEMORIEREN

Der sechsfache Gedächtnisweltmeister Dominic O'Brien (GB) verblüffte das Publikum in der Show vom 27. Januar 2001 mit einem neuen GUINNESS-Rekord: Der Brite merkte sich die Reihenfolge von insgesamt 104 Spielkarten, also zwei komplette Kartenspiele. Das Besondere: Er memorierte die beiden Spiele parallel und gab sie nacheinander wieder.

TEMPO, TEMPO

EINRAD-SEILSPRINGEN

Dem in Kassel (D) lebenden Schweden Peter Rosendahl gelangen in der Show vom 2. September 2000 mit dem Einrad innerhalb von einer Minute 169 Seilsprünge.

SCHNELLSTE JEEP-MONTAGE

An die Schrauber, fertig, los: Ein 18 Mann starkes Team aus Gevenich (D) baute in der Show vom 27. Januar 2001 einen in seine Einzelteile zerlegten Original Willys Jeep in 1 Minute 16 Sekunden wieder zusammen.

SCHNELLSTER FLAMENCO

Die schnellste Flamenco-Tänzerin kommt aus Sevilla (E): In der Show vom 4. November 2000 tanzte Sandra Guerrero Toril (E) in 1 Minute 507 Flamenco-Schritte und holte sich damit den Rekord in dieser neuen GUINNESS-Disziplin.

SCHNELL-STULLEN-SCHMIERER

„Das läuft ja wie geschmiert": Bei ihrem Rekordversuch in der Show vom 31. März 2001 durften die „Barmherzigen Schwestern vom Heiligen Vinzenz von Paul" auf himmlischen Beistand hoffen. Sie wollten 1.000 Brote so schnell wie möglich mit Frischkäse bestreichen. Die angepeilte Zeit: 5 Minuten; sie schafften es in 5 Minuten 6 Sekunden. Natürlich war diese „Speisung der Eintausend" nicht bloßer Selbstzweck, denn die Schwestern konnten so ein Millionenpublikum auf ihr Hilfsprojekt in Tansania aufmerksam machen.

www.guinness-show.de/rekorde/kaesebrot.html

www.guinness-show.de/rekorde/farbmemo.html

IM FARBRAUSCH

Zwei Jungs im Farbenrausch: Moritz Ahlborn (D) und Florian Döllner (D) nahmen in der Show vom 31. März 2001 die Herausforderung an, sich innerhalb von 2 Minuten 30 Sekunden eine möglichst lange Reihenfolge aus den Farben rot, grün, blau und gelb zu merken. Am Ende hatte Florian Döllner (o.) denkbar knapp die Nase vorn. Er kam auf 40 korrekt wiedergegebene Farben, sein Konkurrent Moritz Ahlborn (u.) auf 39.

GUINNESS ←

MOTORRAD-ARTIST

Jürgen Huter (D) aus Kempten (D) ist GUINNESS-Rekordhalter im Trial-Sprung. In der Show vom 27. Januar 2001 benötigte der Allgäuer lediglich 12,6 Sekunden, um mit seinem Bike über einen Parcours von 21 Ölfässern zu springen.

MEISTE SCHIFFSCHAUKEL-ÜBERSCHLÄGE

Hochspannung beim Duell der Schiffschaukel-Könige: Mit einem sensationellen neuen Rekord von 49 Überschlägen in 2 Minuten 30 Sekunden zeigte Bernhard Kollmann (D) dem bisherigen Rekordhalter Jürgen Böhm (D) in der Show vom 31. März 2001, wie das Kind geschaukelt wird.

EIN DICKES DING

3,40 Meter hoch, 2,10 Meter breit – die größte Eistorte der Welt kommt aus dem Hause Eismann (D). Ein Eiskonditormeister und zwei Konditoren bauten bei -30 °C insgesamt sieben Tage lang an dieser Leckerei, die das Publikum in der Show vom 2. September 2000 begeisterte. 1.200 l Vollmilch, 155 l Sahne, 27 kg Kakao, 85 kg Schokolade und über 100 kg Erdbeeren sowie 15 kg Himbeeren wurden verarbeitet.

ZUSCHAUERREKORDE

MEISTE VERSCHIEDENE MILITÄRUNIFORMEN

Militär ganz friedlich: 36 Soldaten aus 16 verschiedenen Staaten versammelten sich am 17. Juni 2001 anlässlich des zehnjährigen Jubiläums der Berliner Bundeswehr-Reservisten auf der Trabrennbahn Mariendorf (D). Mehr verschiedene Uniformen zugleich konnten noch nie bewundert werden. Mit dabei waren Offiziere aus Frankreich, Belgien, Österreich, der Türkei, Deutschland, China, Bulgarien, Brasilien, Namibia, der Schweiz, Großbritannien, Kanada, Polen, Litauen, Rumänien und Kroatien.

GRÖSSTES GRUPPENFOTO

Die Schüler der John-F.-Kennedy-Schule in Berlin (D) versammelten sich zu einem Gruppenfoto, auf dem 1.507 Personen zu erkennen waren.

GRÖSSTE KUHGLOCKE

Georg Krenn (D) aus Miesbach (D) fertigte die größte Kuhglocke. Sie hat die Maße 2,25 m x 2,25 m x 1,6 m und ein Gewicht von 2.220 kg.

GRÖSSTE JEANS

Alfons Amrhein (D) ist Maßschneider. Was liegt da näher, als sich mit einem möglichst ausladendem Bekleidungsstück fürs GUINNESS BUCH DER REKORDE zu bewerben? So machte sich das tapfere Schneiderlein alsbald daran, ganze Stoffballen in seine Nähstube zu schleppen, um daraus die größte aller Jeanshosen zu nähen. Nach 50 Arbeitsstunden war das Kleidungsstück mit den gigantischen Ausmaßen endlich fertig gestellt: Seitenlänge 3,48 m, Schrittlänge 2,60 m, Fußweite 1,60 m, Bundweite 4,00 m, Gesäßweite 4,40 m.

GUINNESS
DIE SHOW DER REKORDE

Und so geht's...

In *GUINNESS WORLD RECORDS/GUINNESS BUCH DER REKORDE 2002* steckt jetzt noch mehr „Äktschn": Wir bieten hier zahlreiche Möglichkeiten, mehr über unsere sensationellen Rekorde zu erfahren. In der diesjährigen Ausgabe liefern wir zu den großartigen Spitzenleistungen eine Vielzahl von Zusatzinfos sowie interessante Möglichkeiten, sich über unsere brandneue Internet-Site mit den anderen Fans der GUINNESS-Rekorde auszutauschen. Unsere Symbole zeigen, welche Rekorde im Fernsehen zu sehen waren, wo es superschnelle Links zu den Rekorden gibt und wie eines dieser lustigen Icons beziehungsweise einer dieser tollen Kingeltöne direkt aufs Handy kommt.

www.guinnessworldrecords.com/unusualskills

Unglaubliche Fähigkeiten

MEISTE TISCH-DREHUNGEN MIT DEN FÜSSEN USA
Chester Cable (USA) drehte am 16. Oktober 1998 einen Tisch mit einer Länge von 3,53 m, einer Breite von 88,9 cm und einer Höhe von 69,21 cm insgesamt 17-mal nacheinander nur mit seinen Füßen um.

MEISTE MENSCHEN-DREHUNGEN MIT DEN FÜSSEN F
Am 26. Oktober 2000 drehte Ali Bandbaz (IR) seinen Bruder Massoud nur mit seinen Füßen zwölfmal nacheinander um volle 360°. Ali lag auf dem Rücken, und Massoud saß auf seinen Füßen – nach jeder Umdrehung war das Paar wieder in dieser Ausgangsstellung.

GRÖSSTE MIT DER NASE GEBLASENE KAUGUMMIBLASE USA
Joyce Samuels (USA) blies am 10. November 2000 mit der Nase eine Kaugummiblase mit einem Durchmesser von 27,94 cm.

GRÖSSTER DURCH DIE NASE AUFGEBLASENER BALLON USA
Ryan Barker (USA) blies am 10. November 2000 durch die Nase seiner Frau Marilee einen Ballon, den sie in ihrem Mund hielt, auf einen Durchmesser von 118,11 cm auf.

SCHLEUDEROHREN USA
Am 29. Oktober 1999 schoss Monte Pierce (USA, links) eine amerikanische 10-Cent-Münze mit seinem Ohr als Katapult 3,306 m weit. Das ist die weiteste Strecke, die eine Münze jemals von einem Ohrläppchen geschleudert wurde. Monte hat als Kind immer an den Ohren gezogen, um seine Ohrenschmerzen zu lindern. Inzwischen kann er sie über die Augen legen, unter das Kinn ziehen, sodass sie sich berühren, oder sie wie Ohrenpfropfen hochrollen. Sein linkes Ohr hat eine Länge von 12–12,7 cm, sein rechtes von 11,4 cm. Er hört ausgezeichnet, und die Ärzte versichern ihm, dass seine Ohren bei diesen Kunststücken keinerlei Schaden nehmen.

www.guinnessworldrecords.com/catapultears
ACCESS CODE: ‹54633›

WEITESTER MARSHMALLOW-SCHUSS MIT DER NASE USA
Die größte Strecke, über die ein Marshmallow mit der Nase abgeschossen und von einem Partner mit dem Mund aufgefangen worden ist, beträgt 4,96 m. Die beiden Amerikaner Scott Jeckel (der Schütze) und Ray Perisin stellten diesen Rekord am 13. August 1999 auf.

SCHNELLSTER PFANNKUCHENMARATHON
Am 24. Oktober 1999 lief Mike Cuzzacrea (USA, „Der Pfannkuchenmann") den Casino Niagara International Marathon in Buffalo (USA) in 3 Stunden 2 Minuten 27 Sekunden und drehte nebenher ständig mit einer Pfanne einen Pfannkuchen in der Luft. Er beendete den Lauf als 46. von 1.319 Teilnehmern, die das Ziel erreichten.

SCHNELLSTES SANDWICH MIT DEN FÜSSEN USA
Am 10. November 2000 bereitete Rob Williams (USA) ein Sandwich mit Hackfleisch, Käse und Salat in 1 Minute 57 Sekunden nur mit seinen Füßen zu.

LAUTESTER RÜLPSER GB
Am 5. April 2000 wurde von Paul Hunn (GB) ein Rülpser mit einer Lautstärke von 118,1 dB gemessen – vergleichbar mit der Lautstärke in der ersten Reihe eines Rockkonzerts und nur wenig leiser als Flugzeuglärm auf einer Rollbahn.

MEISTE STUFEN AUF EINEM FAHRRAD
Javier Zapata (CO) brach seinen eigenen Weltrekord, indem er am 20. Mai 2000 auf einem Fahrrad 943 Stufen hochhüpfte, ohne mit den Füßen den Boden zu berühren. Er benötigte dafür 43 Minuten 26 Sekunden.

SCHNELLSTES AUFSAGEN EINES KARTENSPIELS
Andi Bell (GB) prägte sich am 28. August 1998 einen Stapel mit 52 gemischten Karten ein und sagte in 34,03 Sekunden die Karten in der richtigen Reihenfolge auf.

LÄNGSTE ZEIT EINEN TENNISBALL MIT DEN FÜSSEN IN DER LUFT GEHALTEN
Am 11. November 1999 hielt Jacek Guzowski (PL) nur mit seinen Füßen einen Tennisball 5 Stunden 28 Minuten 59 Sekunden lang in der Luft. Ein Zähler wies nach, dass er den Ball dabei 35.000-mal berührte – im Durchschnitt etwa 107-mal pro Minute oder 1,8-mal pro Sekunde.

LECKERE INSEKTENHÄPPCHEN
Der ehemalige Rattenfänger und Hobby-Entertainer Ken Edwards (GB, links) aß am 5. März 2001 in einer Minute 36 mittelgroße Küchenschaben und stellte damit den Rekord auf für die meisten Schaben, die ein Mensch jemals gegessen hat. Schaben essen ist „wie eine örtliche Betäubung im Rachen", sagte er, weil sie einen üblen Geruch absondern, um Raubtiere abzuschrecken. Bei seinen bizarren Auftritten stopft er unter anderem 47 Ratten in eine Strumpfhose, die er anhat, oder fordert die Zuschauer auf, Dartpfeile auf einen Korken in seinem Nabel zu werfen.
Am 20. Oktober 1998 hielt Norman Gary (USA) 109 Honigbienen 10 Sekunden lang im geschlossenen Mund – aß sie aber nicht auf. Gary war Professor an der University of California (USA); das Verhalten von Bienen war sein Spezialgebiet.

www.guinnessworldrecords.com/cockroacheater
ACCESS CODE: ‹54654›

66

THEMEN-URL
Die hier gezeigte URL ist eine Themen-URL. Gibt man auf unserer Internet-Site **www.guinnessworldrecords.com** diese ein, gelangt man direkt zur gesuchten Rekord-Kategorie, hier z.B. „Unglaubliche Fähigkeiten".

ACCESS CODE
Gibt man diesen Code auf unserer Internet-Site **www.guinnessworldrecords.com** ein, wird man direkt zu den im Kasten gezeigten Rekord geführt. Dort gibt es nicht nur weitere Informationen, sondern auch die zugehörigen Icons und Klingeltöne fürs Handy.

HANDY ICONS
Dieses Jahr haben wir uns Hunderte von lustigen Rekord-Icons zum Herunterladen einfallen lassen. Wer sein Handy GUINNESS-like verschönern will, sucht sich auf der Internet-Site ein Icon aus und wählt anschließend die Telefonnummer 0190-854935 (3,63 DM/ Min.). Die Abbildung wird dann direkt aufs Handy geschickt.

HANDY ICONS
Wenn dieses Symbol auftaucht, steht im Internet eines unserer Handy-Icons zum Herunterladen bereit. Einfach auf **www.guinnessworldrecords.com** den ACCESS CODE eingeben, zum Beispiel „cockroacheater", den Anweisungen folgen und schon krabbelt die Küchenschabe im Handy-Display.

KAPITEL-SYMBOLE
Jedes Kapitel besitzt ein eigenes Symbol, das auch in der jeweiligen Kapitel-Einleitung vorgestellt wird. Dieses Symbol markiert beispielsweise das Kapitel „Starke Leistung".

HEISSESTES METALL IM MUND USA
Am 18. Dezember 1998 hielt Yim Byung Nam ein Stück glühend heißes Metall mit einer Temperatur von 487,8 °C insgesamt 14 Sekunden lang im Mund. Selbst nachdem Yim es ausgespuckt hatte, war das Metall von der Größe eines Silberdollars heiß genug, um Schinken darauf zu braten.

DREI SCHLANGEN-MENSCHEN IN EINER KISTE F
Bonnie Morgan, Daniel Smith und Leslie Tipton (alle USA) schlüpften am 31. Januar 2001 in eine Kiste mit den Maßen 66,04 x 68,58 x 55,88 cm und blieben 2 Minuten 40 Sekunden lang darin.

WEITESTER KORB MIT DEM KOPF USA
Am 10. November 2000 köpfte Eyal Horn (IL) einen Basketball aus einer Entfernung von 7,62 m in den Korb. Mit 15 aufeinander folgenden Korbwürfen, bevor der Ball auf den Boden fiel (wobei er den Ball mit dem Kopf „warf" und auffing), stellte er auch hierin einen neuen Rekord auf.

SCHNELLSTER MENSCHLICHER FLASCHENÖFFNER USA
Daniel Lambert (S) öffnete am 11. März 2001 in nur einer Minute mit seinen Zähnen 50 gewöhnliche Flaschen mit Kronkorken.

MEISTE KIRSCHENSTÄNGEL IN EINER STUNDE VERKNOTET
Am 4. September 1997 verknotete Al Gliniecki (USA) mit seiner Zunge 911 Kirschenstängel in einer Stunde – im Durchschnitt 15 Stängel pro Minute.

MEISTE SEILSPRÜNGE AUF EINEM EINRAD IN EINER MINUTE D
Am 31. August 2000 stellte Peter Rosendahl (S) den Rekord für die meisten Seilsprünge auf einem Einrad auf. In nur einer Minute schaffte er 169 Seilumdrehungen.

MEISTE SKORPIONE IM MUND USA
Dean Sheldon (USA) steckte am 21. Dezember 2000 insgesamt 20 Skorpione in seinen Mund und behielt sie dort 21 Sekunden lang.

www.guinnessworldrecords.com/archeryfeet

BOGENSCHIESSEN MIT DEN FÜSSEN USA
Hang Thu Thi Ngyuen (VN, links) stellte den Rekord für die weiteste Entfernung auf, die mit Pfeil und Bogen mit den Füßen geschossen wurde. Am 12. August 1999 traf sie ein Ziel, das 5 m entfernt war. Hang Thu, deren Vater Beleuchtungstechniker beim Zirkus von Ho-Tchi-Minh-Stadt ist, interessierte sich schon als Kind für Zirkusattraktionen. Für ihren Auftritt übte sie jeden Tag drei Stunden lang.

ACCESS CODE: ‹54641›

GUINNESS WORLD RECORDS

HANDY ICONS HANDY KLINGELTÖNE INTERNET GUINNESS WORLD RECORDS TV

TV-SYMBOL
Diese Symbole weisen auf Rekorde hin, die im Fernsehen aufgestellt und gezeigt wurden, und geben an, in welchem Land.

- USA – USA, FOX
- F – Frankreich, TF1
- S – Schweden, TV3
- FIN – Finnland, NELONEN
- GB – Großbritannien, LWT
- D – Deutschland, ARD

GUINNESS DIE SHOW DER REKORDE

AKTUELLES ZUR SHOW
Neueste Informationen zu Rekordhaltern, Stargästen und Musik-Acts gibt's online unter **www.guinness-show.de**. Außerdem: das GUINNESS-Quiz, die Rekordbörse und das TV-Rekordarchiv.

INTERNET-FORUM
Dieses Symbol weist auf ein Internet-Forum zu dem betreffenden Rekord hin. Hier kann sich weltweit jeder einklicken, seine Meinung zu dem Rekord äußern und mitdiskutieren.

MENÜLEISTE
Hier wird noch einmal die Bedeutung der verschiedenen Symbole auf der Seite erklärt.

HANDY-KLINGELTÖNE
Auf **www.guinnessworldrecords.com** warten Hunderte ausgefallene Klingeltöne. Den ACCESS CODE eingeben, Anweisungen befolgen und das Handy klingelt wie ein Weltrekordler.

GUINNESS WORLD RECORDS™

Inhalt

Überflieger ▶ Seite 220

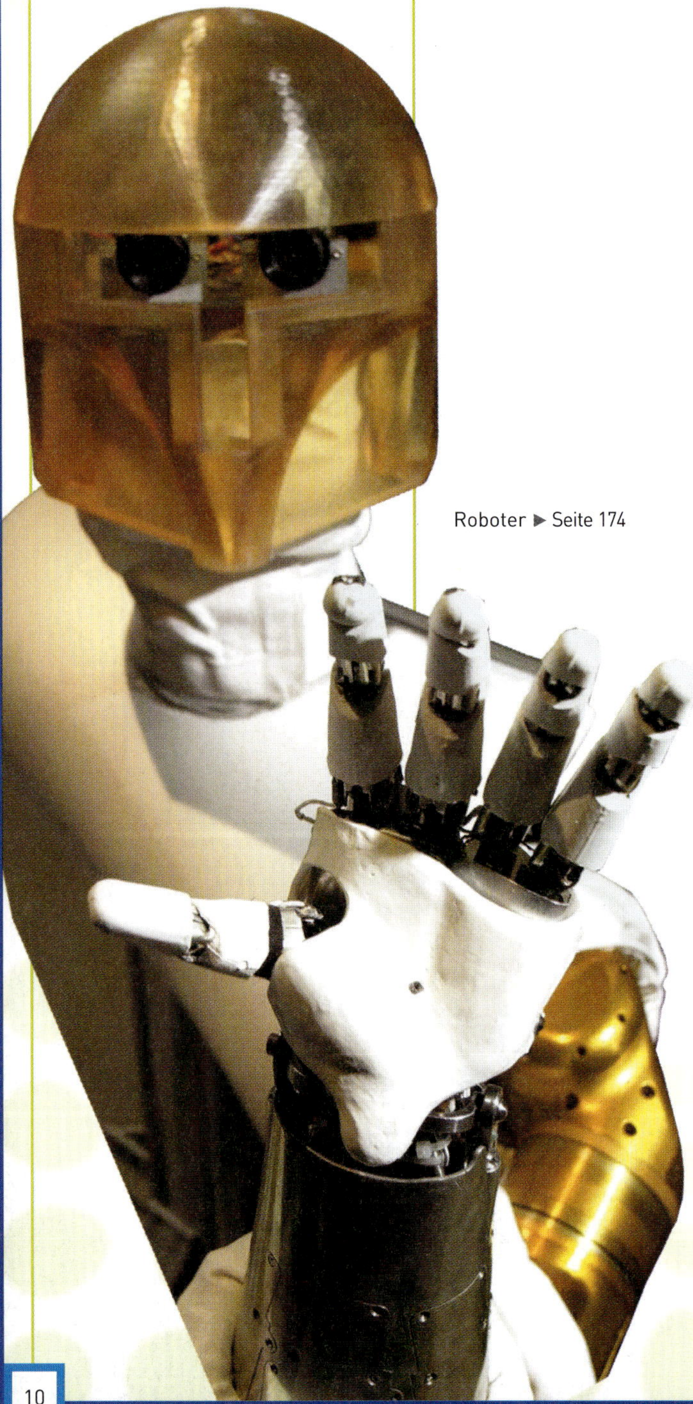

Roboter ▶ Seite 174

Game-Star ▶ Seite 164

Baseball-Star ▶ Seite 196

GUINNESS WORLD RECORDS™

www.guinnessworldrecords.com/thehumanbody

Faszination Mensch

Erstaunliche Körper

ZUM EHEMANN AUFBLICKEN
Als Fabien Pretou und Natalie Lucius (beide F) sich am 14. April 1990 das Jawort gaben, musste sie weit zu ihm hinaufblicken. Fabien ist 188,5 cm groß, Natalie dagegen misst nur 94 cm – der Größenunterschied von 94,5 cm ist Rekord bei einem Ehepaar.

GRÖSSTE GEWICHTSZUNAHME EINER FRAU
Doris James (USA) nahm in den letzten zwölf Monaten vor ihrem Tod im August 1965 angeblich 147 kg zu. Sie starb mit 38 Jahren und wog damals 306 kg bei 1,57 m Körpergröße.

GRÖSSTE GEWICHTSZUNAHME EINES MANNES
Arthur Knorr (USA), geboren 1916 und gestorben 1960, nahm in seinen letzten sechs Lebensmonaten die Rekordzahl von 133 kg zu.

SCHWERSTE FRAU
USA

Rosalie Bradford (USA) brachte im Januar 1987 im Alter von 43 Jahren ein Spitzengewicht von 544 kg auf die Waage. Nach einer strengen Diät wog sie im Februar 1994 „nur" noch 128 kg.

SCHWERSTE ZWILLINGE BEI DER GEBURT
Die schwersten Zwillinge der Welt brachte am 20. Februar 1924 J. P. Haskin (USA) zur Welt. Die beiden Kleinen wogen zusammen 12,6 kg.

GRÖSSTER GEWICHTSUNTERSCHIED EINES EHEPAARES
Jon Brower Minnoch wog 635 kg, als er im März 1978 seine 50 kg schwere Frau Jeannette (beide USA) heiratete. Die 585 kg Differenz waren der größte Gewichtsunterschied eines Ehepaares. Jon war auch der schwerste Mensch der Medizingeschichte. Schon als Kind litt er an Fettleibigkeit, und 1963 wog er mit 22 Jahren bei 1,85 m Körpergröße 178 kg. Im September 1976 brachte er 442 kg auf die Waage. Als er 1983 starb, wog er noch über 362 kg.

LEICHTESTE ZWILLINGE
Zwei Zwillingspaare wogen bei ihrer Geburt zusammen jeweils nur 860 g: Katrina Gray (AUS) brachte am 19. November 1993 im Royal Women's Hospital im australischen Brisbane Roshan Maralyn (490 g) und Melanie Louise (370 g) zur Welt; die Kanadierin Wendy Morrison gebar am 14. Januar 1994 im Ottawa General Hospital, Ontario (CDN), Anne (420 g) und John (440 g).

KLEINSTER LEBENDER MANN
Younis Edwan (JOR) soll nur 65 cm groß sein. Er wurde 1971 als sechstes von sieben Geschwistern geboren.

KLEINSTER MANN
Der kleinste erwachsene Mann, dessen Größe durch verschiedene Quellen bestätigt wurde, war Gul Mohammed (IND). Bei einer Untersuchung 1990 im Ram Manohar Hospital in Neu-Delhi (IND) dokumentierten die Ärzte eine Größe von 57 cm.

MASSENATTRAKTION
Der gelenkigste Mann ist der Schlangenmensch Pierre Beauchemin (CDN, links). Er erhielt den Spitznamen „Mr. Gumby", weil er noch in der verdrehtesten Haltung unglaublich leicht seine Arme und Beine kreisen lassen kann.
Gary Turners (GB) Haut lässt sich weiter dehnen als die jedes anderen Menschen. Bei Auftritten besteht seine Lieblingsattraktion darin, seine Nackenhaut bis über den Mund zu ziehen und so einen menschlichen Schildkrötenkopf zu bilden. Aber das ist noch nichts gegen seine Bauchnummer: Am 29. Oktober 1999 dehnte er die Haut seines Bauchs um 15,8 cm. Der 1964 geborene Gary amüsierte schon seine Mitschüler mit dieser außergewöhnlichen Fähigkeit.

www.guinnessworldrecords.com/elasticman
ACCESS CODE: ‹53928›

SCHWERSTE ZWILLINGE
Billy Leon und Benny Loyd McCrary, alias McGuire (USA), waren bis zum Alter von sechs Jahren von normaler Statur. Kurz vor ihrem 32. Geburtstag im November 1978 wogen Billy und Benny 337 und 328 kg und hatten beide einen Taillenumfang von 2,13 m. Sie waren Profis im Tag-Wrestling und brachten vor Wettkämpfen bis zu 349 kg auf die Waage.

KLEINSTE LEBENDE ZWILLINGE
USA

Die kleinsten lebenden Zwillinge sind John und Greg Rice (USA), geboren am 3. Dezember 1951. Die eineiigen Zwillinge sind beide 86,3 cm groß.

KLEINSTE ZWILLINGE
Die kleinsten Zwillinge aller Zeiten waren Matyus und Béla Matina (H, später USA; geboren 1903, gestorben um 1935), beide maßen 76 cm.

KLEINSTE LEBENDE FRAU
Madge Bester (ZA) ist nur 65 cm groß. Sie leidet an der Glasknochenkrankheit und ist an den Rollstuhl gefesselt. Für ihre Krankheit typisch sind häufige Knochenbrüche und Verkrümmungen des Skeletts.

KLEINSTE FRAU
Die kleinste Frau aller Zeiten war Pauline Musters (1876–95), die bei ihrer Geburt in Ossendrecht (NL) 30 cm und mit neun Jahren 55 cm groß war. Im Alter von 19 Jahren starb sie in New York City (USA) an einer Lungenentzündung und Meningitis. Bei der Obduktion wurde ihre Größe mit 61 cm angegeben.

GRÖSSTER LEBENDER MANN
GB

Der größte lebende Mann ist der Tunesier Radhouane Charbib mit einer Körpergröße von 2,35 m. Er hat zehn Geschwister, die mit etwa 1,70 m alle normal groß sind.

WESPENTAILLEN
Cathie Jung (USA, links) hat einen Taillenumfang von 38,1 cm und damit die schmalste Taille aller lebenden Menschen. Die 1,73 m große Cathie und ihr Ehemann Bob bemühten sich gemeinsam um diese schmale Taille, um ihrer Begeisterung für die viktorianische Mode frönen zu können. Seit ihrem 38. Lebensjahr trägt die Mutter von drei Kindern einen 15 cm langen Gürtel, der allmählich ihre Taille verkleinerte. Cathie macht weder eine besondere Diät noch Sport, um ihren Taillenumfang zu halten. Die schmalste Taille aller Zeiten bei einem Menschen mit normaler Körpergröße betrug 33 cm. Ethel Granger (GB) hatte ursprünglich eine Taille von 56 cm und verkleinerte diese aber zwischen 1929 und 1939, indem sie eigens dafür angefertigte Korsette trug.

www.guinnessworldrecords.com/tinywaist
ACCESS CODE: ‹54595›

www.guinnessworldrecords.com/longlegs

ACCESS CODE: ‹56075›

LANGBEINIGE SCHÖNHEIT
Sam Stacey (GB, rechts) hat mit 17 Jahren die nachweislich längsten Beine der Welt: Im Januar 2001 waren sie 126,36 cm lang. Sam war schon immer überdurchschnittlich groß – heute misst sie 2,08 m, soviel wie ihr Vater. Mit ihren 1,77 m wirkt Sams Mutter richtig klein neben ihrer Tochter. Die beiden jüngeren Geschwister sind durchschnittlich groß. Sam dachte zwar eine Zeitlang an eine Modelkarriere, macht aber jetzt eine Ausbildung zur Krankenpflegerin.

LEICHTGEWICHT
Lucia Xarate (1863–89, MEX), eine ausgesprochen magere Zwergwüchsige von nur 67 cm Körpergröße, wog bei ihrer Geburt 1,1 kg und mit 17 Jahren gerade 2,13 kg. Bis zu ihrem 20. Geburtstag hatte sie auf 5,9 kg zugenommen. Erwachsene Menschen, die bei normaler Körpergröße extrem wenig wiegen, leiden meist am Simmonds Syndrom (*Kachexia hypophysialis*). Bei Frauen wurden Gewichtsverluste von bis zu 65 % des ursprünglichen Körpergewichts beobachtet; das absolute „Tief" waren 20 kg bei Emma Shaller (USA), die 1,57 m groß war. Edward C. Hagner alias Eddie Masher (USA) soll bei 1,70 m Größe nur 22 kg gewogen haben – man nannte ihn auch „das Skelett".

GRÖSSTER MANN
Der größte Mensch der Medizingeschichte war Robert Wadlow (USA). Als er im Juni 1940 kurz vor seinem Tod gemessen wurde, war er 2,72 m groß. An seinem 21. Geburtstag wurde mit 222,71 kg sein persönliches Spitzengewicht gemessen; bei seinem Tod wog er noch 199 kg. Er hatte die Schuhgröße 37AA (47 cm lang, entspricht Größe 73), und seine Hände waren vom Handgelenk bis zur Spitze des Mittelfingers 32,4 cm lang. Seine Arme hatten eine Spannweite von 2,88 m; in seinen besten Zeiten aß er täglich bis zu 8.000 Kalorien. Bereits mit neun Jahren konnte er seinen Vater Harold F. Wadlow, der 1,80 m groß und 77 kg schwer war, im Elternhaus die Treppe hinauftragen.

GRÖSSTE LEBENDE FRAU USA
Sandy Allen (USA) ist mit 2,31 m die größte lebende Frau der Welt. Sie kam mit normalen 2,95 kg zur Welt, und schon bald begann ihr ungewöhnliches Wachstum. Mit zehn Jahren war sie bereits 1,90 m und sechzehnjährig 2,16 m groß.

GRÖSSTE FRAU
Die größte Frau, die je gelebt hat und deren Größe unwiderlegbar nachgewiesen wurde, war Zeng Jinlian (CHN). Als sie am 13. Februar 1982 im Alter von 17 Jahren starb, war sie 2,48 m groß.

GRÖSSTER TAILLENUMFANG USA
Der größte Taillenumfang wurde bei dem US-Amerikaner Walter Hudson gemessen: Bei seinem Spitzengewicht von 545 kg betrug der Umfang 3,02 m.

LÄNGSTES BABY
Larissa Milbrecht aus Stade (D) hatte bei ihrer Geburt am 28. November 1990 eine Körperlänge von 63 cm bei einem Gewicht von 5,1 kg.

GUINNESS WORLD RECORDS™

Sensationelle Körperteile

GRÖSSTER BAUCHUMFANG
David White (GB), auch als „Mad Maurice Vanderkirkoff" bekannt, hatte am 12. März 2001 einen Bauchumfang von 137,7 cm.

WENIGSTE ZEHEN
Das Zwei-Zehen-Syndrom, das bei Angehörigen des Wadomo-Stammes im Sambesi-Tal (ZW) und des Kalanga-Stammes in der östlichen Kalahari in Botswana vorkommt, ist erblich und wird über ein mutiertes Gen weitergegeben.

MEISTE FINGER UND ZEHEN
Bei der Untersuchung eines Babys am 16. September 1921 in London (GB) wurde entdeckt, dass der Junge 14 Finger und 15 Zehen hatte. Diese Missbildung, genannt Polydaktylie, kann von über 30 seltenen angeborenen Syndromen verursacht werden. Mit zwei Fällen unter 1.000 Geburten kommt die Missbildung relativ häufig vor. Die zusätzlichen Finger sind in der Regel Fleischklumpen ohne Knochen, können aber auch voll bewegliche Finger oder Zehen sein.

MEISTE FINGER
Godfrey Hill (GB) hat zehn Finger und zwei Daumen. Als in Großbritannien noch zwölf Pennys einen Shilling ausmachten, kamen Godfrey seine Hände in der Schule sehr zustatten, weil er beim Addieren immer der Beste war. Seine Missbildung erregte auf der ganzen Welt Aufsehen, vor allem in Tunesien, wo er für einen Nachkommen Allahs gehalten wurde.

DRITTER FUSS
USA

José López (MEX, heute USA) hat einen dritten Fuß mit einem Fußgelenk und vier Zehen. Er wächst aus dem Knöchel des linken Beines heraus.

SCHWERSTES GEHIRN
Das höchste bei einem Gehirn festgestellte Gewicht betrug 2,3 kg. Das Gehirn gehörte einem 30-jährigen Mann und wurde von Dr. T. Mandybur aus der Abteilung für Pathologie und Versuchsmedizin an der University of Cincinnati, Ohio (USA), im Dezember 1992 gewogen. Durchschnittlich wiegt das Gehirn eines Erwachsenen 1,3 bis 1,4 kg.

LÄNGSTE NASE
Aus historischen Quellen geht hervor, dass Thomas Wedders aus Großbritannien eine 19 cm lange Nase hatte. Um 1770 reiste er mit einem Wanderzirkus durch das Land.

LEICHTESTES GEHIRN
Das leichteste normale (nicht atrophische) Gehirn der Welt wog nur 680 g. Es gehörte Daniel Lyon (IRL), der 1907 in New York (USA) im Alter von 46 Jahren starb. Daniel war knapp über 1,50 m groß und wog 66 kg.

WERTVOLLSTER ZAHN
Im Jahr 1816 wurde ein Zahn des Forschers Sir Isaac Newton (GB, 1643–1727) in London für damals 730 Pfd. Sterling verkauft. In heutigem Geldwert sind das ungefähr 79.000 DM. Ein Aristokrat ließ den Zahn in einen Ring fassen.

LÄNGSTER SCHNURRBART
Der Schnurrbart von Kalyan Ramji Sain (IND) hat eine Länge von 3,39 m. Im Juli 1993 war die rechte Seite 1,72 m lang, die linke 1,67 m. Der Schnurrbart wächst seit 1976.

LÄNGSTES HAAR
USA

Das Haar von Ho Sateow, Medizinmann eines Stammes aus Chiang Mai (THA), ist das längste bekannte Haar der Welt. Am 21. November 1997 wurde es ausgerollt und offiziell eine Länge von 5,15 m gemessen. Seit über 70 Jahren lässt er sich die Haare nicht mehr schneiden. Mit 18 Jahren war er nach einem Haarschnitt krank geworden und hatte geschworen, sie nie wieder schneiden zu lassen. Das Haar wird zu einer modischen Frisur hochgesteckt und nur einmal im Jahr gewaschen.

LÄNGSTER BART
Der Bart von Hans Langseth (NOR) hatte 1927 bei seiner Beerdigung in Kensett (USA) eine Länge von 5,33 m. Er ließ im Alter von 30 Jahren den Bart wachsen, und nach 51 Jahren hatte dieser seine stattliche Länge erreicht. Der Bart wuchs durchschnittlich 2 mm pro Woche. 1967 wurde er dem Smithsonian-Institut in Washington D.C. (USA) gestiftet.

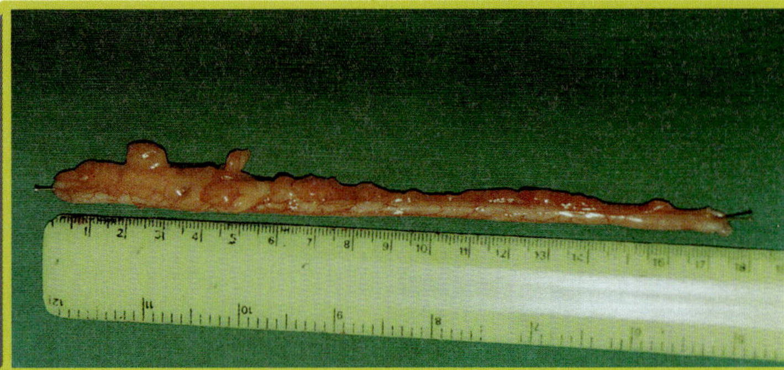

HORRENDIX APPENDIX
Aus dem Unterleib von Herrn Mahendra (IND) wurde am 11. August 2000 ein Appendix (oben) mit der Rekordlänge von 17,5 cm entfernt. Im Durchschnitt wird ein Appendix (Blinddarm) nur 8–10 cm lang. Die Operation im Vishwamanava Hospital in Birur (IND) führte Dr. Teekappa durch.
Der größte bekannte Blasenstein wurde Mohammed Ali Al-Muleiki (YEM) am 25. Oktober 1998 durch den Chirurgen Kadri Al-Ban (YEM) bei einer Operation an der Al-Kadri-Klinik in Ibb (YEM) entfernt. Der Stein hatte ein Rekordgewicht von 260 g und einen Durchmesser von etwa 7 cm.

www.guinnessworldrecords.com/appendix
ACCESS CODE: ‹53572›

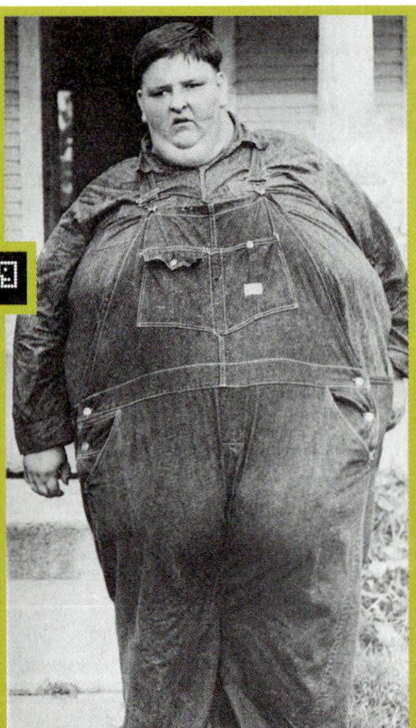

BRUST RAUS
Robert Earl Hughes (USA, links) hatte einen Brustumfang von 3,15 m. Seine Eltern glaubten, dass sein Hormonhaushalt durch einen Keuchhustenanfall im Alter von drei Monaten durcheinander geraten war, und führten die unglaubliche Gewichtszunahme auf die Krankheit zurück. Im Alter von sechs Jahren wog er 92 kg, mit zehn Jahren 171 kg und mit 25 erreichte er 406 kg. Im Februar 1958, kurz vor seinem Tod, wog er 484 kg. Seine Taille hatte einen Umfang von 3,10 m und jeder Oberarm maß 1,02 m im Umfang.
Der größte Umfang von Brustmuskeln wurde mit 1,88 m bei Isaac Nesser (USA) gemessen.

www.guinnessworldrecords.com/bigchest
ACCESS CODE: ‹48481›

LÄNGSTER BART EINER FRAU
1884 war der Bart der „Bearded Lady" Janice Deveree (USA) 36 cm lang.

LÄNGSTER BART EINER LEBENDEN FRAU USA
Vivian Wheeler (USA) ließ sich 1990 einen Vollbart wachsen. Im Jahr 2000 wurde der längste Haarstrang vom Ansatz bis zur Spitze mit 27,9 cm gemessen. Die viermal verheiratete Wheeler rasierte sich bereits im Alter von sieben Jahren.

LÄNGSTE FINGERNÄGEL EINES MANNES USA
Shridhar Chillal (IND) hat die längsten Fingernägel eines Mannes. An der linken Hand hat er sich 1952 zum letzten Mal die Nägel geschnitten. Am 8. Juli 1998 brachten es die Nägel auf eine Gesamtlänge von 6,15 m.

LÄNGSTE FINGERNÄGEL EINER FRAU USA
Die Frau mit den längsten Fingernägeln ist Lee Redmond (USA). Sie lässt sich die Nägel seit 19 Jahren wachsen, mittlerweile haben sie eine Länge von insgesamt 6,63 m erreicht. Mit 68,58 cm ist der Nagel an ihrem linken Daumen am längsten.

GRÖSSTE GALLENBLASE
Am 15. März 1989 entfernte Prof. Bimal C. Ghosh im National Naval Medical Center in Bethesda (USA) bei einer 69-jährigen Frau eine Gallenblase mit dem Rekordgewicht von 10,4 kg – mehr als das Dreifache des durchschnittlichen Gewichtes eines Neugeborenen. Die Patientin erholte sich vollständig von der Operation.

GRÖSSTER BIZEPS
Der rechte Bizeps von Denis Sester (USA) hat einen Umfang von 77,8 cm. Zum Aufbau der beeindruckenden Muskeln trainierte er mit einem 68 kg schweren Eimer voll Sand. In seiner Jugend hielt er sich auf der Farm seiner Eltern durch Ringkämpfe mit Schweinen fit.

www.guinnessworldrecords.com/bigfeet

AUF GROSSEM FUSS USA
Matthew McGrory (USA, rechts) hat die größten Füße eines lebenden Menschen (abgesehen von Fällen der Krankheit Elephantiasis). Er trägt Schuhe mit der US-Größe 28,5 (entspricht etwa 64 in D). Natürlich sind alle seine Schuhe Maßanfertigungen. Seine großen Zehen sind 12,7 cm lang, die kleinen Zehen immer noch 3,81 cm.

ACCESS CODE: ‹48560›

Jung und Alt

MEISTE LEBENDE VORFAHREN
Bei ihrer Geburt am 16. Mai 1982 hatte Megan Sue Austin (USA) noch alle Eltern, Großeltern und Urgroßeltern, sowie fünf Ururgroßeltern – insgesamt 19 lebende direkte Vorfahren.

ÄLTESTE LEBENDE FRAU
Maude Farris-Luse (geb. Davis) kam am 21. Januar 1887 in Morley (USA) zur Welt. Sie ist mit 114 Jahren die älteste noch lebende Frau mit nachgewiesenem Geburtsdatum.

DREI AUF EINMAL
Marjory Skeaping (geb. Scott), Sheila Botterill (geb. Scott) und David Scott (GB, oben) sind erwiesenermaßen die ältesten lebenden Drillinge der Welt. Sie kamen am 19. Mai 1920 in Edinburgh (GB) zur Welt. Bemerkenswerterweise feiern auch der Onkel, die Tante und der Vetter der Mutter am 19. Mai Geburtstag.
Die nachweislich ältesten Drillinge waren Faith, Hope und Charity Cardwell (USA), die am 18. Mai 1899 geboren wurden. Faith starb am 2. Oktober 1994 im Alter von 95 Jahren 137 Tagen als erste.
Die nachweislich ältesten Vierlinge waren Adolf, Anne-Marie, Emma und Elisabeth Ottmann (D). Sie kamen am 5. Mai 1912 zur Welt. Alle vier erreichten das Alter von 79 Jahren.
Im November 2000 lebten auf der ganzen Welt 992 Vierlinge. Eineiige Vierlinge sind sehr selten – weltweit gibt es sie nur etwa 20-mal.

www.guinnessworldrecords.com/oldtriplets
ACCESS CODE: ‹54715›

ÄLTESTER MENSCH ALLER ZEITEN
Das höchste Alter, das ein Mensch nachweisbar erreichte, sind 122 Jahre 164 Tage. Die Französin Jeanne Louise Calment wurde am 21. Februar 1875 geboren und starb am 4. August 1997.

ÄLTESTE MÜTTER
Die 1931 geborene Rosanna Dalla Corte (I) brachte am 18. Juli 1994 im Alter von 63 Jahren einen Jungen zur Welt. Das Baby wurde durch künstliche Befruchtung gespendeter Eizellen gezeugt.

Am 7. November 1996 gebar die 63-jährige Arceli Keh (USA) ihre Tochter Cynthia nach einer In-vitro-Fertilisation (Befruchtung außerhalb des Körpers).

ÄLTESTE MUTTER VON VIERLINGEN
Die älteste Mutter von Vierlingen entband im Alter von 55 Jahren 286 Tagen. Merryl Thelma Fudel (AUS) brachte am 18. April 1998 im Sharp Memorial Hospital, San Diego (USA), drei Mädchen und einen Jungen zur Welt. Ein Baby starb bei der Geburt nach einem Atemstillstand.

ÄLTESTES ZWILLINGSPAAR
Die nachweislich ältesten Zwillinge waren Eli Shadrack und John Meshak Phipps (USA), die am 14. Februar 1803 in Affington (USA) zur Welt kamen. Eli starb am 23. Februar 1911 im Alter von 108 Jahren, sein Bruder John am 10. Dezember 1916 mit 113 Jahren. Die Chancen, dass bei eineiigen Zwillingen beide älter als 100 Jahre werden, stehen etwa 1:700 Mio.

ÄLTESTE LEBENDE SIAMESISCHE ZWILLINGSBRÜDER
USA

Die 1952 geborenen Ronnie und Donnie Galyon (USA) sind die ältesten lebenden siamesischen Zwillingsbrüder. 36 Jahre lang sind sie mit Schaubuden, Zirkussen und auf Jahrmärkten getingelt. Sie setzten sich 1991 zur Ruhe und leben jetzt in Ohio (USA).

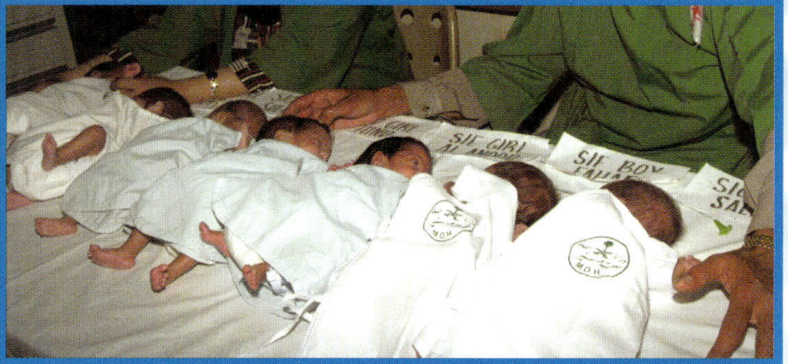

IM SIEBTEN HIMMEL
Mehr als sieben lebende Kinder wurden noch nie bei einer Geburt entbunden. Diese Siebenlinge (oben) bekam die 40-jährige Hasna Mohammed Humair (KSA) acht Wochen zu früh am 14. Januar 1998. Es sind vier Jungen und drei Mädchen, das kleinste Baby wog bei der Geburt knapp 907 g. Bobbie McCaughey (USA) bekam am 19. November 1997 ebenfalls Siebenlinge. Kenneth, Nathaniel, Brandon, Joel, Kelsey, Natalie und Alexis wogen zwischen 1.048 g und 1.474,3 g und wurden nach 31 Schwangerschaftswochen per Kaiserschnitt innerhalb von 16 Minuten entbunden.

www.guinnessworldrecords.com/septuplets
ACCESS CODE: ‹48315›

ÄLTESTE LEBENDE SIAMESISCHE ZWILLINGSSCHWESTERN
Mascha und Dascha Kriwoschljapowa (RUS), die am 3. Januar 1950 geboren wurden, weisen eine seltene Form der Doppelfehlbildung auf: Sie besitzen zwei Köpfe, vier Arme, aber nur ein gemeinsames Paar Beine. Mascha und Dascha leben in einem Moskauer Altenheim.

ÄLTESTE SIAMESISCHE ZWILLINGE ALLER ZEITEN
Giacomo und Giovanni Battista Tocci (I) wurden am 4. Oktober 1877 geboren und erreichten das Alter von 63 Jahren. Oberhalb der Taille teilten sich ihre Körper, sie hatten einen gemeinsamen Unterleib, ein Becken und ein Beinpaar.

MEISTE ZUSAMMENFALLENDE GEBURTSTAGE IN EINER FAMILIE
Ralph Betram Williams (USA) wurde am 4. Juli 1982 geboren. Sein Vater, sein Großvater und sein Urgroßvater kamen ebenfalls am 4. Juli zur Welt, sein Urgroßvater im Jahr 1876.

Veera Tuulia Tuijantyär Kivistö (FIN), die im Jahr 1997 zur Welt kam, hatte den gleichen Geburtstag wie ihre Mutter (1967), ihr Großvater (1940) und ihr Urgroßvater (1903): den 21. März.

MEISTE ZUSAMMENFALLENDE GEBURTSTAGE VON GESCHWISTERN
Catherine (1952), Carol (1953), Charles (1956), Claudia (1961) und Cecilia (1966) kamen als Kinder von Carolyn und Ralph Cummins (beide USA) zur Welt – alle am 20. Februar. Die Wahrscheinlichkeit, dass fünf einzelne Geschwister das gleiche Geburtsdatum haben, ist 1:17.797.577.730.

Heidi (1960), Olav (1964) und Lief-Martin (1968) Henriksen (NOR) feiern alle zusammen nur alle vier Jahre Geburtstag: am 29. Februar.

SÜDLICHSTE GEBURT
Emilio Marcos Palma (RA) wurde am 7. Januar 1978 auf der Antarktisstation Sargento Cabral geboren. Bislang ist er das einzige Kind, das nachweislich auf dem eisigen Kontinent im Süden zur Welt kam.

www.guinnessworldrecords.com/oldestman

ACCESS CODE: <48371>

ALTER VOR SCHÖNHEIT

Mit 112 Jahren ist Antonio Todde (rechts), der am 22. Januar 1889 in Tiana auf Sardinien (I) geboren wurde, der älteste lebende Mann der Welt. Er schreibt sein langes Leben der schweren körperlichen Arbeit und dem täglichen Glas Rotwein zu. Auch seine beiden Eltern wurden weit über 90 Jahre alt und seine vier Kinder sind alle über 80 Jahre.

Das höchste Alter, das ein Mann jemals erreichte, sind 120 Jahre 237 Tage. Shigechiyo Izumi aus Isen auf Tokunoshima, einer Insel 1.320 km südwestlich von Japan, wurde am 29. Juni 1865 geboren und starb am 21. Februar 1986. Er arbeitete bis zum Alter von 105 Jahren. Mit 70 Jahren fing er an zu rauchen. Sein langes Leben, so sagte er, verdanke er „Gott, Buddha und der Sonne".

GRÖSSTER ABSTAND ZWISCHEN ZWEI GEBURTEN

Der größte Abstand zwischen zwei Kindern derselben Mutter beträgt 41 Jahre. Elizabeth Ann Buttle (GB) bekam am 19. Mai 1956 ihre Tochter Belinda und am 20. November 1997 mit 60 Jahren ihren Sohn Joseph David.

Jackie Iverson (CDN) brachte am 21. November 1993 auf normalem Weg Christopher und am 29. November Alexandra zur Welt. Am 30. November wurden durch Kaiserschnitt noch ein Sohn und eine Tochter entbunden, Matthew und Sarah. Die Spanne von neun Tagen ist der längste Abstand zwischen der ersten und der letzten Geburt bei Vierlingen.

FRÜHESTE FRÜHGEBURTEN

Am 20. Mai 1987 kam James Elgin Gill, der Sohn von Brenda und James Gill (CDN), 128 Tage zu früh zur Welt. Er wog nur 624 g.

Die Zwillinge Devin und Dorraine Johnson (USA) kamen am 8. April 1996 in Riverside (USA) 119 Tage vor dem Termin zur Welt.

Guy, Kathryn und Marcus Humphrey (GB) sind die am frühesten geborenen Drillinge. Sie kamen am 28. Februar 1992 in Manchester (GB) 108 Tage vor dem Geburtstermin zur Welt.

Kathryn Tepper (AUS) gebar am 20. Februar 1997 Vierlinge, 105 Tage vor dem Termin. Ben Stewart wog 790 g, Hannah Elise 680 g, Ryan Colin 780 g und Lisa Nicole 735 g.

MEISTE KINDER

Die Frau von Fjodor Wassiljew aus Schuja (RUS) brachte in 27 Entbindungen 69 Kinder zur Welt. Zwischen 1725 und 1765 gebar sie 16 Zwillingspaare, siebenmal Drillinge und viermal Vierlinge. Nur zwei Kinder starben im Säuglingsalter.

GRÖSSTE ZAHL AN NACHKOMMEN

Samuel S. Mast (USA) hatte bei seinem Tod am 15. Oktober 1992 im Alter von 96 Jahren 824 lebende Nachkommen: elf Kinder, 97 Enkel, 634 Urenkel und 82 Ururenkel.

GUINNESS WORLD RECORDS™

Körper-Kult

LAND MIT DEN MEISTEN PLASTISCHEN CHIRURGEN

In den USA gibt es nach Angaben des Internationalen Verbandes der Plastischen Chirurgen die Rekordzahl von 5.965 Schönheitschirurgen, es folgen Brasilien und Japan. Damit arbeitetet fast die Hälfte der plastischen Chirurgen weltweit in den USA. In New York City (USA) existieren die meisten Praxen, aber San Francisco (USA) hat die höchste Zahl an plastischen Chirurgen pro Kopf.

MEISTE SCHÖNHEITSOPERATIONEN

Cindy Jackson (USA) hat im Laufe von 15 Jahren für 28 Schönheitsoperationen umgerechnet 223.000 DM ausgegeben. Die 1955 in Ohio geborene Cindy hat sich dreimal das Gesicht liften lassen und hat zwei Nasenoperationen, je eine Knie-, Hüft-, Unterleib- und Kieferoperation, eine Fettabsaugung, eine Brustverkleinerung und -vergrößerung sowie ein semipermanentes Make-up hinter sich.

GRÖSSTER LIPPENSCHMUCK

Die Frauen vom äthiopischen Stamm der Mursi schieben sich als Zeichen wahrer Schönheit runde Tonplatten in die aufgeschlitzte Unterlippe. Ab der Pubertät wird die Lippe durch Tonplatten immer weiter gedehnt. Vor ihrer Heirat möchte jedes Mädchen eine Platte von der Größe einer Untertasse tragen können (15 cm Durchmesser).

KÖRPERSPRACHE

D

Die Modedesignerin Tina-Marie Stoker (USA) schmückte am 20. Januar 2000 in München (D) den Körper eines Models mit 29.540 Strass-Steinen (links im Bild die Wiederholung des Rekords im US-Fernsehen). Eine andere Form von Schmuck verwendet Luis Antonio Agüero (C), der den Rekord für die meisten Piercings der Welt hält. Er hat 230 Piercings an Kopf und Körper vorzuweisen. Allein in seinem Gesicht befinden sich über 175 Ringe. Agüero pierct sich mit einer sterilisierten Nadel selbst, für die 230 Piercings hat er zehn Jahre gebraucht. Der schnellste Henna-Künstler der Welt ist Ash Kumar (GB). Am 1. April 2001 vollendete er in einer Stunde 96 traditionelle Armband-Tätowierungen an der Cannon High School in Middlesex (GB).

www.guinnessworldrecords.com/rhinestonebody

ACCESS CODE: ‹54611›

TEUERSTE HAUTKOSMETIK

Der von einem New Yorker Luxusgeschäft angebotene „Botaenica Dual-Mud Kit" ist die teuerste Schönheitskur für die Haut. Nach nur vier Tagen war das Set zum Preis von umgerechnet 1.890 DM pro Stück ausverkauft. Die zwei Schlämme der Kur stammten aus unterschiedlichen geologischen Formationen: der erste aus dem Toten Meer und der zweite aus dem Ausstoß eines Vulkanes auf dem Meeresboden der Arktis, ein sehr seltener Schlamm, der nur in der Tiefsee anzufinden ist.

HÖCHSTE FRISUR

Die Damenfrisuren erreichten um 1775 buchstäblich ihren „Höhepunkt", als das Haar der französischen Königin Marie Antoinette ihren Kopf um fantastische 91,44 cm überragte. Durch Bänder, Federn und anderen Schmuck wurde die Frisur zusätzlich erhöht. Eine solche Frisur sollte einen Monat lang halten – mit unappetitlichen Nebenwirkungen, da die Haare mit Schweineschmalz und Schlämmkreide fixiert wurden.

LÄNGSTER HALS

Die Rekordlänge eines Halses beträgt 40 cm. Frauen vom Stamm der Padaung oder Karen in Myanmar (Burma) dehnen den Hals, indem sie jedes Jahr einen neuen, breiteren Messingring umlegen. Die Ringe gelten noch heute als Zeichen der Schönheit und des Wohlstands. Angeblich sollen nur anfangs Beschwerden auftreten. Die Strecke vom Ohrläppchen zum Schlüsselbein wird durch die Prozedur auf das Doppelte der üblichen Länge gedehnt. Die Halsmuskulatur der Frauen wird jedoch so schwach, dass sie ohne Ringe den Kopf nicht mehr tragen kann.

OLD IS BEAUTIFUL

An dem Wettbewerb „Ms. Senior America" dürfen nur Frauen über sechzig teilnehmen. Er wurde 1971 ins Leben gerufen, um auf die positiven Seiten des Alters aufmerksam zu machen und ein Gegengewicht zum allgemeinen Jugendwahn zu setzen.

MEISTE FRAUEN MIT GEBUNDENEN FÜSSEN

In China haben 38 % der Frauen über 80 Jahre gebundene Füße. Diese Praxis stammt aus der Zeit der Sung-Dynastie (960–976) und galt als Zeichen der Schönheit. Die Füße wurden mit Stoffbändern so eng umwickelt, dass sie nicht mehr wachsen konnten. Sie sollten den knapp 8 cm großen goldenen Lotusblüten gleichen. Wenn ein Mädchen drei Jahre alt wurde, brach man ihm alle Zehen bis auf den großen, und ihr Fuß wurde wegen der Stoffbänder nicht länger als 10 cm.

WERTVOLLSTE BH-EINLAGEN

Ein Paar fleischfarbener BH-Einlagen aus Schaumgummi und Baumwolle, das einmal Marilyn Monroe (USA) gehörte, wechselte am 15. April 2000 bei einer Auktion in Bedford (USA) für 11.200 DM den Besitzer. Monroes Haushälterin hatte die Einlagen an die Leichenhalle in Westwood Village, Los Angeles, gegeben, doch sie wurden nicht verwendet. Allan Abbott holte sie aus dem Mülleimer der Leichenhalle und bewahrte sie 37 Jahre lang auf, bis er sie 1999 für 4.700 DM verkaufte.

MEISTTÄTOWIERTER MANN

USA

Der Körper von Tom Leppard (GB) ist zu fast 99,9 % mit einer Tätowierung bedeckt. Toms Ganzkörpertätowierung gleicht einem Leopardenfell: dunkle, katzenartige Flecken, auf der Haut dazwischen ein leopardähnlicher Gelbton. Tom lebt heute als Einsiedler auf der Isle of Skye (GB). Er schätzt, dass er über 15.000 DM für sein beeindruckendes Körperkunstwerk ausgegeben hat.

SCHÖNHEIT MACHT REICH

Elle MacPherson (genannt „The Body") ist zwar nicht mehr auf dem Laufsteg zu sehen, gilt aber mit einem Vermögen von über 72 Mio. DM immer noch als das reichste Model der Welt. Ihre Geschäftsinteressen gelten inzwischen unter anderem ihrer eigenen Dessous-Kollektion „Elle MacPherson Intimates". Ferner spielte sie in mehreren Filmen mit, so in *Jane Eyre* (USA, 1996) und *Batman & Robin* (USA, 1997). Zuletzt trat sie in der amerikanischen TV-Komödie *Friends* auf. Elite Model Management ist die größte internationale Modelagentur. Zur Zeit ist sie in 22 Ländern auf der ganzen Welt vertreten, in Europa mit elf Niederlassungen und in den USA mit fünf. Das Unternehmen unterhält auch Büros in Brasilien, Hongkong und China.

www.guinnessworldrecords.com/ellethebody

ACCESS CODE: ‹52258›

MEISTTÄTOWIERTE FRAU

Die Frau mit den meisten Tätowierungen ist die Striptease-Tänzerin Krystyne Kolorful (CDN). Ihr Körper ist zu 95 % von Tätowierungen bedeckt, zehn Jahre wurde daran gearbeitet.

TEUERSTES PARFUM

Das teuerste Parfum der Welt, das im Juni 2000 auf den Markt kam, heißt Parfum VI und wurde von dem britischen Parfümeur Arthur Burnham kreiert. Ein 10,2 cm großer Flacon aus Platin und 24 Karat Gold, besetzt mit Rubinen und Diamanten, kostet 150.000 DM. Die Form ist der Karosserie des Rolls-Royce Phantom VI nachempfunden. Nur 173 Flacons wurden hergestellt. Michael Jackson und Mike Tyson zählten zu den ersten Käufern.

GRÖSSTER SCHÖNHEITSWETTBEWERB

Im Februar 2001 bewarben sich 89 Kandidatinnen aus 89 Ländern um den Titel der Miss World. Indien und Schweden halten mit jeweils fünf Titeln den Rekord in der Geschichte des Schönheitswettbewerbs.

SCHWERSTE MISS-OLYMPIA-BEWERBERIN

Nicole Bass (USA) wog 92,5 kg, als sie 1997 an der Wahl der Miss Olympia teilnahm. Sie ist nicht nur die schwerste, sondern mit 1,87 m auch die größte Bewerberin. Nicole holte sich 1997 den Gesamtsieg der NPC National Bodybuilding Championships, bevor sie zu den Profi-Ringern wechselte. Sie tritt in verschiedenen Shows auf der ganzen Welt auf. Ihre Maße: Brustumfang 127 cm, Taille 76 cm, Oberarmumfang 45,7 cm, Oberschenkel 71 cm und Waden 45,7 cm.

GRÖSSTE FITNESSSTUDIO-KETTE

Die größte Kette von Fitness-Studios ist mit über 1.700 Studios in den USA Curves International Inc. Fast alle zwölf Stunden eröffnet das 1992 gegründete Franchise-Unternehmen eine neue Filiale. Die Zeitschrift *Entrepreneur Magazine* führte Curves im Januar 2000 auf Platz 1 der neu gegründeten Franchise-Unternehmen und im Januar 2000 auf Platz 14 der am schnellsten wachsenden Ketten.

www.guinnessworldrecords.com/hairyboys

EINE HAARIGE SACHE USA

Victor „Larry" und Gabriel „Danny" Ramos Gomez (unten) sind zu 98 % von einem dichten Haarpelz bedeckt, weil sie unter einer Krankheit namens Hypertrichose leiden.
Die Jungen stört der krankhafte Haarwuchs nicht, sie sind die Stars des mexikanischen Staatszirkus. Danny sagt: „Wir haben gelernt, dass Menschen, die anders sind, auch ihre Würde haben." Von ihren Angehörigen – dem De-Jesus-Clan – leiden viele unter Hypertrichose. Damit sind sie die „behaarteste Familie der Welt".

ACCESS CODE: ‹53833›

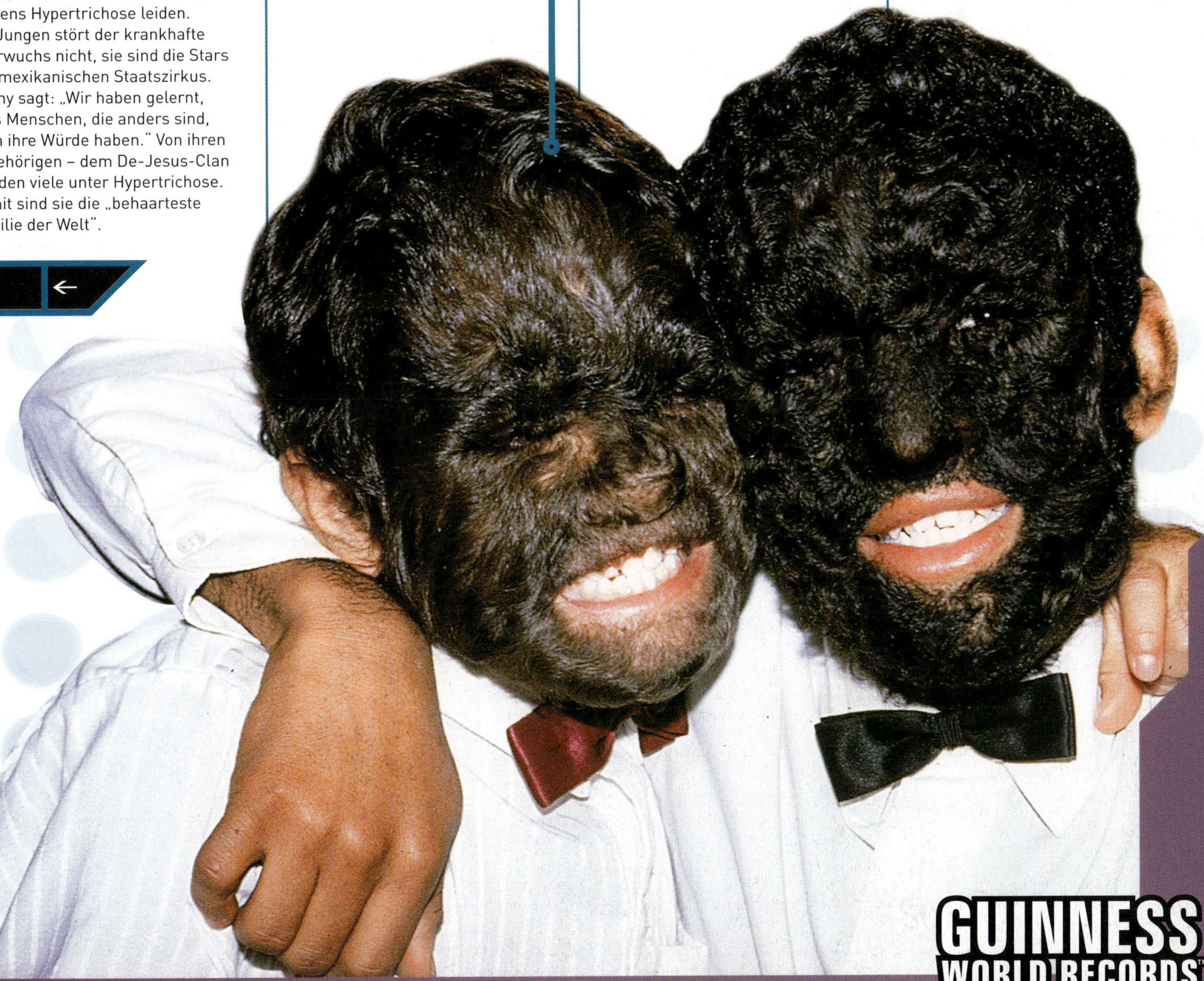

Gemeine Krankheiten

SELTENSTE KRANKHEIT
Die seltenste Krankheit der Welt sind die Pocken. Im Mai 1978 registrierte die Weltgesundheitsorganisation WHO weltweit keine Erkrankungen in den zurückliegenden sechs Monaten. Der letzte Fall von Pocken trat im August 1978 auf und führte zum Tod eines medizinischen Fotografen an der Universität von Birmingham (GB). Er hatte sich an einer Probe für Forschungszwecke infiziert.

MEISTE KRANKHEITS-AUSBRÜCHE
Nach einem WHO-Bericht vom 15. April 1999 über Infektionskrankheiten wurden in den Jahren 1998–99 45 Ausbrüche der Cholera registriert. Auf Platz 2 rangierte mit 29 belegten Ausbrüchen die lebensbedrohliche Meningitis, eine Infektion der Hirnhaut und der Rückenmarkhäute.

SCHLIMMSTER AUSBRUCH DER VOGELGRIPPE
Mit der Vogelgrippe, einer Grippeform, von der man lange glaubte, dass sie nur Vögel befiele, infizierten sich 1997 in Hongkong (CHN) 16 Menschen, vier davon starben. Es ist das erste Virus, das direkt von Vögeln auf den Menschen übertragen wurde.

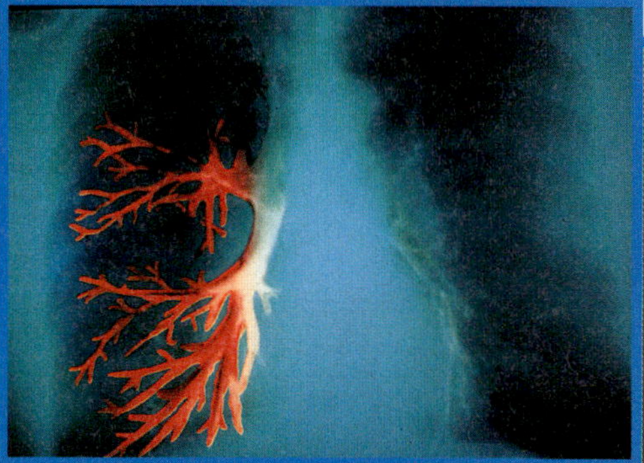

DER GESUNDHEITSMINISTER WARNT...
Die dringlichsten Gesundheitsprobleme der Welt hängen mit dem Rauchen zusammen. Die WHO schätzt, dass bis zum Jahr 2020 nikotinbedingte Krankheiten, darunter Herzerkrankungen, Krebs und Lungenleiden (links), für mehr Todesfälle verantwortlich sein werden als AIDS, Tuberkulose, Verkehrsunfälle und Selbstmorde zusammen – ungefähr sieben Mio. Menschen werden pro Jahr daran sterben. Die Bevölkerung in den Entwicklungsländern ist am meisten gefährdet, da bis ca. 2020 in den ärmeren Ländern 85 % aller Raucher leben werden. Diese Krankheiten kosten die Gesundheitssysteme 442,4 Mrd. DM jährlich.

www.guinnessworldrecords.com/badcigs
ACCESS CODE: ‹52507›

TÖDLICHE FLEISCHFRESSER
USA

Das seltene und tödliche Necrotising Fascilitis-Virus (NF), im Mai 1994 von den Medien „Fleisch fressender Bazillus" getauft, ist seit dem Ersten Weltkrieg bekannt. Die heimtückischen Streptokokken Typ A greifen zuerst eine Gewebeschicht unter der Haut an und verursachen Wundbrand. Das befallene Gewebe muss operativ entfernt werden. Die Sterblichkeit bei Patienten mit NF liegt bei 15 %. Kommt zu NF noch ein toxisches Schocksyndrom hinzu – starke Schmerzen und Fieber –, schnellt die Quote auf 70 %.

HÄUFIGSTE URSACHE FÜR SEKUNDENTOD
Erkrankungen der Herzkranzgefäße sind die häufigste Ursache für einen plötzlichen Tod. Rauchen, Bluthochdruck und ein hoher Cholesterinspiegel sind besondere Risikofaktoren für den Menschen.

HÄUFIGSTE TODESURSACHEN
Herz- und Kreislauferkrankungen sind in den Industrieländern gegenwärtig für über die Hälfte aller Todesfälle verantwortlich. Am häufigsten sind Herzinfarkte und Schlaganfälle, die gewöhnlich auf krankhafte Veränderungen der Arterienwände zurückzuführen sind, welche den Blutstrom behindern. Von den 53,9 Mio. Todesfällen im Jahr 1998 wurden 16,71 Mio. oder 31% durch Herz- und Kreislauferkrankungen verursacht.

ANSTECKENDSTE KRANKHEIT
Dengue, eine durch Mücken übertragene Viruskrankheit, und seine gefährlichere Variante, das hämorrhagische Denguefieber, sind vermutlich die am weitesten verbreiteten immer wieder auftretenden Krankheiten. 1998 wurden 1,2 Mio. Fälle von Dengue und Denguefieber registriert. Über 15.000 endeten tödlich.

HÄUFIGSTE NICHT ANSTECKENDE KRANKHEIT
Periodontalerkrankungen wie Gingivitis (Entzündung des Zahnfleischs) sind die häufigsten nicht ansteckenden Krankheiten. Früher blieben nur wenige Menschen von Karies verschont. Die Rate bei britischen Schülern ist jedoch von 93 % 1981 auf 55 % 1992 gesunken. Man schätzt, dass bis zu einem Drittel aller amerikanischen Erwachsenen betroffen ist.

LÄNGSTER NIESANFALL
Am 13. Januar 1981 begann ein Niesanfall bei der damals zwölfjährigen Donna Griffiths (GB). Im darauf folgenden Jahr nieste sie schätzungsweise eine Mio. Mal. Erst am 16. September 1983, dem 978. Tag, hatte sie wieder einen niesfreien Tag.

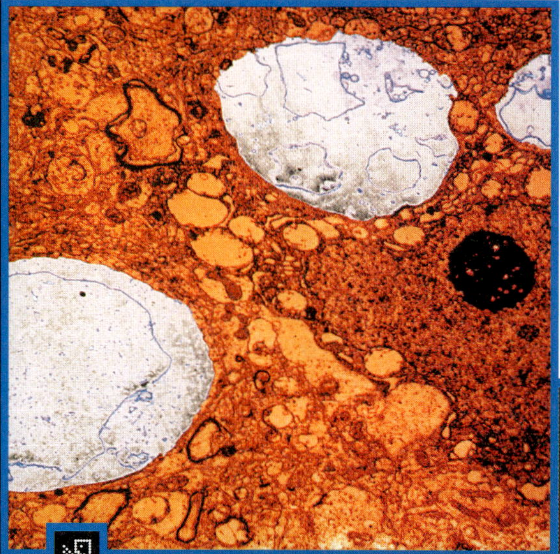

VOR DEN TIEREN AUF DER HUT
Die jüngste entdeckte Infektionskrankheit, die den Menschen bedroht, ist eine neue Variante des Creutzfeldt-Jakob-Syndroms (CJS, links), das zu Demenz führt. Sie wird vermutlich von einem Prion (dem winzigen Teil eines Proteins) verursacht. Überträger sind Rinder, die mit Boviner Spongiformer Encephalitis (BSE) infiziert sind.
1999 identifizierte die WHO den südostasiatischen Nipah-Virus als den neuesten Virus. Das Hendra-ähnliche Paramyxovirus ähnelt der Japanischen Gehirnhautentzündung, obwohl die Krankheit vermutlich nicht durch Mücken übertragen wird, sondern durch direkten Kontakt mit der Gewebeflüssigkeit infizierter Tiere. Diese Krankheit wird mit Schweinezucht in Verbindung gebracht und hat in Malaysia zu Todesfällen bei Schweinen und Menschen geführt.

www.guinnessworldrecords.com/newillness
ACCESS CODE: ‹48531›

BERÜHMTESTE KRANKHEITSÜBERTRÄGERIN

Die berühmteste Krankheitsüberträgerin ist Mary Mallon (wirklicher Name Maria Anna Caduff), die so genannte „Typhus-Mary". Sie wurde 1855 in der Schweiz geboren und wanderte 1868 in die USA aus. In ihrem Beruf als Köchin löste sie 53 Typhus-Ausbrüche aus, darunter die Epidemie von 1903 in Ithaca (USA) mit 1.400 Fällen und drei Toten. 1915 wurde sie ins Riverside Hospital auf North Brother's Island im East River eingeliefert, wo sie am 11. November 1938 an Lungenentzündung starb.

HÖCHSTE STERBLICHKEIT

Drei Krankheiten gelten heute als immer tödlich: AIDS, Tollwut und die Pest.
AIDS (Acquired Immune Deficiency Syndrome) hat den Zusammenbruch des Immunsystems zur Folge, verursacht wird die Krankheit durch das HIV-Virus (Human Immunodeficiency Virus). Das Virus greift das Immunsystem an und zerstört es, sodass der Kranke anfällig für Infektionen wird, die zum Tod führen. AIDS ist das letzte Stadium einer HIV-Infektion.

Tollwut, eine Virusinfektion des zentralen Nervensystems, wird gewöhnlich durch den Biss eines tollwütigen Tieres verursacht. Die meisten Tollwutfälle treten bei Wildtieren wie Waschbären, Fledermäusen und Füchsen auf. Beim Menschen sind Fieber, Kopfschmerzen und Übelkeit erste Symptome. Später kommen Halluzinationen, Schlaflosigkeit, Angstzustände, starker Speichelfluss und Hydrophobie (Angst vor Wasser) hinzu. Der Tod kann schon wenige Tage nach Auftreten der ersten Symptome erfolgen. Wenn die Erkrankung sofort behandelt wird, sind die Überlebenschancen hoch.

Der schlimmsten Epidemie der Welt, dem Schwarzen Tod, fiel schätzungsweise ein Drittel der Weltbevölkerung zum Opfer. Von 1347 bis 1351 breitete sich die pneumonische Form der Pest (eine bakterielle Infektion) in Asien, Nordafrika und Europa aus, überquerte den Ärmelkanal und erreichte England und Schottland. Dann erfasste die Pest Norwegen, Schweden, Dänemark, Island und Grönland. Fast jeder Infizierte starb daran – weltweit etwa 75 Mio. Menschen.

KLEINSTER PARASIT

Die kleinsten Parasiten sind verschiedene Einzeller. Der kleinste ist mit nur 0,5-1 µm *Pneumocystis carinii*. Er kommt in der Lunge vor und verursacht beim Menschen Lungenentzündung.

LANGLEBIGSTER PARASIT

Eine Lebensdauer von 27 Jahren wurde beim Medizinischen Blutegel (*Hirudo medicinalis*) festgestellt. Ein Blutegel ist winzig, kann aber auch 20 cm lang oder länger werden, wenn er sich streckt. Die medizinische Verwendung von Egeln geht bis in die Antike zurück und erreichte in der ersten Hälfte des 19. Jahrhunderts ihren Höhepunkt. Hirudin, ein aus Blutegeln gewonnener Extrakt, wird zur Hemmung der Blutgerinnung eingesetzt. Der Speichel des Blutegels enthält Substanzen, die schmerzstillend wirken und eine Gerinnung des Bluts verhindern.

FRÜHESTER FALL VON AIDS

Im Januar 1998 entdeckte Dr. Tuofo Zhu (USA) vom Aaron-Diamond-AIDS-Forschungsinstitut in New York (USA) das älteste bekannte HIV-Virus in einer Blutprobe aus dem Jahr 1959. Die Probe stammte aus Leopoldville in Zaire. Die Entdeckung deutet darauf hin, dass die AIDS-Epidemie ein Jahrzehnt früher ausgebrochen ist, als zuvor angenommen. Ein Vergleich des genetischen Materials der Probe mit heutigen Virusarten lässt darauf schließen, dass HIV in dieser Zeit erstmals vom Affen auf den Menschen übertragen wurde.

www.guinnessworldrecords.com/leprosy

ACCESS CODE: <48530>

DAS GEHT UNTER DIE HAUT

Obwohl Pest und Cholera schon im Alten Testament erwähnt werden, gilt Lepra (unten) als die älteste Krankheit der Welt. Fälle von Lepra wurden im Alten Ägypten bereits um 1350 v. Chr. beschrieben. Die Krankheit wird von der Weltgesundheitsorganisation (WHO) als „chronische, durch das Bakterium *Mycobacterium leprae* verursachte Infektionskrankheit" bezeichnet. Sie schädigt hauptsächlich die Haut, die peripheren Nerven, die Schleimhäute der oberen Atemwege und die Augen und führt zu Verstümmelungen.
Tuberculosis schistosomiasi, eine Infektionskrankheit der Lungen, wurde ebenfalls bereits bei ägyptischen Mumien festgestellt. Heute werden ausgeklügelte Techniken eingesetzt, etwa die DNS-Extraktion, um den Geheimnissen alter Krankheiten auf die Spur zu kommen. Die erste erfolgreiche Diagnose wurde an einem in der Türkei gefundenen Skelett aus byzantinischer Zeit gestellt. Der Mensch hatte an Tuberkulose gelitten.

Wunder der Medizin 1

LÄNGSTE ZEIT OHNE PULS ÜBERLEBT

Die längste Zeit, die ein Mensch ohne Puls überlebt hat, sind drei Tage. Am 14. August 1998 lag Julie Mills (GB) mit Herzversagen im Sterben. Herzchirurgen der John-Radcliffe-Klinik in Oxford (GB) versorgten sie eine Woche lang mit einer speziellen Blutpumpe. In dieser Zeit erholte sich ihr Herz vollständig und die Pumpe wurde wieder entfernt. Es war das erste Mal, dass ein Patient dieses Verfahren überlebte.

GRÖSSTE SCHWANGERSCHAFT

1971 gab Dr. Gennaro Montanino (I) bekannt, dass er aus der Gebärmutter einer 35 Jahre alten Frau, die im vierten Monat schwanger war, 15 Föten entfernt hatte. Ein fruchtbarkeitsförderndes Medikament hatte zu diesem einmaligen Fall von Fünfzehnlingen geführt.

JÜNGSTER MENSCH MIT HERZSCHRITTMACHER

Stephanie Gardiner (GB) war ganze vier Stunden alt, als ihr am 11. März 1995 ein Herzschrittmacher von der Größe einer Briefmarke eingepflanzt wurde.

DU BIST ES, BABY

Louise Brown (GB, links) war das erste Retortenbaby der Welt. Mit einem Gewicht von 2,6 kg kam sie am 25. Juli 1978 durch einen Kaiserschnitt im Oldham General Hospital (GB) zur Welt. Louises Mutter war seit Jahren gesagt worden, sie könne keine eigenen Kinder bekommen. Die Zeugung wurde durch die Arbeit der Ärzte Patrick Steptoe, Robert Edwards und Barry Bavister ermöglicht. Das Trio wendete erstmals eine neue Technik an, bei der dem Eierstock ein Ei entnommen und in einem Reagenzglas befruchtet werden konnte, bevor es wieder in die Gebärmutter eingesetzt wurde und sich normal entwickelte.

www.guinnessworldrecords.com/louisebrown
ACCESS CODE: ‹53414›

MEISTE HERZSCHRITTMACHER

Mark D. Smith Jr. (USA) erhielt in seinem Leben die Rekordzahl von 18 Herzschrittmachern. Der erste Herzschrittmacher wurde ihm im September 1964 im Alter von zwei Jahren eingepflanzt. Aufgrund von Komplikationen bekam er im Laufe der Jahre insgesamt fünf vorübergehende und 13 ständige Herzschrittmacher. Herzschrittmacher wurden 1930 entwickelt und erstmals am 8. Oktober 1958 eingepflanzt, nur fünf Jahre vor Smith's erstem Implantat.

ER LÄUFT UND LÄUFT

Der am längsten arbeitende Herzschrittmacher ist der von einer Lithium-Batterie betriebene Biotec 777, der am 18. Januar 1979 János Szilágyi (H) eingesetzt wurde. Bei der letzten Kontrolle am 7. April 2000 funktionierte er einwandfrei.

MEISTE KÜNSTLICHE GELENKE

Anne Davison (GB), bei der im Alter von 13 Jahren Arthritis diagnostiziert wurde, wurden bis zum 47. Lebensjahr zwölf große Gelenke (beide Schultern, Ellenbogen, Armgelenke, Hüften, Knie und Fußknöchel) sowie drei Fingerknöchel ersetzt. Ihr rechtes Knie wurde als erstes ausgetauscht, damals war sie 27 Jahre alt.

GERINGSTE BLUTTRANSFUSION BEI TRANSPLANTATION

Im Juni 1996 führte ein Transplantationsteam unter der Leitung des Chirurgen Stephen Pollard (GB) in der St. James-Universitätsklinik in Leeds (GB) bei der 47 Jahre alten Hausfrau Linda Pearson (GB) eine Lebertransplantation durch. Dabei wurde kein einziger Tropfen Blut übertragen. Für diese Operation sind gewöhnlich 2,3–3,4 l Blut nötig. Da Pearson Zeugin Jehovas war, durfte ihr kein fremdes Blut verabreicht werden.

GRÖSSTE BLUTTRANSFUSION

Der 50 Jahre alte Bluter Warren Jyrich (USA) benötigte im Dezember 1970 während einer Operation am offenen Herzen im Michael Reese Hospital in Chicago, Illinois (USA), die Rekordblutmenge von 2.400 Einheiten, das entspricht 1.080 l. Ein menschlicher Körper enthält im Durchschnitt ungefähr 5 l Blut.

ÄLTESTER OPERATIONS-PATIENT

Das höchste Alter, in dem sich ein Mensch einer Operation unterzog, beträgt 111 Jahre 105 Tage. James Brett (USA) wurde am 7. November 1960 erfolgreich an der Hüfte operiert, starb jedoch ein Jahr später an Altersschwäche.

ARM DRAN

USA

Mit gerade einmal vier Wochen war Chong Lih Ying aus Malaysia (links) der erste und jüngste Mensch, dem eine vollständige Gliedmaße transplantiert wurde. Im Mai 2000 setzten der Chirurg Dr. V. Pathmanathan und sein 55-köpfiges Team in einer 15-stündigen Operation der kleinen Chong den linken Arm ihrer Zwillingsschwester an. Ihre Schwester war mit einem schweren Gehirnschaden zur Welt gekommen und hatte keine Überlebenschance. Chong war mit einem deformierten Arm und ohne Hand geboren worden. Als ebenfalls erster Mensch musste sie keine Medikamente einnehmen, um die Abstoßung des Armes zu verhindern, da Chongs Zwillingsschwester dieselbe Blutgruppe und Gewebestruktur hatte, also mit keiner Abstoßungsreaktion gerechnet werden musste.

www.guinnessworldrecords.com/babyarm
ACCESS CODE: ‹54824›

www.guinnessworldrecords.com/handtransplant

MEISTE HANDAMPUTATIONEN

Die meisten Amputationen am selben Arm musste Clint Hallam (NZ, rechts) über sich ergehen lassen. Seine rechte Hand wurde insgesamt dreimal amputiert. Zuerst verlor er sie 1984 bei einem Unfall mit einer Kreissäge, Chirurgen nähten sie erfolgreich wieder an. Es entwickelte sich jedoch eine Infektion, und die Hand musste 1988 erneut amputiert werden. Im September 1998 führten Chirurgen in einem Krankenhaus in Lyon (F) eine bahnbrechende Handtransplantation bei Hallam durch. Dennoch bat er später, diese Hand wieder zu amputieren, da er unter ständigen Schmerzen litt. Ärzte in einem Londoner Krankenhaus erfüllten ihm seinen Wunsch und operierten ihn am 2. Februar 2001.

ACCESS CODE: ‹56505›

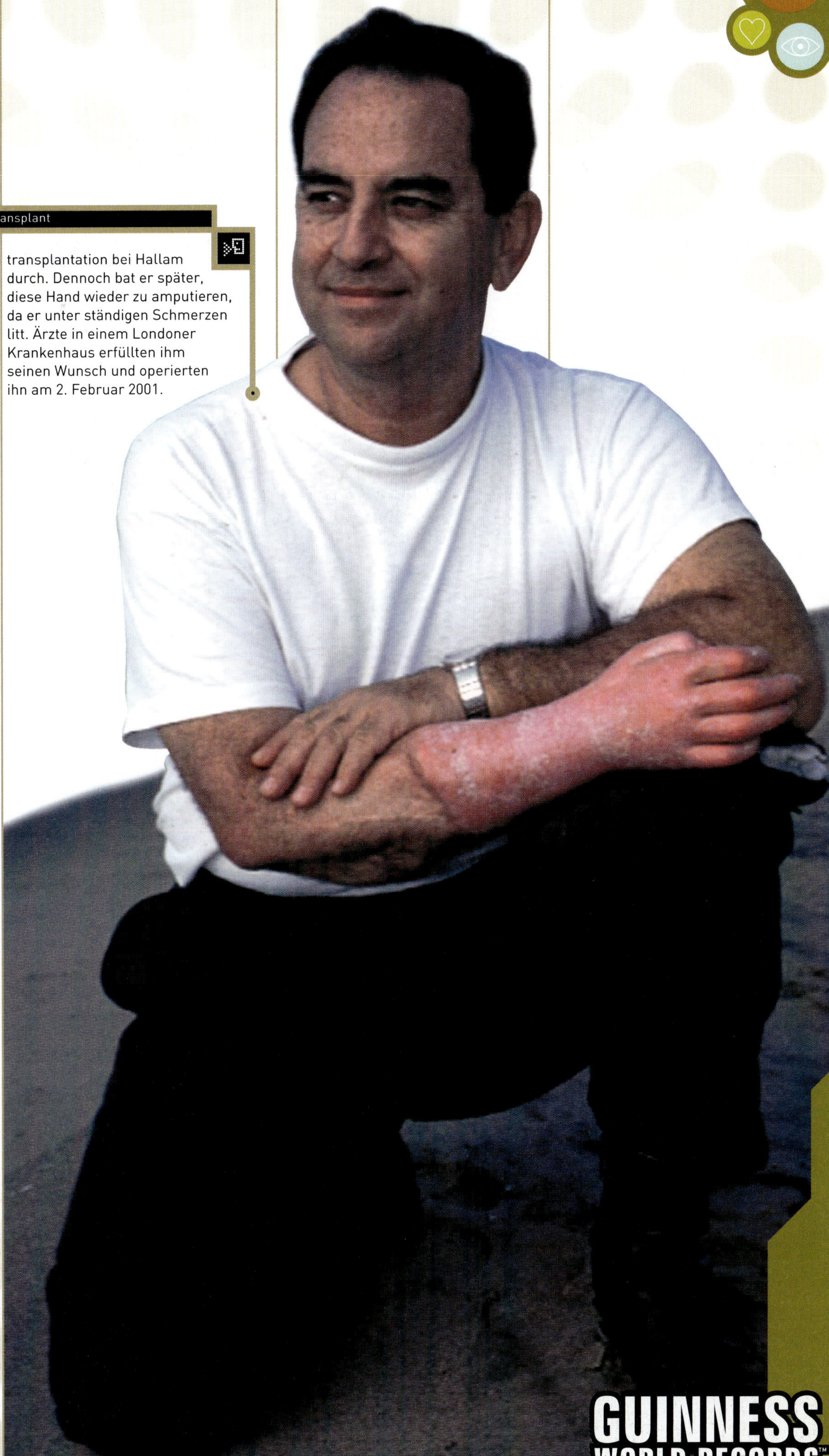

GRÖSSTER GALLENSTEIN

Der größte Gallenstein, über den in der medizinischen Fachliteratur berichtet wird, wog 6,29 kg und wurde am 29. Dezember 1952 im Charing Cross Hospital in London (GB) einer 80 Jahre alten Frau entfernt.

GRÖSSTER GEHIRNTUMOR

Ein Tumor mit dem Rekordgewicht von 570 g wurde am 25. Mai 2000 im Curewell Hospital im indischen Indore erfolgreich aus dem Gehirn des vierjährigen Kaushal Choudhary (IND) entfernt. Das Kind kam am 24. Mai 2000 in die Klinik und durfte sie am 30. Mai 2000 wieder verlassen.

GRÖSSTE TUMORMASSE USA

Der größte nicht zerstückelt entfernte Tumor war eine multizystische Masse aus einem Eierstock mit einem Gewicht von 137,6 kg. Die Wucherung hatte einen Durchmesser von 1 m und wurde im Oktober 1991 in einer sechsstündigen Operation am Medical Center der Universität Stanford, Kalifornien (USA), aus dem Unterleib einer 34 Jahre alten Frau entfernt.

NÜTZLICHSTER PARASIT FÜR DEN MENSCHEN USA

Der medizinische Blutegel *Hirudo medicinalis*, von Ärzten früher zur Blutentnahme benutzt, erlebt seit einiger Zeit ein Comeback: 1991 nutzte ein Team kanadischer Chirurgen die gerinnungshemmenden Stoffe im Speichel von Egeln, um die Blutgerinnung bei einer Operation zu verhindern. Bei diesem Eingriff wurde die Kopfhaut des Patienten wieder angenäht.

GUINNESS WORLD RECORDS™

Wunder der Medizin 2

JÜNGSTER PATIENT MIT DOPPELTER HERZKLAPPEN-VERPFLANZUNG

Der jüngste Patient, dem zwei Herzklappen eingepflanzt wurden, ist Cameron Miles (GB). Er kam mit einer fehlenden und einer nicht arbeitenden Herzklappe zur Welt und war erst drei Wochen alt, als er am 14. und am 23. Dezember 1998 im Allgemeinen Krankenhaus von Leeds in West-Yorkshire (GB) die Herzklappen zweier Spender empfing.

JÜNGSTE PATIENTIN MIT MEHREREN NEUEN ORGANEN

Sarah Marshall (CDN) war erst sechs Monate alt, als sie am 7. August 1997 im London's Children's Hospital in Western Ontario (CDN) eine Leber, ein Stück Darm, einen Magen und eine Bauchspeicheldrüse erhielt. Sie war mit einer vergrößerten Blase, einem zu kleinen Dickdarm und einem fehlgebildeten Dünndarm auf die Welt gekommen.

MEISTE HERZSTILLSTÄNDE WÄHREND EINER OPERATION

Das Herz von Rudolph A. Cizmar (USA) blieb bei einer Operation am 16. September 1999 im Baptist Memorial Hospital in Mississippi (USA) zweimal stehen. Die Ärzte mussten sein Herz mit Stromstößen wieder zum Schlagen bringen – das erste Mal um 15.20 Uhr und dann noch einmal um 17.20 Uhr. Er wurde wieder völlig gesund.

EXTREMSTE REKONSTRUKTION EINES SCHÄDELS

USA

Ahad Israfil (USA) erlitt einen Kopfschuss mit einem .357-Magnum-Revolver und wurde beinahe getötet, weil sein Arbeitgeber ihn für einen Einbrecher hielt und aus nächster Nähe auf ihn schoss. Der Chirurg Dr. James Apesos baute Ahads Schädel mit einer Form aus Silikon buchstäblich neu zusammen. Nach fast einem Dutzend Operationen war die Rekonstruktion beendet.

JÜNGSTE PATIENTIN MIT EINER LEBERTRANSPLANTATION

Die fünf Tage alte Baebhen Schuttke (IRL) erhielt am King's College Hospital in London (GB) in einer siebenstündigen Operation eine neue Leber. Ihre eigene hatte nach der Geburt versagt.

LÄNGSTER HERZSTILLSTAND

Der längste dokumentierte Herzstillstand beträgt 3 Stunden 40 Minuten, ihn erlitt Jean Jawbone (CDN) im Alter von 20 Jahren. Sie wurde am 8. Januar 1977 im Health Sciences Center, Winnipeg (CDN), von einem 26-köpfigen Operationsteam mittels peritonealer Dialyse wiederbelebt.

ÜBERLEBENDE DER MEISTEN ANEURYSMAS

Ein Aneurysma ist die krankhafte Ausweitung einer Gefäßwand bei einer Arterie, einer Vene oder einem Herzgefäß, Ursache kann eine Krankheit, eine Verletzung oder ein angeborener Defekt sein. Oft wird es durch hohen Blutdruck verursacht. Sheryl Evette Kessee (USA) hat die Rekordzahl von drei Operationen wegen Aneurysmas überlebt – zwei platzten im Frontalhirn und ein drittes wurde unversehrt hinter dem rechten Ohr entfernt.

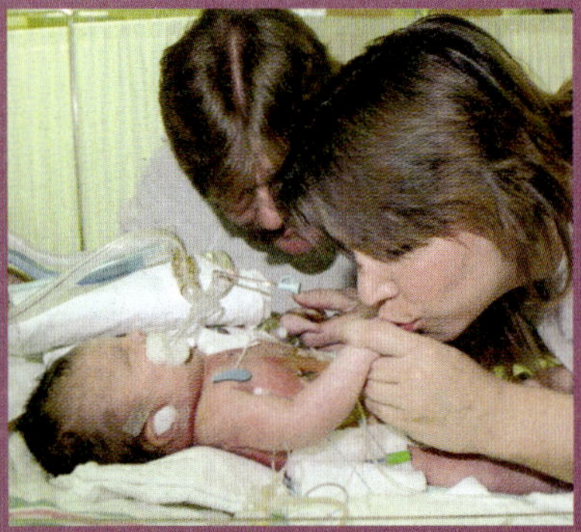

JÜNGSTE EMPFÄNGERIN EINES SPENDERHERZENS

Am 8. November 1996 erhielt die gerade eine Stunde alte Cheyenne Pyle (USA, links) ein Spenderherz. Bei der sechsstündigen Operation im Jackson Children's Hospital in Miami (USA) wurde Cheyenne das Blut abgesaugt und ihre Körpertemperatur auf 17 °C abgesenkt, eine Temperatur, bei der die Organe aufhören zu arbeiten.
Sophie Parker (GB) ist die jüngste Empfängerin zweier Spenderherzen. 1992 erhielt sie als Zweijährige im Harefield Hospital, London (GB), ein Spenderherz, das ihr schwaches eigenes Herz unterstützen sollte. Im März 1998 arbeitete ihr eigenes Herz nicht mehr richtig und sie bekam ein zweites Spenderherz zur Unterstützung des ersten.

www.guinnessworldrecords.com/youngestheartop
ACCESS CODE: ‹48446›

GRÖSSTES AUS EINEM MENSCHLICHEN SCHÄDEL ENTFERNTES OBJEKT

USA

Das größte jemals aus einem menschlichen Schädel entfernte Objekt ist ein 20,32 cm langes Messer mit gezackter Klinge, das dem 41-jährigen Michael Hill (USA) am 25. April 1998 in den Kopf gestoßen wurde. Die Chirurgen mussten Teile von Hills Schädel entfernen, um das Messer aus seinem Kopf herausholen zu können.

EXTREMSTE GESICHTSPROTHESE

USA

Leonard McQueeny (AUS) verlor durch ein Krebsgeschwür seine Nase und seinen Vordergaumen. Für ihn wurde eine Prothese aus Silikonkautschuk und medizinischem Titan angefertigt.

LÄNGSTE ÜBERLEBENDE MIT TRANSPLANTIERTER NIERE

Johanna Rempel (CDN) erhielt mit zwölf Jahren am 28. Dezember 1960 eine Niere von ihrer eineiigen Zwillingsschwester. Sie wurde am Peter Bent Brigham Hospital in Boston (USA) operiert. Beide Schwestern erfreuen sich bis heute bester Gesundheit, und beide haben gesunde Kinder bekommen.

LÄNGSTER ÜBERLEBENDER MIT EINER AORTENKLAPPE VOM SCHWEIN

Ein ungenannter Amerikaner lebte die Rekordzeit von 22 Jahren 8 Monaten 22 Tagen mit der Aortenklappe eines Schweins, die seine defekte Herzklappe ersetzt hatte. Er starb am 28. Dezember 1998.

Harry Driver (GB) wurde am 12. April 1978 ebenfalls die Aortenklappe eines Schweins verpflanzt. Sie arbeitete am 12. Mai 2000 immer noch, also 22 Jahre und einen Monat nach der Operation.

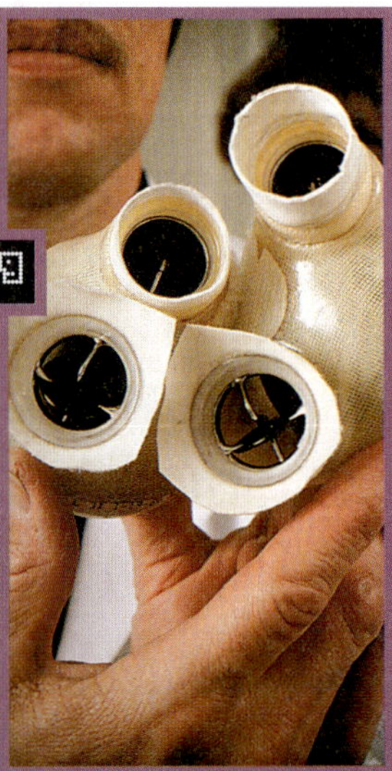

KUNSTHERZEN

William Schroeder (USA) lebte am längsten mit einem künstlichen Herzen: Es schlug 620 Tage lang, vom 25. November 1984 bis 7. August 1986. Die ersten Kunstherzen wurden bereits in den 1950er Jahren hergestellt. Das bekannteste ist das nach seinem Konstrukteur, dem amerikanischen Physiker Robert K. Jarvik, benannte Jarvik-7. Es sollte wie ein natürliches Herz funktionieren und hat zwei Pumpen (entsprechend den Herzkammern), beide mit einem scheibenartigen Mechanismus, der das Blut von der Eingangsklappe zur Ausgangsklappe schiebt. Der Mann, der am längsten mit einem natürlichen Spenderherzen lebte, war Dirk van Zyl (ZA). Nach der Transplantation am 10. Mai 1971 im Groote-Schuur-Krankenhaus in Kapstadt (ZA) lebte er noch 23 Jahre 57 Tage.

www.guinnessworldrecords.com/heart
ACCESS CODE: ‹48472›

www.guinnessworldrecords.com/descendant

ACCESS CODE: ‹48343›

TIEFE WURZELN

Adrian Targett (GB) hat den ältesten bekannten Stammbaum der Welt. Es wurde nachgewiesen, dass er mütterlicherseits ein direkter Nachkomme des so genannten „Cheddar Man" ist, eines 9.000 Jahre alten Skeletts, das in einer Höhle in Südwestengland gefunden wurde. Wissenschaftler entnahmen dem „Cheddar Man" eine DNA-Probe und stellten fest, dass sie fast exakt mit der DNA von Adrian Targett übereinstimmte. Targett wohnt nur einen knappen Kilometer von der Höhle entfernt.

HÖCHSTE ANZAHL VON GESCHLECHTSUMWANDLUNGEN DURCHGEFÜHRT USA

Der Chirurg Stanley Biber (USA) führt seit 30 Jahren in Trinidad (USA) Operationen zur Geschlechtsumwandlung durch.
Er hat 3.000 Männer operativ in Frauen verwandelt und über 250 Frauen in Männer. Die dreistündige Operation kostet rund 67.000 DM.

KLEINSTES U-BOOT IM MEDIZINISCHEN EINSATZ

Im Jahr 1999 baute die deutsche Firma microTEC ein Mikro-U-Boot von nur 4 mm Länge mit einem Durchmesser von 0,65 mm. Das durch computergesteuerte Laser hergestellte Gerät soll in verstopfte oder beschädigte Blutgefäße fahren und sie von innen reparieren.

BESTES KÜNSTLICHES AUGE

Am 17. Januar 2000 wurde bekannt gegeben, dass Jeremiah Teehan (USA), der 36 Jahre zuvor nach einem Schlag auf den Kopf erblindet war, wieder sehen kann.
Er verdankt dies einem künstlichen Auge, das in fast 30-jähriger Arbeit von dem amerikanischen Augenspezialisten William Dobelle entwickelt wurde. Es besteht aus einer winzigen Kamera und einem Ultraschall-Entfernungsmesser und übermittelt über zwei Computer Signale an Elektroden, die in Teehans Gehirn eingepflanzt sind.

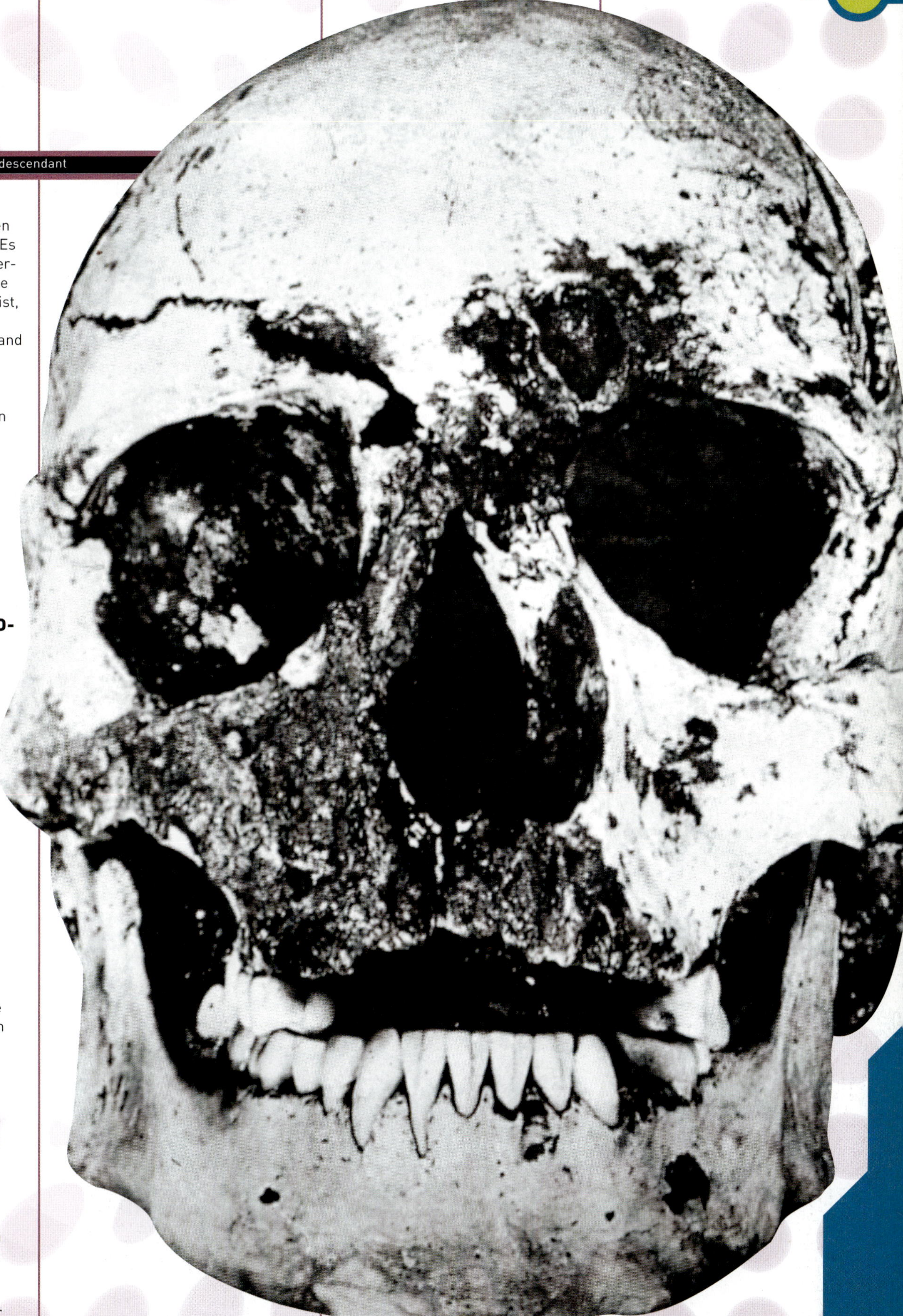

Um Haares-breite

MEISTE BLITZSCHLÄGE ÜBERLEBT

In den USA sterben im jährlichen Durchschnitt über hundert Menschen durch Blitzschlag. Der ehemalige Park-Ranger Roy C. Sullivan (USA) wurde siebenmal vom Blitz getroffen. Die Serie begann 1942, damals verlor er den Nagel am großen Zeh. 1969 verbrannten ihm durch einen Blitztreffer die Augenbrauen; im Juli 1970 versengte ihm der Blitz die linke Schulter; am 16. April 1972 verbrannten seine Haare; am 7. August 1973 verbrannten seine Haare noch einmal und seine Beine wurden versengt; am 5. Juni 1976 wurde er am Knöchel verletzt und am 25. Juni 1977 erlitt er Verbrennungen an Brust und Bauch. 1983 ist er trotz allen Glücks im Unglück verstorben.

BEFREIUNG AUS DER GRÖSSTEN WASSERTIEFE OHNE AUSRÜSTUNG

Richard A. Slater (USA) konnte sich am 28. September 1970 aus einem gerammten Tauchboot vor Catalina Island, Kalifornien (USA), ohne Ausrüstung aus einer Wassertiefe von 68,60 m befreien.

GRÖSSTE RETTUNGSAKTION OHNE TOTE

Die größte Rettungsaktion ohne Tote war die Bergung der 2.689 Menschen von dem amerikanischen Schiff *Susan B. Anthony*, das am 7. Juni 1944 vor der Küste der Normandie (F) sank.

GLÜCKSZAHL 13

Millvina Dean (GB, links) war neun Monate alt, als sie mit ihren Eltern und ihrem 18 Monate alten Bruder Bertram eine Fahrt dritter Klasse auf der als unsinkbar geltenden *Titanic* antrat. Als das Schiff mit einem Eisberg kollidierte und unterging, überlebten Mutter und Kinder im Rettungsboot Nr. 13. Millvinas Vater Bert gehörte zu den 1.517 Opfern der Tragödie von 1912. Von den 706 Reisenden der dritten Klasse im Bauch des Schiffes kamen nur 178 davon: 75 von 462 Männern, 76 von 165 Frauen und 27 von 79 Kindern. Von insgesamt 109 Kindern an Bord wurden 57 gerettet.

www.guinnessworldrecords.com/titanicbaby
ACCESS CODE: ‹52780›

LÄNGSTES ÜBERLEBEN AUF EINEM RETTUNGSFLOSS

Poon Lim (Hongkong), zweiter Steward auf einem Schiff der britischen Handelsmarine, überlebte die Rekordzeit von 133 Tagen allein auf einem Floß. Sein Schiff, die *SS Ben Lomond*, wurde am 23. November 1942 durch Torpedos 419 Seemeilen (910 km) westlich von St. Paul's Rocks im Atlantik versenkt. Am 5. April 1943 wurde er vor Salinópolis (BR) von einem brasilianischen Fischerboot geborgen.

LÄNGSTE ZEIT AUF EINEM ABGETRIEBENEN FISCHERBOOT

Die Fischer Tabwai Mikaie und Arenta Tebeitabu von der Insel Nikunau der Republik Kiribati überlebten 177 Tage auf ihrem 4 m langen Fischerboot. Sie waren am 17. November 1991 in einen Zyklon geraten und von der Strömung abgetrieben worden. Am 11. Mai 1992 strandeten sie 97 Seemeilen (180 km) entfernt auf Westsamoa. Ein dritter Fischer war wenige Tage vor der Ankunft gestorben.

LÄNGSTES ÜBERLEBEN EINES HAHNES OHNE KOPF

Am 10. September 1945 sollte der Hahn Mike in den Kochtopf wandern. Mikes Besitzer Lloyd Olsen (USA) schlug ihm den Kopf ab und dennoch lebte der Hahn 18 Monate weiter. Lloyd fütterte und tränkte ihn daraufhin mit einer Pipette direkt in die Speiseröhre. In einem Motel in Arizona erstickte Mike schließlich. Inzwischen ist ihm eine Internet-Seite gewidmet: www.miketheheadlesschicken.org

RETTUNGSAKTION AUS GRÖSSTER TIEFE

Am 29. August 1973 sank das Mini-U-Boot *Pisces III* 240 km südöstlich vom irischen Cork. Roger R. Chapman und Roger Mallinson (beide GB) saßen 76 Stunden in 480 m Tiefe fest. Am 1. September wurden sie mit ihrem Boot von dem Kabelleger *John Cabot* nach Vorbereitungen durch die *Pisces V*, die *Pisces II* und ein Kontroll- und Bergungsschiff an die Oberfläche geholt.

TIEFSTER SENKRECHTER STURZ AUF SKIERN

USA

Im April 1997 stürzte die 25-jährige Bridget Mead (NZ) während der WM im Extremski in Valdez, Alaska (USA), fast 400 m senkrecht in die Tiefe. Sie erlitt Prellungen und eine schwere Gehirnerschütterung, aber keine Knochenbrüche. Mead war damals die erfolgreichste Vertreterin ihrer Sportart. Die sie behandelnden Ärzte führten ihr Überleben auf ihre ausgezeichnete körperliche Verfassung und ihren Helm zurück.

LÄNGSTER STURZ IN EINEM LIFT

Am 25. Januar 2000 riss das Kabel einer Liftkabine im Empire State Building in New York City (USA). Die Büroangestellten Shameka Peterson und Joe Mascora (USA) stürzten in vier Sekunden 40 Stockwerke in die Tiefe. Nach 121 m stoppte die Kabine – ganze vier Etagen über dem Boden. Beide Insassen kamen mit kleineren Blutergüssen davon.

HÖCHSTE GRAVITATION (FREIWILLIG)

Die höchste Gravitationskraft, der sich ein Mensch freiwillig aussetzte, betrug das 82,6-fache der gewöhnlichen Erdanziehungskraft. Der Rekordhalter Eli L. Beeding Jr. (USA) hielt diese Belastung am 16. Mai 1958 auf einem Raketenschlitten auf dem Luftwaffenstützpunkt Holloman, New Mexico (USA), 0,04 Sekunden lang aus. Anschließend musste er sich drei Tage im Krankenhaus behandeln lassen.

DIE HÖCHSTE RETTUNGSAKTION AN EINEM GEBÄUDE

Ein Team aus 21 Männern und einer Frau der malaysischen Feuerwehr und des Rettungsdienstes führte am 17. April 1998 die höchste Rettungsaktion an einem Bauwerk durch: Im 88. Stockwerk der Petronas Towers (links) in Kuala Lumpur (MAL), dem höchsten Bürogebäude der Welt, war eine Liftgondel stecken geblieben – in 378,25 m Höhe. Wegen starker Winde und der Konstruktion des Gebäudes mussten die „Opfer" in fünf Etappen nach unten transportiert werden: vom 88. zum 82., vom 82. zum 73., vom 73. zum 60., vom 60. zum 6. Stockwerk und von dort aus zum Boden. Die Operation, eine Übung zur Überprüfung der Einsatzfähigkeit des Teams, dauerte ganze 20 Minuten.

www.guinnessworldrecords.com/snatchrescue
ACCESS CODE: ‹53086›

HÖCHSTE GRAVITATION (UNFREIWILLIG)

Am 13. Juli 1977 wurde der Rennfahrer David Purley (GB) bei einem Unfall auf dem Silverstone Race Track, Northants (GB), auf einer Strecke von nur 66 cm von 173 km/h auf Null abgebremst. Dabei wirkten Kräfte auf seinen Körper ein, die dem 179,8-fachen der gewöhnlichen Erdanziehungskraft entsprachen: Purley erlitt 29 Knochenbrüche, drei Luxationen und sechs Herzstillstände. Nach seiner Genesung fuhr er wieder Rennen.

ÜBERLEBEN NACH DER LÄNGSTEN ZEIT UNTER WASSER

In 1986 stürzte die zweijährige Michelle Funk (USA) in einen Bach und blieb 66 Minuten lang unter Wasser. Sie wurde gerettet und erholte sich vollständig.

LÄNGSTES ÜBERLEBEN EINER KATZE NACH EINEM ERDBEBEN

Am 9. Dezember 1999 wurde in Taiwan 80 Tage nach einem Erdbeben in einem eingestürzten Gebäude in Taichung (RC) eine noch lebende Katze gefunden. Sie war völlig ausgetrocknet und atmete kaum noch. Nach einer sofortigen Behandlung in einer Tierklinik wurde sie wieder ganz gesund. Das Beben am 21. September 1999 hatte schätzungsweise 2.400 Menschen in den Tod gerissen.

LÄNGSTES ÜBERLEBEN MIT VERLAGERTEM HERZEN USA

Christopher Wall (USA), geboren am 19. August 1975, ist der am längsten Überlebende mit einer so genannten *Ektopia cordis*, einer Verlagerung des Herzens außerhalb des Brustkorbes. Die Sterblichkeit bei dieser Erkrankung ist hoch, die meisten Neugeborenen leben nicht länger als 48 Stunden. Nach Angaben der amerikanischen Heart Association kommt die Erkrankung 5,5- bis 7,9-mal auf eine Million Lebendgeburten vor. Wall arbeitet heute für eine Baufirma in Philadelphia.

NIEDRIGSTE KÖRPERTEMPERATUR

Die niedrigste nachgewiesene Körpertemperatur eines lebenden Menschen waren 14,2 °C, die am 23. Februar 1994 bei der zweijährigen Karlee Kosolofski (CDN) gemessen wurden. Das Mädchen war bei –22 °C versehentlich ausgesperrt worden. Wegen Erfrierungen musste ihr das linke Bein über dem Knie amputiert werden. Ansonsten hat sie sich vollständig erholt.

NIEDRIGSTER RETTUNGSSPRUNG MIT FALLSCHIRM

Luftwaffenmajor Terence Spencer (GB) sprang am 19. April 1945 über der Bucht von Wismar (D) aus einer Höhe von 9–12 m mit dem Fallschirm ab. Er konnte ans Ufer schwimmen. Seine Maschine zerschellte an Land.

www.guinnessworldrecords.com/frostbite

EISKALT ERWISCHT

Am 10. Mai 1996 überlebte Dr. Seaborn „Beck" Weathers (USA, rechts) wie durch ein Wunder einen Schneesturm mit Windgeschwindigkeiten von bis zu 145 km/h auf dem Mt. Everest. Der Sturm kostete acht weiteren Bergsteigern das Leben – die meisten Toten auf dem Berg an einem einzigen Tag. Weathers lag 16 Stunden auf dem Südjoch, kam aber wieder zu sich und konnte sich retten. Bei Temperaturen um –40 °C verlor er die rechte Hand, Teile der linken Hand und die Nase.

ACCESS CODE: ‹56166›

www.guinnessworldrecords.com/fameandmoney

Reich und berühmt

GUINNESS WORLD RECORDS™

Hollywood + Stars 1

HÖCHSTER JAHRESVERDIENST EINER FILMSCHAUSPIELERIN
Nach der *Forbes*-Liste der 100 größten Stars verdiente Julia Roberts (USA) im Jahr 2000 mehr als alle anderen Schauspielerinnen – schätzungsweise 42,3 Mio. DM.

Julia Roberts hatte auch die größten Kassenerfolge aller Schauspielerinnen. Seit 1987 erzielten ihre 24 Filme Bruttoeinnahmen von insgesamt 3,433 Mrd. DM. Acht ihrer Filme spielten über 200 Mio. DM ein. An der Spitze lag *Pretty Woman* (USA, 1990) mit 1,038 Mrd. DM.

MEISTE OSCARS FÜR DIE BESTE HAUPTROLLE
Sieben amerikanische Schauspieler haben zweimal den Oscar für die beste Hauptrolle gewonnen: Spencer Tracy für *Manuel* (USA, 1937) und *Teufelskerle* (USA, 1938); Fredric March für *Dr. Jekyll und Mr. Hyde* (USA, 1932) und *Die besten Jahre unseres Lebens* (USA, 1946); Gary Cooper für *Sergeant York* (USA, 1941) und *Zwölf Uhr mittags* (USA, 1952); Marlon Brando für *Die Faust im Nacken* (USA, 1954) und *Der Pate* (USA, 1972); Jack Nicholson für *Einer flog über das Kuckucksnest* (USA, 1975) und *Besser geht's nicht* (USA, 1997); Dustin Hoffman für *Kramer gegen Kramer* (USA, 1979) und *Rain Man* (USA, 1988); und Tom Hanks für *Philadelphia* (USA, 1993) und *Forrest Gump* (USA, 1994).

UND DER OSCAR GEHT (WIEDER) AN...
Katharine Hepburn (USA, links) erhielt mehr Oscars (4) und Oscar-Nominierungen (12) als irgendein anderes Mitglied ihrer Zunft. Sie gewann den Oscar als beste Schauspielerin für ihre Rollen in *Morgenrot des Ruhms* (USA, 1933), *Rat mal, wer zum Essen kommt* (USA, 1967), *Der Löwe im Winter* (USA, 1968) und *Am goldenen See* (USA, 1981).

www.guinnessworldrecords.com/oscarwinner
ACCESS CODE: ‹50660›

MEISTE OSCAR-NOMINIERUNGEN ALS BESTER HAUPTDARSTELLER FÜR DENSELBEN FILM
Bei der Verleihung der Academy Awards von 1935 wurden von den vier für die beste Hauptrolle Nominierten drei für ihre Leistung im selben Film ausgewählt. Clark Gable, Charles Laughton und Franchot Tone (alle USA) hatten alle in dem Filmklassiker *Meuterei auf der Bounty* (USA, 1935) gespielt. Es gewann jedoch der als Vierter nominierte Victor McLaglen (GB), der für seine Rolle in *Der Verräter* (USA, 1935) den Oscar erhielt.

SCHAUSPIELER MIT DEN MEISTEN OSCAR-NOMINIERUNGEN
Jack Nicholson (USA) hat seit seinem ersten Film im Jahr 1958 die Rekordzahl von elf Oscar-Nominierungen zu verbuchen. Vier davon waren für die beste Nebenrolle, die restlichen sieben für die beste Hauptrolle.

MEISTE NOMINIERUNGEN OHNE SIEG
Richard Burton und Peter O'Toole (beide GB) wurden je siebenmal für die beste Hauptrolle nominiert, gewannen jedoch nie einen Oscar.

JÜNGSTE OSCAR-GEWINNERIN FÜR DIE BESTE NEBENROLLE
Die jüngste Oscar-Preisträgerin für die beste Nebenrolle ist Tatum O'Neal (USA). Sie erhielt am 2. April 1974 mit 10 Jahren 148 Tagen den Oscar für *Paper Moon* (USA, 1973).

JÜNGSTE GEWINNERIN EINES SPEZIAL-OSCARS
Shirley Temple (USA) gewann am 27. Februar 1935 mit 6 Jahren 310 Tagen einen speziellen Jugend-Oscar der Academy. Sie wurde in jenem Jahr der jüngste Star mit den besten Einspielergebnissen eines Films und 1938 die jüngste Dollarmillionärin mit selbst verdientem Geld.

SCHNAPPT SHORTY!
Der kleinste erwachsene Schauspieler in einer Nebenrolle ist der 81 cm große Verne Troyer (USA, links). Er wurde durch seine Rolle als „Mini-Me" in *Austin Powers – Spion in geheimer Missionarsstellung* (USA, 1999) bekannt und spielte unter anderem auch in *Men In Black* (USA, 1997) und *Fear and Loathing in Las Vegas* (USA, 1998).
Der kleinste erwachsene Schauspieler in einer Hauptrolle ist der 83 cm große philippinische Fallschirmspringer und Kampfsportexperte Weng Wang. Er ist der Star in verschiedenen James-Bond-Parodien.
Der kleinste Schauspieler mit einem Stern auf dem Hollywood Walk of Fame ist Billy Barty (USA). Der im Jahr 2000 verstorbene, 113 cm große Film-Veteran spielte in 130 Filmen mit.

www.guinnessworldrecords.com/getshorty
ACCESS CODE: ‹54327›

JÜNGSTE GEWINNERIN EINES OSCARS FÜR DIE BESTE HAUPTROLLE
Marlee Matlin (USA) war 21 Jahre 219 Tage alt, als sie am 31. März 1987 den Oscar als beste Hauptdarstellerin für ihre Rolle als Gehörlose in *Gottes vergessene Kinder* (USA, 1986) erhielt.

JÜNGSTER GEWINNER EINES OSCARS FÜR DIE BESTE HAUPTROLLE
Richard Dreyfus (USA) gewann am 13. April 1978 mit 29 Jahren 166 Tagen den Oscar als bester Hauptdarsteller für seine Rolle in *Der Untermieter* (USA, 1977).

ÄLTESTER GEWINNER EINES OSCARS FÜR DIE BESTE HAUPTROLLE
Am 29. März 1982 erhielt Henry Fonda (USA) mit 75 Jahren 318 Tagen den Oscar als bester Hauptdarsteller für seine Rolle in dem Film *Am goldenen See* (USA, 1981).

ÄLTESTE GEWINNERIN EINES OSCARS FÜR DIE BESTE HAUPTROLLE
Die in Großbritannien geborene Schauspielerin Jessica Tandy erhielt am 29. März 1990 mit 80 Jahren 295 Tagen den Oscar als beste Hauptdarstellerin für ihre Rolle in *Miss Daisy und ihr Chauffeur* (USA, 1989).

ÄLTESTER GEWINNER EINES EHREN-OSCARS
Der geniale Komiker Groucho Marx (USA) war 83 Jahre 182 Tage alt, als er am 2. April 1974 einen Ehren-Oscar erhielt. Der Schauspieler mit dem scharfen Witz und dem aufgemalten Schnurrbart starb am 19. August 1977.

ÄLTESTER SCHAUSPIELER MIT EINER OSCAR-NOMINIERUNG
Der amerikanische Schauspieler Richard Farnsworth (1920–2000) war 79 Jahre 270 Tage alt, als er im Februar 2000 für seine Rolle in *Eine wahre Geschichte* (USA, 1999) für den Oscar als bester Hauptdarsteller nominiert wurde.

FORD-FESTIVAL
Elf Filme mit dem Schauspieler Harrison Ford (USA, oben) brachten das internationale Rekord-Einspielergebnis von zusammen über 6 Mrd. DM. Seine fünf erfolgreichsten Filme sind *Krieg der Sterne* (USA, 1977), 1,787 Mrd. DM; *Die Rückkehr der Jedi-Ritter* (USA, 1983), 1,283 Mrd. DM; *Das Imperium schlägt zurück* (USA, 1980), 1,185 Mrd. DM; *Indiana Jones und der letzte Kreuzzug* (USA, 1989), 1,108 Mrd. DM; *Jäger des verlorenen Schatzes* (USA, 1981), 860 Mio. DM.

www.guinnessworldrecords.com/harrisonford

ACCESS CODE: ‹54197›

SCHAUSPIELER MIT EINEM OSCAR FÜR DIE BESTE REGIE
Im Jahr 1996 bekam Mel Gibson (AUS) für seinen Film *Braveheart* (USA, 1995) als fünfter Schauspieler einen Oscar für die beste Regie. Er teilt diesen Rekord mit Kevin Costner (USA) für *Der mit dem Wolf tanzt* (USA, 1990); Clint Eastwood (USA) für *Erbarmungslos* (USA, 1992); Woody Allen (USA) für *Hannah und ihre Schwestern* (USA, 1986); und Robert Redford (USA) für *Eine ganz normale Familie* (USA, 1980).

GRÖSSTER SCHAUSPIELER
Richard Kiel (USA), vor allem bekannt durch seine Rolle als Beißer, der Bösewicht mit den Stahlzähnen, in den James-Bond-Filmen *Der Spion, der mich liebte* (GB, 1977) und *Moonraker* (GB, 1979), ist 2,18 m groß.

GRÖSSTER SCHAUSPIELER IN EINER HAUPTROLLE
Christopher Lee (GB), der größte Schauspieler in einer Hauptrolle, ist mit seinen 1,94 m eine eindrucksvolle Erscheinung auf dem Set. Er überragt seine Schauspielerkollegen seit seinem Filmdebüt 1948. Seine erste Hauptrolle spielte er 1958 als Dracula in dem gleichnamigen Film.

KLEINSTE NOCH LEBENDE SCHAUSPIELERIN IN EINER HAUPTROLLE
Linda Hunt (USA), die ihr Debüt 1980 mit dem Film *Popeye* (USA, 1980) feierte, ist 1,43 m groß. Sie gewann 1984 einen Oscar für die Rolle des Billy Kwan, eines eurasischen Kameramanns in *Ein Jahr in der Hölle* (AUS, 1982). Damit ist sie die einzige Schauspielerin, die jemals einen Oscar für eine Männerrolle bekam.

FILMSTAR MIT DER MEISTEN FANPOST
Der Stummfilmstar Charlie Chaplin (GB) erhielt die Rekordzahl von 73.000 Fanbriefen in den ersten drei Tagen, nachdem er 1921 nach London zurückgekehrt war.

www.guinnessworldrecords.com/brucewillis

BESTBEZAHLTE FILMSTARS
Bruce Willis (USA, rechts) hat den höchsten Jahresverdienst eines Filmschauspielers. Er verdiente laut der *Forbes*-Rangliste 2001 im Jahr 2000 schätzungsweise 157 Mio. DM.
Die höchste je für eine Filmrolle bezahlte Gage ging an Jack Nicholson (USA). Er bekam rund 134 Mio. DM für seine Rolle als Joker in dem Filmhit *Batman* (USA, 1989). Die Rekordgage war ein Prozentsatz des weltweiten Einspielergebnisses, das 925 Mio. DM betrug.

Harrison Ford (USA) hält den Rekord für die weltweit höchsten Einspielergebnisse der Filme eines Schauspielers. Er spielte in 25 Filmen, die insgesamt 7,36 Mrd. DM an den Kinokassen einbrachten. Von diesen 25 Filmen war das Weltraumepos *Krieg der Sterne* (USA, 1977) mit Ford in der Rolle des Captain Han Solo der bisher größte Kassenerfolg.

ACCESS CODE: ‹52230›

GUINNESS WORLD RECORDS™

Hollywood + Stars 2

MEISTE BAFTA AWARDS IN FOLGE

Robbie Coltrane (GB) hat einen Rekord von drei BAFTA Awards (British Academy of Film and Television Arts) in Folge bekommen. Ausgezeichnet wurde er als „Bester Fernsehschauspieler" für seine Rolle als forensischer Psychiater Gerry „Fitz" Fitzgerald in der Serie *Cracker* (*Für alle Fälle Fitz*) der Granada Television von 1994 bis 1996.

HÖCHSTE GAGE EINES SCHAUSPIELERS IN EINER FERNSEHKOMÖDIE PRO FOLGE

Kelsey Grammer (USA), der den Psychoanalytiker Frasier Crane in der TV-Comedy *Frasier* spielt, soll für jede Folge zwischen 2002 und 2003 die Rekordsumme von über 3,5 Mio. DM erhalten.

LÄNGSTER VERTRAG IN FUNK UND FERNSEHEN

Der Entertainer Bob Hope (USA) erfüllte am 23. November 1996 das 60. Jahr seines Vertrages mit NBC – es ist der am längsten laufende Medien-Vertrag aller Zeiten. Neben seinen Auftritten in Funk, Fernsehen und Film wirkte er auch bei der Truppenbetreuung der US-Soldaten in Übersee in sämtlichen Kriegen vom 2. Weltkrieg bis zum Golfkrieg mit.

LÄNGSTE ZEIT IN DERSELBEN ROLLE

William Roache (GB) spielte seit der ersten Folge der britischen Seifenoper *Coronation Street* vom 9. Dezember 1960 ohne Unterbrechung die Rolle des Ken Barlow.

MEISTE AUFTRITTE ALS STATIST

Vic Gallucci (GB) trat in der Krimiserie *The Bill* (GB) auf ITV seit ihrem Start 1989 mehr als 819-mal auf. Gallucci spielt den Detective Constable Tom Baker, der oft im Hintergrund zu sehen ist, wie er sich gegen Aktenschränke lehnt, Kaffee holt oder in Unterlagen wühlt.

HÖCHSTES JAHRESEINKOMMEN EINES FERNSEHSCHAUSPIELERS

Der Star der Fernsehkomödie *Seinfeld*, Jerry Seinfeld (USA), verdiente bei seinen Auftritten 1998 die Rekordsumme von über 590 Mio. DM.

MEISTE BERÜHMTHEITEN IN EINER ZEICHENTRICKSERIE

Seit der ersten Ausstrahlung 1987 als Serie von 30-Sekunden-Spots waren in der englische Version der Zeichentrickserie *The Simpsons* bislang 240 Berühmtheiten zu hören, darunter Dolly Parton, Buzz Aldrin und Jerry Springer (alle USA) sowie Stephen Hawking (GB).

VERTRAUTESTER TV-MODERATOR

570-mal ohne Unterbrechung präsentierte der TV-Astronom Patrick Moore (GB) die monatliche britische Astronomiesendung *Sky at Night* vom 24. April 1957 bis Mai 2001. Für seine Verdienste um die Astronomie erhielt Moore mehrere Preise. Als Gäste in der Sendung empfing er u. a. den ersten Mann auf dem Mond, Neil Armstrong (USA), und den Rockstar Brian May (GB).

HÖCHSTES JAHRESEINKOMMEN EINES TALKMASTERS

Nach der *Forbes*-Liste 2001 der 100 reichsten Persönlichkeiten verdiente die Talkshow-Queen Oprah Winfrey (USA) im Jahr 2000 die Rekordsumme von 336 Mio. DM. Ihre Sendung hat über 22 Mio. Zuschauer und wird in 113 Ländern ausgestrahlt. Sie wurde mit 34 Emmy Awards ausgezeichnet.

BESTBEZAHLTE NACHRICHTENSPRECHERIN

Barbara Walters (USA) soll über 29 Mio. DM jährlich als Nachrichtenkorrespondentin und -sprecherin der Sendungen *ABC News Magazine*, *20/20*, *The Barbara Walters Specials* und *The View* verdienen. Walters moderierte als erste Frau die Spätnachrichten des Senders und interviewte seit Richard Nixon jeden US-Präsidenten. Sie ging in die Geschichte des Journalismus ein, als sie im November 1977 das erste gemeinsame Interview des ägyptischen Staatspräsidenten Sadat und des israelischen Ministerpräsidenten Begin arrangierte.

HÖCHSTBEZAHLTER TV-SCHAUSPIELER PRO FOLGE

Im August 1998 stieg der Verdienst von Anthony Edwards (USA), dem Dr. Mark Greene in der US-Krankenhausserie *ER*, von 280.000 DM sprunghaft auf die Rekordhöhe von 896.000 DM pro Folge. Über die Vertragslaufzeit von vier Jahren erhält er somit 78,4 Mio. DM.

ERSTER AUFTRITT IN EINEM BRITISCHEN TV-WERBESPOT

Am 22. September 1955 ging der britische TV-Kanal Independent Television erstmals auf Sendung. Meg Smith (GB) schwang in einem 60-Sekunden-Werbespot für die Zahncreme Gibbs SR eine Zahnbürste. Für die erste Rolle in einem TV-Spot des Senders hatte sie 80 Konkurrentinnen aus dem Feld geschlagen.

LÄNGSTE KARRIERE ALS SPRECHER EINES TRICKFILMS

Jack Mercer (USA) lieh der Figur des Popeye im Film *Let You and Him Fight* 1934 erstmals seine Stimme. Er sprach die Rolle die nächsten 45 Jahre bei 294 Produktionen, einschließlich der TV-Trickfilme.

REKORD-ZEREMONIENMEISTER

Der amerikanische Entertainer Bob Hope (USA) hat bei Oscar-Verleihungen allein und mit anderen 16-mal als Master of Ceremonies gewirkt und nahm ingesamt an 27 Verleihungen teil. Hope selbst erhielt die begehrte Auszeichnung fünfmal.

PRODUKTIVSTER TV-PRODUZENT

Aaron Spelling (USA, oben) hat seit 1956 über 3.842 Stunden Fernsehsendungen produziert, davon 3.578 Stunden Serien und 264 Stunden Filme. Zu seinen Produktionen zählen *Mod Squad*, *Charlie's Angels*, *Love Boat*, *Dynasty*, *Fantasy Island*, *Beverly Hills 90210*, *Melrose Place*, *Charmed* und *All Souls*. Wer alle Folgen anschauen wollte, müsste vier Monate lang 24 Stunden am Tag fernsehen.

Spelling baute auch das größte Privathaus in Hollywood, „The Manor" (Das Herrenhaus), wie es seine Familie nennt. Es hat eine Grundfläche von 5.253 m², 123 Zimmer und einen geschätzten Wert von knapp 83 Mio. DM. Es verfügt unter anderem über eine Turnhalle, eine Bowling-Bahn, einen Swimmingpool und eine Kunsteisbahn. Das ursprünglich an dieser Stelle errichtete Haus des Schauspielers und Sängers Bing Crosby wurde für Spellings Neubau abgerissen.

www.guinnessworldrecords.com/aaronspelling

ACCESS CODE: ‹51566›

AUF DEN AFFEN GEKOMMEN

Die Werbekampagne für Tee der Marke PG Tips mit Schimpansen (oben) in der Hauptrolle lief von 1956 bis 1994. Damit waren die Menschenaffen die Werbestars mit den längsten Rollen. Sie hatten Auftritte in über 100 Werbespots. Die Gagen der Schimpansen von über 3.000 DM pro Auftritt flossen in einen Pensionsfonds, den die Firma eingerichtet hatte.

www.guinnessworldrecords.com/pgtips

ACCESS CODE: ‹47906›

DIE MEISTEN STARS VERSCHIEDENER MUSIKRICHTUNGEN IN EINEM VIDEO

Lou Reed (USA) brachte zu Wohltätigkeitszwecken einen Videoclip des Songs „Perfect Day" heraus. Als Demonstration der Vielfalt der Musikrichtungen, die in der BBC (Radio und TV) gespielt werden, wirkten dabei 27 Künstler aus 18 verschiedenen Genres mit, darunter Jazz (Courtney Pine), Reggae (Burning Spear), Country (Emmy Lou Harris), Blues (Dr. John), Pop (Boyzone), Rap (Fun Lovin' Criminals) und Klassik (Lesley Garrett). Lou Reed hat auch einen Auftritt.

LÄNGSTE KARRIERE ALS TV-KÜCHENCHEF

Julia Child (USA) trat erstmals 1963 in der Serie *The French Chef* im amerikanischen Fernsehen auf. Auf die Sendung, die dem Fernsehpublikum die Kunst der französischen Küche nahe bringen sollte, folgten zahlreiche weitere Koch- und Backsendungen sowie zuletzt 22 Folgen von *Julia and Jacques Cooking at Home* (1999). Darin trat Child mit dem französischen Starkoch Jacques Pepin auf.

LÄNGSTE ZEIT IN EINER AUSTRALISCHEN SEIFENOPER

Seit die TV-Serie *Home and Away* am 15. Januar 1988 in Australien anlief, treten darin drei Schauspieler auf: Norman Coburn in der Rolle des Donald Fisher, Ray Meagher als Alf Stewart und Kate Ritchie als Sally Fletcher.

MAGISCHES JAHRES-EINKOMMEN

David Copperfield (USA) verbuchte mit 134,4 Mio. DM den höchsten Jahresverdienst eines Magiers im Jahr 2000. Bei seinen Auftritten in TV-Shows der Sender ABC und CBS ließ er unter anderem die Freiheitsstatue verschwinden und schlüpfte durch die Chinesische Mauer.

www.guinnessworldrecords.com/jenniferaniston

FRAUEN-POWER

Das höchste Jahreseinkommen in weiblichen TV-Rollen erzielten Jennifer Aniston (rechts), Lisa Kudrow und Courteney Cox Arquette (alle USA) für ihre Hauptrollen in der Serie *Friends* des Senders NBC seit 1994. Nach der *Forbes*-Rangliste 2001 erhielten sie die Rekordsumme von 34,27 Mio. DM. Sie und ihre männlichen Kollegen handelten 2000 für das siebte Jahr eine Gage von 1,68 Mio. DM pro Episode aus.

ACCESS CODE: ‹52644›

GUINNESS WORLD RECORDS™

Pop Stars

AM SCHNELLSTEN VERKAUFTES ALBUM

Das Album *1* der Beatles (GB) verkaufte sich im ersten Monat nach der Veröffentlichung am 13. November 2000 weltweit 13,5 Mio. Mal. Allein am ersten Tag gingen 3,6 Mio. Tonträger über die Ladentische. Obwohl alle Stücke auf der Platte über 30 Jahre alt waren, wurde die CD in Großbritannien das erfolgreichste Album des Jahres 2000. In 35 Ländern erreichte sie Platz 1 der Album-Charts.

TOLLE TOUREN

Die US-Tour „No Strings Attached" (2000) von *NSYNC (USA) brach den Rekord für die meisten an einem Tag verkauften Eintrittskarten: Am 25. März 2000 wurde die Rekordzahl von einer Million Karten im Wert von 89,6 Mio. DM abgesetzt. 51 der 52 Konzerte der Band waren bereits am ersten Tag ausverkauft. Die erfolgreichste Tournee aller Zeiten war die „Steel Wheels"-Nordamerikatour der Rolling Stones (GB) von 1989. Sie brachte schätzungsweise 694,4 Mio. DM ein, und 3,2 Mio. Menschen aus 30 Städten besuchten die Konzerte. Das größte zahlende Publikum eines Solokünstlers waren schätzungsweise 180.000–184.000 Menschen, die am 21. April 1990 im Maracanã-Stadion, Rio de Janeiro (BR), Paul McCartney (GB) hören wollten.

www.guinnessworldrecords.com/nsync

ACCESS CODE: ‹56312›

LÄNGSTES MUSIKVIDEO

Ghosts (1996) von Michael Jackson (USA) ist mit einer Länge von 35 Minuten gleichzeitig Spielfilm und Musikvideo. Es basiert auf einer Idee des Kult-Horrorschriftstellers Stephen King (USA).

MEISTE GRAMMYS IN EINEM JAHR

Michael Jackson erhielt 1984 acht Grammys, darunter einen in der Kategorie „Best New Rhythm and Blues Song" für die Hitsingle „Billie Jean" sowie mehrere Auszeichnungen für Komposition, Produktion und Präsentation des legendären Albums *Thriller*.

SCHNELLSTE VERÖFFENTLICHUNG EINER LIVE-AUFNAHME

Eine limitierte Auflage von Midge Ures (GB) „Dear God"-Single mit den beiden Live-B-Seiten „All Fall Down" und „Strange Brew" wurde genau 81 Stunden und 15 Minuten nach dem Live-Mitschnitt der Stücke am 21. November 1988 in The Venue von Edinburgh (GB) an den Einzelhandel ausgeliefert.

SCHNELLSTER RAPPER

Rebel XD, auch bekannt als Seandale Price (USA), gilt als der schnellste Rapper der Welt. Am 24. Juni 1998 rappte er in 54,501 Sekunden 683 Silben, etwas mehr als 12,5 Silben pro Sekunde. Damit schlug er seinen eigenen Rekord von 1992, als er in 54,9 Sekunden 674 Silben geschafft hatte, beziehungsweise 12,2 Silben pro Sekunde.

ERFOLGREICHSTER COUNTRYSÄNGER

Garth Brooks (USA) ist mit Albumverkäufen jenseits der 100-Mio.-Marke seit 1989 der erfolgreichste Countrysänger aller Zeiten. Er ist der nachweislich erfolgreichste Solo-Künstler der USA.

Garth Brooks hält auch den Rekord für die Country-Music-Tournee mit den höchsten Einnahmen. Auf seiner im März 1997 begonnenen dreijährigen „Sevens"-Tour nahm er 235,2 Mio. DM ein. Er spielte 350 Konzerte in 100 Städten und hatte bei jedem Auftritt etwa 55.000 Zuschauer.

BACKSTREET BOYS GEBEN GAS

Das erfolgreichste Boygroup-Album aller Zeiten ist das 1999 erschienene Album *Millennium* der Backstreet Boys (USA), das bis zum März 2001 13 Mio. Mal verkauft wurde. Die Platte erreichte im Juni 1999 die Spitze der US Billboard Top 200 Album Charts. In der ersten Woche gingen 1,134 Mio. Exemplare über die Ladentische. Damit brachen die Backstreet Boys den Wochenrekord von Garth Brooks (USA). Nach der *Forbes*-Rangliste 2000 verdiente die Gruppe schätzungsweise 134,4 Mio. DM. Die Backstreet Boys sind zur erfolgreichsten Boygroup ihrer Generation geworden und haben bei ihrer Tour 1999 1,4 Mio. Fans angezogen.

www.guinnessworldrecords.com/backstreetboys

ACCESS CODE: ‹56422›

GRÖSSTER ALTERSUNTERSCHIED IN EINER BAND

An dem Album *A todo Cuba le Gusta* (1997) der Afro-Cuban All Stars wirkten Musiker im Alter von 15 bis 81 Jahren aus vier Generationen mit. Der älteste Musiker war der Flötist Robert Egues, der jüngste Oviedo Sánchez an der Pauke (beide C).

GRÖSSTER BILDSCHIRM BEI ROCKKONZERT

Zum Bühnenaufbau für die „PopMart"-Tour (1997) von U2 (IRL) gehörte die weltweit größte LED-Leinwand. Auf dem riesigen Bildschirm mit den Maßen 16,7 m x 51,8 m sah das Publikum Trickfilme und Pop-Art-Kunstwerke. Ursprünglich wurden U2 mit gitarrenorientierten Pop-Hymnen identifiziert, aber in den 90er Jahren experimentierten sie auch mit Samplern, Tanz-Rhythmen und visuellen Effekten.

ÄLTESTE GEWINNER DES EUROPÄISCHEN SCHLAGERWETTBEWERBS

Die Olsen Brothers (DK) – Jorgan und Niels – gewannen am 13. Mai 2000 in Stockholm (S) im Alter von 49 und 45 Jahren den Grand Prix d'Eurovision de la Chanson mit „Fly On The Wings Of Love".

MEISTE BRIT AWARDS EINES SOLO-KÜNSTLERS

Robbie Williams (GB) sammelte mehr BRIT Awards (British Record Industry Trust) als irgendein anderer Künstler. Er gewann insgesamt zwölf als Solo-Sänger sowie als Mitglied der Gruppe Take That. Seine letzten BRIT Awards erhielt er am 26. Februar 2001 in den Kategorien „Best British Single" und „Best British Video" (beide für „Rock DJ") sowie „British Male Solo Artist".

LÄNGSTE ZEIT IN GLEICHER BESETZUNG

Die Beverly Sisters (GB) gaben ihr professionelles Debüt am 13. November 1944 mit Glenn Miller (USA) und der American Band des AEF für BBCs AEFP-Sendung in London (GB). Sie treten auch nach 57 Jahren in derselben Besetzung mit Joy, Teddie und Babs regelmäßig live auf.

HÖCHSTE JAHRESEINNAHMEN EINER BOYGROUP

*NSYNC waren im Jahr 2000 die bestverdienende Boygroup. Nach der *Forbes*-Rangliste der 100 bestverdienenden Menschen nahm die Gruppe schätzungsweise 94,08 Mio. DM ein.

ACCESS CODE: ‹56315›

MEIN BANKKONTO IST SO AUFREGEND…

Das am schnellsten verkaufte Album einer Künstlerin ist Britney Spears' (USA) *Oops!… I Did it Again*. Es verkaufte sich in der ersten Woche nach der Veröffentlichung im Juni 2000 1,3 Mio. Mal. Weitere 612.500 Exemplare wurden in der darauf folgenden Woche abgesetzt. Britney Spears (rechts) verdiente nach der am 2. März 2001 veröffentlichten *Forbes*-Rangliste im Jahr 2000 86,24 Mio. DM. Den Rekord für das höchste Jahreseinkommen aller Zeiten hält Celine Dion, die in einem Jahr mehr verdiente als jede andere Frau im Pop-Business. Nach der *Forbes*-Rangliste 1999 hatte die in Französisch und Englisch singende Franko-Kanadierin 1998 schätzungsweise 125,44 Mio. DM eingenommen.

MEISTE MUSIKVIDEOS FÜR EINEN SONG

Zu dem Song „Timber" (1998) des britischen Dance-Acts Coldcut gibt es fünf verschiedene Videos: den ursprünglichen Mix, den EBN-Remix, den LPC-Remix, den Clifford-Gilberto-Remix und den Gnomadic-Remix. Coldcut bot „Timber" Videoproduzenten an, um sie anzuregen, Musikvideos auf die gleiche Weise zu remixen, wie Musik-DJs und -Produzenten Plattenaufnahmen remixen.

ERFOLGREICHSTE SOLO-KÜNSTLERIN

Die erfolgreichste Solo-Künstlerin ist Madonna (USA). Sie hat weltweit etwa 120 Mio. Alben und 40 Mio. Singles verkauft, mehr als jeder andere weibliche Musikstar. Madonna hatte in den USA 34 Top-10-Singles und zwölf Top-10-Alben, in Großbritannien 48 Top-10-Singles und 14 Top-10-Alben.

ÄLTESTE RAPPERINNEN

Die japanischen Geschwister Kin Narita und Gin Kanie (J) wurden am 1. August 1892 geboren. Zu ihrem 100. Geburtstag 1992 nahmen sie einen „Großmutter-Rap" auf, der es in die japanischen Pop-Charts schaffte. Obwohl Gin im Januar 2000 an einem Herzinfarkt starb, sind beide in Japan nach wie vor bekannt. Früher tauchten sie regelmäßig im Fernsehen und in der Werbung auf.

ERFOLGREICHSTER LATIN-SÄNGER

Der spanische Sänger Julio Iglesias (E) ist mit über 200 Mio. verkauften Alben der erfolgreichste Latin-Musikstar der Welt. Sein Album *Julio* (1983) war die erste in ausländischer Sprache gesungene Platte, die sich in den USA über 2 Mio. Mal verkaufte. Und sie war die einzige in ausländischer Sprache gesungene Platte, die dort Doppelplatin erreichte.

ERFOLGREICHSTE LATIN-SÄNGERIN

Die in Kuba geborene Gloria Estefan (C) ist die erfolgreichste Latin-Sängerin der Welt. Bislang verkaufte sie weltweit mehr als 35 Mio. Platten. In den USA erhielt sie acht Goldene Schallplatten, vier davon – *Primitive Love*, *Let It Loose*, *Cuts Both Ways* und *Greatest Hits* – gingen mehr als 3 Mio. Mal über die Ladentische.

HÖCHSTE JAHRESEINNAHMEN EINES RAPPERS

Dr. Dre (USA) verdiente in einem Jahr mehr Geld als irgendein anderer Rapper: Nach der *Forbes*-Rangliste 2001 waren es im Jahr 2000 70,56 Mio. DM.

HÖCHSTES JAHRESEINKOMMEN EINER GIRLGROUP

Die Spice Girls (GB) rangierten 1998 in der *Forbes*-Rangliste der 40 reichsten Entertainer mit einem Einkommen von 93,54 Mio. DM auf Platz 20.

HÖCHSTES JAHRESEINKOMMEN EINER BAND

Die Beatles waren 30 Jahre nach ihrer Auflösung 1970 die bestverdienende Band des Jahres 2000. Nach der *Forbes*-Rangliste hatten sie 318,84 Mio. DM eingenommen.

REICHSTE BAND

Die Rolling Stones (GB) sind mit einem Gesamtvermögen von 1,26 Mrd. DM die reichste Band. Im Jahr 2000 besaß Sänger Mick Jagger ein geschätztes Vermögen von 474 Mio. DM, gefolgt von Gitarrist Keith Richards mit 410,8 Mio. DM, Schlagzeuger Charlie Watts mit 205,4 Mio. DM und Gitarrist Ronnie Wood mit 173,8 Mio. DM.

GUINNESS WORLD RECORDS™

Reich + berühmt

REICHSTER JUNGGESELLE
Larry J. Ellison (USA) verfügt über ein geschätztes Vermögen von 105,28 Mrd. DM. Er gründete 1977 die Firma Oracle Corporation und ist seither ihr Geschäftsführer.

REICHSTER ZEITGENOSSE
Bill Gates (USA), Gründer und Präsident von Microsoft, ist gegenwärtig der reichste Mensch der Welt. Das Magazin *Forbes* schätzte sein Vermögen im Mai 2000 auf 134,4 Mrd. DM. Gates begann mit 13 Jahren Computer zu programmieren. 1986, mit 31 Jahren, wurde er zum jüngsten Dollar-Milliardär aller Zeiten. Anfang 2000 rivalisierten Larry Ellison und Gates einige Wochen lang um den Titel des reichsten Mannes der Welt. Gates entschied das Rennen für sich.

JÜNGSTER SELF-MADE-MILLIONÄR
Der jüngste Millionär, der sein Geld selbst verdient hatte, war der Kinderfilmstar Jackie Coogan (USA). Zwischen 1923 und 1924 verdiente er 22.000 Dollar (nach heutigem Geldwert rund 500.000 DM) und bekam ungefähr 60 % der Einnahmen aus seinen Filmen. Mit 13 Jahren war er Millionär. Seine Eltern, ebenfalls im Show-Geschäft tätig, gaben sein Geld allerdings sehr großzügig aus. Nach damaligem kalifornischem Recht hatte er als Kind keinen Anspruch auf seinen Verdienst. Jackie klagte auf ungefähr 4 Mio. Dollar, und 1939 wurden ihm 282.000 DM zugesprochen. Der Prozess (1938) führte zur Verabschiedung der Child Actor's Bill, auch Coogan-Gesetz genannt, das die Einnahmen von jugendlichen Schauspielern schützt.

BESTBEZAHLTER VORSTANDSCHEF
Charles B. Wang (USA, links), Gründer und Geschäftsführer von Computer Associates International, verdiente im Steuerjahr 1999/2000 umgerechnet 1,45 Mrd. DM – dazu zählen Gehalt, Prämien und die Wertsteigerung seiner Firmenanteile. Dies ist gegenwärtig das höchste Jahreseinkommen eines Vorstandsvorsitzenden. Sein Gesamteinkommen in den fünf Jahren von 1996 bis 2000 betrug knapp 1,6 Mrd. DM. Das Magazin *Fortune* kürte Computer Associates zu einer der angesehensten Firmen und einem der attraktivsten Arbeitgeber in Amerika. Die Firma entwickelt Software-Lösungen für den Handel zwischen Unternehmen.

www.guinnessworldrecords.com/wang
ACCESS CODE: ‹52160›

REICHSTER ANLEGER
Warren Edward Buffett (USA), der Leiter von Berkshire Hathaway, ist mit einem geschätzten Anlagevermögen von 62,72 Mrd. DM der reichste Anleger der Welt. Schon mit elf Jahren investierte er an der Börse. Mit 25 Jahren gründete er die Investmentfirma Buffett Partnership, 1965 wurde mit Berkshire Hathaway die erste Firma gekauft. Ihr Aktienkapital ist seither um erstaunliche 300.000 % gewachsen.

REICHSTER MODESCHÖPFER
Ralph Lauren (USA) besitzt ein Privatvermögen von geschätzten 3,8 Mrd. DM. Der Wert seines Imperiums wird auf ungefähr 6,72 Mrd. beziffert. Lauren wurde 1939 als Ralph Lifshitz in New York City (USA) geboren.

HÖCHSTES JAHRESEINKOMMEN EINES SUPERMODELS
Nach der *Forbes*-Rangliste 1999 der 100 bestverdienenden Menschen ist Claudia Schiffer (D) 1998 um ansehnliche 23,52 Mio. DM reicher geworden.

HÖCHSTES JAHRESEINKOMMEN EINES FILMPRODUZENTEN
Der Hollywood-Produzent und Regisseur George Lucas (USA) stand an der Spitze der *Forbes*-Rangliste 2001 der 100 bestverdienenden Menschen: Nach Erscheinen des Videos von von *Star Wars: Episode 1 – Die dunkle Bedrohung* (USA 1999) hatte er die Rekordsumme von 560 Mio. DM eingenommen.

REICHSTER LUXUSWARENHÄNDLER
Bernard Arnault (F), Chef des Luxusgüter-Konzerns LVMH (Louis Vuitton Moët Hennessy), hat ein geschätztes Vermögen von 26,54 Mrd. DM. Zu LVMH gehören Luxusmarken wie Christian Dior, Kenzo, Louis Vuitton, Guerlain, Givenchy, Hennessy und die Champagnermarke Dom Perignon.

REICHSTE FRAU
Die L'Oréal-Erbin Liliane Bettencourt (F) verfügt über ein geschätztes Nettovermögen von 31,916 Mrd. DM.

BESTVERDIENENDE AUTOREN
Nach der *Forbes*-Rangliste 2001 der 100 bestverdienenden Menschen erzielte Stephen King (USA, links) 2000 mit rund 1 Mrd. DM das höchste Jahreseinkommen eines Autors. King schrieb seine erste Kurzgeschichte im Alter von sieben Jahren. Seither sind seine Horror- und Science-Fiction-Bücher in 33 Sprachen übersetzt und in über 35 Ländern veröffentlicht worden. Von seinen Romanen wurden über 300 Mio. Exemplare verkauft. 1999 verdiente Joanne K. Rowling (GB) 75,84 Mio. DM – nach der *Forbes*-Rangliste 2000 das höchste Jahreseinkommen einer Kinderbuchautorin. Im Juli 2000 wurden von *Harry Potter und der Feuerkelch* in der englischsprachigen Erstauflage 5,3 Mio. Exemplare gedruckt, 1,8 Mio. waren vorbestellt. Rowling ist heute eine der reichsten Frauen in Großbritannien.

www.guinnessworldrecords.com/stephenking
ACCESS CODE: ‹47797›

HÖCHSTES JAHRES-EINKOMMEN
George Soros (USA), Präsident und Vorstandsvorsitzender der Soros Fund Management LLC, einer privaten Investmentfirma, verdiente allein 1995 3,36 Mrd. DM. Die höchsten Gewinne erzielte er mit lukrativen Investmentfonds mit steuerfreiem Auslandssitz wie Quantum, Quantum Emerging Growth, Quota und Quasar International.

REICHSTE VERDIENENDE FRAU
Abigail Johnson (USA), die geschäftsführende Vizepräsidentin der Firma FMR (Fidelity Investments), besitzt ein Eigenkapital von 15,68 Mrd. DM und rangiert auf der *Forbes*-Liste 2000 der 400 reichsten US-Bürger auf Platz 18.

REICHSTE KÖNIGSFAMILIE
König Fahd Ibn Abd al-Aziz Ibn Saud (KSA) ist der reichste Monarch der Welt mit einem geschätzten Privatvermögen von 66,36 Mrd. DM im April 2001. Das Königshaus ist zudem die reichste Königsfamilie der Welt.

Das reichste europäische Königshaus ist das niederländische Haus Oranien mit einem geschätzten Vermögen von 8,2 Mrd. DM. Königin Beatrix der Niederlande ist mit einem Vermögen von 7,68 Mrd. DM die reichste Monarchin der Welt.

REICH MIT JEANS
Robert D. Haas (USA), Ururgroßneffe des Begründers von Jeans-Hersteller Levi Strauss, hatte bis 1999 ein Vermögen von 18,36 Mrd. DM angehäuft.

REICHSTER HUND
1931 hinterließ Ella Wendel (USA) ihrem Pudel Toby 15 Mio. Dollar. Diese Summe entspricht einem heutigen Wert von 378 Mrd. DM.

www.guinnessworldrecords.com/masterp

REICHSTER MUSIK-PRODUZENT
Master P. (USA, rechts), Vorstandschef der No Limit Records und reichster Musik-Produzent der Welt, hat ein geschätztes Nettovermögen von 126,56 Mio. DM. Percy Miller, so sein bürgerlicher Name, eröffnete seinen ersten Plattenladen in Richmond (USA). Nach Gründung seiner eigenen Plattenfirma ging seine erste Produktion, „The Ghetto's Tryin' To Kill Me", 100.000-mal über den Ladentisch. Master P. arbeitet nicht mehr als Solomusiker, wirkt aber in den Gruppen TRU und Da 504 Boyz mit. In jüngerer Zeit rief er verwandte Marken wie No Limit Films, No Limit Sports, No Limit Real Estate und No Limit Clothing ins Leben. Der Rapper besitzt zudem Schnellrestaurants und Tankstellen.

ACCESS CODE: ‹52302›

Gross im Geschäft

REICHSTER HINDUTEMPEL
Der Tirupati-Tempel in Andhra Pradesh (IND) verfügt über das erstaunliche Jahreseinkommen von 79 Mio. DM. Das Geld stammt in erster Linie aus Opferbüchsen, die bemerkenswerteste Einkommensquelle ist jedoch Menschenhaar. Tausende von Pilgern spenden ihre Haare als Opfergabe. Jedes Jahr wird die gesamte Menge an Perückenmacher und Chemieunternehmen versteigert.

MEISTE SPORTMILLIONÄRE IN EINEM LAND
In Monaco wohnen die meisten Größen des Motorsports, unter anderem Ralf Schumacher (D), Pedro Diniz (BR), Johnny Herbert (GB), Mika Häkkinen (FIN), David Coulthard (GB), Jacques Villeneuve (F), Alexander Wurz (A), Giancarlo Fisichella (I) und Rubens Barrichello (BR). Etliche weltbekannte Tennisspieler haben ebenfalls ihren Wohnsitz in dem Fürstentum.

GRÖSSTE MITGIFT
Im Jahr 1929 gab der bolivianische Zinnmillionär Don Simon Iturbi Patíño seiner Tochter Elena Patíño eine Mitgift in Höhe von umgerechnet 25 Mio. DM – nach heutigem Geldwert rund 885 Mio. DM. Sein Vermögen in Höhe von 395 Mio. DM wurde dadurch allerdings nur unwesentlich geschmälert – nach heutigem Wert wären es 15,8 Mrd. DM.

EINE GUTE TAT
Ted Turner (USA, links), der Gründer von CNN und Vizepräsident von Time Warner, kündigte am 18. September 1997 an, dass er den Vereinten Nationen (UN) 1 Mrd. Dollar (2,24 Mrd. DM) aus seinem Privatvermögen spenden werde – die höchste private Geldspende an die UN. Das Geld soll u.a. für die Unterstützung von Flüchtlingen und Kindern und für die Landminen-Räumung verwendet werden.

www.guinnessworldrecords.com/tedturner
ACCESS CODE: ‹47802›

HÖCHSTER GELDPREIS IN EINEM RADIO-QUIZ
Clare Barwick (GB) gewann in Chris Evans' Virgin Radio Show am 17. Dezember 1999 die Rekordsumme von 1 Mio. Pfd. Sterling, umgerechnet 3,16 Mio. DM. Clare gab die korrekte Antwort auf die Frage: „Welcher der beiden Autoren war in Wirklichkeit eine Frau – George Eliot oder T. S. Eliot?" Es war George Eliot, mit richtigem Namen Mary Ann Evans.

HÖCHSTE SPENDE AN EINE UNIVERSITÄT
Im Januar 2001 spendete Bill Coleman (USA), Chairman und Mitgründer des Softwareproduzenten BEA Systems, die Rekordsumme von 560 Mio. DM an die University of Colorado in Denver (USA).

HÖCHSTE SPENDE AN BILDUNGSEINRICHTUNGEN
Im Dezember 1993 vergab der Philanthrop Walter H. Annenberg (USA) die höchste Spende aller Zeiten an Bildungseinrichtungen. Der Verleger und Diplomat verteilte die Gesamtsumme von 817 Mio. DM auf drei US-Universitäten und eine weiterführende Schule.

REICHSTE UNIVERSITÄT
Im Jahr 2000 lag die Kapitalausstattung der Harvard University (USA) bei umgerechnet 42,5 Mrd. DM – mehr als der Jahreshaushalt von 142 Ländern der Welt, darunter Kuba, Jordanien und Litauen. Sieben US-Präsidenten waren Harvard-Absolventen. Vierzehn Nobelpreisträger gehören dem Lehrkörper an.

GRÖSSTES FAMILIENVERMÖGEN
Die Schweizer Familien Oeri, Hoffmann und Sacher besitzen gemeinsam den Pharmakonzern Roche. Ihr Gesamtvermögen wird auf 25 Mrd. DM geschätzt.

REICHSTER TOTER
Im Jahr 2000, 23 Jahre nach seinem Tod durch Herzversagen, brachte das Vermögen von Elvis Presley (USA, links) ein Einkommen von umgerechnet 78 Mio. DM ein – damit ist er der reichste tote Star. Von seinen Alben wurden insgesamt über 1 Mrd. verkauft, was seiner Familie hohe Tantiemen bescherte. Seiner Tochter Lisa-Marie hinterließ er die Villa Graceland in Memphis (USA). Jedes Jahr zahlen die Besucher über 33 Mio. DM Eintrittsgelder, weitere 11 Mio. DM gehen durch den Verkauf von Elvis-Artikeln wie T-Shirts und Spielwaren ein. Außerdem verdient seine Familie am Besucherstrom zu Orten wie Heartbreak Hotel und Presleys Restaurant in Memphis sowie an posthumen Auftritten in Werbespots z.B. für Lipton Ice Tea, Batterien von Energizer oder Apple Computer.

www.guinnessworldrecords.com/elvis
ACCESS CODE: ‹56563›

GRÖSSTER WOHLTÄTIGER RENNCLUB
Im Jahr 1998 spendete der Hong Kong Jockey Club über 290 Mio. DM für soziale und pädagogische Projekte. Damit ist er der größte wohltätige Rennclub aller Zeiten.

TEUERSTE KREDITKARTE
Die Kreditkarte American Express Centurion, auch „Black Card" genannt, kostet im Jahr 1.000 Dollar (2.240 DM) Gebühr und wird nur an Benutzer mit einem Mindesteinkommen von 480.000 DM ausgegeben. Die Karte hat kein Ausgabenlimit und wird einem ausgewählten Kundenkreis angeboten.

UNTERNEHMEN MIT DEN MEISTEN MILLIONÄREN
Im Jahr 2001 waren bei der Investmentbank Goldman Sachs in New York City (USA) zehn Millionäre beschäftigt. Zusammen hatten sie ein Vermögen von 4,9 Mrd. DM.

GRÖSSTES VERMÄCHTNIS
Am 12. Dezember 1955 spendete die Ford Foundation (USA) das größte Geldvermächtnis in Höhe von 500 Mio. Dollar an 4.157 Bildungs- und andere Einrichtungen. Das entspricht einem heutigen Geldwert von 9,4 Mrd. DM.

GRÖSSTER GELDSCHEIN
Der größte Geldschein aller Zeiten war der Ein-Guan-Schein, der in der chinesischen Ming-Dynastie zwischen 1368 und 1399 ausgegeben wurde. Der Schein war 23 x 33 cm groß – größer als ein DIN A4-Blatt.

HÖCHSTE ZURÜCKGEGEBENE GELDSUMME
Howard Jenkins (USA) entdeckte im Mai 1994, dass seinem Konto versehentlich 197 Mio. DM gutgeschrieben worden waren. Der 31-jährige Mitarbeiter einer Dachdeckerfirma hob für einen Einkaufsbummel 9 Mio. DM ab. Weil ihm aber sein Gewissen keine Ruhe ließ, gab er die gesamte Summe wieder zurück.

ALLES FÜR DIE SIEGER

Im Februar 1996 entschied der Oberste Gerichtshof des Staates New York, dass die Schauspielerin Joan Collins (GB, oben) einen Vorschuss von 2,5 Mio. DM für ihren noch unveröffentlichten Roman *A Ruling Passion* behalten darf. Der US-Verlag Random House war mit ihrem ersten Entwurf unzufrieden gewesen und hatte vergeblich die Rückgabe des Geldes verlangt – der höchste nicht zurückgezahlte Vorschuss aller Zeiten. Joan Collins hatte in über 50 Filmen mitgespielt, bis sie die Rolle der Alexis in der Fernsehserie *Denver Clan* übernahm.

www.guinnessworldrecords.com/joancollins

ACCESS CODE: ‹48299›

HÖCHSTE SPENDE DURCH EINEN MARATHON

Der britische Werbefachmann John Spurling sammelte die Rekordsumme von 3,57 Mio. DM für wohltätige Zwecke, als er am 18. April 1999 am London Marathon teilnahm. Spurling kam ins Ziel, obwohl er keine Marathonerfahrung hatte, zählte die gesammelten Spenden und teilte das Geld unter zwei wohltätige Organisationen auf. Beim London Marathon kommt regelmäßig mehr Geld für wohltätige Zwecke zusammen als bei jeder anderen Sportveranstaltung.

GRÖSSTE BEUTE EINES STRASSENRÄUBERS

Am 2. Mai 1990 überfiel in London ein Räuber den Geldboten eines Börsenmaklers. Er entkam mit Schatzwechseln und Wertpapieren im Wert von 922 Mio. DM. Die Meldung von dem Raub wurde jedoch an alle großen Banken des Landes weitergegeben, keine hätte die Wertpapiere akzeptiert.

HÖCHSTES LÖSEGELD

Das höchste Lösegeld aller Zeiten war ein Raum randvoll gefüllt mit Gold und Silber. Es wurde für Atahualpa, den letzten Inkaherrscher, an den spanischen Eroberer Francisco Pizarro gezahlt. Das 1532/33 in Cajamarca (PE) übergebene Lösegeld hätte heute einen geschätzten Wert von über 3 Mrd. DM.

HÖCHSTE SPENDENEINNAHME DURCH TELETHON

Am 5. und 6. September 1999 wurde beim Jerry Lewis MDA (Muscular Dystrophy Association) Telethon die Rekordsumme von fast 119 Mio. DM an Zusagen und Spenden gesammelt. Rund 64 Mio. Amerikaner in 26 Mio. Haushalten sahen sich den Fernsehmarathon an, 1998 wurde der Telethon erstmals weltweit ausgestrahlt, er kann auch im Internet verfolgt werden unter der Adresse www.mdausa.org live.

www.guinnessworldrecords.com/billgates

BIG SPENDER

Bill Gates (USA, rechts), der Mitbegründer des Softwareriesen Microsoft, und seine Frau Melinda spendeten im August 1999 umgerechnet 13 Mrd. DM an ihre Wohltätigkeitsorganisation, die Bill And Melinda Gates Foundation – die höchste private Einzelspende der Geschichte. Die Stiftung stellt im Nordwesten der USA, wo Gates seine Kindheit verbrachte, Gelder für Gesundheitsprogramme, Bildungseinrichtungen, Bibliotheken und Gemeindeprojekte zur Verfügung.

ACCESS CODE: ‹55249›

Macht + Einfluss

ÄLTESTES LEBENDES MITGLIED EINES KÖNIGSHAUSES

Ihre Majestät Queen Elizabeth, die Königinmutter (GB), ist das älteste lebende Mitglied eines Königshauses. Am 26. April 1923 heiratete sie Prinz Albert (später König George VI.) und wurde durch seine Krönung die erste in Großbritannien geborene Gattin eines britischen Königs seit der Tudorzeit und die letzte Empress of India. Am 4. August 2000 feierte sie ihren 101. Geburtstag, und sie führt immer noch ein sehr erfülltes Leben. Seit 1923 gab sie nur ein einziges Interview.

JÜNGSTE KÖNIGIN

Ihre Majestät Königin Rania Al-Abdullah von Jordanien (geb. am 31. August 1970) ist die jüngste heute lebende Königin. Sie ist mit dem Staatsoberhaupt König Abdullah Bin Al-Hussein verheiratet.

LÄNGSTE REGIERUNGSZEIT

Minhti, der König von Arakan, das heute zu Myanmar (Birma) gehört, soll zwischen 1279 und 1374, also 95 Jahre lang, regiert haben. Die längste belegte Regierungszeit eines Monarchen ist jedoch die von Pepi II., einem ägyptischen Pharao der 6. Dynastie. Seine Herrschaft begann um 2281 v. Chr., als er sechs Jahre alt war, und dauerte etwa 94 Jahre.

GRÖSSTE ENTOURAGE EINES PRÄSIDENTEN

Als der damalige US-Präsident Bill Clinton im Juni 1998 China besuchte, hatte er die gewaltige Entourage von 1.200 Personen dabei. Sie bestand aus 200 Sicherheitsbeamten, 150 Militärs, 30 wichtigen Kongressabgeordneten, 375 Journalisten, vier Fernsehteams des Weißen Hauses, 150 Helfern und 70 leitenden Adjutanten und Beratern.

AM HÄUFIGSTEN AUF DEM COVER VON *TIME*

Richard Nixon, der 37. Präsident der USA, war die Rekordzahl von 55-mal auf dem Cover der Zeitschrift *Time*.

GRÖSSTE VERSAMMLUNG VON STAATSCHEFS

Der Millenniumsgipfel der Vereinten Nationen vom 6. bis 8. September 2000 in New York City (USA) war die bisher größte Versammlung von Staats- und Regierungschefs. 144 Könige, Präsidenten und Premierminister nahmen daran teil. Bei dem Ereignis waren über 1.300 diplomatische Fahrzeuge, Tausende von Sicherheitsbeamten und über 2.500 Journalisten im Einsatz. Auf der Tagesordnung standen die Krise im Nahen Osten und die Themen Bildung, Technologie und Multilateralismus – das Zusammenbringen unterschiedlicher Standpunkte.

EINFACH NUR WILLIAM

Seine Königliche Hoheit Prinz William von Wales (oben), Enkel Ihrer Majestät Elizabeth II., der Königin des Vereinigten Königreichs, hat weltweit mehr Fanclubs als irgendein anderes Mitglied eines Königshauses. Im April 2001 beschäftigten sich mindestens 72 Clubs mit Großbritanniens künftigem Monarchen. Alle Fanclubs sind inoffiziell, also nicht der Aufsicht des Buckingham-Palasts unterworfen. Prinz William Arthur Philip Louis Windsor wurde am 21. Juni 1982 als ältester Sohn der verstorbenen Diana Prinzessin von Wales und Seiner Königlichen Hoheit des Prinzen von Wales geboren.

www.guinnessworldrecords.com/william
ACCESS CODE: ‹56550›

MEISTE NACHKOMMEN ALS PREMIERMINISTER

Jawaharlal Nehru wurde Premierminister von Indien, als das Land 1947 die Unabhängigkeit erhielt. Er blieb bis zu seinem Tod 1964 im Amt. Seine Tochter Indira Gandhi war von 1966 bis 1977 und erneut von 1980 bis 1984 Premierministerin; sie wurde von ihrer Leibwache ermordet. Danach übernahm ihr ältester Sohn Rajiv Gandhi das Amt. Er gewann die Wahlen von 1984 und war bis 1989 Premier. 1991 kandidierte er erneut und wurde im Wahlkampf ermordet.

ZUGÄNGLICHSTER MINISTERPRÄSIDENT

Die private Telefonnummer des dänischen Ministerpräsidenten Poul Nyrup Rasmussen steht im Telefonbuch, und es ist bekannt, dass er telefonische Anfragen seiner Bürger persönlich beantwortet.

MINISTERPRÄSIDENTIN MIT DER LÄNGSTEN AMTSZEIT

Sirimawo Bandaranaike war insgesamt 17 Jahre 208 Tage Ministerpräsidentin Sri Lankas – vom 21. Juli 1960 bis zum 25. März 1965; vom 29. Mai 1970 bis zum 22. Juli 1977; und dann wieder vom 12. November 1994 bis zum 10. August 2000.

GRÖSSTE MENSCHENRECHTSORGANISATION

Amnesty International hat mehr als 1,2 Mio. Mitglieder in über 100 Ländern, unterhält Büros in über 50 Ländern und hat über 4.200 lokale Gruppen auf allen Kontinenten. Die Organisation wurde 1961 von dem britischen Rechtsanwalt Peter Benenson gegründet. Er veröffentlichte den Aufruf „Die vergessenen Gefangenen" in einer Zeitung. Auf

POWER TO THE PEOPLE

Am 28. August 1963 führte Martin Luther King Jr. (USA, links), der Führer der amerikanischen Bürgerrechtsbewegung, einen Marsch auf Washington mit 250.000 Teilnehmern an. Die Demonstranten forderten gleiche Bürgerrechte für alle Amerikaner, unabhängig von ihrer Rasse und Hautfarbe, es war die größte Kundgebung aller Zeiten für rassische Gleichberechtigung. Auf den Stufen des Lincoln Memorial hielt King seine berühmte Rede „I have a dream". Der am 15. Januar 1929 in Atlanta (USA) geborene baptistische Pfarrer und Bürgerrechtsaktivist erhielt 1964 den Friedensnobelpreis, er war der bis dahin jüngste Preisträger. Martin Luther King wurde am 4. April 1968 in Memphis (USA) ermordet.

www.guinnessworldrecords.com/martinlutherking
ACCESS CODE: ‹54489›

den Appell reagierten 1.000 Personen mit Zuschriften und unterstützten seine Idee, eine internationale Organisation zum Schutz der Menschenrechte zu gründen. Amnesty International erhielt 1977 den Friedensnobelpreis.

JÜNGSTER REGIERUNGSCHEF

Der am 8. Mai 1965 in der Schweiz geborene Dr. Mario Frick wurde am 15. Dezember 1993 mit 28 Jahren Regierungschef von Liechtenstein.

GRÖSSTE NATURSCHUTZ-ORGANISATION

Mit über 5 Mio. Mitgliedern und einem weltweiten Netz von 27 nationalen Organisationen und 21 Programmbüros ist der World Wide Fund For Nature (WWF) die größte Naturschutzorganisation der Welt. Der WWF und seine Mitglieder sind bestrebt, die Zerstörung der Natur zu verhindern, und setzen sich dafür ein, dass der Mensch in größerer Harmonie mit seiner Umwelt lebt. Seit 1985 hat der WWF über 2,3 Mrd. DM in 11.000 Projekte in 130 Ländern investiert.

GRÖSSTES BÜNDNIS VON UMWELTSCHUTZGRUPPEN

Friends of the Earth International verfügt über 1 Mio. Aktivisten rund um die Welt. Das Bündnis hat Mitgliedsorganisationen in 68 Ländern und 13 angegliederte Gruppen – damit ist es das weltweit größte Bündnis von Umweltschutzgruppen. Sein Ziel ist es, die ökologische, kulturelle und ethnische Vielfalt der Erde zu erhalten, indem es auf lokaler, regionaler, nationaler und globaler Ebene für eine umweltverträgliche nachhaltige Entwicklung eintritt.

MEISTE PULITZER-PREISE

Die Nachrichtenagentur Associated Press hat die Rekordzahl von 45 Pulitzer-Preisen erhalten. Der Preis wurde von dem Zeitungsverleger Joseph Pulitzer (USA) gestiftet und wird in den USA für besondere Leistungen in den Bereichen Journalismus, Belletristik, Drama und Musik verliehen.

MEISTE TEMPEL GEWEIHT

Vom 17. April 1971 bis zum 14. Mai 2001 weihte Seine Heiligkeit Pramukh Swami Maharaj (IND), der spirituelle Führer der Swaminarayan-Hindu-Mission, die Rekordzahl von 386 Tempeln in 11 Ländern.

www.guinnessworldrecords.com/georgewbush

ACCESS CODE: ‹56549›

KABINETT DER MILLIONÄRE

George W. Bush (seit 20. Januar 2001 der 43. Präsident der USA, rechts) hat das reichste Kabinett in der amerikanischen Geschichte zusammengestellt. Er berief mehr Multimillionäre auf Spitzenpositionen seiner Regierung als alle seine Vorgänger. Von den 16 Kabinettsmitgliedern im Zentrum der Bush-Administration sind 13 Millionäre, sieben davon besitzen mehr als 10 Mio. Dollar (22,4 Mio. DM). Bushs Kabinett hat sich den Spitznamen „Tycoon's Club" erworben. Verteidigungsminister Donald Rumsfeld und Finanzminister Paul O'Neill haben beide eingeräumt, mindestens 136 Mio. DM zu besitzen, und Außenminister Colin Powell hat ein Vermögen von mindestens 41 Mio. DM.

LANGLEBIGSTER PAPST

Von den Päpsten, deren Alter verlässlich belegt ist, lebte Leo XIII. (Gioacchino Pecci, I) am längsten. Er wurde am 2. März 1810 geboren und am 20. Februar 1878 im Alter von 67 Jahren zum Papst gewählt. Er starb am 20. Juli 1903 im Alter von 93 Jahren 140 Tagen.

Big Business

GRÖSSTE SPARKASSE

Mizuho Holdings Inc. (J) ist die größte Geschäftsbank und Sparkasse der Welt. Im Jahr 2000 erwirtschaftete die Bank Einnahmen in Höhe von 157,38 Mrd. DM und einen Gewinn von 3,774 Mrd. DM. Mizuho Holdings Inc. entstand durch den Zusammenschluss der Dai-Ichi Kangyo Bank, der Fuji Bank Ltd. und der Industrial Bank of Japan. Die weltgrößte Bank kommt auf eine Bilanzsumme von knapp drei Billionen DM.

TEUERSTES TECHNOLOGIE-UNTERNEHMEN

Am 11. April 2000 hatte Cisco Systems Inc aus San José (USA) einen Marktwert von 1.127 Mrd. DM. Damit lag Cisco vor dem Softwareriesen Microsoft Corporation, dessen Aktienkurs zwischenzeitlich gefallen war, weil US-Richter Thomas Penfield Jackson am 3. April 2000 in einem Kartellrechtsprozess gegen Microsoft entschieden hatte. Das Urteil wurde im Juni 2001 aufgehoben.

DICKSTER SCHECK

Der höchste Betrag, der jemals mit einem einzigen Scheck bezahlt wurde, waren 7.819.909.800 DM. Mit dem Rekordscheck kaufte am 30. März 1995 das Pharma-Unternehmen Glaxo von Wellcome Trust Nominees Limited dessen Anteil an Wellcome. Da der Computer am Schalter der Lloyds Bank nicht imstande war, einen so hohen Scheck auszustellen, musste eine Angestellte dies übernehmen. Unter der Last der Verantwortung vertippte sie sich jedoch mehrmals und stellte den Scheck erst beim dritten Versuch korrekt aus.

SUPER SUPERMARKT

Die Handelskette Wal-Mart Stores Inc. (USA) meldete im Geschäftsjahr bis zum 31. Januar 2001 einen Umsatz von 428,576 Mrd. DM – Rekord bei einer Handelskette. Im selben Geschäftsjahr erzielte die Kette einen Gewinn von 14,1 Mrd. DM. Am 31. März 2000 hatte Wal-Mart 4.003 Filialen in zehn Ländern und beschäftigte 1,140 Mio. Mitarbeiter. Sam Walton eröffnete 1962 in Bretonville (USA) den ersten Wal-Mart-Laden. Der Kaufmann aus einer Kleinstadt, der zuvor Läden in Arkansas und Missouri geleitet hatte, stellte sich Wal-Mart als Discounter mit einer breiten Produktpalette und freundlichem Personal vor. Heute leitet sein Sohn S. Robson Walton (links) das Unternehmen.

www.guinnessworldrecords.com/walmart
ACCESS CODE: ‹49579›

ANWALTSKANZLEI MIT DEN MEISTEN ANWÄLTEN

Die Kanzlei Clifford Chance LLP, die im Januar 2000 durch die Fusion von Clifford Chance, Rogers Wells LLP mit Pünder, Volhard, Weber und Axster entstand, beschäftigt 7.400 Mitarbeiter. Davon arbeiten 3.580 auf Honorarbasis, 652 sind Teilhaber. Die Kanzlei unterhält 29 Filialen auf der ganzen Welt und hatte 1999 Einnahmen von 2,24 Mrd. DM.

GRÖSSTES UNTERNEHMEN

Im Jahr 2000 erzielte General Motors aus Detroit (USA) einen Umsatz von umgerechnet 413,576 Mrd. DM und einen Gewinn von 9,972 Mrd. DM. General Motors ist der größte Automobilkonzern und Fahrzeughersteller der Welt.

MEISTGEHANDELTE AKTIE AN EINEM TAG

Am 11. Februar 2000 wurden über 2,1 Mrd. Vodafone-Aktien gehandelt – das größte Handelsvolumen einer einzelnen Aktie.

LÄNGSTE HANDELS-UNTERBRECHUNG

Im Jahr 1914 setzte die New Yorker Börse wegen des Kriegsausbruchs in Europa den Aktienhandel ab dem 31. Juli für vier Monate und zwei Wochen aus.

GRÖSSTE FLUGGESELLSCHAFT

Die AMR Corporation mit Sitz in Fort Worth (USA) ist die größte Fluggesellschaft der Welt. Sie hatte 2000 eine Belegschaft von 116.054 Mitarbeitern, einen Umsatz von 44 Mrd. DM und machte 1,821 Mrd. DM Gewinn. Die Gesellschaft verfügt über fast 700 Düsenjets, ihre Linien fliegen etwa 170 Flughäfen in Amerika, Europa und im Pazifikraum an.

GRÖSSTES RAUMFAHRTUNTERNEHMEN

Boeing aus Seattle (USA) ist das größte Raumfahrtunternehmen der Welt. Im Jahr 2000 lag der Umsatz bei 114,9 Mrd. DM und der Gewinn bei 4,7 Mrd. DM.

GRÖSSTER GETRÄNKEHERSTELLER

PepsiCo Inc mit Sitz in Purchase (USA) wies im Jahr 2000 einen Umsatz von 45,8 Mrd. DM und einen Gewinn von 4,89 Mrd. DM aus. Zu PepsiCo gehören die Getränkemarken Pepsi, Mountain Dew und Tropicana.

GRÖSSTER KAUGUMMIHERSTELLER

Der größte Kaugummihersteller ist die Wm Wrigley Jr. Company mit Sitz in Chicago (USA). Im Jahr 2000 lag der Umsatz bei 4,8 Mrd. DM und der Gewinn bei 734 Mio. DM. Etwa die Hälfte aller in den USA verkauften Kaugummis kommen von Wrigley.

GRÖSSTER BH-HERSTELLER

Im Jahr 2000 kontrollierte der amerikanische Textil- und Lebensmittelkonzern Sara Lee 33 % des BH-Marktes in den USA. Der Konzern erzielte einen Gesamtumsatz von 39,2 Mrd. DM und einen Gewinn von 2,74 Mrd. DM. Sara Lee gehören die Marken Wonderbra und Playtex und seit der Übernahme der britischen Firma Courtauld im Mai 2000 auch die Marken Berlei und Gossard.

SPIELEND GELD VERDIENEN

Mattel Inc aus El Segundo (USA) ist der größte Spielwarenhersteller der Welt. Im Jahr 2000 erzielte das Unternehmen mit 30.000 Beschäftigten einen Umsatz von 10,46 Mrd. DM und einen Gewinn von 963 Mio. DM. Zu den bekanntesten Produkten von Mattel gehören die Puppen Barbie und Ken (links), die inzwischen auch in interaktiven Spielen und Programmen auftreten, die Spielzeuge von Fisher-Price und die Matchbox-Autos. Mattel hat auch die Lizenz für Disney- und *Sesamstraße*figuren. Der größte Spielwarenhändler der Welt ist Toys „R" Us Inc aus Paramus (USA). Der erste „Spielwarensupermarkt" wurde 1957 eröffnet, mittlerweile unterhält das Unternehmen in 25 Ländern 1.548 Läden. Ende Januar 2000 lag der Umsatz bei 26,57 Mrd. DM.

www.guinnessworldrecords.com/toptoys
ACCESS CODE: ‹57553›

GRÖSSTES PR-UNTERNEHMEN

Das weltweit größte Public Relations-Unternehmen ist die amerikanische Firma Burson-Marsteller, die 1999 einen Umsatz von über 616 Mio. DM erzielte. Zu den hochkarätigen Kunden des Unternehmens zählen Union Carbide, BP Chemicals und die Exxon Corporation.

GRÖSSTE REKLAMETAFEL

Im Dezember 2000 wurde eine 23,7 m hohe und 132 m breite Reklametafel mit einer Fläche von 3.128,4 m^2 an einer Seite von Fort Dunlop, dem ehemaligen Dunlop-Hauptquartier in der Nähe von Birmingham (GB), aufgestellt. Die Kosten übernahm die Ford Motor Company Ltd (USA). Die sechsmonatige Werbekampage von Ford, konzipiert von Mega Profile Ltd (GB), kostete 2,054 Mio. DM.

GRÖSSTER TELEKOMMUNIKATIONS-KONZERN

Das größte Telekommunikationsunternehmen der Welt ist die Nippon Telegraph and Telephone Corporation (NTT) mit Sitz in Tokio (J). Im Jahr 2000 wies der Konzern einen Umsatz von 215,1 Mrd. DM aus und machte einen Gewinn von 6,19 Mrd. DM.

GRÖSSTE FAST-FOOD-KETTE

Die McDonald's Corporation (USA) ist die größte Restaurantkette der Welt. Im Jahr 2000 betrug der Umsatz 31,8 Mrd. DM, der Gewinn 4,26 Mrd. DM. Weltweit hatte das Unternehmen 364.000 Mitarbeiter. McDonald's betreibt über 28.000 Restaurants in 120 Ländern auf der ganzen Welt (12.800 in den USA). Die Restaurants außerhalb der USA tragen über 60 % zum Umsatz bei und etwa 50 % zum Gewinn. Die Brüder Dick und Mac McDonald erfanden das neuartige Fast-Food-Konzept und verkauften die Rechte später an ihren nationalen Lizenzagenten Ray A. Kroc, der dann die McDonald's Corporation gründete.

www.guinnessworldrecords.com/bigmerge

TIME WARNER GEHT ONLINE

Die größte Fusion aller Zeiten wurde am 10. Januar 2000 zwischen America Online (AOL), der größten Internetfirma, und dem Medienkonzern Time Warner geschlossen. AOL-Chef Steve Case (rechts, auf dem Foto links) und Gerald Levin, der Geschäftsführer von Time Warner (auf dem Foto rechts), gaben den Deal im Wert von 784 Mio. DM bekannt. Durch die Fusion entstand der größte Medienkonzern der Welt. Zu den wichtigsten Marken zählen AOL, Time, CNN, Warner Bros., Netscape und Warner Music Group.

ACCESS CODE: ‹53969›

Shopping 1

WERTVOLLSTE FUSSBALL-MEDAILLE
Die Siegermedaille, die der englische Torhüter Gordon Banks bei der Weltmeisterschaft von 1966 erhalten hatte, brachte die Rekordsumme von 394.210 DM ein, als sie am 23. März 2001 bei Christie's in London (GB) versteigert wurde.

TEUERSTER GOLFSCHLÄGER
Ein 200 Jahre alter schottischer Putter wurde am 7. Juli 1998 für über 237.000 DM bei Christie's in Glasgow (GB) versteigert. Der Londoner Antiquitätenhändler Titus Kendall (GB) erwarb den Schläger im Auftrag von Jaime Ortíz Patiño, einem bolivianischen Millionär, der ihn in seinem eigenen Golfclub Valderrama in Südspanien ausstellen will.

WERTVOLLSTER GOLFBALL
Am 1. Juli 1995 zahlte Jaime Ortíz Patiño in Edinburgh (GB) über 63.000 DM für einen viktorianischen Ball aus Federn. Golf wurde anfangs mit Lederbällen gespielt, die mit Federn ausgestopft waren. Die Schläger hatten eine Spitze aus Horn.

WERTVOLLSTE HANDGESCHRIEBENE NOTEN
Für die Rekordsumme von 4,42 Mio. DM ging ein Manuskript der Zweiten Symphonie von Robert Schumann am 1. Dezember 1994 bei Sotheby's, London (GB), an einen privaten Sammler.

TEUERSTE SOFORTBILDKAMERA
Der Prototyp mit der Bezeichnung Phantom Camera Unit (links), den der britische Erfinder Noel Pemberton Billing 1946 gebaut hatte, wurde am 16. Januar 2001 bei Christie's in London (GB) für über 460.000 DM versteigert – die teuerste tragbare Sofortbildkamera der Welt. Mit der Kamera sollte es möglich sein, Bilder unterwegs zu entwickeln. Sie enthielt Behälter für die Entwicklerflüssigkeit, für Papier sowie ein Batteriefach. Die Kamera konnte auch vergrößern. Die Phantom ging nie in Produktion, weil das Projekt nach Billings Tod im Jahr 1948 gestoppt wurde. Ein privates Fotografie-Museum zahlte den Rekordpreis für dieses Einzelstück.

www.guinnessworldrecords.com/phantom
ACCESS CODE: ‹43360›

WERTVOLLSTER ROBOTER
Ein seltenes Roboterspielzeug, das Ende der 1950er Jahre gebaut wurde, der Masudaya Machine Man, wurde im Juli 1999 bei Christie's in London (GB) für die Rekordsumme von 94.480 DM verkauft. Der Machine Man gehört zur „Gang Of Five", wie die ersten japanischen Roboter genannt wurden. Diese ca. 38 cm großen Roboter haben einen bedruckten Blechkörper mit grafischen Symbolen, die Maschinenteilen ähneln.

WERTVOLLSTES ANTIKES SPIELZEUG
Für die Rekordsumme von 408.000 DM wurde am 14. Dezember 1991 bei Christie's in New York City (USA) eine Spielzeug-Feuerwehrspritze verkauft. Es handelte sich um eine handbemalte Zinnkopie der „Charles" genannten Feuerwehrspritze der ersten Feuerwehren. Das Stück ist 38,1 x 58,4 cm groß und wurde um 1870 von George Brown & Co., Connecticut (USA), angefertigt.

WERTVOLLSTER SPIELKARTENSATZ
Das Metropolitan Museum of Art, New York City (USA), zahlte am 6. Dezember 1983 bei Sotheby's, London (GB), den Rekordpreis von über 310.000 DM für einen Satz Spielkarten. Die Karten aus dem Jahr 1470 sind das älteste, vollständige, handbemalte Kartenspiel.

WERTVOLLSTER SPIELZEUGSOLDAT
Eine maßstabsgetreue Figur von Hitlers Stellvertreter Rudolf Hess (D) in Uniform wurde für 10.665 DM verkauft – Rekord für einen Spielzeugsoldaten. Das dänische Auktionshaus Boyes in London (GB) verkaufte die Figur am 23. April 1991 zusammen mit anderen Figuren.

WERTVOLLSTES KLAVIER
Der Sänger George Michael (GB) zahlte für ein Steinway-Klavier Modell Z, das John Lennon gehört hatte, die Rekordsumme von 4,58 Mio. DM. Das Instrument ist in dem Video zu Lennons Hit „Imagine" zu sehen und wurde bei einer Auktion am 17. Oktober 2000 im Hard Rock Café, London (GB), verkauft.

WERTVOLLSTES ZEICHENTRICKPLAKAT
Ein Filmplakat für den Walt-Disney-Film *Alice's Day at Sea* (Alice reitet auf dem Rücken eines Fisches) wurde im April 1994 bei Christie's in London (GB) für die Rekordsumme von knapp 73.000 DM verkauft. Dieser Film war der erste in einer Reihe von 56 Stummfilmtrickfilmen – den so genannten „Alice Comedies" –, die zwischen 1924 und 1927 entstanden.

WERTVOLLSTES SCHWARZ-WEISS-TRICKFILMBILD
Eine Schwarz-Weiß-Zeichnung aus Walt Disneys Film *Orphan's Benefit* (USA, 1934), auf der Donald Duck einen Boxschlag von einem Neffen erhält, wurde 1989 bei Christie's in London (GB) für über 540.000 DM versteigert.

WERTVOLLSTES FILMKOSTÜM
Ein blau-weißes Gingham-Kleid, das Judy Garland (USA) in ihrer Rolle als Dorothy in dem Film *The Wizard of Oz* (*Das zauberhafte Land,* 1939) getragen hatte, wurde am 9. Dezember 1999 bei Christie's in London (GB) für 630.420 DM verkauft. Das Trägerkleid hat ein Etikett, auf dem mit schwarzer Tinte „Judy Garland 4228" steht. Ein New Yorker Immobilienmakler zahlte das Zehnfache des erwarteten Preises.

TEUERSTES JO-JO
Die teuersten in Serie produzierten Jo-Jos sind die der Reihe „Cold Fusion" (links), die zwischen 280 und 470 DM kosten. Der Hersteller Playmaxx Inc fertigt auch eine „Gold Fusion"-Sonderausgabe. Sie ist mit 24-karätigem Blattgold belegt und kostet zwischen 380 und 570 DM. 1998 erlöste Playmaxx Inc allein mit Jo-Jos rund 183 Mio. DM und erhielt von der British Toy Association die Auszeichnung „Craze of the Year".
Jo-Jos gab es bereits um 400–500 v. Chr. in Griechenland, frühe Exemplare können im Metropolitan Museum of Art, New York City (USA), besichtigt werden. Auf der Website von Playmaxx wird berichtet, dass sogar der französische Kaiser Napoleon Bonaparte ein Jo-Jo hatte.

www.guinnessworldrecords.com/yoyo
ACCESS CODE: ‹52213›

www.guinnessworldrecords.com/vangogh

ACCESS CODE: ‹43323›

TEUERSTES GEMÄLDE
Das Gemälde *Porträt des Dr. Gachet* (rechts) des holländischen Malers Vincent van Gogh (1853–90) ist das teuerste Gemälde der Welt. Innerhalb von drei Minuten wurde es am 15. Mai 1990 für die Rekordsumme von 181 Mio. DM bei Christie's in New York City (USA) versteigert. Der Maler hatte das Werk wenige Wochen vor seinem Selbstmord vollendet. Kurz vor seinem Tod hatte van Gogh eine sehr kreative Phase und malte mehr als ein Gemälde am Tag, darunter mehrere Versionen des Porträts seines Freundes und Arztes Dr. Gachet.

WERTVOLLSTE FILMSCHUHE
Die roten Schuhe, die Judy Garland im selben Film trug, brachten am 24. Mai 2000 bei Christie's in New York City (USA) 1,49 Mio. DM ein. Die Schuhe waren aus roter Seide und von Hand mit zartem Seidenkrepp bestickt.

WERTVOLLSTES JAMES-BOND-SOUVENIR
Der Aston Martin DB5 aus dem Jahr 1965, mit dem Pierce Brosnan (GB) in *Goldeneye* (USA, 1995) Bösewichte jagt, wurde am 14. Februar 2001 bei Christie's in London (GB) für 498.490 DM verkauft. Der Brite Max Reid schenkte den Wagen seiner Frau zum Valentinstag.

GRÖSSTER VERKAUF VON VIP-AUTOS
Am 5. Juni 2001 versteigerte Sir Elton John (GB) 20 Autos aus seiner Sammlung bei Christie's in London für insgesamt über 6,16 Mio. DM. Den Spitzenpreis erzielte mit 741.810 DM ein 93er Jaguar XJ220.

TEUERSTES SCHWEIZER ARMEEMESSER
Ein Schweizer Armeemesser des Schweizer Juweliers Luzius Elmer aus 18 Karat Gold kostet in dessen Laden ca. 9.500 DM. Ein Original Schweizer Armeemesser™ von Victorinox® ist bereits für 30 bis 150 DM zu haben.

TEUERSTE SCHUSSWAFFE
Ein Colt mit Spannschloss der Serie Nr. 1, Kaliber .45, aus dem Jahr 1873 wurde am 14. Mai 1987 bei Christie's in New York City (USA) für die Rekordsumme von 242.000 Dollar verkauft. In heutigem Geldwert sind das rund 829.000 DM.

WERVOLLSTE TELEFONKARTE
Im Januar 1992 wurde in Japan die erste Telefonkarte überhaupt ausgegeben. Das seltene Sammlerstück brachte die Rekordsumme von umgerechnet 88.000 DM ein.

TEUERSTER WHISKY-KAUF
Norman Shelley (GB) zahlte am 16. November 2000 umgerechnet 731.277 DM für 76 Flaschen Macallan Malt Whisky. Die älteste Flasche der Sammlung stammte aus dem Jahr 1856. Macallan Malt Whisky wird in Schottland seit 1824 hergestellt.

TEUERSTE KUH
Der Rekordpreis für eine lebende Kuh beträgt 2,9 Mio. DM und wurde 1985 bei einer Auktion in East Montpelier (USA) für eine friesische Kuh gezahlt.

TEUERSTE POST-IT-NOTIZ
Zur Feier des 20. Geburtstages der Post-It®-Notizzettel schufen Maler winzige Kunstwerke auf den Zetteln, die anschließend online für einen wohltätigen Zweck versteigert wurden. Eine Pastell- und Kohlezeichnung von R. B. Kitaj (USA) wurde für die Rekordsumme von über 2.000 DM verkauft.

Shopping 2

TEUERSTE MAHLZEIT PRO KOPF

Im September 1997 gaben drei Restaurantgäste bei Le Gavroche in London (GB) umgerechnet 41.368 DM für eine Mahlzeit aus. Die Speisen kosteten nur 683 DM, dazu kamen 2.670 DM für Zigarren und Spirituosen. Der größte Posten auf der Rechnung waren sechs Flaschen Wein und Sekt für zusammen 38.015 DM. Da der teuerste Wein, ein Romanée-Conti von 1985 zum Preis von 15.642 DM, nicht nach dem Geschmack der Gäste war, schenkten sie die Flasche dem Personal. Die Gäste begannen mit einem Champagner der Marke Krug von 1949 zum Preis von 1.769,70 DM, es folgten Bordeaux- und Burgunderweine: ein 1985er DRC Montrachet zu 4.424 DM, ein 1954er Château Haut Brion zu 6.636 DM, ein 1967er Château d'Yquem zu 3.381,30 DM und ein 1961er Château Latour zu 6.162 DM.

TEUERSTES GLAS WEIN

Der höchste Preis, der jemals für ein Glas Wein gezahlt wurde, beträgt 2.565 DM. Robert Denby ersteigerte das erste Glas Beaujolais Nouveau von 1993, einen Wein aus der Region um Beaune in Burgund (F), bei einer Auktion im britischen Pickwick's Pub in Beaune am 18. November 1993.

SAMMLERSTÜCK

Die wertvollste Briefmarke der Welt ist die schwedische gelbe „Treskilling", eine 3-Skilling-Marke (links), die am 8. November 1996 für die Rekordsumme von 3,5 Mio. DM vom Auktionshaus David Feldman in Genf (CH) verkauft wurde. Die Briefmarke sollte eigentlich grün sein, wurde aber gelb gedruckt. Weil sie die einzige erhaltene Marke ihrer Art ist, hat sie diesen hohen Sammlerwert. Ein Junge entdeckte die Marke 1885 unter den Briefen seines Großvaters und verkaufte sie damals für sieben schwedische Kronen. Mit dem Verkauf 1996 wurde die Marke im Verhältnis zum Gewicht der teuerste Gegenstand aller Zeiten.

www.guinnessworldrecords.com/stamp
ACCESS CODE: ‹43309›

TEUERSTER WEIN

Der teuerste im Handel erhältliche Wein ist der Château d'Yquem Sauternes (1787), der je nach Händler zu einem Preis zwischen 124.390 DM und 142.150 DM angeboten wird. Der Château d'Yquem Sauternes ist ein gelber Süßwein aus dem Bordeaux (F).

TEUERSTER PILZ

Weiße Trüffel (*Tuber magnum pico*) sind die teuersten essbaren Pilze der Welt. Sie kommen nur in den italienischen Regionen Piemont, Emilia-Romagna, Toskana und Marken vor und kosten bis zu 6.600 DM pro Kilo. Weil sie etwa 30 cm unter der Erde wachsen, können nur speziell trainierte Hunde oder Schweine sie aufspüren.

TEUERSTER HAMBURGER

Der so genannte Big Mac-Wirtschaftsindex vergleicht die Preise für klassische McDonald's-Hamburger auf der ganzen Welt. Im Jahr 2001 zahlten die Schweizer demnach mit 8,15 DM für ihre Burger den höchsten Preis – über 2 DM mehr, als ein Big Mac in einem amerikanischen McDonald's-Restaurant kostet (5,69 DM).

TEUERSTES AUTOKENNZEICHEN

Das Kennzeichen mit der Nr. 9 wurde am 19. März 1994 in Hongkong (CHN) bei einer Auktion der Regierung für umgerechnet 28,4 Mio. DM an Albert Yeung Sau-shing verkauft. In der kantonesischen Aussprache ist das Wort „neun" gleichlautend mit dem Wort „Hund". Das Kennzeichen galt als Glücksbringer, weil 1994 das chinesische Jahr des Hundes war.

TEUERSTER PRIVATJET

Der Gulfstream V-SP ist mit 69,4 Mio. DM der teuerste jemals produzierte Privatjet. Er hat bei Reisegeschwindigkeit eine Reichweite von 12.500 km. Der Jet wird von Rolls-Royce BR-710-Motoren angetrieben.

TEUERSTER MINI

Der Mini Limo, ein von der Rover-Gruppe in Auftrag gegebener und von John Cooper Garages (GB) gebautes Einzelstück, kostete bei seiner Auslieferung im September 1997 158.000 DM. Zur Ausstattung des zweitürigen Mini gehörten eine Mini-Disc-Anlage für 25.280 DM und Sitze für 18.960 DM, ein exklusives Armaturenbrett, mit Leder abgesetzte Teppichböden, Vorleger aus Schafwolle, Zentralverriegelung und eine Klimaanlage.

TEUERSTER HAUSVERKAUF

Das Haus Black's Link 6-10, Hongkong, von Eric Hotung, einem einflussreichen Geschäftsmann, politischen Berater und Philantrop, ging am 12. Mai 1997 für umgerechnet 228,28 Mio. DM an einen anonymen Käufer.

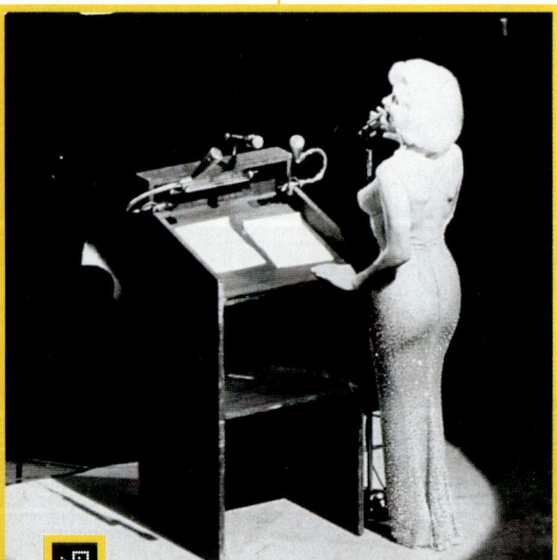

KLEIDER MACHEN LEUTE

Das hautfarbene Kleid (links), das Marilyn Monroe bei ihrem Geburtstagsständchen für Präsident Kennedy am 19. Mai 1962 trug, ist das wertvollste Kleid aller Zeiten. Am 27. Oktober 1999 wurde es für 2,838 Mio. DM bei Christie's in New York City (USA) an die Händler Robert Schagrin und Peter Siegel verkauft. Ursprünglich hatte es 26.800 DM gekostet. Während der Windsor-Modewoche wurde am 22. März 2000 ein diamantbesetzter Bikini von Prestons of Windsor in Berkshire (GB) vorgestellt. Er hat heute einen Wert von 389.975 DM. Sidney Smilove, Chef-Designerin bei Anna Cole, Kalifornien (USA), kreierte im Jahr 1983 den teuersten Badeanzug der Welt aus schwarzem Nylon und Lycra. Der Anzug war mit 19 Diamanten (von 0,5 bis 0,003 Karat) und mit 91 in 14-karätigem Gold gefassten Zuchtperlen besetzt. Er wurde für 26.880 DM zum Kauf angeboten.

www.guinnessworldrecords.com/marilyn
ACCESS CODE: ‹43411›

TEUERSTER AUSBILDUNGSKURS

Die Ivor Spencer International Finishing School for Young Ladies and Gentlemen in London (GB) bietet seit 1998 einen einmonatigen Abschlusskurs zum Preis von umgerechnet 245.000 DM an. Die Teilnehmer sind in den besten Londoner Hotels untergebracht, reisen mit der Concorde an und besuchen das Ballett und die Oper. Auf dem Stundenplan stehen Etikette, Weinkunde und Kochen.

TEUERSTER FÜLLFEDERHALTER

Der Füller „La Modernista Diamonds" von der Schweizer Firma Caran d'Ache war vom September bis Dezember 1999 bei Harrods in London (GB) für 534.040 DM zu haben. Der mit Rhodium beschichtete Füller aus massivem Silber hat eine Feder aus 18-karätigem Gold und ist mit 5.072 Diamanten von insgesamt 20 Karat besetzt. Auf der Spitze der Kappe bilden 96 halbe Rubine das Monogramm der Firma Caran d'Ache.

HÖCHSTER QUADRATMETERPREIS

Zwei Grundstücke in Hongkong (CHN), „Genesis" und „Sky High" genannt, wurden im November 1997 für einen Quadratmeterpreis von 59.386 DM an Wong Kwan verkauft.

TEUERSTE HOCHZEIT

Die Hochzeit von Mohammed, Sohn von Scheich Rashid Bin Saeed Al Maktoum, mit Prinzessin Salama in Dubai im Mai 1981 dauerte sieben Tage und kostete schätzungsweise 70 Mio. DM. Nach heutigem Geldwert wären das 158 Mio. DM. Die Zeremonie wurde in einem eigens errichteten Stadion für 20.000 Menschen gefeiert.

TEUERSTE ARMBANDUHR

Die Supercomplication, eine Armbanduhr der Firma Patek Phillipe, die dem Bankier Henry Graves Jr. gehörte, ist der teuerste Zeitmesser aller Zeiten. Am 2. Dezember 1999 wurde sie bei Sotheby's in New York City (USA) für 24,645 Mio. DM versteigert.

www.guinnessworldrecords.com/goldtoilet

ACCESS CODE: <56573>

GOLDENE WASSERHÄHNE

Die teuerste Toilette der Welt (rechts) wurde von dem Juwelier Lam Sai-wing für umgerechnet 5,38 Mio. DM in seinem Laden in Hongkong (CHN) eingerichtet. Sie ist ganz aus Gold und Edelsteinen gefertigt – die Toilettenschüsseln, Waschbecken, Toilettenbürsten, Papierhalter, Spiegelrahmen, Kerzenhalter, Wandfliesen und Türen bestehen aus massivem 24-karätigem Gold. Will ein Kunde die Toilette benutzen, muss er mindestens 440 DM in Lams Laden ausgeben.

GUINNESS WORLD RECORDS™

Fashion

MEISTE ZUSCHAUER EINER MODENSCHAU
Über 2 Mio. Menschen verfolgten die Modenschau von Victoria's Secret im Mai 2000 in Cannes (F) im Internet unter www.victoriassecret.com. Unter der Schirmherrschaft von Elizabeth Taylor (USA) und Elton John (GB) defilierten die Models Tyra Banks (USA), Karen Mulder (NL) und Stephanie Seymour (USA). Dabei wurden 3,95 Mio. DM Spenden für die Aids-Forschung gesammelt.

LÄNGSTER LAUFSTEG
Vom 27. bis 30. Mai 1998 schritt eine Gruppe von 111 Models über einen 1,111 km langen Laufsteg auf dem Parkplatz des Einkaufszentrums Seacon Square in Bangkok (THA). 150 Arbeiter hatten den 1,8 m hohen Laufsteg in 16 Tagen aufgebaut, Sponsor war der niederländisch-englische Konzern Unilever. Aus der Luft gesehen stellte der Laufsteg das Logo der Unilever-Seifenmarke „Lux" dar.

LÄNGSTE PERLENKETTE
Im Rahmen einer Werbekampagne fädelten Touristen in der japanischen Stadt Ago-cho Yume-kaido 1995 eine 108 m lange und 8,7 kg schwere Perlenkette aus 14.400 Perlen auf.

MARKTLÜCKE FÜR GAP
Don und Doris Fisher (beide USA) gründeten 1969 die Firma Gap Inc (links), nachdem Don bei dem Versuch, eine Jeans umzutauschen, festgestellt hatte, dass es zu wenig zusammengehörige Kleiderläden mit einem breiten Angebot an Jeans gab. Im Jahr 2000 verzeichnete Gap einen Nettoumsatz von 30,62 Mrd. DM. Im Mai 2001 war Gap mit 3.676 Filialen weltweit die größte Einzelhandelskette für Modewaren. In der *Fortune 500*-Liste steht die Firma derzeit auf Platz 174, nachdem ihr Profil in den letzten Jahren dank innovativer Werbekampagnen deutlich an Attraktivität gewonnen hat.

www.guinnessworldrecords.com/gap
ACCESS CODE: ‹52438›

MODEL MIT DEN MEISTEN TITELSEITEN
Claudia Schiffer (D) wurde 1987 im Alter von 17 Jahren in einer deutschen Discothek entdeckt und ist seither ununterbrochen im Modelgeschäft tätig. Sie schmückte die Titelseiten von über 500 Zeitschriften, darunter *Elle*, *Harper's Bazaar*, *Vogue* und *Cosmopolitan*. Auch das *Time Magazine* brachte ein Cover mit ihr, und als erstes Model überhaupt war sie auf dem Titelblatt für die Ausgabe „10 Most Beautiful Women" des Magazins *Rolling Stone* zu sehen.

TEUERSTER BH
Das BH-Modell Red Hot Fantasy erleichtert den Geldbeutel der Käufer um die Kleinigkeit von 33,4 Mio. DM. Diese reizende Kreation von Victoria's Secret strahlt im Glanz ihrer über 1.300 Edelsteine; allein 300 Karat thailändische Rubine funkeln zwischen den Diamanten. Der BH wird von Sicherheitsbeamten im Panzerwagen frei Haus geliefert.

TEUERSTE TIARA
Die teuerste Tiara (Papstkrone) der Welt wurde 1996 von Gianni Versace (I) kreiert. Mit ihrem Besatz aus 100-karätigen goldgefassten Diamanten ist sie 10,1 Mio. DM wert.

GRÖSSTER STRING-TANGA
Ein überdimensionaler rot-weißer Baumwollslip wurde am 15. März 2001 in der britischen Body Shop-Zentrale enthüllt. Dieser mit Ausmaßen von 9,2 m x 4,6 m größte String-Tanga der Welt war Teil der Spendenaktion „Pants to Poverty" der Wohltätigkeitsorganisation Comic Relief.

HÖCHSTE IM HANDEL ERHÄLTLICHE ABSÄTZE
Die serienmäßig hergestellten Schuhe mit den höchsten Absätzen kommen mit umwerfenden 27,9 cm hohen Plateaus in Kombination mit 40,6 cm hohen Absätzen daher. Die in rotem oder schwarzem Leder lieferbaren Schuhe mit dem passenden Namen „Vertigo" (Schwindel) kosten stattliche 2.290 DM. Die britische Herstellerfirma LadyBWear weist darauf hin, dass für eventuelle Verletzungen von Kundinnen keine Haftung übernommen wird.

WERTVOLLSTE JEANS
Im März 1997 zahlte Levi Strauss and Co. an den New Yorker Händler für historische Kleidung What Comes Around Goes Around 56.000 DM für eine Jeans ihres eigenen Modells Levis 501. Die Hose war in einem nicht mehr in Betrieb befindlichen Kohlebergwerk in Colorado (USA) gefunden worden; hergestellt wurde sie vermutlich zwischen 1890 und 1901.

EINTRÄGLICHE HÖSCHEN
Wenn es um den topaktuellen Baumwollfaden geht, wählt der markenbewusste Popo Calvin Klein, mittlerweile die meistverkaufte Designer-Unterwäsche. 1998 setzte die Firma 30 Mio. Slips und Unterhosen im Wert von 952 Mio. DM um. Die Marke wurde mit Hilfe einer handverlesenen Liste von Berühmtheiten aus der Mode- und Musikbranche bekannt gemacht, darunter Kate Moss (GB), Christy Turlington (USA), Macy Gray (USA), Moby (USA) und Marky Mark (USA), die alle dem Label ihr Image zur Verfügung stellten. Calvin Klein (USA, links) hatte das Unternehmen 1968 gegründet. Obwohl es die Damen-Konfektion als sein Flaggschiff betrachtet, werden die Haupteinnahmen durch die Lizenzvergabe an Hersteller von Jeans, Unterwäsche und Parfum erzielt.

www.guinnessworldrecords.com/calvinklein
ACCESS CODE: ‹52645›

www.guinnessworldrecords.com/ralphlauren

DIE MARKE MACHT'S

Die Modemarke mit den größten Verkaufszahlen der Welt ist Ralph Lauren (USA), hier präsentiert von Gisele Bündchen (BR, rechts). Im Jahr 2000 betrug der Gesamtumsatz 10,1 Mrd. DM. Zu den Marken des Unternehmens gehören Polo Ralph Lauren, Polo Sport und die Ralph Lauren Collection, die in weltweit 240 Polo-Filialen und Verkaufsstellen angeboten und außerdem in etwa 1.600 Kaufhäusern und Fachgeschäften vertrieben werden.

Charles Frederick Worth (GB), der 1895 starb, war der Schöpfer der ersten Designermarke. Als erster Modeschöpfer signierte er seine Arbeiten mit einem Abzeichen und führte seine Kleider an lebendigen Models vor. 1845 zog Worth nach Paris (F), wo die Damen am Hof von Napoleon III. sein Talent für Modekreationen schnell entdeckten. Das Unternehmen wird heute mit Parfums wie *Worth Pour Homme* und *Je Reviens* weitergeführt.

ACCESS CODE: ‹52317›

GRÖSSTER HERSTELLER VON SKATERKLEIDUNG

Die Firma Vans kam 1966 in Kalifornien (USA) auf den Markt. In den späten 1970er Jahren wurden die Vans-Modelle die beliebtesten Schuhe in der kalifornischen Skater-Gemeinde. Heute vertreibt Vans seine Skatewear über 126 konzerneigene Filialen in den USA und in über 80 Ländern weltweit.

JÜNGSTER HAUTE-COUTURE-MODESCHÖPFER

Yves Saint Laurent (F) startete seine Designerkarriere im Alter von 17 Jahren. Er arbeitete zunächst als Assistent des Modestars Christian Dior (F). Nach dessen Tod vier Jahre später wurde er zum Chef des Hauses Dior.

LÄNGSTE SCHLEPPE AN EINEM BRAUTKLEID

Als Kerstin Schulze am 1. August 1998 in Dessau (D) ihrem Mann Oliver das „Ja"-Wort gab, trug sie ein Brautkleid mit einer 311,30 m langen Schleppe, die mit mehr als 1.000 Blüten und Perlen bestickt war. Während der Zeremonie trugen 80 Gäste sowie viele Zuschauer den in 600 m Seidenband eingefassten Tüllschleier.

GRÖSSTES T-SHIRT

Die britische Stiftung Spring Centre gab beim Modefabrikanten Patz ein riesiges weißes T-Shirt in Auftrag. Mit seinen 29 m Länge und 23,9 m Breite deckt es locker eine Cricket-Spielbahn ab. Mit dieser Aktion sollten Spenden für behinderte Kinder gesammelt werden.

GUINNESS WORLD RECORDS™

www.guinnessworldrecords.com/humanachievement

Starke Leistung

Power Kids

JÜNGSTE BERATERIN
Im April 2000 gab die Supermarktkette Tesco bekannt, dass sie die siebenjährige Laurie Sleator (GB) als Pokémon-Beraterin der Geschäftsführung eingestellt habe. Laurie erhält für ihre Dienste Pokémon-Produkte.

JÜNGSTER ARZT
Balamurali Ambati (USA) wurde am 19. Mai 1995 der jüngste Arzt der Welt, als er mit 17 Jahren an der Mount Sinai School of Medicine in New York City (USA) die Doktorprüfung ablegte. Gemeinsam mit seinem älteren Bruder schrieb er außerdem schon mit elf Jahren ein Buch über AIDS.

JÜNGSTER AUTOR
Dorothy Straight (USA) war vier Jahre alt, als sie 1962 das Buch *How the World Began* schrieb. Es wurde im August 1964 von Pantheon Books veröffentlicht.

JÜNGSTER SÄNGER MIT EINEM NR. 1-HIT
Der französische Sänger Jordy (Lemoine) war erst viereinhalb Jahre alt, als seine Single „Dur Dur d'Etre Bébé" (Es ist hart, ein Baby zu sein) im September 1993 Platz 1 der französischen Charts belegte. Der Song kam später sogar in die US Billboard Chart.

JÜNGSTER MUSIKER IN WOODSTOCK
Der elfjährige Ilan Rubin (USA) ist der jüngste Musiker, der in der 30-jährigen Geschichte von Woodstock auftrat. Er eröffnete am 23. Juli 1999 das dreitägige Festival in Rome (USA). Ilan ist Drummer der von seinem älteren Bruder mitgegründeten Ska-punk-Band F.o.N. (Freak of Nature), in die er im Alter von neun Jahren eintrat.

JÜNGSTER ROCKJOURNALIST
Der 1957 geborene Regisseur, Drehbuchautor und Produzent Cameron Crowe (USA) begann im Alter von 15 Jahren eine Karriere als Journalist. Er schrieb unter anderem für *Penthouse*, *Playboy* und die *Los Angeles Times*. Mit 16 ging er zu der Zeitschrift *Rolling Stone*, wo er als Redakteur und später als Mitherausgeber tätig war. Er schrieb über Musiker wie Bob Dylan, David Bowie und Eric Clapton.

JÜNGSTER INTERPRET MIT EINEM PLATINALBUM
Billy Gilman (USA) war 12 Jahre 3 Monate alt, als sein Debütalbum *One Voice* im August 2000 eine Million Mal in den USA verkauft wurde. Er ist auch der jüngste Interpret, der jemals an der Spitze der Landescharts stand. Diesen Rekord hatte er zwei Monate zuvor mit dem Titelsong des Albums erreicht.

JÜNGSTER NBA-SPIELER
Jermaine O'Neal war 18 Jahre 53 Tage alt, als er am 5. Dezember 1996 sein erstes Spiel für die Portland Trail Blazers als Basketballprofi in der NBA absolvierte.

JÜNGSTER BASEBALL-SPIELER DER WORLD SERIES
Als jüngster Baseballspieler der World Series spielte Fred Lindstrom im Alter von 18 Jahren 339 Tagen am 24. Oktober 1924 für die New York Giants.

JÜNGSTER EINHAND-WELTUMSEGLER
David Griffiths Dicks (AUS) war 18 Jahre 41 Tage alt, als er am 16. November 1996 nach 264 Tagen 16 Stunden 49 Minuten auf See nach Fremantle (AUS) zurückkehrte.

JUNGE TURNERIN GREIFT NACH GOLD
Die jüngste Weltmeisterin im Kunstturnen heißt Aurelia Dobre (RO, oben). Am 23. Oktober 1987 gewann sie im Alter von 14 Jahren 352 Tagen in Rotterdam (NL) den Weltmeistertitel im Mehrkampf. Der Mehrkampf umfasst vier Disziplinen – Schwebebalken, Sprung, Boden und Stufenbarren. Inspiriert von der rumänischen Weltmeisterin Nadia Comaneci begann Dobre im Alter von sechs Jahren mit dem Turnsport und nahm 1983 erstmals an Jugendwettkämpfen teil. Ihre erste Weltmeisterschaft im Jahr 1987 war zugleich ihr erfolgreichster Wettkampf: Sie gewann drei Goldmedaillen (Mannschaftswertung, Mehrkampf und die Einzelwertung am Schwebebalken) und eine Bronzemedaille. 1988 nahm sie an den Olympischen Spielen teil und gewann in der Mannschaftswertung Silber. Diesen Erfolg wiederholte sie ein Jahr später bei der Weltmeisterschaft. Dobre zog sich 1990, im Alter von 17 Jahren, vom Sport zurück und arbeitet jetzt als Choreographin und Tanzlehrerin.

www.guinnessworldrecords.com/gymchamp
ACCESS CODE: ‹45033›

JÜNGSTER BEZWINGER DES MT. EVEREST
Shambu Tamang (NEP) ist der jüngste Mensch, der jemals den Mt. Everest bestiegen hat. Am 5. Mai 1973 erreichte er den Gipfel des 8.848 m hohen Berges im Alter von 17 Jahren 6 Monaten 15 Tagen.

JÜNGSTE STAFFEL, DIE DEN KANAL DURCHSCHWAMM
Die jüngste sechsköpfige Staffel, die jemals den Ärmelkanal durchquerte, ist das Thane District AAA-Team aus Mumbai (Bombay, IND), das am 12. August 1996 in 11 Stunden 23 Minuten vom Shakespeare Beach, Dover (GB), nach Cap Gris-Nez (F) schwamm. Zu dem Team gehörten Kaveri Thakur (13), Rahul Modi (13), Daniel Reuben (13), Rashmi Sansare (14), Gunjan Parulkar (14) und Siddesh Parab (14).

JÜNGSTER WANDERER AUF DEM APPALACHIAN-TRAIL
Michael Cogswell (USA) war nur sechs Jahre alt, als er den Appalachian-Trail 1980 mit seiner Mutter und seinem Stiefvater durchwanderte. Die Familie benötigte für die gesamte Strecke achteinhalb Monate. Der Appalachian-Trail (USA) ist der längste markierte Wanderweg der Welt und erstreckt sich über rund 3.476 km von Katahdin, Maine (USA), bis zum Springer Mountain, Georgia (USA).

JÜNGSTE SCHÜLERGRUPPE AM NORDPOL
Am 1. April 1998 flogen acht Schüler des Robertsbridge Community College, E-Sussex (GB), in Begleitung von zwei Lehrern an den magnetischen Nordpol im Nunavut Territory (CDN). Die Schüler waren zwischen 13 und 15 Jahre alt und führten auf der Expedition Forschungsprojekte durch.

JÜNGSTER KÜCHENCHEF
Justin Miller (USA) ist der jüngste Küchenchef der Welt. Wegen seines Kochtalents wurde er im Alter von fünf Jahren landesweit berühmt. Er veröffentlichte mit sieben Jahren ein eigenes Kochbuch: *Cooking with Justin: Recipes for Kids (And Parents)*. Gegenwärtig schreibt er an seinem zweiten Kochbuch, *Break an Egg*, und berät die Hotelkette Marriott bei ihrer Speisekarte für Kinder.

IN REIH UND GLIED ZUM SIEG

Siobhan Dunn (GB, oben) wurde die jüngste Weltmeisterin im Line Dance, als sie im Januar 1998 die Junior World Line Dance Championship in Nashville (USA) im blutjungen Alter von 6 Jahren 6 Monaten 11 Tagen gewann. Zwei Jahre später nahmen am 20. Januar 2000 6.275 Menschen (sechs Reihen mit einer Länge von je 1,6 km) an dem längsten Reihentanz der Welt in Tamworth (AUS) teil. Sie tanzten insgesamt 6,28 Minuten.

www.guinnessworldrecords.com/linedancechamp

ACCESS CODE: ‹53295›

JÜNGSTER ZERTRÜMMERER VON BETONBLÖCKEN

USA

David Chu Tan (D) war erst elf Jahre alt, als es ihm am 20. Dezember 2000 gelang, in nur 30 Sekunden mit seinem Kopf 24 Betonblöcke zu zertrümmern, während er Vorwärts-Überschläge machte. Sein Vater, ein Kampfsportlehrer, begann das Training von David, als der ein kleines Kind war.

JÜNGSTER MENSCH AN BEIDEN POLEN

Robert Schumann (GB) reiste am 6. April 1992 im Alter von zehn Jahren an den Nordpol und am 29. Dezember 1993 im Alter von elf Jahren an den Südpol. An den Nordpol gelangte er mit dem Flugzeug, an den Südpol hingegen mit dem Mountainbike, nachdem ein Flugzeug ihn in die Nähe seines Ziels gebracht hatte. Auf beiden Reisen wurde er von seinem Vater begleitet.

JÜNGSTER UNI-ABSOLVENT

Im Juni 1994 legte Michael Kearney (USA) als jüngster Absolvent einer Universität an der University of South Alabama (USA) im Alter von 10 Jahren 4 Monaten die Prüfung zum Bachelor of Arts in Anthropologie ab.

www.guinnessworldrecords.com/bowwow

JÜNGSTER SOLO-RAPPER

Der am 9. März 1987 geborene Lil Bow Wow (USA, rechts) rappt, seit er fünf ist. Seine Single „Bounce With Me" war nach den Angaben der Recording Industry Association of America acht Wochen lang die bestverkaufte Rap-Single. Damit ist er der jüngste Solo-Rapper mit einem Nr. 1-Hit in den US-Charts. Seine Single „Bow Wow (That's My Name)" erreichte Platz 55 in der Singles-Chart Billboard Hot 100. Der Name Lil Bow Wow geht auf den Rap-Superstar Snoop Doggy Dogg zurück.

ACCESS CODE: ‹56520›

GUINNESS WORLD RECORDS™

Golden Oldies

ÄLTESTE SCHAUSPIELERIN
Die französische Schauspielerin Jeanne Louise Calment (1875–1997) spielte sich selbst in dem Film *Vincent und ich* (1990), und das in einem Alter von 114 Jahren. Der Film handelt von einem jungen Mädchen, das durch eine Zeitreise in das Frankreich des 19. Jahrhunderts versetzt wird und dort den berühmten Maler Vincent van Gogh trifft. Calment war einer der letzten lebenden Menschen, der Van Gogh wirklich kennen gelernt hatte – sie traf ihn im Jahr 1888. Als sie im Alter von 122 Jahren starb, war sie der älteste Mensch, der sein Geburtsdatum nachweisen konnte.

ÄLTESTE FERNSEH-SCHAUSPIELERIN
Myrtle Wood (geb.1900, AUS) tritt immer noch regelmäßig im australischen Fernsehen als Vorführerin in der Reihe *Sale Of The Century* auf. Die meisten Menschen kennen sie in der Rolle, die sie 17 Jahre lang gespielt hat: Granny Davis, die Hausfrau, die 1963 geschnittenes Brot in die australischen Haushalte brachte.

ÄLTESTE SCHRIFTSTELLERINNEN
Die Schwestern Elizabeth und Sarah Louise Delany veröffentlichten im Oktober 1994 *The Delany Sisters' Book Of Everyday Wisdom*. Sarah Louise war damals 105 Jahre alt und Elizabeth 103. Nach Elizabeths Tod im Jahr 1995 schrieb Sarah eine Fortsetzung mit dem Titel *On My Own At 107*, die 1997 von Kodansha America herausgegeben wurde.

SCHNELL UND WILD
Jerry De Roye (GB, links), der 1927 als Gerald Jones auf die Welt kam, ist der weltweit älteste Todeswand-Fahrer. Er fährt ein Motorrad vom Typ V-Twin Indian Type 101 Scout Baujahr 1927 und zeigt immer noch regelmäßig seine Stunts.
Fürst Constantin von Liechtenstein ist ebenfalls ein todesverachtender Senior. Am 15. Februar 2000 raste er im Alter von 88 Jahren und 54 Tagen als ältester Mensch unbeschadet die Cresta-Eisrodelbahn in St. Moritz (CH) hinab. Diese 1,2 km lange Bahn mit einem Höhenunterschied von 157 m zählt zu den legendären Herausforderungen des Wintersports. Das Gefälle variiert von 35,7% bis 11,5%. Da die Schlitten Geschwindigkeiten bis zu 145 km/h erreichen, erfordert es großes Können, die beängstigenden Kurven zu durchfahren.

www.guinnessworldrecords.com/wallofdeath
ACCESS CODE: ‹48665›

ÄLTESTE PIANISTIN
Die rumänische Pianistin Cella Delavrancea (1887–1991) gab im Alter von 103 Jahren ihr letztes öffentliches Konzert und musste sechs Zugaben spielen.

ÄLTESTES ADOPTIVKIND
Die 1940 geborene Paula Louise Daly Winter Dolan (USA) wurde am 5. November 1998 der älteste Mensch, der jemals adoptiert wurde. Sie war 58 Jahre 5 Monate 17 Tage alt. Ihre Adoptiveltern waren ihre Tante und ihr Onkel, Elizabeth und John Winter. Dolan war fast 40 Jahre zuvor von ihren leiblichen Eltern verstoßen worden, nachdem sie einen Mann geheiratet hatte, den diese nicht akzeptieren wollten.

ÄLTESTER PILOT
Cole Kugel (geb.1902, USA) ist mit 99 Jahren der älteste Pilot der Welt mit Flugschein. Er wurde ein Jahr vor dem legendären Flug der Gebrüder Wright geboren und fliegt seit 71 Jahren. Cole ist Mitglied der Vereinigung International Flying Farmers – dort ist er ebenfalls das älteste Mitglied.

ÄLTESTER WINDSURFER
Charles Ruijter (geb.1915) begann das Windsurfen 1978 im Alter von 63 Jahren und surft immer noch über die Seen in der Nähe seiner Heimatstadt Eindhoven (NL). Der erfahrene Segler und Ruderer hat sich das Surfen selbst beigebracht.

ÄLTESTER WETTKAMPFLÄUFER
Philip Rabinowitz (geb.1904) aus Hout Bay, Kapstadt (ZA), ist der älteste aktive Rennläufer der Welt. Regelmäßig nimmt er an Rennen über 20 km teil.

FRISCH UND MUNTER
James Janssen (links, geb. 1921, USA) ist der älteste Rettungsschwimmer der Welt. Der katholische Priester im Ruhestand überwacht nicht nur das Becken des Davenport Outing Club, Iowa (USA), sondern unterrichtet auch Schwimmen und Wassergymnastik. Während Janssen sich im Ruhestand zu einer ganz neuen Tätigkeit entschlossen hat, gehen andere Leute erst gar nicht in Ruhestand. Ishwar C. Dalal (geb.1900, IND) ist der älteste praktizierende Arzt der Welt, er arbeitet seit 1935. Leamon Ward (geb.1910, USA) schneidet berufsmäßig seit Juli 1927 Haare und arbeitet immer noch viereinhalb Tage in der Woche in seinem Friseurgeschäft in Keystone Heights (USA). Valanjattil Kuruvilla Mani (geb.1910, IND) ist seit 1935 als Zahnarzt tätig und behandelt noch heute Patienten.

www.guinnessworldrecords.com/lifeguard
ACCESS CODE: ‹54621›

ÄLTESTE INLINE-SKATERIN
Die älteste professionelle Inline-Skaterin ist Donna Vano (geb.1953, USA). Donna nimmt seit 1991 an Wettkämpfen teil und beteiligt sich auch an Skateboard- und Snowboardwettkämpfen. Inline-Skater benutzen eine U-förmige Rampe, auf der sie Salti und andere Kunststücke vollführen.

ÄLTESTER MOTORRADFAHRER
Am 2. Mai 2000 fuhr Len Vale Onslow auf dem Motorrad von seinem Haus in Birmingham (GB) eine Strecke von 194,9 km bis zu den Toren des Buckingham Palace, London (GB), um das Glückwunschtelegramm der Queen entgegenzunehmen – dieses Telegramm erhält jeder Brite, der seinen 100. Geburtstag erlebt. Len besitzt einen Motorradladen und fährt seit seinem siebten Lebensjahr Motorrad.

ÄLTESTER MENSCH, DER AUF JEDEM KONTINENT EINEN MARATHON LIEF
Der Amerikaner Bill Galbrecht (geb. 1928) hat an insgesamt 56 Marathonläufen teilgenommen, darunter wenigstens zwei auf jedem der sieben Kontinente. Zuletzt nahm er zwischen 1997, mit 69 Jahren, und 1999, mit 71 Jahren, an einem Marathon auf jedem Kontinent teil.

ÄLTESTER SOLO-ATLANTIK-ÜBERQUERER
Michael Richey (GB) war 80 Jahre und 25 Tage alt, als er am 31. Juli 1997 aus Newport (USA) kommend in Plymouth (GB) anlegte. Während des Zweiten Weltkriegs war Richey

Navigator für die britische Marine gewesen und hat seit 1966 in seinem Boot *Jester* zahlreiche Soloreisen unternommen.

ÄLTESTER WELTUMFLIEGER
Im Jahr 1994 gelang Fred Lasby (USA) im Alter von 82 Jahren in seiner einmotorigen Piper Comanche ein Soloflug rund um die Welt. Am 30. Juni startete er von Fort Myers (USA) und flog 37.366 km nach Westen. Er machte 21 Zwischenstopps und kam am 20. August wieder in Fort Myers an.

ÄLTESTER BEZWINGER DES KILIMANDSCHARO
Am 11. Februar 1999 bestieg Dow Prouty (USA) im Alter von 71 Jahren und 126 Tagen als ältester Mensch den Kilimandscharo in Tansania, Afrikas höchsten Berg (5.895 m). Prouty wurde von seinem Sohn und seiner Tochter begleitet und benötigte sechs Tage für den Aufstieg.

ÄLTESTER MENSCH, DER SICH VON EINEM GEBÄUDE ABSEILEN LIESS
Am 25. November 2000 ließ sich die Urgroßmutter Dorothy „Dos" Williams (GB, geb.1916) von einem 30,5 m hohen Gebäude in Flintshire (GB) abseilen. Unterstützt vom North East Wales Search and Rescue Team sammelte Frau Williams Spenden in Höhe von fast 6.300 DM für die Krebsforschung.

ÄLTESTER MENSCH, DER EINEN SOLOSPRUNG AUS EINEM FLUGZEUG WAGTE
Der Pilot a.D. Herb Tanner (USA) machte am 19. Juni 1998 in Cleveland (USA) im Alter von 92 Jahren seinen ersten Fallschirmsprung. Er sprang ohne Begleitung aus einer Höhe von 1.067 m ab, nachdem er eine Einweisung erhalten und zehn Sprünge an einem Simulator gemacht hatte.

ÄLTESTER TANDEMGLIDER
Der älteste Mensch, der mit einem Tandemglider mitflog, ist Veronica Adams (geb.1904, AUS). Bei ihrem Gleitflug über Helensburgh (AUS) am 3. November 1998 war sie 94 Jahre 92 Tage alt.

www.guinnessworldrecords.com/cher

MAGISCHE CHER
Die älteste Sängerin an der Spitze der US-Charts ist Cher (USA, rechts), die mit 52 Jahren im März 1999 mit „Believe" einen Nr. 1-Hit landete und vier Wochen lang auf Platz 1 blieb. Der Song war eine Auskopplung aus dem gleichnamigen Album „Believe", das 1998 erschien und der größte Verkaufserfolg in ihrer Karriere wurde. Cher hält auch den Rekord für den größten Abstand zwischen zwei Nr. 1-Hits in diesen Charts. Ihr letzter Hit „Dark Lady" stürmte 1974 auf Platz 1.

ACCESS CODE: ‹56125›

Abenteuer + Reisen 1

GRÖSSTE IN EINEM JAHR ZURÜCKGELEGTE STRECKE

Zwei Autos vom Typ Opel Rekord, die von der Delta Motor Corporation in Port Elizabeth (ZA) hergestellt wurden, legten vom 18. Mai 1988 bis zum 18. Mai 1989 die Rekordentfernung von 573.029 km zurück. Das entspricht einer 14-maligen Umfahrung des Äquators. Die Autos fuhren im Durchschnitt 1.570 km am Tag.

SCHNELLSTE AUTOFAHRT RUND UM DIE WELT

Jeremy Levine, James Burke und Mark Aylett (alle GB) benötigten 19 Tage 10 Stunden 10 Minuten (die Zeit auf Schiffen nicht mitgerechnet), um mit einem Taxi rund um die Welt zu fahren. Sie starteten am 16. Juni 2000 am Buckingham Palace, London (GB), und kehrten am 11. Oktober 2000 zurück. Sie legten auf ihrer Reise durch Frankreich, Italien, Griechenland, Bulgarien, Türkei, Syrien, Jordanien, Saudi-Arabien, Australien, Neuseeland, USA, Spanien 29.159 km zurück und überquerten den Ärmelkanal, die Adria, das Rote Meer, den Indischen Ozean, die Tasmansee, den Pazifischen und den Atlantischen Ozean.

Den Rekord für die erste und schnellste Umrundung mit dem Auto, nach den Bestimmungen von 1989 und 1991, deren Fahrstrecke länger als der Äquator ist, halten Neena und Mohammed Salahuddin Choudhury (beide IND). Ihre Fahrt über 40.075 km dauerte 69 Tage 19 Stunden 5 Minuten vom 9. September bis 17. November 1989.

SONN(EN)TAGSFAHRER

Die längste solarbetriebene Reise legte das Solarauto Radiance (links) zurück, das vom 1. bis zum 29. Juli 2000 eine Strecke von 7.043,5 km quer durch Kanada von Halifax nach Vancouver bewältigte. Das vom Solar Vehicle Team der Queen's University von Ontario (CDN) aerodynamisch gebaute Gefährt verbrauchte etwa so viel Energie wie ein gewöhnlicher Toaster und war mit knapp 1 m Höhe so flach, dass der Fahrer sich buchstäblich hineinlegen musste. Die Fahrt des Solarautos kostete weniger als 8 DM, im Vergleich zu den geschätzten 4.800 DM an Treibstoffkosten für den Laster, der als Nachschubfahrzeug mitfuhr.

www.guinnessworldrecords.com/solarcar
ACCESS CODE: ‹56015›

WEITESTE EINRADFAHRT

Hanspeter Beck (AUS) fuhr vom 30. Juni bis zum 20. August 1985 auf einem Einrad 6.237,96 km weit von Port Hedland (AUS) nach Melbourne (AUS). Er benötigte für die Strecke 51 Tage 23 Stunden 25 Minuten.

SCHNELLSTE FAHRRADTOUR RUND UM DIE WELT

Tal Burt (IL) umrundete allein in 77 Tagen 14 Stunden vom 1. Juni bis zum 17. August 1992 die Welt. Er startete und beendete die Fahrt in Paris (F) und reiste 21.329 km. Seine durchschnittliche Tagesstrecke betrug 277 km.

Jay Aldous und Matt DeWaal (beide USA) reisten vom 2. April bis 16. Juli 1984 in 106 Tagen von Salt Lake City (USA) aus 22.997 km rund um die Welt.

HÖCHSTE FAHRT MIT EINEM FAHRRAD

Siegfried Verheijke, Luc Belet (beide B) und Martin Adserballe (DK) fuhren am 11. August 2000 mit ihren Mountainbikes in einer Höhe von 7.008 m auf den schneebedeckten Hängen des Muz Tagh Ata in der Provinz Xinjiang (CHN). Sie benötigten 14 Tage, um die erforderliche Höhe zu erreichen, und hatten ihre zerlegten Mountainbikes außen an ihren Rucksäcken befestigt. Die Räder wogen zwischen 10 und 12 kg.

WEITESTE REISE MIT EINER MOTOR-RIKSCHA

Vom 17. Dezember 1999 bis zum 23. Juni 2000 reisten Ken Twyford und Gerald Smewing (beide GB) mit einer 145-cm³-Motor-Rikscha von Hyderabad (IND) nach Lancashire (GB). Eine Motor-Rikscha ist ein dreirädriges Gefährt ohne Türen mit einer Durchschnittsgeschwindigkeit von 50 km/h. Es wird auf dem indischen Subkontinent als Taxi verwendet. Die Reise führte über 19.165 km durch Pakistan, Iran, Türkei, Griechenland, Italien, Frankreich nach England.

LÄNGSTE FAHRT AUF DEM HINTERRAD

Kurt Osburn (USA) reiste vom 13. April bis zum 25. Juni 1999 4.569 km von Hollywood (USA) nach Orlando (USA). Er benutzte ein übliches 20-Zoll-BMX-Rad (51 cm) mit einem eigens konstruierten Sattel und einem „festen" Rad, mit dem er, wie bei einem Einrad, vorwärts und rückwärts fahren konnte. Osburn legte die Reise in 80-km-Etappen mit einer Geschwindigkeit von etwa 16 km/h zurück.

SCHNELLSTES HOCHRAD

Den Rekord für die schnellste Amerikadurchquerung auf einem Hochrad hält Steve Stevens (links, USA), der vom 26. Mai 2000 bis zum 23. Juni 2000 auf einem Hochrad der Marke Rudge aus dem Jahr 1887 von San Francisco (USA) nach Boston (USA) fuhr. Für die Strecke von insgesamt 5.238 km benötigte er 29 Tage 9 Stunden 3 Minuten. Der 55-jährige Steve schaffte auf einem Rad mit Vollgummireifen und ohne Federung im Durchschnitt beachtliche 180 km pro Tag. Steves Rudge Light Roadster war mit dem 1,37 m hohen Vorderrad deutlich höher als sein erstes Fahrrad, das er mit sechs Jahren erhielt. Steve restaurierte sein Hochrad selbst. Die Durchquerung des Kontinents sei sein großes Ziel gewesen, seit er Anfang der 1990er Jahre begonnen habe, Hochrad zu fahren.

www.guinnessworldrecords.com/pennyfarthing
ACCESS CODE: ‹55918›

WEITESTE LAUFSTRECKE

Gary Parsons (AUS) lief vom 25. April 1999 bis zum 25. Januar 2000 eine Strecke von 19.030,3 km in 274 Tagen 8 Minuten. Start und Ziel waren Brisbane (AUS). In 197 Tagen 23 Stunden 49 Minuten lief er einmal rund um Australien und hatte bis zum 8. November 1999 14.399,3 km zurückgelegt. Dann lief er rund um Tasmanien, bevor er nach Australien zurückkehrte und seinen Lauf beendete. Während seines Laufs stellte er Rekordmarken auf über die schnellste Zeit für 10.000 km: 135 Tage 9 Stunden 50 Minuten; 15.000 km: 205 Tage 23 Stunden 18 Minuten; 10.000 Meilen (16.093 km): 221 Tage 1 Stunde 7 Minuten.

EINZIGE ANTARKTISDURCHQUERUNG OHNE MOTOR

Die belgischen Abenteurer Alain Hubert und Dixie Dansercoer sind die ersten und einzigen Menschen, die die Antarktis ohne künstlichen Antrieb von Norden nach Süden durchquert haben. Die Reise über 3.900 km begann am 4. November 1997 und endete am 9. Februar 1998 nach einem 99 Tage währenden Kampf gegen Schneestürme und bei einer konstanten Temperatur unter -10 °C. Nur mit Skiern und einem Gleitsegel erreichten sie Geschwindigkeiten von durchschnittlich 45 km/h. Allein an den 20 besten Tagen legten sie insgesamt 1.900 km zurück.

SCHNELLSTE SKIABFAHRT AM MT. EVEREST

Der Skilehrer Davo Karničar (SLO) fuhr am 7. Oktober 2000 in fünf Stunden auf Skiern vom Gipfel des Mt. Everest zum Basislager. Während der Abfahrt aus einer Höhe von 8.848 m auf 5.350 m nahm er die Skier kein einziges Mal ab.

SCHNELLSTE ANTARKTISDURCHQUERUNG

Ranulph Fiennes, Oliver Shepard und Charles Burton (alle GB) schlossen die transantarktische Etappe der Trans-Globe-Expedition von 1980–82 vom 28. Oktober 1980 bis zum 11. Januar 1981 nach 55 Tagen ab. Für die 4.185 km lange Reise von Sanae zum Lager von Scott benutzten sie Schneemobile und erreichten am 15. Dezember 1980 den Südpol. Ihre Reise enthielt eine Unterbrechung von 17 Tagen zur Besichtigung des Pols und eine viertägige Pause nach der Pol-Ankunft.

LÄNGSTE SOLODURCHQUERUNG DER ANTARKTIS

In 99 Tagen legte Mitsuro Ohba (J) ab dem 9. November 1998 zu Fuß, auf Skiern und mit einem Gleitsegel insgesamt 3.824 km quer durch die Antarktis zurück. Ohba startete an der Küste des Prinzessin Astrid-Landes auf der südafrikanischen Seite der Antarktis und hatte die Absicht, die Walgreen-Küste auf der chilenischen Seite zu erreichen. Ein Flugzeug nahm ihn 200 km vor dem Ziel an Bord, weil schlechtes Wetter ihn gezwungen hatte, sein Vorhaben aufzugeben.

www.guinnessworldrecords.com/messner

DURCH EIS UND SCHNEE

Es gibt eigentlich keinen leichten Weg den Mt. Everest hinauf, doch die Südwand gilt allgemein als weniger anspruchsvoll als die Nordwand, wo der letzte Anstieg über den südlichen Pass führt – der Hauptpass zwischen den Gipfeln des Everest und des Lhotse. Auf dieser Route müssen die Bergsteiger den Eisfall des Khumbu (rechts) überqueren, wo in Folge der Fließbewegung des Gletschers häufig haushohe Eisblöcke abrutschen.

Im Mai 1978 erklommen Reinhold Messner (I), einer der besten Bergsteiger aller Zeiten, und Peter Habeler (A) den Mt. Everest ohne Sauerstoffflasche über diesen lebensgefährlichen Eisfall. Messner bestieg als erster Mensch die drei höchsten Gipfel der Erde: Mt. Everest, K2 und Kanchenjunga. Ferner hat er alle 14 Gipfel der Welt über 8.000 m bezwungen.

ACCESS CODE: ‹44794›

Abenteuer + Reisen 2

SCHNELLSTER FLUG

Der Geschwindigkeitsrekord eines Flugzeugs wurde von Captain Eldon W. Joersz und Major George T. Morgan Jr. (beide USA) in einer Lockheed SR-71A „Blackbird" am 28. Juli 1976 aufgestellt. Die beiden Piloten erreichten auf einer 250 km langen Strecke nahe der Beale Air Force Base, Kalifornien (USA), eine Durchschnittsgeschwindigkeit von 3.529,56 km/h – ungefähr so schnell wie eine Gewehrkugel. Zum Vergleich: Eine Concorde fliegt mit einer Geschwindigkeit von 2.124 km/h. Eine „Blackbird" ist in 1 Stunde 55 Minuten von New York (USA) nach London (GB) geflogen, eine Concorde benötigt im Durchschnitt 3 Stunden 50 Minuten.

HÖCHSTER HORIZONTALFLUG

Captain Robert C. Helt und Major Larry A. Elliot (beide USA) erreichten am 28. Juli 1976 bei einem Horizontalflug in einer Lockheed SR-71A „Blackbird" eine Höhe von 25.929,031 m an der Beale Air Force Base, Kalifornien (USA). Das ist mehr als zweieinhalb Mal so hoch wie die durchschnittliche Flughöhe einer Boeing 747 von 10.660 m.

LÄNGSTER FREIER FALL

Am 2. September 2000 sprang Yasuhiro Kubo (J) aus einer Höhe von 3.000 m ohne Fallschirm aus einem Flugzeug und fiel 50 Sekunden lang frei, bevor er sich an einen Fallschirm einhakte, der vor seinem Sprung aus dem Flugzeug geworfen worden war.

TIEFSTER TAUCHGANG OHNE ATEMGERÄT

Am 13. Mai 2000 stellte Audrey Mestre Ferrera (F, links) den Weltrekord im Tieftauchen ohne Atemgerät für Frauen auf. Sie tauchte bei Las Palmas, Kanarische Inseln (E), in 2 Minuten 30 Sekunden bis in eine Tiefe von 125 m.
Die Rekordtiefe für Männer liegt bei 152 m, erreicht von Loic Leferme (F) am 22. Juni 2000 in Nizza(F).

www.guinnessworldrecords.com/onebreathdive
ACCESS CODE: ‹55885›

TIEFSTER UNTERIRDISCHER BALLONFLUG

Am 6. Mai 2000 stieg Krzysztof Rekas (PL) mit Hilfe eines AX-6 Heißluftballons zur Kammer Staszic des Salzbergwerks Wieliczka in der Nähe von Krakau (PL) auf. In einer Tiefe von 125 m unter der Erde erreichte er nach vier Minuten eine Höhe von 2,13 m über dem Boden der Kammer.

Kein Heißluftballon stieg jemals höher als 19.811 m. Diese Höhe erreichte am 6. Juni 1988 Per Lindstrand (GB) in einem Heißluftballon vom Typ Colt 600 über Laredo (USA).

LÄNGSTER FLUG MIT MUSKELKRAFT

Kanellos Kanellopoulos (GR) hielt 3 Stunden 54 Minuten 59 Sekunden das Tretflugzeug *Daedalus* 88 in der Luft. Am 23. April 1988 strampelte er die 115,11 km lange Strecke von Iraklion auf Kreta zur Kykladeninsel Santorin. Sein Flug endete, als ein Windstoß das Heck des Flugzeugs so sehr beschädigte, dass es ins Meer stürzte.

SCHNELLSTE ERDUMRUNDUNG MIT EINEM FLUGZEUG

Die schnellste Umrundung der Erde nach den FAI-Vorschriften (Fédération Aéronautique Internationale) gelang am 15./16. August 1995 mit 31 Stunden 27 Minuten 49 Sekunden dem Flug Air France 1995. Die Concorde flog vom John F. Kennedy-Flughafen in New York (USA) über Toulouse, Dubai, Bangkok, Guam, Honolulu und Acapulco gen Osten.

SCHNELLSTE ATLANTIK-ÜBERQUERUNG

Die schnellste Atlantiküberquerung dauerte 2 Tage 10 Stunden 34 Minuten 47 Sekunden vom 6. bis zum 9. August 1992 . Die 68 m lange Luxusyacht *Destriero* (Krieger) erzielte trotz ihrer 400 t mit einer Gasturbine eine Durchschnittsgeschwindigkeit von 45,7 Knoten (84,6 km/h). Im Jahr 1620 benötigte die *Mayflower* für die Überfahrt noch 66 Tage, und zur Zeit der *Titanic* (1912) dauerte die schnellste Überquerung mindestens 4,5 Tage.

HOCH IN DIE LÜFTE

Den ersten Nonstopflug rund um die Erde schafften Bertrand Piccard (CH) und Brian Jones (GB) in ihrem *Breitling Orbiter 3*. Am 1. März 1999 starteten sie von Chateau d'Oex (CH) und beendeten den Rundflug in der Rekordzeit von 15 Tagen 10 Stunden 24 Minuten. Der Flug dauerte noch bis zum 21. März und erstreckte sich über 40.814 km. Damit und mit einer Gesamtdauer von 19 Tagen 21 Stunden 47 Minuten überboten sie außerdem die Rekorde für die weiteste zurückgelegte Entfernung und für die längste Zeit in der Luft mit einem Gas- und Heißluftballon nach den FAI-Bestimmungen. Die größte bei einem Soloballonflug zurückgelegte Entfernung beträgt 22.909 km durch Steve Fosset (USA). Er startete am 7. August 1998 in Mendoza (AR), stürzte aber 804 km vor der Küste Australiens am 16. August 1998 in den Pazifik.

www.guinnessworldrecords.com/circumballoon
ACCESS CODE: ‹44059›

LÄNGSTER GLEITSCHIRMFLUG

Godfrey Wennes (AUS) flog am 16. November 1998 mit seinem Paraglider 335 km weit vom Mt. Borah bis zu der Enarra Station (AUS).

SCHNELLSTER SCHWIMMER ÜBER DEN KANAL

Chad Hundeby aus Kalifornien (USA) durchschwamm am 27. September 1994 vom Shakespeare Beach bei Dover bis nach Cap Gris-Nez (F) den Ärmelkanal in der Rekordzeit von 7 Stunden 17 Minuten. Den Rekord in umgekehrte Richtung hält seit 1988 Richard Davey (GB) mit 8 Stunden 5 Minuten.

HÖCHSTER PARAGLIDER

Am 6. Januar 1993 sprang Robbie Whittal (GB) mit einem Gleitschirm und einer Sauerstoffflasche bei Brandvlei (ZA) aus 4.526 m in die Tiefe. In dieser Höhe bildete sich an seiner Kleidung und auf dem Schirm bereits eine Eisschicht.

HÖCHSTE GESCHWINDIGKEIT AUF WASSER

Am 8. Oktober 1978 stellte Ken Warby (AUS) den offiziell anerkannten Rekord für die höchste Geschwindigkeit auf Wasser auf. In seinem Rennboot *Spirit of Australia* erreichte er auf dem Blowering Dam Lake (AUS) eine Spitzengeschwindigkeit von 275,8 Knoten (511,11 km/h). Inoffiziell hatte er am 20. November 1977 sogar eine geschätzte Geschwindigkeit von 300 Knoten (555 km/h) erzielt.

SCHNELLSTE ATLANTIKÜBERQUERUNG IN EINEM RUDERBOOT

Im Oktober und November 1997 überquerten Phil Stubbs und Rob Hamill (beide NZ) in ihrem 6,4 m langen Ruderboot den Atlantik von Teneriffa (E) nach Barbados in nur 41 Tagen. Obwohl sie wegen eines Sturmes mit Geschwindigkeiten von bis zu 96 km/h zwei Tage lang ankern mussten, unterboten sie den bisherigen Rekord aus dem Jahr 1971 von Don und Geoff Allum (GB) um 32 Tage.

AUF DEM WASSER GEHEN

1988 „lief" Remy Bricka (F) auf 4,2 m langen Schwimmbrettern über den Atlantik. Am 2. April brach er in Teneriffa (E) auf und legte bis zum 31. Mai, seiner Ankunft auf Trinidad, 5.636 km zurück. Remy machte seine zweimonatige Reise auf Schwimmbrettern aus Polyester, ohne frisches Wasser oder Lebensmittel. Er ernährte sich von Plankton. Bei der Ankunft war er im Delirium. Im April 2000 versuchte er, von den USA quer über den Pazifik nach Australien zu „laufen", musste das Vorhaben jedoch aufgeben.

www.guinnessworldrecords.com/oceanwalk

ACCESS CODE: ‹48769›

WEITESTE TRETBOOTSTRECKE

Kenichi Horie (J) strampelte vom 30. Oktober 1992 bis zum 17. Februar 1993 mit einem Tretboot die Rekordstrecke von 7.500 km. Er fuhr von Honolulu auf Hawaii (USA) aus über den Pazifik bis nach Naha (J).

TIEFSTER BEMANNTER TAUCHGANG IM OZEAN

Am 23. Januar 1960 tauchten Jacques Piccard (CH) und Donald Walsh (USA) mit dem in der Schweiz gebauten Tieftauchgerät *Trieste* der US Navy im Bereich des Challengertiefs des Marianengrabens bis in eine Tiefe von 10.911 m. Das Challengertief im Pazifik gilt als der tiefste Punkt der Erde.

TIEFSTES EISTAUCHEN OHNE AUSRÜSTUNG

Nicola Brischigiaro (I) tauchte am 10. April 1999 ohne Atemgerät unter der gefrorenen Oberfläche des Lac Verney im Aosta-Tal (I) bis in eine Tiefe von 85 m. Er war 1 Minute 40 Sekunden unter Wasser.

SCHNELLSTE EINHAND-WELTUMSEGELUNG

Michel Desjoyeaux (F) umsegelte im Rahmen der Regatta Vendée Globe 2000 für Einhandyachten den Globus in 93 Tagen 3 Stunden 57 Minuten 32 Sekunden. Start- und Zielort war Les Sables d'Olonne (F). Er legte vom 5. November 2000 bis zum 10. Februar 2001 in seiner Yacht *PRB* eine Entfernung von 38.600 km zurück. Die Vendée Globe folgt der kürzesten und tückischsten Route um die Welt: direkt nach Süden, rund um die Antarktis und wieder zurück nach Norden.

www.guinnessworldrecords.com/ellen

VENDÉE-GLOBETROTTER

Mit einer Zeit von 94 Tagen 4 Stunden 25 Minuten 40 Sekunden brach Ellen MacArthur (GB) den Rekord für die schnellste Weltumsegelung durch eine Frau. Bei der Vendée Globe 2000 für Einhandyachten belegte sie damit den zweiten Platz. Sie legte vom 5. November 2000 bis zum 11. Februar 2001 in ihrer Yacht *Kingfisher* eine Entfernung von 38.600 km zurück. Mit 24 Jahren bestand sie zugleich als jüngste Teilnehmerin eine der härtesten Segelprüfungen der Welt.

ACCESS CODE: ‹56222›

GUINNESS WORLD RECORDS

Willenskraft

SCHWERSTES NAGELBRETT
Am 24. Juni 2000 legte sich Lee Graber (USA) zwischen zwei Nagelbretter, anschließend wurde das obere Brett durch ein Gewicht von 752,5 kg nach unten gepresst. Er lag insgesamt 10 Sekunden zwischen den beiden Brettern.

MEISTE NAGELBRETT-SCHICHTEN
Lee, Todd und Doreen Graber sowie Chris Smith (alle USA) bildeten am 8. Oktober 2000 in Tallmadge (USA) ein mehrschichtiges Nagelbett mit vier Personen. Lee Graber lag ganz unten auf einem Nagelbrett, auf ihm lagen Todd, gefolgt von Chris und ganz oben Doreen, alle jeweils auf ihrem Nagelbrett. Die Konstruktion wurde 10 Sekunden lang aufrechterhalten. Lee musste ein Gewicht von ca. 340 kg tragen.

LÄNGSTE ZEIT UNTER WASSER
Michael Stevens (GB) blieb vom 14. bis zum 23. Februar 1986 ununterbrochen 212 Stunden 30 Minuten unter Wasser. Er benutzte ein Atemgerät, aber keinen Luftschlauch zur Oberfläche.

LÄNGSTE SCHWIMMSTRECKE UNTER EIS MIT EINEM ATEMZUG
FIN

Wim Hof (NL) schwamm am 16. März 2000 in einem See in Finnland unter Eis 57,5 m weit. Obwohl die Wassertemperatur bei -6 °C lag, benutzte er keine besondere Ausrüstung und trug lediglich Badehose und Schwimmbrille. Der Tauchgang dauerte 1 Minute und 1 Sekunde.

LÄNGSTE KRIECHSTRECKE
Die längste ununterbrochene Kriechstrecke (Vorwärtsbewegung auf beiden Knien mit ständigem Bodenkontakt) beträgt 50,6 km. Peter McKinlay und John Murrie (beide GB, links) krochen am 28./29. März 1992 auf einer Leichtathletikbahn 115 Runden. Sie überboten den bisherigen Rekord um 1,86 km und nicht nur um einige Meter, wie sie eigentlich beabsichtigt hatten, weil sie auf der Außenbahn statt auf der Innenbahn krochen. Sie tränkten ihre Knie mit vergälltem Spiritus und trainierten monatelang. An den Händen trugen sie zum Schutz dicke Schneehandschuhe und an den Knien Polster von Bergarbeitern, am Ende waren sie dennoch von Blasen und blauen Flecken übersät. Ihre Aktion brachte über 7.900 DM an Spenden ein.

www.guinnessworldrecords.com/longcrawl
ACCESS CODE: ‹48740›

WEITESTE WASSERSKIFAHRT
Vom 10. bis zum 12. Juni 1994 fuhren Ralph Hildebrand und Dave Phillips (CDN) 56 Stunden 35 Minuten 3 Sekunden lang auf dem Indian Arm bei Vancouver (CDN) Wasserski. Bei einer Durchschnittsgeschwindigkeit von 48 km/h legten sie 2.152,3 km zurück. Bei Nacht wurden Infrarot-Ferngläser und Scheinwerfer eingesetzt.

GRÖSSTE ENTFERNUNG UNTER WASSER AUF EINEM HEIMTRAINER
D

Ohne Atemgerät gelang es Benjamin Franz (D), am 6. November 2000 mit einem einzigen Atemzug auf einem Heimtrainer vom Typ Kettler „Racer" unter Wasser eine Strecke von 558 m in 1 Minute 33,5 Sekunden abzustrampeln.

WEITESTE STRECKE MIT EINEM ZIEGELSTEIN
Arulanantham Suresh Joachim (CL) hält den Rekord für die längste mit einem 4,5 kg schweren Ziegelstein gelaufene Entfernung. Der Ziegel wurde ohne Pausen am 11./12. Dezember 1999 auf einer 45 m langen Bahn im Stadion Florence St. Mall Water Fountain in Hornsby (AUS) ohne Handschuh mit der Hand nach unten in einem Zangengriff über eine Entfernung von 126,67 km getragen.

LÄNGSTE ENTFERNUNG UNTER WASSER AUF DEM RAD
Vittorio Innocente (I) fuhr am 12. April 2000 in Chiavera (I) unter Wasser 1.200 m in der Rekordzeit von 23 Minuten 54 Sekunden in einem Schwimmbecken für olympische Wettkämpfe. Vittorios Mountainbike war mit 35 kg Blei beschwert worden und die Reifen waren mit Wasser gefüllt. Zur Erhöhung der Stabilität war das Rad außerdem mit vier Spoilern und zwei vertikalen Platten ausgerüstet.

GLAUBE, HOFFNUNG UND GUTER ZWECK
Terry Fox (CDN, links) lief mit einer Beinprothese vom 12. April bis zum 2. September 1980 in 143 Tagen von St. John's (CDN) bis zur Thunder Bay, Ontario (CDN), und legte eine Strecke von 5.373 km zurück. Bei der Aktion wurden Spenden in Höhe von 33,7 Mio. DM gesammelt – der höchste Spendenbeitrag bei einem Benefizmarsch oder -lauf. Mit 18 Jahren wurde Terry wegen Knochenkrebs das rechte Bein über dem Knie amputiert. Dennoch beschloss er, Kanada zu durchqueren, um Spenden für die Krebsforschung zu sammeln. Leider brach der Krebs wieder aus, und Terry starb am 28. Juni 1981 im Alter von 22 Jahren. Am Terry Fox-Lauf in zahlreichen Ländern nehmen seitdem jedes Jahr über 1,2 Mio. Menschen teil, bis heute wurden rund 430 Mio. DM an Spenden gesammelt.

www.guinnessworldrecords.com/terryfox
ACCESS CODE: ‹47821›

HÖCHSTE ZAHL VON SCHABEN IN EINEM KÄFIG
USA

Am 12. August 1999 stieg „Jungle" John Lamedica (USA) nur mit einer Shorts bekleidet in einen Plexiglaskäfig, ließ 20.050 Madagassische Riesenschaben über sich schütten und blieb mindestens 10 Sekunden lang in dem Käfig.

BADEWANNENSITZUNG MIT DEN MEISTEN SCHLANGEN
USA

Jackie Bibby und Rosie Reynolds-McCasland (beide USA) halten gemeinsam den Rekord, mit den meisten lebenden Klapperschlangen in einer Badewanne zu sitzen. Am 24. September 1999 saßen die beiden erfahrenen Schlangenwärterinnen mindestens 10 Sekunden lang mit je 75 Western Diamondback-Klapperschlangen in zwei separaten Badewannen.

LÄNGSTE TATTOO-SITZUNG
Matt O'Toole (USA) hält den Rekord für das Ertragen der längsten Tattoo-Sitzung mit einer Dauer von 26 Stunden 49 Minuten. Die Sitzung begann am 31. Juli 2000 um 10.00 Uhr und endete am 1. August um 12.49 Uhr. Die Tätowierungen des Tattoo-Künstlers Scott Lunn, darunter chinesische Symbole für „Schmerz" und „Leiden", bedecken Rücken, Hüfte, Oberschenkel, Waden, den rechten Knöchel und den rechten Bizeps.

MEISTE KOBRAKÜSSE
USA

Gordon Cates (USA) küsste am 25. September 1999 nacheinander elf der giftigsten Schlangen der Welt, und zwar zehn Brillenkobras und eine 4,57 m lange Königskobra.

LÄNGSTER BALANCEAKT AUF EINEM BEIN

Vom 22. bis zum 25. Mai 1997 balancierte Arulanantham Suresh Joachim (CL) 76 Stunden 40 Minuten lang auf einem Bein. Nach den Regeln darf das erhobene Bein nicht auf das Standbein gestützt und kein Gegenstand als Hilfestellung verwendet werden.

LÄNGSTE ZEIT BEWEGUNGSLOS

Der gerade von Windpocken genesende Om Prakash Singh (IND) stand am 13./14. August 1997 20 Stunden 10 Minuten 6 Sekunden lang ununterbrochen völlig bewegungslos, mit Ausnahme eines unwillkürlichen Blinzelns. Singh begann seinen Rekordversuch am Vorabend des 50. Unabhängigkeitstages zum Gedenken an unbekannte Märtyrer.

LÄNGSTER AUFENTHALT AUF DEM MT. EVEREST

Im Mai 1999 blieb Babu Chhiri (NEP) ohne Sauerstoffflasche 21 Stunden lang auf dem Gipfel des Mt. Everest (8.848 m). Die meisten Bergsteiger bleiben weniger als eine Stunde. Einige Wochen später bestieg der Sherpa den Berg, den er schon zehn Mal bezwungen hatte, als erster Mensch innerhalb einer Saison ein zweites Mal.

Babu Chhiri hält auch den Rekord für die schnellste Besteigung des Mt. Everest. Er bestieg ihn am 21. Mai 2000 vom Basislager über die Südseite zum Gipfel in 16 Stunden 56 Minuten. Am 29. April 2001 kam Babu Chhiri auf dem Mt. Everest ums Leben.

WEITESTE REISE IM RETTUNGSBOOT

Nachdem sein Schiff *Endurance* 1916 vor der Küste der Antarktis im Eis festsaß, verließ Sir Ernest Shackleton (GB) mit seiner Crew aus 28 Mann das Schiff und nahm in drei Rettungsbooten Kurs auf Elephant Island, 161 km nördlich. Nach der Ankunft wählte er fünf seiner besten Männer aus und steuerte mit ihnen das größte Rettungsboot, die 6,85 m lange *James Caird*, zu einer 1.287 km entfernten Walfangstation auf der Insel South Georgia. Shackleton und seine Männer erreichten die Stromness-Station nach 17 Tagen am 20. Mai 1916. Die Rettung ihrer Kameraden gelang wegen Packeis erst am 30. August nach mehreren vergeblichen Versuchen.

HÖCHSTER LEITERAUFSTIEG

Zehn Feuerwehrmänner der Bradford Shipley Fire Station, West Yorks (GB), stiegen am 6./7. Oktober 2000 mit einer gewöhnlichen Feuerwehrleiter innerhalb von 24 Stunden gemeinsam eine Höhe von 105 km hinauf. Das Team stieg 10.500-mal die 10 m lange Leiter rauf und runter.

HÖCHSTER BALANCEAKT AUF EINEM SEIL

USA

Darrin Carter (USA) ging am 19. August 1999 in einer Höhe von 883,9 m im Yosemite National-Park, Kalifornien (USA), 30,4 m weit auf einem 2,54 cm breiten, nicht gespannten Hochseil. Ein nicht gespanntes Seil unterscheidet sich von einem gespannten Seil dadurch, dass das Seil unter dem Körpergewicht stark nachgibt, während ein gespanntes Seil kaum oder gar nicht nachgibt.

WEITESTES AUTOSCHIEBEN

Daniele Sangion und Giorgio Valente (beide I) schoben am 17./18. Oktober 1998 innerhalb von 24 Stunden in Caorle in der Nähe von Venedig (I) ein Auto auf einer 1.590 m langen Fahrbahn 52,47 km weit. Das geschobene Auto war ein Fiat Uno 60 (1,1 l) mit einem Gewicht von 840 kg.

www.guinnessworldrecords.com/iceman

DER EISMANN

USA

Am 20. Dezember 2000 ertrug Wim Hof (NL, rechts) 60 Minuten 24 Sekunden lang das Stehen in einer Röhre voller Eiswürfel. Nur mit der Badehose bekleidet stand er auf einer Kiste, damit seine Füße nicht in einer Wasserpfütze waren. Hof reguliert über Meditation, Yoga und Atemtechniken seine Körpertemperatur und hält sie selbst unter extremen Bedingungen bei 37 °C. Hof betreibt seit über 20 Jahren Extremsportarten wie Free Climbing, Canyoning, Waterfall Climbing und Eistauchen.

ACCESS CODE: ‹56038›

GUINNESS WORLD RECORDS™

Ausdauerleistungen

LÄNGSTER DJ-EINSATZ IM RUNDFUNK
DJ Greig Daines sendete im Hospital Radio Chelmsford, das seinen Sitz im St. John's Hospital, Chelmsford (GB), hat, 73 Stunden 33 Minuten lang vom 6. bis zum 9. September 2000. Er spielte insgesamt 1.086 Stücke, als erstes „Wake Up Boo" von Boo Radley und als letztes „Gold" von Spandau Ballet.

LÄNGSTES RADIO-QUIZ
Wilson Casey (USA), ein DJ des Rundfunksenders WKDY-AM in Spartanburg (USA), stellte vom 9. bis zum 10. Januar 1999 30 Stunden lang insgesamt 3.303 Fragen zur Allgemeinbildung. Er benutzte drei Telefonleitungen für die Sendung und schätzte, dass 6.500 Telefonanrufe eingingen.

LÄNGSTER KUSS
Am 5. April 1999 küssten sich beim Kusswettbewerb auf dem Rabin Square in Tel Aviv (IL) Karmit Tzubera und Dror Orpaz (beide IL) über die Rekordzeit von 30 Stunden 45 Minuten.

LÄNGSTE SCHULSTUNDE
Eine Unterrichtsstunde in ungarischer Sprache und Literatur an dem Leöwey Klára Gymnasium in Pécs (H), die Szabolcs Zalay hielt, dauerte die Rekordzeit von 24 Stunden vom 18. bis zum 19. Juni 1999. Sie wurde von 34 Schülern besucht.

ULTRA-TROMMELN
Der längste Trommelmarathon dauerte 36 Stunden und wurde von Steven Darvill (CDN, links) vom 31. Dezember 2000 bis zum 2. Januar 2001 in Angel Auto Glass (CDN) aufgestellt. Er trommelte 490 Songs. Der Mannschaftsrekord liegt bei 24 Stunden und 15 Minuten und wurde von acht Trommlern der Cambridge High School, Ohio (USA), am 29./30. Dezember 2000 aufgestellt.

www.guinnessworldrecords.com/drummarathon
← ACCESS CODE: ‹54674›

LÄNGSTER KINOBESUCH
Vom 18. bis zum 20. Februar 2000 gelang es 14 Zuschauern, sich 50 Stunden 55 Minuten lang im Grand Entertainment Global Village-Kino in Bangkok (THA) Filme anzusehen. Der Marathon begann mit 369 Zuschauern, von denen sich immerhin 74 so lange wach halten konnten, dass sie den vorherigen Rekord von 37 Stunden 25 Minuten brachen.

LÄNGSTE TAI-CHI-ÜBUNG
Am 15./16. Mai 1999 führten Robin Nears, Keith Graham und Jo Powell (alle GB) 24 Stunden lang auf dem St. James Square in Newport (GB) Tai-Chi-Übungen aus.

WEITESTE STRECKE IN EINEM AUFZUG
Arulanantham Suresh Joachim, der in Sri Lanka geboren wurde und jetzt in Australien lebt, fuhr vom 25. bis zum 31. Mai 1998 in den Aufzügen des Westfield Shopping Centre, Burwood (AUS), eine Gesamtstrecke von 225,4 km auf und ab. Seine Fahrt dauerte 145 Stunden 57 Minuten. Joachim hat gegenwärtig die Absicht, eine wohltätige Organisation für Not leidende Kinder zu gründen.

LÄNGSTES KLATSCHEN
Der Rekord für ununterbrochenes Klatschen (im Durchschnitt 160-mal pro Minute, hörbar in einer Entfernung von 110 m) liegt bei 58 Stunden 9 Minuten und wurde von V. Jeyaraman (IND) vom 12. bis zum 15. Februar 1988 aufgestellt. Bei der Aktion wurden Spenden für das Impfprogramm gegen Kinderlähmung des Rotary Club von Madras North und für das Hindu Mission Hospital in Tambaram (IND) gesammelt.

LÄNGSTES STRASSENTHEATER
Vom 9. bis zum 11. Juli 1999 führten 15 Mitglieder der Thisaigal Cultural Troupe (IND) auf einer Bühne vor dem Karuna Hospital in Madurai (IND) zwölf Stücke mit einer Gesamtlänge von 57 Stunden 30 Minuten auf.

LÄNGSTE HEIMTRAINERSITZUNG
Lisa Burke (ZA) fuhr vom 11. bis zum 13. November 2000 im Bedfordview Health and Racquet Club, Bedfordview (ZA), 42 Stunden 15 Minuten auf einem Heimtrainer.

WEITESTE STRECKE AUF EINEM HEIMTRAINER IN 24 STUNDEN
Am 19./20. Juni 1999 schaffte Steven Renata (AUS) eine Entfernung von 523 km auf einem Heimtrainer. Der Rekord wurde im Rahmen der Ausstellung International Fitness and Healthy Lifestyle im Messezentrum von Sydney in Australien aufgestellt.

WEITESTE STRECKE AUF EINEM POGO-STICK
Ashrita Furman (USA) hüpfte am 22. Juni 1997 eine Strecke von 37,18 km auf einem Pogo-Stick (einem Hüpfstab) in einer Zeit von 12 Stunden 27 Minuten. Der Rekord wurde auf der Leichtathletikbahn des Queensborough Community College, New York (USA), aufgestellt.

MEISTE SEILSPRÜNGE IN 24 STUNDEN
Am 23./24. Januar 1999 schaffte Ashrita Furman (USA) innerhalb von 24 Stunden 130.000 Seilsprünge. Der Rekordversuch wurde im Sheraton Hotel in Badung in Indonesien begonnen und nach 6 Stunden in das nahe gelegene Hotel Chedi verlegt. Um nicht zu ermüden, machte Ashrita im Durchschnitt jede Stunde eine Pause von 5 Minuten.

WEITESTE STRECKE IM ROLLSTUHL IN 24 STUNDEN
Nik Nikzaban, der im Iran geboren wurde und jetzt in Kanada lebt, rollte sich selbst am 6./7. April 2000 in 24 Stunden eine Strecke von 124,861 km weit. Der Rekord wurde auf der Laufbahn der Handsworth Secondary School im Norden von Vancouver (CDN) aufgestellt. Nik hat außerdem 31 Länder in Europa und Asien durchquert und dabei über 60.000 km zurückgelegt.

WO IST DIE FLASCHE?
Am 22./23. April 1998 ging Ashrita Furman (USA, links) eine Strecke von 130,3 km mit einer Milchflasche auf dem Kopf rund um die Bahn von Victory Field im Forest Park, New York City (USA). Er ging 23 Stunden 35 Minuten lang gleichmäßig, bis er beschleunigte und die Milchflasche herunterfiel. Ashrita Furman hat rund 60 Guinness-Weltrekorde aufgestellt – mehr als irgend ein anderer – und hält gegenwärtig noch zwölf. Als Anhänger von Sri Chinmoy hat er 1974 seinen Namen von Keith zu Ashrita (Sanskrit für „von Gott geschützt") geändert. Ashrita führt gegenwärtig ein Reformhaus in Queens, New York City (USA), und arbeitet außerdem als Reisekoordinator für Sri Chinmoys internationale Friedenskonferenzen.

www.guinnessworldrecords.com/bottlewalk
← ACCESS CODE: ‹48721›

„COUCH POTATO“
Die größte auf einem Laufband in 24 Stunden zurückgelegte Strecke beträgt 162,19 km. Diesen Rekord hat Rory Coleman (GB) am 17./18. Oktober 1998 aufgestellt. Nach eigenem Bekunden war er früher ein „couch potato“, das heißt, er saß ständig vor dem Fernseher. Der Rekord für Frauen liegt bei 150,5 km und wurde am 28. März 1998 von Patti Wixom (USA, oben) im Gold's Gym, Amarillo (USA), aufgestellt. Die Idee für den Rekordversuch hatte der Leiter des Gold's Gym, dem Pattis lange Trainingseinheiten auf dem Laufband aufgefallen waren.

www.guinnessworldrecords.com/treadmillrun

ACCESS CODE: ‹51891›

LÄNGSTE WIEDERBELEBUNGSÜBUNG
Die längste Wiederbelebungsübung aller Zeiten fand vom 20. bis zum 26. September 1998 im Merry Hill Shopping Centre, West Midlands (GB), statt. Zwei Teams – Ben Albutt und Phil Watson sowie Robert Cole und Darren Fradgley – führten 144 Stunden lang an einer Puppe Wiederbelebungsversuche durch (15 Herzdruckmassagen im Wechsel mit zwei Atemstößen). Alle vier Männer gehörten dem West Midlands Ambulance Service an.

WEITESTER STEPTANZ
David Meenan (USA) legte am 31. August 1997 in Red Bank (USA) im Steptanz die Rekordentfernung von 45,44 km zurück. 7 Stunden lang steppte er einen 0,8 km langen Rundkurs entlang, überquerte dabei Eisenbahnschienen und ließ einmal sogar einen Zug anhalten.

WEITESTE STRECKE AUF EINEM SCHNEEMOBIL IN 24 STUNDEN
Randy Gravatt und Joe Williams (beide USA) legten am 27./28. Januar 1998 in 24 Stunden auf einem Schneemobil eine Strecke von 2275,5 km auf Wegen rund um den Island Park, Idaho (USA), zurück.

LÄNGSTES BASKETBALLSPIEL
Das längste Basketballspiel mit einer Rekordzeit von 24 Stunden wurde am 21./22. November 1998 von den Suncoast Clippers im Maroochydore Eagles Basketball Stadium, Queensland (AUS), gespielt.

LÄNGSTER TANZMARATHON MIT ARCADE-MASCHINEN
Mark e.t. (GB) tanzte am 10. März 1999 im Londoner Trocadero (GB) ohne Pause auf der Arcade-Tanzmaschine Dancing Stage von Konami die Rekordzeit von acht Stunden.

www.guinnessworldrecords.com/londonmarathon

RENN, BABY, RENN
Der Londoner Marathon, der seit 1981 ausgetragen wird, hat mehr Spendengelder für wohltätige Zwecke eingebracht als irgendeine andere Sportveranstaltung auf der Welt. Die Rekordsumme von fast 76 Mio. DM wurde am 16. April 2000 gesammelt, dem letzten Marathon, für den genaue Zahlen vorliegen. Insgesamt sind weit über 316 Mio. DM gesammelt worden. Auf dem Bild rechts ist Jerry Hoare (GB) zu sehen, einer der 31.542 Teilnehmer an dem Marathon 2000 und einer der 445.000 Läufer, die seit 1981 teilgenommen haben.

ACCESS CODE: ‹52445›

GUINNESS WORLD RECORDS™

Unglaubliche Fähigkeiten

MEISTE TISCH-DREHUNGEN MIT DEN FÜSSEN USA
Chester Cable (USA) drehte am 16. Oktober 1998 einen Tisch mit einer Länge von 3,03 m, einer Breite von 88,9 cm und einer Höhe von 69,21 cm insgesamt 17-mal nacheinander nur mit seinen Füßen um.

MEISTE MENSCHEN-DREHUNGEN MIT DEN FÜSSEN F
Am 26. Oktober 2000 drehte Ali Bandbaz (IR) seinen Bruder Massoud nur mit seinen Füßen zwölfmal nacheinander um volle 360°. Ali lag auf dem Rücken, und Massoud saß auf seinen Füßen – nach jeder Umdrehung war das Paar wieder in dieser Ausgangsstellung.

GRÖSSTE MIT DER NASE GEBLASENE KAUGUMMIBLASE USA
Joyce Samuels (USA) blies am 10. November 2000 mit der Nase eine Kaugummiblase mit einem Durchmesser von 27,94 cm.

GRÖSSTER DURCH DIE NASE AUFGEBLASENER BALLON USA
Ryan Barker (USA) blies am 10. November 2000 durch die Nase seiner Frau Marilee einen Ballon, den sie in ihrem Mund hielt, auf einen Durchmesser von 118,11 cm auf.

SCHLEUDEROHREN USA
Am 29. Oktober 1999 schoss Monte Pierce (USA, links) eine amerikanische 10-Cent-Münze mit seinem Ohr als Katapult 3,306 m weit. Das ist die weiteste Strecke, die eine Münze jemals von einem Ohrläppchen geschleudert wurde. Monte hat als Kind immer an den Ohren gezogen, um seine Ohrenschmerzen zu lindern. Inzwischen kann er sie über die Augen legen, unter das Kinn ziehen, sodass sie sich berühren, oder sie wie Ohrenpfropfen hochrollen. Sein linkes Ohr hat eine Länge von 12–12,7 cm, sein rechtes von 11,4 cm. Er hört ausgezeichnet, und die Ärzte versichern ihm, dass seine Ohren bei diesen Kunststücken keinerlei Schaden nehmen.

www.guinnessworldrecords.com/catapultears
ACCESS CODE: ‹54633›

WEITESTER MARSHMALLOW-SCHUSS MIT DER NASE USA
Die größte Strecke, über die ein Marshmallow mit der Nase abgeschossen und von einem Partner mit dem Mund aufgefangen worden ist, beträgt 4,96 m. Die beiden Amerikaner Scott Jeckel (der Schütze) und Ray Perisin stellten diesen Rekord am 13. August 1999 auf.

SCHNELLSTER PFANNKUCHENMARATHON
Am 24. Oktober 1999 lief Mike Cuzzacrea (USA, „Der Pfannkuchenmann") den Casino Niagara International Marathon in Buffalo (USA) in 3 Stunden 2 Minuten 27 Sekunden und drehte nebenher ständig mit einer Pfanne einen Pfannkuchen in der Luft. Er beendete den Lauf als 46. von 1.319 Teilnehmern, die das Ziel erreichten.

SCHNELLSTES SANDWICH MIT DEN FÜSSEN USA
Am 10. November 2000 bereitete Rob Williams (USA) ein Sandwich mit Hackfleisch, Käse und Salat in 1 Minute 57 Sekunden nur mit seinen Füßen zu.

LAUTESTER RÜLPSER GB
Am 5. April 2000 wurde von Paul Hunn (GB) ein Rülpser mit einer Lautstärke von 118,1 dB gemessen – vergleichbar mit der Lautstärke in der ersten Reihe eines Rockkonzerts und nur wenig leiser als Flugzeuglärm auf einer Rollbahn.

MEISTE STUFEN AUF EINEM FAHRRAD
Javier Zapata (CO) brach seinen eigenen Weltrekord, indem er am 20. Mai 2000 auf einem Fahrrad 943 Stufen hochhüpfte, ohne mit den Füßen den Boden zu berühren. Er benötigte dafür 43 Minuten 26 Sekunden.

SCHNELLSTES AUFSAGEN EINES KARTENSPIELS
Andi Bell (GB) prägte sich am 28. August 1998 einen Stapel mit 52 gemischten Karten ein und sagte in 34,03 Sekunden die Karten in der richtigen Reihenfolge auf.

LÄNGSTE ZEIT EINEN TENNISBALL MIT DEN FÜSSEN IN DER LUFT GEHALTEN
Am 11. November 1999 hielt Jacek Guzowski (PL) nur mit seinen Füßen einen Tennisball 5 Stunden 28 Minuten 59 Sekunden lang in der Luft. Ein Zähler wies nach, dass er den Ball dabei 35.000-mal berührte – im Durchschnitt etwa 107-mal pro Minute oder 1,8-mal pro Sekunde.

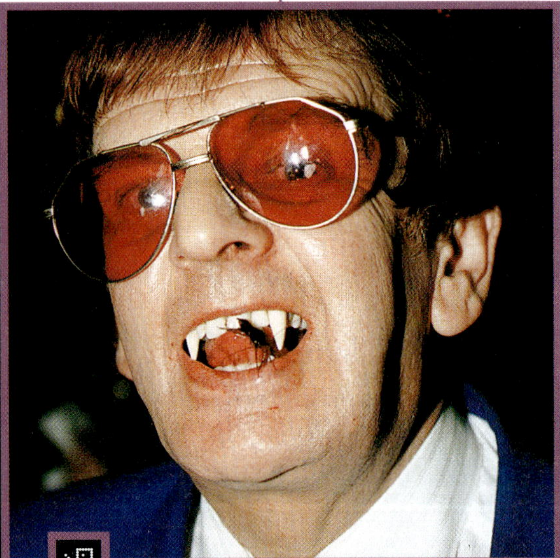

LECKERE INSEKTENHÄPPCHEN
Der ehemalige Rattenfänger und Hobby-Entertainer Ken Edwards (GB, links) aß am 5. März 2001 in einer Minute 36 mittelgroße Küchenschaben und stellte damit den Rekord auf für die meisten Schaben, die ein Mensch jemals gegessen hat. Schaben essen ist „wie eine örtliche Betäubung im Rachen", sagte er, weil sie einen üblen Geruch absondern, um Raubtiere abzuschrecken. Bei seinen bizarren Auftritten stopft er unter anderem 47 Ratten in eine Strumpfhose, die er anhat, oder fordert die Zuschauer auf, Dartpfeile auf einen Korken in seinem Nabel zu werfen.

Am 20. Oktober 1998 hielt Norman Gary (USA) 109 Honigbienen 10 Sekunden lang im geschlossenen Mund – aß sie aber nicht auf. Gary war Professor an der University of California (USA); das Verhalten von Bienen war sein Spezialgebiet.

www.guinnessworldrecords.com/cockroacheater
ACCESS CODE: ‹54654›

HEISSESTES METALL IM MUND USA

Am 18. Dezember 1998 hielt Yim Byung Nam ein Stück glühend heißes Metall mit einer Temperatur von 487,8 °C insgesamt 14 Sekunden lang im Mund. Selbst nachdem Yim es ausgespuckt hatte, war das Metall von der Größe eines Silberdollars heiß genug, um Schinken darauf zu braten.

DREI SCHLANGENMENSCHEN IN EINER KISTE F

Bonnie Morgan, Daniel Smith und Leslie Tipton (alle USA) schlüpften am 31. Januar 2001 in eine Kiste mit den Maßen 66,04 x 68,58 x 55,88 cm und blieben 2 Minuten 40 Sekunden lang darin.

WEITESTER KORB MIT DEM KOPF USA

Am 10. November 2000 köpfte Eyal Horn (IL) einen Basketball aus einer Entfernung von 7,62 m in den Korb. Mit 15 aufeinander folgenden Korbwürfen, bevor der Ball auf den Boden fiel (wobei er den Ball mit dem Kopf „warf" und auffing), stellte er auch hierin einen neuen Rekord auf.

SCHNELLSTER MENSCHLICHER FLASCHENÖFFNER USA

Daniel Lambert (S) öffnete am 11. März 2001 in nur einer Minute mit seinen Zähnen 50 gewöhnliche Flaschen mit Kronkorken.

MEISTE KIRSCHENSTÄNGEL IN EINER STUNDE VERKNOTET

Am 4. September 1997 verknotete Al Gliniecki (USA) mit seiner Zunge 911 Kirschenstängel in einer Stunde – im Durchschnitt 15 Stängel pro Minute.

MEISTE SEILSPRÜNGE AUF EINEM EINRAD IN EINER MINUTE D

Am 31. August 2000 stellte Peter Rosendahl (S) den Rekord für die meisten Seilsprünge auf einem Einrad auf. In nur einer Minute schaffte er 169 Seilumdrehungen.

MEISTE SKORPIONE IM MUND USA

Dean Sheldon (USA) steckte am 21. Dezember 2000 insgesamt 20 Skorpione in seinen Mund und behielt sie dort 21 Sekunden lang.

www.guinnessworldrecords.com/archeryfeet

BOGENSCHIESSEN MIT DEN FÜSSEN USA

Hang Thu Thi Ngyuen (VN, links) stellte den Rekord für die weiteste Entfernung auf, die mit Pfeil und Bogen mit den Füßen geschossen wurde. Am 12. August 1999 traf sie ein Ziel, das 5 m entfernt war. Hang Thu, deren Vater Beleuchtungstechniker beim Zirkus von Ho-Tchi-Minh-Stadt ist, interessierte sich schon als Kind für Zirkusattraktionen. Für ihren Auftritt übte sie jeden Tag drei Stunden lang.

ACCESS CODE: <54641>

GUINNESS WORLD RECORDS

Schnell + geschickt

SCHNELLSTE RÜCKWÄRTS GELAUFENE MEILE
Donald Davis (USA) lief am 21. Februar 1983 in 6 Minuten 7,1 Sekunden eine Meile rückwärts.

RÜCKWÄRTS DURCH DIE USA
Vom 18. August bis zum 3. Dezember 1984 lief Arvind Pandya (IND) in 107 Tagen rückwärts von Los Angeles quer durch die USA bis nach New York City.

SCHNELLSTER 8-KM-LAUF MIT EINEM RUCKSACK
Die kürzeste Zeit, in der jemand 8 km mit einem 25,4 kg schweren Rucksack gelaufen ist, beträgt 36 Minuten 49 Sekunden. Diesen Rekord hat Paddy Doyle (GB) am 9. Mai 1999 im Royal British Legion Runathon, Coventry (GB), aufgestellt.

SCHNELLSTER RÜCKWÄRTSLAUF AUF DEN KILIMANDSCHARO
Der schnellste Solorückwärtslauf auf den Kilimandscharo (EAT) gelang Jürgen Gessau (ZA) vom 20. bis zum 23. Juli 1997 in 72 Stunden von Marangu Gate zum Ulhuru Peak.

MIT DEM POGO-STICK AUF DEN CN-TOWER
Ashrita Furman (USA) hüpfte am 23. Juli 1999 mit dem Pogo-Stick in 57 Minuten 51 Sekunden die 1.899 Stufen des CN-Towers, Toronto (CDN), hoch – etwa alle 2 Sekunden eine Stufe.

MEISTE STEP-UPS IN EINER STUNDE
Am 4. April 1999 schaffte Manjit Singh (GB, der „Ironman von Leicester") in einer Stunde 4.135 Step-ups auf eine 38,1 cm hohe Bank.

MEISTE SLAM-DUNKS VOM TRAMPOLIN IN 30 SEKUNDEN
USA

Mark Odgers, Seth Botone, Shane Geraghty, Joseph Gibby und Ben Ramsey (alle USA), auch als das „Extreme Team" bekannt, schafften am 21. Januar 2001 innerhalb von 30 Sekunden auf einem Trampolin 15 Saltos, die sie mit einem Slam-Dunk in einen Basketballkorb abschlossen.

SCHNELLSTE MÜLLTONNEN-LÄUFER
Am 21. Februar 1999 beendeten Aaron Viney und Olivia Jones (AUS) ein Mülltonnenrennen beim Westfield Devils Junior Soccer Club, Launceston (AUS), über 110 m in 48,53 Sekunden. Die Teilnehmer mussten 10 m zu ihren mit Rädern versehenen Tonnen rennen, bevor sie sie nacheinander je 50 m die Bahn entlangzogen.

SCHNELLSTES NACHTANKEN
Die Rekordzeit für das Nachtanken eines Flugzeuges mit 388,8 l Flugbenzin (Oktanzahl 100) beträgt 3 Minuten 42 Sekunden. Das gelang der Crew des Sky Harbor Air Service am 5. Juli 1992 bei einer Cessna 310 (N92HH) von 1975. Das Flugzeug war während eines Wettflugs rund um die Welt auf dem Cheyenne Airport, Wyoming (USA), gelandet. Normalerweise dauert das Nachtanken 10 bis 15 Minuten.

SCHNELLSTE BRÜCKENBAUER
Am 12. November 1998 baute ein in Hameln (D) stationiertes Team britischer Soldaten des 35. Engineer Regiments in nur 8 Minuten 19 Sekunden eine Brücke über einen 8 m breiten Spalt. Sie verwendeten eine eingeschossige mittlere Trägerbrücke (MGB) mit fünf Elementen.

UNGLAUBLICHE BAUMKLETTERER
Die kürzeste Zeit, in der jemand eine 9 m hohe Kokospalme barfuß hochgeklettert ist, beträgt 4,88 Sekunden. Fuatai Solo (FJ) stellte beim alljährlichen Kokospalmenkletterwettbewerb im Sukuna Park (FJ) am 22. August 1980 diesen Rekord auf. Mit dieser Geschwindigkeit würde Solo das Empire State Building in New York (USA) in knapp über vier Minuten erklettern. Über seinen Sieg – den dritten in Folge – hat er sich so sehr gefreut, dass er mit dem Preisgeld von 100 Dollar im Mund gleich noch einmal den Baum hochgeklettert ist.
Den Rekord im Pfahlklettern hält Guy German (USA). Er kletterte anlässlich des World Championship Timber Carnival von 1988 in Albany (USA) in nur 24,82 Sekunden einen 30,5 m hohen Pfahl hinauf und wieder herunter. German hält auch den Rekord im Baumwipfelabsägen. In atemberaubenden 53,35 Sekunden kletterte er im Juli 1989 einen Pfahl mit derselben Höhe hoch und sägte die Spitze ab.

www.guinnessworldrecords.com/treeclimb

ACCESS CODE: ‹48689›

SCHNELLSTER HOLZFÄLLERTRIATHLON
Die Rekordzeit für die drei Disziplinen Schnellsägen, Blockspalten und Zielfällen, liegt bei 1 Minute 57 Sekunden und wurde von Werner Brohammer (D) am 31. August 2000 aufgestellt.

KÜRZESTE ZEIT FÜR EINE MEILE AUS MÜNZEN
Am 23. Mai 1998 legten acht Mitglieder des Ashbourne and District Lions Club in Ashbourne (GB) in 4 Stunden 2 Minuten 79.200 Pennies mit einem Gesamtgewicht von 0,25 Tonnen aus.

SCHNELLSTE BIERFLASCHENÖFFNER
D

Am 2. April 1999 öffnete ein dreiköpfiges Team, das von Alois Unertl von der Brauerei Unertl in Mühldorf (D) angeführt wurde, 300 Bierflaschen in 1 Minute 47 Sekunden. Jeder öffnete 100 Flaschen, bevor er den Spezialöffner an das nächste Teammitglied weitergab.

SCHNELLSTER KÜRBISSCHNITZER
Am 16. Oktober 1999 schnitzte Jerry Ayers (USA) in 7 Stunden 11 Minuten Kürbisse mit einem Gewicht von 914 kg. Alle Kürbisse hatten ein Mindestgewicht von 8,1 kg.

Am 14. Dezember 2000 schnitzte Stephen Clarke (USA) in nur 1 Minute und 14,8 Sekunden ein Gesicht in einen 12,47 kg schweren Kürbis.

MEISTE LUFTBALLON-FIGUREN IN EINER STUNDE
John Cassidy (USA) drehte in einer Stunde 367 unterschiedliche Ballonfiguren und benötigte dazu 371 Luftballons. Der Rekord wurde am 10. Mai 1999 im Gator's Restaurant, Valley Forge (USA), aufgestellt.

SCHNELLSTER HAARSCHNITT
Am 26. November 1999 vollendete Trevor Mitchell (GB) in nur 1 Minute 13 Sekunden einen vollen Haarschnitt während einer Veranstaltung von BBC TV South „Kinder in Not".

KANN KEN DAS? JAWOHL, ER KANN!
Ken Moss (GB, oben), der 1992 sein Augenlicht verlor, fuhr in einem einsitzigen Prototyp MG EXF am 16. Oktober 1999 bei Boscombe Down (GB) die höchste Geschwindigkeit, die ein Blinder auf Land gefahren ist: 210,82 km/h. Sensoren in dem Wagen gaben Informationen in Form von Piepstönen an die Kopfhörer in Kens Helm weiter, die ihm signalisierten, wie er lenken musste.

www.guinnessworldrecords.com/blinddriver

ACCESS CODE: ‹55410›

SCHNELLSTER AM PC
Gregory Arakelian (USA) stellte mit 158 Wörtern pro Minute bei dem Wettkampf Key Tronic World Invitational Type-Off einen Tipprekord am PC auf. An dem Wettbewerb beteiligten sich weltweit rund 10.000 Menschen. Die Rekordgeschwindigkeit erreichte er am 24. September 1991 im dreiminütigen Halbfinale, wobei er nur zwei Fehler machte.

SCHNELLSTER FENSTERPUTZER
Terry Burrow (GB) putzte am 7. März 2001 drei in einem Rahmen angebrachte Bürofenster mit den Standardmaßen 114,3 x 114,3 cm mit einem 30 cm breiten Gummischrubber und 9 l Wasser in der Rekordzeit von 9,91 Sekunden. Er war schon nach 8,91 Sekunden fertig, hatte jedoch zwei Fehler gemacht, die jeweils mit einer halben Strafsekunde geahndet wurden.

SCHNELLSTER HAMLET
Sean Shannon (CDN) trug am 30. August 1995 Hamlets Monolog „To be or not to be" (260 Wörter) in nur 23,8 Sekunden vor (655 Wörter pro Minute).

www.guinnessworldrecords.com/rocketluge

RAKETENMANN USA
Billy Copeland (USA) erreichte am 15. Mai 1998 in Bakersfield (USA) auf seinem Street-Luge eine Rekordgeschwindigkeit von 112,65 km/h. Ein Street-Luge ist ein Skateboard, das so konstruiert ist, dass man im Liegen darauf fahren kann. Street-Luges sind länger und breiter als herkömmliche Boards und haben größere Räder. Die Fahrer tragen Motorradkleidung und Helm, um sich vor Verletzungen zu schützen, falls sie bei hoher Geschwindigkeit stürzen sollten. Je gerader die Strecke ist, desto höhere Geschwindigkeiten werden erreicht. Bei seinem Rekordversuch verwendete Copeland acht Raketen, inzwischen hat er aber bereits 24 Raketen getestet, die an dreieckigen Flügeln am Heck seines Luge befestigt waren. Er möchte als erster Street-Luge-Fahrer die Marke von 160 km/h übertreffen. Seine Raketentriebwerke gleichen den Antrieben von Modellraketen, die damit bis zu 1,6 km hoch fliegen können.

ACCESS CODE: ‹53940›

Körperkraft

HÖCHSTES KOPFGEWICHT
Die schwerste Last, das jemals ein Mensch innerhalb einer Stunde auf dem Kopf getragen hat, beträgt insgesamt 5.180,09 kg. Diesen Rekord stellte John Evans (GB) am 23. Juli 2000 auf, als er in einer Stunde nacheinander 92 Menschen auf seinem Kopf balancierte, jeden mindestens 10 Sekunden lang.

HÖCHSTES MIT DEM BART GEHOBENES GEWICHT
Nur mit seinem Bart hob Antanas Kontrimas (LT) am 11. März 2001 ein Gewicht von 59 kg – das Gewicht eines Mädchens und der Gurte, in denen es hing – 10,93 Sekunden lang vom Boden.

SCHWERSTES MIT DEN HAAREN GEZOGENES GEFÄHRT
GB

Am 1. Mai 1999 zog Letchemanah Ramasamy (MAL) auf der Teststrecke von Bruntingthorpe in Leicestershire (GB) einen Doppeldeckerbus vom Typ Routemaster mit einem Gewicht von 7.874 kg nur mit seinen Haaren über eine Strecke von 32,85 m.

SCHWERSTES AUF DEN ZÄHNEN BALANCIERTES GEWICHT
GB

Frank Simon (USA) balancierte am 27. April 1999 ein 61,23 kg schweres Motorrad mit Helm 14 Sekunden lang auf seinen Zähnen. Zur Sicherheit trug er lediglich einen Mundschutz.

BRUCHREKORD AUF DEM NAGELBRETT
GB

Am 27. April 2000 ließ Paul Evans (GB) 26 Betonblöcke mit einem Gewicht von 129,72 kg auf seine Brust stapeln, während er auf einem Nagelbrett mit den Maßen 50,8 x 55,8 cm lag. Die Blöcke wurden anschließend mit einem 6,35 kg schweren Vorschlaghammer zertrümmert. Evans, ein Karatelehrer, begann 1967 als Marineinfanterist das Training von Kampfsportarten und trat 1979 zum ersten Mal auf einem Nagelbrett auf.

MEISTE BOOTE ANGEHOBEN
FIN

Sami Heinonen und Juha Räsänen (beide FIN) hoben am 9. Oktober 2000 in Helsinki (FIN) ein Boot und zehn Cheerleader mit einem Gesamtgewicht von 653,2 kg ohne Pause 24-mal hoch. Das Boot, eine Buster XS mit einem Gewicht von 151 kg, wurde in einer Auf- und Abbewegung jedes Mal 10 cm hoch bis zu einem Balken angehoben. Auf diese Weise war gewährleistet, dass immer dieselbe Höhe erreicht wurde.

KLEINSTE BRATPFANNENROLLE
USA

Craig Pumphrey (USA) rollte am 16. Oktober 1999 eine Aluminiumbratpfanne mit einem Durchmesser von 30 cm mit bloßen Händen in 30 Sekunden zu einer Rolle mit einem Umfang von 23,5 cm.

AUF HEISSEN KOHLEN
GB

Gary Shawkey (USA) benötigte 31 Sekunden, um 50,29 m über glühende Holzkohlen mit einer Durchschnittstemperatur von 982,22 °C zu laufen. Er stellte den Rekord am 4. März 2000 auf einem Jahrmarkt in Orlando (USA) auf.

ZIEHT AN!
Der Rekord im Tauziehen durch drei Teams in einer Stunde wurde von 30 Mitgliedern des Holland Tug-of-War Club (GB, links) am 6. Juni 2000 gebrochen. Die drei Zehnermannschaften – als Symbol für die ersten 30 Jahre des Clubs aus Staffordshire – bewegten ein Gewicht von 425 kg insgesamt 80 Mal in einer Stunde.
Jedes Tauziehen ging über eine Strecke von 6,86 m. Die Mannschaften wechselten sich an dem Seil ab und hoben gemeinsam das Äquivalent von insgesamt 34.000 kg. Von Tauziehvereinen werden häufig Aufbauten zum Training eingesetzt. Diese sehen aus wie ein Gerüst, an dem ein Gewicht mit einem Flaschenzug aufgehängt ist. Tauziehen war von 1900 bis 1920 olympische Disziplin.

www.guinnessworldrecords.com/tugofwar
ACCESS CODE: ‹55911›

SCHWERSTER GEZOGENER ZUG
Am 1. Juni 1999 zog Kraftprotz Juraj „Duri" Barbaric (SK) mit einer Hand einen Güterzug mit 20 Waggons voller Metallschrott mit einem Gewicht von 1.000 t auf einem Gleis bei Kosice in der Slowakei eine Strecke von 4,5 m weit. Zuvor hatte er zum Aufwärmen zuerst ein Gewicht von 300 t 3 m weit und danach ein Gewicht von 900 t 2,95 m weit gezogen.

SCHWERSTES GEZOGENES BOOT
D

Am 19. November 1998 zog David Huxley (AUS) in Rostock (D) das 1.006 t schwere Fährschiff *Delphin* mit 175 Autos und Passagieren an Bord 7 m weit.

MEISTE AUTOS ANGEHOBEN
Am 3. Oktober 1998 hob Mark Anglesea (GB) in Yorkshire (GB) das Heck eines Rover Mini Metro 580-mal in einer Stunde eindeutig vom Boden ab – im Durchschnitt fast zehnmal pro Minute.

SCHWERSTER MIT EINEM ARM GEZOGENER TRUCK
F

Am 29. März 2000 zog William Deandreis (F) einen 3.128 kg schweren Truck 1,5 m weit und verwendete dabei ausschließlich die beim Armdrücken übliche Bewegung.

MEISTE TELEFONBÜCHER ZERRISSEN
Amanda Brutus (GB) zerriss am 17. November 2000 in der Filiale der Alliance & Leicester Group Property Services and Giro Services in Bootle, Liverpool (GB), neun Gelbe Seiten-Telefonbücher innerhalb von 2 Minuten 52,46 Sekunden von oben nach unten. Jedes Buch umfasste 1.007 Seiten. Die dabei erlösten Spenden kamen der BBC-Fernsehsendung „Kinder in Not" zugute.

WEITESTES TRUCKZIEHEN
Der Rekord für den in einer Stunde am weitesten gezogenen Truck wurde von 20 Mitgliedern des Atlas Gym Power Teams (links) gebrochen. Sie zogen am 29. Oktober 2000 in Kenosha (USA) einen Kipplaster mit einem Gewicht von 15,966 t in einer Stunde über eine Strecke von 5,31 km. Der Besitzer des Fitness-Studios, Rhett Bobzien, hatte die Idee zu diesem Rekordversuch, als er sich im Fernsehen einen Kraftwettbewerb ansah. Er gewann 20 Bodybuilder für die Aktion, die alle über 90 kg wogen. Wochen vor dem Ereignis mussten sich die Einwohner von Kenosha an den Anblick von Lehrern, Geschäftsleuten und Fabrikarbeitern gewöhnen, die ihr Fahrzeug durch die Stadt zogen. Am großen Tag zogen jeweils zehn Männer, während die anderen sich ausruhten.

www.guinnessworldrecords.com/truckpull
ACCESS CODE: ‹56088›

MEISTE REIFEN GETRAGEN
Gary Windebank (GB) hielt im Februar 1984 im freien Stand das Gewicht von 96 Michelin-Autoreifen aus. Das Gesamtgewicht betrug 653 kg. Es wurden Reifen vom Typ Michelin XZX 155 x 13 verwendet.

MEISTE EINARMIGE LIEGESTÜTZE IN EINER MINUTE F
Yvan de Weber (CH) schaffte am 26. Oktober 2000 in einer Minute 93 Liegestütze auf einem Arm.

MEISTE EINARMIGE LIEGESTÜTZE IN FÜNF STUNDEN
Am 12. Februar 1996 führte Paddy Doyle (GB) in Birmingham (GB) innerhalb von 5 Stunden 8.794 einarmige Liegestütze aus.

MEISTE LIEGESTÜTZE IN EINER STUNDE
Am 30. August 1998 führte der Kanadier Roy Berger in Ottawa (CDN) die unglaubliche Zahl von 3.416 Liegestütze in einer Stunde aus.

REKORD IM BANKDRÜCKEN FIN
Am 8. Oktober 2000 drückte Jani Riekkinen (FIN) ein Gewicht von 67,5 kg 40-mal hoch. Er lag dabei mit überkreuzten und angehobenen Beinen auf dem Rücken. Riekkinen wurde vorschriftsgemäß zwei Stunden vor dem Rekordversuch gewogen und brachte 66,7 kg auf die Waage.

GRÖSSTE LUNGENKRAFT
Manjit Singh (GB) blies am 16. September 1998 einen gewöhnlichen meteorologischen Ballon nur mit seinen Lungen innerhalb von 42 Minuten zu einem Durchmesser von 2,44 m auf.

MEISTE BRETTER ZERSCHLAGEN
Sang-yun Lee (USA) zerschlug am 12. Dezember 1998 in einer Stunde 1.501 Holzbretter von Hand – das entspricht 2,4 Brettern pro Sekunde. Die Bretter hatten die Maße 27,9 x 22,1 x 2,54 cm. Der bisherige Rekord lag bei 1.200 Brettern in 7 Stunden.

www.guinnessworldrecords.com/bottleblowup

ACCESS CODE: <52102>

BIS ZUM PLATZEN F
George Christen (L) hält den Rekord für das schnellste Aufblasen einer gewöhnlichen Wärmflasche, bis sie platzt. Am 6. Dezember 2000 brauchte er dafür 52,68 Sekunden. Um zu verhindern, dass die Luft wieder in die Lungen gepresst wird, muss man in einem gleichmäßigen Rhythmus durch die Nase ein- und in die Flasche ausatmen.

Menschen-mengen

MEISTE KINDER AUF HÜPFBÄLLEN
Am 23. Oktober 2000 hüpften 520 Kinder gleichzeitig auf Gummihüpfbällen den Wembley Way, London (GB), entlang, um den Start der Website von GUINNESS WORLD RECORDS zu feiern.

LAUTESTER SCHREI IN EINEM STADION
Am 1. Oktober 2000 wurde während eines Spiels der NFL zwischen den Denver Broncos und den New England Patriots im Mile High Stadium in Denver (USA) mit 76.123 Plätzen ein Aufschrei der Zuschauer mit einer Lautstärke von 128,7 dB gemessen. Zum Vergleich: Eine Autohupe erreicht 110 dB und ein Rockkonzert 120 dB.

GRÖSSTE UMARMUNG
Die weiterführenden Schulen Sunderns (D) organisierten am 30. März 2001 eine Umarmung mit 2.116 Personen. Die Schüler und Lehrer stellten sich im Kreis auf und hielten hinter dem Rücken des Nachbarn die Hand der darauffolgenden Person. Die Aktion fand im Zuge der Woche der Menschlichkeit auf dem Hof des Schulzentrums statt.

HÜHNERHOF
Etwa 72.000 Menschen nahmen am größten Chicken Dance aller Zeiten teil, der am 1. September 1996 anlässlich des Jahrmarkts in Canfield (USA) aufgeführt wurde. Der Rekord wurde im Rahmen der Feierlichkeiten zum 150. Jubiläum des Jahrmarkts aufgestellt, dessen Maskottchen ein Hahn ist. Zehn Minuten lang stoppten alle Bahnen, auch die Verkäufer tanzten zu der Musik, die aus den Lautsprechern dröhnte. Die Menge wurde von dem Maskottchen, von Mitgliedern des Veranstalterteams und von einer Gruppe von Cheerleadern angeführt. Feuerwehrmänner in Uniform tanzten auf einem alten Feuerwehrauto, zahlreiche Menschen hielten beim Tanzen sogar ein Huhn im Arm.

www.guinnessworldrecords.com/chickendance
ACCESS CODE: ‹50475›

GRÖSSTER „YMCA"-TANZ
Am 1. November 1997 tanzten 6.907 Studenten der Southwest Missouri State University, Springfield (USA), 5 Minuten lang zu dem Lied *YMCA*, gespielt von der Gruppe Village People. Der Rekord wurde im Plaster Stadium der Universität aufgestellt.

GRÖSSTE TEEPARTY
Am 28. Oktober 2000 kamen an Bord des Kreuzfahrtschiffes *The Spirit of Boston* auf dem Charles River in Boston (USA) 465 Menschen zusammen und brachen damit den Rekord für die größte Teeparty aller Zeiten. Insgesamt wurden 323,4 Liter Tee getrunken – etwa 1.138 Tassen.

MEISTE MENSCHEN IN EINEM BUS
Im Rahmen der Eröffnung der Website von GUINNESS WORLD RECORDS quetschten sich am 23. Oktober 2000 110 Personen vor Cynthia's Bar and Restaurant in London (GB) in einen einstöckigen Bus.

GRÖSSTE OSTEREIERSUCHE
Die größte Ostereiersuche aller Zeiten fand am 20. März 1999 anlässlich des alljährlichen Ostermarktes der Vision Australia Foundation in Kooyong (AUS) statt. 3.000 Teilnehmer fanden insgesamt 150.000 Schokoladeneier – im Durchschnitt 50 pro Person. Die Suche war so groß angelegt, dass Soldaten helfen mussten, die Eier in dem riesigen Heufeld zu verstecken.

MEISTE MENSCHEN AUF STELZEN
Während der Parade Zancothon '99 in Santiago de Cali (CO) liefen am 25. Juli 1999 152 Menschen im Alter von 6 bis 37 Jahren 3 km weit auf Stelzen.

GRÖSSTES AKKORDEONENSEMBLE
Das größte Akkordeonensemble umfasste 566 Musiker, die 22 Minuten lang Akkordeon spielten. Der Rekord wurde am 1. Juni 2000 im Rahmen des Internationalen Folklorefestivals in Diepenheim (NL) aufgestellt und von der Gruppe Stedeker Dansers (NL) organisiert.

GRÖSSTES TROMMLERENSEMBLE
Am 9. August 1998 kamen 1.850 Musiker im Irie-Stadion in Muroran (J) zusammen, um auf 1.845 japanischen Trommeln das Stück *Yamabiko* zu spielen. Das 25-minütige Konzert wurde im Freien abgehalten, weil der Lärm der Trommeln die Fenster jedes Konzertsaales gesprengt hätte.

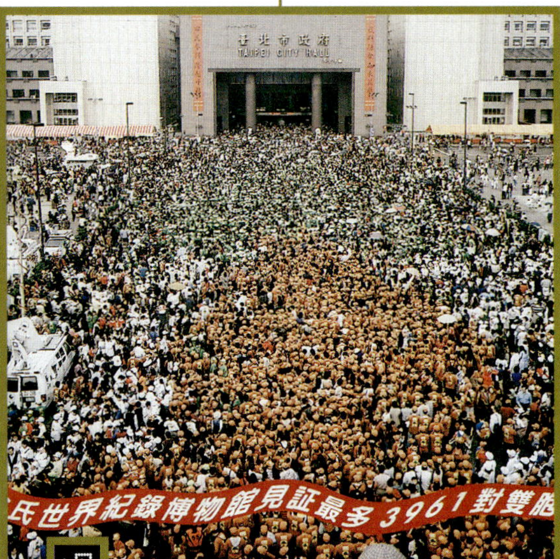

DOPPELT HÄLT BESSER
Am 12. November 1999 – dem Feiertag aus Anlass des Geburtstages von Sun Yatsen, des ersten Präsidenten der Republik China – kamen auf dem Platz vor dem Rathaus von Taipeh (RC) insgesamt 3.961 Zwillingspaare zusammen und brachen damit den Rekord für das größte Treffen von Zwillingen. Ma Ying-Jeou, der Bürgermeister von Taipeh, hatte das Treffen organisiert und wollte damit den Menschen nach einem Erdbeben zwei Monate zuvor Mut machen. Die Zwillinge kamen unter anderem aus Großbritannien, Deutschland, Indien und den USA. Die Altersspanne reichte von einem Monat bis zu 88 Jahren. 37 Drillinge und vier Vierlinge waren ebenfalls anwesend. Die Teilnehmer stellten sich so auf, dass sie einen Baum darstellten, als Symbol für das Nachwachsen der zerstörten Gebiete.

www.guinnessworldrecords.com/twinsgather
ACCESS CODE: ‹53114›

GRÖSSTES ORCHESTER

Am 15. Mai 2000 spielte das größte Orchester aller Zeiten, das 6.452 Schüler und Berufsmusiker umfasste, im BC Place Stadium in Vancouver (CDN) das Stück *Ten Minutes Of Nine*, ein Arrangement nach Beethovens Neunter Symphonie. Das Orchester wurde von Bramwell Tovey dirigiert, dem musikalischen Leiter des Symphonieorchesters von Vancouver.

GRÖSSTES BARBECUE

Am 10. Oktober 1993 nahmen 44.158 Menschen an einem Barbecue auf der Warwick Farm Racecourse, Sydney (AUS), teil. Über 300.000 Würste, 100.000 Steaks und 50.000 Chicken-Burger wurden verzehrt und über 481.000 Dosen Bier getrunken. Das entspricht 6,7 Würsten, 2,25 Steaks, 1,13 Chicken-Burger und beeindruckende 10,89 Dosen Bier pro Person!

MEISTE MENSCHEN UNTER WASSER

Am 17. April 1999 stellten 215 Menschen bei Saipan, Marianen-Inseln (im westlichen Pazifik), den Rekord auf für die meisten Menschen, die gleichzeitig am gleichen Ort mit Atemgerät tauchen.

GRÖSSTE GAY-FESTIVALS

Die Lesbian Gay Bisexual Transgender Pride Parade in San Francisco (USA) und der Sydney Gay and Lesbian Mardi Gras in Sydney (AUS) ziehen jedes Jahr mindestens 600.000 Menschen an.

MEISTE SCHWIMMER IM WASSER

Die Rekordzahl von 2.533 Menschen nahm am 18. März 2000 von 18 bis 19 Uhr an dem BT Swimathon 2000 teil, der in über 500 Schwimmbecken in ganz Großbritannien veranstaltet wurde.

www.guinnessworldrecords.com/tomatina

ACCESS CODE: ‹49067›

TOMATE IM ANFLUG! USA

In jedem August wird am letzten Mittwoch in der Stadt Buñol bei Valencia (E) die größte Lebensmittelschlacht der Welt ausgetragen – das alljährliche als *Tomatina* bekannte Tomatenfestival. Im Jahr 1999 bewarfen sich 25.000 Menschen eine Stunde lang gegenseitig mit etwa 120 Tonnen Tomaten. Das Spektakel beginnt, wenn es einem Teilnehmer aus der Menge gelingt, einen Serrano-Schinken abzuschneiden, der an der Spitze eines mit Fett eingeschmierten Mastes hängt. Danach kippen Ordner von den Ladeflächen der Laster Tomaten auf die Straße, mit denen sich die Teilnehmer gegenseitig bewerfen. Am Ende der Lebensmittelschlacht ist der ganze Ort mit einem klebrigen Tomatenmatsch bedeckt und in den Straßen fließen Unmengen Tomatensaft. Die erste *Tomatina* fand 1944 statt, als ein Lastwagen bei einem Unfall seine Ladung Tomaten verlor.

Teamwork

SCHACHMATT

Am 22. Oktober 2000 stellten 10.004 Menschen anlässlich des zweiten Schachfestivals von Mexico City (oben) den Rekord auf für die meisten Menschen, die simultan Schach spielten. Die Regierung hat dieses Festival organisiert, um kulturelle Ereignisse für die Menschen der Stadt auf die Straße zu holen. 450 mexikanische Schachmeister spielten gegen jeweils 20 bis 25 Einwohner der Stadt. Die Meister gewannen 81 % der Partien, die Einwohner 13 %, 6 % endeten remis. Das Festival begann um 10.00 Uhr und die letzte Partie endete um 17.00 Uhr. Außerdem wurde ein mexikanischer Landesrekord für das größte aus Menschen gebildete Logo aufgestellt, das ein Schachbrett darstellte. Der bisherige Rekord (von derselben Veranstaltung im Vorjahr) lag bei 5.046 Spielern.
Den Rekord für die meisten Schachpartien, die ein Mensch in Folge gespielt hat, hält Willem van Roosmalen (NL). Vom 6. bis 7. November 1998 spielte er 719 Partien. Er gewann 650, spielte 37-mal remis und verlor nur 32-mal.

www.guinnessworldrecords.com/masschess

← ACCESS CODE: ‹55923›

GRÖSSTE LA-OLA-WELLE

Die größte La-Ola-Welle wurde am 24. Juni 2000 von 3.276 Menschen vorgeführt. Die vom West Sussex County Council Youth Service und vom West Sussex Council for Voluntary Youth Services (beide GB) organisierte Welle dauerte 7 Minuten und war fast 5 km lang.

MEISTEN BAKED BEANS IN ZWEI MINUTEN

Am 17. November 2000 aßen vier Personen, die in dem *Big Brother*-Haus in Vilvoorde (B) lebten, insgesamt 335 Baked Beans in zwei Minuten – im Durchschnitt fast 42 Baked Beans (jede einzeln aufgespießt und gegessen) pro Person und Minute.

MEISTE TIERÄRZTE BEI EINER OPERATION

Im August 1999 operierten über 30 Veterinäre an der 38 Jahre alten Elefantenkuh Motola. Sie hatte einen Fuß verloren, nachdem sie an der Grenze zwischen Thailand und Birma (Myanmar) auf eine Mine getreten war. Motola brauchte für die 95,56 km lange Strecke bis zum Hang Chat Elephant Hospital in Lampang (THA) drei Tage. Mit genug Betäubungsmitteln, um 70 Menschen außer Gefecht zu setzen, wurde sie narkotisiert.
Die Ärzte sagten, das seien die schlimmsten Wunden, die sie jemals gesehen hätten. Motolas Operation kostete 64.571,70 Pfund und wurde über Spenden finanziert. Tierexperten hoffen, dass sie Motola, nachdem sich die Kuh von der Operation erholt hat, eine Prothese anpassen können. Elefanten werden in der thailändischen Kultur hoch verehrt.

MEISTE PLASTISCHE OPERATIONEN EINES ÄRZTETEAMS

Vom 5. Februar bis zum 14. April 1999 behandelte ein Team aus freiwilligen Ärzten 5.139 Patienten in 18 Ländern im Rahmen der von der Operation Smile organisierten „Weltreise der Hoffnung". Die Ärzte behoben Lippen- und Gaumenspalten und operierten Verbrennungen im Gesicht, Tumore und Verletzungen. Die Operation Smile wurde 1982 von Bill Magee, einem plastischen Chirurgen, und seiner Frau Kathy, einer Krankenschwester, in Norfolk (USA) ins Leben gerufen.

GRÖSSTER KONVOI MIT HILFSGÜTERN

Vom 1. bis zum 4. Dezember 1992 fuhr ein Konvoi aus 105 privaten Fahrzeugen von Dover (GB) nach Zagreb (HR). Sie transportierten Lebensmittelspenden und andere Hilfsgüter für Flüchtlinge des Bosnienkriegs. Die Rundfahrt war fast 3.200 km lang und wurde durch Slowenien von einer 3,2 km langen Polizei-Eskorte begleitet.

WEITESTE STRECKE MIT EINER BAHRE

Vom 27. bis zum 30. Mai 1996 trugen zwei Teams aus vier Mann der 1. Field Ambulance, Canadian Forces Base, Calgary (CDN), eine Bahre mit einem 63,5 kg schweren „Körper" eine Strecke von 300,4 km. Sie liefen in Edmonton (CDN) los und kamen 59 Stunden 19 Minuten später in Calgary an.

WEITESTE STRECKE MIT EINEM KOHLENSACK

Ein achtköpfiges Team trug am 20. Mai 2000 einen Sack Kohlen (50,8 kg) in 11 Stunden 28 Minuten 33 Sekunden über eine Strecke von 128,7 km. Das Team lief 387 Runden auf dem 333-m-Rundkurs des Parkplatzes beim Dewsbury Hospital, West Yorks (GB) – jeder etwas mehr als 48 Runden.

WEITESTES KINDERWAGEN-SCHIEBEN IN 24 STUNDEN

Am 22./23. November 1990 schob ein zehnköpfiges Team der Royal Marines School of Music, Deal (GB), 24 Stunden lang einen Kinderwagen, in dem ein erwachsenes „Baby" saß, über eine Strecke von 437,3 km.

WEITESTES ROLLSTUHL-SCHIEBEN IN 24 STUNDEN

Am 13./14. September 1999 schoben 88 Freiwillige die auf den Rollstuhl angewiesenen Ian Kershaw und Keith Matthews (beide GB) um die Bahn des Copeland Athletic Stadium, Cumbria (GB), und legten dabei eine Entfernung von 348,2 km zurück.

WEITESTES RASENMÄHER-SCHIEBEN IN 24 STUNDEN

Am 13./14. September 1997 schob ein vierköpfiges Team des Stowmarket and District Round Table, Suffolk (GB), innerhalb von 24 Stunden einen gewöhnlichen Rasenmäher eine Strecke von 162,93 km.

LÄNGSTES BOCKSPRINGEN

Am 8. Oktober 2000 nahmen 222 Menschen an einem einzigen Bockspringen im Glen Echo Park, Maryland (USA), teil. Das Discovery Creek Children's Museum hatte die Aktion organisiert.

SCHNELLSTES WOLLSACK-RENNTEAM

Eine Mannschaft aus der sechsten Klasse der Sir William Romney School beendete die Weltmeisterschaft im Wollsackrennen von 1997 in einer Zeit von 3 Minuten 20,01 Sekunden – schneller als der bisherige Rekord des Herrenteams von 3 Minuten 27,34 Sekunden, der 1991 aufgestellt worden war. An der jährlich in Tetbury (GB) stattfindenden Veranstaltung müssen Viererstaffeln mit einem 27,21 kg schweren Wollsack auf den Schultern einen steilen Hang hinauf- und wieder herunterlaufen.

MEISTE SPRUNGFORMATIONEN IN 35 SEKUNDEN

Am 23. September 1999 führten Daniel Brodsky-Chenfeld, Jack H. Jeffries, Mark Kirkby und Kirk Verners (alle USA und Mitglieder des Teams Airspeed Arizona) die Rekordzahl von 39 Fallschirmsprungformationen in 35 Sekunden vor – weniger als eine Sekunde für jede Formation –, während sie mit einer Geschwindigkeit von fast 240 km/h aus einer Höhe von 3.050 m in die Tiefe fielen.

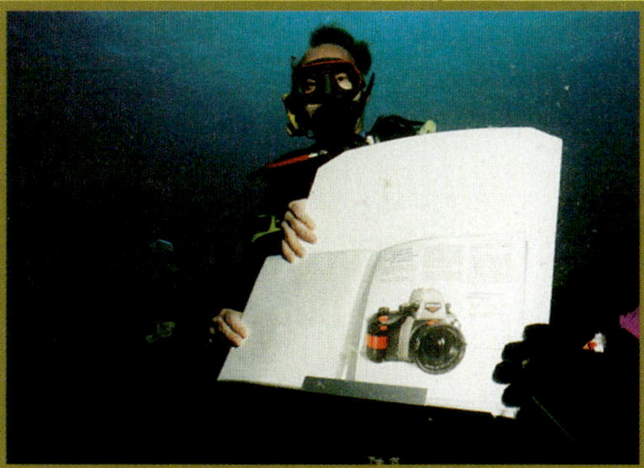

FLIPPER LÄSST GRÜSSEN

Die größte Pressekonferenz unter Wasser fand am 20. Juni 1997 statt, als eine Gruppe von zwölf Journalisten spanischer Tageszeitungen und des spanischen Fernsehens in einer Tiefe von 16 m vor El Hierro, Kanarische Inseln (E), die 20-minütige Buchpräsentation eines Handbuchs der Unterwasserfotografie von Carlos Virgili Ribé (links) miterlebte. Der Autor sprach über ein Unterwasserfunkgerät mit den Journalisten. Einige Journalisten waren erfahrene Taucher, die übrigen mussten einen Tag vor der Konferenz in einem Schnellkurs die Benutzung eines Atemgeräts erlernen.

www.guinnessworldrecords.com/underwaterpress

ACCESS CODE: ‹52178›

AM SCHNELLSTEN ABGERISSENES HAUS

Am 18. August 1979 rissen 13 Mitglieder des Kampfsportclubs East Anglia (GB) ein Ziegelhaus mit sieben Zimmern in nur 61 Minuten ein. Sie benutzten dazu nur ihre Hände und Beine. Der Abriss dauerte pro Zimmer etwa 8,7 Minuten.

MEISTE SALTOS AUF DEM TRAMPOLIN

Am 24. Juli 1999 vollführten 20 Mitglieder des Trampolinclubs Kirklees Rebound im Sportzentrum von Huddersfield (GB) in 5 Stunden 29.503 Saltos. Das sind im Durchschnitt knapp über 1.475 Saltos pro Person – fast fünf Saltos pro Minute und Person. Sie verwendeten zwei Standardtrampoline für Wettkämpfe.

www.guinnessworldrecords.com/747pull

GEMEINSAM SIND WIR STARK

Am 27. September 2000 zogen 60 britische Polizeibeamte eine Boeing 747-400 (rechts) in 53,33 Sekunden auf dem Heathrow Airport (GB) über die Rekordstrecke von 100 m. Die Boeing wog 205 t, für jeden Beamten 3,4 t. Die Polizeibeamten hatten zum Training u.a. Pferdeanhänger durch den Hyde Park von London (GB) gezogen.

ACCESS CODE: ‹48715›

GUINNESS WORLD RECORDS™

www.guinnessworldrecords.com/thelivingplanet

Stadt, Land, Fluss

GUINNESS WORLD RECORDS™

Das Universum

HELLSTER STERN DER GALAXIS

Der Stern Pistol ist von der Erde aus mit bloßem Auge nicht zu sehen, dennoch ist der mit Hilfe des Hubble-Teleskops entdeckte Stern 10 Mio.-mal heller als die Sonne. Astronomen haben berechnet, dass er in sechs Sekunden so viel Energie abgibt wie die Sonne in einem Jahr. Die Entfernung zur Erde wird auf 25.000 Lichtjahre geschätzt, seine Größe auf das 325-fache der Sonne, die einen Durchmesser von 1.391.940 km hat. Pistol ist vermutlich erst 1–3 Mio. Jahre alt, im Gegensatz zur Sonne mit einem Alter von 5 Mrd. Jahren.

WUNDERSAMES ALL

Gewöhnliche Schwarze Löcher wiegen mehrere Sonnenmassen, im Zentrum von Galaxien können jedoch hyperschwere Schwarze Löcher liegen (links), die einige Hundert Millionen Sonnenmassen wiegen. Astronomen gehen davon aus, dass im Zentrum der Milchstraße, 30.000 Lichtjahre entfernt, ein solch beängstigendes Loch existiert. Ein anderes Schwarzes Loch wurde am 14. Januar 2000 entdeckt und V4641 Sgr genannt. Der Himmelskörper ist 1.600 Lichtjahre von der Erde entfernt und fiel wegen seiner starken Veränderung in der Röntgenstrahlungs-Intensität auf.

www.guinnessworldrecords.com/blackhole

← ACCESS CODE: ‹56351›

HELLSTER MIT BLOSSEM AUGE SICHTBARER STERN

Sirius A (Alpha Canis Majoris) oder der Hundsstern ist 8,64 Lichtjahre entfernt und der hellste Stern, der am Sternenhimmel zu sehen ist. Ein „Lichtjahr" ist die Entfernung, die das Licht in einem Jahr zurücklegt – etwa 9,5 Billionen km. Die Entfernung zwischen der Erde und Sirius beträgt etwa 80 Billionen km. Die Masse des Sirius ist 2,14-mal so groß wie die der Sonne, und er ist 24-mal so hell. Mit einer Oberflächentemperatur von etwa 10.000 °C ist er auch doppelt so heiß.

NÄCHSTER STERN

Der nächste Stern (von unserer Sonne abgesehen) ist die schwach leuchtende Sonne Proxima Centauri (Alpha Centauri C). Der 1915 entdeckte rote Zwergstern ist rund 4,23 Lichtjahre entfernt.

NÄCHSTER STERNHAUFEN

Die Hyaden im Sternbild des Stiers liegen unserem Sonnensystem am nächsten. Zu dem Sternhaufen gehören 300 Sterne, die 150 Lichtjahre entfernt sind und auf ein Alter von 625 Mio. Jahre geschätzt werden.

HELLSTE SUPERNOVA DER HEUTIGEN ZEIT

1987 explodierte ein riesiger Stern der Großen Magellanschen Wolke (eine Satellitengalaxis unserer Milchstraße) in der hellsten Supernova der modernen Zeit. Trotz der Entfernung von 168.000 Lichtjahren war sie mühelos mit bloßem Auge von der Erde aus zu sehen. Zu einer Supernova kommt es, wenn ein großer Stern aufhört zu existieren. Wenn der Wasserstoffvorrat eines Sterns zur Neige geht, werden schwerere Elemente als Kernbrennstoff verwendet. Im Laufe der Zeit bildet sich im Kern Eisen heraus und verhindert weitere Kernfusionen. Sobald der Stern erlischt, stürzt er in sich zusammen und explodiert sofort danach wieder in einer Supernova.

SCHNELLSTE FREQUENZ EINES PULSARS

Pulsare sind schnell rotierende Neutronensterne, Überreste eines Supernova-Ausbruchs. Ein Pulsar hat eine sphärische Gestalt und etwa die Größe einer Kleinstadt. Er hat aber eine so hohe Dichte, dass ein Teelöffel voll 1 Mrd. t wiegen würde. Von den Pulsaren, deren Drehgeschwindigkeit genau gemessen wurde, dreht sich PSR B1937+214 am schnellsten. Er wurde im November 1982 von einer von Donald C. Backer (USA) geführten Gruppe entdeckt und liegt im Sternbild Vulpecula (Füchschen) 11.700 Lichtjahre entfernt. Eine Drehung dauert 1,5578064949 Millisekunden, das entspricht einer Drehgeschwindigkeit von 641,9282518 Umdrehungen pro Sekunde!

JÜNGSTER PULSAR

Ein von Eric Gotthelf (USA) angeführtes Team von Astronomen der Columbia University entdeckte 1995 den jüngsten Pulsar. Der außerordentlich dichte Himmelskörper namens PSR J1846-0258 liegt auf der anderen Seite unserer Milchstraße, rund 60.000 Lichtjahre entfernt, und ist nur 700 Jahre alt.

NÄCHSTE GALAXIS

Das nächste Objekt zur Erde außerhalb unserer Galaxis ist die elliptische Zwerggalaxis Sagittarius – eine

VÖLLIG SCHLEIERHAFT

Der Orionnebel (links) – eine riesige diffuse Wolke aus Gas und Staub – ist der hellste Nebel am Nachthimmel. Er liegt im „Schwertgehänge" des Sternbildes Orion und ist die erdnächste Region einer Sternenentstehung. Mit bloßem Auge wird er als ein verschwommener Lichtfleck wahrgenommen. Er ist 1.500 Lichtjahre entfernt. Im Bumerang-Nebel, einer 5.000 Lichtjahre von der Erde entfernten Staub- und Gaswolke, liegt der kälteste Ort des Universums. An diesem Ort am äußersten Rand eines Windes, der durch den Sog eines implodierenden Sterns entstanden ist, herrscht eine Temperatur von –272 °C. Es wird vermutet, dass die Gase sich hier bei einer Geschwindigkeit von 595.457 km/h ausdehnen und abkühlen.

www.guinnessworldrecords.com/orionnebula

← ACCESS CODE: ‹55562›

Sammlung von Sternen und Wolken aus Staub und Gas, die 82.000 Lichtjahre von uns entfernt liegt. Die Entdeckung durch R. A. Ibata, G. Gilmore und M. J. Irwin (alle GB) wurde im April 1994 bekannt gegeben.

GRÖSSTE GALAXIS
Die zentrale Galaxis des Galaxienhaufens Abell 2029 im Sternbild Jungfrau in einer Entfernung von 1.070 Mio. Lichtjahren hat einen maximalen Durchmesser von 5.600.000 Lichtjahren – das 80-fache des Durchmessers der Milchstraße – und eine Leuchtkraft, die der Leuchtkraft von zwei Billionen Sonnen entspricht.

AM WEITESTEN ENTFERNTES MIT BLOSSEM AUGE SICHTBARES OBJEKT
Die Galaxis Andromeda in dem Sternbild Andromeda ist der am weitesten entfernte Himmelskörper, der mit bloßem Auge zu sehen ist. Simon Marius hat ihn im Jahr 1611 von Deutschland aus zum ersten Mal gesehen. Die Galaxis ist ähnlich wie unsere Milchstraße spiralförmig und etwa 2,2 Mio. Lichtjahre von der Erde entfernt. Mit bloßem Auge wird sie als ein grauer Fleck wahrgenommen. Durch ein Teleskop betrachtet wird der helle graue Fleck zu dem Licht von über 200.000.000.000 Sternen, von denen einige wie unsere Sonne beschaffen sind.

KLEINSTES STERNBILD
Das kleinste Sternbild ist das Kreuz des Südens (Crux Australis), das nur einen Anteil von 0,16 % des Sternenhimmels einnimmt. Bis es 1679 als eigenes Sternbild erkannt wurde, galt es als Teil des Sternbilds Centaurus. Crux Australis ist nur auf der Südhalbkugel zu sehen und bekannt für die deutlich unterschiedliche Färbung seiner Sterne. Die drei hellsten sind heiße blaue Sterne, der letzte ist ein roter Riesenstern. Dieser auffällige Unterschied ist leicht mit bloßem Auge zu erkennen.

GRÖSSTES STERNBILD
Das größte unter den 88 Sternbildern ist die Hydra (Wasserschlange), die 3,16 % des Sternenhimmels einnimmt. Zu ihr gehören mindestens 68 mit bloßem Auge sichtbare Sterne.

NÄCHSTER EXTRASOLARER PLANET
Am 7. August 2000 gab ein von William Cochran vom McDonald Observatorium der University of Texas (USA) geführtes Team die Entdeckung des nächsten Planeten außerhalb des Sonnensystems bekannt. Der Planet ist vermutlich etwas größer als Jupiter und umkreist den Stern Epsilon Eridani. Dieser nur 10,5 Lichtjahre entfernte Stern ist der nächste Stern unserer Sonne. Er gilt als Hauptreihenstern, das heißt, er befindet sich in der aktivsten Phase des „Sternenlebens".

www.guinnessworldrecords.com/helixnebula

ACCESS CODE: ‹56518›

GAS-TRONOMISCH!
Der Helix-Nebel (NGC 7293, unten) ist der nächste planetarische Nebel und liegt 450 Lichtjahre entfernt im Sternbild Wassermann. Er entstand, als ein erlöschender Stern „Gaspatronen" freisetzte. Diese Patronen geben Licht ab, weil das Gas durch die Strahlung des Sterns ionisiert wurde. Wegen der häufig sphärischen Gestalt wurde ursprünglich angenommen, es handle sich um neue Planeten – daher der Name. Der Helix-Nebel erstreckt sich über eine Fläche, die halb so groß ist wie der Vollmond, ist aber mit bloßem Auge nicht zu sehen. Planetarische Nebel haben nur etwa 50.000 Jahre lang Bestand, ehe die expandierenden Gase nicht mehr zu sehen sind. Das Foto wurde von der CFH12k CCD-Kamera an einem Teleskop auf dem Mauna Kea, Hawaii (USA), aufgenommen, die eigens dafür konstruiert wurde, große Bereiche des Himmels auf einmal aufzunehmen.

Das Sonnensystem

SCHNELLSTER PLANET
Merkur ist der schnellste Planet des Sonnensystems. Er umkreist die Sonne mit einer Geschwindigkeit von genau 172.248 km/h, fast doppelt so schnell wie die Erde. Da der Merkur darüber hinaus der Sonne viel näher ist als die Erde, dauert ein Jahr auf dem Merkur (eine Umkreisung der Sonne) nur 87,99 Tage oder knapp drei Monate.

HEISSESTER PLANET
Die Venus hat mit einer Durchschnittstemperatur von 480 °C die heißeste Oberfläche aller Planeten des Sonnensystems. Die Erforschung der Oberfläche gestaltet sich dadurch außerordentlich schwierig. Ein Mensch würde auf der Venus zugleich vom Druck zerschmettert, von der Hitze verbrannt, von der Schwefelsäure zersetzt und vom Kohlendioxid erstickt werden.

LEICHTESTER PLANET
Der Saturn hat keine feste Oberfläche und ist der leichteste Planet des Sonnensystems. Er besteht vor allem aus Wasserstoff und Helium, den beiden leichtesten Elementen des Universums. Seine durchschnittliche Dichte entspricht dem 0,71-fachen der Dichte von Wasser, er würde also auf Wasser schwimmen.

ALLES DREHT SICH
Der große rote Fleck (links) auf dem Jupiter ist der größte Wirbelsturm des Sonnensystems. Seine Größe verändert sich ständig, momentan hat er eine Länge von bis zu 40.000 km und eine Breite von 14.000 km. Drei Planeten von der Größe der Erde würden der Länge nach hineinpassen. Dieser gigantische Malstrom tobt seit wenigstens 300 Jahren. Damals waren die Teleskope erstmals so stark, dass der Fleck von der Erde aus wahrgenommen werden konnte. Vermutlich war er aber schon lange vorher aktiv. Er dreht sich mit einer Geschwindigkeit von 435 km/h gegen den Uhrzeigersinn.

www.guinnessworldrecords.com/greatredspot
ACCESS CODE: ‹55663›

HELLSTER ASTEROID
Der hellste Asteroid ist Vesta, der am 29. März 1807 entdeckt wurde. Vesta ist der einzige Asteroid, der bei einer klaren Nacht mit bloßem Auge von der Erde aus zu sehen ist. Das hat drei Gründe: die Helligkeit der Oberfläche, seine Größe – 576 km im Durchmesser – und die Tatsache, dass er bis auf eine Entfernung von 177 Mio. km an die Erde herankommt.

GRÖSSTER TRABANT
Ganymed, einer der vier großen Monde des Jupiter, ist der größte Trabant des Sonnensystems. Er ist 2,017-mal so schwer wie der Erdmond und hat einen Durchmesser von 5.267 km.

TRABANT MIT DER DICHTESTEN ATMOSPHÄRE
Saturns größter Mond Titan hat von allen Monden des Sonnensystems die dichteste Atmosphäre. An der Oberfläche herrscht ein Druck von 1,44 bar, fast das 1,5-fache des atmosphärischen Drucks auf der Erdoberfläche. Die Atmosphäre besteht hauptsächlich aus Stickstoff und ähnelt stark unserer Atmosphäre. Titan ist der einzige Mond des Sonnensystems mit einer Atmosphäre – ein orangefarbiger Rauch verhüllt seine Oberfläche vor unserem Blick.

GRÖSSTER CANYON
Das Valles Marineris auf dem Mars ist der größte Canyon des Sonnensystems. Er hat eine Gesamtlänge von etwa 4.500 km, ist an der breitesten Stelle 600 km breit und bis zu 7 km tief. Dieses riesige Spaltensystem, das von dem Raumfahrzeug *Mariner 9* der NASA 1971 erstmals entdeckt wurde, würde sich vom Atlantik bis zum Pazifik über die gesamten USA erstrecken.

GRÖSSTE GRUPPE VON SONNENFLECKEN
Am 8. April 1947 wurde die bislang größte Gruppe von Sonnenflecken auf der Südseite der Sonne entdeckt. An der längsten Stelle maß sie 300.000 km und war maximal 145.000 km breit. Die Flecken waren etwa 36-mal so groß wie die Erdoberfläche und kurz vor Sonnenuntergang mit bloßem Auge zu erkennen.

SCHNELLSTE WINDE
Auf dem Neptun herrschen die stärksten Winde im ganzen Sonnensystem. Laut Messungen der NASA-Sonde *Voyager 2* von 1989 brausen sie mit einer Geschwindigkeit von etwa 2.400 km/h über die Oberfläche. Das ist beinahe das Fünffache der höchsten Windgeschwindigkeit, die bei einem Tornado auf der Erde gemessen wurde.

MEISTE RINGE
Saturn hat das schwerste Ringsystem (links) aller Planeten in unserem Sonnensystem. Das komplizierte System aus Ringen um den Giganten hat eine Gesamtmasse von etwa 4 x 10^{19} kg – 30 Mio.-mal so viel wie der Mt. Everest. Auch die übrigen Riesenplaneten, Jupiter, Uranus und Neptun, werden von Ringen umkreist, aber die des Saturn sind am beeindruckendsten. Sie bestehen aus Millionen von Eis- und Staubpartikeln, die unabhängig voneinander den Planeten umkreisen. Vermutlich entstanden sie vor Jahrmillionen, als ein Komet mit einem kleinen Mond zusammenstieß und ihn in unzählige Trümmer zerschlug, aus denen sich die Ringe bildeten.

www.guinnessworldrecords.com/saturnrings
ACCESS CODE: ‹56287›

LÄNGSTER KOMETENSCHWEIF

Der längste jemals gemessene Schweif eines Kometen war 570 Mio. km lang und gehörte zum Hyakutake. Das ist mehr als das Dreifache der Entfernung von der Erde bis zur Sonne. Der Schweif wurde am 13. September 1999 von Geraint Jones aus dem Imperial College, London (GB), anhand von Daten entdeckt, die das Raumfahrzeug *Ulysses* der ESA/NASA bei einem zufälligen Zusammentreffen mit dem Kometen am 1. Mai 1996 ermittelt hatte.

HÖCHSTE FELSWAND

Die Felswand Verona Rupes auf Miranda, einem kleinen Mond, der den Uranus umkreist, ist etwa 20 km hoch. Das ist mehr als 10-mal so hoch wie die Wände des Grand Canyon. Die Höhe der Felswand ist in Anbetracht der Größe von Miranda besonders außergewöhnlich: Er hat einen Durchmesser von 472 km. Die Felswand und andere seltsame geologische Formationen auf der Oberfläche könnten dadurch entstanden sein, dass Miranda bei einem Zusammenstoß mit einem Kometen auseinandergebrochen ist und sich aus den Bruchstücken neu gebildet hat.

GRÖSSTER BEKANNTER KOMETENEINSCHLAG

Vom 16. bis zum 22. Juli 1994 stießen mehr als 20 Fragmente des Kometen Shoemaker-Levy 9 mit dem riesigen Jupiter zusammen. Das größte Fragment mit einem Durchmesser von 3–4 km explodierte mit einer Sprengkraft, die ungefähr der 600-fachen Sprengkraft aller existierender Bomben auf der Erde entsprach – 6 Mio. Megatonnen TNT. Die Fragmente drangen mit einer Geschwindigkeit von etwa 60 km pro Sekunde in Jupiters dichte Atmosphäre ein und hinterließen riesige Furchen.

KÄLTESTE GEOLOGISCHE AKTIVITÄT

Aktive Geysire auf Triton, dem größten Mond des Neptun, sprühen eiskalten Stickstoff mehrere Kilometer hoch in die Atmosphäre. Auf der Oberfläche von Triton herrscht eine Temperatur von –235 °C. Triton ist einer der kältesten Orte in unserem Sonnensystem, ganze Seen voll Wasser sind zugefroren.

LÄNGSTE VÖLLIGE SONNENFINSTERNIS

Die längste völlige Sonnenfinsternis jüngster Zeit war am 20. Juni 1955 (7 Minuten 8 Sekunden), sie war westlich der Philippinen zu sehen, auch wenn es während der meisten Zeit bewölkt war. Eine Sonnenfinsternis kann maximal 7 Minuten 31 Sekunden dauern. Am 16. Juli 2186 wird eine Finsternis von 7 Minuten 29 Sekunden mitten auf dem Atlantik erwartet.

GRÖSSTE BEKANNTE SONNENFACKEL

Am 2. April 2001 brach an der Sonnenoberfläche um 21.51 Uhr (Greenwich-Zeit) die größte dokumentierte Sonnenfackel aus. Sie entsprang einer der größten, bekannten Gruppe von Sonnenflecken. Die Fackel setzte Milliarden von Tonnen elektrisch geladener Gase und strahlender Partikel frei. Ein Teil dieser Materie stieß mit der äußeren Erdatmosphäre zusammen und löste ein herrliches Schauspiel vor allem auf der Nordhalbkugel aus.

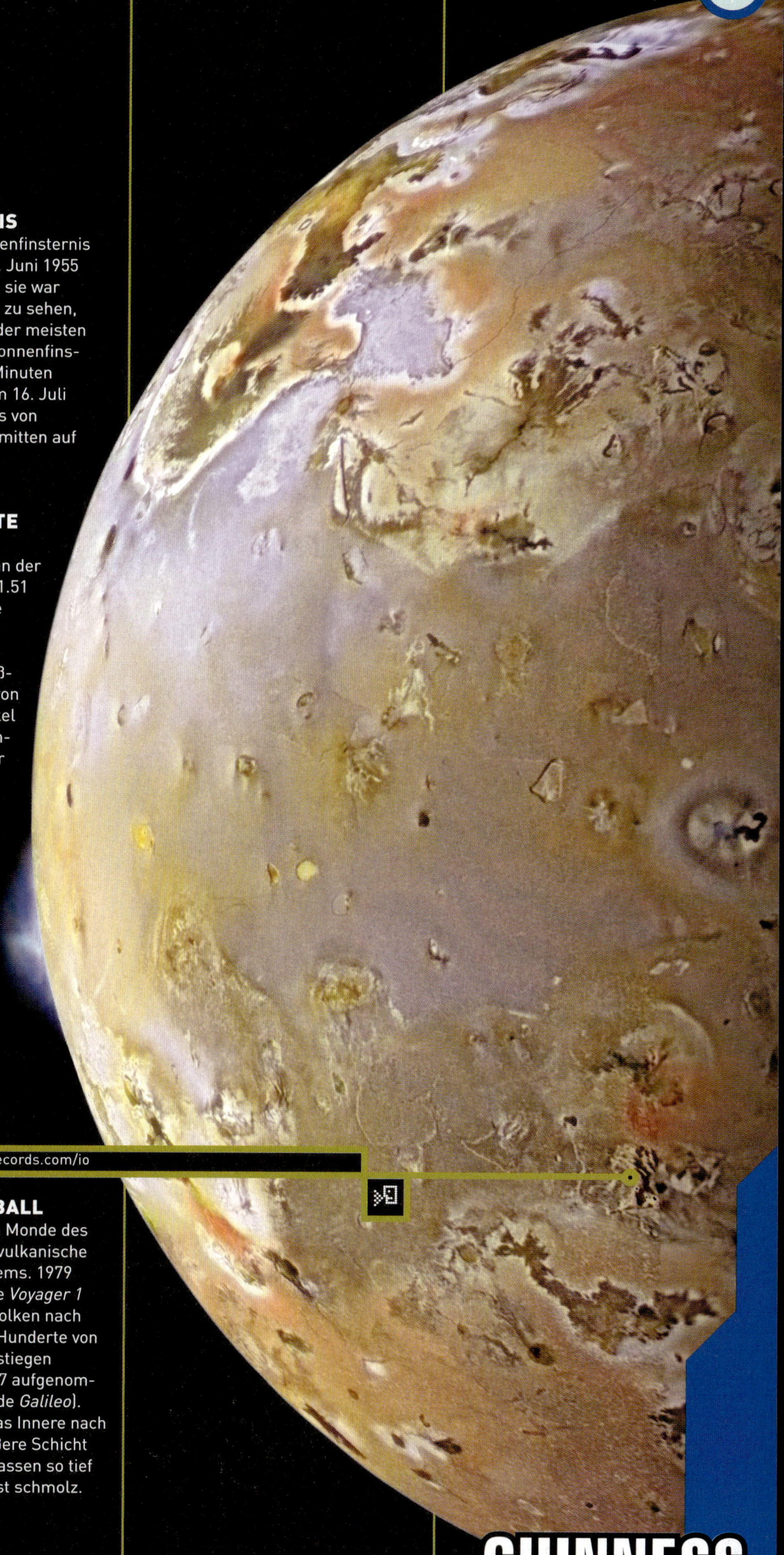

www.guinnessworldrecords.com/io

GRÖSSTER FEUERBALL

Io, einer der vier großen Monde des Jupiter, ist der aktivste vulkanische Körper des Sonnensystems. 1979 machte die NASA-Sonde *Voyager 1* erste Fotos von Rauchwolken nach Vulkanausbrüchen, die Hunderte von Kilometer in das All aufstiegen (rechts, am 28. Juni 1997 aufgenommen von der NASA-Sonde *Galileo*). Io hat bereits einmal „das Innere nach außen gekehrt": Die äußere Schicht wurde unter den Lavamassen so tief begraben, dass sie selbst schmolz.

ACCESS CODE: ·54814·

Der blaue Planet

GRÖSSTE GEODE
Die größte Geode (eine mit Mineralien ausgefüllte Steinblase) liegt in der Nähe von Almería (E). Sie ist 7,92 m lang, 1,83 m breit, 1,83 m hoch und etwa 6 Mio. Jahre alt. Die meisten Geoden sind so klein, dass sie in eine menschliche Hand passen.

ÄLTESTES FRAGMENT DER ERDE
Ein winziges Zirkonkristall ist das bislang älteste Fragment der Erde. Die winzige Gesteinsprobe ist zwischen 4,3 und 4,4 Mrd. Jahre alt und damit 100 Mio. Jahre älter als alle bisherigen Funde.

LÄNGSTER FLUSS
Nil und Amazonas sind die beiden längsten Flüsse der Welt. Über die Frage, welcher länger ist, lässt sich streiten. Laut offiziellen Angaben ist der Nil 6.695 km lang, durch den Bau des Assuan-Staudamms, hinter dem sich der Nasser-See bildete, wurde er jedoch einige Kilometer kürzer. Der Amazonas hingegen hat mehrere Mündungsarme, sodass der genaue Endpunkt schwer zu bestimmen ist. Zählt man die Mündung des Rio do Para mit – die entfernteste Mündung –, so hat der Fluss eine Länge von 6.750 km.

HÖCHSTER AKTIVER VULKAN
Der Ojos del Salado an der Grenze zwischen Chile und Argentinien ist mit 6.887 m der höchste aktive Vulkan der Welt.

GRÖSSTER VULKANKRATER
Der größte Vulkankrater der Erde ist der Toba im Norden von Sumatra (RI), der sich über eine Fläche von 1.775 km^2 erstreckt. Der Vulkan brach vor rund 75.000 Jahren zum letzten Mal aus.

GRÖSSTER AKTIVER VULKAN
Der Mauna Loa, Hawaii (USA), ist 120 km lang und 50 km breit. Die Lavaströme bedecken über 5.125 km^2 der Insel. Der Vulkan hat ein Gesamtvolumen von 42.500 km^3, von dem jedoch 84,2 % unter dem Meeresspiegel liegen. Seit 1843 ist er durchschnittlich alle 3,6 Jahre ausgebrochen, zuletzt allerdings 1984.

GRÖSSTER OZEAN
Der Pazifik ist der größte Ozean. Er bedeckt eine Fläche von 166.241.700 km^2, fast ein Drittel der Erdoberfläche, und hat eine durchschnittliche Tiefe von 3.940 m.

TIEFSTES TAL
Das Flusstal des Yarlung Zangbo in Asien, das sich von Tibet nach Bangladesh erstreckt, hat eine durchschnittliche Tiefe von 5.000 m. Die größte Tiefe beträgt 5.382 m – mehr als dreimal so tief wie der Grand Canyon.

STÄRKSTE STRÖMUNG
Der Amazonas in Südamerika (oben) hat die stärkste Strömung aller Flüsse und befördert im Durchschnitt unglaubliche 200.000 m^3 Wasser pro Sekunde in den Atlantik; bei Hochwasser sind es sogar über 340.000 m^3. An 1.450 km des Unterlaufes hat der Fluss eine durchschnittliche Tiefe von 17 m, die tiefste Stelle liegt bei 124 m. Er wird von mehr als 1.000 Nebenflüssen gespeist, und seine Strömung ist 60-mal so stark wie die des Nils. Etwa 20 % des gesamten Süßwassers, das sich in die Ozeane der Erde ergießt, stammen aus dem Amazonas.

www.guinnessworldrecords.com/riverflow
ACCESS CODE: ‹47578›

KLEINSTER KONTINENT
Von den Kontinenten Europa, Afrika, Asien, Nordamerika, Südamerika, Australien-Ozeanien und Antarktis ist das australische Festland mit einer Fläche von 7.614.500 km^2 der kleinste.

GRÖSSTER KONTINENT
Asien ist der größte aller Kontinente und erstreckt sich über eine Fläche von 45.036.492 km^2. Es folgt Afrika mit einer Landfläche von 30.343.578 km^2.

HÖCHSTER BERG
Der Mauna Kea („Weißer Berg") auf der Insel Hawaii (USA) ist der höchste Berg der Erde. Gemessen vom Fuß auf dem Meeresboden des Pazifiks bis zum Gipfel ist er 10.205 m hoch, bis zu einer Höhe von 6.000 m liegt der Berg unter Wasser. Damit ist er 1.357 m höher als der Mt. Everest.

HÖCHSTE BERGSPITZE
Der Mt. Everest im östlichen Himalaya hat eine Höhe von 8.848 m und ist der höchste Punkt der Erde. Er wurde nach Colonel Sir George Everest (1790–1866) benannt, der 1823–43 die trigonometrische Vermessung Indiens leitete.

GRÖSSTER AUSGETROCKNETER FLUSS
In den Jahren 1997 und 1998 trocknete der Gelbe Fluss (Huang He), Chinas zweitlängster Fluss, an seinem Unterlauf 140 Tage lang vollkommen aus. Das umliegende Ackerland dörrte aus, und die Ernte war gefährdet. Die Austrocknung war eine Folge sehr geringer Niederschläge und wurde durch Bewässerungssysteme sowie durch den Wasserverbrauch einer wachsenden Bevölkerung verschärft.

UNTER DEM REGENBOGEN
Die Rainbow Bridge aus rotem Sandstein im Nationalpark Lake Powell, Utah (USA), ist die höchste natürliche Brücke der Welt. Sie ist nur 82,3 m lang, jedoch 88,4 m hoch – fast doppelt so hoch wie die Freiheitsstatue. Sie besteht aus Navajo-Sandstein und wurde von einem alten Nebenfluss des Colorado gebildet, der das weichere Sedimentgestein abtrug und die natürliche Brücke zurückließ. Die Eingeborenen betrachten sie als heilig. Jedes Jahr strömen rund 300.000 Menschen zu dem Naturdenkmal.

www.guinnessworldrecords.com/rainbowbridge
ACCESS CODE: ‹47585›

GRÖSSTE DAMPFRINGE
Der Ätna auf Sizilien ist der höchste und aktivste Vulkan Europas. Als Folge eines physikalischen Vorgangs stößt er Dampfringe aus, die einen Durchmesser von 200 m haben. Sie bestehen 10 Minuten und steigen bis zu einer Höhe von 1.000 m auf

SCHNELLSTER GLETSCHER
Der Columbia-Gletscher zwischen Anchorage und Valdez in Alaska (USA) ist 54 km lang, 4,8 km breit und an manchen Stellen bis zu 910 m dick. 1999 wurde seine Fließgeschwindigkeit auf 35 m pro Tag errechnet. In den vergangenen 20 Jahren hat sich seine Geschwindigkeit, möglicherweise aufgrund der Erderwärmung, verdoppelt.

GRÖSSTER SUBGLAZIALER SEE
Der Vostok-See in der Antarktis wurde 1994 durch die Analyse von Radaraufnahmen des vereisten Kontinents entdeckt. Der unter einer 4 km dicken Eisdecke verborgene See erstreckt sich über eine Fläche von 14.000 km² und ist über 100 m tief.

www.guinnessworldrecords.com/lambertglacier

ACCESS CODE: <47591>

EISKALT
Gletscher bedecken 11,4 % unseres Planeten und sind vor allem in der Antarktis und in Grönland anzutreffen. Etwa 13,5 Millionen km² der Antarktis bestehen aus Schnee und Eis. Gletscher sind riesige, sich bewegende Eismassen, die an Orten entstehen, wo der Schnee schneller fällt als er schmilzt. Wenn der Schnee höher liegt, wird er von dem Gewicht des neu gefallenen Schnees zu Eis zusammengepresst und beginnt unter der Last seines eigenen Gewichts langsam den Berg hinabzufließen. Mit einer Fläche von 1 Mio. km² ist der Lambert-Gletscher (unten) im australischen Gebiet der Antarktis der größte Gletscher der Erde. Er ist bis zu 64 km breit und 700 km lang – länger als der US-Staat Florida.

Wetter Extreme

WÄRMSTES JAHR
Das Jahr 1998 war seit Beginn der meteorologischen Aufzeichnngen im Jahr 1880 das wärmste Jahr. Die Temperaturen lagen weltweit 0,57 °C über den Jahresmittelwerten zwischen 1961 und 1990. Die 90er Jahre sind auch das wärmste bekannte Jahrzehnt, sechs der bislang wärmsten Jahre fallen in diese Periode. Das zweitwärmste Jahr war 1997.

HÖCHSTER TEMPERATURANSTIEG
Am 22. Januar 1943 stieg in Spearfish, South Dakota (USA), die Temperatur von -20 °C um 7.30 Uhr auf 7 °C um 7.32 Uhr – ein Anstieg von 27 °C in zwei Minuten.

GRÖSSTER TEMPERATURUNTERSCHIED
Die größten Temperaturschwankungen im Jahr sind um den „Kältepol" in Sibirien (RUS) zu beobachten. Der Temperaturunterschied in Werchojansk beträgt 105 °C, von -68 °C bis 37 °C. Die Stadt liegt in der Republik Sacha – ein Gebiet mit einer Fläche von 3,1 Millionen km², in dem nur eine Million Menschen leben.

KÄLTESTE ORTE
Die niedrigste dokumentierte Außentemperatur liegt bei -89,2 °C und wurde am 21. Juli 1983 an der Forschungsstation Wostok in der Antarktis gemessen.

SCHNEEFLÖCKCHEN
Am 28. Januar 1887 entdeckte Matt Coleman während eines Schneesturms in Montana (USA) eine 38 cm große und 20 cm dicke Schneeflocke. Im Monthly Weather Review beschrieb er sie als „größer als ein Milchtopf". Ein Briefträger, der in denselben Schneesturm geriet, bestätigte, dass im Umkreis von mehreren Meilen riesige Schneeflocken gefallen waren.

www.guinnessworldrecords.com/snowflake
ACCESS CODE: ‹53605›

Der kälteste ständig bewohnte Ort der Erde ist das Dorf Oimjakon in Jakutien, Ostsibirien (RUS), wo die Temperatur auf bis zu -70 °C sinken kann. Im Januar, dem kältesten Monat, liegt die Durchschnittstemperatur bei -50 °C.

LÄNGSTE EISZEIT
Geologische Untersuchungen lassen darauf schließen, dass es schon sehr früh in der Erdgeschichte mehrere Eiszeiten gegeben hat. Die längste und schwerste trat vor 2,3 bis 2,4 Mrd. Jahren ein und dauerte rund 70 Mio. Jahre. Während dieser Zeit war vermutlich die ganze Erde mit Eis bedeckt.

HÖCHSTER LUFTDRUCK
Der Luftdruck – der Druck, den die Luft auf den Menschen ausübt – wird in Millibar gemessen. Der Druck nimmt ab, je höher ein Mensch steigt, weil die Atmosphäre dort dünner ist. Der höchste bekannte Luftdruck beträgt 1.083,8 mb und wurde am 31. Dezember 1968 in Agata, Sibirien (RUS), gemessen. Ein so hoher Wert herrscht normalerweise in einer Tiefe von 600 m unter dem Meeresspiegel, Agata liegt jedoch 262 m über dem Meeresspiegel.

GRÖSSTE SCHNEEFÄLLE
Im März 1911 wurde in Tamarac, Kalifornien (USA), eine Schneehöhe von 11,5 m gemessen.

Der Schneerekord für einen einzigen Schneesturm liegt bei 4,8 m; der Schnee fiel zwischen dem 13. und 19. Februar 1959 auf dem Mt. Shasta in Kalifornien (USA).

SCHWERSTE HAGELKÖRNER
Die schwersten bekannten Hagelkörner wogen bis zu 1 kg. Berichten zufolge kamen 92 Menschen ums Leben, als die Hagelkörner am 14. April 1986 in dem Bezirk Gopalgan in Bangladesh niedergingen.

VOM WINDE VERWEHT
Tornados entstehen an Orten, wo warme, feuchte Luft und wechselnde Winde zusammentreffen. Im Zentrum der USA herrschen häufig diese Bedingungen, weil dort viel feuchte Luft vom Golf von Mexiko aus nach Norden strömt. Innerhalb von 24 Stunden wurden am 3. und 4. April 1974 in der Region von Zentraltexas (links) bis nach Iowa und Nebraska die Rekordzahl von 148 Tornados gezählt. Diese Gegend wird auch „Tornado Alley" genannt.
Überraschenderweise treten in Großbritannien die meisten Tornados im Verhältnis zur Fläche auf. In einem Jahr wird durchschnittlich für jeweils 7.397 km² ein Tornado gemeldet. Die Vergleichszahl für die USA liegt bei einem Tornado auf jeweils 8.663 km².

www.guinnessworldrecords.com/tornadoes
ACCESS CODE: ‹47480›

HÖCHSTE WASSERHOSE
Am 16. Mai 1898 wurde vor Eden (AUS) die höchste Wasserhose – ein Wirbelsturm über Wasser – beobachtet. Laut einer Messung mit einem Theodoliten vom Ufer aus war sie genau 1.528 m hoch und hatte einen Durchmesser von etwa 3 m. Wasserhosen können Fische aus dem Meer saugen und über nahe gelegenen Städten abwerfen.

MEISTE DONNERTAGE
Zwischen 1967 und 1976 donnerte es in Tororo (EAU) im Durchschnitt an 251 Tagen im Jahr.

HÖCHSTE WINDGESCHWINDIGKEIT
Das US National Severe Storms Laboratory zeichnete am 3. Mai 1999 eine Windgeschwindigkeit von 512 km/h auf, als ein Tornado in der Nähe von Bridge Creek, Oklahoma (USA), tobte. Die Messung erfolgte 30–60 m über dem Boden.

Der schnellste Wind über dem Erdboden wurde am 12. April 1934 in einer Höhe von 1.916 m gemessen. Er blies auf dem Gipfel des Mt. Washington in New Hampshire (USA) mit einer Geschwindigkeit von 371 km/h.

Am 8. März 1972 wurde an dem Stützpunkt der US Air Force bei Thule in Grönland (Höhe 44 m) die höchste Windgeschwindigkeit in niedriger Höhe gemessen: 333 km/h.

HÖCHSTE WOLKENFORM
Von *Cumulonimbus*-Wolken, die Regen-, Schneestürme und Hagelschauer bringen, sind in tropischen Breiten bereits einige mit einer Höhe von fast 20.000 m gesehen worden – fast dreimal so hoch wie der Mt. Everest.

HEFTIGSTER REGEN
Am 26. November 1970 fielen auf der Karibikinsel Guadeloupe (F) innerhalb von einer Minute 38,1 mm Niederschlag. Die höchste Niederschlagsmenge innerhalb von 24 Stunden beträgt 1,85 m. So heftig regnete es am 15. und 16. März 1952 in Cilaos auf der Insel Réunion im Indischen Ozean.

SONNE PUR

Kinder in Arizona (USA) planschen zur Abkühlung in einer Viehtränke vor ihrem Haus (oben). In Yuma, Arizona, einem der beiden sonnigsten Orte der Erde, scheint die Sonne durchschnittlich an 4.055 Stunden im Jahr (von möglichen 4.456). Die Stadt in einer Höhe von 42 m über dem Meeresspiegel hat rund 71.000 Einwohner und zählt zu den am schnellsten wachsenden Städten Arizonas. Vom Februar 1967 bis zum März 1969 erlebte St. Petersburg, Florida (USA), 768 Sonnentage in Folge.

www.guinnessworldrecords.com/yuma

ACCESS CODE: ‹47494›

AM LÄNGSTEN SICHTBARER REGENBOGEN

Am 14. März 1994 war ein Regenbogen über Wetherby in West Yorkshire (GB) von 9.00 bis 15.00 Uhr sechs Stunden lang zu sehen. Die meisten Regenbögen halten sich oft nur wenige Minuten.

MEISTE NEBELTAGE ÜBER DEM MEER

Nebelschwaden auf Meeresspiegelhöhe mit einer Sicht von unter 900 m, der so genannte Seerauch, halten sich auf den Grand Banks vor Neufundland (CDN) an 120 Tagen im Jahr.

MEISTE REGENTAGE

Am Mt. Waialeale auf Kauai, Hawaii (USA), der 1.569 m hoch ist, regnet es an bis zu 350 Tagen im Jahr – die durchschnittliche Niederschlagsmenge liegt über 10 m.

www.guinnessworldrecords.com/wettest

ES REGNET, ES REGNET

Gemessen an der durchschnittlichen Niederschlagsmenge ist Mawsynram im indischen Bundesstaat Meghalaya der feuchteste Ort der Erde. Jedes Jahr fallen dort 11,87 m Regen. Der größte Teil davon fällt in der Monsunperiode von Juni bis September.
Mit einer durchschnittlichen Niederschlagsmenge von jährlich 11,43 m ist Cherrapunji, ebenfalls in Meghalaya, der zweitfeuchteste Ort. Außerhalb der Monsunperioden leidet die Region häufig unter schweren Dürren.

ACCESS CODE: ‹47532›

Wunder der Wissenschaft

ÄLTESTE MENSCHLICHE DNA-STRUKTUR
Im Januar 2000 datierten Wissenschaftler DNS-Material aus den Knochen eines Vorfahren der modernen Menschen auf 60.000 Jahre. Der so genannte „Mungo-Mann" wurde 1974 am Mungo-See (AUS) ausgegraben. Die Theorie, dass die Menschheit von einem gemeinsamen afrikanischen Vorfahren abstammt, gerät durch diese Datierung ins Wanken.

ÄLTESTE LEBENDE BAKTERIE
Unversehrte Bakterien waren 250 Mio. Jahre lang in Salzkristallen eingeschlossen, ihre Lebensfunktion hatte in dieser Zeit ausgesetzt. US-Wissenschaftler haben die Spezies mit dem Namen „Bacillus 2-9-3" wieder ins Leben gerufen und kultiviert. Sie ist zehnmal so alt wie die bislang älteste wiederbelebte Bakterie.

HÖCHSTE KÜNSTLICHE TEMPERATUR
Die höchste von Menschen erzeugte Temperatur beträgt 510 Mio.°C – beinahe das 30-fache der Temperatur im Sonnenkern. Sie wurde am 27. Mai 1994 im Tokamak-Fusions-Testreaktor in Princeton (USA) mit einem Deuterium-Tritium-Plasmagemisch erzeugt.

HÄRTESTES ELEMENT
Kohlenstoff (C) hat viele verschiedene Allotrope (unterschiedliche Anordnungen der Atome). Das Allotrop Diamant mit seiner außerordentlich harten Kristallstruktur erreicht den höchsten Wert (10) auf der Mohsschen Härteskala. Diamanten bilden sich wenigstens 150 km unter der Erdoberfläche, wo Kohlenstoff unter dem dort herrschenden Druck und der Temperatur eine derartige Kristallstruktur herausbildet.

SELTENSTES ELEMENT DER ERDE
Das 1931 entdeckte Element Astat aus der Gruppe der Halogene ist das seltenste Element in der Erdkruste. Sein natürliches Vorkommen wird auf nur 25 g geschätzt.

STÄRKSTER RÖNTGENAPPARAT
Die Z-Maschine in den Sandia National Laboratories, New Mexico (USA), kann für ein paar Billionstel einer Sekunde die Temperatur der Sonnenoberfläche erreichen. In Röntgenstrahlen erzeugt der Apparat 80-mal mehr Energie als alle Stromkraftwerke der Welt gemeinsam.

DICHTESTE SUBSTANZ
Forscher im Brookhaven National Laboratory (USA) haben eine Substanz geschaffen, die 20-mal so dicht wie ein Atomkern ist. Sie ließen die Kerne von Goldatomen mit annähernder Lichtgeschwindigkeit aufeinander prallen und schufen auf diese Weise subatomare Partikel, die den Bruchteil einer Sekunde Bestand hatten. Eine so dichte Substanz hat es vermutlich seit dem Urknall vor 12 bis 15 Mrd. Jahren im ganzen Universum nicht mehr gegeben.

EMPFINDLICHSTE WAAGE
Die Sartorius Mikrowaage vom Typ 4108, hergestellt in Göttingen (D), wiegt Objekte bis zu einem Gewicht von 0,5 g mit einer Genauigkeit von 0,01 Mikrogramm – oder 10^{-8} g – das entspricht etwa einem Sechzigstel des Gewichtes der Druckerschwärze im folgenden Punkt.

KÜRZESTER LICHTBLITZ
Der bislang kürzeste erzeugte und gemessene Lichtblitz dauerte 0,0000000000000045 Sekunden (4,5 Femtosekunden). Gemessen wurde der Blitz 1998 von Douwe Wiersma, Andrius Baltuska und Maxim Pschentschnikow an der Universität von Groningen (NL).

GRÖSSTES WISSENSCHAFTLICHES INSTRUMENT
Der Teilchenbeschleuniger Large Electron Positron (LEP) Storage Ring Collider in dem Forschungszentrum CERN in Genf (CH), der für die Erforschung kleinster Materieteilchen konstruiert wurde, ist das größte Forschungsinstrument (und vermutlich die größte Maschine) der Welt. Der aus einer kreisförmigen Röhre mit einem Durchmesser von 3,8 m und einer Länge von 27 km bestehende Collider befindet sich 100 m tief unter der Erde in einem riesigen krapfenförmigen Tunnel. In seinem Innern werden Elektronen und Positronen rund um den „Krapfen" beschleunigt, bevor sie aufeinander prallen und winzige subatomare Partikel entstehen, an denen die Beschaffenheit des Universums erforscht wird. Das LEP wurde 1989 in Betrieb genommen und am 2. November 2000 um 8 Uhr abgeschaltet.

HÖCHSTE STROMSTÄRKE
Im April 1996 erreichten Forscher des Oak Ridge National Laboratory, Tennessee (USA), mit Hilfe eines Supraleiters die höchste jemals gemessene Stromstärke: 2 Mio. Ampere pro cm^2. Strom für den Haushaltsgebrauch hat eine Stärke von weniger als 1.000 Ampere pro cm^2.

SCHNELLSTE ZENTRIFUGE
Ultrazentrifugen werden zur Trennung von Gemischen aus organischen Substanzen verwendet. Die höchste künstliche Rotationsgeschwindigkeit wurde mit 7.250 km/h 1975 an der Universität von Birmingham erzielt (GB). Das ist mehr als das Dreifache der üblichen Fluggeschwindigkeit einer Concorde.

GENAUESTER WERT VON PI
Die Zahl Pi, eine der wichtigsten Zahlen der Mathematik, ist die Hälfte des Umfangs eines Kreises geteilt durch dessen Radius. Pi ist eine irrationale Zahl – d.h. hinter dem Komma steht eine unendliche Zahlenreihe, die keinem sich wiederholenden Muster folgt. Das hat Mathematiker immer wieder angespornt, einen noch genaueren Wert zu errechnen. Die bislang höchste Zahl von Dezimalstellen, genau 206.158.430.000, wurde 1999 von Professor Yasumasa Kanada und Dr. Daisuke Takahashi (beide J) mit zwei verschiedenen Computerprogrammen bestimmt.

HEISSESTE FLAMME
Die Verbindung Kohlenstoffsubnitrid (C_4N_2) verbrennt bei einem Druck von einer Atmosphäre mit einer Flamme, die rechnerisch eine Hitze bis zu 4.988 °C erreichen kann. Die höchste jemals künstlich von Menschen erzeugte Temperatur ist 100.000-mal so heiß.

UNGLAUBLICH LEICHT
Die feste Substanz mit der geringsten Dichte ist Aerogel, ein Feststoff auf Siliconbasis, der zu 99 % aus Luft besteht. Glas ist 1.000-mal dichter. Obwohl Aerogel (links) wie fester Rauch aussieht und nur dreimal soviel wie Luft wiegt, schützt ein 2,5 mm dickes Stück eine Hand vor der Hitze einer Lötlampe. Im Lawrence Livermore Laboratory in Kalifornien wurde das bislang leichteste Aerogel hergestellt, das eine Dichte von nur 0,005 g/cm^3 hatte. Aerogel wird zur Zeit bei der Raummission Stardust eingesetzt. Mit seiner Hilfe ist es möglich, kosmischen Staub einzufangen, der aus dem Schweif des Kometen Wild 2 herausgeschleudert wird. Die Partikel streifen mit hohen Geschwindigkeiten die Kollektoren aus Aerogel, werden von der weichen Masse abgebremst und unbeschädigt in der Substanz aufgefangen.

www.guinnessworldrecords.com/aerogel
ACCESS CODE: ‹47186›

NIEDRIGSTE TEMPERATUR
1995 kühlten Eric Cornell und Carl Wieman (beide USA) Rubidium-Atome auf die Rekordtiefe von weniger als 170 Milliardstel eines Grades über dem absoluten Nullpunkt ab – der kältesten möglichen Temperatur.

BITTERSTE SUBSTANZ
Denatonium-Benzoat ist die bitterste Substanz der Erde. Sie kann noch in Verdünnungen von 1:500 Mio. nachgewiesen werden – eine Verdünnung von 1:100 Mio. hinterlässt einen lang anhaltenden Geschmack. Höhere Konzentration ist unerträglich bitter. Die Substanz wird z.B. Frostschutzmitteln beigefügt, damit sie nicht versehentlich getrunken werden.

www.guinnessworldrecords.com/genome

DIE GENE SIND AN ALLEM SCHULD
Das Human-Genom-Projekt ist die größte Zusammenarbeit in der biologischen Forschung aller Zeiten. Im Februar 2001 wurde der letzte Abschnitt der 3 Mrd. „Buchstaben" des genetischen Code entziffert. Bei jedem Menschen ist der Code nur zu einem Prozentsatz von 0,01 % anders.

ACCESS CODE: ‹56349›

SÜSSESTE SUBSTANZ
Thaumatin (oder „Talin"), das aus dem Samenmantel der afrikanischen Katemfe-Pflanze (*Thaumatococcus daniellii*) gewonnen wird, ist 615.000-mal süßer als Zucker. Es hinterlässt einen Likör-ähnlichen Nachgeschmack.

FERKEL AM LAUFENDEN BAND
Der Rekord für den größten Wurf geklonter Ferkel liegt bei fünf: Millie, Christa, Alexis, Carrel und Dotcom (oben) kamen am 5. März 2000 in Blacksburg, Virginia (USA), zur Welt. PPL Therapeutics – das Unternehmen, das auch das Schaf Dolly erzeugte – produzierte die Ferkel, indem der Kern einer Körperzelle in eine Eizelle übertragen wurde, aus der Kern und DNS entfernt worden waren. Da Schweine aus physiologischer Sicht mit dem Menschen eng verwandt sind, eröffnet sich hier eine neue Quelle für menschliche Transplantate.

www.guinnessworldrecords.com/pigclones

ACCESS CODE: ‹54194›

Natur-katastrophen

MEISTE NATURKATASTROPHEN IN EINEM JAHR
Das Jahr 2000 war zwar mit Blick auf die Verluste für Versicherungen und Wirtschaft nicht das teuerste Jahr, aber die weltweite Versicherungsbranche hatte in diesem Jahr die meisten Naturkatastrophen zu verzeichnen. Extreme Wetterbedingungen waren für die Rekordzahl von 850 gemeldeten Katastrophen verantwortlich, auf Stürme entfielen 73 %, auf Hochwasser weitere 23 %. In den 1990er Jahren lag die Zahl der Naturkatastrophen im Durchschnitt bei 650.

TEURER WIEDERAUFBAU
Das Erdbeben, das im Januar 1995 Kobe (J) (links) erschütterte, verursachte Schäden in Höhe von 9.860 Mrd. Yen (fast 200 Mrd. DM). Bei dem Erdbeben mit einem Wert von 7,2 auf der Richter-Skala kamen über 6.400 Menschen ums Leben, rund 27.000 wurden verletzt und über 106.000 Gebäude beschädigt. Wegen seiner geographischen Lage am Rand des pazifischen „Feuerrings" wird es in Japan immer wieder zu Erdstößen kommen. Zum Glück ist das Land relativ gut darauf vorbereitet und kann auf große finanzielle Ressourcen sowie auf moderne Bautechniken zurückgreifen.

www.guinnessworldrecords.com/earthquake
ACCESS CODE: ‹52457›

GRÖSSTER DOKUMENTIERTER EINSCHLAG AUF DER ERDE
Eine gewaltige Explosion, die die sibirische Region Tungusk am 30. Juni 1908 erschütterte, war so stark, dass sie einer Explosion von 10–15 Megatonnen Sprengstoff entsprach. Sie hatte die Verwüstung eines Gebietes von 3.900 km² zur Folge. Die Schockwelle war noch in 1.000 km Entfernung zu spüren. Zu der Explosion kam es, als ein Asteroid mit einem Durchmesser von 30 m und einer Geschwindigkeit schneller als der Schall in einer Höhe von 10 km zerfiel. Da die Gegend sehr dünn besiedelt ist, kam damals niemand ums Leben. Die gleiche Explosion hätte über einer Großstadt jedoch Millionen Opfer gefordert. Mittlerweile sind Zusammenstöße mit Asteroiden – zumindest theoretisch – vermeidbare Naturkatastrophen, weil diese von ihrem Kurs abgebracht werden können.

MEISTE MENSCHENOPFER BEI EINEM ERDBEBEN
Vermutlich kamen etwa 830.000 Menschen am 2. Februar 1556 ums Leben, als ein Erdbeben die chinesischen Provinzen Shanxi und Henan erschütterte.

TÖDLICHSTER SEE
In jüngster Zeit haben toxische Gase, die aus dem Nyos-See im westafrikanischen Kamerun ausströmen, schätzungsweise 2.000 Menschenleben gefordert. Allein an einem Abend im August 1986 kamen 1.600 bis 1.800 Menschen und zahllose Tiere ums Leben, als aus dem See auf natürliche Weise eine große Menge Kohlendioxid freigesetzt wurde. Die genaue Herkunft dieser Gase ist unbekannt, aber es wird vermutet, dass sie entweder vulkanischen Ursprungs sind oder bei dem Zerfall organischen Materials am Boden des Sees entstehen.

HÖCHSTE TSUNAMI
Die höchste bekannte *Tsunami* (Flutwelle) war 524 m hoch. Am 9. Juli 1958 wurde in der fjordähnlichen Lituya Bay in Alaska (USA) durch einen riesigen Erdrutsch eine Welle ausgelöst, die sich mit einer Geschwindigkeit von 160 km/h fortbewegte. Die Welle war so hoch, dass sie ohne weiteres die Petronas Towers in Kuala Lumpur (MAL) überflutet hätte, mit 452 m die höchsten Bürogebäude der Welt.

VERHEERENDSTER GEOMAGNETISCHER STURM
Der zerstörerischste geomagnetische Sturm ist der so genannte „Große geomagnetische Sturm" vom 13. März 1989, der auf der Weltraumwetterskala in die Kategorie G5 eingestuft wurde (die höchste Wertung). Der von einem Solarwind ausgelöste Sturm richtete an der Stromversorgung in Kanada und in den USA große Schäden an und änderte sogar die Umlaufbahn eines Satelliten.

GRÖSSTE SPRINGFLUT USA
Eine Springflut – die ausgelöst wird, wenn Sonne, Mond und Erde in einer bestimmten Konstellation zueinander stehen – ist eine Flutbrandung, die mit Gewalt in ein schmales Flussbett drängt und den Fluss zwingt, zurückzufließen. Die größte Springflut aller Zeiten ereignete sich am 18. August 1993 in der Bucht von Hang-zhou (CHN). Die Welle war 9,14 m hoch und 321,8 km lang und rollte etwa 9 Mio. l Wasser pro Sekunde gegen die Küste. Wahrscheinlich kamen bei dieser Katastrophe 100 Menschen ums Leben.

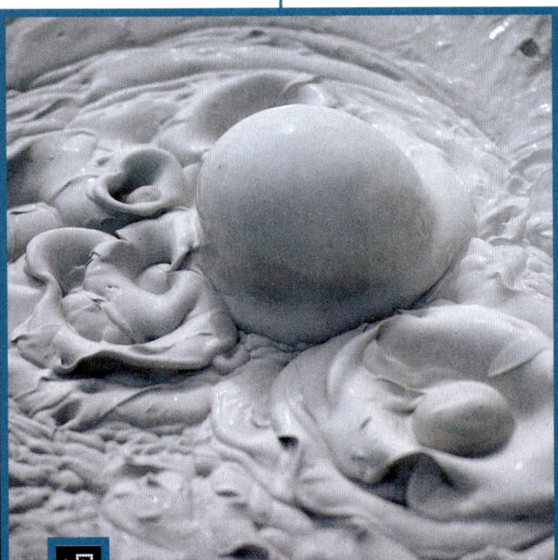

GEYSIR-ANGRIFF
Das im Jahr 1886 bei einem Ausbruch des Vulkans Tarawera entstandene Waimangu Valley in Neuseeland enthält die größte heiße Quelle der Erde. Im August 1903 brach einer der Geysire aus, dabei kamen vier Menschen ums Leben – die höchste Zahl an Todesopfern bei einem derartigen Ereignis. Die Eruption hatte eine solche Gewalt, dass die Opfer, die 27 m entfernt standen, bis zu 800 m weit geschleudert wurden. Weltweit gibt es etwa 700 aktive Geysire. Sie treten auf, wenn in vulkanischen Regionen das Grundwasser bis tief unter die Erde gelangt und von heißem Magma erhitzt wird. Bei steigendem Druck schießt das heiße Wasser durch die Spalten und Risse in den darüber liegenden Gesteinsschichten an die Oberfläche.

www.guinnessworldrecords.com/geysererupt
ACCESS CODE: ‹47755›

MEISTE OBDACHLOSE DURCH HOCHWASSER
Im September 1978 überflutete der Monsun in dem indischen Staat Bengalen so ausgedehnte Flächen, dass etwa 15 Mio. der 44 Mio. Menschen in der Region von obdachlos wurden.

SCHWERSTES ERDBEBEN
Das schwerste dokumentierte Erdbeben erschütterte Chile am 22. Mai 1960 mit einer Stärke von 8,3 auf der Richter-Skala. Damals kamen über 2.000 Menschen ums Leben, 3.000 wurden verletzt und schätzungsweise 2 Mio. obdachlos. Die zugehörige *Tsunami* (Flutwelle) richtete ebenfalls schwere Schäden an. Rund 200 Menschen kamen an der Westküste der USA, auf Hawaii und in Japan ums Leben, Tausende von Meilen entfernt.

TÖDLICHSTER BLITZSCHLAG
Am 8. Dezember 1963 wurde eine Boeing 707 in der Nähe von Elkton, Maryland (USA), von einem Blitz getroffen und stürzte ab. 81 Passagiere kamen ums Leben.

MEISTE TOTE BEI EINEM ERDRUTSCH
Am 16. Dezember 1920 starben durch eine Reihe von Erdrutschen, die durch ein einziges Erdbeben in der Provinz Gansu (CHN) ausgelöst wurden, etwa 180.000 Menschen.

www.guinnessworldrecords.com/mitch

ACCESS CODE: ‹49208›

HURRIKAN MITCH
Der Hurrikan Mitch machte vom 26. Oktober bis zum 4. November 1998 mehr Menschen in Mittelamerika obdachlos als jeder andere Wirbelsturm (unten). Er forderte 9.745 Todesopfer und zerstörte 93.690 Unterkünfte. Rund 2,5 Mio. Menschen waren auf internationale Hilfe angewiesen. Aus einem Tiefdruckgebiet entwickelte sich am 22. Oktober 1998 innerhalb von vier Tagen ein Wirbelsturm der Kategorie 5 auf der Saffir-Simpson-Hurrikanskala. Mitch war der schwerste Sturm in der Karibik seit dem Hurrikan Gilbert im Jahr 1988 und erreichte eine Geschwindigkeit von 290 km/h. Über dem Meer nahm seine Stärke noch zu, bevor er die Küste von Honduras erreichte und sich landeinwärts bewegte. 33 Stunden lang wurde der Sturm in die Kategorie Fünf eingeordnet. 1979 hatte der Hurrikan David 36 Stunden lang getobt.

Pflanzen-Welt

GEFÄHRLICHSTE STACHELN

Die Baumnessel (*Urtica ferox*) aus Neuseeland hat Hunde, Pferde und mindestens einen Menschen getötet. Sie kann eine Höhe von 3 m erreichen und hat auf ihren grünen Blättern feine weiße Stechhärchen. Über sie gelangen starke Toxine in die Haut. Die wichtigsten sind Histamin, 5-Hydroxytryptamin, Acetylcholin, Ameisensäure und Tryffidin. Die Nesselgewächse Australiens (Gattung *Dendrocnide*) mit ihren großen hohlen Haaren an Blättern und Zweigen sind ebenso gefürchtet wie Neuseelands Baumnessel. Der gefährliche Gympie-Busch (*Dendrocnide moroides*) verursacht einen stechenden Schmerz, der noch Monate nach der Berührung auftreten kann.

HÖCHSTE NARZISSE

Eine im Jahr 1979 von M. Lowe aus Chessell (GB) gezüchtete Narzisse erreichte die stattliche Höhe von 1,55 m.

GRÖSSTE KORKEICHE

Die größte Korkeiche ist der „Pfeiferbaum" in der Region Alentejo (P), von der bei jeder Ernte über 1,02 t Rohkork gewonnen werden – genug, um 100.000 Weinflaschen zu verschließen. Zum Vergleich: Eine gewöhnliche Korkeiche erzeugt bei jeder Ernte genug Kork für 4.000 Weinflaschen. Von dem über 212 Jahre alten Pfeiferbaum wird seit 1820 alle neun Jahre Kork geerntet.

WEITESTGEREISTES SAMENKORN

Eine Bohne des Windengewächses *Merremia discoidesperma* wurde von allen Samenkörnern nachweislich am weitesten von der Strömung getrieben. Die so genannte Mary's Bean reiste über 24.140 km von den Marshall-Inseln im Pazifik bis nach Norwegen. Der weltweit anerkannte Experte für Treibsamen Charles R. Gunn (USA) konnte diese Strecke zurückverfolgen, weil der Samen nur auf einigen Pazifikinseln heimisch ist.

GRÖSSTE BLÜTE

Die orange-braun-weiße Schmarotzerblume *Rafflesia arnoldi* hat die größte Blüte der Erde. Rafflesien setzen sich auf Weinrebengewächse in den tropischen Sumpfwäldern Südostasiens. Die Blüten sehen aus wie riesige Mohnblüten, haben einen Durchmesser von bis zu 91 cm und wiegen bis zu 11 kg. Die Blütenblätter sind 1,9 cm dick. 16 verschiedene Arten der Rafflesia (benannt nach Sir Stamford Raffles und Joseph Arnold) sind bekannt – zuletzt wurde 1988 eine neue Art entdeckt.

HÖCHSTER CHLOROPHYLLGEHALT

Chlorophyll ist die grüne Substanz in Pflanzen, die Kohlendioxid mit Hilfe des absorbierten Sonnenlichts assimiliert. Der Chlorophyllgehalt der Grünalge Kirin Chlorella M-207A7 (*Chlorella vulgaris*) liegt bei 6,7 % des Trockengewichts und wurde von Kouichi Nakanishi (J) im Januar 2000 entdeckt. Bei den meisten Pflanzen liegt der Chlorophyllgehalt zwischen 0,6 % und 1,2 %. Selbst der dunkelgrüne Spinat hat nur 0,9 %.

GEFAHR FÜR DAS MITTELMEER

Die *Caulerpa taxifolia* (links) ist mit 8 cm pro Tag die am schnellsten wachsende Meerespflanze. Die Alge gelangte vor etwa 16 Jahren aus dem Ozeanographischen Institut von Monaco an der Côte d'Azur ins Mittelmeer und bedeckt inzwischen 6.000 ha des Meeresbodens vor der französischen Küste. Mittlerweile ist sie auch vor Kalifornien aufgetaucht. In Frankreich haben Experten bereits mit Hilfe von Aluminium- und Plastikabdeckungen versucht, das Sonnenlicht von der Pflanze abzuhalten und ihr Wachstum dadurch zu bremsen. Die längste Seetang-Pflanze ist die pazifische Meeresalge Kelp (*Macrocystis pyrifera*), die eine Länge von bis zu 60 m erreicht. Für ein intaktes Meeresökosystem ist die Alge Kelp unerlässlich.

www.guinnessworldrecords.com/seaweed
ACCESS CODE: ‹55976›

KLEINSTE FRUCHT

Die schwimmende Wasserlinse (Gattung *Wolffia*) – die kleinste Blütenpflanze der Welt – bringt auch die kleinsten Früchte hervor. Da die gesamte Pflanze nur knapp 1 mm lang ist, nimmt die reife Frucht einen großen Teil der Mutterpflanze ein. Die Frucht der *Wolffia augusta* ist nur 0,25 mm lang, wiegt etwa 70 Mikrogramm und ist damit kleiner als ein gewöhnliches Salzkorn.

GRÖSSTER UMFANG EINES LEBENDEN BAUMES

„El Arbol del Tule" heißt eine 41 m hohe Sumpfzypresse (*Taxodium mucronatum*) in Mexiko mit einem Umfang von 35,8 m, gemessen in 1,52 m Höhe. Wenn man zehn Mittelklassewagen Stoßstange an Stoßstange in einem Kreis aufstellen würde, würde das ungefähr dem Umfang des Baumes entsprechen. In der Regel haben die afrikanischen Baobab-Bäume (*Adansonia digitata*) den größten Umfang.

SCHWERSTE BÄUME

Der bislang schwerste Baum war der „Lindsey Creek Tree", ein Küsten-Redwood (*Sequoia sempervirens*), der in Kalifornien (USA) stand. Sein Stamm hatte ein Volumen von mindestens 2.549 m³, sein Gesamtgewicht einschließlich Blättern, Ästen und Wurzeln betrug mindestens 3.630 t – etwa das Gewicht von 800 Elefanten. Der Baum wurde 1905 durch einen Sturm umgerissen.

Der schwerste lebende Baum der Welt ist „General Sherman", ein Riesenmammutbaum (*Sequoiadendron giganteum*) im Sequoia National Park in Kalifornien (USA). Er ist 83,82 m hoch, hat einen Durchmesser von 11,1 m und einen Umfang von 31,3 m. Der Stamm hat ein Volumen von 1.487 m³. Sein Gewicht wird auf 2.000 t geschätzt. Würde man ihn fällen, könnten aus ihm 184.739 m Nutzholz gewonnen werden, genug für die Produktion von 5 Mrd. Streichhölzern.

HOCH, HÖHER...

Moirangthem Okendra Kumbi (IND) bindet die Triebe eines Sky-Flower-Strauchs (*Duranta repens variegata*) in seinem Garten „Hedge to Heaven" seit 1983 hoch. Inzwischen hat die Pflanze eine Höhe von 18,59 m erreicht (links). Von einer speziellen Leiter aus hat er 41 Figuren hineingeschnitten, das Muster eines runden Schirmes gefolgt von zwei Scheiben taucht mehrfach auf. Als er hörte, dass die Duranta nicht höher als 6 m wächst, regte Moirangthem das Wachstum durch Beschneiden, Umlenken neuer Triebe und Düngen des Bodens an. Anfangs wurde die Pflanze auf Ausstellungen gezeigt, als sie aber für den Transport zu groß wurde, pflanzte er sie an ihrem jetzigen Standort ein. Moirangthem klettert immer noch zweimal am Tag das hohe Eisengerüst hinauf, um sich um den Strauch zu kümmern.

www.guinnessworldrecords.com/topiary
ACCESS CODE: ‹53209›

www.guinnessworldrecords.com/talltree

ACCESS CODE: ‹47342›

VERZWEIGTES

Der höchste noch lebende Baum ist der „Mendocino Tree", ein Küsten-Redwood (*Sequoia sempervirens*, rechts). Er steht im Montgomery-Nationalpark in Kalifornien, USA. Im September 1998 war er 112,01 m hoch und hatte einen Durchmesser von 3,14 m. Die Höhe entspricht etwa der Länge eines Fußballfeldes. Der Baum ist rund 1.000 Jahre alt. Der älteste lebende Baum ist die 4.767 Jahre alte Grannenkiefer „Methusalem" (*Pinus longaeva*) in den White Mountains in Kalifornien (USA).

GRÖSSTES BLATT

Die größten Blätter aller Pflanzen haben die Raphiapalmen (*Raffia farinifera* oder *R. ruffia*) auf den Maskarenen-Inseln im Indischen Ozean und die amazonische Bambuspalme (*R. taedigera*) aus Südamerika und Afrika. Die Blätter können bis zu 20 m, die Blattstiele bis zu 4 m lang werden.

HÖCHSTER KAKTUS

Der höchste Kaktus ist ein Cardon (*Pachycereus pringlei*), der im April 1995 in der Sonora- Wüste in Mexiko entdeckt wurde. Gegenwärtig ist der immer noch wachsende Kaktus 19,2 m hoch.

AM STÄRKSTEN RIECHENDE BLÜTE

Die Blüte der *Amorphophallus titanum*, besser bekannt als „Titanenwurz", verströmt einen fauligen Geruch nach verwestem Fleisch, den man noch in einer Entfernung von 1 km riechen kann.

GRÖSSTE PILZE

Ein Pilzgeflecht im Malheur National Forest in den Blue Mountains von Oregon (USA) erstreckt sich über eine Fläche von 890 ha – etwa 1.220 Fußballfelder. Das Exemplar der Spezies *Armillaria ostoyae* oder Dunkler Hallimasch muss mindestens 2.400 Jahre alt sein.

Der größte essbare Pilz, ein Riesenbovist (*Calvatia gigantea*) mit einem Umfang von 2,64 m und einem Gewicht von 22 kg, wurde 1987 von Jean-Guy Richard (CDN) gefunden. Ein einziger Bovist von der Größe eines Basketballes könnte innerhalb von ein paar Generationen so viele Sporen erzeugen, dass sich aus ihnen ein Bovist entwickeln könnte, der siebenmal so groß wie die Erde ist.

GRÖSSTES SAMENKORN

Die Seychellenpalme (*Lodoicea maldivica*), die auch als Seychellennuss-Palme oder Coco de mer-Palme bekannt ist, hat die größte Frucht der Welt. Sie wächst wild nur auf den Seychellen. Es kann bis zu zehn Jahre dauern, bis die Frucht mit nur einem Samenkorn reif wird. Sie wiegt dann bis zu 20 kg. Die Früchte wachsen auf den Palmen, bis sie so schwer sind, dass sie abfallen.

KLEINSTES SAMENKORN

Mit 992,25 Mio. Samen pro Gramm haben die epiphytischen (nichtparasitären) Orchideen die kleinsten Samenkörner der Welt.

GUINNESS WORLD RECORDS™

Gewaltige Tiere

GRÖSSTES SÄUGETIER

Das größte Säugetier der Welt ist der Blauwal (*Balaenoptera musculus*). Blauwale haben im Durchschnitt eine Länge von 35 m und erreichen ein Gewicht von 130 t. Ein besonders schweres Exemplar, das am 20. März 1947 in der Nähe der Antarktis gefangen wurde, brachte 190 t auf die Waage und war 27,6 m lang. Blauwale haben auch die größten Nachkommen; ein neugeborener Wal ist 6–8 m lang und wiegt 2–3 t.

AUS DEM VOGELREICH

Der schwerste Raubvogel der Erde ist der Anden-Kondor (*Vultur gryphus*, links). Männchen wiegen zwischen 9–12 kg und haben eine Spannweite von 3 m. Ein Exemplar des Kalifornien-Kondors (*Gymnogyps californianus*), das jetzt ausgestopft in der California Academy of Sciences, Los Angeles (USA), zu besichtigen ist, wurde auf ein Gewicht von 14,1 kg geschätzt. Normalerweise ist die Spezies kleiner und wiegt selten über 10,4 kg. Die längsten Federn eines Vogels wurden 1972 an einem Phoenix- oder Yokohama-Huhn (*Gallus gallus*) gemessen, dessen Schwanz-Deckfeder mit 10,6 m so lang wie ein Bus war.

www.guinnessworldrecords.com/condor
ACCESS CODE: ‹51472›

GRÖSSTES LANDSÄUGETIER

Der männliche Afrikanische Buschelefant (*Loxodonta africana*) ist das größte Landsäugetier. Es erreicht eine durchschnittliche Schulterhöhe von 3–3,7 m und ein Gewicht von 4–7 t. Das größte bekannte Exemplar wurde am 7. November 1974 in Mucusso (ANG) geschossen. Seine Schulterhöhe im Stand wurde auf 3,96 m geschätzt, es wog 12,24 t. Die höchsten Afrikanischen Buschelefanten leben in Namibia; der höchste bekannte Bulle wurde am 4. April 1978 in der Nähe von Sesfontein (NAM) geschossen, nachdem er angeblich elf Menschen umgebracht hatte. Er war 4,42 m lang, hatte eine geschätzte Höhe von etwa 4,21 m und wog ungefähr 8 t.

HÖCHSTES SÄUGETIER

Die Giraffe (*Giraffa camelopardalis*) ist das höchste Säugetier der Erde und lebt nur in Afrika. Ausgewachsene Giraffenbullen erreichen eine Höhe von etwa 5,5 m. Ein Massaigiraffenbulle (*Giraffa camelopardalis tippelskirchi*) aus Kenia war die bislang höchste Giraffe. Das Tier, das auf den Namen George hörte, kam am 8. Januar 1959 in den Zoo von Chester (GB). Als es neun Jahre alt war, streiften seine Hörner bei einer Standhöhe von 5,80 m beinahe das Dach des 6 m hohen Giraffenhauses.

KLEINSTES SÄUGETIER

Die winzige Hummel-Fledermaus (*Craseonycteris thonglongyai*), oder Kittis Schweinsnasen-Fledermaus, wie sie auch genannt wird, ist nicht größer als eine Hummel. Ihr Körper misst nur 2,9–3,3 cm, sie hat eine Flügelspannweite von 13–14,5 cm und wiegt nur 1,7–2,0 g. Diese winzige Fledermaus lebt in einigen Kalksteinhöhlen am Fluss Kwae Noi in Thailand.

SCHWERSTER SKORPION

Der schwarze, westafrikanische Kaiserskorpion (*Pandinus imperator*) wiegt bis zu 60 g und ist 13–18 cm lang. So lang ist etwa die Hand eines Erwachsenen.

GRÖSSTES KAMELTIER

Das Dromedar oder einhöckerige Kamel (*Camelus dromedarius*) ist der größte Paarhufer der Erde. Das ursprünglich aus dem Nahen Osten stammende Dromedar lebt in Australien noch als Wildtier und in anderen Ländern als Nutztier. Es hat eine durchschnittliche Kopf-Rumpflänge von 2,3–3,5 m, eine Schulterhöhe von 1,8–2,1 m (max. 2,4 m) und wiegt 450–690 kg. Es ist kaum zu glauben, aber der größte Mensch aller Zeiten (Robert Wadlow) war mit einer Länge von 2,72 m höher.

KLEINSTES FLUSSPFERD

Das Zwergflusspferd (*Choeropsis liberiensis*) ist die kleinste Art der Flusspferde und kommt vor allem in Liberia und Westafrika vor. Zwergflusspferde reichen im Stand einem erwachsenen Menschen übers Knie, haben eine durchschnittliche Kopf-Rumpflänge von 1,5–1,85 m, eine Schulterhöhe von 70–100 cm und ein Gewicht von 160–275 kg. Zum Vergleich: Ein durchschnittliches Nilpferd ist etwa zehnmal so groß und bringt 2.600 kg auf die Waage.

GRÖSSTER HIRSCH

Der größte Hirsch der Erde ist der Alaska-Elch (*Alces alces gigas*). Das größte bekannte Exemplar, ein Bulle mit einer Höhe von 2,34 m und einem

IN DEN KOCHTOPF!

Der Amerikanische oder Nordatlantische Hummer (*Homarus americanus*, links) ist das schwerste Meereskrustentier. Am 11. Februar 1977 wurde vor der Küste von Nova Scotia (CDN) ein Exemplar mit einem Gewicht von 20,14 kg gefangen. Der Hummer war vom Ende des Schwanzteils bis zur Spitze der größten Schere 1,06 m lang. Er wurde an einen Restaurantbesitzer in New York (USA) verkauft. Das durchschnittliche Gewicht eines Hummers liegt bei 1,4 kg. Das größte aller Meereskrustentiere (aber nicht das schwerste) ist die Japanische Riesenkrabbe (*Macrocheira kaempferi*), die im Pazifik vorkommt. Sie gehört zu der großen Gruppe der sich langsam bewegenden Krabben, die in Lauerstellung auf ihre Beute warten. Die Scheren des größten Exemplars hatten eine Spannweite von 3,7 m; das Tier wog 18,6 kg.

www.guinnessworldrecords.com/giantlobster
ACCESS CODE: ‹51451›

geschätzten Gewicht von 816 kg, wurde im September 1897 in Kanada geschossen.

KLEINSTER HIRSCH
Der kleinste Hirsch ist der Südliche Pudu (*Pudu puda*) aus der Unterfamilie der Trughirsche. Er hat eine Schulterhöhe von 33–38 cm und wiegt 6,3–8,2 kg. Die vom Aussterben bedrohte Tierart ist an den bewaldeten Hängen der Anden in Chile und Argentinien anzutreffen.

GRÖSSTES AUGE EINES SÄUGETIERS
Der Zwergkoboldmaki (*Tarsius pumilus*) aus Südostasien hat eine Kopf-Rumpflänge von 8,5–16 cm und nach vorn gerichtete Augen mit einem Durchmesser von 1,6 cm. Übertragen auf den Menschen müsste ein Auge so groß wie eine Grapefruit sein. Die Koboldmakis sind außerdem die einzigen Primaten, die ihren Kopf um 180 Grad nach links und nach rechts drehen können.

GRÖSSTE EULE
Der europäische Uhu (*Bubo bubo*) ist der größte Eulenvogel der Welt. Er hat eine durchschnittliche Länge von 66–71 cm, ein Gewicht von 1,6–4 kg und eine Spannweite von über 1,5 m.

KLEINSTE EULE
Die kleinste Eule der Welt ist der Elfenkauz (*Micrathene whitney*) aus dem Südwesten der USA und Mexiko. Er ist im Durchschnitt 12–14 cm lang und wiegt unter 50 g.

GRÖSSTES WILDSCHWEIN
Das angriffslustige Riesenwaldschwein (*Hylochoerus meinertzhageni*), das in Zentralafrika lebt, ist das größte Wildschwein. Es hat eine Länge von 1,3–2,1 m, einen Schwanz mit einer Länge von 30–45 cm und eine Schulterhöhe von 85–105 cm. Es wiegt 130–275 kg. Riesenwaldschweine können mit ihren Hauern sehr gefährlich werden.

www.guinnessworldrecords.com/greatwhite

ACCESS CODE: ‹51342›

REKORD-FISCHE
Der seltene Weiße Hai (*Carcharodon carcharias*, unten) ist der größte Raubfisch. Ausgewachsene Exemplare werden 4,3–4,6 m lang und wiegen in der Regel 520–770 kg. Der größte Fisch der Erde, der sich von Plankton ernährt, ist der seltene Walhai (*Rhincodon typus*). Er kommt im Atlantik, im Pazifik und im Indischen Ozean vor. Walhaie werden bis zu 18 m lang. Das Weibchen legt auch die größten Fischeier.

GUINNESS WORLD RECORDS™

Gefährliche Biester

ERFOLGREICHSTES RAUBTIER

Die Afrikanischen Wildhunde, auch Hyänenhunde genannt (*Lycaon pictus*), jagen in Rudeln und sind bei 50–70 % ihrer Beutezüge erfolgreich. Unter allen Säugetieren ist das die höchste Erfolgsquote.

GRÖSSTER LANDFLEISCHFRESSER

Ausgewachsene Eisbären (*Ursus maritimus*) wiegen in der Regel 400–600 kg und sind von der Schnauze bis zum Schwanz 2,40–2,60 m lang. Sie schwimmen auf der Jagd nach Seehunden bis zu 100 km weit. Ihr Magen kann eine Fleischmenge von 68 kg aufnehmen. Sie töten sogar so große Tiere wie Walrosse (500 kg) und Weißwale (600 kg) – die größten Beutetiere der Erde. Eisbären können Fleisch besser verdauen als pflanzliche Nahrung. Deshalb sind sie von allen Bären die räuberischsten.

Männliche Kodiakbären (*Ursus arctos middendorffi*), eine Unterart des Braunbärs, die auf den Inseln im Golf von Alaska vorkommt, sind zwar kräftiger gebaut als der Eisbär, in der Regel aber kürzer.

BEWAFFNET UND GEFÄHRLICH

Der in Indien, Nepal, Bhutan und Thailand heimische wilde Wasserbüffel (*Bubalus arnee*, oben) hat die längsten Hörner unter den lebenden Tieren. Im Durchschnitt werden sie 1 m lang. Die Hörner eines 1955 geschossenen Bullen hatten sogar von Spitze zu Spitze eine Länge von 4,24 m.

Die längsten nicht prähistorischen Stoßzähne stammten von einem Afrikanischen Elefanten (*Loxodonta africana*) aus Zaïre und werden in der New York Zoological Society, New York City (USA), aufbewahrt. Der rechte Stoßzahn ist 3,49 m lang, der linke 3,35 m, zusammen wiegen sie 133 kg.

Das Gilatier (*Heloderma suspectum*) ist die gefährlichste Echse der Welt. Es hat scharfe Zähne und genügend Gift, um zwei Erwachsene zu töten.

www.guinnessworldrecords.com/buffalo

ACCESS CODE: ‹51205›

MEISTE OPFER EINES ANGRIFFS VON TIEREN

Am 19. Februar 1945 fielen 980 von 1.000 japanischen Soldaten Leistenkrokodilen (*Crocodylus porosus*) zum Opfer. Um zu ihrer Infanterieeinheit zu gelangen, war die Gruppe gezwungen, einen 16 km langen Mangrovensumpf zu durchqueren. Mit einer Überlebensquote von nur 2 % war es der schlimmste Krokodilangriff aller Zeiten. Das in Asien und im Pazifikraum vorkommende Leistenkrokodil ist das größte Reptil der Erde. Männchen werden im Durchschnitt 4,20–4,80 m lang und wiegen etwa 408–520 kg. Die größten bestätigten Exemplare waren über 7 m lang. Inoffiziellen Berichten zufolge wurden auch Exemplare mit einer Länge von bis zu 10 m beobachtet.

Von 1764 bis 1766 griff ein wilder Wolf, das „Ungeheuer von Gevauden", in der Bergregion Lozère in Frankreich Dutzende von Menschen an. Über 100 Wölfe wurden getötet, bis der eigentliche Killer am 19. Januar 1766 endlich erlegt wurde. Als man ihn aufschnitt, wurde die Schulter eines jungen Kindes in seinem Magen gefunden, das er einen Tag zuvor gefressen hatte.

Eines der berüchtigsten Tiere in Indien war die Tigerin von Champawat. Sie soll von 1902 bis 1907 in dem Distrikt Champawat 436 Menschen umgebracht haben. Im Jahr 1907 wurde sie von Colonel Jim Corbett erschossen.

ALARMSTUFE ROT!

Die kleinen, leuchtend gefärbten Pfeilgiftfrösche aus Süd- und Mittelamerika (*Phyllobates terribilis*, oben) sind die giftigsten Frösche. Sie sondern einige der tödlichsten biologischen Toxine ab, beispielsweise das Nervengift Batrachotoxin. Ein einziger Tropfen auf der Haut eines Menschen kann die Übertragung von Nervenimpulsen blockieren und zum Herzstillstand führen. Mit diesem Gift tränken die Eingeborenen Süd- und Mittelamerikas ihre Pfeilspitzen, daher der Name. Ein 4–5 cm langer Frosch erzeugt genügend Toxin, um zehn Menschen zu töten.

www.guinnessworldrecords.com/poisonfrog

ACCESS CODE: ‹51322›

GEFRÄSSIGSTER SÜSSWASSERFISCH

Piranhas, vor allem aus den Gattungen *Serrasalmus* und *Pygocentrus*, leben in den Flusssystemen Südamerikas und sind die gefährlichsten Süßwasserfische der Welt. Von Blut und panischem Planschen angelockt, nagen sie mit ihren rasiermesserscharfen Zähnen ein Tier von der Größe eines Pferdes innerhalb von wenigen Minuten bis auf die Knochen ab. Sie greifen schnell an und fressen ihr Opfer bei lebendigem Leib auf. Piranhas verletzen sich in der Hektik des Angriffs oft sogar gegenseitig. Am 19. September 1981 wurden angeblich über 300 Menschen aufgefressen, als eine überladene Passagierfähre beim Anlegen in dem brasilianischen Hafen Obidos kenterte und sank.

GIFTIGSTER FISCH

Der Steinfisch (Familie Synanceidae), der auf dem Grund des Indischen und Pazifischen Ozeans lebt, ist der giftigste Fisch der Welt. Der *Synanceia horrida* hat die größten Giftdrüsen aller Fische. Jede Berührung seiner stacheligen Flossen, die ein starkes Gift enthalten, kann tödlich sein.

GIFTIGSTER ESSBARER FISCH

Der Kugelfisch (*Tetraodon*), der im Roten Meer, im Indischen Ozean und im Pazifik lebt, ist der giftigste essbare Fisch. Sein Gift ist 1.250-mal tödlicher als Zyanid. Wenn er korrekt zubereitet wird, wird er jedoch zu einer japanischen Delikatesse namens *Fugu*. Die Japaner essen jährlich 10.000 t *Fugu* – daran sterben jedes Jahr 70–100 Menschen.

HOCHSPANNUNG!

Der Zitteraal (*Electrophorus electricus*), ein Verwandter der Piranhas, kann die stärksten Stromstöße eines Tieres erzeugen. Der bis zu 1,80 m lange Aal lebt in Flüssen Brasiliens und Guyanas. Er kann seine Beute mit Elektroschocks von bis zu 650 Volt betäuben – das reicht, um eine Glühbirne brennen zu lassen oder einen Menschen zu betäuben.

GEFÄHRLICHSTER VOGEL

Die gefährlichsten Vögel sind die drei Arten der Kasuare (Familie Casuariidae), die in Neuguinea und in Queensland (AUS) leben. Sie werden bis zu 2 m groß und haben kräftige Klauen an den drei nach vorn gerichteten Zehen jedes Fußes. Die mittlere Klaue wird bis zu 12 cm lang – Kasuare setzen sich damit zur Wehr, wenn sie sich bedroht fühlen. Sie springen hoch und schlagen aus, dabei können sie Organe verletzen und Wunden reißen. Ein solcher Tritt ist stark genug, den Bauch eines Menschen aufzuschlitzen und ihn sogar zu töten.

GIFTIGSTER VOGEL

Der Pitohui (*Pitohui dichrous*) oder Dickkopfvogel aus Papua-Neuguinea ist der einzige bekannte giftige Vogel der Welt. Wissenschaftler entdeckten ihn 1990 und wissen bis heute nicht, weshalb seine Federn und seine Haut das Gift Homobatrachotoxin (das auch von den Pfeilgiftfröschen Südamerikas abgesondert wird) enthalten. Der bunt gefiederte Vogel verbreitet einen abstoßenden Geruch.

GIFTIGSTES WEICHTIER

Die beiden eng miteinander verwandten Arten des Blauringkraken, *Hapalochlaena maculosa* und *H. lunulata*, die an den Küsten Australiens und Südostasiens leben, enthalten ein so starkes Nervengift, dass ihr fast schmerzloser Biss innerhalb von Minuten töten kann. Die Tiere sind 10–20 cm groß; jede Krake führt so viel Gift mit sich, dass sie zehn Erwachsene lähmen oder sogar töten kann.

GIFTIGSTE QUALLE

Die durchsichtige Australische Würfelqualle (*Chironex fleckeri*) ist das giftigste Nesseltier und eines der giftigsten Lebewesen überhaupt. Sie enthält genug Gift, um 60 Menschen zu töten. Sie wiegt bis zu 6 kg und hat bis zu 60 Tentakeln – an jedem einzelnen sitzen Millionen von giftigen Nematozysten. In den letzten 100 Jahren sind mindestens 70 Menschen an dem Quallengift gestorben. Der Tod tritt in nur vier Minuten ein.

www.guinnessworldrecords.com/venomviper

ACCESS CODE: ‹51007›

AUFPASSEN, WO MAN HINTRITT!

Die Gabunviper (*Bitis gabonica*, oben) aus dem tropischen Afrika produziert mehr Gift als jede andere Schlange. Ein ausgewachsenes Männchen enthält genügend Gift, um bis zu 30 Menschen zu töten. Da Gabunvipern auch die längsten Giftzähne haben, spritzen sie das Gift tiefer in die Beute – ein Exemplar mit einer Länge von 1,83 m hatte 50 mm lange Zähne. Auch die längste Giftschlange der Welt, die Königskobra (*Ophiophagus hannah*) aus Indien und Südostasien, ist sehr gefährlich. Sie kann durch ihre 12 mm langen Giftzähne genügend Gift abgeben, um einen Elefanten oder 20 Menschen zu töten. In der Regel werden Königskobras zwischen 3,65–4,50 m lang. Die längste bekannte Kobra maß 5,71 m.

Krabbeltiere

KLEINER KÄFER GANZ GROSS

Der Schnellkäfer (*Athous haemorrhoidalis*, oben) erreicht ohne Hilfe der Gliedmaßen die höchste Beschleunigung unter den Insekten. Wenn der Käfer in die Höhe schnellt, um Raubtieren zu entkommen, ist ein deutliches „Klick" zu hören. Er biegt Kopf und Brustteil nach hinten, richtet sich mit einer plötzlichen Schnappbewegung auf und erreicht eine Sprunghöhe von bis zu 15 cm. Dabei entwickelt er eine Beschleunigung, die etwa dem 400-fachen der Gravitationskonstanten G entspricht. Ein 1,2 cm langer und 40 mg schwerer Käfer erreichte sogar eine Höhe von 30 cm. Das entsprach rein rechnerisch einer Kraft von 2300 G. Die Größe G gibt die Veränderung der Geschwindigkeit im Verhältnis zur Zeit an und misst, wie stark ein Mensch, ein Tier oder Gegenstand von einem Augenblick zum nächsten beschleunigt wird. Ein Mensch wird bei einer Beschleunigung von 4 bis 6 G schon nach einigen Sekunden bewusstlos.

www.guinnessworldrecords.com/clickbeetle

← ACCESS CODE: ‹51294›

GRÖSSTE MEERESSCHNECKE

Die Riesen- oder Treppenschnecke (*Syrinx aruanus*) aus Australien ist die größte bekannte Meeresschnecke. Ein 1979 vor der Küste Westaustraliens gefundenes Exemplar hatte ein Haus mit einer Länge von 77,2 cm. Der größte Umfang betrug 101 cm. Sie wog fast 18 kg.

LÄNGSTER ERDWURM

Der längste Erdwurm ist der *Microchaetus rappi* aus Südafrika. 1967 wurde ein riesiges Exemplar mit einer Länge von 6,70 m (bei normaler Ausdehnung) und einem Durchmesser von 2.03 cm entdeckt. Im Durchschnitt erreicht diese Art bei normaler Ausdehnung eine Länge von etwa 1,80 m.

GRÖSSTER SCHMETTERLING

Der größte bekannte Schmetterling ist der Königin-Alexandra-Vogelflügler (*Aetheroptera alexandrae*) aus der Familie der Ornithoptera (*Ornithoptera alexandrae*) auf Papua-Neuguinea. Weibchen können eine Flügelspanne von über 27,9 cm und ein Gewicht von über 25 g haben.

ÄLTESTE FOSSILE AMEISEN

1998 gab ein Forscherteam des American Museum of Natural History, New Jersey (USA), die Datierung der bislang ältesten entdeckten Ameisen bekannt. Die 92 Mio. Jahre alten Ameisen, die bereits 1967 entdeckt wurden, sind in Bernstein konserviert. Sie wurden an einer Stelle in New Jersey zu Tage gefördert, woher einige der wichtigsten in Bernstein eingeschlossenen Fossilien stammen.

KLEINSTER SCHMETTERLING

Der kleinste Schmetterling ist der südafrikanische Zwergbläuling (*Brephidium barberae*). Er hat eine Flügelspanne von 1,4 cm und wiegt weniger als 10 mg.

GRÖSSTER FLOH

Es gibt etwa 1.830 Floh-Arten. Die größte bekannte Art ist der *Hystrichopsylla schefferi*, der erstmals 1913 in Washington (USA) entdeckt wurde. Die Weibchen erreichen im Durchschnitt eine Länge von 7,6 mm. Zum Vergleich: Der Menschenfloh (*Pulex irritans*) hat eine Länge von 0,1–2,54 mm.

Der beste Hüpfer unter den Flöhen ist der Katzenfloh (*Ctenocephalides felis*), der mit einem einzigen Sprung eine Höhe von 34 cm erreichen kann – das 130-fache seiner Körpergröße. Dazu ist mehr als das 20-fache der Beschleunigung nötig, mit der eine Weltraumrakete startet.

GRÖSSTE SCHABE

Die größte Schabe der Erde ist die *Megaloblatta longipennis* aus Kolumbien. Ein Exemplar im Besitz von Akira Yokokura (J) ist 9,7 cm lang und 4,45 cm breit. In der Regel sind Schaben 0,6–7,6 cm lang.

ÄLTESTES INSEKT

Die Prachtkäfer (Buprestidae) erreichen von den lebenden Insekten das höchste Alter. Am 27. Mai 1983 kroch ein Exemplar des *Buprestis aurulenta* aus dem Treppenaufgang in einem Haus in West Euston of Prittlewell (GB). Zuvor hatte es wenigstens 47 Jahre lang als Larve in dem Holz gelebt.

LAUTESTES INSEKT

Die Afrikanische Zikade (*Brevisana brevis*) erzeugt einen Lockruf mit einer durchschnittlichen Lautstärke von 106,7 dB in einer Entfernung von 50 cm. Zum Vergleich: In der ersten Reihe eines Rockkonzerts wird ein Geräuschpegel von 110 dB gemessen. Zikaden kommunizieren über ihr Zirpen miteinander.

TEUERSTES INSEKT

Ein 7,9 cm großer Hirschkäfer (*Dorcus hopei*) ging am 19. August 1999 für die Rekordsumme von umgerechnet über 180.000 DM in Tokio (J) über den Ladentisch. Ein 36-jähriger Firmenchef soll ihn für seine Sammlung gekauft haben, will aber aus Angst vor Dieben anonym bleiben.

GRÖSSTES WESPENNEST

Yoichiro Kawamura (J) entdeckte am 18. Mai 1999 in Nahari (J) ein Wespennest mit einem Umfang von 2,45 m und einem Gewicht von 8 kg. Der Umfang entsprach etwa der dreifachen Größe eines Basketballs.

GRÖSSTES SPINNENNETZ IN EINEM HAUS

Im Nebengebäude eines Gutes in Newent (GB) aus dem 17. Jahrhundert wurde im Januar 1999 ein Spinnennetz mit einer Länge von 5,08 m und einer Breite von 3,80 m entdeckt. Das Netz erstreckte sich über eine Fläche von 19,35 m^2 und hing wie eine zweite Decke 1,8 m über dem Fußboden. Vermutlich wurde es von mehreren Spinnengenerationen gebaut.

ABWEHRMECHANISMUS

Der Bombardierkäfer (Gattung *Brachinus*) führt zwei relativ harmlose Chemikalien in seinem Körper mit sich. Wenn er sich bedroht fühlt, vermischen sich diese Chemikalien mit einem Enzym, eine heftige chemische Reaktion wird ausgelöst und mit einem Knall tritt eine bis zu 100 °C heiße Flüssigkeit aus dem After aus. Dieser abschreckende Feuerstoß kann bis zu 500-mal in der Sekunde abgegeben werden. Das System gleicht dem Düsenantrieb der deutschen Flugbombe V-1 im Zweiten Weltkrieg. Allerdings erreichte die V-1 lediglich eine Frequenz von 42 Stößen in der Sekunde.

INSEKT MIT GRÖSSTER FLUGHÖHE

Die höchste bekannte Höhe für wandernde Schmetterlinge liegt bei 5.791 m. Ein Schwarm Kleiner Füchse (*Aglais urticae*) wurde im Osthimalaya über dem Gletscher Zemu gesehen.

Die höchste bekannte Flughöhe eines Vogels erreichte ein Sperbergeier (*Gyps rueppellii*) mit 11.300 m.

SELTENSTES INSEKT
Vermutlich gibt es nur noch zehn Exemplare der Australischen Riesengespenstheuschrecke (*Phasmid drycelus australis*). Diese Art hatte sich schon vor der Zeit der Dinosaurier entwickelt und galt 80 Jahre lang als ausgestorben, bevor sie im Februar 2001 in Australien wiederentdeckt wurde.

SCHNELLSTE RAUPE
Die Raupe des Perlmutterfalters (*Pleurotya ruralis*) erreicht eine Geschwindigkeit von 38,1 cm pro Sekunde, wenn sie sich zu einem Ball zusammenzieht und bei einem Angriff davonrollt. Das entspricht einer Geschwindigkeit von 241 km/h.

www.guinnessworldrecords.com/goliathspider

GRÖSSTE SPINNE
Eine männliche Goliath-Vogelspinne (*Theraphosa leblondi*), die im April 1965 in Venezuela entdeckt wurde, hatte eine Beinspanne von 28 cm. Diese Art lebt in den Regenwäldern von Surinam, Guyana und Französisch Guyana, aber auch in Venezuela und Brasilien sind Exemplare anzutreffen. Sie ernähren sich von Nagetieren und töten ihre Beute mit dem Gift aus ihren Zangen.

ACCESS CODE: ‹51536›

Dinos + Urzeit

HÖCHSTER DINOSAURIER

Der *Sauroposeidon* gilt als das größte Lebewesen, das jemals die Erde bevölkerte. Im Jahr 1994 in Oklahoma (USA) gefundene Überreste lassen darauf schließen, dass der Sauropode 18,28 m hoch war, 60 t wog und den längsten Hals unter den Dinosauriern hatte. Die einzelnen Wirbel waren bis zu 1,20 m lang. *Sauroposeidon* hatte eine Giraffen-ähnliche Gestalt, war aber 30-mal größer – so hoch wie ein sechsstöckiges Haus. Er lebte vor etwa 110 Mio. Jahren.

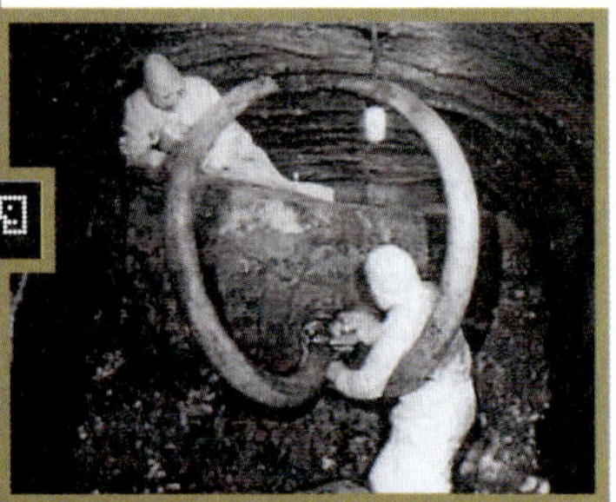

OPERATION MAMMUT

Das Mammut „Jarkow" (oben) ist das älteste unversehrte Exemplar und wurde von französischen Wissenschaftlern im Oktober 1999 in Sibirien (RUS) ausgegraben. Bei seinem Tod vor schätzungsweise 23.000 Jahren war das Mammut 47 Jahre alt und hätte im Stand eine Höhe von 2,60 m erreicht. Der 9-jährige Rentierhirte Gennadi Jarkow hatte es 1997 entdeckt. Die Bergungsexpedition wurde zum großen Teil vom Discovery Channel finanziert. Im Jahr 2000 wurde das Mammut zusammen mit seinem 23,34 Tonnen schweren Eiswürfel gehoben, die beiden Stoßzähne ragten aus dem Eis. Gegenwärtig tauen Wissenschaftler das Tier in einer Höhle vorsichtig wieder auf. Obwohl erst ein winziger Teil des Blockes geschmolzen ist, sind bereits Knochen, Haare und andere Teile geborgen worden.

www.guinnessworldrecords.com/mammoth

ACCESS CODE: ‹53392›

GRÖSSTER FLEISCH FRESSENDER DINOSAURIER

1995 wurde in Neuquen (RA) ein Skelett des größten Fleisch fressenden Dinosauriers entdeckt. Der *Gigantosaurus carolinii* (Südliche Riesenechse) war 12,5 m lang und wog 8 t. Aufgrund seiner Knochen lässt sich schließen, dass er sowohl größer als auch schwerer war als der *Tyrannosaurus rex*. Er lebte vor rund 110 Mio. Jahren – 30 Mio. Jahre vor dem *Tyrannosaurus rex*.

KLEINSTER DINOSAURIER

Der hühnergroße *Compsognathus* („Hübscher Kiefer") maß von der Schnauze bis zur Schwanzspitze 60 cm und wog etwa 3 kg. Er lebte im späten Jura, vor etwa 145 Mio. Jahren, in Süddeutschland und im Südosten Frankreichs. Der Fleischfresser ernährte sich von kleinen Tieren wie Echsen und Insekten. Seit 1859 sind nur zwei Exemplare gefunden worden – ein ausgewachsenes in Deutschland und ein Jungtier in Frankreich.

SCHWERSTER DINOSAURIER

Der *Argentinosaurus*, ein Riesensaurier aus Argentinien, war vermutlich der schwerste Dinosaurier. Aufgrund der riesigen Wirbelknochen schätzte man im Jahr 1994 sein Gewicht auf bis zu 100 t. Der schwerste Dinosaurier in Großbritannien war der zu der Gattung Diplodocus gehörende *Cetiosaurus oxoniensis*, der vor etwa 170 Mio. Jahren lebte und etwa 45 t wog. Das ergaben Schätzungen aufgrund eines in Bucks (GB) gefundenen Teils eines Oberschenkelknochens.

GRÖSSTER GEPANZERTER SAURIER

Die Haut des Pflanzenfressers *Ankylosaurus* war von dicken Platten bedeckt, außerdem lief eine doppelte Reihe von Stacheln von seinem Hinterkopf bis zu seinem Schwanz. Der 7,5–10,7 m lange und 1,2 m hohe Saurier hatte sogar Platten zum Schutz seiner Augen, nur sein Unterleib war nicht gepanzert. Mit einer Breite von bis zu 2,5 m war er auch der breiteste Dinosaurier. Der bislang größte *Ankylosaurus* wog 4 t und lebte vor 70–65 Mio. Jahren.

LÄNGSTER SCHWANZ

Der *Diplodocus* (oben), ein Sauropode mit einem langen Hals aus der Zeit des Oberen Jura vor 155 bis 145 Mio. Jahren, hatte mit einer Länge von bis zu 13,1 m den längsten Schwanz aller Saurier. Der *Diplodocus carnegii*, dessen Überreste 1899 in Wyoming (USA) entdeckt wurden, wäre zu Lebzeiten 26,6 m lang gewesen, wobei der Hals und der peitschenähnliche Schwanz den größten Teil in Anspruch genommen hätten. Er wog zwischen 5,8 und 18,5 t, aller Wahrscheinlichkeit nach rund 12 t.

www.guinnessworldrecords.com/longtaildino

ACCESS CODE: ‹56108›

DICKSTER DINOSCHÄDEL

Der *Pachycephalosaurus*, ein Pflanzenfresser mit einer prägnanten Schädelkuppel, der vor 76–65 Mio. Jahren in der späten Kreidezeit lebte, hatte einen 65 cm langen Schädel. Das Knochengehäuse hatte eine Dicke von 20 cm. Zum Vergleich: Der dickste Teil eines menschlichen Schädels ist 20 mm stark.

LÄNGSTE PRÄHISTORISCHE SCHLANGE

Die einer Python ähnliche *Gigantophis garstini*, die vor etwa 38 Mio. Jahren im heutigen Ägypten lebte, war die längste bekannte prähistorische Schlange. In der Wüstenstadt Fayum entdeckte Teile der Wirbelsäule und ein kleines Stück vom Kiefer lassen auf eine Länge von etwa 11 m schließen. Das ist 1 m länger als die längste heutige Schlange, die Netzpython (*Python reticulatus*).

GRÖSSTER PRÄHISTORISCHER FLUGVOGEL

1979 wurden die fossilen Überreste des riesigen *Argentavis magnificens* 160 km westlich von Buenos Aires (RA) gefunden. Der Vogel lebte vor 6–8 Mio. Jahren im heutigen Argentinien. Die Überreste lassen auf eine Flügelspannweite von über 6 bis 7,6 m schließen und auf ein Gewicht von rund 80 kg. Der Wanderalbatross (*Diomedea exulans*) hat mit 3,63 m die größte Flügelspannweite aller heute lebenden Vogelarten.

GRÖSSTER FOSSILER TRILOBIT

Ein in Kanada gefundener, versteinerter Trilobit war über 70 cm lang, mehr als 30 cm länger als der bisherige größte Trilobit. Der Fund dieses 445 Mio. Jahre alten versteinerten Meeresbewohners wurde am 9. Oktober 2000 bekannt gegeben.

GRÖSSTES PRÄHISTORISCHES GEWEIH

Der prähistorische Riesenhirsch (*Megaloceros giganteus*), der vor 10.000 Jahren in Europa lebte, hatte das längste Geweih. Ein in einem irischen Moor gefundenes Exemplar hatte eine Geweihauslage von 4,30 m, das entsprach einer Schulterhöhe von 1,83 m und einem Gewicht von 500 kg. Die längste Ausdehnung oder „Stange" eines Geweihs einer lebenden Art war das 1,99 m lange Geweih eines Elches (*Alces alces*), der 1897 am Stewart-Fluss in Yukon (CDN) erlegt wurde.

GRÖSSTES PRÄHISTORISCHES INSEKT

Das größte prähistorische Insekt war die Libelle *Meganeura monyi*, die vor 280 Mio. Jahren lebte. Bei Commentry (F) entdeckte fossile Überreste lassen auf eine Flügelspanne von bis zu 70 cm schließen.

ERSTES SÄUGETIER

1991 wurde in 225 Mio. Jahre alten Gesteinen in New Mexico (USA) das Schädelteil eines Säugetiers gefunden, genannt *Adelobasileus cromptoni*, das den heutigen Spitzhörnchen ähnelte.

LÄNGSTE PRÄHISTORISCHE STOSSZÄHNE

Die längsten prähistorischen Stoßzähne hatte der Elefant *Hesperoloxodon antiques germanicus*, der vor etwa 2 Mio. Jahren im heutigen Norddeutschland lebte. Die geraden Stoßzähne erreichten bei erwachsenen Bullen eine Länge von 5 m.

SCHWERSTER VERSTEINERTER STOSSZAHN

Der schwerste versteinerte Stoßzahn wog 150 kg und hatte einen größten Umfang von 89 cm. Er gehörte zu einer unbekannten Art des Mammuts. Das Fundstück ist 3,58 m lang.

DINOSAURIER MIT DEN MEISTEN ZÄHNEN

Die *Hadrosaurier* (große Echsen) mit ihren entenartigen Schnäbeln hatten die meisten Zähne aller Dinosaurier. Die Pflanzenfresser besaßen an der Seite ihrer Kiefer bis zu 960 scharfe Backenzähne.

www.guinnessworldrecords.com/trex

GROSS UND TEUER

Einer der größten Fleischfresser aller Zeiten, der *Tyrannosaurus rex* (oben), lebte in der Oberkreidezeit vor 85 bis 65 Millionen Jahren. Das größte und vollständigste Skelett eines *Tyrannosaurus* wurde am 12. August 1990 in South Dakota, USA, gefunden und heißt nach der Entdeckerin Sue Hendrickson ebenfalls „Sue". Das Skelett ist 4 m hoch und 12,5 m lang; der Schädel hat eine Länge von 1,5 m. In seinen kräftigen Kieferknochen hat er 58 Zähne, jeder zwischen 19 und 30 cm lang. Das Lebendgewicht wird auf 6,4 t geschätzt. Das Field Museum, Chicago (USA), hat das Skelett 1997 bei einer öffentlichen Auktion zu einem Preis von 18.732.000 DM erstanden – der bislang höchste Preis für ein Dinosaurierskelett – und präsentiert es in der ständigen Ausstellung.

ACCESS CODE: <54658>

Tierische Fähigkeiten

LANGSAMSTES SÄUGETIER

Das Dreifinger-Faultier im tropischen Südamerika (*Bradypus tridactylus*) bewegt sich am Boden mit einer Durchschnittsgeschwindigkeit von 1,8–2,4 m pro Minute (0,1–0,16 km/h) fort. Auf Bäumen kann es aber bis zu 4,6 m pro Minute (0,27 km/h) zurücklegen. Faultiere kommen selten auf den Boden, weil sie nicht gehen können, sondern sich mit ihren Klauen vorziehen müssen. Selbst die Verdauung der Faultiere ist sehr langsam. Es kann über einen Monat dauern, bis eine Mahlzeit aus dem Magen in den Darm wandert.

SPEEDY GONZALES

Der Strauß (*Struthio camelus*, links), der in den Steppen Afrikas lebt, hält mit 72 km/h den Rekord für den schnellsten Landvogel. Seine Schrittlänge kann über 7 m betragen.
Auf Kurzstrecken bis zu 550 m hält hingegen der Gepard (*Acinonyx jubatus*) den Schnelligkeitsrekord aller Tiere. Auf ebenem Boden erreicht er bis zu 100 km/h. Geparden leben in Afrika, Turkmenistan, Afghanistan und im Iran.
Auf Langstrecken ist der Gabelbock (*Antilocapra americana*) das schnellste Tier. Er kann bis zu 6 km mit einer Geschwindigkeit von 56 km/h rennen. Gabelböcke leben in den USA, in Kanada und im Norden Mexikos.

www.guinnessworldrecords.com/ostrich
ACCESS CODE: ‹51481›

LÄNGSTE REISE EINES FISCHES

Zwei im Nordosten der USA beheimatete Austernfische (*Opsanus tau*) reisten während der Mission STS-95 des Space-Shuttle *Discovery* fast 5 Mio. Kilometer. Die Fische wurden an Bord genommen, weil die Wissenschaftler erforschen wollten, wie Körper auf Kinetose (Seekrankheit) reagieren.

BESTER BAUMKLETTER-FISCH

Der Kletterbarsch (*Anabas testudineus*) aus Südasien kann bemerkenswert gut gehen und sogar Palmen hochklettern. Er geht auf der Suche nach einer besseren Umgebung sogar über Land. Mit speziellen Kiemen kann diese Spezies atmosphärischen Sauerstoff aufnehmen. Auf ähnliche Weise können Schlammspringer (barschartige Fische) für kurze Zeit außerhalb des Wassers leben und mit Hilfe ihrer Brustflossen klettern.

LANGSAMSTES WACHSTUM

Die im Nordatlantik lebende Tiefseemuschel (*Tindaria callistiformis*) wächst von allen Tieren am langsamsten. In etwa 100 Jahren wächst sie nur um 8 mm.

UNERSCHROCKENSTES SÄUGETIER

Das furchtloseste Säugetier ist der Ratel oder Honigdachs (*Mellivora capensis*), der im Wald- und Buschland Afrikas, des Nahen Ostens und Indiens lebt. Er verteidigt sich gegen Tiere jeder Größe, vor allem wenn sie seinem Bau zu nahe kommen. Seiner harten Haut können weder Bienen noch die Stacheln von Stachelschweinen oder die Zähne der meisten Schlangen etwas anhaben. Außerdem liegt die Haut so locker, dass der Dachs, selbst wenn ein Raubtier ihn im Genick gepackt hat, sich in seiner Haut drehen und den Angreifer beißen kann.

STRAHLENRESISTENTESTE LEBENSFORM

Die Bakterie *Deinococcus radiodurans* ist in der Lage, eine Beschädigung ihrer Chromosomen zu reparieren. Sie hält deshalb eine Gammastrahlung von 1,5 Mio. rd aus – etwa das 3000-fache der Dosis, die einen Menschen töten würde. In gekühltem oder gefrorenem Zustand übersteht die Bakterie sogar die doppelte Menge. Sie überlebt unter Bedingungen, die für jedes andere Lebewesen tödlich wären.

FROSTSCHUTZ IM BLUT

Der Waldfrosch, der nördlich des Polarkreises vorkommt, ist das einzige Tier, das in gefrorenem Zustand überlebt. Die im Blut enthaltene Glukose dient als ein „Frostschutz", der die lebenswichtigen Organe schützt, während der Körper hartfriert.

LÄNGSTER WINTERSCHLAF

Die Arktischen Erdhörnchen (*Spermophilus parryi*) halten den Rekord für den längsten Winterschlaf eines Nagetiers. Sie leben in Kanada und in Alaska (USA) und halten jedes Jahr neun Monate Winterschlaf.

BESTE REGENERATIONSFÄHIGKEIT

Von allen Tieren können sich die Schwämme (Porifera) am besten regenerieren. Wenn sie einen Teil ihres Körpers verlieren, wächst er wieder nach. Und wenn ein Schwamm durch ein feinmaschiges Gazetuch gepresst wird, dann bilden sich aus den separaten Teilen wieder voll ausgewachsene Schwämme heraus.

STÄRKSTES TIER

Im Verhältnis zu ihrer Größe sind die größeren Käfer der Familie Scarabaeidae, die vor allem in den Tropen leben, die stärksten Tiere. Bei Versuchen an einem Nashornkäfer aus der Unterfamilie der Dynastinae stellte sich heraus, dass er das 850-fache seines eigenen Gewichtes auf dem Rücken tragen kann.

GEFÄHRLICHSTES LIEBESLEBEN

Die männliche Stuart-Breitfuß-Beutelmaus (*Antechinus stuartii*) aus Australien entwickelt einen tödlichen Liebeshunger. Jedes Jahr paaren sich die Männchen mit so vielen Weibchen wie möglich. In dieser Zeit fressen sie selten, kämpfen aber häufig gegen ihre Rivalen. Als Folge sterben sie alle nach wenigen Tagen an Hunger, Entkräftung oder Krankheiten.

SCHÜTZENKÖNIG

Der gelb-schwarz gebänderte Schützenfisch (*Toxotes jaculator*, links) lauert in der Nähe von Flussufern in seiner Heimat Thailand darauf, dass ein Insekt in einer Entfernung von bis zu 1,5 m auf einer Wasserpflanze landet, um dann aus seinem Maul einen Wasserstrahl auf sein Opfer abzufeuern – die Rekordweite beim Wasserspucken. Nach einem ersten Versuch kann er blitzartig ein zweites Mal schießen. Diese halbautomatische Jagdmethode ist unter den Tieren einzigartig und macht den Schützenfisch zum besten aquarischen Schützen der Welt.
Die bizarr aussehende Texas-Krötenechse setzt die seltsamste Verteidigungsart von allen Tieren ein. Wenn sie sich bedroht fühlt, spritzt sie Blut aus ihren Augen und verscheucht so potenzielle Räuber.

www.guinnessworldrecords.com/archerfish
ACCESS CODE: ‹53943›

www.guinnessworldrecords.com/koko

SPRECHENDER GORILLA

1972 wurde Koko – ein im Zoo von San Francisco (USA) geborener Gorilla – von Francine Patterson die amerikanische Zeichensprache beigebracht. 2000 besaß Koko (rechts auf einem Foto, das sie von sich in einem Spiegel gemacht hat) einen Wortschatz von über 1.000 Zeichen und verstand 2.000 englische Wörter. Sie kann Vergangenheit und Zukunft unterscheiden, Witze machen und lügen. Koko hat gesagt, dass es eine Ehre für sie sei, als geübtester Gorilla in der Zeichensprache in dieses Buch aufgenommen zu werden.

ACCESS CODE: ‹51137›

Besondere Haustiere

ÄLTESTE KATZEN
Ma, eine weibliche getigerte Katze, die Alice St. George Moore (GB) gehörte, und Grandpa Rex Allen, eine preisgekrönte Schaukatze im Besitz von Jake Perry (USA), sind die langlebigsten Hauskatzen, die je dokumentiert wurden. Beide Tiere waren 34 Jahre alt, als sie am 5. November 1957 bzw. am 1. April 1998 starben.

SCHWERSTE KATZEN USA
„Orange Thing", genannt OT, im Besitz von Tom Phillips (USA), ist die schwerste lebende Katze der Welt. Sie wog am 30. Oktober 1998 im Alter von acht Jahren 18,55 kg.

Die schwerste je dokumentierte Hauskatze war Himmy, ein getigerter Kater im Besitz von Thomas Vyse (AUS). Der Kater wog 21,3 kg, als er 1986 im Alter von zehn Jahren starb.

KLEINSTE KATZE
Die kleinste bekannte Katze ist die Blue-point-Himalayan-Perserkatze Tinker Toy. Sie wurde ausgewachsen nur 19 cm lang. Der Kater gehört Katrina und Scott Forbes (USA).

SCHWERSTER LEBENDER HUND
Kell, ein englisches Mastiff-Weibchen im Besitz von Tom Scott (GB), ist der schwerste lebende Hund. Am 18. August 1999 wog die Hündin 130 kg. Sie wird mit einer sehr eiweißreichen Boxerdiät gefüttert, die z.B. Rinderhack, Eier und Ziegenmilch enthält.

SCHWERSTES SCHWEIN
Big Bill, ein Poland-China-Schwein im Besitz von W. J. Chappall (USA), wog 1.157,5 kg, bevor er 1933 starb. Big Bill hatte eine Schulterhöhe von 1,52 m und war 2,74 m lang.

ÄLTESTER GOLDFISCH
Der Goldfisch Tish im Besitz von Hilda und Gordon Hand (GB) lebte noch 43 Jahre, nachdem ihn Hildas Sohn Peter 1956 bei einer Ausstellung gewonnen hatte. Seine Schuppen waren nicht mehr golden, sondern silbern, als er 1999 starb.

KATZE MIT DEN MEISTEN ZEHEN
Normalerweise haben Katzen fünf Zehen pro Vorderpfote und je vier an den Hinterpfoten, also insgesamt 18 Zehen. Twinkle Toes jedoch, die dreijährige Katze von Gloria Boensch (USA), hat 25 Zehen – je sechs an den Hinterpfoten, sechs an der linken Vorderpfote und sieben an der rechten.

GRÖSSTE TAUBE
Eine kanadische Giant-Runt-Cock-Taube namens Doc Yeck im Besitz von Leonard Yeck (CDN) hatte am 6. März 1999 ein Gewicht von 1,8 kg und eine Brustbreite von 12,7 cm. Doc Yeck ist damit doppelt so groß und schwer wie eine durchschnittliche Taube seiner Rasse.

REKORDKANINCHEN
Toby III. (oben), ein schwarzes, männliches Englisches Schlappohr, das von Phil Wheeler (GB) gezüchtet wurde, hat die längsten Kaninchenohren der Welt – sie sind 75,6 cm lang und 18,24 cm breit.
Das größte je dokumentierte Kaninchen war ein 12 kg schweres weibliches Schlappohr, das im April 1980 auf der Landwirtschaftsmesse in Reus (E) ausgestellt wurde. Die kleinsten Züchtungen – die Niederländischen und Polnischen Zwergkaninchen – sind 10-mal kleiner als die Schlappohren und wiegen zwischen 0,9 und 1,13 kg.

www.guinnessworldrecords.com/rabbit
ACCESS CODE: ‹51129›

GRÖSSTER WURF EINES HAMSTERS
Am 28. Februar 1974 brachte der Hamster der Familie Miller (USA) 26 kleine Hamster auf die Welt. Das ist mehr als das Dreifache eines normalen Wurfs.

SCHILDKRÖTE MIT DEN MEISTEN KÖPFEN
1999 entdeckte Lin Chi-Fa aus Süd-Taiwan eine dreiköpfige Schildkröte in seinem Gartenteich. Nur zwei der Köpfe waren voll entwickelt. Da die Schildkröte im chinesischen Volksglauben als heiliges Tier gilt, brachte er sie in einen Tempel, um sie segnen zu lassen. Dort merkte er, dass sie im Zickzack lief, weil sich die beiden entwickelten Köpfe nicht auf eine Richtung einigen konnten.

FRUCHTBARSTE KATZE
Die getigerte Katze Dysty (USA) warf in ihrer fruchtbaren Zeit 420 Junge. Das sind jährlich 28 Kätzchen innerhalb von 15 Jahren. Dystys letzter Wurf am 12. Juni 1952 bestand nur noch aus einem Kätzchen.

HÖCHSTER FREISTILSPRUNG EINES HUNDES
Am 28. Juli 1999 machte ein russischer Wolfshund namens Wolf bei der Superdog Show während der Klondike Days in Edmonton (CDN) einen Freistilsprung von 160 cm. Wolf gehört Seanna O'Neill (CDN) und wird von ihr trainiert.

KLEIN UND GROSS
Der kleinste lebende Hund ist ein Yorkie namens „Big Boss" (links), der Chai Khanchanakom (THA) gehört. Mit einem Jahr war Big Boss 11,94 cm hoch und 12,95 cm lang.
Der kleinste je dokumentierte Hund war ein faustgroßer Yorkshire-Terrier im Besitz von Arthur Marples (GB). Seine Schulterhöhe betrug nur 6,3 cm, und er war nur 9,5 cm lang. Das Hündchen starb 1945, unmittelbar vor seinem 2. Geburtstag.
Der größte lebende Hund ist die Dänische Dogge Harvey. Sie hat eine Schulterhöhe von 1,54 m. Der Charles Dodman (GB) gehörende Hund frisst 3,6 kg Dosenfutter pro Tag. Dänische Doggen haben im Durchschnitt eine Schulterhöhe von 75 cm.

www.guinnessworldrecords.com/dogdwarf
ACCESS CODE: ‹51213›

LIEBESTOLLSTES MEERSCHWEINCHEN
Das dreijährige Meerschweinchen Sooty (GB) wurde weltweit berühmt, als es aus seinem Stall ausbrach und sich an einem einzigen Abend mit 24 Partnerinnen gepaart hatte. Im Dezember 2000 wurde Sooty Vater von 43 kleinen Meerschweinchen. Am 14. Februar 2001 erhielt Sooty die Rekordzahl von 206 Valentinskarten, einige davon sogar aus Neuseeland.

GRÖSSTE VON EINEM HUND GESCHWOMMENE STRECKE
Am 2. September 1995 schwammen die beiden Labradore Kai und Gypsy mit ihrem Besitzer Steve Fishe (USA) die „Maui-Channel-Strecke" von der Insel Lanai zu der Insel Maui auf Hawaii (USA). Sie legten die 15,2 km lange Strecke in 6 Stunden 3 Minuten 42 Sekunden zurück.

WEITESTER SPRUNG EINES FROSCHES
Santjie, ein südafrikanischer Wasserfrosch, sprang bei einem Frosch-Derby in Lurula Natal Spa (ZA) am 21. Mai 1977 mit drei Sprüngen insgesamt 10,3 m weit. Dies entspricht etwa der halben Länge eines Basketballfeldes.

TIERHELDEN
Der Bernhardiner Barry rettete während seiner zwölfjährigen Karriere in den Schweizer Alpen über 40 Menschen das Leben. Darunter auch einen Jungen, der halb erfroren unter einer Lawine lag, die seine Mutter getötet hatte. Barry legte sich auf den Jungen und wärmte ihn. Dann leckte er ihm das Gesicht, bis er zu sich kam, und trug ihn zur nächstgelegenen Hütte.

Am 19. Mai 1997 wurde der Esel Murphy, der bei der australischen Armee diente, posthum mit dem RSPCA Australia Purple Cross ausgezeichnet – stellvertretend für alle Esel, die 1915/16 im Gallipoli-Feldzug des Ersten Weltkriegs dienten. Murphy hatte Tausende verletzte Soldaten zu den Feldlazaretten getragen.

In Dezember 1999 rettete der dreijährige Graupapagei Charlie seiner Besitzerin Patricia Tunnicliffe aus Durham (GB) und ihren fünf Kindern das Leben. Durch Kerzen waren Vorhänge in Brand geraten. Charlie weckte seine Herrin mit seinem Kreischen, und diese brachte dann die Kinder in Sicherheit. Charlie hatte dieses Glück nicht.

BESTER SPRECHENDER VOGEL
Die Graupapageiendame (*Psittacus erythacus*) Prudle gewann zwölf Jahre hintereinander den Titel „Bester sprechender Papageienvogel" in der British National Cage and Aviary Bird Show, bevor sie 1976 in Pension ging. Prudle verfügte über den Wortschatz von beinahe 800 Wörtern.

WEITEST GEREISTE KATZE
Im Februar 1984 entfloh der Kater Hamlet in einem Flugzeug, das in Toronto gestartet war, aus seinem Käfig und wurde hinter einer Verkleidung eingeschlossen. Dort blieb er sieben Wochen und legte 965.600 km zurück, eine Strecke, die etwa einer 24-fachen Erdumrundung entspricht.

SCHNELLSTER HUNDESLALOM
Der Border-Collie Jazz hält den Geschwindigkeitsrekord für einen Slalomlauf um 60 Stangen. Er schafft diesen Lauf in 12,98 Sekunden am 4. Dezember 1999.

www.guinnessworldrecords.com/skydivedog

ACCESS CODE: 56167

HÜNDISCHE FALLSCHIRMSPRINGER
Katie, eine Jack-Russell-Kreuzung (GB, oben), war der erste Hund, der beim Fallschirmspringen einen Rekord aufstellte. Im Oktober 1987 sprang die Hündin mit ihrer Besitzerin über Südengland aus einer Höhe von 3.658 m ab. Inzwischen jedoch hat der Dackel Brutus, genannt Skydiving Dog, Katies Rekord überboten. Er sprang am 20. Mai 1997 über dem Lake Elsinore (USA) in 4.572 m Höhe ab. Brutus hat bereits 71 Sprünge gemacht.

www.guinnessworldrecords.com/worldmatters

Bewegende Welt

GUINNESS WORLD RECORDS™

Umwelt + Technik

STADT MIT DER GRÖSSTEN UMWELTVERSCHMUTZUNG

Mexico City ist weltweit die Stadt mit der größten Umweltverschmutzung. Sie hat ernste Probleme mit Schwefeldioxid, Schwebeteilchen, Kohlenmonoxid und Ozon – bei all diesen Stoffen werden die Grenzwerte der Weltgesundheitsorganisation überschritten. Außerdem herrscht in der Stadt eine mittlere bis schwere Blei- und Stickstoffdioxidverschmutzung.

GRÖSSTES LOCH IN DER OZONSCHICHT

Im September 2000 wurde in der Ozonschicht über der Antarktis ein Loch entdeckt, das ungefähr dreimal so groß wie die USA war und eine Fläche von 28,3 Mio. km^2 aufwies.

NIEDRIGSTE OZONWERTE

Zwischen dem 9. und dem 14. Oktober 1993 erreichten die Ozonwerte über dem Südpol ein Rekordtief; es wurde ein durchschnittlicher Wert von 91 Dobson-Einheiten (DU) gemessen. Dobson-Einheiten bezeichnen die Dicke der Ozonschicht – 300 DU werden als adäquater Schild der Erde gegen die ultraviolette Strahlung der Sonne betrachtet. Es werden Anstrengungen unternommen, den weltweiten Verbrauch von FCKW (Fluorchlorkohlenwasserstoff) – dem Hauptverursacher der Ozonzerstörung – zu begrenzen, und man hofft, dass die Ozonschicht bis zum Jahr 2050 wieder die sichereren Werte der Zeit vor 1980 erreicht.

GRÖSSTER CO_2-AUSSTOSS

Die USA haben die höchsten Emissionen von CO_2, einem der wichtigsten für den „Treibhauseffekt" verantwortlichen Gase. 1999 wurden in den USA 5.500 Mio. t CO_2 emittiert.

ÖLKATASTROPHE

Zwischen August und September 1994 wurden in der Republik Komi in Russland 2.110 ha ursprüngliche arktische Tundra verseucht – ein Gebiet von der Größe El Salvadors. Tausende Tonnen Rohöl flossen aus beschädigten Pipelines. Schätzungen zufolge gingen 117 Mio. l Öl verloren. Der so genannte Unfall von Usinsk (links) ist der schlimmste Fall von Landverschmutzung aller Zeiten. Der durch den Unfall entstandene Schaden wird auf über 22,4 Mrd. DM geschätzt.

www.guinnessworldrecords.com/oildisaster
ACCESS CODE: ‹49232›

NIEDRIGSTER CO_2-AUSSTOSS

Von den wichtigsten Industriestaaten des Westens hat Frankreich den niedrigsten CO_2-Ausstoß. 1999 wurden in Frankreich 400 Mio. t CO_2 emittiert. Frankreichs starker Einsatz von Atomkraftwerken trägt mit dazu bei, die von fossilen Brennstoffen verursachten CO_2-Emissionen zu reduzieren.

GRÖSSTE WINDFARM

Auf dem Altamont Pass in Kalifornien (USA) hat die Pacific Gas and Electric Company auf einer Fläche von 140 km^2 eine Windfarm mit 7.300 Windkraftgeneratoren errichtet. Seit 1981 haben die Generatoren über 6 Millionen Kilowattstunden Strom produziert – genug um 800.000 Haushalte ein Jahr mit Strom zu versorgen.

GRÖSSTES SONNENENERGIEDACH DER WELT

Das größte mit photovoltaikschen Solarzellen ausgestattete Dach der Welt hat eine Fläche von 10.000 m^2 und gehört zur Mont-Cenis-Akademie in Herne (D). Das Solardach besteht aus 3.185 Solarzellen, die durch Kabel von insgesamt 55 km Länge miteinander verbunden sind. Die hier produzierte Leistung von einem Megawatt entspricht der doppelten Menge an Energie, die von dem Gebäude jährlich benötigt wird.

SPARSAMSTER SUPERMARKT

J Sainsbury PLC betreibt in Greenwich (GB) einen 3.251 m^2 großen Supermarkt, der von dem Architekturbüro Chetwood Associates entworfen wurde. Die Heiz- und Stromkosten dieses Supermarkts liegen 50 % unter denen eines normalen Markts vergleichbarer Größe. Das Geschäft verfügt unter anderem über ein eigenes kombiniertes Heiz- und Stromkraftwerk, Windgeneratoren und photovoltaiksche Solarzellen.

GRÖSSTE HOCHSEEÖLSPERRE

Eine Ölsperre wird eingesetzt, um die Ausbreitung von Ölteppichen auf dem Meer zu verhindern. Sie besteht in

SAGT NEIN ZUM OZON

Der als SULEV (Super Ultra-Low Emission Vehicle) bewertete Accord EX Sedan (links), eine Entwicklung des japanischen Honda-Konzerns, hat die niedrigsten Emissionswerte aller benzingetriebenen Autos. Wie vom California Air Resources Board (CARB) bestätigt, setzt ein SULEV-Motor bei einer Fahrt von 161.000 km nur 1,04 kg Ozon bildender Kohlenwasserstoffe frei, was etwa der Emission entspricht, die beim Verschütten von 0,95 l Benzin entsteht. Dies ist eine Verminderung um 86 % gegenüber einem Low Emission Vehicle (LEV). Die Mietwagenfirma mit den schadstoffärmsten Autos ist die am 30. Januar 1999 gegründete Kobe-Eco-Car (J). Ihre Flotte von insgesamt 53 Mietwagen besteht nur aus Elektro-, Flüssiggas- und Hybridfahrzeugen.

www.guinnessworldrecords.com/sulev
ACCESS CODE: ‹54216›

der Regel aus Gummi und wird schnell aufgeblasen, sodass sie auf dem Wasser treibt und die Ausbreitung eines Ölteppichs verhindert. Mit der Bezeichnung Ro-Boom 3500 wurde im Jahr 2000 die größte Ölsperre von der Firma Ro-Clean Desmi entwickelt. Sie hat unaufgepumpt eine Breite von 3,5 m. Bei Tests hielt sie 95 % eines 95 m^2 großen und 14 cm dicken Ölteppichs zurück. Die Sperre kann Öl eindämmen, das sich mit einer Geschwindigkeit von bis zu 2,4 km/h bewegt, oder Öl über längere Zeiträume einschließen und schleppen. Ein Ro-Boom wurde mitten im Winter zwei Wochen lang geschleppt und hielt sein Öl sogar bei Wellen von 7 m Höhe.

AM STÄRKSTEN VERSCHMUTZTER SEE

Der Karatchai-See in der russischen Provinz Tscheljabinsk hat eine Radioaktivität von 120 Mio. Curie angesammelt und fast 100-mal mehr Strontium 90 und Cäsium 137 aufgenommen, als 1986 in Tschernobyl freigesetzt wurden. Ein Mensch, der am Ufer des Sees stünde, würde eine Strahlendosis von 600 Röntgen pro Stunde erhalten. Dieser Wert entspricht der 2.000-fachen Strahlung einer normalen Röntgenaufnahme des Brustkorbs und reicht aus, um einen Menschen innerhalb einer Stunde zu töten. Der See liegt in der Nähe des alten sowjetischen Atomzentrums Majak. Das Werk wurde zwar 1990 geschlossen, setzt aber aber immer noch Radioaktivität frei, die entweder durch den Wind verteilt oder von Sandkörnern und Sediment auf dem Grund des Sees absorbiert wird.

GRÖSSTE ENTWALDUNG

Die Abholzung der tropischen Wälder schreitet schnell voran: pro Minute geht eine Fläche von 200 Fußballfeldern verloren. Am schnellsten vollzieht sich die Entwaldung in Jamaika, wo in den 1980er und 90er Jahren jährlich 7 % der Wälder gerodet wurden. In absoluten Zahlen vernichtet Brasilien jährlich die größte Waldfläche. In den 1980er und 90er Jahren wurde im brasilianischen Amazonasbecken fast jedes Jahr ein Gebiet von der Größe Belgiens (30.500 km^2) gerodet und abgebrannt, um Farmland zu gewinnen.

www.guinnessworldrecords.com/tankerspill

ACCESS CODE: <49233>

VERHEERENDER SCHLAG FÜR DAS LEBEN AN DER KÜSTE

Am 25. März 1989 lief der Öltanker *Exxon Valdez* auf das Bligh Reef im Prince William Sound, Alaska (USA). Der Tanker verlor über 41 Mio. l Öl und verursachte den schlimmsten Küstenschaden aller Zeiten. Insgesamt wurde ein Küstenstreifen von 2.400 km Länge verschmutzt und das vielfältige und dichte Ökosystem des Sunds zerstört (unten). Zwischen 3.000 und 5.000 Seeotter ließen ihr Leben, und selbst heute noch sind die Otter-Populationen mit den giftigen Kohlenwasserstoffen des ausgelaufenen Öls verseucht. 1 Mio. Seevögel und etwa 20 Schwertwale starben. Exxon musste 11 Mrd. DM Strafe bezahlen und für Säuberungskosten in Höhe von knapp 7 Mrd. DM aufkommen. Der Kapitän hatte zugegeben, dass er drei doppelte Wodkas getrunken hatte, bevor er die Fahrt mit dem 274,3 m langen Schiff begann.

Konsum und Müll

HÖCHSTES BIP PRO KOPF

Unter den 260 Ländern, für die der Weltbank 1999 Zahlen vorlagen, hat Luxemburg das höchste Bruttoinlandsprodukt (BIP) pro Kopf (der Gesamtwert der Waren und Dienstleistungen eines Landes in einem Jahr geteilt durch die Einwohnerzahl). Jeder Einwohner erwirtschaftete 1.724.755 Lux. Francs (96.230 DM). Luxemburg ist etwa so groß wie Groß-London (GB) und hat nur 429.080 Einwohner (1999), von denen 30 % Ausländer sind. Das BIP pro Kopf beträgt in GB 14.593 £ (46.114 DM), in den USA 31.910 $ (71.478 DM) und in Deutschland 46.148 DM.

NIEDRIGSTES BIP PRO KOPF

1999 hatte Äthiopien das niedrigste Pro-Kopf-Einkommen: 704.410 Äthiop. Birr (224 DM).

GRÖSSTER LEBENSMITTELKONSUM

Argentinien hat den größten Nahrungsmittelkonsum pro Kopf. Jeder Bürger nimmt 183 % der 1996 von der FAO (United Nations Food and Agriculture Organization) empfohlenen Menge zu sich. An zweiter Stelle liegt Portugal mit 149 %, gefolgt von Irland (142 %) und den USA, Hongkong, Türkei, den Vereinigen Arabischen Emiraten und Jugoslawien (alle 140 %).

GRÖSSTER KAFFEEKONSUM PRO KOPF

In Finnland wird pro Kopf am meisten Kaffee getrunken. 1998 konsumierte jeder Finne 11,3 kg Kaffee. Die Gesamtmenge des in Finnland verbrauchten Kaffees lag 1998 bei ca. 58.000 Tonnen. Das entspricht ungefähr 1.737 Tassen Kaffee pro Person und Jahr oder fünf Tassen jeden Tag. Im selben Jahr konsumierten die USA mit schätzungsweise 1.148.000 t die größte Gesamtmenge der Welt – also 4,2 kg oder 646 Tassen im Jahr pro Person.

GRÖSSTER TEEKONSUM

In Paraguay (Bevölkerung 1999: 5,359 Mio.) wird am meisten Tee pro Kopf getrunken: Jeder Einwohner konsumierte 1998 11,7 kg Tee, was etwa 14,62 Tassen pro Person und Tag entspricht. Großbritannien und Irland lagen auf Platz 7. Insgesamt wird jedoch in Indien der meiste Tee getrunken. 1998 wurden im ganzen Land 640.000 t Tee verbraucht, in Paraguay hingegen nur 61.000 t. China folgte mit 466.000 t an zweiter Stelle nach Indien, in Großbritannien wurden 146.000 t Tee konsumiert.

HÖCHSTER RINDFLEISCHVERZEHR

In Argentinien wird das meiste Rindfleisch (Rind und Kalb) pro Person verspeist. 1998 aß jeder Argentinier 56,3 kg Rindfleisch – eine Gesamtmenge von 2,033 Mio. t. Die höchste Gesamtmenge wurde jedoch 1998 mit 12,048 Mio. t in den USA verzehrt – pro Kopf 44 kg.

WAS KOSTET DIE WELT?

Im Jahr 2000 ergab der alle zwei Jahre erscheinende Bericht der Economist Intelligence Unit für die Berechnung der Gehälter von Mitarbeitern im Ausland zum neunten Mal, dass Tokio (J) die teuerste Stadt der Welt ist. Der Bericht berechnet die Preise von 90 Waren in 126 Städten. Setzt man für New York (USA) den Wert 100 an, so liegt Tokio bei 164. Osaka (J) folgt mit 161 an zweiter Stelle. Dritter ist Hongkong (CHN) mit 120. Oslo (NOR) und Zürich (CH) liegen als teuerste Städte Europas auf Platz 5, gefolgt von London (GB) auf Platz 7. Die teuerste US-Stadt New York liegt auf Platz 12.

www.guinnessworldrecords.com/highcosttokyo
ACCESS CODE: ‹53711›

MEISTE SÜSSIGKEITEN

Nach einem Bericht des Süßwarenherstellers Cadbury and Trebor Bassett wurden 1997 allein in Großbritannien umgerechnet mehr als 15,8 Mrd. DM für Süßigkeiten ausgegeben. Im Durchschnitt aß jeder Brite 16 kg Süßigkeiten. Abgeschlagen folgen nach diesem Bericht die USA mit 10 kg, Frankreich mit 9 kg und Japan mit 3 kg. Die Londoner essen in Großbritannien noch am wenigsten Süßigkeiten und geben „nur" 4,50 DM pro Woche dafür aus, im West Country und in Wales hingegen lassen sich die Menschen das Naschwerk rund 6,60 DM kosten. Britischer Rekord!

PARTY-TIME

In Tschechien wird pro Kopf weltweit am meisten Bier konsumiert – 1998 trank jeder Einwohner durchschnittlich 160 Liter. Der Gesamtverbrauch betrugt hier 1,653 Mrd. l.
Mit 24,376 Mrd. l rann 1998 die weltweit größte Gesamtmenge Bier in den USA durch die durstigen Kehlen – im Durchschnitt 89 l pro Person.
Den Rekord für den höchsten Weinkonsum pro Kopf hält Luxemburg mit 63,3 l.
Das Land mit dem kleinsten messbaren Weinkonsum ist Ägypten, wo er bei etwa zwei Esslöffeln pro Person liegt.

www.guinnessworldrecords.com/beerdrinkers
ACCESS CODE: ‹46083›

www.guinnessworldrecords.com/trash

ACCESS CODE: ‹49718›

MEGA-MÜLLBERG

Die USA produzieren weltweit den meisten Müll. Die Organisation for Economic Cooperation and Development schätzte die Zahl für 1999 auf 720 kg pro Kopf.
Die Mülldeponie Fresh Kills auf Staten Island, New York (USA, unten), die sich über eine Fläche von 1.200 ha erstreckt, ist die größte Müllhalde der Welt. Sie enthält schätzungsweise 100 Mio. t Abfall. Die nur 24 km vom Herzen Manhattans entfernte Halde ist so groß wie 2.400 American Football-Felder und so hoch wie ein 17-stöckiges Gebäude. In den Spitzenzeiten Mitte der 1990er Jahre wurden täglich 13.000 t Abfall verarbeitet. Täglich werden durch die Verfallsprozesse auf der größten Müllhalde der Welt etwa 2.700 t Methangas freigesetzt.

GRÖSSTER KÄSEKONSUM

1998 wurden in Griechenland 27,5 kg Käse pro Person verzehrt. Die Menschen im ganzen Land konsumierten im selben Jahr 292.000 t. Das Land mit dem höchsten Käsekonsum insgesamt waren die Vereinigten Staaten, in denen eine Gesamtmenge von 3,837 Mio. t konsumiert wurde – 14 kg pro Person.

HÖCHSTER ENERGIEVERBRAUCH

Die USA sind der größte Energieverbraucher der Welt, sowohl bei den fossilen Energieträgern (Kohle, Erdöl und Erdgas) als auch bei allen kommerziellen Energieträgern (fossile Energieträger plus Atom- und Wasserkraft). 1998 verbrauchten die USA insgesamt 2.711,8 Mt SKE (Millionen Tonnen Steinkohleeinheiten) fossiler Energien und 3.005,8 Mt SKE kommerzielle Energieträger. 1998 betrug der weltweite Energieverbrauch an fossilen Energieträgern 10.673,6 Mt SKE und der Energieverbrauch insgesamt 11.867,8 Mt SKE.

HÖCHSTER HONIGKONSUM

1998 verzehrte jeder Einwohner der Zentralafrikanischen Republik 3 kg Honig – die Landesmenge lag bei 10.000 t. In Großbritannien wurde jedoch insgesamt am meisten Honig gegessen: 23.000 Tonnen, im Durchschnitt 400 g pro Person.

HÖCHSTER STROMVERBRAUCH

1999 verbrauchten die USA 3.235,9 Mrd. Kilowattstunden. Das entspricht fast einem Viertel des weltweiten Stromverbrauches, der bei 12.832,7 Mrd. Kilowattstunden lag.

GRÖSSTER EINSATZ VON SOLARENERGIE

Die Schweiz verwendet mit 1,82 Watt die größte Menge Solarenergie pro Kopf. In Deutschland werden 0,71 Watt Solarenergie pro Kopf verwendet, Japan folgt mit 0,65 Watt pro Kopf an dritter Stelle.

Verbrechen + Bestrafung

BESTER POLIZEIHUND
Der beste Polizeihund der Welt ist Trepp, ein Golden Retriever, der Tom Kazo (USA) gehört. Trepp – sein Name ist die Kurzform von Intrepid (Furchtlos) – sind über 100 Verhaftungen und die Entdeckung von Drogen im Wert von ca. 141 Mio. DM zu verdanken. Allein in seinen ersten beiden Monaten hatte Trepp 1,52 t illegaler Stoffe aufgespürt. Trepp sollte bei einer Vorführung einmal zehn versteckte Drogenpakete entdecken – und fand elf!

ÄLTESTER HÄFTLING
Bill Wallace war der älteste bekannte Häftling. Er verbrachte die letzten 63 Jahre seines Lebens in der psychiatrischen Klinik Aradale in Ararat (AUS). Im Dezember 1925 hatte er einen Menschen erschossen. Da Wallace als nicht zurechnungsfähig eingestuft wurde, wurde er im Februar 1926 in die Abteilung für psychisch Kranke überführt. Dort blieb er bis zu seinem Tod am 17. Juli 1989, kurz vor seinem 108. Geburtstag.

LÄNGSTE FLUCHT
Die längste Zeit auf der Flucht war Leonard Fristoe (USA). 1920 hatte er zwei Hilfssheriffs ermordet. Am 15. Dezember 1923 brach Fristoe aus dem Staatsgefängnis von Nevada in Carson City (USA) aus und wurde am 15. November 1969 von seinem Sohn in Compton (USA) wieder den Behörden übergeben. Er hatte bis dahin fast 46 Jahre in Freiheit gelebt.

LÄNGSTE EINZELHAFT
Mordecai Vanunu hat fast zwölf Jahre in völliger Isolation in seiner Zelle verbracht – die längste bekannte Einzelhaft. Der 1955 geborene Vanunu wurde des Landesverrats schuldig gesprochen, weil er Informationen über Israels Nuklearprogramm an die Londoner Tageszeitung *Sunday Times* weitergegeben hatte. Er saß von 1986 bis März 1998 in Einzelhaft. Kurz danach wurde er entlassen.

SICHERSTES GEFÄNGNIS
Westlich von Pueblo im Süden Colorados (USA) liegt die mit der höchsten Sicherheitsstufe ausgewiesene US-Strafanstalt „Supermax". Die von Wachtürmen umgebene Anstalt ist mit Laserstrahlen, 1.400 ferngesteuerten Stahltüren und Bewegungsmeldern ausgerüstet. Insassen, die unter die höchste Sicherheitskategorie „Level 6" fallen, bleiben 23 Stunden am Tag in ihrer Zelle eingesperrt und müssen in der übrigen Stunde Hand- und Beinfesseln tragen.

IN GUTEN UND IN SCHLECHTEN ZEITEN
120 Insassen des Gefängnisses Carandiru in São Paulo (BR) heirateten am 14. Juni 2000 ihre Partnerinnen bei der größten Hochzeitsfeier, die jemals in einem Gefängnis veranstaltet wurde (links). Die Wärter und Geistlichen gestalteten den Zellenblock 6 zu einer Behelfskirche um. Die Bräute und Gäste mussten schon zwei Stunden vor der Zeremonie zur Leibesvisite antreten. Die Bräutigame trugen Jacketts, nur an den beigen Sträflingshosen konnte man erkennen, dass sie Häftlinge waren. In der Haftanstalt sind 7.400 Insassen untergebracht. 1992 war das Gefängnis durch eine Häftlingsrevolte bekannt geworden, bei deren Niederschlagung durch die Polizei 111 Strafgefangene ihr Leben verloren.

www.guinnessworldrecords.com/prisonwedding
ACCESS CODE: ‹54910›

ÜBLICHSTE HINRICHTUNGSMETHODE
Am weitesten verbreitet ist das Erschießen durch ein Exekutionskommando, das in 73 Ländern praktiziert wird. In 45 davon ist dies die einzige Hinrichtungsmethode.
An zweiter Stelle folgt das Erhängen, das weltweit in 58 Ländern angewendet wird. In drei Ländern wird immer noch geköpft, der Elektrische Stuhl hingegen wird nur in den USA benutzt.

GEFRÄSSIGSTER KANNIBALE
Im 19. Jahrhundert verspeiste ein Häuptling der Fidschis, Ratu Udre Udre, angeblich zwischen 872 und 999 Menschen. Für jeden aufgegessenen Körper bewahrte er einen Stein auf, die später um sein Grab auf der Insel Viti Levu gelegt wurden.

GRÖSSTER KUNSTRAUB
Am 14. April 1991 wurden 20 Gemälde im Wert von umgerechnet 885 Mio. DM aus dem Van Gogh-Museum in Amsterdam (NL) gestohlen. Sie wurden nur 35 Minuten nach dem Raub in der Nähe des Museums in einem verlassenen Auto gefunden.

GRÖSSTER JUWELENRAUB
Drei mit Maschinenpistolen bewaffnete Männer stürmten am 11. August 1994 in den Juwelierladen des Carlton Hotels in Cannes (F) und entwendeten Juwelen im Wert von schätzungsweise 75 Mio. DM.

LÄNGSTE HAFT EINES POLITISCHEN GEFANGENEN
Kim Sung-myun verbüßte eine Strafe von 43 Jahren 10 Monaten im Gefängnis von Seoul (ROK), weil er das kommunistische Nordkorea unterstützt hatte. Im Alter von 70 Jahren wurde er im August 1995 entlassen. Im Gefängnis hatte er nie Zeitung lesen oder fernsehen dürfen.

GRÖSSTE VERBRECHERBANDE
Die Yamaguchi-Gumi-Gang der japanischen Mafia (*Yakuza*) hat 30.000 Mitglieder. Insgesamt sind rund 90.000 Gangster in über 3.000 Gruppierungen organisiert. Die *Yakuza* geht in aller Öffentlichkeit ihren Geschäften nach und gibt sogar Stellenanzeigen auf.

HÖCHSTES LÖSEGELD
Die beiden Unternehmer Walter Kwok und Victor Li aus Hongkong (CHN) zahlten dem Gangster Cheung Tzekeung für ihre Freilassung insgesamt 423 Mio. DM, nachdem sie 1996 be-

BEI MORD KEINE GNADE
Die höchste Strafe, die jemals für einen Massenmord verhängt wurde, betrug 21-mal Lebenslänglich und zwölfmal die Todesstrafe. John Gacy (links) tötete in einer Mordserie von 1972 bis 1978 in Illinois (USA) 33 junge Männer. Am 13. März 1980 wurde er von einem Geschworenengericht in Chicago (USA) schuldig gesprochen und am 10. Mai 1994 im Stateville-Gefängnis in Joilet (USA) durch eine Todesspritze hingerichtet. Die berüchtigste Mörderin der westlichen Welt war Elisabeth Bathori, der Vampirismus nachgesagt wurde. Um jung zu bleiben, soll sie angeblich über 600 Jungfrauen getötet, deren Blut getrunken und darin gebadet haben. Als ihr mörderisches Treiben aufflog, wurde sie von 1610 bis zu ihrem Tod im Jahr 1614 in ihrem Schloss eingemauert.

www.guinnessworldrecords.com/murdersentence
ACCESS CODE: ‹55421›

www.guinnessworldrecords.com/oldsparky

SMS ACCESS CODE: <56558>

OLD SPARKY
„Old Sparky" (rechts), der auch „Texas Thunderbolt" genannt wird, war der erste Elektrische Stuhl und wurde in Texas (USA) eingesetzt. Er wurde 1923/24 von einem Insassen gebaut, den die Todesstrafe erwartete, und wurde bis 1964 verwendet. Vor 1923 war Hängen die häufigste Hinrichtungsmethode in Texas. Von Januar 1974 bis April 2001 sind in Texas 244 Personen hingerichtet worden – mehr als in jedem anderen US-Staat. Virginia folgt mit 82 Hinrichtungen.

ziehungsweise 1997 entführt worden waren. Cheung wurde am 5. Dezember 1998 in China hingerichtet.

MEISTE HÄFTLINGE
Nach Angaben von Amnesty International lag die Zahl der Gefängnisinsassen in den USA im Februar 2000 bei über zwei Millionen. Das entspricht 25 % aller Gefängnisinsassen weltweit, dabei leben in den USA nur 5 % der Weltbevölkerung. Auf 100.000 Einwohner kommen 565 Häftlinge.

WENIGSTE HÄFTLINGE
Slowenien ist das Land mit den wenigsten Strafgefangenen. Bei einer Bevölkerung von knapp zwei Millionen gibt es im ganzen Land nur 500 Häftlinge. Straffällige werden selten zu Haftstrafen verurteilt – stattdessen werden Arbeitsdienste, Bewährungszeiten und ähnliche Strafen verhängt.

GRÖSSTES GEFÄNGNISNETZ
Kalifornien (USA) hat die meisten Gefängnisse in der industrialisierten Welt. Allein in diesem Bundesstaat sind mehr Straffällige inhaftiert als in Frankreich, Großbritannien, Deutschland, Japan, Singapur und den Niederlanden zusammen.

GRÖSSTER BETRUG
Kenneth Taves (USA), Mitarbeiter eines Porno-Portals im Internet, hat mit einer Schadenshöhe von 85 Mio. DM vermutlich den größten Betrug einer Einzelperson durchgeführt. Taves

konnte sich die Kreditkartennummern von fast 4 Mio. Verbrauchern verschaffen. Der 49-Jährige legte seiner eigenen Vertriebsabteilung bis zu 800.000 dieser Kreditkartennummern vor und wies sie an, von jedem Konto monatlich 44,70 DM abzubuchen.

MEISTE VERHAFTUNGEN
Bis zum Jahr 1988 war Tommy Johns aus Brisbane (AUS) fast 3.000-mal wegen Trunkenheit und Erregung öffentlichen Ärgernisses verhaftet worden. Er starb im April 1988 im Alter von 66 Jahren – an einem Gehirntumor, nicht etwa an einer Alkoholkrankheit.

Katastrophen

LUFTFAHRTUNGLÜCKE

Der schwerste Zusammenstoß von Ballons in der Luft ereignete sich am 13. August 1989, als zwei Heißluftballons (oben) in einer Höhe von 610 m zusammenstießen. Die beiden Passagier-Ballons waren im Abstand von zwei Minuten zu einem Rundflug über Alice Springs (AUS) gestartet. Der Korb des einen Ballons riss ein Loch in die Hülle des anderen, der daraufhin zusammenfiel. Der Pilot und alle 12 Passagiere stürzten in den Tod.
Beim schwersten Luftschiff-Unglück starben 73 Menschen. Das Luftschiff Akron der US Navy wurde am 3. April 1933 vor der Küste von New Jersey (USA) von einem Sturm auseinandergerissen.
Am 12. November 1996 stieß 80 km südwestlich von Neu-Delhi (IND) eine saudi-arabische Linienmaschine (Boeing 747) mit dem Charterflugzeug Kasach-Iljuschin 76 zusammen. Bei diesem schwersten Flugzeugzusammenstoß in der Luft kamen 351 Menschen ums Leben.

www.guinnessworldrecords.com/ballooncollision
ACCESS CODE: ‹52449›

SCHLIMMSTER ARBEITSUNFALL

Zwischen 1931 und 1935 kamen etwa 2.500 Menschen durch die Folgen eines Tunnelbaus bei Hawk's Nest in West Virginia (USA) ums Leben – die meisten dadurch, dass sie Steinstaub einatmeten, der Quarz enthielt. Viele litten unter einer Staublunge, in diesem Fall verringert sich das Lungenvolumen, und Lungenentzündung und TBC können ausbrechen. Dies war der schwerste Arbeitsunfall in der amerikanischen Geschichte.

GRÖSSTE HUNGERKATASTROPHE

Zwischen 1959 und 1961 starben etwa 40 Mio. Menschen in der Großen Hungersnot von China, die eine Folge von Mao angeordneter neuer landwirtschaftlicher Programme zur Steigerung der Lebensmittelproduktion war. Durch die neuen Anbaumethoden und schlecht geplante Bewässerungsprojekte wurden riesige Landstriche jedoch praktisch unfruchtbar.

JAHR DER FLUGZEUGUNGLÜCKE

Im Jahr 1988 kamen bei Linienflügen durchschnittlich 175 Menschen pro einer Million Flüge ums Leben, damit ist es das Jahr der schwersten Flugzeugunglücke. Die Zahl der Todesopfer je einer Million Linienflüge lag in Afrika bei durchschnittlich 190 Toten, in Lateinamerika, einschließlich Mexiko, bei 70 bis 80 Toten, in den USA und Kanada bei 25 Toten gefolgt von Europa mit durchschnittlich 6 bis 7 Toten. Das Risiko eines tödlichen Flugzeugunglücks hat sich seither um ein Drittel verringert.

SCHWERSTER ATOMUNFALL

Um 1.23 Uhr Ortszeit kam es am 26. April 1986 im Block 4 des Kernkraftwerkes Tschernobyl in der ehemaligen UdSSR (heute Ukraine) zu einem Atomunfall, dem nach sowjetischen Angaben 31 Menschen zum Opfer fielen. Die Zahl der Todesopfer durch Folgeschäden wurde nie ermittelt, über 1,7 Mio. Menschen waren jedoch unterschiedlich hohen Strahlenbelastungen ausgesetzt. 135.000 Menschen wurden evakuiert, aber noch heute leben 850.000 Menschen in verseuchten Gebieten. Eine Gesamtfläche von 28.200 km^2 in Russland und in Weißrussland wurde verstrahlt. An den folgenden Reinigungsaktionen waren rund 200.000 Menschen beteiligt.

SCHLIMMSTER STRASSENUNFALL

Am 3. November 1982 explodierte ein Öltankwagen in dem Salang-Tunnel in Afghanistan. Nach Angaben der Behörden kamen 176 Menschen ums Leben (westliche Schätzungen melden über 1.100 Tote). In jedem Fall handelt es sich um den schwersten Straßenunfall aller Zeiten. Der Bau der Route über den Salang-Pass mit einer Länge von 108 km ist mit Kosten von über 75 Mio. DM eines der teuersten Straßenstücke der Welt.

SCHLIMMSTES FLUGZEUGUNGLÜCK

Der Absturz der Boeing 747 des JAL-Flugs 123 am 12. August 1985 bei Tokio (J), dem 520 Passagiere und die Mannschaft zum Opfer fielen, war der schlimmste Absturz in der Luftfahrtgeschichte.

SCHLIMMSTES UNTERIRDISCHES ZUGUNGLÜCK

Am 28. Oktober 1995 kamen etwa 300 Menschen ums Leben (mindestens 250 wurden verletzt), als eine U-Bahn in einem Tunnel bei Baku (AZ) Feuer fing. Laut offiziellen Angaben brach das Feuer wegen einer defekten Stromleitung aus. In anderen Meldungen war von einer Bombe die Rede. Viele Fahrgäste starben an Kohlenmonoxidvergiftung, als toxisches Material in den Wagen Feuer fing. Andere wurden in der ausbrechenden Panik zerquetscht.

SCHLIMMSTES ZUGUNGLÜCK

Am 6. Juni 1981 starben über 800 Menschen, als sieben Wagen eines Zuges bei Samastipur (IND) von einer Brücke in den Fluss Bagmati stürzten. Die Unglücksursache ist ungeklärt – einigen Meldungen zufolge streifte der Zug einen Büffel, andere behaupten, die Bremsen hätten versagt. In Berichten ist von 900 Todesopfern die Rede, es könnten aber auch durchaus doppelt so viele gewesen sein.

SCHLIMMSTES SCHIFFSUNGLÜCK IN FRIEDENSZEITEN

Der Raddampfer *Sultana* sank am 21. April 1865 bei Memphis (USA) auf dem Mississippi, als seine Kessel explodierten. Über 1.650 Menschen kamen ums Leben. Wegen der ungenauen Angaben über die Zahl der Passagiere wird wohl nie ganz geklärt werden, wie viele Menschen damals an Bord der *Sultana* waren. Einige Historiker vermuten, dass es bis zu 2.300 gewesen sein könnten. Der Dampfer war eigentlich nur für 376 Passagiere zugelassen.

SCHLIMMSTES U-BOOT-UNGLÜCK

Das französische U-Boot *Surcouf* sank mit 159 Besatzungsmitgliedern, nachdem es von dem US-Handelsschiff *Thompson Lykes* am 18. Februar 1942 in der Karibik gerammt worden war. Die *Surcouf* war damals mit 110 m das längste U-Boot der Welt. Heute sind dies die russischen Atom-U-Boote der G91Taifun-Klasse mit einer Länge von 170 m.

SCHLIMMSTER CHEMIE-UNFALL

Bis zu 4.000 Menschen kamen ums Leben und Tausende erlitten bleibende gesundheitliche Schäden, als am 3. Dezember 1984 eine Giftgaswolke aus Methyl-Isocyanat (MIC) eine Siedlung in der Nähe einer Fabrik der Firma Union Carbide in Bhopal (IND) verhüllte. Meldungen zufolge trat das Gas aus, weil ein verärgerter Mitarbeiter in einen Vorratstank Wasser zugegeben hatte. In dem Tank entwickelte sich eine gewaltige Hitze, und der Druck stieg an, bis das tödliche Gas ausströmte. Nach langwierigen Gerichtsverhandlungen verurteilte das indische Oberste Gericht Union Carbide zu Schadensersatzzahlungen in Höhe von 1,053 Mrd. DM an die Opfer und ihre Angehörigen.

SCHLIMMSTES WALDBRAND-JAHR

Wegen absichtlich gelegter Brände wurde das Jahr 1997 zum zerstörerischsten Jahr für den Lebensraum Wald. Die meisten und größten Brände brachen in Brasilien aus und tobten entlang einer Linie von 1.600 km in der Nähe des Amazonas-Regenwaldes. Die zweitschwersten Waldbrände traten 1997 in Indonesien auf. Riesige Teile Südostasiens wurden von einer Rauchwolke bedeckt, über 40.000 Menschen mussten wegen Atembeschwerden stationär behandelt werden.

SCHLIMMSTE MASSENPANIK

Etwa 4.000 Menschen kamen am 6. Juni 1941 in einem Luftschutzbunker in Chongqing (CHN) ums Leben. Die Menge war gerade dabei, den Bunker nach einem Luftangriff zu verlassen, als die Sirene erneut zu heulen begann. Die 4.000 Opfer wurden zu Tode getrampelt, als die panischen Menschen wieder in den Bunker zurückdrängten.

SCHWERSTES BERGSTEIGER-UNGLÜCK

Am 13. Juli 1990 starben auf dem Pik Lenin (7.134 m) an der Grenze zwischen Tadschikistan und Kirgisien (ehemalige UdSSR) 43 Menschen in einer Schnee- und Eislawine, die von einem kleinen Erdbeben ausgelöst wurde. Nur zwei Bergsteiger der Expedition hatten das Glück, die Lawine zu überleben.

SCHLIMMSTES ÖLUNGLÜCK IN KÜSTENNÄHE

Das größte Ölunglück vor der Küste ereignete sich am 6. Juli 1988. Auf der Ölbohr-Plattform Piper Alpha in der Nordsee brach unerwartet ein Feuer aus, bei dem 167 Menschen starben.

SCHWERSTES RAUMFAHRTUNGLÜCK

Bei dem größten Raumfahrtunglück, das sich auf dem Boden ereignete, kamen 91 Menschen im Raumfahrtzentrum Baikonur, Kasachstan, ums Leben, als eine sowjetische R-16-Rakete am 24. Oktober 1960 beim Tanken explodierte.

SCHLIMMSTES LAWINENUNGLÜCK

Schätzungsweise 40.000 bis 80.000 Menschen kamen im Ersten Weltkrieg in den Tiroler Alpen ums Leben, weil starkes Gewehrfeuer Lawinen ausgelöst hatte. Allein am 13. Dezember 1916 starben nach über 100 Lawinen in den Dolomitentälern Norditaliens rund 18.000 österreichische und italienische Soldaten.

SCHLIMMSTES WELTRAUM-UNGLÜCK

Am 28. Januar 1986 explodierte die Raumfähre *Challenger 51L* nur 73 Sekunden nach dem Start vom Kennedy Space Center in Florida (USA) in einer Höhe von 14.020 m. Die fünf Männer und zwei Frauen der Crew fanden dabei den Tod. Fast drei Jahre lang durfte keine NASA-Raumfähre starten, weil Experten nach der Unglücksursache suchten.

www.guinnessworldrecords.com/concordecrash

ACCESS CODE: ‹55378›

TRAGÖDIE DER CONCORDE

Beim Absturz einer Concorde der Air France (oben) am 25. Juli 2000 starben 113 Menschen (alle 100 Passagiere, neun Besatzungsmitglieder und vier Menschen auf dem Boden). Die Concorde startete vom Flughafen Charles de Gaulle in Paris (F) nach New York (USA). Gleich nach dem Abheben explodierte ein Benzintank. Ursache war wahrscheinlich ein auf der Rollbahn liegendes Metallstückchen. Das Flugzeug stürzte mit der Nase voraus in einen Hotelkomplex in der Nähe der Stadt Gonesse (F). Dies war der bislang einzige bekannte Absturz des Überschallflugzeugs Concorde.

www.guinnessworldrecords.com/thematerialworld

Objekte der Begierde

GUINNESS WORLD RECORDS™

Essen + Trinken

GRÖSSTE WEINPROBE
Am 22. November 1986 leerte die Rekordzahl von 4.000 Weintrinkern insgesamt 9.360 Flaschen Wein. Die Weinprobe wurde von dem lokalen Fernsehsender KQED in San Francisco (USA) gesponsert.

GRÖSSTER MILCHSHAKE
Comfort Diners aus Parmalat (USA) und die American Dairy Association mixten am 1. August 2000 in New York (USA) den größten Milchshake der Welt. Er bestand aus 22.712 l Flüssigkeit, was 50.000 normalen Milchshakes entspricht.

WERTVOLLSTER FISCH
Seine Eier machen den russischen Stör (*Huso huso*) zum wertvollsten Fisch der Welt. Ein 1.227 kg schweres Weibchen, das 1924 in dem Fluss Tichaja Sosna gefangen wurde, lieferte 245 kg besten Kaviar, eine Menge, die heute 647.360 DM wert wäre.

GRÖSSTES BIERFEST
7 Mio. Besucher hatte das Münchner Oktoberfest 1999 vom 18. September bis 5. Oktober. Sie tranken in elf Bierzelten die Rekordmenge von 5,8 Mio. l Bier auf einem Festgelände, das so groß war wie 50 Fußballfelder.

GRÖSSTE MENGE HOT DOGS IN 12 MINUTEN VERTILGT
Kazutoyo „Das Kaninchen" Arai aus Saitama in Japan aß 25 ganze Hot Dogs mit Semmeln in 12 Minuten und gewann damit den jährlichen Nathan's Famous International Fourth of July Hot Dog Eating Contest am 4. Juli 2000.

GRÖSSTER HAMBURGER
Loran Green und seine Freunde von Hi Line Promotions machten am 5. September 1999 im Sleeping Buffalo Resort, Saco (USA), einen Hamburger aus reinem Montana-Rindfleisch. Er wog 2.740 kg und hatte einen Durchmesser von 7,32 m. Über 3.500 Menschen versammelten sich und schauten zu, wie der Hamburger zwei Stunden lang auf einem eigens gebauten Grill gebraten wurde.

GRÖSSTES BISCUIT
Das größte je hergestellte Biscuit war ein mit Schokoladensplittern bestreuter Keks mit einem Durchmesser von 24,9 m und einem Umfang von 78,2 m. Er wurde am 2. April 1996 von Cookie Time in Christchurch (NZ) gebacken.

GRÖSSTE ZAHL UNTERSCHIEDLICHER SPEISEN AUSGESTELLT
Am 27. Oktober 2000 präsentierte die Bochasanwasi Akshar Purushottam Swaminarayan Sanstha (BAPS – eine soziale und spirituelle Organisation) 1.247 verschiedene vegetarische Speisen als *Annakut* (Opfer) zur Feier des hinduistischen Neujahrs. Sie wurden im Shree Swaminarayan Mandir, Neasden, London (GB), ausgestellt.

EIN RIESENNACHSCHLAG
S'more – die amerikanische Abkürzung für „etwas mehr" – ist ein klassisches amerikanisches Lagerfeuergericht. Es besteht aus gebratenen Marshmallows, Hershey-Riegeln und Graham-Crackern. Das bisher größte S'more (oben) wog 357 kg und wurde am 19. Juni 1999 auf dem KOA Kampground in Rodanthe auf Cape Hatteras (USA) hergestellt. Es bestand aus 128 kg Graham-Crackern, 170 kg Schokolade und 59 kg Marshmallows (insgesamt wurden 10.000 Marshmallows gebraten). Das S'more maß 12 x 3 m x 5 cm.

www.guinnessworldrecords.com/smore
ACCESS CODE: ‹53349›

GRÖSSTER SUPPENTELLER
Wyler's, ein Unternehmensbereich der Borden Foods Corporation (USA), füllte am 5. Oktober 2000 zum 70. Geburtstag des Unternehmens eine riesige Schale mit 2.505,94 l Rindfleisch- und Gemüsesuppe.

GRÖSSTES FRÜHSTÜCK
Das Chinook Centre in Calgary (CDN) organisierte am 8. Juli 2000 zwischen 8.11 Uhr und 9.11 Uhr auf dem Parkplatz des Centre ein Frühstück für 8.337 Personen. Dabei wurden folgende Nahrungsmittel verbraucht: 1.500 kg Pfannkuchenteig; 900 kg Schinken; 3.181,69 ml Orangensaft; 400 l Ahornsirup; 3.171 kg Baked Beans und 20,43 kg Kaffee.

DIE MEISTEN AUSTERN IN DREI MINUTEN GEGESSEN
James Arney (GB) aß am 1. September 2000 in Bentley's Restaurant, London (GB), 64 Austern in drei Minuten. Nach 2,5 Minuten gingen ihm die Muscheln aus, sonst hätte er vermutlich noch mehr essen können.

GRÖSSTE PIZZA IM HANDEL
Seit Juni 1999 hat Original Brooks Pizza 2 for 1 Ltd, Alberta (CDN), 200 Pizzas verkauft, die 1 x 1,25 m groß sind und zwischen 11 and 16 kg wiegen. „The Colossal" muss von zwei Personen hergestellt werden. Dabei werden 5,89 kg Brotteig für den Boden und 3,63 kg Käse für den Belag verwendet.

GRÖSSTES CURRY
Am 17. Juli 2000 kochte Abdul Salam, Besitzer und Chefkoch des Restaurants Eastern Eye in Lichfield (GB), ein 3.106,5 kg schweres Gemüsecurry. Von dem Curry aßen etwa 7.500 Personen; das Event erbrachte 14.220 DM für wohltätige Zwecke.

SCHNELLSTER REISESSER
Tae Wah Gooding (ROK) aß mit Essstäbchen 64 einzelne Körner

EINE SCHIFFSLADUNG SCHOKOLADE
Das Schokoladenmodell eines alten spanischen Segelschiffs (links), 8,5 m hoch, 13 m lang und 2,5 m breit, wurde im Februar 1991 von der Schule Gremi Provincial de Patisseria, Confiteria i Bolleria in Barcelona (E) hergestellt. Es war das größte je produzierte Schokoladenmodell und wog 4 t. Ausgestellt wurde es im Februar 1991 im Palacio de Alfonso XIII. auf der internationalen Messe *Tecnoalimentaria*.

www.guinnessworldrecords.com/chocship
ACCESS CODE: ‹49162›

Reis innerhalb von drei Minuten. Der Rekord wurde in Cambs (GB) im Peterborough Regional College am 7. November 2000 (dem Nationalen Curry-Tag) aufgestellt.

GRÖSSTES GLAS GUMMIBONBONS

Goelitz Confectionery, der Hersteller von Jelly-Belly-Gummibonbons, präsentierte am 15. Oktober 1999 im Empress Casino Hammond, Indiana (USA), ein Glas mit 2,16 Mio. Gummibonbons. Das Riesenglas wog 2.744,23 kg und hatte die Rekordmaße von 1,37 x 1,37 x 3 m.

GRÖSSTER TEQUILA-SLAM

Der größte Tequila-Slam fand am 10. Februar 2001 mit 154 Personen in der Bar Madrid, London (GB), statt. Er wurde veranstaltet, um Geld für das Alejandro-Magno-Kinderheim in Bolivien zu sammeln.

www.guinnessworldrecords.com/fastfood

ERSTAUNLICHE ESSGEWOHNHEITEN

Im Jahr 2000 gaben Amerikaner über 246 Mrd. DM für Fast Food aus, mehr als für PCs oder neue Autos. Jeden Tag besuchen annähernd 25 % der Erwachsenen in den USA ein Fast-Food-Restaurant. Der typische Amerikaner isst wöchentlich etwa drei Hamburger und vier Portionen Pommes frites bei einem der 300.000 Fast-Food-Restaurants des Landes. Donald A. Gorske (USA) aß am 19. Februar 2001 seinen 17.500. Big Mac von McDonald's. Am 17. Mai 2001 vollendete er sein 29. Jahr mit täglichem Big-Mac-Konsum. Seiner Frau hatte Donald 1975 in seinem bevorzugten McDonald's-Restaurant einen Heiratsantrag gemacht.

HÖCHSTES FEIERLICHES ESSEN

Die größte Höhe über dem Meeresspiegel, in der je ein feierliches Mahl zelebriert wurde, beträgt 6.768 m. Der Rekord wurde von Mitgliedern der Ansett Social Climbers aus Sydney (AUS) aufgestellt. Sie bestiegen am 28. Juni 1989 den Huascarán in Peru und nahmen ein Drei-Gänge-Menü, Wein, einen Louis-XIV.-Eßtisch, Stühle und Candelaber mit.

GRÖSSTE MENGE CHILIS IN DREI MINUTEN VERTILGT

Armando Martillana aß am 28. Mai 2000 auf den Philippinen in drei Minuten die Rekordmenge von 550 Chilischoten. Er gewann 50.000 Philippinische Peso (2.335 DM). Bei dem Wettbewerb wurden nur Schoten von der Sorte *capsicum frutecens* verwendet – sie gehört zu den schärfsten Chilischoten der Welt.

WEITESTE LIEFERUNG EINES CURRYS

Am 23. Februar 2001 ließ die Fast-Food-Website MadAboutCurry.co.uk ein Gemüsecurry und peshawarisches Naan-Brot von Newcastle-Upon-Tyne (GB) an Rachel Kerr (GB) ins australische Sydney schicken. Die Mahlzeit legte 17.398 km zurück und kam drei Tage später, am 26. Februar 2001, bei der Empfängerin an.

Das Grösste 1

GRÖSSTER GUACAMOLE-DIP
Der größte Guacamole-Dip mit einem Gewicht von 1.288 kg wurde am 26. November 2000 im Stadttheater von Michoacan (MEX) zubereitet. Folgende Zutaten wurden benötigt: 1.000 kg Avocado, 110 kg Zwiebeln, 110 kg Tomaten, 15 kg Chili, 5 kg Koriander, 12 kg Salz und 36 kg Limonen.

LÄNGSTES SUSHI
Die längste Sushi-Rolle der Welt wurde am 23. September 2000 in Aichi (J) von 315 Mitarbeitern der Toyota Motor Corporation (J) und 3.050 Einwohnern anlässlich der Toyota-Veranstaltung Gijyutu Fureai Fesuta 2000 zubereitet. Die Rolle war 1,11 km lang, wog etwa 2.200 kg und hatte einen Durchmesser von 5 cm. Die Zubereitung dauerte etwa eine Stunde.

GRÖSSTER HUNDEKUCHEN
Der größte Hundekuchen aller Zeiten war 2,35 m lang, 57 cm breit und 2,54 cm dick. Der von der People's Company Bakery in Minneapolis (USA) gebackene Kuchen mit einem Gewicht von 4.014 kg wurde am 11. August 1999 im Phalen Pork Pavillion von St. Paul (USA) anlässlich des alljährlichen Laufs für herrenlose Tiere enthüllt. Er wurde von etwa 100 Hunden aufgegessen, die an dem Lauf teilgenommen hatten.

GRÖSSTE PRALINENSCHACHTEL
8.000 mit Disaronno Amaretto gefüllte Pralinen mit einem Gewicht von 81,2 kg wurden in der größten Pralinenschachtel der Welt eingepackt. Die herzförmige Schachtel mit den Maßen 4,6 x 4,6 x 0,76 m wurde in New York (USA) am 14. Februar 2000 zum Valentinstag angefertigt. Bei der Herstellung wurden 454,3 m² Karton verarbeitet. Die gefüllte Pralinenschachtel wog 590 kg.

LÄNGSTER BLEISTIFT
Am 15. Februar 1998 stellte das Sri Chinmoy-Marathonteam in New York (USA) einen 6,24 m langen und 254 kg schweren Bleistift her. Sechs angeschrägte Hölzer wurden um einen 8,25 cm starken Graphitkern gefügt. Der fertige Stift hatte einen Durchmesser von 33 cm. Zum Radieren wurde an einem Ende ein 15,87 kg schwerer Gummipfropfen mit Aluminiumfolie befestigt. Mit einem Elektrohobel wurde der Stift angespitzt, damit man mit ihm schreiben konnte.

GRÖSSTER ROSENKOHL
Im Oktober 1992 erntete Bernard Lavery aus Llanharry (GB) einen 3,8 kg schweren Rosenkohl.

LÄNGSTE DOSENKETTE
Die Gruppe „Make A Difference Day" (MADD) aus Bexley (GB) stellte am 28. Oktober 2000 beim Queen Mary's Hospital in Sidcup (GB) mit 12.756 Dosen die längste Dosenkette aller Zeiten her. Die Kette hatte eine Länge von 1,47 km.

GRÖSSTE ARCHE
Von Januar bis August 1999 schnitzte G. P. Reichelt (D) mit der Hilfe von Ida Bagus Jiwartem (RI) aus einem einzigen Stück Holz eine „Arche Noah" mit einer Länge von 150 cm, einer Breite von 64 cm und einer Höhe von 18 cm (links). Reichelt hatte ursprünglich vor, eine Arche für 42 Tierpaare zu schnitzen, entschied sich dann aber für 100 Paare. Am Ende besaß er eine Arche, die die Rekordzahl von 71 Tierpaaren enthielt – jedes Tier einzeln geschnitzt. Reichelt sägte die Rohlinge der Tiere aus und formte sie grob mit einer Schleifmaschine. Dann machte er sich gemeinsam mit Jiwartem an die Feinarbeit, wobei Reichelt allen Tieren den letzten Schliff gab.

www.guinnessworldrecords.com/ark
ACCESS CODE: ‹53394›

GRÖSSTE GETRÄNKEDOSE
Am 16. März 1999 wurde in Sydney (AUS) erstmals die größte Getränkedose der Welt gezeigt. Die im Auftrag von Guinness Australasia von der Firma O'Brien Aluminium angefertigte Kopie einer Dose Draught Guinness hatte ein Fassungsvermögen von 3.608 l und enthielt 8.200-mal so viel Bier wie die 440-ml-Originaldose. Die Dose war 4,5 m hoch, 1,8 m dick und wog 300 kg.

GRÖSSTER WOK
Tony Hancock aus Großbritannien hat den größten Wok mit einem Durchmesser von 2,93 m und einer Tiefe von 0,60 m gebaut. Am 16. März 2000 bereitete er in dem chinesischen Restaurant und Supermarkt Wing Yip in Croydon (GB) in diesem riesigen Wok insgesamt 400 kg Gemüse und Nudeln zu. Der gigantische Wok saß auf einem 68 cm hohen Ständer und wurde von einem Gaskocher befeuert.

HÖCHSTE SELLERIEPFLANZE
1998 zog Joan Priednieks aus Bridgewater (GB) eine Selleriepflanze, die zu einer Höhe von 2,74 m wuchs. In der Regel werden diese Pflanzen nur rund 90 cm hoch.

LÄNGSTE KAUGUMMIPAPIER-KETTE
Am 11. März 1965 fing Gary Duschl aus Ontario (CDN) damit an, aus Kaugummipapierchen eine Kette herzustellen. Am 31. März 2000 war sie 10.387 m lang und wog etwa 211 kg. Sie bestand aus 1.585.382 Gliedern, die er aus 792.691 Papierchen angefertigt hatte.

GRÖSSTER SCHOKORIEGEL
Vom 16. bis zum 19. März 2000 präsentierte die Elah-Dufour United Food Companies Ltd auf der Konditormesse Eurochocolate 2000 in Turin (I) einen Riesen-Schokoriegel mit einem Gewicht von 2.280 kg. Der Riegel mit den Maßen 315 x 150 x 45 cm entsprach 22.800 100-g-Tafeln Schokolade.

RIESENMAUS
Im Mai 1998 bauten Studenten aus dem Columbiana Career Centre in Lisbon (USA) eine voll funktionsfähige Mausefalle, die 2,99 m lang und 1,33 m breit war (links). Das bisherige Rekordmodell hatte eine Länge von 193 cm, gebaut von den Physikdozenten Mel McDaniel und Joseph Melancon von der University of Texas (USA). Die Columbiana-Studenten bauten die Victor-Mausefalle, das weltweit meistverkaufte Modell, maßstabsgetreu nach. Von der vor 100 Jahren patentierten Stahlfederfalle Victor, die in Litiz (USA) hergestellt wird, sind Millionen von Exemplaren verkauft worden. Eine passende Maus zu der Riesenfalle müsste mit 3 m etwa so lang sein wie ein Kleinwagen.

www.guinnessworldrecords.com/mousetrap
ACCESS CODE: ‹48095›

www.guinnessworldrecords.com/snowman

ACCESS CODE: ‹48789›

SCHNEEDENKMAL

Bewohner von Bethel (USA) und aus den Nachbarstädten bauten innerhalb von 14 Tagen einen 34,63 m hohen Schneemann. Am 17. Februar 1999 war der zehnstöckige Schneemann namens Angus (nach dem Gouverneur von Maine, Angus King) vollendet. Für den Bau verwendete man 5.600 m³ Schnee. 15 Wochen später, am 10. Juni 1999, war von dem Riesen nichts mehr zu sehen – das Datum war Gegenstand einer Wette gewesen.

GRÖSSTER STAB AUS STEIN

Die Coronation Rock Company aus Blackpool (GB) stellte am 6. Dezember 2000 den größten Stab aus Stein her. Er wog 424,5 kg, war 4,49 m lang und hatte einen Umfang von 1,14 m. Der Stab wurde, nachdem der Rekord aufgestellt worden war, zerkleinert und die einzelnen Stücke für einen wohltätigen Zweck verkauft.

GRÖSSTES PUZZLE

Ein Puzzle aus 209.250 Teilen, von denen jedes 1,5 x 1,5 cm groß war, wurde beim Mulan-Puzzlewettkampf im Grand Formosa Regent Hotel in Taipeh (RC) zusammengesetzt. Das fertige Puzzle maß 6,75 x 6,97 m.

GUINNESS WORLD RECORDS™

Das Grösste 2

GRÖSSTER NACHTCLUB
Der Nachtclub Privilege auf Ibiza (E) kann auf seiner 6.500 m² großen Tanzfläche – was der Größe eines Fußballfeldes entspricht – auf drei Ebenen 10.000 Besucher aufnehmen. Glasfenster an einem Saalende lassen die Morgensonne herein, es gibt einen Swimmingpool, Springbrunnen, Gärten, Bäume und Pflanzen.

GRÖSSTER PARAFOIL
Der größte, jemals geflogene Parafoil hat eine Spannweite von 43,6 m und eine Oberfläche von 700 m², fast das Eineinhalbfache der Tragfläche einer Boeing 747. Ein Parafoil ist im Grunde nichts anderes als ein Fallschirm, der beim Sinken vom Luftdruck „aufgeblasen" wird. Er wurde von der NASA entwickelt, um das Raumfahrzeug X-38 nach dem Wiedereintritt in die Erdatmosphäre sicher auf den Boden zu bringen. Die meisten Gleitschirme, auch eine Form des Parafoils, haben eine Oberfläche von 25–30 m².

GRÖSSTER PAPPKARTON
Der größte Karton aus Wellpappe wurde von Kappa Van Dam produziert, einem Hersteller von Transportkartons. Der Karton war 7 m lang, 2,6 m breit und 2,4 m hoch und wurde am 20. November 1999 auf dem Markt von Eindhoven (NL) enthüllt. Die riesige Kiste wurde im Werk für normale Massenfertigung in Helmond (NL) gefertigt.

GROSSRECHNER
Der größte bekannte Abakus (links) ist 4,7 m breit und 2,2 m hoch, hat 91 Perlen und wiegt 380 kg. Er wurde anlässlich des Jahres der Mathematik von Spectrum gebaut und am 23. Januar 2001 im Londoner Science Museum (GB) enthüllt. Der Rahmen ist aus Aluminium, die Stäbe sind aus rostfreiem Stahl und die 91 leuchtend blauen Perlen aus Kunststoff. Laut Keith Greaves, dem Leiter des Produktionsteams, war es nicht einfach, den Abakus in das Museum zu bringen – er passte gerade noch durch die Türen. Der Abakus wurde zwischen 600 und 500 v. Chr. in Ägypten oder China erfunden und war im Grunde der erste Taschenrechner.

www.guinnessworldrecords.com/abacus
ACCESS CODE: ‹56104›

GRÖSSTER SPRINGBRUNNEN
Der größte Springbrunnen der Welt ist der Suntec City Fountain of Wealth in Singapur. Der Aufbau aus gegossener Bronze wiegt 85 t und ist 14 m hoch, das Becken des Brunnens erstreckt sich über eine Fläche von 1.683 m². Der Bau aus dem Jahr 1997 hat umgerechnet etwa 11 Mio. DM gekostet.

GRÖSSTES FEUERRAD
Das größte, sich selbst drehende, vertikale Feuerrad hatte einen Durchmesser von 25,95 m und wurde von der Newick Bonfire Society Ltd entworfen. Am 30. Oktober 1999 brannte es zwölf Umdrehungen lang in Newick (GB).

GRÖSSTER KOHLENROST
Ein 8 m hoher und 9 m breiter Kohlenrost mit einem Gewicht von 25 t wurde für das Jahrtausendleuchtfeuer am 31. Dezember 1999 auf der Themse in London (GB) benötigt. Für den Aufbau des Leuchtfeuers (das größte in einer landesweiten Kette von rund 2.000 Leucht- und Freudenfeuern) waren acht Wochen mit 2.000 Arbeitsstunden erforderlich. Königin Elisabeth II. entzündete den Ofen. Es liegen zwar keine offiziellen Angaben vor, aber Berichten zufolge schoss die Flamme über 100 m in die Höhe.

GRÖSSTES SPARSCHWEIN
Im November 1995 ließ die Canadian Imperial Bank of Commerce (CDN) ein riesiges Sparschwein anfertigen. Es war 4,70 m lang, 2,64 m hoch und hatte einen Umfang von 6,52 m. Das Schwein wurde Maximillion getauft.

GRÖSSTER KRONLEUCHTER
Der größte Kronleuchter aller Zeiten wurde von Kookje Lighting Co Ltd aus Seoul (ROK) gebaut. Der im November 1988 fertig gestellte Leuchter ist 12 m hoch, wiegt 10,67 t und hat 700 Glühbirnen. Er nimmt drei Stockwerke des Kaufhauses Lotte Chamshil in Seoul ein.

GRÖSSTE AXT
Eine 18,3 m lange und 7 m breite Axt aus Stahl wurde von BID Ltd aus Woodstock (CDN) hergestellt. Um die 7 t schwere Axt zu schwingen, wäre ein Holzfäller mit einem Gewicht von 140 t nötig. Mit einem Kran wurde sie auf ihren „Stumpf" aus Beton gehoben.

GRÖSSTE AKUSTISCHE GITARRE
Eine voll funktionsfähige akustische Gitarre mit einer Länge von 8,66 m und einer Tiefe von 97,2 cm wird in der Stradivari-Ausstellung in The Exploratory, Bristol (GB), gezeigt. Die Riesengitarre wurde maßstabsgetreu nach einer klassischen Gitarre im Ashmolean Museum, Oxford (GB), aus dem 18. Jahrhundert gefertigt, die von Antonio Stradivari stammt.

GRÖSSTE UHR
Die größte Uhr der Welt ist die astronomische Uhr in der Kathedrale von St. Pierre in Beauvais (F), die von 1865 bis 1868 gebaut wurde. Zusammengesetzt aus 90.000 Einzelteilen ist sie 12,1 m hoch, 6,1 m breit und 2,7 m tief.

GRÖSSTER FUSSBALL
Ein aus 52,03 m² PU-Leder handgenähter Fußball hatte bei der Messung am 1. Juli 1999 einen Durchmesser von 3,53 m. Tianjin Nanhua von Lisheng Sports Products Co. in Peking (CHN) nähte den Ball mit 12.870 Stichen zusammen. Er hatte einen Umfang von 11,075 m und wog 142 kg. Im Verhältnis zu dem Ball müsste ein Spieler etwa 28 m groß sein.

HIMMLISCHE PROPORTIONEN
Ein Engel (links) aus 2.946 mit Bier gefüllten Glasflaschen und durchbohrten Blechen wurde von dem Künstler Sergio Rodriguez Villarreal (MEX) entworfen und gebaut. Der Engel war 5,57 m hoch, 3,6 m breit und hatte am Fuß einen Durchmesser von 2,5 m. Er wurde im Januar 2000 in Nuevo León (MEX) gezeigt. Das Kunstwerk ist der größte je gebaute Weihnachtsengel. Villarreal ließ sich schon mehrmals vom Geist des Weihnachtsfestes zu einem kreativen Rekord für das Guinness-Buch inspirieren. Er fertigte ebenfalls den größten Weihnachtsschmuck an, der 2,75 m hoch war und einen Durchmesser von 2,2 m hatte. Dieser wurde im Jahr 2000 ebenfalls auf der Alfonso Reyes Avenue in Nuevo León (MEX) gezeigt.

www.guinnessworldrecords.com/angelsculpture
ACCESS CODE: ‹48146›

GRÖSSTE GRUSSKARTE

Am 3. Dezember 1990 wurde am University College in Dublin (IRL) aus einem 251 m^2 (30 x 8,36 m) großen Pappbogen eine frei stehende Weihnachtskarte gefertigt, die so groß war wie 4.500 gewöhnliche Grußkarten. Nach dem Falten hatte die Front der Karte die Maße 15 x 8,36 m.

GRÖSSTER BH

Im September 1990 stellte Triumph International Japan Ltd einen Büstenhalter mit einem Brustumfang von 28 m und einem Unterbrustumfang von 24 m her. Für die Herstellung waren 70 m Stoff nötig, genug für 1.000 kleine BHs.

GRÖSSTES BETTGESTELL

Insgesamt 223 Schüler im Alter von 14 bis 18 Jahren lagen auf einer Matratze in drei Reihen Seite an Seite auf einem Bettgestell aus Holz mit den Maßen 8 x 10 m. Die Firma Starlight Ltd präsentierte das Riesenbett auf der Möbelausstellung Furniture World vom 14. bis zum 18. November 2000 im ungarischen Budapest.

LÄNGSTER SCHAL

Karen Dengate (GB) fing am 1. Oktober 1997 mit der Arbeit an dem Schal an und strickt seither jeden Tag drei Stunden daran. Im März 2000 war der Schal 174,21 m lang und 19 cm breit. Sie möchte noch weiterstricken.

HÖCHSTER PAPPBECHER

Der höchste Pappbecher wurde am 1. Februar 2000 von Bunzl Disposables Europe hergestellt und in Epsom (GB) präsentiert. Er hatte eine Höhe von 2,53 m. Der Becher wurde aus 13 Schichten Papier hergestellt und von der örtlichen Feuerwehr mit 4.930 l Wasser gefüllt.

www.guinnessworldrecords.com/cowboyboots

WEM PASST DER SCHUH?

In Texas, das für seine großen Ranchen und Hüte bekannt ist, findet sich auch das größte Paar echter Cowboy-Stiefel (rechts). Sie sind 1,38 m hoch und 1,19 m lang. Sie wurden von Marty Snortum, dem Miteigentümer von Rocketbuster Boots in El Paso (USA), angefertigt. Ein 15-köpfiges Team, angeführt von Designer Nevena Christi, benötigte Material im Wert von 11.200 DM und arbeitete drei Monate lang an den prächtig gefärbten Stiefeln. Am 13. Januar 1999 war das Paar fertig. Es wog 45 kg, die Sohlen waren mit einer Nylon-Wäscheleine angenäht. Der größte Schuh der Welt ist 3,12 m lang, 1,05 m breit und 1,23 m hoch. Allein für die Sohle verwendete Zahit Okurlar (TR) Leder im Wert von drei Kühen. Der rechte Schuh wurde im Februar 2000 auf der Internationalen Schuhmesse von Konya (TR) gezeigt. Edmund Kryza (PL) stellte am 8. Mai 1996 einen riesigen Damenschuh aus 6 m^2 Kunstleder vor, der 1,84 m lang und 1,12 m hoch war.

ACCESS CODE: ‹53153›

GUINNESS WORLD RECORDS™

Das Kleinste

KLEINSTER NACHTCLUB
Der kleinste Nachtclub der Welt ist The Miniscule of Sound in London (GB). Es handelt sich um eine Kiste von 2,4 m Länge, 1,2 m Breite und 2,4 m Höhe. Sie wurde im August 1998 von der Regalbaufirma Dexion gebaut, ist komplett mit falschem Pelz ausgelegt und mit einem Stroboskop und einer Diskokugel ausgerüstet. Der Nachtclub in London verfügt über eine voll funktionstüchtige Musikanlage und eine Tanzfläche von 2 m². Insgesamt fasst er höchstens 14 Personen einschließlich des Diskjockeys.

KLEINSTES MOTORRAD
Simon Timperley und Clive Williams von Progressive Engineering Ltd., Manchester (GB), entwarfen und bauten das kleinste Motorrad der Welt mit einem Radstand von 108 mm, einer Sitzhöhe von 95 mm und einem Raddurchmesser von 19 mm vorne und 24 mm hinten. Das Motorrad wurde einen Meter weit gefahren. Alle Teile sind handgemacht mit Ausnahme des Motors. Er musste umgebaut werden, damit er in den Rahmen passte. Der Modellflugzeugmotor mit einem Hubraum von 10 cm³ hat eine Drehzahl von 13.000 U/min und treibt das Motorrad mit gemütlichen 3,2 km/h voran.

www.guinnessworldrecords.com/micromotorcycle
ACCESS CODE: ‹43595›

KLEINSTES WEINGLAS
Das kleinste Weinglas wurde am 7. Dezember 2000 enthüllt. Das von NEC (J) hergestellte Gefäß hat einen Durchmesser von nur 2,750 Nanometer (millionstel Millimeter). Das ist etwa 20.000-mal kleiner als ein normales Weinglas.

KLEINSTER ABAKUS
Im November 1996 bauten Wissenschaftler in einem Labor der Forschungsabteilung von IBM in Zürich (CH) einen Abakus mit einzelnen Molekülen als Perlen. Sein Durchmesser betrug weniger als einen Nanometer (millionstel Millimeter). Die Wissenschaftler bildeten Ketten von je zehn Molekülen mit je einem Atom Abstand dazwischen, die als Schienen für die einzelnen Moleküle dienten.

KLEINSTES TASCHENMESSER
Das kleinste voll funktionstüchtige, handgemachte Taschenmesser der Welt ist in geschlossenem Zustand 8 mm lang und 3 mm breit. Mit aufgeklappter scharfer Klinge ist das Messer 14,5 mm lang und 2,5 mm breit.

KLEINSTE SCHERE
1998 stellte Ramesh Chand Dhiman (IND) in Handarbeit eine funktionstüchtige Schere her, die nur 3,12 mm lang und 2,17 mm breit ist. Obwohl die Schere funktioniert, ist sie für keine praktische Arbeit zu gebrauchen. Dhiman hat auch die kleinste Rasierklinge der Welt hergestellt.

KLEINSTES MIKROFON
Ein Mikrofon aus Silizium von nur 40 Mikron Breite (ein Mikron ist ein millionstel Zentimenter) wurde von der Abteilung für Elektrotechnik und Physik an der Universität von Bilkent (TR) hergestellt. Man hofft, dass es in der Medizin für Ultraschalluntersuchungen zum Einsatz kommt.

KLEINSTES PAPIERGELD
Die kleinste je herausgegebene Banknote war der 10-Bani-Schein, den das rumänische Finanzministerium 1917 drucken ließ. Sein bedruckter Bereich maß 27,5 x 38 mm – etwa ein Zehntel einer Ein-Dollar-Note.

KLEINSTES LINEAL
Ein Lineal zum Messen kleinster Entfernungen in einem Elektronenmikroskop wurde 1994 von John McCaffrey und Jean-Marc Baribeau vom Institute for Microstructural Sciences beim National Research Council in Kanada entwickelt. Die kleinste Gradeinteilung des Lineals ist 18 Atome breit, und die einzelnen Atome sind sichtbar. Das Lineal ist so klein, dass zehn aneinander gelegte Lineale den Durchmesser eines menschlichen Haares hätten.

KLEINSTE GITARRE
Die kleinste Gitarre der Welt ist aus einem Siliziumblock geschnitzt und einer Fender Stratocaster nachempfunden. Sie ist 10 Micrometer lang – 1/20 so dick wie ein menschliches Haar. Das 1997 von Wissenschaftlern an der Cornell University in New York (USA) in nur 20 Minuten hergestellte Instrument hat sechs Saiten von je 0,05 mm Dicke. Sie schwingen in Frequenzen, die 1.000-mal höher sind als die, die das menschliche Ohr hören kann. Die Gitarre hat dieselbe Größe wie eine menschliche Blutzelle.

DAS KNIE DER BIENE
Das Rutherford Appleton Laboratory in Oxfordshire (GB) schuf am 25. Oktober 2000 die kleinste Anzeige für GUINNESS WORLD RECORDS. Sie maß nur 100 x 100 Mikron (ein Mikron ist ein millionstel Zentimenter) und war auf einem Knieschützer aufgebracht, den eine Biene trug (links). Die Anzeige bestand aus Kapton (einem elastischen und leichten Kunststofffilm). Ihre goldenen Buchstaben waren 5-20 Mikron hoch und bildeten die Inschrift „Guinness World Records.com". Zum Vergleich: Ein menschliches Haar hat in der Regel einen Durchmesser von 40 bis 100 Mikron. Die gesamte Herstellung der Anzeige dauerte nur einen halben Tag. Die Biene war tot vor dem Bienenstock ihres Volkes gefunden worden – für die Anzeige wurde keiner lebenden Biene Schaden zugefügt.

www.guinnessworldrecords.com/microadvert
ACCESS CODE: ‹55977›

www.guinnessworldrecords.com/microvideocam

ACCESS CODE: ‹48050›

PERFEKTE MIKROÜBERWACHUNG

Die von der Firma Supercircuits hergestellte Mikrovideokamera PC-53XP (unten) ist weltweit die kleinste Videokamera im Handel. Sie misst nur 4,25 cm² und liefert trotzdem vollwertige Farbvideos. Die 7 g schwere Kamera produziert Bilder im US-Standardformat NTSC. Sie werden digital kontrolliert, um eine gute Bildqualität sicherzustellen, obwohl die Kamera nur so groß ist wie ein Zuckerwürfel. Die Kamera leistet eine horizontale Auflösung von 380 Zeilen und braucht nur 50 Milliampere bei einer Spannung von 12 Volt. Wenn sie mit AVX-900T3 (ebenfalls von Supercircuits) kombiniert wird, ergibt das die kleinste drahtlose Videokamera der Welt. Ideal für verdeckte Operationen und zur Überwachung. Die drahtlose Kamera und der Sender AVX-900S5 können Farbvideos über eine Entfernung von 230 m übertragen.

KLEINSTE RÖHRE

Die kleinste Röhre der Welt – eine Nanoröhre – wurde 1996 an der École Polytechnique Fédérale in Lausanne (CH) hergestellt. Die Röhre ist ein Mikron lang und hat einen inneren Durchmesser von unter zehn Nanometern (zehnmillionstel Millimeter). Aneinander gelegt würden 15.000 dieser Nanoröhren auf einen menschlichen Daumen passen.

KLEINSTES FAHRRAD

Das funktionstüchtige Fahrrad mit den kleinsten Rädern der Welt hat ein Vorderrad mit einem Durchmesser von 11 mm und ein Hinterrad mit einem Durchmesser von 13 mm. Am 11. August 1999 fuhr sein Erbauer Zbigniew Rózanek (PL) damit 5 m weit.

KLEINSTE KRISTALLSCHALE

Eine von Jim Irish aus Rathculliheen, Waterford (IRL), hergestellte Kristallschale ist 8,55 mm breit, 4,6 mm hoch und 2,1 mm dick. Sie wurde in 208 Schliffen hergestellt. Die Arbeit bestand aus 45 Arbeitsgängen in zwei Wochen und nahm insgesamt acht Stunden in Anspruch. Die Schale passt sechsmal auf einen irischen Penny.

KLEINSTER GRUNDBESITZ

Aus juristischen Gründen ist der Electricity Trust von Südaustralien Besitzer eines registrierten und eigens abgegrenzten Grundstücks im südaustralischen Adelaide, das eine Seitenlänge von nur 25,4 mm, also nur die Größe einer normalen Briefmarke hat.

KLEINSTER ZURÜCKKEHRENDER BUMERANG

Ein Bumerang von 48 mm Länge und 45 mm Breite wurde am 22. März 1997 bei den australischen Bumerangmeisterschaften in Melbourne (AUS) von Sadir Kattan erfolgreich geworfen. Der Bumerang passierte die Mindestmarke von 20 m und kehrte in das Abwurfgebiet zurück.

KLEINSTE DAMPFMASCHINE

1993 baute ein Team von Physikern an den Sandia National Laboratories in Albuquerque (USA) eine mikroskopisch kleine Dampfmaschine von 6 Mikron Länge und 2 Mikron Breite. Trotz ihrer geringen Größe ist sie nach Angaben ihrer Konstrukteure stark genug, um in allen Arten von Mikrowerkzeugen zu arbeiten, etwa in Skalpellen, die in der Augen- und Gehirnchirurgie verwendet werden.

KLEINSTES BUDDELSCHIFF

Arthur V. Pedlar (GB) baute 1956 in einer medizinischen Phiole von 24 mm Länge und 9 mm Breite und einem Hals von 2 mm das kleinste Buddelschiff. Die Galleone hat drei Masten, fünf Segel und drei Flaggen. Sie wurde in 28 Teilen in das Fläschchen gesteckt, wobei jeder Teil mit einem an ein Streichholz geleimten Stück Sicherungsdraht an seinen Platz geschoben wurde. Das Meer besteht aus dünnen Strängen Siegelwachs, die Takelage ist aus Rosshaar und der Rumpf der Galleone aus Kork. Auch ein Leuchtturm wurde in der Flasche aufgestellt.

Jäger + Sammler 1

GRÖSSTE PRIVATE ROLLS-ROYCE-SAMMLUNG

Sultan Hassanal Bolkiah von Brunei besitzt mit schätzungsweise 150 Fahrzeugen die größte private Rolls-Royce-Sammlung. Gemeinsam mit seinem Bruder Prinz Jefri sollen ihm weitere 1.998 Luxusautos gehören.

GRÖSSTE SAMMLUNG VON MODELLBUSSEN

Ben Bradshaw (GB) hat seit seinem 3. Lebensjahr 153 verschiedene Busmodelle – normale Busse sowie Doppeldecker – gesammelt. Die am häufigsten vertretenen Modelle und Hersteller sind Mercedes-Benz und Corgi mit 45 beziehungsweise 59 Modellen.

GRÖSSTE SAMMLUNG VON MODELLEISENBAHNWAGEN

Die größte von einer Einzelperson zusammengetragene Sammlung von Modelleisenbahnwagen ist die J. P.-Richards-Sammlung, die sich im Besitz des National Railway Museum in York (GB) befindet. Sie umfasst 610 maßstabsgetreu von James Peel Richards (GB) gebaute Modelle.

GRÖSSTE DÜSENJÄGER-SAMMLUNG

Die weltweit größte Privatsammlung von Düsenjets umfasst 110 Flugzeuge und gehört dem französischen Winzer Michel Pont. Er begann 1985 mit seinem Hobby und erwarb von verschiedenen Regierungen unter anderem russische MiGs, britische Jaguar-Jets und französische Mirages. Die Jets dürfen jedoch nicht über französischem Territorium fliegen.

GRÖSSTE SAMMLUNG VON FERNSEH- UND RADIOGERÄTEN

Bis zum 22. September 1998 sammelte Göran Agardh (SWE) die Rekordzahl von 10.060 Fernseh- und Radiogeräten.

GRÖSSTE BLEISTIFT-SAMMLUNG

Emilio Arenas (ROU) besitzt eine Sammlung von 5.500 verschiedenen Bleistiften, von denen jeder einzelne mit unterschiedlichem Design, Logo oder Markennamen bedruckt ist. In Emilios Besitz befindet sich auch eine Sammlung von Schlüsselanhängern, Aschenbechern, Softdrink- und Bierdosen, Parfümflakons, Streichholzschachteln und Telefonkarten, die alle in vier Räumen seines Hauses öffentlich ausgestellt sind.

GRÖSSTE KUGELSCHREIBER-SAMMLUNG

Bis Oktober 2000 trug Angelika Unverhau (D) 205.050 Kugelschreiber (ohne Dubletten) aus 146 Ländern zusammen. Sie sammelt seit ihrer Kindheit ungewöhnliche Kugelschreiber und beschloss 1990, ihr Hobby ernsthafter zu betreiben. Sie gründete einen Club mit 90 aus ganz Deutschland stammenden Mitgliedern, die sich zweimal im Jahr treffen, um Kugelschreiber und Erfahrungen auszutauschen.

MEISTE BANKNOTEN AUS VERSCHIEDENEN LÄNDERN

Shail Kumar und Larry und Dallys Arias Beebe (USA) teilen sich den Rekord für die größte Sammlung von Banknoten – beide Sammlungen repräsentieren insgesamt 217 Länder.

MODELLAUTOS OHNE ENDE

Die größte Modellauto-Sammlung besitzt mit über 1.500 Miniatur-Modellautos Suhail Mohd Al Zarooni aus Dubai (VAE). Die Sammlung, die er seit 1990 mit Leidenschaft aufgebaut hat, ist fast 6,72 Mio. DM wert. Viele der Modelle repräsentieren seltene Fahrzeuge, etwa den Rolls-Royce von Königin Elizabeth II. Einige der Modelle sind mit 24-karätigem Gold verkleidet. Ein Großteil stellt Autos aus den 1960er Jahren dar, die Zarooni meist in Europa gekauft hat. Oft ersteht er ein echtes Auto als Gegenstück zu einem Modell.

www.guinnessworldrecords.com/modelcars
ACCESS CODE: ‹55947›

VERRÜCKT NACH FLUGZEUGEN

Die größte Sammlung von selbst gebauten Modellflugzeugen befindet sich im Besitz von Robert Humphrey aus West Jordan, Utah (USA, links). Die Sammlung besteht aus 1.642 Plastikmodellen, die er eigenhändig bastelte. Sicherheitshalber hat er für jedes Modell einen Ersatz-Bausatz. Humphrey, geboren 1952, baute mit Hilfe seines Vaters 1958 sein erstes Flugzeug. Von da an bekam er jedes Jahr einen Bausatz zum Geburtstag. Heute sucht Robert nach seltenen Modellen, seine Sammlung vergrößert sich alljährlich um rund 100 Flugzeuge und enthält Heeres-, Marine- und Luftwaffen-Flugzeuge aus 61 Nationen.

www.guinnessworldrecords.com/modelplanes
ACCESS CODE: ‹55815›

GRÖSSTE SAMMLUNG VON WEIN- UND CHAMPAGNER-ETIKETTEN

Seit 1984 sammelte Sophia Vaharis-Tsouvelekakis (GR) 15.403 Etiketten aus 50 verschiedenen Ländern. Sie katalogisiert die Etiketten mit einem speziellen Computerprogramm. Sie besitzt auch einen einzigartigen Weinkeller mit Tausenden von Wein- und Champagnerflaschen.

GRÖSSTE FLASCHENÖFFNER-SAMMLUNG

Dale Deckert (USA) sammelt seit dem Jahr 1945 Flaschenöffner. Seine Sammlung umfasst 20.884 Öffner aus 136 Ländern, mit Dubletten sind es sogar 28.146.

GRÖSSTE SAMMLUNG VON HANDTÜCHERN

Alan Alcott (GB) hat seit 1977 aus Lokalen 504 verschiedene Handtücher gesammelt. Aneinander gereiht sind die Tücher 159,77 m lang. Alans längstes Handtuch ist mit 3 m ein australischer „bar runner" aus Castlemaine.

GRÖSSTE BIERFLASCHENSAMMLUNG

11.931 original abgefüllte Bierflaschen aus 150 Ländern besaß Peter Broeker aus Geesthacht (D) am 31. März 2001. 40% der Exponate stammen aus dem Ausland. Würde man die Flaschen der Sammlung übereinander stapeln, so wäre der Turm 2.783 m hoch.

GRÖSSTE SAMMLUNG VON TANKSÄULEN

Im Fisogni Museum in Palazzolo Milanese (I) befinden sich gegenwärtig 164 Tanksäulen. Die älteste ist eine Tokheim-Pumpe mit Eigenmessung von 1910, die jüngste eine „Lux 60 Puma" der FIMAC Benaglia von 1981. In dem Museum finden sich auch 7.500 Teile von Tanksäulen, Öltanks, Geräten sowie Spielzeug. Guido Fisogni, der seine Sammlung über 30 Jahre hinweg aufgebaut hat, hat sich der Dokumentation technologischer Verbesserungen verschrieben.

GRÖSSTE SAMMLUNG VON STAR-WARS-MEMORABILIEN

Jason Joiner (GB) sammelt seit seinem 13. Lebensjahr *Star Wars*-Memorabilien. Joiner, der als Experte für Spezialeffekte an den in Großbritannien gedrehten *Star Wars*-Filmen mitgewirkt hat, besitzt über 20.000 *Star Wars*-Spielzeuge. Zudem befindet sich einer der originalen C3PO-Roboter, ein originaler R2D2 und ein originales Darth-Vader-Kostüm in seinem Besitz. Nur *Star Wars*-Schöpfer George Lucas besitzt eine größere Sammlung von Requisiten und Kostümen. Joiner hofft, ein Museum eröffnen zu können, in dem er einige Exponate seiner Sammlung ausstellen will.

GRÖSSTE SAMMLUNG VON SWATCH-UHREN

Fiorenzo Barindelli (I) besitzt von jeder der seit 1983 produzierten Swatch-Uhren ein Exemplar, insgesamt sind es 3.677 Stück. Seine Sammlung ist im Welt-Museum 2000 in Cesano (I) ausgestellt.

www.guinnessworldrecords.com/gnomes

GRÖSSTE SAMMLUNG VON ZWERGEN UND KOBOLDEN

Seit 1978 hat Ann Atkin (GB, oben) insgesamt 2.010 Gartenzwerge und Kobolde gesammelt. Sie „wohnen" in einem 1,6 ha großen Zwergenreservat in North Devon (GB). Einige fischen, andere schieben Schubkarren, einige sind musisch begabt, betreiben Bergbau oder widmen sich dem Glücksspiel. In den letzten 18 Jahren haben jährlich über 25.000 Besucher Hüte aufgesetzt und sich vorübergehend in Zwerge verwandelt, um durch das Waldgebiet zu wandern. Der größte Zwerg misst 115 cm, der Kleinste nur 2 cm. Einmal im Jahr werden sie gewaschen und neu eingekleidet.

ACCESS CODE: ‹49289›

GUINNESS WORLD RECORDS™

Jäger + Sammler 2

GRÖSSTE BIBLIOTHEK
Die am 24. April 1800 gegründete Library of Congress in Washington, D.C. (USA), beherbergt 125.198.175 Titel, darunter über 18 Mio. Bücher, 2,5 Mio. Tonaufnahmen, 12 Mio. Fotos, 4,5 Mio. Landkarten und 54 Mio. Manuskripte. Die Bibliothek nimmt in den Capitol-Hill-Gebäuden eine Fläche von 265.000 m² ein, die Länge der Regale beträgt 856,5 km.

GRÖSSTE SAMMLUNG VIERBLÄTTRIGER KLEEBLÄTTER
George J. Kaminski (USA) hat seit 1995 eigenhändig 72.928 vierblättrige Kleeblätter gesammelt. 13.383 sammelte er auf dem zwei Hektar großen Gefängnishof während seiner Zeit in der Staatlichen Besserungsanstalt in Somerset, Pennsylvania (USA), weitere 59.545 auf dem Hof des Gefängnisses in Houtzdale, Pennsylvania.

GRÖSSTE SAMMLUNG VON AUFNÄHERN
Daniel Hedges (GB) hat seit seinem 14. Lebensjahr 8.662 verschiedene Aufnäher gesammelt. Auf ihnen stehen nicht nur Sprüche wie „Hier keine Furz-Zone", es gibt auch elegante Exemplare wie das der Pferderennveranstaltung Royal Enclosure in Ascot.

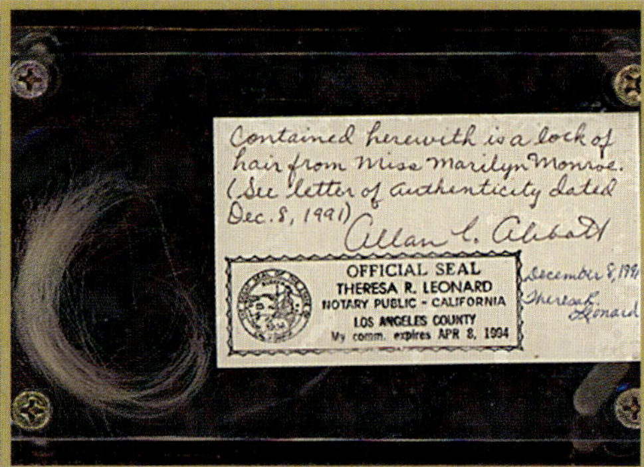

GENTLEMEN BEVORZUGEN BLONDINEN
John Rezinkoff aus Connecticut (USA) hat Haare von 115 historischen Persönlichkeiten gesammelt. Seine Sammlung ist für 2,24 Mio. DM versichert und enthält Locken von Abraham Lincoln, John F. Kennedy, Marilyn Monroe (rechts), Albert Einstein, Napoleon, Elvis Presley und Charles Dickens. Er bemüht sich, Locken von Mark Twain und Shakespeare zu finden. Trotz Angeboten von bis zu 224.000 DM für einzelne Exponate ist die Sammlung unverkäuflich. Unterlagen oder DNS-Tests belegen die Echtheit jedes Haares in Rezinkoffs Sammlung.

www.guinnessworldrecords.com/celebhair
ACCESS CODE: ‹56181›

GRÖSSTE SAMMLUNG VON FLUGZEUG-SPUCKTÜTEN
Marketing- und Investment-Berater Niek Vermeulen (NL) besitzt 2.112 Flugzeug-Spucktüten von 470 verschiedenen Fluglinien. Er führt damit eine Liste von über 50 Sammlern von Flugzeug-Spucktüten an. Momentan lebt Vermeulen in Vietnam. Seine Lieblingsspucktüte stammt aus einem Space Shuttle der NASA. Ob Spucktüte, Spuckbeutel, Tüte für Luftkranke, Schleudertüte, Brechtüte, Sac Vomiture, Sac pour mal de l'air, Bolsa de mareo, prullenzakje, barf bag, vomit bag, Beg Mabuk Udara, Torba chorobowa, Sacchetto Per Il Mal D'aria, Kräkpase, Spypase, Gero-Bukuro, Sanitarinis Maiselis … Welchen Namen sie auch tragen, Vermeulen sammelt sie alle.

GRÖSSTE SAMMLUNG VON FILMSTANDBILDERN
Die Sammlung des Nationalen Filmarchivs für Standbilder in London (GB) umfasst 6,5 Mio. Schwarzweiß-Standbilder und über 1 Mio. Farbdias von über 80.000 Filmen.

UMFANGREICHSTE FILMKAMERASAMMLUNG
Die größte Sammlung von Filmkameras gehört dem pensionierten Briefträger Dimitrios Pistiola (GR). Er hat 440 Unikate zusammengetragen, die zum Teil bis auf das Jahr 1901 zurückgehen, und richtete ein Museum für sie ein.

WERTVOLLSTE KAMERASAMMLUNG
Die Rekordsumme für eine Kamerasammlung beträgt 935.496 DM. Es handelt sich um eine Sammlung von „Spionage"-, Subminiatur- und Detektivkameras, die am 9. Dezember 1991 bei Christie's in London (GB) versteigert wurde.

WERTVOLLSTE SCHALLPLATTENSAMMLUNG IN FARBIGEM VINYL
Alessandro Benedetti (I) hat 934 aus farbigem Vinyl hergestellte Schallplatten gesammelt. Seine Sammlung besteht aus 647 Langspielplatten (601 aus farbigem Vinyl, 46 mit Bildern) und 287 Singles.

GRÖSSTE MENÜKARTEN-SAMMLUNG
Daniel Barlow (USA) sammelt seit 52 Jahren Restaurant-Menükarten und hat seitdem 3.908 zusammengetragen. Seine Lieblinge sind eine Papyrus-Karte aus Ägypten, einige in Form von Schriftrollen aus China, die Karte eines Restaurants in Hongkong sowie die eines Nudistenlokals in Florida (USA). Barlow will mit den Karten Veränderungen der weltweiten Küchenkultur dokumentieren.

GRÖSSTE SAMMLUNG VON SCHLAGZEUGSTÖCKEN
Die weltweit größte Sammlung handsignierter Schlagzeugstöcke besitzt Peter Lavinger aus New York (USA). Seit 1980, als er sich bei einem Konzert der Good Rats den ersten Stock ergatterte, hat er über 1.300 Stöcke gesammelt. Lavinger, der selbst nicht Schlagzeug spielt, rühmt sich des Besitzes von Stöcken, die einst von den Gruppen Pink Floyd, den Beatles, R.E.M., Nirvana, den Doors, Fleetwood Mac, Pearl Jam, den Rolling Stones, U2 sowie Hunderten weiterer Bands benutzt wurden. 1989 wurde seine Sammlung im New Yorker Hard Rock Café ausgestellt, gegenwärtig in der Rock 'n' Roll Hall of Fame and Museum in Cleveland, Ohio (USA). Der Gesamtwert wird auf über 2,24 Mio. DM geschätzt.

www.guinnessworldrecords.com/drumsticks
ACCESS CODE: ‹54032›

www.guinnessworldrecords.com/navelfluff

ACCESS CODE: ‹55851›

DER NABEL DER WELT
Die größte Sammlung von Fusseln aus dem menschlichen Nabel gehört dem Australier Graham Barker, der seit 1984 15,41 g Fusseln aus seinem Nabel gesammelt hat. „Einige Menschen blicken der Inspiration wegen in ihren Nabel, ich blicke in meinen und sehe Fussel", sagt Barker. Auf die Frage, warum er das tue, antwortet er: „Warum nicht?" Obwohl er nun zweieinhalb Gläser von diesem bizarren körperlichen Produkt besitzt (ein Glas ist rechts zu sehen), ist es Grahams Ziel, so viele Fusseln zu sammeln, dass er damit ein Kissen füllen kann. Er begann mit dem Sammeln, als er einmal in einer Jugendherberge in Brisbane (AUS) eingepfercht war und sich zu Tode langweilte. Mittlerweile sei, so Barker, das Sammeln seiner Nabelfussel zu einer alltäglichen Gewohnheit geworden. Er behauptet, sie seien in tadellosem Zustand, da er sie umgehend in einem Glas unterbringe.

GRÖSSTE BANANENSAMMLUNG
Kevin Bannisters internationales Bananenklub-Museum in Altadena (USA) beherbergt mehr als 17.000 Artikel zum Thema „Banane". Das Museum wurde 1972 eröffnet und die Sammlung beinhaltet unter anderem Bananen-Slipper, Anzüge, Spiele, Töpfe, Pfeifen und Puppen. Der Bananenklub hat mittlerweile 9.000 Mitglieder aus 27 Ländern.

GRÖSSTE HÄSCHENSAMMLUNG
Seit dem 14. Februar 1993 haben die Eheleute Steve Lubanski und Candace Frazee (USA) 8.437 Häschen-Artikel erworben.

GRÖSSTE FRÖSCHESAMMLUNG
Wendy Scower (CDN) hat seit ihrem zehnten Lebensjahr 1967 insgesamt 1.202 verschiedenen Frosch-Artikel zusammengetragen.

GRÖSSTE SCHWEINESAMMLUNG
Carl Kinney (USA) besitzt eine Sammlung von 2.250 verschiedenen Schweine-Artikeln, darunter Sparbüchsen, Bücher, Spielzeug. Er begann 1978 zu sammeln, wobei 200 Objekte seiner ebenfalls sammelnden Großmutter als Grundlage dienten.

GRÖSSTE SAMMLUNG VON KÜHLSCHRANKMAGNETEN
Louise J. Greenfarb (USA) besitzt 29.000 Kühlschrankmagneten. Ihre Sammlung ist so eindrucksvoll, dass sie im GUINNESS WORLD RECORDS-Museum in Las Vegas (USA) ausgestellt wurde. Die Magnete stellen unterschiedlichste Motive dar, von Lebensmitteln bis zu US-Präsidenten.

GRÖSSTE HANDSCHELLENSAMMLUNG
530 Paare von Handschellen hat der britische Schlosser Chris Gower seit 1968 gesammelt – von antiken Sklaven-Ketten bis zu modernsten Sicherheitshandschellen. Sein Lieblingsobjekt ist ein berühmtes Paar Plug Lock Figure „8"-Fußeisen, aus denen sich 1903 Houdini, Gowers großer Held, nicht befreien konnte.

UMFANGREICHSTE SAMMLUNG GÜLTIGER KREDITKARTEN
Walter Cavanagh (USA) hat 1.397 unterschiedliche, gültige Kreditkarten gesammelt. Obwohl „Mr. Plastic Fantastic" für die Karten nichts bezahlt hat, sind sie mehr als 3,67 Mio. DM wert. Cavanagh bewahrt sie in der weltweit größten Brieftasche auf – sie ist 76,2 m lang und wiegt 17,49 kg. Aneinander gereiht würden die Karten bis zum Dach eines vierstöckigen Gebäudes reichen.

ALLES IN DER TÜTE
Seit 1975 hat Heinz Schmidt-Bachem (D) 150.000 Papier- und Plastiktüten gesammelt, von der einfachen Tüte aus dem Tante-Emma-Laden bis zu Kreationen von Designer-Boutiquen. Seine älteste Tüte stammt aus dem Jahr 1853 und ist die erste jemals industriell gefertigte Tüte.

www.guinnessworldrecords.com/arts

Freizeit und Vergnügen

GUINNESS WORLD RECORDS™

Filme + Stars 1

LÄNGSTE FILMEINSTELLUNG
Die längste Einstellung in einem Spielfilm ist der komplette, nicht kommerzielle Film *Bug Night* (USA, 1998) von Kevin du Toit. Sie besteht aus 84 Minuten Rückblick auf das Geschehen in einem Lokal, bei dem neun Personen als Geiseln genommen wurden.

LÄNGSTE FILMEINSTELLUNG IN EINEM KOMMERZIELLEN FILM
Der Film *A Free Soul* (USA, 1931) enthält einen 14-minütigen ununterbrochenen Monolog von Lionel Barrymore. Da eine Kamera auf einer Filmrolle nur zehn Minuten Film aufzeichnen kann, wurde die Szene mit mehreren Kameras gedreht.

LÄNGSTER FILM
Der 85-stündige Film *The Cure for Insomnia* (USA, 1987) von John Henry Timmis IV ist der längste Film aller Zeiten. In voller Länge wurde er zum ersten Mal vom 31. Januar bis 3. Februar 1987 am School of the Art Institute in Chicago (USA) vorgeführt.

MEISTE KOSTÜMWECHSEL EINER FILMFIGUR
In *Evita* (USA, 1996) wechselte Madonna 85-mal die Kostüme. Um sich in die argentinische Präsidentengattin Eva Perón zu verwandeln, trug sie 39 Hüte, 45 Paar Schuhe, 56 Paar Ohrringe und 42 verschiedene Frisuren. Die Kostüme wurden von Penny Rose entworfen. Nach Fertigstellung Tausender von Mustern machte sich ein Heer von Kostümschneidern an die Arbeit. Diese benötigten 14 Wochen, um zu sticken, Kleider mit Perlen zu verzieren und Eva Peróns Garderobe so wiederaufstehen zu lassen.

JURASSISCHE ABENTEUER
Universals *Vergessene Welt: Jurassic Park* (USA, 1997) startete am Wochenende des amerikanischen Heldengedenktags (23. Mai) landesweit mit mehr als 5.000 Kopien - beispiellos in der Filmgeschichte. In einigen Multiplex-Kinos wurde der Film gleichzeitig auf sechs Leinwänden gezeigt. Der Film ist die Fortsetzung von *Jurassic Park* (USA, 1993) mit den Schauspielern Jeff Goldblum und Richard Attenborough. Bis zum 26. Mai 1997 konnte *Vergessene Welt: Jurassic Park* nach vier Tagen und in 3.281 Kinos Bruttoeinnahmen von 201,8 Mio. DM verbuchen. Das ist Rekord an einem Startwochenende. (Die Preview-Vorstellung mit 5,82 Mio. DM in 1.755 Kinos ist hierbei nicht mitgerechnet.)

www.guinnessworldrecords.com/lostworld
ACCESS CODE: ‹50750›

HÖCHSTES BUDGET FÜR MAKE-UP
Ein Gesamtbudget von 2,24 Mio. DM (17 % der gesamten Produktionskosten) verschlang das Make-up in *Der Planet der Affen* (USA, 1968). Der heutige Gegenwert würde sich auf 11 Mio. DM belaufen.

MEISTE STATISTEN
Über 300.000 Statisten traten in der Begräbnisszene von *Gandhi* (GB, 1982) auf, einem Epos unter der Regie von Sir Richard Attenborough. Für diese Szene belichteten elf Kamerateams 6.096 m Filmmaterial – mehr als das komplette Filmmaterial der Endfassung von 188 Minuten Länge. Die geschnittene Begräbnisszene dauert auf der Leinwand nur 125 Sekunden.

EINZIGER FILM OHNE KAMERA
José Antonio Sistiagas (E) hat den einzigen Film in Spielfilmlänge ohne Kamera produziert. Er stellte den 75-minütigen Trickfilm *Scope, Colour, Muda* (E, 1970) allein in 17 Monaten zwischen 1968 und 1970 her. Sistiagas malte mit der Hand direkt auf das Filmmaterial.

MEISTGESCHNITTENE SZENE
Der Cutter Lloyd Nosler musste 60.960 m Film auf lediglich 228,6 m zusammenschneiden. Es handelte sich um die Szene des Wagenrennens in *Ben Hur* (USA, 1925) mit Ramon Navarro in der Hauptrolle. Es ist, mit einem Verhältnis von 267:1 (gedrehter und gezeigter Film), die meistgeschnittene Szene in der Filmgeschichte.

IMMER UND IMMER WIEDER ...
Stanley Kubrick hält den Rekord für die meisten Retakes einer Szene in einem Tonfilm. Die Szene mit Shelley Duvall in dem Film *Shining* (USA, 1980) mit Jack Nicholson (links) ließ er 127-mal nachdrehen. Marilyn Monroe wiederholte in *Manche mögen's heiß* (USA, 1959) eine Szene 59-mal. Ihre einzige Textzeile lautete: „Wo ist der Bourbon?" Die Szene in Charlie Chaplins *Lichter der Großstadt* (USA, 1931), in der ein blindes Mädchen ihm eine Blume verkauft und ihn für einen reichen Mann hält, musste 342-mal nachgedreht werden. Somit hält der Film den Rekord für die meisten Retakes einer Szene. Dieser Stummfilm, der als Chaplins Meisterwerk gilt, kam drei Jahre nach dem Beginn der Tonfilm-Ära in die Kinos.

www.guinnessworldrecords.com/retakes
ACCESS CODE: ‹54546›

TEUERSTER SPIELFILM
Die Produktion von *Titanic* (USA, 1997) von Paramount kostete über 448 Mio. DM. Der Film über die weltweit schlimmste Schiffskatastrophe in Friedenszeiten wurde einer der größten Erfolge Hollywoods. Ursprünglich belief sich das Budget auf 280 Mio. DM, und der Film hätte im Juli 1997 in die Kinos kommen sollen. Doch Probleme nach der Produktion verzögerten den Start bis Dezember 1997 und erhöhten die Gesamtkosten. Wenn man die Inflation berücksichtigt, war der teuerste Film aller Zeiten *Cleopatra* (USA, 1963). Sein 98,6 Mio.-DM-Budget entspräche heute ca. 687,4 Mio. DM.

GRÖSSTES PRODUKTIONSTEAM FÜR EINEN SPIELFILM
Für die Fliegergeschichte über den Ersten Weltkrieg *Gunbus – 2 Blechpiloten und ihre fliegenden Kisten* (*Sky Bandits*; GB, 1986) wurde die Rekordzahl von 532 Handwerkern und Technikern eingesetzt. Die Crew baute Schauplätze für Kriegsszenen, Gebäude, die explodieren sollten, und Flugzeuge, die den 1917 eingesetzten Maschinen entsprachen.

LÄNGSTER VORSPANN
Vor dem Eröffnungstitel von Dennis Hoppers *The Last Movie* (USA, 1971) läuft der Vorspann eine halbe Stunde lang.

LÄNGSTER ABSPANN
Der Abspann von Sergio Leones *Spiel mir das Lied vom Tod* (I/USA, 1968) dauert 12 Minuten.

LÄNGSTER FILMTITEL
Der offizielle Titel eines Films von Lina Wertmüller lautete *Un Fatto di sangue nel commune di Sculiana fra due uomini per causa di una vedova si sospetano moventi politici. Amore-Morte-Shimmy. Lugano belle. Tarantelle. Tarallucci é vino.* (I, 1979). Er besteht aus 179 Zeichen, einschließlich Satzzeichen. Der deutscheTitel lautete *Blutfehde*.

GRÖSSTER KASSENSCHLAGER
Aufgrund der steigenden Eintrittspreise sind fast alle Kassenschlager relativ neue Produktionen. Rechnet man jedoch die Gesamteinnahmen von 881,2 Mio. DM für *Vom Winde verweht* (USA, 1939) auf den heutigen Gegenwert hoch, kommt man auf 8,48 Mrd. DM. Allein in den USA spielte *Vom Winde verweht* 634,1 Mio. DM ein, *Titanic* (USA, 1997) dagegen „nur" 293,2 Mio. DM.

HÖCHSTES FILMBUDGET
Das höchste, vor dem Dreh genehmigte Filmbudget sind 324,8 Mio. DM für das Kriegsepos *Pearl Harbor*. Die Dreharbeiten begannen am 3. April 2000, der Film kam im Juni 2001 in die Kinos.

HÖCHSTE BRUTTO-EINNAHMEN EINES SCIENCE-FICTION-FILMS
Krieg der Sterne (USA, 1977) spielte weltweit 1,15 Mrd. DM ein. Berücksichtigt man jedoch die Inflation, rangiert der Film mit 3,49 Mrd. DM Einnahmen hinter *Vom Winde verweht* (USA, 1939).

www.guinnessworldrecords.com/hannibal

ACCESS CODE: ‹56244›

EIN GOLDESEL
Am Startwochenende (ab dem 9. Februar 2001, insgesamt 3.230 Kopien) kam der Film *Hannibal* (USA) von Ridley Scott, mit Anthony Hopkins und Julianne Moore (unten) in den Hauptrollen, auf Einnahmen von 129,9 Mio. DM. Dies ist die höchste Bruttoeinnahme an einem Startwochenende für einen ab 18 Jahren freigegebenen Film.
Star Wars Episode 1 – Die dunkle Bedrohung (USA, 1999) lief in 2.970 Kinos an und spielte in sechs Tagen, vom 23.–28. Mai 1999, 100 Mio. $ (224 Mio. DM) ein. Damit brach der Film den vorherigen Rekord von *Vergessene Welt: Jurassic Park*, der die 100 Mio.-$-Grenze 1997 nach 58 Tagen überschritt. Als vor der Premiere der Trailer lief, kauften Star-Wars-Fans Eintrittskarten, nur um diesen Trailer zu sehen.

HÖCHSTE BRUTTOEINNAHMEN EINES BRITISCHEN FILMS
Der im August 1997 angelaufene Film *The Full Monty* (GB) hat insgesamt 507,18 Mio. DM eingespielt.

GRÖSSTE VERLUSTE
Der MGM-Film *Die Piratenbraut* (USA, 1995) von Renny Harlin mit Geena Davis in der Hauptrolle kostete inkl. Werbung über 224 Mio. DM, spielte jedoch angeblich nur 24,6 Mio. DM ein.

HÖCHSTE BRUTTOEINNAHMEN EINES WESTERN
Der mit dem Wolf tanzt (USA, 1990) mit Kevin Costner als Regisseur und Hauptdarsteller hat weltweit 950,2 Mio. DM eingespielt.

HÖCHSTE BRUTTOEINNAHMEN EINES HORRORFILMS
Der Exorzist (USA, 1973) von William Friedkin hat mit einem Budget von 26,88 Mio. DM weltweit insgesamt 655,65 Mio. DM eingespielt.

GRÖSSTE JÄHRLICHE FILMPRODUKTION
In Indien werden weltweit die meisten Kinofilme hergestellt, 1990 die Rekordzahl von 948 Filmen. 1994 wurden in den drei wichtigsten Produktionsstätten Mumbai (Bombay), Kalkutta und Madras 754 Filme in 16 Sprachen produziert. Seit den 80er Jahren dominieren traditionelle Hindi-Liebesgeschichten im Musicalstil die Leinwand.

Filme + Stars 2

MEISTE TIERE IN EINEM FILM
In dem Film *In 80 Tagen um die Welt* (USA, 1956) von Daniel Anderson, mit David Niven als Phileas Fogg, kommen insgesamt 8.552 Tiere vor: 3.800 Schafe, 2.448 Büffel, 950 Esel, 800 Pferde, 512 Affen, 17 Stiere, 15 Elefanten, sechs Stinktiere und vier Strauße.

AUFWÄNDIGSTES CASTING
Um eine Darstellerin für die Rolle der Scarlett O'Hara in *Vom Winde verweht* (USA, 1939) zu finden, verbrauchte MGM 45.415 m Schwarzweiß-Testfilm und weitere 3.962 m Farbfilm. Getestet wurden 60 Schauspielerinnen, von denen keine die Rolle bekam. Nachdem 27 Stunden Testfilm unberücksichtigt blieben, schränkte Produzent David O. Selznick die Auswahl auf vier Schauspielerinnen ein. Vivien Leigh erhielt schließlich die Zusage, nachdem die Dreharbeiten bereits begonnen hatten. Insgesamt beliefen sich die Kosten für die 49.377 Filmmeter auf 235.200 DM, was einem heutigen Wert von 3,65 Mio. DM entspricht.

GRÖSSTER SZENENAUFBAU
Der für Steven Spielbergs Film *Unheimliche Begegnung der Dritten Art* (USA, 1977) gebaute UFO-Landeplatz war 27 m hoch, 137 m lang und 76 m breit. Das Bauwerk beinhaltete 6,4 km Gerüste, 1.570 m² Fiberglas und 2.740 m² Nylon-Überdachung.

MEISTE FORTSETZUNGEN
Die US-Filmserie „Blondie" mit Penny Singleton in der Hauptrolle der Blondie Bumstead tauchte erstmals 1939 mit *Blondie Meets the Boss* auf der Leinwand auf. Dem Film folgten 26 weitere „Blondie"-Filme, der letzte davon war *Beware of Blondie* (USA, 1950). Die von Natur aus brünette Singleton bleichte ihr Haar speziell für diese Rolle. Sie spielte im Durchschnitt in zwei bis drei „Blondie"-Filmen pro Jahr mit, 1947 sogar in vier.

NICHTS ALS HORROR
Die meistverfilmte Horrorfigur ist Graf Dracula, eine von dem irischen Schriftsteller Bram Stoker (1847–1912) geschaffene Figur. Unter anderem taucht Dracula (links) in *Bram Stokers Dracula* (USA, 1992) auf. Mit 162 Darstellungen des Grafen liegt die Figur deutlich vor ihrem größten Rivalen Frankenstein mit 117 Darstellungen. 1972 war das ergiebigste Jahr für Horrorfilme: Insgesamt 189 Horrorfilme kamen in die Kinos. 83 davon stammten aus den USA. Der Boom nahm binnen drei Jahren ab, 1975 wurden nur noch 58 solcher Filme produziert. Dennoch war dies das Jahr, in dem Horrorfilme, hauptsächlich aufgrund des riesigen Erfolgs von *Der weiße Hai* (USA, 1975), den größten Anteil am Filmverleih hatten.

www.guinnessworldrecords.com/dracula
ACCESS CODE: ‹50723›

KLEINSTER SZENENAUFBAU
Den kleinsten Szenenaufbau hatte der Film *Bill and Coo* (USA, 1947). Er wurde komplett in einem Modelldorf gedreht, das auf einem Tisch mit den Maßen 9,14 x 4,57 m aufgebaut war. Die Darsteller waren Sperlingspapageien. 1948 erhielt der Film den Honorary Academy Award.

LÄNGSTE FILMSERIE
Insgesamt 103 Filme wurden in Hongkong über den Kampfsporthelden Huang Fei-Hong gedreht. Die Handlung spielt im 19. Jahrhundert. Der erste Film der Serie hieß *The True Story of Huang Fei-Hong* (1949), der jüngste 46 Jahre später *Once Upon a Time in China 5* (1995).

LÄNGSTE OSCAR-REDE
Die längste Rede bei einer Oscar-Verleihung dauerte 5 Minuten 30 Sekunden. Sie wurde 1942 am 4. März 1943 von Greer Garson gehalten, nachdem sie für ihre Hauptrolle in *Mrs. Miniver* (USA, 1942) einen Oscar als Beste Schauspielerin erhalten hatte. Seit 1990 ist die Redezeit auf 45 Sekunden begrenzt.

LÄNGSTE DANKSAGUNG EINES OSCAR-GEWINNERS
Als Olivia de Havilland bei den Academy Awards 1946 am 13. März 1947 für ihre Darstellung der Josephine Norris in *Mutterherz* (USA, 1946) einen Oscar als Beste Schauspielerin erhielt, dankte sie 27 Personen.

MEISTE OSCAR-NOMINIERUNGEN FÜR EINEN FREMDSPRACHIGEN FILM
Der unter der Regie von Ang Lee gedrehte Film *Tiger & Dragon* (RC, 2000) mit den Schauspielern Yun-Fat Chow und Michelle Yeoh wurde am 23. Februar 2001 für die Rekordzahl von zehn Oscars nominiert. Der ebenfalls für die Sparten Bester Film, Bester Regisseur, Musik (Lied), Drehbuch, Filmschnitt und Kostümdesign nominierte Streifen gewann Oscars für den Besten Film in einer Fremdsprache, künstlerische Leitung, Filmmusik und Filmtechnik.

LAND MIT DEN MEISTEN OSCAR-NOMINIERUNGEN FÜR FREMDSPRACHIGE FILME
Filme aus Frankreich wurden zwischen 1956 und 2001 31-mal in der Sparte Fremdsprachiger Film nominiert, von ihnen erhielten neun die begehrte Auszeichnung: 1958, 1959, 1962, 1966, 1972, 1973, 1977, 1978 und 1992.

MEISTE NOMINIERUNGEN ZU LEBZEITEN EINES MENSCHEN
Der Komponist John Williams erhielt 38 Academy-Awards-Nominierungen. Er ist damit der zu Lebzeiten am häufigste nominierte Künstler. Erstmals wurde er in den Sparten Beste Musik, Instrumentierung der Filmmusik, Bearbeitung für *Das Tal der Puppen* (USA, 1967) nominiert. 2001 wurde er zum 38. Mal nominiert – in der Sparte Beste Originalfilmmusik für *Der Patriot* (USA, 2000).

LANGE NICHT GESEHEN
Der Fortsetzungsfilm *Oz – eine phantastische Welt* (USA, 1985) wurde 46 Jahre nach dem Original, *Der Zauberer von Oz* (USA, 1939), produziert, in dem Judy Garland und Jack Haley (links) die Hauptrollen spielten. Das ist die längste Zeitspanne zwischen einem Originalfilm und seiner Fortsetzung. Die Filme basierten auf den Romanen *Das Land von Oz* und *Ozma aus Oz* von Frank Baum.
Der Rekord für die längste Zeitspanne zwischen Originalfilm und Neuverfilmung ist 74 Jahre 267 Tage, und zwar für *Sieben Chancen* (USA, 1925) von Buster Keaton und den Film *Der Junggeselle* (USA, 1999). Die Filme erzählen die Geschichte von Jimmie Shannon, der binnen 24 Stunden heiraten muss, um das Erbe seines Großvaters antreten zu können.

www.guinnessworldrecords.com/wizardofoz
ACCESS CODE: ‹50608›

www.guinnessworldrecords.com/juliaroberts

ACCESS CODE: ‹54705›

GUT BEZAHLTE PRETTY WOMAN

Julia Roberts (rechts), bekannt geworden mit *Pretty Woman* (USA, 1990), verlangte für ihre Hauptrolle in *Erin Brokovich* (USA, 2000) 44,8 Mio. DM. Damit ist sie die für einen einzigen Film bestbezahlte Schauspielerin. Zuvor belief sich ihre höchste Gage auf 38,08 Mio. DM, und zwar für *Die Braut, die sich nicht traut* (USA, 1999). Am 25. März 2001 erhielt sie für ihre Darstellung der Erin Brokovich ein Oscar als Beste Schauspielerin.

MEISTE OSCAR-NOMINIERUNGEN, OHNE IHN ZU GEWINNEN

Art Director Roland Anderson erhielt 15 Oscar-Nominierungen, ging bei der Oscar-Verleihung jedoch immer leer aus. Der Komponist Alex North wurde ebenfalls 15-mal nominiert, ohne je einen Oscar zu gewinnen. 1986 wurde ihm immerhin einen Ehren-Oscar verliehen.

MEISTE GENERATIONEN EINER FAMILIE ALS OSCAR-GEWINNER

Die einzige Familie mit drei Generationen von Oscar-Gewinnern sind die Hustons. Walter Huston (1884–1950) gewann den Preis für die beste Nebenrolle in *Der Schatz der Sierra Madre* (USA, 1948). Sein Sohn John (1906–1987) gewann den Oscar für denselben Film in der Sparte Beste Regie, und Johns Tochter Anjelica (geb. 1951) gewann ihn als Beste Nebenrollendarstellerin in *Die Ehre der Prizzis* (USA, 1985).

MEISTE OSCAR-NOMINIERUNGEN FÜR EINEN FILM

Die Rekordzahl von 14 Oscar-Nominierungen erhielten 1951 *Alles über Eva* (USA, 1950) und 1998 *Titanic* (USA, 1997). *Alles über Eva* erhielt sechs Oscars, *Titanic* sogar elf – ein Rekord, den sich der Film mit *Ben Hur* (USA, 1959) teilt.

MEISTE OSCARS ALS BESTER FREMDSPRACHIGER FILM

Italien erhielt zwölf Oscars in der Kategorie Bester Fremdsprachiger Film, zuletzt für *Das Leben ist schön* bei den Academy Awards 1999. Die italienischen Academy-Awards-Gewinner sind: *Mediterraneo* (1991), *Cinema Paradiso* (1989), *Amarcord* (1974), *Der Garten der Finzi Contini* (1971), *Ermittlungen gegen einen über jeden Verdacht erhabenen Bürger* (1970), *Gestern, heute und morgen* (1964), Federico Fellinis *Achteinhalb* (1963), *Die Nächte der Cabiria* (1957), *La Strada – das Lied der Straße* (1956), *Die Mauern von Malapaga* (1950) und *Fahrraddiebe* (1949).

MEISTE OSCARS FÜR DARSTELLUNG UND DREHBUCH

Emma Thompson erhielt 1993 für ihre Rolle in *Wiedersehen in Howard's End* (GB, 1991) einen Oscar als Beste Schauspielerin. 1996 wurde sie für das Beste Drehbuch für *Sinn und Sinnlichkeit* (USA/GB, 1995) ausgezeichnet.

GUINNESS WORLD RECORDS™

Fernsehen + Werbung

THE BIG APPLE
Der teuerste je produzierte TV-Werbespot war ein Spot für den Computerhersteller Apple Macintosh (oben). Er basierte auf dem Roman *1984* von George Orwell. Die Kosten beliefen sich auf 1,34 Mio. DM für die Produktion und 2,24 Mio. DM für die Ausstrahlung im Januar 1984 während des NFL Super Bowls. Die Wirkung des Spots war so enorm, dass er als einer der kosteneffizientesten Werbespots aller Zeiten gilt. Er wurde nur zweimal gesendet, das erste Mal im Dezember 1983 von einem kleinen Sender in den USA. Der Spot zeigte, wie eine von IBM beherrschte Welt von einem neuen Computer – einem Mac – erobert wird. Der teuerste Werbespot, der innerhalb einer TV-Serie gesendet wurde, war ein 30-Sekunden-Spot im Werbeblock der letzten Folge von NBCs *Seinfeld* am 14. Mai 1998. Der Spot kostete 1,28 Mio. DM. Das sind 33.600 DM mehr als der zweithöchste Preis, ein Spot in der Serie *Emergency Room*.

www.guinnessworldrecords.com/apple
ACCESS CODE: ‹48001›

HÖCHSTE AN EINEM TAG ERZIELTE WERBEEINNAHMEN
Fox TV (USA) hat am Super Bowl Sunday (31. Januar 1999) angeblich 336 Mio. DM eingenommen – die höchsten an einem Tag erzielten Werbeeinnahmen eines TV-Senders.

LÄNGSTE NUTZUNG EINES SENDEMASTES
Ein stählerner TV-Sendemast war 1935 auf dem Dach des süd-östlichen Turms des Alexandra Palace in London (GB) installiert worden. Die Pläne dafür stammten von John Logie Baird, der BBC und EMI-Marconi. Er übertrug von November 1936 an das weltweit erste Fernsehen mit hoher Auflösung und wird heute noch von BBC und ITV sowie für digitalen Funk genutzt.

ERSTES BUDGET FÜR FERNSEHSENDUNG
1936 erhielt Cecil Madden, Programmorganisator und Chefproduzent bei Alexandra Palace, London (GB), ein Budget von 3.160 DM (damals 11.135 DM), um das gesamte Fernsehprogramm der BBC für eine Woche zu finanzieren. Der Etat entspräche heute 91.166 DM. Dies erklärt zum Teil die Fernsehgewohnheiten der Zuschauer: eine Stunde nachmittags, eine Stunde abends und sonntags kein Fernsehen.

KÜRZESTER WERBESPOT
Ein unterschwelliger Werbespot für Bon Marche's Frango-Süßigkeiten bestand aus nur vier Bildern, dauerte also nur 4/30 Sekunden (pro Sekunde laufen 30 Bilder). Er wurde am 29. November 1993 im *Evening Magazine* von KING-TV (USA) gesendet.

ERSTER WERBESPOT IM WELTALL
Am 22. August 1997 zeigte die Werbekampagne für Tnuva-Milch den Kosmonauten Wasilij Tsibliyew, wie er an Bord der russischen Raumstation *Mir* Milch trank.

MEISTE FERNSEHSPOTS FÜR EIN PRODUKT AN EINEM ABEND
Am 1. Oktober 1996 sendete Granada Sky Broadcasting (GB) alle 17 Versionen des Castlemaine XXXX-Werbespots.

MEISTE BABYS IN EINEM WERBESPOT
Ein britischer Werbespot aus dem Jahr 1996 von Tony Kaye für das Automodell Vauxhall (in Deutschland Opel) Astra zeigte 2.000 Babys.

GRÖSSTE GLEICHZEITIGE ERSTSENDUNG EINES TV-WERBESPOTS
Die Ford Motor Company (USA) sendete ihren zweiminütigen Global Anthem-Werbespot am 1. November 1999 um 21 Uhr lokaler Zeit auf mehr als 140 Regionalsendern in 190 Ländern.

HÖCHSTE TV-ZUSCHAUERQUOTE
Die letzte Folge der Serie *M*A*S*H, Goodbye, Farewell and Amen* des US-Fernsehsenders CBS erreichte am 28. Februar 1983 in den USA 60,3 Prozent aller Haushalte. Ungefähr 125 Mio. Menschen schalteten ein, 77 % der über einen Fernseher verfügenden Öffentlichkeit.

SCHNELLSTE VIDEOPRODUKTION
Die am 23. Juli 1986 live gefilmte königliche Hochzeit von Prinz Andrew und Sarah Ferguson (GB) endete um 16.42 Uhr mit dem Abflug des Paares vom Chelsea Hospital aus in die Flitterwochen. Die ersten vollständig geschnittenen und fertig gestellten VHS-Kassetten, die von Thames Video Collection produziert wurden, gab es um 22.23 Uhr – nur 5 Stunden 41 Minuten später – bei Virgin Megastore in der Oxford Street, London (GB), zu kaufen.

BESTVERDIENENDER FERNSEHPRODUZENT
David E. Kelley (USA), der Schöpfer von *Ally McBeal* und *The Practice*, war nach der *Forbes*-Liste der 100 reichsten Persönlichkeiten 2000 der weltweit bestverdienende Fernsehproduzent im Jahr 1999 mit einem Einkommen von über 264,32 Mio. DM.

BESTVERDIENENDER TV-AUTOR
Larry David, Co-Autor und Mitbegründer der erfolgreichen US-Comedy-Serie *Seinfeld*, verdiente 1998 schätzungsweise 542,08 Mio. DM. David verließ die Sendung 1996, kehrte aber 1998 zurück, um die letzte Folge zu schreiben.

LÄNGSTE ARBEITSZEIT FÜR UNTERTITLUNG
Das BBC-Team für Untertitlung beschäftigte acht Stenographen, die Nachtschichten einlegten, um hörbehinderten Zuschauern der BBC-Wahlsondersendung 1997 wortgetreue Untertitel zur Verfügung zu stellen. Die Mitarbeiter arbeiteten 17 Stunden 55 Minuten lang, von 21.55 am 1. Mai bis 16 Uhr am 2. Mai. Die Berichterstattung wurde nur zwischen 13.30 und 14 Uhr unterbrochen, als lokale Nachrichten übertragen wurden.

MEISTE ZUSCHAUER BEI EINEM WELTRAUMEREIGNIS
Das von den meisten Fernsehzuschauern gesehene Weltraumereignis war der erste Mondspaziergang der Apollo-11-Astronauten im Juli 1969. Schätzungsweise 600 Mio. Menschen sahen zu – ein Fünftel der damaligen Weltbevölkerung.

MEISTGESEHENER FERNSEHSENDER
Der staatliche Sender China Central Television (CCTV) kann von 84 Prozent aller Fernsehzuschauer in China empfangen werden. Schätzungsweise 900 Mio. Menschen im Land haben Zugang zum meistgesehenen Sender der Welt macht. Auf seinen neun Kanälen wird in Mandarin, Kantonesisch, Englisch und Französisch gesendet.

www.guinnessworldrecords.com/er

ACCESS CODE: ‹47888›

EINE TEURE OPERATION

Die gegenwärtig teuerste US-Fernsehserie ist *Emergency Room.* Sie hatte pro Woche 33 Mio. Zuschauer, als Warner Bros. im Januar 1998 einen Drei-Jahres-Vertrag mit NBC über die Rekordsumme von 1,92 Mrd. DM für 22 Folgen abschloss. Jede einstündige Folge kostete 29,34 Mio. DM. Vor dem Vertragsabschluss hatte NBC 3,6 Mio. DM pro Folge bezahlt und 35,9 Mio. DM an Werbeeinnahmen verdient. Im April 2000 zahlte NBC die Rekordsumme von 1,43 Mrd. DM für drei weitere Staffeln der Serie bis 2004. Pro Folge beziffern sich die Kosten damit auf 21,5 Mio. DM. Unten abgebildet sind Goran Visnjic (links) als Dr. Luka Kovac, James Cromwell (Mitte) als Bishop Stewart und Erik Palladino (rechts) als Dr. Dave Malucci.

GRÖSSTER MUSIK-FERNSEHSENDER

MTV wird in 79 Ländern von insgesamt 281,7 Mio. Haushalten empfangen. Damit können die MTV-Sendungen weltweit von jedem vierten Fernsehzuschauer gesehen werden.

GRÖSSTER FERNSEHSENDER

CNN International kann mit Hilfe von 23 Satelliten in 212 Ländern von etwa 149 Mio. Haushalten weltweit empfangen werden, womit CNN zum größten Fernsehsender der Welt wird.

TEUERSTE DOKUMENTARSERIE

Die Produktion der BBC-Dokumentarserie *Walking with Dinosaurs* (Oktober 1999) kostete über 118.986,64 DM pro Minute. Sie zeigt das Leben und Sterben der Saurier. Die Produktion der sechsteiligen Serie dauerte über zwei Jahre und kostete insgesamt 19,27 Mio. DM. Eingesetzt wurden Computergrafiken mit Hintergrund-Filmen, die in der ganzen Welt gedreht wurden.

TEUERSTE FERNSEHRECHTE

Im Juni 1997 bezahlte der Sender Fox die Rekordsumme von 181,4 Mio. DM für die TV-Rechte an Steven Spielbergs *Vergessene Welt: Jurassic Park* (USA, 1997), bevor der Film weltweit anlief.

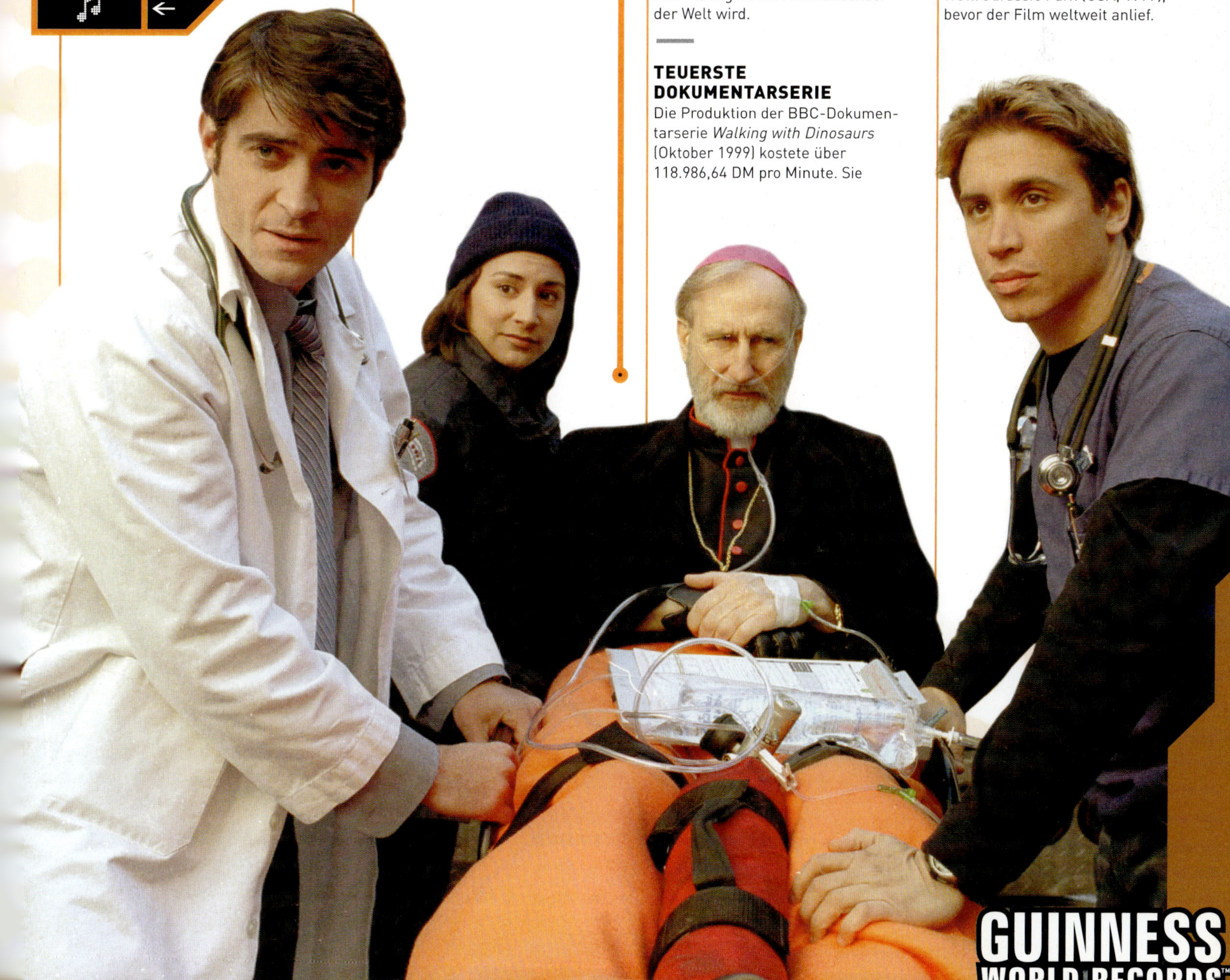

Fernsehen + Programm

MEISTE EMMY-NOMINIERUNGEN FÜR TV-SERIE

Insgesamt 21 Nominierungen für Daytime Emmy Awards wurden am 11. März 1999 an die auf ABC laufende US-Seifenoper *The Young and the Restless* vergeben. Gewonnen hat sie bei der Preisverleihung am 21. Mai 1999 drei Auszeichnungen in den Sparten Nebenrollendarstellerin in TV-Serie (Sharon Case), Jungschauspielerin in TV-Serie (Heather Tom) sowie für das Drehbuchteam der TV-Serie.

GELD, GELD, GELD

Der höchste je im Fernsehen gewonnene Bargeldpreis beträgt 3,16 Mio. DM. Er wurde dreimal vergeben. Am 24. Dezember 1999 gewann Ian Woodley (GB) diesen Betrag im TFI-Freitagsquiz auf Channel 4. Er wusste, dass der Kuchen im Film *American Pie* aus Äpfeln gemacht war. Am 19. November 2000 gewann Judith Keppel (oben) 3,16 Mio. DM in der ITV-Show *Who Wants To Be A Millionaire?*. Sie beantwortete 15 Fragen richtig. Die letzte Frage lautete: „Welcher König war mit Eleanor von Aquitanien verheiratet?" Sie antwortete: „Henry II." Am 9. April 2001 vergab die Show einen weiteren Bargeldpreis in der Höhe an den Lehrer für Naturwissenschaften David Edwards. Er gewann ihn auf die Frage: „Wenn Sie Samen der Pflanze *Quercus Robur* pflanzen würden, was würde dann wachsen?" Er antwortete korrekt: „Bäume".

www.guinnessworldrecords.com/millionaire

ACCESS CODE: ‹47849›

MEISTES BEI EINER SENDUNG GESPENDETES GELD

Am 16. März 2001 übergab die britische Supermarkt-Kette Sainsbury der Organisation Comic Relief während der Sendung *The Night of Comic Relief* auf BBC 1 einen Scheck über 14,2 Mio. DM. Das Geld kam durch den Verkauf von Comic-Relief-Produkten und durch Geldspenden zusammen, die von Mitarbeitern gesammelt wurden.

MEISTE VERKAUFTE SERIENFOLGEN

Am 31. Mai 1971 verkaufte Granada Television 1.144 Folgen der Serie *Coronation Street* (GB) an den Sender CBKST in Saskatoon (CDN). Am Stück gesehen entspräche die Länge der Folgen 20 Tagen 15 Stunden 44 Minuten.

LÄNGSTER FILM IM FERNSEHEN

Der längste an einem Tag im Fernsehen gezeigte Film war das Monumentalwerk *Krieg und Frieden* (UdSSR, 1967) mit einer Länge von 8 Stunden 27 Minuten. Es wurde am 28. Februar 1981 von dem mexikanischen Sender Channel II ausgestrahlt.

AM LÄNGSTEN LAUFENDES KINDERMAGAZIN

Blue Peter der BBC wurde erstmals am 16. Oktober 1958 von den Londoner Lime Grove Studios gesendet. Bis zum 18. April 2001 traten in den insgesamt 3.456 ausgestrahlten Sendungen 29 Moderatoren auf.

AM LÄNGSTEN LAUFENDE KINDERSENDUNG

Seit 1949 liefen über 150.000 verschiedene Folgen der TV-Show *Bozo the Clown* (USA) von Larry Harmon Pictures. Die Sendung wird täglich von 150 Sendern in den USA ausgestrahlt.

AM LÄNGSTEN LAUFENDE POPSENDUNG

Die britische Musiksendung *Top of the Pops*, die erstmals am 1. Januar 1964 von Jimmy Saville auf BBC 1 präsentiert wurde, läuft noch immer. Dusty Springfield, die Rolling Stones, Dave Clark Five, die Swinging Blue Jeans und die Hollies traten in der ersten Folge auf. Von den Beatles, Cliff Richard und den Shadows wurden Filme gezeigt. Die Sendung feierte am 18. Mai 2001 ihre 1.939. Folge und im Sommer 2001 die 2.000.

BITTE NICHT ZUHAUSE NACHMACHEN!

USA

Die extremste Spiel-Show der Welt ist die japanische Sendung *Za Gaman* (oben), zu Deutsch „Ausdauer". Die Kandidaten müssen mentale und physische Qualen ertragen – zum Beispiel mit heißen Kohlen auf den Fußsohlen einen Kopfstand machen oder zwischen schwingenden Kakteen hängen, während sich unter ihnen ein Behälter voller Schlangen befindet. Wer die Herausforderungen am längsten erträgt, gewinnt. *Za Gaman* wird zur Hauptsendezeit von Fuji Network ausgestrahlt und ist die beliebteste japanische TV-Show.

www.guinnessworldrecords.com/endurance

ACCESS CODE: ‹53821›

AM LÄNGSTEN LAUFENDE ZEICHENTRICKSERIE

Die von Matt Groening geschaffenen *Simpsons* (USA) sind die am längsten laufende Zeichentrickserie, die zur Hauptsendezeit ausgestrahlt wird. Bis zum 4. März 2001 wurden auf dem TV-Sender Fox 263 Folgen gesendet.

AM LÄNGSTEN LAUFENDE SEIFENOPER

Die Serie *Coronation Street* (GB) von Granada Television ist die am längsten laufende Seifenoper. Die erste Folge flimmerte am 9. Dezember 1960 über die Fernsehschirme. Bis zum 16. April 2001 wurden von der viermal wöchentlich gesendeten Serie insgesamt 5.021 Folgen gezeigt.

AM LÄNGSTEN LAUFENDE TV-SHOW

Meet the Press von NBC wurde erstmals am 6. November 1947 in den USA ausgestrahlt und wird seit dem 12. September 1948 wöchentlich gezeigt. Bis zum 4. Februar 2001 wurden 2.649 Sendungen produziert.

LÄNGSTE DOKUMENTARSERIE ÜBER EIN THEMA

Seit 1963 zeigt die von dem britischen Sender ITV ausgestrahlte Dokumentarserie *7 Up* alle sieben Jahre das Leben derselben 14 Kinder, die im Alter von 7 Jahren aus unterschiedlichen sozialen Schichten ausgewählt wurden.

LÄNGSTE TV-TALKSHOW

Peter Imhof hält mit 24 Stunden den Rekord für die längste ununterbrochene, von einem Moderator geleitete Talkshow. Er startete die Sat.1-Show am 23. Juni 2000 um 13.30 Uhr und unterhielt sich vor dem Studiopublikum in Potsdam-Babelsberg (D) mit mehr als 450 Menschen.

LÄNGSTE UNUNTERBROCHENE LIVE-ÜBERTRAGUNG

Der Schweizer TV-Sender Suisse 4 übertrug die 1996 in Atlanta (USA) abgehaltenen Olympischen Spiele 16 Tage 22 Stunden 45 Minuten lang rund um die Uhr.

KÜRZESTE FERNSEHSENDUNG
Election Thoughts war eine Serie von 15 nur 30 Sekunden langen Sendungen, komplett mit Titel, Abspann und Filmmusik. Sie wurden von Channel 4 während einer dreiwöchigen Zeitspanne vor den Parlamentswahlen in Großbritannien 1997 ausgestrahlt.

MEISTE TV-ZUSCHAUER BEI EINER HOCHZEIT
Am 29. Juli 1981 wurde die Hochzeit von Prinz Charles mit Lady Diana Spencer von schätzungsweise 750 Mio. Menschen aus 74 Ländern im Fernsehen verfolgt. Zu dieser Zeit war es die größte TV-Übertragung ins Ausland in der Geschichte Großbritanniens, wo 39 Mio. Menschen zusahen.

MEISTE FERNSEH-ZUSCHAUER EINER KOMÖDIE
Die letzte Folge der US-Fernsehkomödie *Seinfeld* mit Jerry Seinfeld in der Hauptrolle wurde am 14. Mai 1998 von 108 Mio. Zuschauern gesehen.

MEISTE AUFTRITTE IN TV-QUIZ-SHOWS
Seit März 1986 ist Marc Vanacker (B) in 29 Fernsehquizshows in Belgien, Deutschland, Holland und Großbritannien aufgetreten. Unter den Sendungen sind *Going for Gold* (Grundy Television) und *Einstein* (NCRV). Vanacker hat insgesamt rund 76.000 DM gewonnen, Reisen in die USA, nach Paris und Wien, sowie ein Auto.

ERFOLGREICHSTE TV-SEIFENOPER
Die US-Fernsehserie *Dallas* startete im Jahr 1978 unauffällig mit fünf Folgen. 1980 wurde sie von schätzungsweise 83 Mio. Menschen in den USA gesehen, was einem Rekordanteil von 76 % des gesamten Fernsehpublikums entsprach. Die Serie war in mehr als 90 Ländern zu sehen, meist in synchronisierten Fassungen. Eine Schwester-Serie, *Knots Landing*, kam nicht an den Erfolg von *Dallas* heran.

BELIEBTESTE SPIEL-SHOW
Die Spiel-Show *Wheel of Fortune* (*Glücksrad*) wird derzeit in 204 US-Märkten sowie in 54 Ländern in Übersee mit schätzungsweise 100 Mio. Zuschauern pro Woche gesehen. Seit dem Start im Jahr 1983 verteilte die US-Show Bargeld und Preise in Höhe von über 250 Mio. DM, durchschnittlich mehr als 15,7 Mio. DM pro Jahr.

www.guinnessworldrecords.com/westwing

ACCESS CODE: ‹51843›

ÜBERWÄLTIGENDER ERFOLG
Die NBC-Fernsehserie *The West Wing* (unten), die hinter den Kulissen des Weißen Hauses spielt, gewann bei den 52. Annual Prime Time Emmy Awards vom 9. bis 10. September 2000 die Rekordzahl von neun Auszeichnungen für eine einzige Saison. Die Serie teilte sich den Rekord für die meisten Nominierungen mit *The Sopranos* von HBO. Beide Serien wurden 18-mal nominiert, *The Sopranos* erhielt im Jahr 2000 jedoch nur eine Auszeichnung.
Die Erstsendung der von Aaron Sorkin kreierten Serie flimmerte im US-Fernsehen am 22. September 1999 über die Bildschirme. In ihr wirken zahlreiche amerikanische TV-Stars mit, am bekanntesten wohl Martin Sheen als demokratischer US-Präsident Josiah Bartlet aus New Hampshire.

Stunts + Spezialeffekte

SPAZIERGANG ZWISCHEN ZWEI BALLONS — USA

Am 20. Mai 1998 balancierte Mike Howard (GB, oben) ohne Fallschirm zwischen zwei Heißluftballons in der Schwindel erregenden Höhe von 5.486,4 m hin und her – der größten Höhe, in der ein Mensch einen Spaziergang zwischen zwei Ballons gemacht hat. Während die beiden Ballons über Marshall (USA) schwebten, balancierte Howard auf einem nur 5,79 m langen und 7,62 cm breiten Balken zwischen den Ballons. Als Howard den Rückweg über den Balken antrat, waren die Ballons in eine Höhe von 5.791,2 m aufgestiegen und fuhren mit einer Geschwindigkeit von mehr als 74,4 km/h. Sie waren durch zwei Sicherheitsseile miteinander verbunden und wurden von Mikes Frau Renée und seinen Ballonfahrer-Kollegen Scott Lorenz, Steve Davis und Doug Davis gefahren. Letzterer filmte Mikes atemberaubenden Himmelsspaziergang. Dasselbe taten auch Filmcrews von einem Hubschrauber und von der Erde aus.

www.guinnessworldrecords.com/balloonwalk
ACCESS CODE: ‹48863›

TEUERSTER LUFTSTUNT

Simon Crane (GB) führte einen der gefährlichsten Luftstunts aller Zeiten durch, als er für den Film *Cliffhanger* (USA, 1993) in einer Höhe von 4,75 km aus einem Flugzeug ausstieg und in der Luft in ein anderes wieder hineinkletterte. Der Stunt, der wegen des extrem hohen Risikos nur ein einziges Mal durchgeführt wurde, kostete die Rekordsumme von 2,24 Mio. DM. Sylvester Stallone, der Hauptdarsteller des Films, bot den Produzenten angeblich an, seine Gage um diesen Betrag zu reduzieren, um zu gewährleisten, dass der Stunt auch durchgeführt wurde.

MEISTE KOPFÜBER ABGESCHOSSENE TONTAUBEN — USA

Kimberley Rhode (USA) schaffte es am 20. Dezember 2000, 21 von 24 Tontauben abzuschießen, während sie kopfüber in einem 12,19 m breiten Tunnel hing.

GRÖSSTE PYRAMIDE AUF EINEM HOCHSEIL

Am 27. und 30. Mai 1998 gelang es den Kindern des Peru Amateur Circus in Peru, Indiana (USA), auf einem Hochseil eine aus acht Personen bestehende Pyramide zu bilden. Das Seil befand sich 6,09 m über dem Boden der Zirkusarena.

MEISTES FLACHTRUDELN IN RÜCKENLAGE — USA

Mit dem superleichten Stuntflugzeug G202 gelang Wayne Handley (USA) aus 4.500 m Höhe mit 78 die meisten Flachtrudeler in Rückenlage innerhalb eines Versuchs. Der Rekord wurde am 2. April 1999 aufgestellt.

GRÖSSTES BUDGET FÜR SPEZIALEFFEKTE

Das Budget für die Spezialeffekte in Stanley Kubricks Film *2001: Odyssee im Weltraum* (USA, 1968) belief sich auf 14,56 Mio. DM, was heute etwa 60,48 Mio. DM entspräche. Der Betrag machte über 60 Prozent der gesamten Produktionskosten von 23,52 Mio. DM aus. Bei *Star Wars Episode 1: Die dunkle Bedrohung* (USA, 1999) entspräche dies 154,56 Mio. DM, die vom Gesamtbudget in Höhe von 257,6 Mio. DM für Spezialeffekte ausgegeben worden wären.

LÄNGSTES SCHWEBEN MITTELS MENSCHLICHEN UNTERDRUCKS — USA

Indem Cuong Chu-Tan aus Saale (D) sich eine Reisschüssel auf den Unterleib presste, konnte er so viel Unterdruck erzeugen, um von einem Hubschrauber aus 3 Minuten 37 Sekunden an einem 5 m langen Seil zu schweben. Am 27. Februar 2001 legte er in einer Höhe von 60,96 m eine Entfernung von 0,8 km zurück.

LÄNGSTER FREIER FALL EINES STUNTMAN

Für den Film *Highpoint* (CAN, 1979) stürzte Dar Robinson im freien Fall aus der Rekordhöhe von 335 m ab. Er war von einem Fensterbrett des CN Tower in Toronto (CDN) gesprungen. Der freie Fall dauerte sechs Sekunden, bevor sich 91,4 m über dem Boden sein Fallschirm öffnete.

LÄNGSTES GEDEHNTES BUNGEE-SEIL

Im Februar 1992 sprang Gregory Riffi mit einem Bungee-Seil von einem Hubschrauber über dem Loire-Tal in Frankreich ab. Sein 249,9 m langes Sprungseil dehnte sich bei dem Sprung auf 610 m Länge. Der Rekord bezieht sich auf die Länge des elastischen Bungee-Seils bei maximaler Dehnung. Das Seil dehnte sich nach dem freien Fall um 360,1 m – mehr als irgendein zuvor benutztes Seil.

LÄNGSTES UNGEDEHNTES BUNGEE-SEIL

Am 19. September 1997 benutzte Jochen Schweizer (D) ein Seil, das ungedehnt (flach auf dem Boden ausgelegt) 284 m maß. Als er über Reichelsheim (D) in einer Höhe von

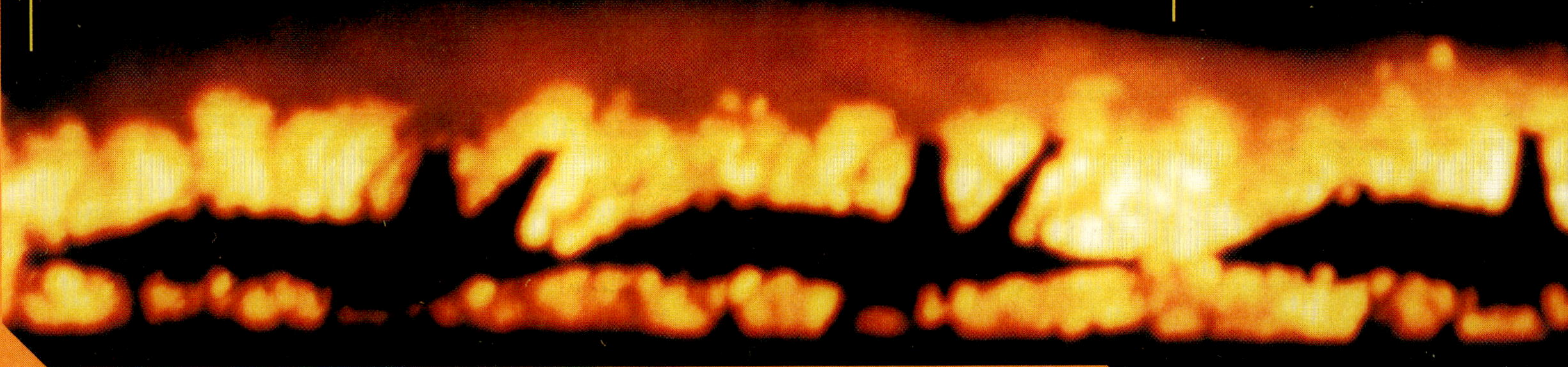

DOPPELTE GEFAHR

Vic Armstrong (GB) ist der weltweit aktivste Film-Stuntman. Er doubelte so bekannte Schauspieler wie Sean Connery, Donald Sutherland, Timothy Dalton, Roger Moore, Pierce Brosnan und Harrison Ford (links). In seiner 30-jährigen Karriere hat er für über 200 Filme gearbeitet, unter anderem in *Jäger des verlorenen Schatzes* (USA, 1981) und der Indiana-Jones-Serie. Er war auch Stunt-Mitkoordinator für Filme wie *Der Morgen stirbt nie* (GB/USA, 1997). Er ist mit der Stuntfrau Wendy Leech verheiratet, die er kennen lernte, als sie beide die Stars in *Superman* (USA, 1978) doubelten.

www.guinnessworldrecords.com/stuntman

ACCESS CODE: ‹53683›

2.500 m aus einem SA 365 Dauphine-Hubschrauber sprang, dehnte sich das Seil auf 380 m. Da dies das längste jemals benutzte Bungee-Seil ist, war der freie Fall länger als bei jedem anderen Bungee-Sprung.

MEISTE SCHWERTER GESCHLUCKT

Martin Henshaw (USA) schluckte am 6. April 2000 in Fremantle (AUS) gleichzeitig 14 Schwerter. Sie waren jeweils 4 cm breit, 58,9 cm lang und wogen insgesamt 4,5 kg. Ein weiteres Kunststück von Henshaw besteht darin, ein Würstchen zwischen seinen Brustmuskeln zu braten, indem er 240 Volt Strom durch seine Brustwarzen-Ringe jagt.

GRÖSSTES STUNTBUDGET

Mehr als 6,72 Mio. DM von dem 448 Mio.-Budget des Films *Titanic* (USA, 1997) wurden auf Filmstunts verwendet. In der aufwändigsten Szene sprangen, fielen und schlitterten 100 Stuntmen 229 m tief, als das Schiff in zwei Teile zerbrach und sich in einem 90-Grad-Winkel aus dem Wasser emporhob. Als Schauplatz für die Außenaufnahmen diente ein 236,22 m langer Nachbau der Titanic, der nur um 10 Prozent kleiner war als das Original.

MEISTE KETTENSÄGEN JONGLIERT

S

Karoly Donnert (H) jonglierte am 30. Januar 2001 drei Kettensägen. Dabei gelangen ihm zwölf Wechsel (36 Würfe).

MEISTE COMPUTER-GENERIERTE FILMEFFEKTE

Pleasantville (USA, 1998) enthielt 1.700 verschiedene digitale Effekteinstellungen. Ein durchschnittlicher Hollywoodfilm enthält im Vergleich dazu 50 Effekteinstellungen. Der Film über zwei Teenager der 1990er Jahre, die sich – selbst stets in Farbe gezeigt – in der Schwarzweiß-Welt einer Fernseh-Show der 1950er Jahre wiederfinden, wurde in Farbe gedreht. Anschließend musste die Farbe aus jedem Bild entfernt werden, in dem die Figuren und Hintergründe monochrom waren. Die Post-Produktion für den 82-minütigen Film dauerte über ein Jahr.

TIEFSTER SPRUNG EINES STUNTMAN OHNE FALLSCHIRM

A. J. Bakunas (USA) sprang aus 70,7 m Höhe auf ein Luftkissen, als er im Film *Um Kopf und Kragen* (USA, 1978) Burt Reynolds doubelte. Am 9. September 1980 wurde er während der Dreharbeiten zu *Sechs Männer aus Stahl* (USA, 1980) tödlich verletzt, als er in Lexington (USA) vom Dach eines im Bau befindlichen Gebäudes stürzte.

GRÖSSTER KOORDINATOR VON LUFTSTUNTS

Flying Pictures (GB) hat Luftstunts für mehr als 200 Spielfilme geplant und koordiniert, darunter *Cliffhanger* (USA, 1993), *James Bond 007 – Goldeneye* (GB/USA, 1995) und *Mission: Impossible* (USA, 1996).

MEISTE STANDKAMERAS IN EINER FILMSEQUENZ

Während der Dreharbeiten für die „Bullet time"-Szene in *Matrix* (USA, 1999) verwendeten die Regisseure Larry und Andy Wachowski insgesamt 120 eigens umgebaute Standkameras für eine Schwenkaufnahme des Helden Neo (Keanu Reeves), in der er dem Kugelhagel eines Verfolgers ausweicht. Zusätzliche Zeitlupenaufnahmen mit 12.000 Bildern pro Sekunde wurden den Standbildern und normalen Filmaufnahmen hinzugefügt, und dies alles später am Computer digital zusammengeführt und nachbearbeitet.

www.guinnessworldrecords.com/firewall

ACCESS CODE: ‹56058›

FEUER FREI!

Am 14. Oktober 2000 zündete das Marine Corps Air Station (MCAS) Miramar Explosive Ordnance Disposal Team in San Diego (USA) während der MCAS Miramar Twilight-Flugschau eine Feuerwand (unten), die die Rekordlänge von 762 m maß. Sie wurde mit Hilfe von 334 mit einer Zündschnur verbundenen 23-Liter-Behältern mit bleifreiem Benzin gezündet und hielt nur einige Sekunden lang, da das Benzin fast sofort verbrannte. Die Flammen stiegen 60–90 m in die Luft, und die Hitze des Feuersturms war noch in einer Entfernung von 380 m zu spüren. Die Feuerwand war ungefähr so lang wie 80 aneinander gereihte Londoner Doppeldeckerbusse.

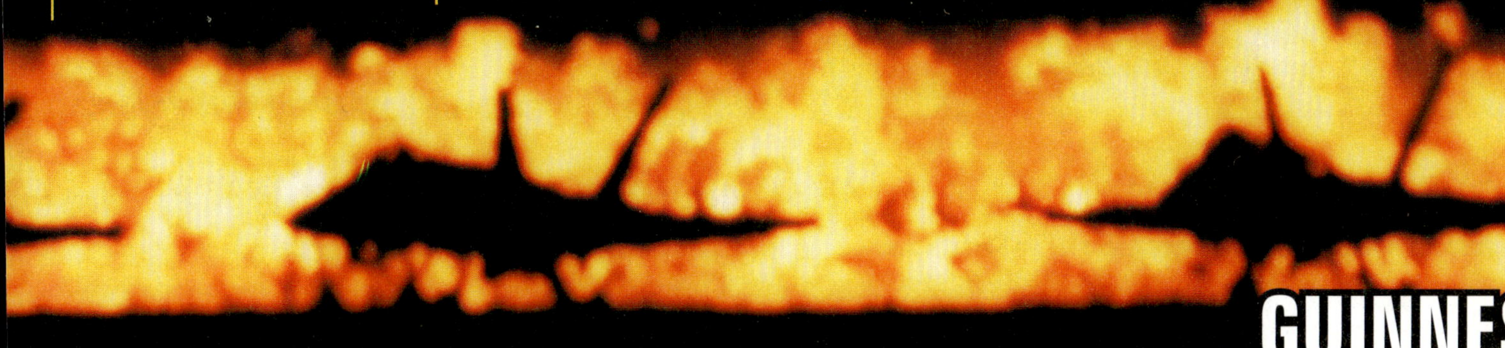

Musik + Stars 1

MEISTE VORBESTELLUNGEN FÜR EINE SINGLE
Can't Buy Me Love von den Beatles (GB) wurde 2,1 Mio. Mal vor ihrer Veröffentlichung am 21. März 1964 vorbestellt.

THE FAB FOUR
Die Beatles haben mehr Platten verkauft als jede andere Band. Ihre Verkäufe belaufen sich Schätzungen der EMI zufolge bislang auf über eine Milliarde Tonträger.

ERFOLGREICHSTE KANTONESISCHE POPSÄNGERIN
Faye Wong (CHN) verkaufte bis März 2000 von ihren 20 Alben schätzungsweise 9,7 Mio. Exemplare. Ihr jüngstes Album *Lovers & Strangers*, veröffentlicht im September 1999, verkaufte sich bislang über 800.000-mal und erreichte in Hongkong, China, Taiwan, Singapur und Malaysia Platz 1.

MEISTVERKAUFTES DRUM-'N'-BASS-ALBUM
Das Album *New Forms* des Briten Reprazent verkaufte sich seit der Veröffentlichung im Jahr 1997 weltweit 763.910-mal. Allein in Großbritannien fand die mit dem Mercury Music Prize ausgezeichnete Platte 250.000 Abnehmer.

MEISTVERKAUFTE COUNTRY-SINGLE
How Do I Live von LeAnn Rimes (USA) ist mit über 3 Mio. verkauften Exemplaren die meistverkaufte Country-Single in den USA. Die Single war eine Rekordzeit von 33 Wochen in den Top Ten und im Juni 2001, 208 Wochen nach der Veröffentlichung, immer noch in den Country-Charts.

MEISTVERKAUFTE SINGLE EINER GRUPPE
Die erfolgreichste Single einer Gruppe ist mit schätzungsweise 25 Mio. verkauften Exemplaren *Rock Around the Clock* von Bill Haley und den Comets (USA). Der 1954 aufgenommene Song wurde Titelstück des Kinohits *The Blackboard Jungle* (USA, 1955).

MEISTVERKAUFTES ALBUM EINER BRITISCHEN GRUPPE
Das weltweit meistverkaufte Album einer britischen Gruppe ist *The Wall* von Pink Floyd. Das Album verkaufte sich weltweit geschätzte 23 Mio. Mal. Die 1979 veröffentlichte LP war 15 Wochen an der Spitze der US-Charts und wurde 1982 mit Bob Geldof in der Hauptrolle verfilmt.

MEISTVERKAUFTES SOUNDTRACK-ALBUM
Das meistverkaufte Soundtrack-Album ist mit über 30 Mio. verkauften Exemplaren *Saturday Night Fever* (USA, 1977). Sechs Auskopplungen aus dem Disco-Klassiker mit John Travolta (USA) in der Hauptrolle erreichten eine Nr. 1-Platzierung in den amerikanischen Single-Charts.

MEISTVERKAUFTES ALBUM ALLER ZEITEN
Das meistverkaufte Album aller Zeiten ist das von Quincey Jones produzierte Album *Thriller* von Michael Jackson (USA). Seit seiner Veröffentlichung 1982 wurden weltweit über 47 Mio. Exemplare abgesetzt.

MEISTVERKAUFTES REGGAE-ALBUM
Bob Marleys *Legend* ist das meistverkaufte Reggae-Album aller Zeiten. Die Platte erreichte mit 1,8 Mio. verkauften Exemplaren die Spitze der britischen Charts und verkaufte sich in den USA über 10 Mio. Mal, auch wenn es nie in die Top 40 kam.

MEISTVERKAUFTES KLASSIK-ALBUM
Das von José Carreras, Placido Domingo und Luciano Pavarotti während der Finalrunde der Fußball-WM am 7. Juli 1990 in Rom aufgenommene Album *In Concert* hat sich bislang 10,5 Mio. Mal verkauft.

MEISTVERKAUFTES ALBUM IN AUSTRALIEN
Best of ABBA, eine Zusammenstellung von Hits der schwedischen Popgruppe, wurde in Australien seit 1976 über 1,2 Mio. Mal verkauft.

MEISTVERKAUFTES ALBUM IN DEN USA
Das meistverkaufte Album einer Gruppe ist *Their Greatest Hits 1971–75* von den Eagles. Von diesem Album wurden etwa 27 Mio. Exemplare verkauft – mehr als von dem bisherigen US-Rekordhalter *Thriller*.

MEISTVERKAUFTES ALBUM IN GROSSBRITANNIEN
Das in Großbritannien meistverkaufte Album aller Zeiten ist *Sgt Pepper's Lonely Hearts Club Band* von den Beatles. Angeblich wurden von der Platte seit ihrer Veröffentlichung im Juni 1967 4,5 Mio. Stück abgesetzt.

MEISTVERKAUFTES ALBUM EINER AUSTRALISCHEN GRUPPE
Das meistverkaufte Album einer australischen Gruppe ist *Back in Black* von AC/DC. Schätzungsweise 19 Mio. Exemplare gingen seit 1980 weltweit über die Ladentische. Die 1973 in Sydney (AUS) gegründete Heavy-Metal-Band gab sich angeblich diesen Namen, nachdem die Schwester eines Bandmitglieds das Wort auf einem Staubsauger-Etikett gelesen hatte.

MEISTE PLATIN-AUSZEICHNUNGEN
Elvis Presley erhielt 54-mal Platin, seit die Recording Industry Association of America (RIAA) am 14. März 1958 ihre verkaufsbezogenen Auszeichnungen einführte. Die Beatles haben als Gruppe die meisten Platin-Platten (für Verkäufe von einer Million Einheiten) bekommen: insgesamt 33.

COUNTRY – GANZ WEIT VORNE
Das in den USA meistverkaufte Album einer weiblichen Solokünstlerin ist Shania Twains alle Rekorde brechendes Album *Come On Over* (1997), das sich in den USA insgesamt 18 Mio. Mal und weltweit 30 Mio. Mal verkaufte. Produzent und Mitkomponist war Shanias Ehemann Robert „Mutt" Lange. *Come On Over* ist zudem das in den USA meistverkaufte Country-Album eines Solokünstlers. Shania (oben links) ist eine der wenigen Country-Musiker, die erfolgreich Country- und Popelemente miteinander verbinden. Ihr Ehemann produzierte auch das erfolgreiche Album *The Woman In Me* (1994), das sich bis 1998 über 10 Mio. Mal verkaufte und vier Top-Ten-Hits für die US-Country-Charts lieferte. Im Jahr 1997 veröffentlichte Shania *Come On Over* und erhielt die meisten Auszeichnungen für Country-Musik, darunter Entertainer Of The Year. Das Album hielt sich 122 Wochen nach seiner Veröffentlichung in den Top 40 der Billboard-200-Charts.

www.guinnessworldrecords.com/shania

← ACCESS CODE: ‹56273›

DER P-LATIN-KÜNSTLER

Das meistverkaufte Album eines Latin-Künstlers ist *Supernatural* von Carlos Santana (oben), von dem sich in den USA 14 Mio. Exemplare seit der Veröffentlichung im Juni 1999 verkauften. Der aus Mexiko stammende Santana ist seit über fünf Jahrzehnten erfolgreich. Mit seiner Band experimentiert er mit unterschiedlichsten Klängen, darunter Blues, Acid Rock, Latin, African und Pop.

www.guinnessworldrecords.com/santana

ACCESS CODE: ‹54238›

MEISTVERKAUFTE SINGLE SEIT EINFÜHRUNG DER CHARTS

Die meistverkaufte Single, seit es die Charts gibt (14. November 1952), ist Elton Johns *Candle In The Wind 1997/Something About The Way You Look Tonight* mit weltweit 33 Mio. verkauften Exemplaren. Am 20. Oktober 1997 hatte sie in 22 Ländern die Spitze der Single-Charts erreicht. *Candle In The Wind 1997* wurde zum Gedenken an Diana, Prinzessin von Wales, aufgenommen und von Elton John auf den Beisetzungsfeierlichkeiten präsentiert.

MEISTVERKAUFTES LIVE-ALBUM

Double Live von dem Country-Star Garth Brooks (USA) ist das meistverkaufte Live-Album in den USA. Seit der Veröffentlichung am 17. November 1998 wurden 14 Mio. Exemplare (7 Mio. Doppel-LPs) abgesetzt.

MEISTVERKAUFTE SINGLE ALLER ZEITEN

White Christmas, geschrieben von Irving Berlin (USA) und von Bing Crosby am 29. Mai 1942 eingespielt, ist die meistverkaufte Single aller Zeiten. Schätzungsweise über 50 Mio. Exemplare wurden verkauft. Berücksichtigt man alle Formate wie 78er-Platten und Langspielplatten, steigt diese Zahl auf über 100 Mio. Einheiten.

MEISTVERKAUFTES MUSIKVIDEO

Michael Jacksons *Thriller*, veröffentlicht im Dezember 1983, ist mit über 900.000 verkauften Einheiten das meistverkaufte Musikvideo in der Geschichte dieses Genres. Das 14-minütige Werk entstand unter der Regie von John Landis und ist eine Parodie auf Horrorfilme.

www.guinnessworldrecords.com/tlc

MIT LEIB UND SEELE

Das meistverkaufte Rap/R&B-Album in den USA ist *CrazySexyCool* (1994) von TLC. Es verkaufte sich weltweit 11 Mio. Mal und überflügelte damit *Please Hammer Don't Hurt'Em* (1990) von MC Hammer, das 10 Mio. Mal verkauft wurde. TLC besteht aus Rozonda „Chilli" Thomas, Tionne „T-Boz" Watkins und Lisa „Left Eye" Lopes (rechts), alle aus Atlanta (USA). Mit *CrazySexyCool*, auf dem als Gäste Busta Rhymes und Phife von A Tribe Called Quest mitwirkten, wurden sie über Nacht zu Stars. Sie erhielten zwei Grammys: für den Titel „Creep" als beste R&B-Darbietung eines Duos/einer Gruppe sowie für das beste R&B-Album. Außerdem erhielten sie zwei Billboard Music Awards und drei Soul Train Music Awards. Chilli soll gesagt haben, sie wolle „die erfolgreichste Mädchenband aller Zeiten sein und so viele Alben verkaufen, dass es Jahre dauern wird, bevor irgendeine andere Gruppe uns einholen kann!".

ACCESS CODE: ‹54252›

Musik + Stars 2

JÜNGSTE SÄNGERIN IN DEN TOP TEN DER BRITISCHEN ALBUM-CHARTS
Lena Zavaroni (GB) war erst 10 Jahre 146 Tage alt, als sie im März 1974 mit *Ma* Platz 8 der Album-Charts erreichte.

MEISTVERKAUFTE DEBÜT-SINGLE IN DEN GB-CHARTS
Der am 12. März 2001 veröffentlichte Titel „Pure and Simple" der Gruppe Hear'Say, die aus den fünf Gewinnern der ITV-Serie *Popstars* besteht, wurde die meistverkaufte Debüt-Single in den britischen Charts. Gleich in der ersten Woche wurden 549.823 Exemplare verkauft, was die Band auf Platz 1 katapultierte. Die Gruppe, bestehend aus Noel, Danny, Suzanne, Kym und Myleene, schaffte es als Erste, gleichzeitig mit Debüt-Album und -Single Platz 1 der GB-Charts zu erreichen.

ALL YOU NEED IS POP
Die meisten GB-Nr.-1-Hits hintereinander hatten die Beatles (oben). Zwischen 1963 und 1966 hatten sie 11 Hits in Reihe (von „From Me to You" bis zu „Yellow Submarine"). Zudem teilen sie sich den Rekord für die meisten Nr.-1-Singles zur Weihnachtszeit in Großbritannien mit den Spice Girls. Beide hatten drei Weihnachtshits hintereinander. Die Ende der 1950er Jahre als The Quarry Men gegründete Band änderte mehrmals die Besetzung und den Namen. John Lennon, Paul McCartney und George Harrison bildeten den Kern der Band, bevor Drummer Ringo Starr 1962 dazustieß. Unter den Fittichen von Manager Brian Epstein und Produzent George Martin sorgten sie weltweit für Aufsehen, verursachten Hysterie unter ihren Fans und verkauften mit über einer Milliarde mehr Platten als jede andere Band.

www.guinnessworldrecords.com/beatles
ACCESS CODE: ‹50847›

JÜNGSTER KÜNSTLER AUF PLATZ 1 DER US-ALBUM-CHARTS
Stevie Wonder (USA) war 13 Jahre und 3 Monate alt, als sein Album *Little Stevie Wonder – The Twelve Year Old Genius* (1963) Spitzenreiter der US-Charts wurde.

LÄNGSTE ZEITSPANNE ZWISCHEN GB-NR.-1-SINGLES
40 Jahre liegen zwischen Cliff Richards erster und seiner bislang letzten Nr.-1-Single in den GB-Charts „Living Doll" 1959 und „The Millennium Prayer" 1999.

LÄNGSTE WARTEZEIT AUF EINE NR.-1-SINGLE
Santana (MEX) hält den Rekord für die längste Zeitspanne zwischen erster Charts-Platzierung mit „Jingle" im Oktober 1969 und erstem Nr.-1-Hit „Smooth", der im Oktober 1999 die Spitze der US-Charts erreichte.

MEISTE NR.-1-SINGLES VOR WEIHNACHTEN IN GROSSBRITANNIEN
Die Beatles (GB) hatten vier Singles auf der begehrten Spitzenposition der Vorweihnachtszeit: „I Wanna Hold Your Hand" (12. Dezember 1963), „I Feel Fine" (10. Dezember 1964), „Day Tripper/We Can Work it Out" (16. Dezember 1965) und „Hello Goodbye" (6. Dezember 1967).

MEISTE WOCHEN AUF PLATZ 1 DER US-SINGLE-CHARTS
„One Sweet Day", eine Kooperation von Mariah Carey und Boyz II Men (beide USA), war 1995 eine Rekordzeit von 16 Wochen hintereinander Spitzenreiter der US-Single-Charts.

HOUSTON, WIR HABEN EINEN REKORDHALTER!
Die R&B-Sängerin und Schauspielerin Whitney Houston (USA, oben) hatte zwischen 1985 und 1988 mit sieben Nr.-1-Singles in den USA die meisten Nr.-1-Hits hintereinander: „Saving All My Love For You" (1985), „How Will I Know" (1985), „Greatest Love Of All" (1986), „I Want To Dance With Somebody (Who Loves Me)" (1987), „Didn't We Almost Have It All" (1987), „So Emotional" (1987) und „Where Do Broken Hearts Go" (1988). Die am 27. März 1970 in Long Island, New York (USA), geborene Whitney hat bislang weltweit über 80 Mio. Platten verkauft.

www.guinnessworldrecords.com/whitney
ACCESS CODE: ‹54592›

ERSTE SIEBEN SINGLES AUF PLATZ 1 DER BRITISCHEN CHARTS
Als erste Band schaffte es die irische Boygroup Westlife in den Jahren 1999/2000, mit ihren ersten sieben Singles auf Platz 1 der britischen Charts zu landen. Ihre siebte Single „My Love" schaffte es am 11. November 2000.

MEISTE GB-NR.-1-SINGLES EINER GIRLGROUP
Die Spice Girls hatten insgesamt neun Nr.-1-Singles in den britischen Charts. Sie erzielten diesen Rekord, als ihre Doppelsingle „Holler/Let Love Lead The Way" am 4. November 2000 Platz 1 erreichte.

MEISTE NR.-1-ALBEN
Mit 19 Platzierungen an der Spitze hatten die Beatles die meisten Nr.-1-Alben in den USA – mehr als doppelt so viele wie ihre größten Konkurrenten Elvis Presley (USA) und die Rolling Stones (GB) mit jeweils neun. Die „Fab Four" aus Liverpool (GB) haben inzwischen in fünf verschiedenen Jahrzehnten die Spitze der US-Album-Charts erreicht.

MEISTE NR.-1-SINGLES EINES SOLOKÜNSTLERS
Der Solokünstler mit den meisten Nr.-1-Singles ist Elvis Presley. Seit Beginn der Rock-Ära im Jahr 1955 hatte „The King" 17 Nr.-1-Singles in Großbritannien und 18 in den USA, die insgesamt 80 Wochen Spitzenreiter blieben – länger als irgendein anderer Künstler in den USA.

MEISTE NR.-1-SINGLES IN GROSSBRITANNIEN
Die Beatles und Elvis Presley liegen mit jeweils 17 Nr.-1-Singles in Großbritannien an der Spitze.

MEISTE NR.-1-SINGLES IN DEN USA
Die Beatles hatten mit 20 Nr.-1-Singles die meisten Nr.-1-Hits in den USA. Erstmals schafften sie es am 25. Januar 1964 mit „I Want To Hold Your Hand".

MEISTE WOCHEN AUF PLATZ 1 DER BRITISCHEN ALBUM-CHARTS
Der Soundtrack zu *South Pacific* (USA, 1958), das erste Nr.-1-Album

ACCESS CODE: ‹56344›

DESTINATION NR. 1

„Independent Woman" von Destiny's Child (USA, rechts) ist die Single einer Girlgroup, die am längsten auf Platz 1 der US-Charts war. Die Single wurde am 20. November 2000 veröffentlicht und hielt sich elf Wochen an der Spitze der Charts. Das Titelstück des Films *3 Engel für Charlie* war seit 26 Jahren die erste Single eines Mädchentrios, die Platz 1 der UK-Charts erreichte.

überhaupt, blieb vom 8. November 1958 an 70 Wochen hintereinander Spitzenreiter. Insgesamt war die Platte eine Rekordzeit von 115 Wochen auf Platz 1.

JÜNGSTER SÄNGER AUF PLATZ 1 DER BRITISCHEN ALBUM-CHARTS

Neil Reid (GB) war 12 Jahre 9 Monate alt, als sein Debüt-Album am 19. Februar 1972 die Spitze der Charts erreichte.

ERFOLGREICHSTE POP-FAMILIE

Die Jackson-Familie bringt es auf 26 Nr.-1-Singles in den USA – 13 von Michael, neun von Janet und vier von den Jackson 5, die am 6. Dezember 1969 mit „I Want You Back" den ersten Nr.-1-Hit landeten.

MEISTE NR.-1-PLATZIERUNGEN EINES ALBUMS WELTWEIT

Seit der Veröffentlichung des Albums *1* von den Beatles am 13. November 2000 – eine Zusammenstellung all ihrer Nr.-1-Singles in Großbritannien und Amerika – erreichte die Platte in 35 Ländern, von Australien bis Venezuela, Platz 1 der Charts. Zudem war es das erfolgreichste Album des Jahres in Australien, Deutschland, Irland, Portugal und Großbritannien.

MEISTE GB-NR.-1-SINGLES EINER SOLOKÜNSTLERIN IM TEENAGERALTER

Zwei Künstlerinnen mit jeweils drei Nr.-1-Hits in Großbritannien teilen sich diesen Rekord. Britney Spears (USA) war 18 Jahre 158 Tage alt, als „Oops! I Did It Again" am 7. Mai 2000 ihre dritte Nr.-1-Single wurde. Billie Piper (GB) war bei ihrem dritten Nr.-1-Hit „Day & Night" am 21. Mai 2000 17 Jahre 242 Tage alt.

Musik + Stars 3

MEISTE MIT EINER WERBEKAMPAGNE ERZIELTE NR.-1-SINGLES

Sieben Titel erreichten eine Nr.-1-Platzierung in den britischen Pop-Charts, nachdem sie in TV-Werbespots von Levi Strauss und Co. eingesetzt worden waren. Zu den Chart-Erfolgen gehören „Stand By Me" von Ben E. King (USA), „Inside" von Stiltskin und „The Joker" von der Steve Miller Band. Der siebte Nr.-1-Hit im Zusammenhang mit Levis-Werbung war am 3. April 1999 „Flat Beat" von Mr. Oizo mit knapp 284.000 verkauften Platten.

SINGING „LA VIDA LOCA"

Das sich in Spanien am schnellsten verkaufende Album aller Zeiten war das im Oktober 2000 veröffentlichte *El Alma Al Aire* (die nackte Seele) von Alejandro Sanz (links). Über eine Million Exemplare wurden in der ersten Woche nach Veröffentlichung abgesetzt. *Macarena* von dem spanischen Duo Los Del Rio („Menschen am Fluss") ist die erfolgreichste Latino-Single aller Zeiten. 10 Mio. Exemplare wurden weltweit davon verkauft. Der Titel blieb 1996 14 Wochen lang Spitzenreiter der US-Charts und 60 Wochen lang in den Top 100. Dennoch wurde er kürzlich in einer Internet-Umfrage zum „nervigsten Sommerhit aller Zeiten" gewählt, und einige amerikanische Schulen verboten das Lied wegen seines anzüglichen Textes.

www.guinnessworldrecords.com/sanz

ACCESS CODE: ‹56330›

MEISTE WOCHEN IN DEN BRITISCHEN ALBUM-CHARTS

Fleetwood Mac's Album *Rumours* blieb eine Rekordzeit von 477 Wochen in den britischen Album-Charts. Das am 26. Februar 1977 veröffentlichte Album erreichte sogar Platz 1. Vier ausgekoppelte Singles kamen in die Charts, auch wenn keine davon die Top 20 erreichte.

LÄNGSTE ZEITSPANNE ZWISCHEN HITS

Louis Armstrong (USA) schaffte erstmals 1926 mit „Muskrat Ramble" den Einstieg in die Charts. 61 Jahre später, 1988, war er mit „What A Wonderful World" erneut in den Charts vertreten, nachdem der Song auf dem Soundtrack zu dem Film *Good Morning Vietnam* (USA, 1987) zu hören war. Armstrong hält zudem den Rekord für die längste Zeitspanne zwischen Album-Charts-Platzierungen in den USA. *Satch Plays Fats* schaffte den Einstieg am 1. Oktober 1955, *Ken Burns Jazz – The Definitive Louis Armstrong* 45 Jahre 3 Monate später, im Januar 2001.

MEISTE WOCHEN NR. 1 DER US-RAP-CHARTS

Die Single „Hot Boyz" von Missy „Misdemeanor" Elliott (USA), bei der als Gäste die Rapper Nas, Eve und Q-Tip mitwirkten, blieb 1999/2000 eine Rekordzeit von 18 Wochen Spitzenreiter der US-Rap-Single-Charts.

MEISTE WOCHEN EINES TITELS IN DEN BRITISCHEN SINGLE-CHARTS

„My way" von Frank Sinatra (USA) war 124 Wochen lang in den britischen Charts. Nach der Veröffentlichung am 2. April 1969 erreichte der Song seine höchste Platzierung mit Platz 5. Seitdem schaffte der Titel zehnmal den Wiedereinstieg in die Charts.

MEISTE US-HIT-ALBEN EINER KÜNSTLERIN

48 Alben der Künstlerin Barbra Streisand (USA) erreichten US-Charts-Platzierungen. Ihr Debüt *The Barbra Streisand Album* erreichte am 25. Februar 1962 Platz 8. Ihr bislang letztes Album *Timeless – Live in Concert* wurde am 19. September 2000 veröffentlicht und erreichte Platz 21.

MEISTE AUFEINANDER FOLGENDE WOCHEN IN DEN BRITISCHEN SINGLE-CHARTS

Elvis Presley (USA) war mit 13 Hit-Singles, von „A Mess of Blues" 1960 bis zu „One More Broken Heart for Sale" 1963, 144 Wochen hintereinander in den Charts vertreten.

MEISTE US-HIT-SINGLES EINES KÜNSTLERS

Elvis Presley (USA) hatte zwischen 1956 und 1996 149 Hit-Singles in den Billboard Hot 100. Er startete seine Musikerkarriere im Alter von acht Jahren, als er bei einem lokalen Gesangswettbewerb in Tupelo (USA) die Red-Folley-Ballade „Old Shep" sang und dafür umgerechnet 10 DM gewann.

MEISTE GB-HIT-SINGLES IN EINEM JAHR

Die britische Band The Wedding Present und Elvis Presley (USA) hatten binnen eines Jahres jeweils zwölf neue Titel in den britischen Single-Charts, Elvis 1957 und The Wedding Present 1992. In beiden Fällen erreichten alle Titel die Top 30.

MEISTE GB-HIT-ALBEN EINES KÜNSTLERS

Bis Februar 2001 erreichte Elvis Presley (USA) 100 Platzierungen in den britischen Album-Charts.

DIE BEATLES, DIE MONKEES UND DIE BESTE BAND DER WELT

Die Beatles (GB), die Monkees (USA) und U2 (IRL, links) hatten mit jeweils sieben Alben die meisten Alben gleichzeitig in den US-Charts (Top 200). Die Beatles schafften es nach dem Tod John Lennons als Erste. Am 31. Januar 1981 hatten sie die Alben *Beatles 1967–1970, Beatles 1962–1966, White Album, Sgt Pepper's Lonely Hearts Club Band, Rubber Soul, Abbey Road* und *Love Songs* in den Charts. Auch sechs von Lennons Alben waren in dieser Woche in den Charts vertreten. Die Monkees, deren Erfolg sich hauptsächlich auf ihre TV-Show gründete, sowie U2, Bonos selbst ernannte „beste Band der Welt", erzielten den Rekord 1987.

www.guinnessworldrecords.com/mostalbums

ACCESS CODE: ‹56340›

MEISTE ALBUM-CHARTS-PLATZIERUNGEN IN EINER WOCHE
Sieben verschiedene Alben der Rockgruppe Pearl Jam (USA) schafften am 17. März 2001 den Einstieg in die US Top 200. Sie gehören zu einer Serie von 23 Alben, die während einer Welttournee an verschiedenen Orten in den USA live aufgenommen wurden. Damit brachen Pearl Jam ihren eigenen Rekord, bei dem von 25 weltweit aufgenommenen, gleichzeitig veröffentlichten Live-Alben fünf Chartsplatzierungen erreichten.

MEISTE NR.-1-ALBEN IN DEN USA
Elvis Presley (USA) hatte neun Nr.-1-Alben: *Elvis Presley* (1956), *Elvis* (1956), *Loving You* (1957), *Elvis Christmas Album* (1957), *GI Blues* (1960), *Something For Everybody* (1961), *Blue Hawaii* (1961), *Roustabout* (1964) und *Elvis – Aloha From Hawaii* (1973).

LÄNGSTE US-COUNTRY-CHARTS-PLATZIERUNG EINER KÜNSTLERIN
Patsy Clines Album *12 Greatest Hits* (USA) war im Februar 2001, 772 Wochen nach der ersten Platzierung, immer noch in den US-Country-Album-Charts vertreten. Die Platte blieb 251 Wochen lang Spitzenreiter.

MEISTE GB-HIT-SINGLES EINES KÜNSTLERS
Cliff Richard (GB) hatte bis März 2001 123 Hit-Singles. Sein erster Hit „Move It" wurde am 12. September 1958 Nummer 2. Mit seinem jüngsten Hit „The Millennium Prayer" erreichte Sir Cliff Richard 1999 wieder den ersten Platz der Charts.

MEISTE WOCHEN IN DEN US ADULT CONTEMPORARY ALBUM CHARTS
Die Single „Truly Madly Deeply" des australischen Duos Savage Garden hielt sich 123 Wochen – bis zum Mai 2000 – in den US Adult Contemporary Album Charts. Das Debüt-Album des Duos verkaufte sich 11 Mio. Mal.

www.guinnessworldrecords.com/puffdaddy

ERFOLGREICHSTER RAP-PRODUZENT
Mit vier Singles, die 1997 36 Wochen hintereinander die US-Rap-Charts anführten, ist Sean „Puffy" Combs, alias Puff Daddy (USA, links), der erfolgreichste Rap-Produzent der Welt. Er arbeitete unter anderem mit den Stars Li'l Kim und Mariah Carey zusammen. Einen besonderen Rekord-Beitrag leistete er mit einem Tributalbum an seinen Freund Christopher Wallace, alias Rapper Notorious BIG, der seine Musik auf Puffys Label Bad Boy veröffentlicht hatte. Als BIG erschossen wurde, nahm Puffy zusammen mit BIGs Ehefrau Faith Evans eine Tributsingle auf. „I'll Be Missing You" war ein riesiger internationaler Chartserfolg.

ACCESS CODE: ‹55719›

Musik + Stars 4

JAZZ-MUSIKER MIT DEN BESTEN VERKAUFSZAHLEN

Der Jazz-Musiker mit den besten Verkaufszahlen ist Kenny G (USA) mit geschätzten bislang 55 Mio. weltweit verkauften Alben, darunter 14 Mio. Exemplare von *Breathless* aus dem Jahr 1992, dem meistverkauften Jazz-Album aller Zeiten. Kenny, geboren als Kenneth Gorelick, erhielt zahlreiche Musik-Preise, so einen Grammy, American Music Awards, einen Soul Train Award und einen World Music Award.

DIE KÖNIGE DES FUNKS

Das meistverkaufte Funk-Album aller Zeiten ist *Travelling Without Moving* von Jamiroquai. Seit seinem Erscheinen 1996 wurde es weltweit über 7 Mio. Mal verkauft. Jamiroquai mit ihrem Sänger Jay Kay (oben) sind mit 11 Mio. verkauften Alben eine der gefragtesten Live-Bands für Jazz-Funk auf der ganzen Welt. Das Album enthält zahlreiche Hits, darunter „Cosmic Girl", „Alright" und „Virtual Insanity". Nach der Eroberung des amerikanischen Marktes holte die Band in den USA vier MTV-Preise und 1997 einen Grammy. 1998 schrieben Jamiroquai für den Hollywood-Film *Godzilla* das Stück „Deeper Underground". Die Erfolgsgeschichte der Gruppe hatte 1992 mit dem Erscheinen von „When You Gonna Learn" bei dem kleinen unabhängigen Londoner Plattenlabel Acid Jazz begonnen.

www.guinnessworldrecords.com/bestfunk
ACCESS CODE: ‹54242›

WERTVOLLSTES JAZZ-INSTRUMENT

Das wertvollste Jazz-Instrument ist ein Saxophon, welches Charlie „Bird" Parker gehörte. Es wurde am 7. September 1994 für umgerechnet 323.680 DM bei Christie's in London (GB) verkauft.

WERTVOLLSTE VIOLINE

Die wertvollste Violine gehörte dem verstorbenen Geiger Yehudi Menuhin. Sie wurde 1742 von Guarneri del Gesù gebaut und am 29. Oktober 1999 an einen anonymen Sammler in Zürich (CH) verkauft. Der schweizerische Musikalienhändler Hug sagte, dafür seien „ungefähr 1,25 Mio. Dollar (2,8 Mio. DM) mehr bezahlt worden als je zuvor für eine Violine". Der bisherige Rekord wurde 1998 mit umgerechnet 2,244 Mio. DM erzielt.

HÖCHSTER AUFFÜHRUNGSORT EINES KONZERTS

Ein Konzert zum 150. Todestag des Komponisten Gaetano Donizetti fand am 24. Oktober 1998 auf einer Rekordhöhe von 5.050 Metern über dem Meeresspiegel statt. Aufführungsort war das Laboratory-Observatory, eine Pyramide aus Glas und Aluminium im Khumba Valley des Mt. Everest in Nepal. Es spielten die Flötistin Ombretta Maffeis und der Pianist Gianni Bergamelli.

GRÖSSTES ELEKTRONISCHES KEYBOARD-ENSEMBLE

Das größte elektronische Keyboard-Ensemble bestand aus 100 Studenten und Lehrern der Musikschule Gorsium in Ungarn. Die Keyboards waren auf traditionelle Orchesterinstrumente programmiert. Das Ensemble spielte am 2. Juni 2000 im Rahmen des ersten Roland Keyboard-Festivals in der Pesti-Vigado-Konzerthalle in Budapest (H) *An der schönen blauen Donau* von Johann Strauß und Montis *Monti Czardas*.

GRÖSSTER STIMMUMFANG

Marta Maria Kupeczik (H) besitzt einen Stimmumfang vom B im Bass bis hinauf zum viergestrichenen D oder vom Bass bis zum höchsten Koloratursopran – mehr als vier Oktaven.

GRÖSSTES GLASBLASORCHESTER

Am 12. Oktober 2000 brachen die beiden Flötistinnen Patricia Rentner und Roselyn Smith aus Toledo (USA) den Rekord für das größte Glasblasorchester. Bei ihrem Konzert bliesen sie in 470 passend arrangierte Glasflaschen. Normalerweise leitet Patricia den Ottawa Hills Flute Choir, und Roselyn spielt in der 555th Air National Guard of Toledo, Ohio (USA). Statt ihres üblichen Repertoires spielten sie ein Potpourri aus Kinderliedern, unter anderem „This Old Man", „Hickory Dickory Dock" und „Mary had a Little Lamb".

www.guinnessworldrecords.com/glassbottles
ACCESS CODE: ‹50521›

MEISTE GRAMMYS FÜR EINEN MUSIKER

Der in Ungarn gebürtige britische Dirigent Sir Georg Solti (1912–97) hat mit 31 Grammys (einschließlich eines Special Trustees Award 1967) einen absoluten Rekord aufgestellt. Verliehen wurden ihm die Preise zwischen 1958 und 1997.

LÄNGSTER APPLAUS

Der spanische Tenor Placido Domingo erntete für seine Hauptrolle in Verdis *Otello* am 30. Juli 1991 in der Wiener Staatsoper bei 101 Vorhängen einen Applaus von 1 Stunde 20 Minuten.

GRÖSSTE MUSIK-EDITION AUF CD

Große Pianisten des 20. Jahrhunderts in einer Zusammenstellung von Philips ist die größte Einzeledition aller Zeiten. Sie besteht aus 200 CDs und erschien von September 1998 an über einen Zeitraum von zwölf Monaten. Enthalten sind Aufnahmen von 74 Pianisten. Der jüngste ist Jewgeni Kissin (geboren am 10. Oktober 1971 in Russland), der älteste Ignaz Paderewski (1860–1941, PL).

MEISTE GLEICHZEITIG GESPIELTE STIMMEN AUF EINER GITARRE

Am 12. Januar 2000 spielte Jack „Hoss" Linneman (USA) in der *Jimmy Smart Show* gleichzeitig die vier Gitarren-Stimmen – zwei Rhythmen, Melodie und Füllnoten – der Melodie von „Greenback Dollar" auf einer gewöhnlichen sechsseitigen Epiphone-Gitarre. Während der Aufführung brachte er es auf 240 Beats pro Minute, was 36 Noten pro Sekunde entspricht.

GRÖSSTES PERCUSSION-ENSEMBLE

Die größte zeitgleiche Aufführung mit Schlaginstrumenten fand unter dem Motto Beat This! statt, einem Musik-Event während des BBC Music Live Festivals am 29. Mai 2000. In der Zeit von 12.00 bis 12.30 Uhr schlugen 2.140 Teilnehmer in ganz Großbritannien zeitgleich einen eigens für sie zusammengestellten Rhythmus. Die verschiedenen beteiligten Gruppen waren über Radio und Fernsehen mit dem Sendezentrum verbunden. Ihr Zusammenspiel wurde live im Fernsehen übertragen.

ACCESS CODE: ‹56305›

GENIE ODER WAHNSINN?
Den Rekord für den größten Verkaufserfolg eines Rap-Künstlers hält der Detroiter Rapper Eminem. Von der LP *The Marshall Mathers* verkauften sich in der ersten Woche im Mai 2000 in den USA 1,76 Mio. Exemplare – ein absoluter Rekord. Eminem, für manche ein genialer Lyriker, der die Probleme der amerikanischen Gesellschaft widerspiegelt, für andere wegen seiner aggressiven Texte ein Musiker mit einem gefährlichen Einfluss auf die Jugend, landete mit „Stan", einer Ode an einen hartnäckigen Fan, einen durchschlagenden Erfolg. Gegenwärtig ist Eminem so populär, dass eine Internetrecherche zu seinem Namen mindestens 215.000 Treffer bringt. Spöttische Anspielungen in seinen Songs auf Mitglieder seiner Familie brachten ihm Millionenklagen ein.

JÜNGSTER GEWINNER DES HÖCHSTDOTIERTEN MUSIKPREISES
Der britische Komponist Thomas Ades hat im Alter von nur 28 Jahren den Grawemeyer-Preis für Komposition gewonnen. Damit ist er der dritte und zugleich der jüngste britische Träger dieses Preises für einzelne Musikkompositionen. Der Preisträger erhält 200.000 Dollar (448.000 DM).

HÖCHSTBEZAHLTER PIANIST
Wladziu Valentino Liberace (1917–87) hat für jede 26-wöchige Saison in den Madison Square Gardens in New York (USA) jeweils über 4,48 Mio. DM bekommen. Seine Spitzengage betrug 1954 für einen Abend 330.000 DM – in heutigem Geldwert 2,4 Mio. DM.

GRÖSSTE EINMANNBAND
Rory Blackwell spielte am 29. Mai 1989 in Dawlish, Devon (GB), 108 verschiedene Instrumente (19 Melodie- und 89 Schlaginstrumente). Dabei bediente er sich eines doppelten, am linken Fuß angebrachten Trommelschlegels, eines dreireihigen, am rechten Fuß befestigten horizontal schlagenden 22-teiligen Pedals und eines am Bauch befestigten Horngebläses mit zwölf Ventilen. Die gesamte Instrumentensammlung hatte eine Abmessung von 4,57 x 3,65 m.

ÄLTESTES SPIELBARES INSTRUMENT
Archäologen entdeckten eine 9.000 Jahre alte chinesische Knochenflöte, der sie sogar einen Ton entlocken konnten. Das 22 cm lange Instrument hat sieben Löcher und besteht aus dem Beinknochen eines Kronenkranichs.

GRÖSSTES KLAVIERREPERTOIRE
Richard Järnefelt aus Helsinki (FIN) kann ein Repertoire von 3.000 Stücken auswendig spielen. Die Liste enthält Popsongs und klassische Stücke.

Theater + Performance

GRÖSSTER KOMMERZIELLER THEATERERFOLG

Seit der ersten Premiere im Her Majesty's Theatre, London (GB), am 9. Oktober 1986 hat Andrew Lloyd Webbers Musical *Das Phantom der Oper* in 18 Ländern 6,32 Mrd. DM eingespielt. Das zweitbeste je erzielte Einspielergebnis im Theater war das Musical *Cats*, ebenfalls von Lloyd Webber, mit einer Einspielsumme von 3,95 Mrd. DM.

LÄNGSTE LAUFZEIT EINES MUSICALS

Das Off-Broadway-Musical *The Fantasticks* von Tom Jones und Harvey Schmidt, das am 3. Mai 1960 uraufgeführt wurde, wurde im Jahr 2000 nach einer Rekordspielzeit von 16.562 Aufführungen im New Yorker Sullivan Street Playhouse abgesetzt.

HÖCHSTE VERSICHERUNGSSUMME IN DER THEATERGESCHICHTE

Bei der Premiere im Londoner Palladium am 11. Juni 1981 wurde das Musical *Barnum* zur höchstversicherten Aufführung in der Geschichte des Theaters. Die Produzenten schlossen eine Versicherung über 15,8 Mio. DM ab. Allein mit 9,48 Mio. DM wurde Michael Crawford (GB) versichert, der auf der Bühne auf einem Drahtseil spazierte und sich von der obersten Loge auf die Bühne abseilte.

TEUERSTE BÜHNENPRODUKTION

Die Bühnenfassung von Disneys 1994 gedrehtem Film *Der König der Löwen* ist die teuerste Theaterproduktion aller Zeiten. Am Broadway im November 1997 uraufgeführt, kostete sie geschätzte 33,6 Mio. DM.

GRÖSSTE VERLUSTGESCHÄFTE IM THEATER

Als das Musical *Carrie* der Royal Shakespeare Company nach fünf Aufführungen am Broadway in New York (USA) am 17. Mai 1988 abgesetzt wurde, hatte es den gewaltigen Verlust von 15,68 Mio. DM eingespielt. *King*, ein Musical über Martin Luther King, brachte nach sechs Wochen Spielzeit bis zum 2. Juni 1990 Verluste von 9,48 Mio. DM, genausoviel wie das Londoner Musical *Ziegfeld* von 1988.

LÄNGSTE LAUFZEIT EINES THEATERSTÜCKS

Das am längsten hintereinander gespielte Theaterstück ist Agatha Christies *Die Mausefalle*, das am 25. November 1952 Premiere hatte. Am 23. April 2001 wurde es im Londoner St. Martin's Theatre zum 20.126. Mal aufgeführt. In 49 Jahren hat es mit über 10 Mio. Zuschauern rund 63,2 Mio. DM eingespielt.

KÜRZESTES STÜCK

Samuel Beckett (IRL), Nobelpreisträger für Literatur und mit *Warten auf Godot* (1953) Autor eines der einflussreichsten Stücke der Nachkriegsliteratur, schrieb zudem das kürzeste Drama der Weltliteratur, das 30-Sekunden-Stück *Breath* (1969).

LÄNGSTES STÜCK

Die längste je aufgezeichnete Theaterproduktion war *The Warp* von Neil Oram (GB). Der zehnteilige Zyklus wurde zwischen dem 18. und 20. Januar 1979 am Institute of Contemporary Art in London (GB) aufgeführt. Der Schauspieler Russell Denton zeigte sich während der 18 Stunden und 5 Minuten dauernden Produktion insgesamt nur fünf Minuten auf der Bühne.

SCHNELLSTE THEATERPRODUKTION

Das Musical *Oklahoma!*, eine Produktion der Velvet Jacket Ltd, wurde am 7. Mai 2000 von Act 24 im Edinburgher The Playhouse (GB) aufgeführt. Nach Erhalt des Skriptes um 8.00 Uhr am 6. Mai hatten Ensemble und Technik ganze 23 Stunden und 55 Minuten Zeit, um das Stück einzustudieren.

MEISTE TONY AWARDS

Harold Prince (USA) bekam innerhalb von 40 Jahren insgesamt 20 Tony Awards. Der Tony Award, der nach der Bühnenschauspielerin Antoinette Perry benannt ist, gehört zu den begehrtesten Theaterauszeichnungen. Der Rekord von Harold Prince setzt sich aus jeweils acht Tonys für Regie und Produktion, zwei Tonys als Produzent des besten Musicals des Jahres und zwei Special Tony Awards zusammen.

MEISTE TONY AWARDS FÜR EINE SCHAUSPIELERIN

Mit fünf Tony Awards – der erste 1952 – wurde Julie Harris (USA) zur Schauspielerin mit den meisten dieser Auszeichnungen. Die Mimin hält zudem den Rekord für die meisten Nominierungen für den Tony Award – zehn über einen Zeitraum von 45 Jahren. Ihr Debüt am Broadway hatte sie 1945.

MEISTE TONY AWARDS FÜR EIN STÜCK

Fünf Stücke wurden jeweils mit fünf Tony Awards prämiert – *A Man for all Seasons* von Robert Bolt (1962), *Who's Afraid of Virginia Woolf?* von Edward Albee (1963), *Child's Play* von Robert Marasco (1971), *Amadeus* von Peter Shaffer (1981) und *The Real Thing* von Tom Stoppard (1984).

MEISTE BEARBEITUNGEN EINES STÜCKS

A Day Well Spent, John Oxenfords einaktige Farce von 1835, erschien in folgenden fünf Bearbeitungen: *Einen Jux will er sich machen* (1842) von Johann Nestroy, *The Merchant of Yonkers* (1938) von Thornton Wilder, *The Matchmaker* (1954) von Thornton Wilder, *Hello Dolly* (1963) von Jerry Herman und Michael Stewart sowie *On The Razzle* (1981) von Tom Stoppard.

MEISTE AUFFÜHRUNGEN EINER ROLLE

Kanbi Fujiyama (J) spielte von November 1966 bis Juni 1983 10.288-mal die Hauptrolle in Aufführungen der Komödientruppe Sochiku Shikigek.

MEISTE SCHAUSPIELROLLEN

Jan Leighton (USA) ist Rekordhalter für die meisten Schauspielrollen in Theater, Film und TV – 3.395 verschiedene Parts seit 1951. Er besitzt über 200 Perücken und Hüte, mehr als 70 Brillen, fünf Weihnachtsmann-Kostüme und 36 Pfeifen.

FLUGANGST?

Den Rekord im Bühnenüberflug stellte der japanische Kabuki-Schauspieler Ichikawa Ennosuke (links) auf. Beim so genannten Chunori, einem Stunt, überflog er seit April 1968 in 5.000 Aufführungen Publikum und Bühne. Seinen Rekord erzielte er mit dem 5.000. Überflug am 19. April 2000 um 15.08 Uhr im Tokioter Shimbashi-Ebujo-Theater bei einer Aufführung von *Shin Sankokushi*. Ennosuke spielt darin einen Helden, der nach seinem Tod mit seiner Geliebten in den Armen in den Himmel emporfliegt. Der Chunori, der mit Flaschenzügen und einem Sicherheitsgurt durchgeführt wird, war im 17. Jahrhundert in Edo (dem heutigen Tokio) entwickelt worden und blieb für drei Jahrhunderte ein beliebter Trick. Ennosuke führte den Stunt am Tokioter Nationaltheater für das Stück *Yoshitsune* wieder ein und zeigte ihn dann 32 Jahre lang in unterschiedlichen Produktionen.

www.guinnessworldrecords.com/chunori
ACCESS CODE: ‹54812›

www.guinnessworldrecords.com/chairstack

HÖCHSTE STUHLPYRAMIDE

USA

Am 16. Oktober 1999 schufen die Peking Akrobats (CHN, rechts) mit sechs Akrobaten auf sieben Stühlen und einer Höhe von 6,4 Metern die höchste menschliche Stuhlpyramide. Als sie ihre Plätze eingenommen hatten, verharrten sie fünf Sekunden lang im Handstand. Seit 1952 treten die Acrobats gemeinsam auf.

ACCESS CODE: ‹54638›

GRÖSSTE PARALLELE AUFFÜHRUNG EINER BÜHNENSHOW

Am 20. November 1999 um 19.00 Uhr wurde das Kindermusical *The Rainbow Juggler* in 56 Theatern in Großbritannien, Irland, Deutschland, den USA und Australien von 4.568 Studenten der Stagecoach Theatre Arts gleichzeitig aufgeführt. Die Shows fanden anlässlich des 10. Jahrestages der Kinderrechtskonvention statt und brachten UNICEF 176.840 DM an Spendengeldern ein.

VIETNAMESISCHER SIEG

Das Musical *Miss Saigon* von Alain Boubil und Claude-Michel Schonberg hatte bei der Premiere am Broadway im April 1991 bereits einen Rekord von 80,64 Mio. DM im Vorverkauf eingespielt. Auf der Bühne erscheinen ein Hubschrauber, ein Cadillac von 1959 und ein 44-köpfiges Ensemble. Die Welturaufführung des Musicals fand am 20. September 1989 im Londoner Theatre Royal (oben) statt. Im Mai 1992 hatte es in Tokio (J) Premiere, brach alle Einspielrekorde und wurde zum am längsten ununterbrochen gespielten Musical in Japan.

www.guinnessworldrecords.com/missaigon

ACCESS CODE: ‹50458›

MEISTE STEPTÄNZER

Die größte Aufführung von Steptänzern zählte 6.776 Mitwirkende. Sie fand am 17. August 1997 vor dem New Yorker Kaufhaus Macys auf der 34. Straße statt – eine zweiminütige Nummer zur Melodie von „Puttin' on the Ritz". Das jüngste Mitglied des Ensembles war ein Jahr alt, das älteste eindrucksvolle 91 Jahre.

MEISTE ROLLEN IN EINEM STÜCK

Für das Stück *For Love or Money*, das im September 2000 von der Lancaster Red Rose Amateur Operatic and Dramatic Society im Grand Theatre von Lancaster (GB) auf die Bühne gebracht wurde, übernahm Phil Gibson sechs Produktionsrollen: künstlerische Idee, Komponist, Librettist, Orchestrierung, Chorleiter und die Hauptrolle des „Sam".

MEISTE GLEICHZEITIG LAUFENDE STÜCKE EINES AUTORS

Somerset Maugham (GB) stellte 1908 mit vier gleichzeitig laufenden Stücken einen Rekord auf. *Lady Fredrick at the Court*, *Mrs Dot at the Comedy*, *Jack Straw at the Vaudeville* und *The Explorer at the Lyric* wurden im Londoner West-End gezeigt.

MEISTE GLEICHZEITIG SCHWEBENDE AKTEURE

In der Vorstellung *Período Doma* der argentinischen Tanztheatergruppe De La Guarda schwebten gleichzeitig 33 Akteure in der Luft. Die fünf Aufführungen von *Período Doma* lockten im April 1998 14.000 Zuschauer in das Velódromo der argentinischen Hauptstadt Buenos Aires.

GUINNESS WORLD RECORDS™

Drucksachen

MEISTVERKAUFTER AUTOR
Agatha Christie (GB) ist die an Verkaufszahlen gemessen erfolgreichste Romanautorin aller Zeiten. Von ihren 78 Kriminalromanen wurden schätzungsweise zwei Mrd. Exemplare in 44 Sprachen verkauft. Christie schrieb ferner 19 Bühnenstücke und unter dem Pseudonym Mary Westmacott sechs Liebesromane. Die jährlichen Einnahmen aus Tantiemen belaufen sich auf etwa 7,9 Mio. DM.

MEISTVERKAUFTES BUCH
Die Bibel ist mit einer geschätzten Zahl von 2,5 Mrd. Exemplaren seit 1815 das meistverkaufte und verbreitetste Buch. Teile der Bibel liegen in 2.123 Sprachen vor.

Die King-James-Bibel hält den Rekord für die größte CD-Ausgabe eines Hörbuches. Die Aufnahme dauerte sieben Jahre. Es entstand eine Sammlung von 78 CDs mit einer Spielzeit von 88 Stunden. 147 Schauspieler der Royal Shakespeare Company (GB) und der BBC Repertory Company (GB) besprachen 1.600 km Band.

HÖCHSTER VORSCHUSS
Der Verlag Berkeley Putnam zahlte 1992 über 31 Mio. DM für die nordamerikanischen Rechte an *Gnadenlos*, einem Agententhriller von Tom Clancy (USA), dem Autor von *Die Stunde der Patrioten* und *Jagd auf Roter Oktober*. Das ist der höchste Vorschuss aller Zeiten für ein einziges Buch.

AUSGEBUCHT
Kazuko Hosoki (J, links) ist die meistverkaufte Autorin von Wahrsagebüchern. Sie hat 81 Bücher geschrieben, von denen 34 Mio. Exemplare verkauft wurden. Ihr erstes Buch hatte sie im Mai 1982 publiziert.
Für den Rekord des meistverkauften Romans gibt es drei Kandidaten. Da keine genauen Zahlen vorliegen, lässt sich nicht ermitteln, wer von ihnen Platz eins besetzt. Von drei Romanen wurden schätzungsweise 30 Mio. Exemplare verkauft: Harper Lee, *Wer die Nachtigall stört* (1960), Margaret Mitchell, *Vom Winde verweht* (1936), und Jacqueline Susann, *Tal der Puppen* (1966; alle USA), von dem in den ersten sechs Monaten 6,8 Mio. Exemplare verkauft wurden.

www.guinnessworldrecords.com/fortunebooks
ACCESS CODE: ‹55598›

LÄNGSTER ROMAN
A la recherche du temps perdu (Auf der Suche nach der verlorenen Zeit) von Marcel Proust (F) umfasst 15 Bände, in denen etwa 9.609.000 Figuren auftreten (Briefe und Orte mitgezählt). Proust litt unter heftigem Asthma und zog sich ganz aus der Öffentlichkeit zurück. Der erste Band seines Meisterwerkes erschien im Jahr 1912. Die letzten sechs Bände konnte er vor seinem Tod 1922 nicht mehr überarbeiten.

GRÖSSTE AUTORENLESUNG
J. K. Rowling (GB) war eine von drei Autoren, die am 24. Oktober 2000 anlässlich des Internationalen Autorenfestivals des Harborfront Centers vor 20.264 Zuhörern im SkyDome-Stadion in Toronto (CDN) aus ihrem Werk vorlasen. Sie las aus *Harry Potter und der Feuerkelch*. Außerdem lasen der kanadische Autor Kenneth Oppel aus dem Roman *Silberflügel* und sein Landsmann Tim Wynne-Jones aus *The Boy in the Burning House*.

PRODUKTIVSTER AUTOR
Der brasilianische Autor José Carlos Ryoki de Alpoim Inoue veröffentlichte vom Juni 1986 bis August 1996 1.058 Romane. Er schreibt Western, Science-Fiction und Thriller.

JÜNGSTER SERIENAUTOR
Randy Nahles (RL) erstes Buch *Revenge* wurde im Juli 1998 veröffentlicht, als er zwölf Jahre alt war. Mit dreizehn schrieb er *Mirror Image*, den zweiten Band seiner Krimireihe *Hawk Archives*. Dieser erschien im Februar 2000.

LÄNGSTE BIOGRAFIE
Die noch unvollendete Biografie von Sir Winston Churchill ist die längste Biografie der Verlagsgeschichte. Sein Sohn Randolph und der Historiker Martin Gilbert (beide GB) arbeiten gemeinsam an dem Werk, das gegenwärtig acht Bände umfasst sowie 16 Begleitbände, insgesamt enthalten sie rund 10 Mio. Wörter.

HÖCHSTER LITERATURPREIS
Der International IMPAC Dublin Literary Award (IRL) für Romane ist mit 100.000 irischen Pfund (293.000 DM) dotiert. Die Kandidaten für den Preis werden von öffentlichen Buchhandlungen in großen Städten auf der ganzen Welt nominiert. Nicola Barker (GB) gewann im Jahr 2000 den Preis für ihren Roman *Wide Open*.

ÄLTESTER ROMAN
Der griechische Autor Chariton hat um 100 n. Chr. *Chaireas und Kallirrhoe* geschrieben. Dieser älteste bekannte Roman handelt von den Abenteuern der Braut Kallirrhoe. Der einzige vollständig erhaltene lateinische Roman ist *Metamorphosen* (auch bekannt als *Der goldene Esel*) von Apuleius aus dem Jahr 123 n. Chr.

AM LANGSAMSTEN VERKAUFTES BUCH
David Wilkins' Übersetzung des Neuen Testaments aus dem Koptischen ins Lateinische verkaufte sich von allen Büchern am langsamsten. Von den 1716 von Oxford University Press gedruckten 500 Exemplaren wurde etwa alle 20 Wochen eins verkauft, erst nach 191 Jahren war die Auflage ausverkauft.

GRÖSSTES BUCH
Das so genannte *Super Book* hat die Maße 2,74 x 3,07 m, wiegt 252,6 kg und hat 300 Seiten. Es wurde 1976 in Denver (USA) veröffentlicht.
Das Cover des *Super Book* ist 122-mal so groß wie das Buch, das Sie in der Hand halten.

LESEN BILDET
Die Ausgabe vom 14. September 1987 der *Sunday New York Times* (links) war die schwerste Ausgabe einer Tageszeitung. Sie wog über 5,4 kg und hatte 1.612 Seiten. Die Zeitung hat eine durchschnittliche Auflage von 1.650.000.
Die umfangreichste publizierte Zeitung aller Zeiten war die Ausgabe vom 19. Dezember 1997 der brasilianischen Tageszeitung *Diàrio Oficial da União*, die 2.112 Seiten umfasste und 5,27 kg wog.
Die älteste noch erscheinende Wochenzeitung ist die 1645 gegründete Zeitung *Post och Inrikes Tidningar*, die von der Schwedischen Akademie der Wissenschaften herausgegeben wird. Im Jahr 1766 garantierte Schweden als erstes Land die Pressefreiheit.

www.guinnessworldrecords.com/massivenewspaper
ACCESS CODE: ‹47978›

www.guinnessworldrecords.com/harrypotter

ACCESS CODE: ‹53728›

POTTERMANIE

Die ersten drei Bände von J. K. Rowlings (GB) Serie Harry Potter (rechts) halten den Rekord für die meistverkaufte Kinderbuchserie in einem Jahr. 1999 wurden in den USA über 18,5 Mio. verkauft. Rowling hat es auch als erste Autorin geschafft, mit drei Titeln die ersten vier Plätze der Bestsellerliste der *New York Times* zu belegen. Vom vierten Band, *Harry Potter und der Feuerkelch*, wurde die Rekordzahl von 5,3 Mio. Exemplaren im Voraus bestellt.

KLEINSTES BUCH

Das kleinste jemals vermarktete Buch ist auf 22 gsm-Papier gedruckt und nur 1 mm^2 groß. Es enthält die Kindergeschichte von *Ole King Cole!*. Im März 1985 wurden 85 Exemplare von Gleniffer Press (GB) veröffentlicht. Zum Umblättern braucht man eine Nadel.

GRÖSSTE SIGNIERAKTION

Am 3. Dezember 1999 signierten 60 Autoren des Verlages Citron Press im Business Design Centre in London (GB) öffentlich in zwei Stunden 1.200 Bücher.

AM LÄNGSTEN ÜBERZOGENES BUCH AUS EINER BÜCHEREI

Eine 1609 erschienene deutsche Biografie des Erzbischofs von Bremen wurde im Jahr 1668 von Colonel Robert Walpole am Sidney Sussex College in Cambridge (GB) ausgeliehen. Professor Sir John Plumb entdeckte das Buch 288 Jahre später in der Bibliothek der Marquise von Cholmondeley in Houghton Hall (GB). Er gab das Buch zurück, musste aber keine Strafe zahlen.

HÖCHSTE STARTAUFLAGE EINES ROMANS

J. K. Rowlings (GB) *Harry Potter und der Feuerkelch*, der vierte Band der Erfolgsreihe, hatte eine Startauflage von 4,8 Mio. Exemplaren, von denen 3,8 Mio. in den USA gedruckt wurden (40-mal so viel wie bei einem durchschnittlichen Bestseller) und 1 Mio. in Großbritannien.

GRÖSSTE PUBLIKATION

Der *Yung-lo ta-tien* ist ein Thesaurus, der im 15. Jahrhundert in China nach den Anweisungen des Ming-Kaisers Yung-lo zusammengestellt wurde. Die 11.095 Bände mit 22.937 Kapiteln (von denen 370 erhalten sind) wurden zwischen 1403 und 1408 von 147 chinesischen Gelehrten von Hand geschrieben und von weiteren 3.000 Gelehrten überarbeitet.

GRÖSSTE ENZYKLOPÄDIE

Die größte noch verwendete Enzyklopädie ist die Enzyklopädie arabischer Gesetzestexte, die Mohamed Abu Baker Ben Younis (GR) verfasst hat. Die 200 Bände haben insgesamt 164.000 Seiten und wiegen 420 kg. Sie enthalten sämtliche gesetzlichen Bestimmungen aus allen arabischen Ländern. Das Generalregister umfasst weitere sechs Bände, Ergänzungsbände sind ebenfalls erschienen.

GRÖSSTES ENGLISCHES WÖRTERBUCH

Die zweite Ausgabe des *Oxford English Dictionary* (1989) umfasst 21.543 Seiten in 20 Bänden und enthält über 231.000 Stichwörter. Der längste Eintrag mit über 60.000 Wörtern Text steht unter dem Verb „set". Im Jahr 1993 wurde mit der Veröffentlichung von jährlichen Ergänzungsbänden begonnen, die etwa 4.000 neue Wörterbucheinträge enthalten. Das Wörterbuch ist inzwischen auch auf CD-ROM erhältlich.

GRÖSSTES WÖRTERBUCH

Das *Deutsche Wörterbuch*, das 1854 die für ihre Märchensammlung bekannten Jacob und Wilhelm Grimm (D) begonnen hatten, wurde im Jahr 1971 vollendet und umfasst 34.519 Seiten in 33 Bänden. Für rund 3.800 DM ist es über das Internet erhältlich.

ÄLTESTE ZEITSCHRIFT

Die älteste regelmäßig publizierte Zeitschrift der Welt sind die Royal Society's *Philosophical Transactions*, die am 6. März 1665 erstmals in London (GB) erschienen. Isaac Newton verdankt seinen Aufstieg zum berühmten Wissenschaftler den Transactions – 17 Aufsätze von ihm wurden dort gedruckt. Auch Charles Darwin publizierte in der Zeitschrift.

TEUERSTE ZEITSCHRIFT

Das von Stephan Gan, Cecilia Dean und James Kalian gegründete Magazin *Visionaire* (USA) wird für rund 400 DM verkauft, begehrte Sammlerstücke werden für über 11.000 DM gehandelt. Format und Themen wechseln von Ausgabe zu Ausgabe.

SCHWERSTE ZEITSCHRIFT

Die Ausgabe Februar/März 1999 des Magazins *Brides* (GB) wog 1,952 kg. Sie hatte 1.242 Seiten, darunter 1.065 Seiten Anzeigen. Sie wurde zum üblichen Preis verkauft.

Kunstwerke

PRODUKTIVSTER MALER
Pablo Diego José Francisco de Paula Juan Nepomuceno de los Remedios Crispín Cipriano de la Santísima Trinidad Ruíz y Picasso (E, 1881–1973) war in den 75 Jahren seines Schaffens der produktivste Künstler. Picasso hinterließ etwa 13.500 Gemälde und Skizzen, 100.000 Drucke und Stiche, 34.000 Buchillustrationen und 300 Skulpturen oder Keramiken. Der Gesamtwert seiner Werke wurde auf 1,58 Mrd. DM geschätzt.

WERTVOLLSTES GEMÄLDE DES 20. JAHRHUNDERTS
Picassos (E) *Frau mit gekreuzten Armen* (1901–02) wurde am 8. November 2000 bei Christie's in New York City (USA) für die Rekordsumme von umgerechnet 123,2 Mio. DM verkauft.

Bis zum 9. Mai 1997 sind nicht weniger als 3.579 Picasso-Kunstwerke bei Auktionen versteigert worden, so viele wie von keinem anderen Künstler. Der Erlös aus den Auktionen beträgt über 2,113 Mrd. DM.

WERTVOLLSTE PLASTIK
Drei Grazien (1814) von Antonio Canova (1752–1822) wurde 1994 gemeinsam von dem Victoria and Albert Museum, London und der National Gallery of Scotland, Edinburgh (GB) für die Rekordsumme von umgerechnet 23,7 Mio. DM gekauft.

GRÖSSTE KUHKUNST-AUSSTELLUNG
Die CowPARADE im Jahr 1998 begann in Zürich (CH) und sollte den Handel und das Kunsthandwerk im Stadtzentrum fördern. Entlang der Straßen, auf Gebäuden, in Parks, am Flughafen, auf Bahnhöfen und Plätzen wurden 812 kunstvoll bemalte, lebensgroße Kühe aus Fiberglas mit Namen wie „PiCOWso" und „Lady Cowdiva" ausgestellt. Die CowPARADE lockte 1,5 Mio. Besucher in die Stadt.

AM HÄUFIGSTEN GESTOHLENES GEMÄLDE
Jacob III. de Cheyn (1632) von dem holländischen Maler Rembrandt van Rijn (1609–69) ist nicht weniger als viermal aus Museen gestohlen worden. Einmal wurde es auf dem Gepäckträger eines Fahrrads gefunden, ein anderes Mal unter einer Friedhofsbank. Es ist jedesmal anonym zurückgegeben worden, deshalb wurde nie Anzeige erstattet. Rembrandts Portrait des jungen Mannes ist so bekannt, dass es unverkäuflich sein dürfte.

GRÖSSTE STEINSKULPTUREN
Das Steinrelief mit den Generälen Jefferson Davis (1808–89), Robert Edward Lee (1807–70) und Thomas Jonathan („Stonewall") Jackson (1824–63) ist 27,4 m hoch und bedeckt eine Fläche von 0,5 ha an der Felswand des Stone Mountain in der Nähe von Atlanta (USA). Der Bildhauer Roy Faulkner bearbeitete die Felswand 8 Jahre 174 Tage lang vom 12. September 1963 bis zum 3. März 1972 zusammen mit Walker Kirtland Hancock und anderen Helfern.

KINDERKRAM
Über 200 Kinder aus Gaithersburg (USA) schufen am 19. Juli 1999 das größte Fingergemälde aller Zeiten. Anlässlich der Feier zum zehnjährigen Jubiläum von Sigma-Tau Pharmaceutical malten sie nur mit Händen und Füßen das Gemälde *Ten Fingers, Ten Toes* (links) mit den Maßen 8,53 x 10,66 m.
Das größte Jellybean-Mosaik aus 210.000 Jellybeans (eine Art Gummibärchen) von STARBURST® schufen 60 Kinder der Public School 166 in New York City (USA). Das 29,7 m² große Mosaik wurde am 18. und 19. April 2000 im Children's Museum von Manhattan zusammengestellt und am 22. April 2000 bei der Schau „Easter Eggstravaganza" im Central Park gezeigt

www.guinnessworldrecords.com/fingerpainting
← ACCESS CODE: ‹54735›

GRÖSSTE BLUMENSKULPTUR
1.914 Helfer schufen eine Skulptur in Form einer Schachtel Aspirin mit den Maßen 76 x 26,48 m. Sie verarbeiteten 75.000 weiße Chrysanthemen, 1.200.000 Edelweißblüten und 71.500 Blätter. Das Ereignis wurde am 17. Oktober 1999 von der Werbeagentur Ammirati Puris Lintas für den Chemiekonzern PT Bayer in der indonesischen Stadt Jakarta organisiert.

GRÖSSTES ABSTRAKTES GEMÄLDE MIT REIFENSPUREN
Beim so genannten Burnout 2001 in den Docklands von Melbourne (AUS) wurde das größte abstrakte Reifengemälde der Welt geschaffen. Tausende begeisterte Zuschauer (Kunst- und Autoliebhaber) verfolgten, wie acht Fahrer die Reifen ihrer Fahrzeuge durchdrehen ließen und dabei kunstvolle Gummispuren auf einer 70 x 30 m große Betonplatte erzeugten.

GRÖSSTE BAUMWOLL-SKULPTUR
Im April 1999 vollendete Anant Narayan Khairnar (IND) nach elf Monaten eine Statue von Mahatma Gandhi mit einer Höhe von 2,28 m und einem Gewicht von 20 kg. Sie sieht zwar wie Marmor aus, ist aber ganz aus Verbandsmull hergestellt, der zur Versteifung mit Chemikalien getränkt wurde.

LÄNGSTE SANDSKULPTUR
Die längste Sandskulptur war das GTE Directories Ultimate Sand Castle mit einer Länge von 26.375,9 m, das am 31. Mai 1991 von über 10.000 Helfern am Myrtle Beach, South Carolina (USA), gebaut wurde.

GRÖSSTE SKULPTUR AUS HORNISSENNESTERN
Yoshikuni Shiozawa (J) schuf eine Kopie des Fujiyama, indem er 160 Hornissennester zusammenfügte, in denen etwa 160.000 lebende gelbe Hornissen summten. Die Plastik war 3,766 m hoch und am Fuß 4,8 m breit.

HIMMELHOCH
Die Freiheitsstatue (links) ist mit einem Gewicht von 24.635 t die schwerste Statue der Welt: 28 t Kupfer, 113 t Stahl und 24.493 t Beton für den Sockel sind in ihr verarbeitet. Vom Boden bis zur Fackelspitze misst sie 92,99 m; in ihrem Innern führen 354 Stufen zur Krone; ihre Nase ist 1,48 m lang, ihr Zeigefinger 2,44 m. Sie wurde von Frederic-Auguste Bartholdi, Richard Morris Hunt und Alexandre Gustave Eiffel angefertigt. Frankreich schenkte sie den USA 1885 als Symbol der Freiheit und zum Zeichen der Freundschaft.
Die höchste Statue der Welt ist eine 120 m hohe und 35 m breite Buddhastatue aus Bronze. Nach siebenjähriger Bauzeit wurde der 1.000 t schwere Koloss im Januar 1993 in Tokio (J) vollendet.

www.guinnessworldrecords.com/statueliberty
← ACCESS CODE: ‹54191›

MEISTE PERLEN IN EINEM KUNSTWERK

USA

Liza Lou (USA) baute aus 40 Mio. Glasperlen eine Küche und einen Garten in Originalgröße, die beide zum ersten Mal im Kemper Museum of Contemporary Art in Kansas City, Kansas (USA), ausgestellt wurden. Würde man die Perlen auf eine Schnur auffädeln, wäre diese Kette etwa 703,7 km lang, das ist die Entfernung von Los Angeles bis San Francisco.

GRÖSSTE KUNSTGALERIE

Das Staatliche Museum Eremitage in St. Petersburg (RUS) beherbergt fast drei Mio. Kunstwerke und archäologische Fundstücke. Wer sie alle besichtigen will, muss einen Fußmarsch von 24 km durch die 322 Galerien im Winterpalast zurücklegen.

MEISTE FARBE FÜR EIN GEMÄLDE

Im Juni 1998 übernahm das amerikanische Duo The Art Guys (Michael Galbreth und Jack Massing) den Auftrag, eine Reklametafel mit dem Titel *ABSOLUTly A Thousand Coats of Paint* als Werbung für die Wodkamarke *Absolut* zu entwerfen. Auf der Reklametafel in Houston (USA) ist eine 4,3 m hohe Absolut-Wodkaflasche zu sehen, die von 1.000 Schichten oder 900 kg Farbe mit unterschiedlichen Farbtönen bedeckt ist. Bernard Brunon benötigte zur Umsetzung des Motivs neun Monate.

GRÖSSTES GEMÄLDE

Die Gruppe ID Culture vollendete am 14. August 1996 in der Arena in Amsterdam (NL) ein riesiges Gemälde des Meeres. Es bedeckte eine Fläche von 8.586 m^2.

GRÖSSTE BALLON-SKULPTUR

Anlässlich des Ballonfestes von Northampton (GB) vom 14. bis zum16. August 1998 formierten sich 52.000 Ballons zu einem gigantischen Fußball.

MEISTE BATTERIEN IN EINEM KUNSTWERK

Gilberto Macías Enríquez (MEX) hat aus 11.380 Knopfbatterien eine europäische mittelalterliche Burg nachgebaut. Er sammelt seit 1988 Batterien und möchte die Menschen durch diese Form des Recyclings auf die darin enthaltenen hochgiftigen Stoffe aufmerksam machen.

www.guinnessworldrecords.com/carsculpture

DAUERPARKER

Das Kunstwerk mit den meisten Autos (rechts) heißt *Long-term Parking* und wurde von der Stiftung Cartier in Jouy-en-Josas (F) in Auftrag gegeben. Das gewaltige Bauwerk enthält 60 in 1.600 t Beton eingegossene Autos und ragt 20 m hoch in den Himmel. Die Auto-Skulptur wurde von dem Künstler Armand Fernandez geschaffen, besser bekannt als Arman. Er ist berühmt für seine „Akkumulationen".

ACCESS CODE: ‹56537›

Comics + Cartoons

TEUERSTE TRICKFILMSZENE
Eines der 150.000 Zeichentrickbilder aus Walt Disneys *Schneewittchen und die sieben Zwerge* (USA), der am Heiligabend 1937 in die Kinos kam, wurde 1991 für die Rekordsumme von 363.400 DM verkauft.

GRÖSSTE KARIKATUR
Paul Slattery (GB) zeichnete auf eine riesige Leinwand mit den Maßen 18,89 x 9,24 m eine Karikatur des Fußballspielers Alan Shearer (GB). Er begann mit dem Auge Shearers und war nach drei Tagen am 22. April 1999 fertig. Die Karikatur wurde an der Tyne Bridge in Newcastle (GB) aufgehängt und anschließend zu Gunsten der Kinderhilfsorganisation NSPCC versteigert.

HÖCHSTE EINNAHMEN EINES TRICKFILMS
Walt Disneys *König der Löwen* (USA, 1994) spielte von allen Trickfilmen die höchsten Bruttoeinnahmen ein: umgerechnet 1.742,5 Mio. DM. Stars wie Rowan Atkinson (GB) und Whoopi Goldberg (USA) liehen den Tieren in der englischen Version ihre Stimme. Walt Disneys erster abendfüllender Film *Schneewittchen und die sieben Zwerge* (USA, 1937), an dem vier Jahre lang gearbeitet wurde, spielte weltweit an den Kinokassen 184,9 Mio. Dollar ein. Das wären heute, die Inflation eingerechnet, 3,65 Mrd. DM.

GRÖSSE IST NICHT ALLES
Der kleinste Comic aller Zeiten ist *Agent 327* (links), der von Martin Lodewijk (NL) gezeichnet wurde. Im Juni 1999 verkaufte der Comic-Laden Sjors die 2,58 x 3,7 cm großen Heftchen. Von dem 16-seitigen in Farbe gedruckten Comic wurden 2.000 Exemplare verkauft, ein Vergrößerungsglas gab es dazu. Die Rekordausgabe nannte sich *Minimum Bug*.

www.guinnessworldrecords.com/smallestcomic
ACCESS CODE: ‹53243›

AM LÄNGSTEN LAUFENDE ZEICHENTRICKSERIE
Zwischen 1933 und 1957 liefen von Max Fleishers *Popeye the Sailor* 233 Kurzepisoden, sowie eine längere Folge: *Popeye the Sailor Meets Sinbad the Sailor* (USA, 1936). Das Studio King Features produzierte von 1960–1962 weitere 220 *Popeye*-Filme für das Fernsehen, darauf folgten noch 192 All New *Popeye*-Folgen für den Sender CBS von 1978–1983. Im Fernsehen wurde die Serie im September 1956 zum ersten Mal gezeigt. *Popeye* lief damit von allen Trickfilmserien am längsten.

MEISTE FOLGEN EINES COMICS
Der mexikanische Comic *Pepín* erschien ab dem 4. März 1936 wöchentlich, später dann täglich. Bis zum 23. Oktober 1956 wurden insgesamt 7.561 Folgen veröffentlicht. Auf dem Höhepunkt seiner Beliebtheit wurden schätzungsweise 320.000 Exemplare pro Tag verkauft, an Sonntagen doppelt so viele.

TEUERSTER ZEICHENTRICKFILM
Die Produktion des Films *Der Prinz von Ägypten* (USA, 1998) aus den DreamWorks-Studios kostete 134,4 Mio. DM. Vier Jahre lang arbeiteten 350 Künstler und Trickfilmzeichner an dem Projekt. In der Spielzeit von 90 Minuten sind 1.192 Spezialeffekte eingebaut. Allein für die Produktion einer vierminütigen Sequenz am Roten Meer waren 350.000 Arbeitsstunden nötig.

MEISTE OSCAR-NOMINIERUNGEN IN FOLGE
Walt Disney wurde von 1942–1950 neunmal in Folge in der Kategorie Bester Kurzfilm, Zeichentrick, für den Oscar nominiert. Die Serie begann mit *Truant Officer Donald* (USA, 1941) und endete mit *Toy Tinkers* (1949). Von 1933–1940 wurde Walt Disney achtmal in Folge nominiert, darunter mit zwei Filmen in den Jahren 1933 und 1934 und drei Filmen 1939. In dieser Zeit gewann er den Oscar achtmal nacheinander.

„Z" WIE ZORRO
Die Comicfigur Zorro wurde von Johnston McCulley (USA) geschaffen und 69-mal verfilmt. Der weise, tapfere, charmante und romantische Zorro war die erste Comicfigur, die zur Hauptfigur eines größeren Spielfilms wurde: *The Mark of Zorro* (USA, 1920) mit Douglas Fairbanks in der Hauptrolle. Der Film wurde nur ein Jahr nach dem Comcistrip gezeigt, damit ist Zorro auch die Comicfigur, die am schnellsten den Sprung auf die Leinwand schaffte. Am 19. Juli 1998 startete in den USA der neueste Zorro-Film *Die Maske des Zorro* (USA, 1998) mit Antonio Banderas (E, links), Anthony Hopkins und Catherine Zeta-Jones (beide GB). In der ersten Woche spielte er in 2.515 Kinos umgerechnet 50,5 Mio. DM ein.

www.guinnessworldrecords.com/zorro
ACCESS CODE: ‹50724›

MEISTE EPISODEN EINER TRICKFILMSERIE
Der Comic *Mutt and Jeff* von Harry Bud Fisher, der in der Ausgabe vom 10. Februar 1913 des *Pathé's Weekly* erstmals zu sehen war, wurde vom 1. April 1916 an bis zum 1. Dezember 1926 wöchentlich gezeigt. Mit einer Lücke zwischen 1923 und 1924 waren mindestens 323 Episoden von *Mutt and Jeff* im Kino zu sehen. Einige kamen nachträglich koloriert und synchronisiert auf Videokassetten in den Handel, damit sind sie auch die ältesten noch erhältlichen Trickfilme.

LÄNGSTER COMICSTRIP
Der längste Comicstrip ist 53,5 m lang und 1,5 m breit und besteht aus 20 Bildern. Am 17. Oktober 1999 beteiligten sich 26 Zeichner während eines Festivals der Universität von Alcalá (E) an der Erstellung des Strips zu Ehren des spanischen Humoristen Quevedo aus dem 16. Jahrhundert.

LÄNGSTE IMMER NOCH ERSCHEINENDE COMIC-SERIE
Der Comicstrip *Katzenjammer Kids* wurde von Rudolph Dirks (USA) erfunden und erschien am 12. Dezember 1897 zum ersten Mal im *New York Journal*. Die Helden Hans und Fritz sind dem Vorbild „Max und Moritz", einer Bildergeschichte von 1865, nachempfunden. Der älteste Comicstrip wird jetzt von Hy Eisman gezeichnet und erscheint in 50 Zeitungen.

MEISTE FANPOST IN HOLLYWOOD
Micky Maus hat im Jahr 1933 angeblich rund 800.000 Fanbriefe erhalten, durchschnittlich 66.000 im Monat.

MEISTE COMIC-LESER
Von allen in Japan verkauften Drucksachen entfällt ein Anteil von 40 % auf Mangas (Comics). Im Durchschnitt wurden in den 1990er Jahren jährlich Comics im Wert von umgerechnet 12,3 Mrd. DM verkauft. Ursprünglich wurden die Manga-Storys für Kinder geschrieben (Pokémon etwa ist weltweit erfolgreich), aber inzwischen richten sich 50 % der Comics an Erwachsene. Die Manga-Kultur ist so tief in der japanischen Gesellschaft verwurzelt, dass sie

jeden Aspekt des Alltags durchdringt, von der Unterhaltung über das Design bis zur Bildung.

GRÖSSTES COMICMUSEUM
Das International Museum of Cartoon Art in Boca Raton (USA) verfügt über eine Sammlung von über 160.000 originalen Trickfilm-Zeichnungen aus 50 Ländern. Zu der Sammlung gehören ebenfalls 10.000 Bücher über Zeichentrickfilme und 1.000 Stunden Trickfilm-Material. Das Museum hat eine Fläche von 2.322,5 m² und einen Kinosaal mit 250 Sitzen.

www.guinnessworldrecords.com/chickenrun

WENN HENNEN RENNEN
Für die Produktion des Aardman-Trickfilms *Chicken Run* (GB, 2000) wurde mit 2.380 kg Knetmasse bislang das meiste Plastilin verarbeitet. Der 82 Minuten lange Trickfilm hält auch den Rekord für den längsten Stop-Motion-Film, der aus 118.080 separaten Standbildaufnahmen zusammengestellt wurde. Im Vergleich dazu verwendet ein Actionfilm 500–1.000 Standbilder. Jede Knetfigur auf der winzigen Drehbühne musste für jede Filmsekunde 24-mal neu eingestellt werden. Rechts ist der Mitbegründer von DreamWorks Pictures Jeffrey Katzenberg mit den Stars des Films zu sehen: Rocky (links) und Ginger (rechts).

ACCESS CODE: ‹54005›

AM LÄNGSTEN LAUFENDES COMIC-HEFT
Das Heftchen *Comic Cuts* erschien wöchentlich vom 17. Mai 1890 bis zum 12. September 1953 in London (GB) und lief 63 Jahre 128 Tage lang. Die 3.006 Ausgaben versprachen dem Leser „Hundert Lacher für einen halben Penny".

MEISTE FLÜCHE IN EINEM TRICKFILM
Den Rekord für die meisten Flüche in einem Trickfilm hält *South Park: Bigger, Longer and Uncut* (USA, 1999) mit 399 Schimpfwörtern. Trotz der Bezeichnung „uncut" hat er in den verschiedenen Ländern eine unterschiedliche Länge von 75 bis 82 Minuten. Er enthält ferner 128 beleidigende Gesten.

PRODUKTIVSTER COMIC-ZEICHNER
Joe Martin schuf die Comicfiguren *Mr. Boffo*, *Willy 'N Ethel*, *Cats with Hands* und *Porterfield*. Er zeichnet 25 Cartoons und Comicstrips, insgesamt 1.300 Comics im Jahr. Seit 1978 hat er 20.865 Comics veröffentlicht. Martins Figuren erscheinen unter anderem in den Zeitungen *Chicago Tribune*, *San Francisco Chronicle*, *Boston Globe*, *Baltimore Sun* und *Seattle Times*.

Spielzeug

GRÖSSTE WASSERPISTOLE
Das Modell Monster XL aus der Serie Supersoaker ist 99 cm lang und fasst 4,6 l Wasser. Das Wasser wird in einen Druckspeicher gepumpt und durch zwei Düsen bis zu einer Reichweite von etwa 10 m geschossen.

SCHNELLSTE ZAUBERWÜRFEL-LÖSUNG
Der 16-jährige Vietnamese Minh Thai gewann am 5. Juni 1982 mit 22,95 Sekunden die Zauberwürfel-Weltmeisterschaft in Budapest (H). Vor Beginn der Zeitnahme durfte jeder Teilnehmer den Würfel (Rubik's Cube) 15 Sekunden lang ansehen und in die Hand nehmen. Sieger war, wer aus drei Versuchen mit der besten Durchschnittszeit hervorging.

SCHNELLSTE ZAUBERWÜRFEL-LÖSUNG MIT VERBUNDENEN AUGEN
USA

Mit verbundenen Augen löste Ralf Laue (D) am 11. März 2001 in 5 Minuten 42 Sekunden in Los Angeles (USA) einen Zauberwürfel (Rubik's Cube).

GRÖSSTER GUMMIBAND-BALL
Aus etwa 500.000 Gummibändern wurde im Ed Venture Children's Museum in Columbia (USA) der weltgrößte Gummibandball gewickelt. Der Ball wog 1.111 kg, war 1,32 m hoch, 1,37 m breit und hatte einen Umfang von 4,34 m. Er entstand zwischen dem 1. Dezember 2000 und dem 3. Februar 2001.

SPIELZEUGHAUS
In Tallinn (EST) erreichte ein LEGO®-Turm, den vom 18. bis 21. August 1998 über 6.000 Kinder bauten (links), eine Höhe von 24,91 m. Er bestand aus 391.478 achtäugigen LEGO®-Plastikbausteinen, die ohne Klebstoff zusammenhielten. Bei diesem von der AS Rekato Ltd organisierten Ereignis wurde der alte Rekord, der im Juli 1998 in Moskau aufgestellt worden war, um 25 cm übertroffen. Das längste Legobauwerk ist ein 610,8 m langer Tausendfüßler, der aus insgesamt 1.679.100 Bausteinen besteht und 474 Körpersegmente und 948 Beine besitzt. Tausende Kinder bauten ihn im Rahmen der ersten LEGO® Maniac Kidvention vom 8. bis 13. Juli 2000 im Legoland Kalifornien (USA).

www.guinnessworldrecords.com/lego
ACCESS CODE: ‹48833›

MEISTE KREISBAHNEN MIT ASTROJAX®
Am 12. Februar 2000 schaffte Maximilian Leidolf (D) mit dem Spielgerät AstroJax® (drei Kugeln auf einem Seil, deren mittlere wie eine Art Jo-Jo funktioniert) 3.208 ununterbrochene Umkreisungen der mittleren um die End-Kugel in 24 Minuten 52 Sekunden.

LÄNGSTE GEFAHRENE STRECKE EINES MODELLAUTOS
Die längste Strecke, die ein Modellauto im Maßstab 1:64 schaffte, betrug 342,90 km in 24 Stunden. Das Auto fuhr für das USA-Team im Derby HO Racing Club (GB) nach Regeln der British Slot Car Racing Association.

Am 5. und 6. Juli 1986 stellte das Team der North London Society of Model Engineers im ARRA-Club Southport, Merseyside (GB), einen 24-Stunden-Rekord für ein Modellauto im Maßstab 1:32 auf. Unter BSCRA-Regeln fuhr ihr Group C-Rennwagen Rondeau M482C die Rekordstrecke von 492,364 km.

SCHNELLSTES JO-JO
Den Rekord im 100-m-Lauf bei gleichzeitigem Jo-Jo-Schwingen stellte am 25. Mai 1996 Taro Yamashita (J) bei den Yolympics in New Hampshire (USA) auf. Sie bewältigte die Strecke in 13,9 Sekunden.

MEISTE JO-JO-FIGUREN
Am 22. Juli 1999 vollführte „Fast Eddie" McDonald (USA) die Rekordzahl von genau 35 Jo-Jo-Figuren in einer Minute.

SCHNELLSTES FERNGESTEUERTES MODELLAUTO
Die höchste Geschwindigkeit eines ferngesteuerten Modellautos waren die 95,1km/h eines Audi TT Coupé (Maßstab 1:10), gelenkt von Petri Kivikoski, Leo Hongisto und Petri Väätäinen vom Audi Sport Team in Finnland am 7. Juni 2000. Das Modell war 20 cm breit, 40 cm lang und wog 2 kg.

GRÖSSTE HÖHE EINES DRACHENS
Henry H. Clayton und A. E. Sweetland (beide USA) ließen in der Blue Hill Weather Station in Milton (USA) am 28. Februar 1898 einen Drachen auf 3.801 m Höhe steigen.

GRÖSSTE HÖHE EINES DRACHENZUGES
Am 1. August 1919 wurde über Lindenberg (D) mit einer Kolonne aus acht Drachen eine Rekordhöhe von 9.740 m erreicht.

SCHNELLSTER DRACHEN
Den mit 193 km/h schnellsten Drachen ließ Pete DiGiacomo (USA) am 22. September 1989 in Ocean City (USA) steigen. Es handelte sich um einen umgebauten Super 10 Flexifoil. Die Geschwindigkeit maß ein Polizist mit einem Radargerät.

GRÖSSTES PUZZLE
Das größte Puzzle aller Zeiten war 4.783 m² groß und bestand aus 43.924 Teilen. Es wurde am 8. Juli 1992 in Marseille (F) gelegt.

Das größte im Handel erhältliche Puzzle wird von Educa Sallent (E) hergestellt. Es ist 2,4 x m groß und besteht aus 10.000 Teilen.

KLEINSTES PUZZLE
Das kleinste im Handel erhältliche Puzzle mit mindestens 1.000 Teilen wird von Educa Sallent (E) hergestellt. Bei 1.000 Teilen misst es 46 x 30 cm. Alle Puzzles dieser Serie werden aus recyceltem Material gefertigt.

EIN BÄR FLIEGT UM DIE WELT
Teddy „Tornado Ted" (GB, links), Maskottchen des Wohltätigkeitsvereins Northdale Horticulture Centre (GB), flog zwischen dem 6. Januar und 7. September 1998 insgesamt 251.925 km und wurde so zum weitestgereisten Teddybär der Welt. Er flog mit der Royal Air Force, der U.S. Air Force, den Red Arrows, der slowakischen, ungarischen und österreichischen Luftwaffe, den British Airways, Cathay Pacific und British Midland, und das an Bord von 15 verschiedenen Flugzeugtypen, darunter Concorde und Tornado F3. Mit seiner Werbereise für karitative Organisationen wurde der Teddy so berühmt, dass er nach seinem Flug in einer F16 Ehrenmitglied im Dutch Air Force 9G Club wurde. An Bord eines Hawk hatte „Tornado Ted" seinen letzten Flug.

www.guinnessworldrecords.com/tornadoted
ACCESS CODE: ‹48817›

MEISTE ACHTEN MIT EINEM DRACHEN
Am 25. September 1988 flog Stu Cohen (USA) in Ocean City (USA) einen Rekord von 2.911 Achterschleifen in einer Stunde mit einem Drachen.

SCHNELLSTES POGO-STICK-HÜPFEN
Ashrita Furman (USA) legte am 15. Januar 2000 in 17 Minuten 45 Sekunden auf der gefrorenen Landebahn der Marambio Argentinean Research Base in der Antarktis 1,6 km auf Pogo-Sticks zurück. Er wählte für diesen Rekord ganz bewusst die Antarktis, denn er arbeitet an dem Rekord, einen Rekord auf allen sieben Kontinenten aufzustellen.

MEISTE POGO-STICK-SPRÜNGE
Gary Stewart (USA) schaffte am 25. und 26. Mai 1990 in Huntington Beach (USA) mit 177.737 Sprüngen den Rekord im Pogo-Stick-Springen.

GRÖSSTER TURM AUS BAUKLÖTZEN
800 Menschen errichteten am 18. Mai 1996 in Taipeh (RC) aus Bauklötzen eine Pyramide mit einer Rekordhöhe von 25,05 m. Anlass war der Amtsantritt des taiwanischen Präsidenten Lee Teng-hui.

HÖCHSTER OLLIE BEIM SKATEBOARDEN
Danny Wainwright (GB) schaffte am 6. Februar 2000 mit 1,13 m Höhe den höchsten Ollie-Sprung aller Zeiten von ebener Erde aus und gewann damit den Reese Forbes Ollie Challenge in Long Beach (USA).

HÖCHSTER SKATEBOARD-SPRUNG
Den Rekord im Skateboard-Hochsprung hält Trevor Baxter (GB) mit seiner Sprungleistung von 1,67 m, die er am 14. September 1982 in Grenoble (F) aufstellte.

HÖCHSTER K'NEX-TURM
K'nex Manufacturing baute am 5. und 6. Juni 1999 einen 30,87 m hohen Spielzeugturm. Bei einer Grundfläche von 2 m² bestand er aus 50.342 Bauteilen.

www.guinnessworldrecords.com/pinocchio

STRIPPENZIEHER
Die größte Marionette der Welt ist ein in Gelenken beweglicher Pinocchio (rechts) von 10 m Höhe. Er wurde vom Forum Town Decoration for Audio Visual Enterprises gebaut und am 23. April 2000 in Athen (GR) ausgestellt. In einer Bauzeit von 82 Tagen entstand Pinocchio aus 250 kg Polyester, 150 kg Fiberglas, 71 m² Schaumgummi und 58 m Stoff einschließlich Schnüren und Lenkkreuz. Die Enthüllung der Marionette konnte man live im Internet verfolgen.

ACCESS CODE: ‹55362›

Spiele + Gewinne

GEHEN SIE ÜBER LOS UND ZIEHEN SIE 4,5 MILLIONEN EIN

USA

Ein exklusives Monopoly-Spiel (links) im Wert von 4,5 Mio. DM wurde 1988 von dem Juwelier Sidney Mobell in San Francisco (USA) geschaffen – das teuerste Monopoly-Spiel aller Zeiten. Das Spielbrett besteht aus 23-karätigem Gold. Auch die Häuser und Hotels sind aus massivem Gold. Ihre Kamine sind mit Rubinen und Saphiren geschmückt, die Augen der Würfel bestehen aus 42 geschliffenen Diamanten. Bis 1999 ist Monopoly weltweit von 500 Mio. Menschen gespielt worden. Es ist das meistverkaufte Brettspiel der Welt.

www.guinnessworldrecords.com/monopoly

ACCESS CODE: ‹43436›

REKORDKICK MIT DEM BOHNENSÄCKCHEN

Footbag oder Hacky-sack ist ein Spiel, bei dem es darauf ankommt, ein Bohnensäckchen nur mit einem Fuß in der Luft zu halten. Am 7. Juni 1996 gelang es Andy Linder (USA), einem Footbag in fünf Minuten 1.019 Kicks zu verpassen.

Ted Martin (USA) gelang es am 14. Juni 1997 in Lions Park, Illinois (USA), einen Footbag am längsten in der Luft zu halten. Sein Weltrekord beträgt 63.326 Kicks in 8 Stunden 50 Minuten 42 Sekunden.

Der Rekord im Doppel wurde am 21. März 1998 in Chico (USA) von Gary Lautt and Tricia George (beide USA) aufgestellt. Er beträgt 132.011 aufeinander folgende Kicks.

SCHNELLSTE FLOHHÜPFSTEINMEILE

Der Geschwindigkeitsrekord für einen Flohhüpfstein über eine Meile (1,6 km) beträgt 2 Stunden 25 Minuten 24 Sekunden und wurde am 20. November 1999 durch eine Staffel von 23 Mitarbeitern von AGS Home Improvements Ltd aus Newton Abbot (GB) aufgestellt.

SCHNELLSTES FLOHHÜPFSTEINEINLOCHEN

Allen Astles von der University of Wales (GB) lochte in 3 Stunden 51 Minuten 46 Sekunden 10.000 Flohhüpfsteine ein. Der Rekord wurde in Februar 1966 in Aberystwyth (GB) aufgestellt.

JÜNGSTER SCHACHGROSSMEISTER

Mit 14 Jahren 59 Tagen qualifizierte sich Etienne Bacrot (F) am 22. März 1997 zum jüngsten Schachgroßmeister aller Zeiten.

HÖCHSTE ANZAHL VON SIMULTANPARTIEN IM SCHACH

Die größte Zahl von Simultanspielen im Schach beträgt 310. Sie wurden am 6. und 7. Januar 1996 in Alvsjö (S) von Ulf Andersson (S) gespielt. Von den 310 gleichzeitig stattfindenden Partien verlor er nur zwei.

LANGSAMSTER SCHACHZUG

Francisco Torres Trois brauchte 2 Stunden 20 Minuten, bis er 1980 im spanischen Vigo seinen siebten Zug gegen Luis Santos gespielt hatte – der langsamste Zug seit Einführung der Schachuhr im 19. Jahrhundert.

GRÖSSTES BRETTSPIEL

Das größte im Handel erhältliche Brettspiel der Welt ist *Galaxion* von Cerebe Design Int (Hongkong). Das Spielbrett misst 83,8 x 83,8 cm.

TEUERSTES BRETTSPIEL

Das teuerste Brettspiel im Handel ist eine Luxusausgabe von *Outrage!* (Imperial Games of Southport, GB). Das Spiel, bei dem es darum geht, die Kronjuwelen aus dem Tower von London (GB) zu stehlen, kostet umgerechnet rund 12.624 DM.

BOCKSPRUNG ÜBER DIE MEISTEN LEUTE

Andy Wiltz (USA) machte bei einem Varieté an der Seaman High School in Topeka, Kansas (USA), einen Bocksprung über zehn stehende Personen. Alle zehn waren über 16 Jahre alt und über 1,53 m groß. Wiltz verwendete kein Trampolin. Er nahm Anlauf, stieß sich an den Schultern der ersten Person in der Reihe ab und flog über alle zehn Köpfe hinweg.

GRÖSSTER GEWINN AM GELDSPIELAUTOMATEN

Am 26. Januar 2000 gewann die Kellnerin Cindy Jay im Casino des Desert Inn Hotels in Las Vegas (USA) an den Megabucks die Rekordsumme von 78.309.185 DM – der weltweit größte Jackpot eines Geldspielautomaten.

TWIST AND SHOUT

Das größte *Twister*-Brett der Welt (links) misst 18,28 m x 6 m und wurde im Februar 1998 von der Digitaldruckfirma Vision International aus Salt Lake City (USA) gebaut. Das klassische amerikanische Partyspiel wurde 1967 von Milton Bradley erfunden. Am 6. Februar 1998 konnten es Hunderte Angestellte von Vision International zugleich genießen. Sie verschränkten ihre Gliedmaßen mit denen ihrer Arbeitskollegen und bildeten alle möglichen bizarren Gestalten, bis sie auf dem großen farbigen Brett in einem lachenden Haufen zusammenbrachen.

Ein *Twister*-Spiel am 2. Mai 1987 an der University of Massachusetts in Amherst (USA) hatte mit 4.160 Personen die meisten Teilnehmer. Das Spiel wurde von Allison Culler gewonnen.

www.guinnessworldrecords.com/twistergame

ACCESS CODE: ‹49022›

HÖCHSTES PREISGELD IN EINEM POKERTURNIER

John Duthie (GB) gewann 1 Mio. Pfund (3,16 Mio. DM) im Ladbroke's Casinos Poker Million Tournament, das am 19. November 2000 im Hilton Casino in Douglas auf der Isle of Man stattfand.

Chris „Jesus" Ferguson (USA) gewann 1,5 Mio. Dollar (3,36 Mio. DM) im 31. World Series of Poker Tournament am 15. Mai 2000 im Binion's Horseshoe Casino in Las Vegas (USA).

GRÖSSTER POKER-POT

Der größte je in einem Pokerturnier aufgelaufene Pot betrug 10 Mio. DM für die letzte Hand der 31st World Series of Poker im Spiel zwischen TJ Cloutier (CDN) und Chris „Jesus" Ferguson (USA).

GRÖSSTES CASINO

Das Foxwoods Resort Casino in Ledyard (USA) verfügt über eine Gesamtspielfläche von 17.900 m². Es bietet über 5.800 Geldspielautomaten, 17 verschiedene Spiele an Tischen und eine Bingohalle mit 3.200 Plätzen.

GRÖSSTER LOTTERIEGEWINN

Der größte Einzelgewinn in einer Lotterie in Höhe von sensationellen 441 Mio. DM wurde von Maria Grasso (USA) in der Lotterie Big Game erzielt, deren Ziehung am 13. April 1999 stattfand.

GRÖSSTE BEI PFERDERENNEN GESETZTE SUMMEN

Von weltweit 90 Mrd. DM, die jährlich bei Pferderennen gesetzt werden, kommen 38 Mrd. DM in Japan an die Totalisatoren. Das größte Pferderennen im japanischen Rennkalender ist das Arima-Kinen-Rennen. Dabei werden etwa 1,4 Mrd. DM gesetzt.

www.guinnessworldrecords.com/lasvegas

ACCESS CODE: ‹56523›

LAS VEGAS GEWINNT

Die Stadt mit den höchsten jährlichen Bruttoeinnahmen aus dem Spielbetrieb in Casinos und Unterhaltungsbetrieben ist Las Vegas (USA). Im Jahr 2000 betrugen diese Einnahmen erstaunliche 17,187 Mrd. DM. In Las Vegas befindet sich außerdem das größte Hotel der Welt. Auf einem Gelände von 45,3 ha steht das MGM Grand Hotel/Casino, bestehend aus vier 30-stöckigen Türmen mit 5.005 Zimmern und Suiten von bis zu 560 m² Fläche.

GUINNESS WORLD RECORDS™

Achterbahn + Co.

ÄLTESTER VERGNÜGUNGSPARK

Das 1583 eröffnete Bakken in Klampenborg (DK) ist der älteste noch in Betrieb befindliche Vergnügungspark der Welt. Im Mittelalter leisteten sich die meisten größeren Städte in Europa den Vorläufer des heutigen Vergnügungsparks: einen Lustgarten. Solche Gärten lagen gewöhnlich am Rande der Stadt und boten Feuerwerk, Tanz, Spiele und einige primitive Fahr-Attraktionen. Während die meisten im 18. Jahrhundert geschlossen wurden, blieb Bakken als Einziger bis heute erhalten.

BELIEBTESTER THEMENPARK

Disneyland Tokio (J) ist der am häufigsten besuchte Themenpark der Welt. Schätzungsweise 16,5 Mio. Menschen besuchten ihn im Jahr 2000 (1999: 17,4 Mio.). In den 1990er Jahren waren es geschätzte 179,11 Mio. Besucher – eine Zahl, die die der Gesamtbevölkerung Japans (ungefähr 129 Mio.) weit übersteigt. Damit war Disneyland Tokio der am häufigsten besuchte Park des Jahrzehnts.

GRÖSSTER SAISONALER VERGNÜGUNGSPARK

Der größte saisonale Vergnügungspark der Welt ist das Münchner Oktoberfest (D). Alljährlich präsentieren sich hier bis zu 50 Fahrattraktionen. Herzstück des Vergnügungsparks sind mehrere Achterbahnen von Weltklasse, so etwa der „Olympia Looping" mit fünf Luftschleifen. Diese Bahn wurde von dem berühmten bayerischen Achterbahn-Konstrukteur Anton Schwarzkopf entworfen.

HÖCHSTE ACHTERBAHN

„Superman The Escape" in Six Flags Magic Mountain im kalifornischen Valencia (USA) ist eine zweispurige Achterbahn mit vertikalem Rücklaufpunkt und freiem Fall. Die von der Schweizer Firma Intamin AG konstruierte Bahn besteht aus 15-sitzigen Gondeln, die nach dem Start mit einem Linearinduktionsmotor (LIM, eine Magnettechnik) in eine Höhe von 126,5 m getrieben werden und dann mit einer Geschwindigkeit von bis zu 160 km/h über die gleiche Schiene vertikal zurückrasen.

ÄLTESTE ACHTERBAHN

„Leap-The-Dips", eine traditionelle Achterbahn im Lakemont Park in Altoona (USA), wurde 1902 von der Firma Edward Joy Morris gebaut. 1985 kam mit ihrer Schließung scheinbar das Aus, aber dann wurde sie vollständig restauriert und 1999 wieder eröffnet.

ÄLTESTE UNUNTERBROCHEN BETRIEBENE ACHTERBAHN

Die älteste ununterbrochen betriebene Achterbahn ist „The Scenic Railway" im Luna Park in St. Kilda im australischen Victoria. Seit ihrer Eröffnung am 13. Dezember 1912 ist sie ununterbrochen in Betrieb. Die traditionelle Holzbahn wurde von La Marcus Adna Thompson (USA) konstruiert. Er gilt als Vater der modernen Achterbahn.

GRÖSSTE LOOPINGS

Die „Viper" in Six Flags Magic Mountain in Valencia (USA) hat eine Höhe von 57,30 m. Sie durchfährt sieben Loopings mit einer Geschwindigkeit von 112,65 km/h.

LÄNGSTE HOLZACHTERBAHN

„The Beast", die 1979 auf Paramount's Kings Island bei Cincinnati (USA) gebaut wurde, ist mit 2.286 m Länge die längste traditionelle Holzachterbahn der Welt. Zurzeit entsteht eine neue Bahn namens „Son of Beast" mit folgenden Rekorden: höchste Holzachterbahn (66,5 m) mit der tiefsten Sturzfahrt (65,2 m), der höchsten Geschwindigkeit (125,5 km/h) und den meisten Loopings (allerdings nur einem). Für den Looping wurde eine Stahlkonstruktion in das Schienensystem aus laminiertem Holz integriert – gewöhnliche Holzkonstruktionen würden den Kräften eines Loopings nicht standhalten.

VOLLE UMDREHUNG

Das „British Airways London Eye" (oben), von den Londoner Architekten David Marks und Julia Barfield konstruiert, ist mit einer Höhe von 135 m das weltgrößte Riesenrad. Zur „Jungfernfahrt" startete es am 1. Februar 2000. Im normalen Betrieb dreht sich das Rad ununterbrochen. Alle 32 voll umschlossenen High-Tech-Kapseln befördern bis zu 25 Passagiere und führen alle 30 Minuten eine Drehung von 360° aus. Vom obersten Punkt blickt man über einen Radius von 48 km über London (GB) hinweg.

www.guinnessworldrecords.com/londoneye

ACCESS CODE: ‹51872›

STEILSTE STURZFAHRT

The steilste Sturzfahrt aller Stahlachterbahnen der Welt ist in der „Oblivion" in Alton Towers (GB) eingebaut. Das Gefälle beträgt 87,5 °. Bis zu 1.900 Besucher pro Stunde erreichen während der 60 m langen Sturzfahrt mit den zweireihigen Wagen eine Geschwindigkeit bis zu 113 km/h.

Den Rekord für die steilste Sturzfahrt einer Holzachterbahn hält mit einem Gefälle von 58,5 ° die „Cyclone" im New Yorker Astroland (USA).

GSCHÜTTELT, NICHT GERÜHRT

Der Cedar Point Amusement Park in Sandusky (USA, links oben), gegründet 1870, verfügt über 68 Fahrattraktionen – mehr als jeder andere einzelne Vergnügungspark. Zudem beherbergt er die meisten Achterbahnen: Zwei Holzspur- und zwölf Stahlspur-Bahnen, zu denen auch die im Jahr 2000 eingeweihte „Millennium Force" gehört, die höher als die Freiheitsstatue ist. Ein Siebener-Team (links) hält den Rekord für die meisten Fahrten mit unterschiedlichen Achterbahnen in 24 Stunden. Patricia Byron, Denise Lau Cortopassi, David Escalante, John Sutherland, David Curley, John Green und Steven Wilson (alle USA) fuhren am 14. und 15. Oktober 2000 in acht verschiedenen Parks 40 Achterbahnen.

www.guinnessworldrecords.com/cedarpoint

ACCESS CODES: ‹51868›

LÄNGSTE STURZFAHRT

In der „Drop Zone" im Themenpark Kings Island in Cincinnati (USA) sitzen die 40 Passagiere im Kreis um einen Mast. Sie stürzen von einem 91,4 m hohen Turm 80 m in die Tiefe und erreichen dabei eine Geschwindigkeit von bis zu 105 km/h. 43 m der Strecke werden im freien Fall zurückgelegt. Beim Abbremsen wirkt auf die Passagiere die vierfache Erdanziehungskraft – wodurch sich auch ihr Körpergewicht vervierfacht.

RIESENRAD MIT DEM GRÖSSTEN DURCHMESSER

Am 18. März 1999 wurde im japanischen Yokohama „The Cosmoclock 21" in Betrieb genommen. Mit einem Durchmesser von 100 m und einer Höhe von 112,5 m ragt es so hoch auf wie ein 30-stöckiges Gebäude. Die 60 Gondeln sind mit je acht Sitzen ausgestattet. Das Rad dreht sich zu akustischen Effekten aus Synthesizern und wird von mehreren Laser-Strahlen angeleuchtet. Alle 15 Minuten tauchen es Feuerwerkskörper in ein grelles Licht.

ÄLTESTES KARUSSELL

Das betriebsälteste Karussell der Welt ist das Vermolen Boden-Karussell im Themenpark Efteling im niederländischen Kaatsheuvel. 1865 errichtet, wurde es ursprünglich von Pferden angetrieben, bei einer späteren Restauration bekam es einen Elektromotor.

ERSTES RIESENRAD

Das erste Riesenrad wurde von dem Ingenieur George Washington Gale Ferris Jr. (USA) konstruiert und 1893 in Chicago (USA) errichtet. Es hatte eine Maximalhöhe von 80 m über dem Boden, einen Durchmesser von 76 m und einen Umfang von 240,8 m. Alle 36 Kabinen boten in Drehstühlen Platz für 40 Passagiere. Das Riesenrad hatte ohne Last ein Gewicht von 1.300 t.

RIESENRAD MIT DER GRÖSSTEN KAPAZITÄT

Der britische Marineoffizier Walter Bassett konstruierte sein erstes und größtes Riesenrad für die Orientausstellung im Londoner Earl's Court (GB) 1895. Es verfügte über zehn Kabinen der ersten und 30 Kabinen der zweiten Klasse, die jeweils 30 Insassen aufnehmen konnten. Insgesamt konnte es bis zu 1.200 Personen auf eine Maximalhöhe von 84 m befördern. 1906 wurde das Riesenrad verschrottet.

HÖCHSTE WASSERRUTSCHE

Die höchste Wasserrutsche der Welt heißt „Die Wahnsinnige" und steht im Strandpark des brasilianischen Fortaleza. Sie hat eine Höhe von 41 m. In nur 4 Sekunden erreichen Besucher eine Geschwindigkeit von bis zu 104 km/h – ziemlich unbequem, da sie meist nur Badekleidung tragen. Die Rutsche ist so hoch wie ein elfgeschossiges Gebäude.

HÖCHSTE UMSCHLOSSENE WASSERRUTSCHE

Die „Turbo Twisters" in den Myrtle Waves am Myrtle Beach, South Carolina (USA), die 1994 eröffnet wurden, sind mit 22,8 m Höhe und 61 m Länge die höchste umschlossene Wasserrutsche. Besucher sausen bei vollständiger Dunkelheit mit einer Geschwindigkeit von bis zu 55 km/h hindurch.

LÄNGSTER RODEO-RITT AUF EINEM MECHANISCHEN BULLEN

Pauline Farrington (GB) stellte einen Rekord im Rodeo auf einem mechanischen Bullen auf. Bei Stufe sieben konnte sie sich am 30. September 2000 in Paris (F) 58,1 Sekunden lang auf dem bockenden Gerät halten.

HÖCHSTE KÜNSTLICHE WELLEN

Die höchsten künstlichen Wellen sind 2,8 m hoch und werden im Valley of the Waves im südafrikanischen Sun City erzeugt.

www.guinnessworldrecords.com/steeldragon

SCHNELLSTE UMLAUFENDE ACHTERBAHN

J

Der „Stahldrache" (links), der am 1. August 2000 in Nagashima Spaland in Mie (J) eröffnet wurde, ist eine nicht zurücklaufende Stahlspur-Achterbahn, die von Steve Okamoto konstruiert wurde. Diese schnellste Achterbahn mit vollem Umlauf hält zudem den Rekord für das längste Gefälle und den längsten Schienenweg.

Besucher werden zunächst auf 95 m hinaufbefördert und donnern dann mit bis zu 149 km/h 93,5 m in die Tiefe hinab. Auf dem 2.479 m langen Weg haben sie zwei weitere Steigungen von 74 m und 64 m vor sich. Die Länge dieser Sturz-Fahrten beträgt 365 m.

ACCESS CODE: ‹55358›

GUINNESS WORLD RECORDS™

www.guinnessworldrecords.com/technology

Wunderbare Technik

GUINNESS WORLD RECORDS

Hard + Software 1

BESTVERKAUFTES COMPUTERSPIEL

Von dem Rollenspiel *Diablo II* von Blizzard Entertainment wurden in den ersten beiden Wochen nach dem Start im Juni 2000 über 1 Mio. Kopien verkauft. Bis zum Januar 2001 waren weltweit 2,75 Mio. Spiele im Umlauf. Von der ersten *Diablo*-Version sind seit dem Erscheinen im Jahr 1997 2,3 Mio. Exemplare verkauft worden.

ÄLTESTES GIGA PET

Das älteste bekannte Giga Pet der Welt ist Elvis im Besitz von Jessica Troiano (USA). Nach Angaben des Herstellers Tiger Electronics begann das „Leben" von Elvis am 3. Juli 1997. Am 13. Januar 1998, im Alter von 194 Tagen, verstummte Elvis, weil die Batterien keine Energie mehr lieferten.

MEISTVERKAUFTER COMPUTER

Der Commodore-64-Computer wurde ab seiner Markteinführung im Jahr 1982 bis zum Rückgang der Absatzzahlen 1993 gut 30 Mio. Mal verkauft. Das Gerät enthielt 64K RAM, 16K Grafik- und 16K Tonspeicher.

LÄNGSTE RECHENZEIT FÜR EINE JA/NEIN-FRAGE

Im Jahr 1986 prüfte ein CRAY-2-Supercomputer, ob die 20. Fermatsche Zahl, $2^{220}+1$ (benannt nach dem Mathematiker Pierre de Fermat, 1601–65) eine Primzahl ist. Nach zehn Tagen kam die Antwort „Nein". Das war die längste Rechenzeit eines Computers für die Beantwortung einer Ja/Nein-Frage.

HÄTTEN SIE'S GEGLAUBT?

Die kleinste vollständige Tastatur mit Buchstaben-, Zahlen-, Symbol- und Befehlstasten nimmt nur 60 % der Fläche einer Kreditkarte ein und wurde am 18. März 1997 von David Levy (USA) zum Patent angemeldet. Das Keyboard (links) hat 64 Tasten. Jede ist so groß, dass sie mit einem Daumen bedient werden kann, dennoch misst die ganze Vorrichtung nur 7,62 x 3 cm.

www.guinnessworldrecords.com/tinykeyboard

ACCESS CODE: ‹47158›

MEISTVERKAUFTES FUSSBALLSPIEL

Die von EA Sports (USA) entwickelte Spielereihe FIFA ist schon mehr als 16 Mio. Mal verkauft worden. Die PC-Version des Spiels vom 27. November 1998 enthält einen kompletten Pop-Soundtrack, an dem Interpreten wie Fatboy Slim (GB) mitgewirkt haben.

KÜRZESTES BEDIENUNGSHANDBUCH

Der PC iMac von Apple wird mit einer Bedienungsanweisung geliefert, die nur sechs Bilder und 36 Wörter enthält. Damit wird der Computer seinem Werbeslogan gerecht, dass der Benutzer ihn nur auspacken und einschalten muss, und schon läuft er.

GRÖSSTER COMPUTERGESTEUERTER ROBOTERHUND

Der von RoboScience (GB) gebaute RS-01 Robodog hat die Maße 82 x 67 x 37 cm. Der Roboterhund verfügt über einen eingebauten Rechner und nimmt über Funk Kontakt zum Internet auf. Er kann E-Mails an seinen Besitzer anzeigen und vorlesen und reagiert auf gesprochene Befehle.

GRÖSSTE RECHENAUFGABE

Das wissenschaftliche Experiment SETI@home wurde am 17. Mai 1999 von der University of California in Berkeley (USA) gestartet. Bis Juli 2000 wurden $7{,}7 \times 10^{20}$ oder 300 Mrd. Mrd. Rechenfunktionen von Computern ausgeführt. Bei dem Experiment wird die Rechnerleistung von Hunderttausenden über das Internet miteinander verbundenen Computern für die Suche nach außerirdischer Intelligenz genutzt. Den Teilnehmern steht ein kostenloses Programm zur Verfügung, das Daten von Radioteleskopen analysiert.

MEISTVERKAUFTER FLUGSIMULATOR

Der *MS Flight Simulator* von Microsoft kam im April 1992 auf den Markt und wurde bis Juni 1999 21 Mio. Mal verkauft. Mit dem *Flight Simulator 2000* können die Spieler die Concorde, die Boeing 737-400, die Boeing 777-300, den Learjet 45, den Hubschrauber Bell 206B JetRanger und die Sopwith Camel „fliegen".

MEISTVERKAUFTER FAHRSIMULATOR

Der Fahrsimulator *Gran Turismo* für die Sony PlayStation ist bis zum Februar 2000 7 Mio. Mal verkauft worden. Das Spiel wurde von Polyphony Digital entwickelt, einem Tochterunternehmen von Sony Computer Entertainment. Der Nachfolger *Gran Turismo 2* kam 1999 auf den Markt, und *Gran Turismo 2000* soll als eines von mehreren anderen Spielen die Funktionsweise des „Emotion Engine"-Prozessors der PlayStation2 demonstrieren, die in Japan am 4. März 2000 vorgestellt wurde.

SCHNELLSTER COMPUTER

Der schnellste Supercomputer heißt RS/6000 *ASCI White* und wurde im Juni 2000 von IBM fertig gestellt. Er ist so groß wie zwei Basketballfelder und kann pro Sekunde 12 Bio. Berechnungen durchführen. Er hat einen Arbeitsspeicher von über 6 Bio. bytes (Terabytes) sowie eine Speicherkapazität von 160 Terabytes – das reicht, um sechsmal die gesamte Sammlung der US Library of Congress aufzunehmen, der größten Bibliothek der Welt. In einer Sekunde kann *ASCI White* eine Aufgabe lösen, für die ein Mensch mit einem Taschenrechner 10 Mio. Jahre benötigen würde. An ihm sollen Atomwaffentests simuliert werden, für die sonst Atomwaffen gezündet werden müssten.

„MENSCHLICHSTES" COMPUTERPROGRAMM

Ein Computer, der mit dem Programm *Albert* arbeitete, erhielt 1999 den Loebner-Preis für das „menschlichste" Computersystem. 11 % der Preisrichter glaubten, dass sie es mit einem echten Menschen zu tun hätten. Der Entwickler Robby Garner (USA) erhielt ein Preisgeld von 2.000

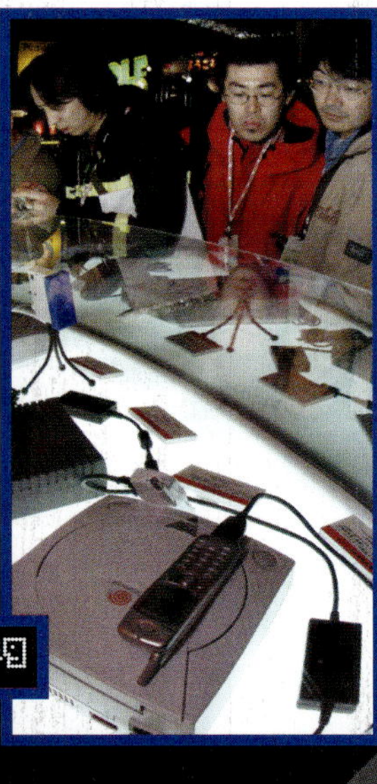

HÖCHSTE ENTWICKLUNGSKOSTEN

Die Entwicklung des Dreamcast-Spiels *Shenmue* kostete umgerechnet rund 45 Mio. DM. An dem Projekt (links) wurde sieben Jahre lang gearbeitet. Federführend war dabei Yu Suzuki (J), der Leiter der Spieleabteilung AM2 von Sega. Suzuki hatte sich mit Arcade-Spielen einen Ruf gemacht – unter anderen mit *Virtual Fighter* (1993), *Virtual Racing* (1992) und *Out Run* (1986).
In *Shenmue* geht es um einen japanischen Highschool-Schüler, der den Tod seines Vaters rächen will. Das Spiel zeichnet sich durch ultrarealistische Landschaften, eine ausgefeilte Handlung und Kampfszenen aus. Über 200 Figuren treten auf, die in dem Spiel allesamt ein eigenes Leben führen.

www.guinnessworldrecords.com/dreamcast

ACCESS CODE: ‹53483›

PERSÖNLICHE ASSISTENTEN
Der Taschencomputer H3660 iPaq Pocket PC von Compaq (oben), der im Frühjahr 2001 auf den Markt kam, hat einen 206-MHz-Prozessor und eine berührungsempfindliche LCD-Anzeige mit einer Auflösung von 240 x 320 Pixel. Der weltweit leistungsstärkste PDA hat 64 MB RAM und 16 MB ROM und wiegt mit Batterie 170 g.
3Com hat von der Palm-Reihe der PDAs seit ihrer Einführung 1996 über 5 Mio. Einheiten verkauft und hielt damit im Januar 2000 einen Anteil von 73,6 Prozent am US-Markt für PDAs.

www.guinnessworldrecords.com/pda

ACCESS CODE: ‹53693›

Pfund (4.400 DM). Mit dem Programm *Albert* können die Nutzer wie mit einem Menschen sprechen, und es kann spontan eine Konversation voller Sarkasmus und geistreicher Wendungen führen.

GRÖSSTER SCANNER
Der SLC972C Farbscanner der Widecom Group Inc aus Brampton (CDN) hat eine Abtastbreite von 1,82 m. Im Mai 1999 wurde er erstmals bei einer Handelsmesse in Kalifornien präsentiert. Er ist für Anwender in der Auto-, Flugzeug- und Schiffbauindustrie entwickelt worden, die regelmäßig mit Zeichnungen arbeiten, die einen Scanner dieser Größenordnung erfordern.

MEISTVERKAUFTES HANDVIDEOSPIEL
Der Nintendo Gameboy ist das beliebteste Videospiel der Welt. Von 1989 bis 2000 wurden über 100 Mio. Exemplare verkauft – durchschnittlich mehr als 1.000 pro Stunde. Mit den Versionen *Gameboy*, *Gameboy Pocket* und *Gameboy Colour* beherrscht Nintendo gegenwärtig über 99 % des US-Marktes. Weltweit gibt es inzwischen über 1.000 Spiele für Gameboys.

www.guinnessworldrecords.com/playstation

SPASS MIT CRASH BANDICOOT
Von allen Spielkonsolen verkaufte sich Sonys PlayStation2 (PS2) am besten. Nur 48 Stunden nach dem Verkaufsstart am 4. März 2000 war die Rekordzahl von 980.000 Spielen mit der Figur Crash Bandicoot (rechts) verkauft. Das ist mehr als das Zehnfache der Verkaufszahlen im selben Zeitraum nach dem Start der ersten PlayStation 1996. Die Figur Crash Bandicoot wurde von Naughty Dog (USA) entwickelt, einer Firma mit zehn Mitarbeitern.

ACCESS CODE: ‹53538›

Hard + Software 2

GRÖSSTE JE IN FAKTOREN ZERLEGTE ZAHL

Die größte je in Faktoren zerlegte Zahl lautet $(10^{211}-1) / 9$. Das bedeutet: Multipliziere 10 211-mal mit sich selbst, ziehe von dem Ergebnis 1 ab und teile die verbleibende Zahl durch 9. Die Zahl hat 211 Stellen, die alle 1 lauten. Die Gruppe „The Cabal" unter Führung von Herman teRiele fand zwei Faktoren (ganze Zahlen, durch die eine größere Zahl teilbar ist) für diese gewaltige Zahl. Die Faktoren hatten 93 und 118 Stellen. Das Zerlegen in Faktoren ist nützlich beim Schreiben von Codes und bei der Verschlüsselung militärischer Nachrichten.

GRÖSSTER PC-HERSTELLER

Im Jahr 1998 verkaufte das US-amerikanische Unternehmen Compaq insgesamt 13.275.204 PCs – durchschnittlich alle 2,38 Sekunden einen. Compaq liefert weltweit die Systeme für 75 % aller Bankautomaten und 60 % aller Lotterien.

ERSTER PROGRAMMIERBARER ELEKTRONISCHER COMPUTER

Der Computer Colossus mit 1.500 Röhren wurde von Professor Max Newman konzipiert und von Tommy Flowers gebaut. Er wurde ab Dezember 1943 in Bletchley Park (GB) eingesetzt, um die Codes der deutschen Schlüsselmaschine Lorenz SZ40 zu knacken, die die Briten „Tunny" nannten. Colossus blieb bis 25. Oktober 1975 geheim.

SCHÄDLICHSTER VIRUS

Der CIH oder „Tschernobyl"-Virus hat eine Million PCs infiziert, seit er am 26. April 1998 in Umlauf gesetzt wurde – dem 12. Jahrestag der Atomkatastrophe von Tschernobyl. Den Behörden von Taipeh (RC) zufolge wurde der Virus von Chen Ing-hau geschrieben, aus dessen Initialen der Name des Virus besteht. CIH nimmt irreversible Veränderungen am BIOS-Chip eines Computers vor. Der dadurch entstandene Schaden kann einen Computer völlig unbrauchbar machen.

DIE MEISTEN BUCHSTABEN VERARBEITENDE SOFTWARE

Die japanische Personal Media Corporation hat das Computerbetriebssystem B-right/V2 entwickelt. Es ist in der Lage, 128.175 verschiedene Buchstaben mit seinem Codesystem TRON zu verarbeiten. Dies schließt die meisten Buchstaben in den Alphabeten der Welt mit ein sowie besondere Buchstaben, etwa die der Blindenschrift Braille. Das Programm wurde 1999 herausgebracht und läuft auf allen IBM-kompatiblen Computern.

GRÖSSTE SPEICHERKAPAZITÄT

Der Brite Ted Williams hat einen neuartigen doppelseitigen Festspeicher erfunden, bei dem bis zu 270 Gigabyte Random Access Memory (RAM) auf einen Quadratzentimeter passen. Dies bedeutet, dass ein Chip von der Größe einer Kreditkarte eine Speicherkapazität von 10,8 Terabyte haben könnte. Der Festspeicher ist mit keinen beweglichen Teilen ausgerüstet.

NIEMAND VERDIENT WENIGER, ODER?

Steve Jobs (USA, links), Geschäftsführer und Mitbegründer von Apple Computer Inc, bekommt ein Jahresgehalt von nur einem Dollar (2,24 DM). Trotzdem erhält der Chef von Apple viel mehr als dieses Grundgehalt. Im Januar 2000 bekam er einen Jet vom Typ Gulfstream und 10 Mio. Aktienoptionen, weil er sich bereit erklärte, Apple weiterhin zu führen. Ab dem 31. Januar 2000 konnte er die Optionen auf die Hälfte der 10 Mio. Aktien ausüben und sie kaufen und verkaufen. Jobs war an der Entwicklung des Computers Apple II beteiligt, der in den 1970er Jahren die PC-Revolution begründete. In den 1980er Jahren leitete er die Entwicklung und Vermarktung des Macintosh-Computers.

www.guinnessworldrecords.com/applemacchief

ACCESS CODE: ‹54029›

MEISTVERKAUFTE SPIELKONSOLE

Von der Spielkonsole Sony PlayStation wurden bis Januar 2001 weltweit etwa 79,61 Mio. Stück verkauft, was sie zur meistverkauften Spielkonsole machte. Sony Computer Entertainment Inc investierte über 670 Mio. DM in die Entwicklung der Konsole, auf der Spiele-Hits wie *Tomb Raider* und *Final Fantasy VII* laufen. Für die PlayStation wurden bisher etwa 430 Mio. Software-Einheiten hergestellt.

BESTER SCHACHCOMPUTER

Deep Blue von IBM war der erste Computer, der einen Schachgroßmeister schlug. Er siegte im Februar 1996 bei einem Match von 6 Partien, das Gary Kasparow (AZ) am Ende 4:2 gewann. 1997 schlug ein neuer, verbesserter Deep Blue Kasparow in einem zweiten Wettkampf. Der Computer, der die unglaubliche Menge von 200 Mio. Stellungen pro Sekunde kalkulieren konnte, gewann gegen den Menschen mit 3,5 zu 2,5 Punkten.

TECHNISCH FÜHRENDE SPIELKONSOLE

Die Xbox von Microsoft soll im Herbst 2001 in den USA auf den Markt kommen. Sie arbeitet mit einem 733-MHz-Chip von Intel, dem schnellsten, mit dem je eine Spielkonsole ausgerüstet war. Der Grafikprozessor der Xbox liegt mit 250 MHz ebenfalls an der Spitze. Die Konkurrenten der Xbox, die Sony PlayStation 2 und der Nintendo Gamecube, haben Taktfrequenzen von 300 und 405 MHz. Der Grafik-Chip der PlayStation 2 läuft mit 150 MHz, der des Gamecube mit 202,5 MHz. Die PlayStation 2 unterstützt jedoch auch DVD- und Audio-CD-Formate.

LIEBESKRANKE COMPUTER

Der bösartige Computervirus „I Love You" (links) war weiter verbreitet als jeder andere zuvor. Er wurde am 1. Mai 2000 in Hongkong (CHN) erstmals entdeckt. Innerhalb von vier Tagen mutierte er zu drei verschiedenen Generationen. Bei dem Virus wurde ein raffiniertes Programm mit einem psychologischen Trick kombiniert. Wenn die Empfänger die angehängte Datei von „I Love You" öffneten, wurde der Virus sofort an alle Adressen weitergeleitet, die sich im E-Mail-Verzeichnis des Opfers befanden. Regierungen, multinationale Konzerne und kleine Firmen waren gleichermaßen betroffen. Auf dem Höhepunkt der Katastrophe waren das Weiße Haus und das US-amerikanische Außenministerium gezwungen, ihre E-Mail-Netze zu schließen.

www.guinnessworldrecords.com/lovebug

ACCESS CODE: ‹52411›

BESTÄNDIGSTE FIGUR EINES COMPUTERSPIELS

Die Figur „Mario" von Nintendo, Klempner von Beruf, erschien erstmals 1981 in einer Spielhallenversion von *Donkey Kong*. Mario ist seither in über 70 Spielen aufgetaucht, jedoch nur in etwa 30 davon „spielbar". Im ursprünglichen Spiel *Donkey Kong* war Mario ein Zimmermann und hieß noch „Jumpman". Er wurde umbenannt, als der Präsident von Nintendo feststellte, dass die Figur seinem Vermieter Mario glich. Marios Aussehen ist stark von den Begrenzungen der frühen Computertechnik geprägt. Wegen der geringen Leistungsstärke der Hardware in den frühen 1980er Jahren war es leichter, einen Schnurrbart als einen Mund zu animieren, und eine Mütze war einfacher darzustellen als Haare.

GRÖSSTE TEILNEHMERZAHL EINES VIDEOSPIELTURNIERS

Am 24. März nahmen 9.066 Personen in Hiroshima (J) am zweiten jährlichen „Puyo-Puyo"-Turnier von Compile Corporation teil.

GRÖSSTE MENGE BÄUME MIT MIKROCHIPS

Im Jahr 1999 implantierte man in Paris (F) 90.000 Bäumen 3 cm große Mikrochips aus Glas und Kohlenstofffasern. Die Chips waren mit Informationen über den Gesundheitszustand jedes einzelnen Baumes programmiert. Sie erlauben es den Baumpflegern der Stadt, behandlungsbedürftige Bäume schneller zu identifizieren. In Paris sterben jährlich etwa 1.200 Bäume an den Folgen der vom Mensch verursachten Umweltverschmutzung sowie an dem im Winter gestreuten Salz oder an Wassermangel.

MEISTVERKAUFTES SPIEL

Von dem Nintendo-Spiel *Super Mario Brothers* wurden weltweit insgesamt 40,23 Mio. Stück verkauft, seit es 1983 auf den Markt kam.

ÄLTESTER COMPUTER

Der erste voll automatisierte, mit Software betriebene Computer wurde von Tom Kilburn und Freddie Williams (beide GB) entworfen und am 21. Juni 1948 in Betrieb genommen. Auf ihrer Maschine namens „Baby" verwendeten sie ein Programm mit 17 Befehlen, das den höchsten Faktor von 218 ausrechnete. „Baby" war 4,87 m lang, 2,13 m hoch und 0,6 m breit. Seine Drähte und Vakuumröhren füllten ein ganzes Zimmer. Der Computer hatte eine Speicherkapazität von 1.024 Bytes. Er konnte sieben Arten von Befehlen und maximal 700 Operationen pro Sekunde ausführen – moderne Rechner bringen es auf Dutzende Millionen.

www.guinnessworldrecords.com/minimouse

ACCESS CODE: ‹56137›

MINIMAUS

Die kleinste Computermaus ist die Cat Eye FinRing (rechts). Die von Luckytech Technology (RC) hergestellte Maus wird wie ein Ring auf dem Zeigefinger getragen. Das drahtlose Gerät wird von zwei kleinen Batterien betrieben und hat drei mit dem Daumen zu bedienende Knöpfe. Die Fingerbewegungen des Nutzers werden von internen Sensoren registriert und die so ermittelten Daten an einen Empfänger übermittelt, der in dem Maus-Port des Computers steckt.

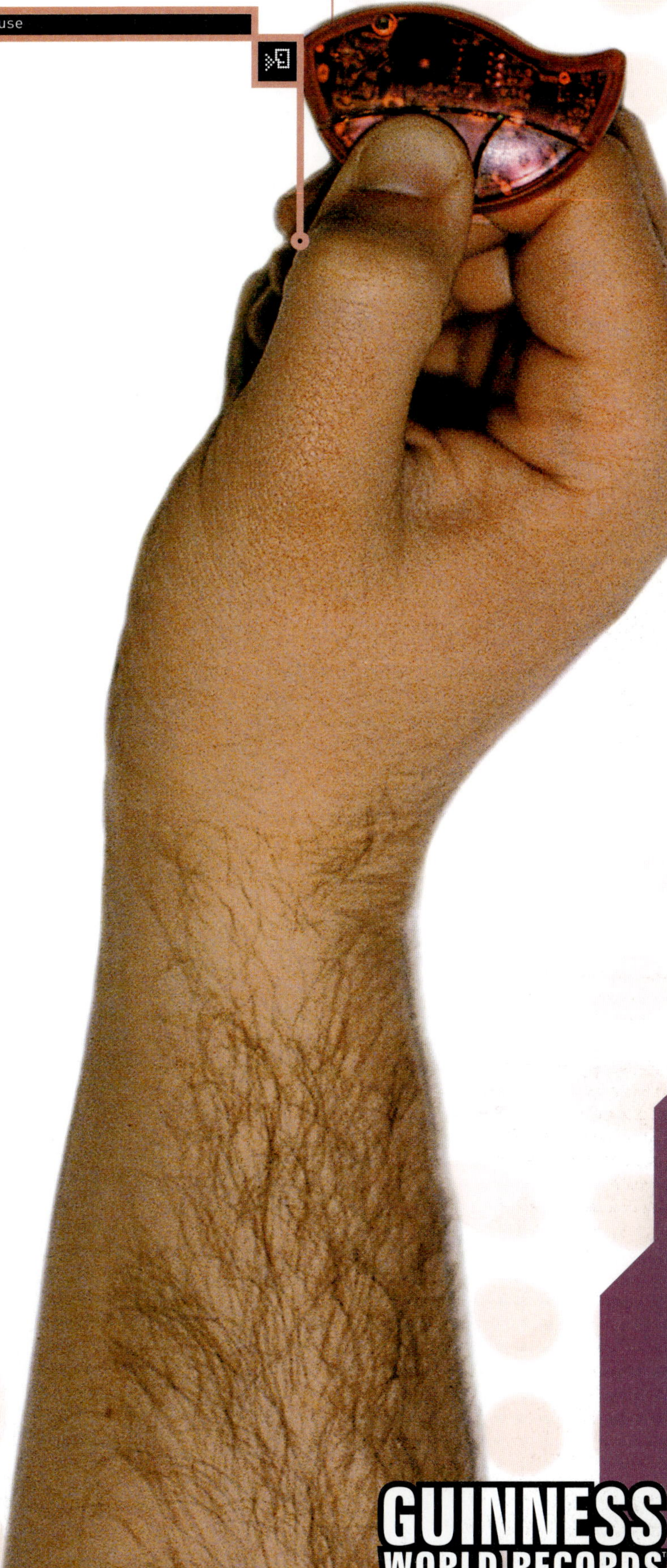

SCHNELLSTE E-COMMERCE-BESTELLUNG

Im Jahr 1999 eröffnteten Experten aus Brighton (GB) die Website www.jcamping.instant-net.co.uk und erhielten nach 20 Minuten 6,83 Sekunden die erste Bestellung.

DÜNNSTE CD

Die am 1. Dezember 2000 eingeführte *ThinDisc* ist fünfmal dünner als normale CDs oder DVDs. Sie soll in praktisch jedem CD- oder DVD-Player spielbar sein und ist so elastisch, dass man sie um ein Trinkglas herumwickeln kann, ohne dass sie zerbricht.

ERSTES COMPUTERSPIEL

Spacewar war das erste Computerspiel. Es wurde zwischen 1961 und 1962 erstmals auf einem PDP-1-Computer am Massachusetts Institute of Technology (USA) gespielt. Es stellte eine Weltraumschlacht dar, bei der zwei Raumschiffe um einen Planeten kreisen und einander abschießen müssen. Das von Studenten des MIT zum Spaß geschriebene Spiel war ein wichtiger Vorläufer aller modernen Computerspiele. Der PDP-1-Computer kam 1960 auf den Markt und kostete damals 120.000 Dollar – was heute 2.083.200 DM entspricht. Insgesamt wurden von dem Computer 50 Stück verkauft. Der PDP-1 war der Vorläufer des Mikrocomputers und für den Gebrauch in wissenschaftlichen Einrichtungen entwickelt. Er hatte einen Speicher von vier Kilobyte und die Daten wurden mittels Tastatur und Lochstreifen eingegeben.

World Wide Web 1

AM LÄNGSTEN LAUFENDE WEBCAM

Informatiker an der Cambridge University (GB) hatten es satt, einen langen Korridor hinunterzumarschieren, nur um festzustellen, dass die Kaffeekanne leer war. Also montierten sie eine Kamera, die das Bild der Kanne auf einen Computer übertrug, damit sie sofort sehen konnten, ob noch Kaffee da war. Im November 1993 verband Daniel Gordon die Kamera mit dem World Wide Web, wo es seitdem unter der Adresse www.cl.cam.ac.uk/coffee/qsf/coffee.html Livebilder von der inzwischen berühmten Kaffeekanne gibt. Die Kamera wird Ende 2001 abgestellt.

HÖCHSTE JÄHRLICHE WERBEEINNAHMEN

Im Jahr 2000 erreichten die Werbeeinahmen im Internet die Rekordmarke von 6,5 Mrd. DM, ein Anstieg um 52,6 % im Vergleich zu 1999.

KOSTSPIELIGSTE E-MAIL

Eine Tochterfirma des US-Ölkonzerns Chevron Corporation bezahlte 1997 in einem Vergleich 4,92 Mio. DM an vier Mitarbeiterinnen, die wegen sexueller Belästigung geklagt hatten. Die Anwälte der Klägerinnen legten unter anderem E-Mails als Beweise vor, in denen 25 Gründe genannt wurden, warum Bier besser sein soll als Frauen. Während des Verfahrens bestritt die Chevron Corporation die Vorwürfe der Frauen.

SOUND AM ARM

Der kleinste MP3-Player mit Uhr ist der SV-SD75 von Panasonic (links). Er misst 50,8 x 49,2 x 15,0 mm, besitzt einen 64-MB-Speicher auf einer SD-Speicherkarte und kann wie eine Armbanduhr oder um den Hals getragen werden. Mit einem PC wird er durch ein USB-Kabel verbunden, und da er keine beweglichen Teile hat, ist „springen" oder „kratzen" beim Abspielen der Musik ausgeschlossen.

www.guinnessworldrecords.com/mp3player
ACCESS CODE: ‹56559›

GRÖSSTER INSERENT IM INTERNET

Im Jahr 2000 war General Motors der größte Inserent im Internet. Der Konzern gab 107,3 Mio. DM aus, eine Steigerung der Werbeausgaben im Vergleich zu 1999 um 96,5 %.

GRÖSSTER INSERENT FÜR EINE MARKE

Im Jahr 2000 gab die Buchhandlung Barnes & Noble (USA) 35,6 Mio. DM für Markenwerbung aus, eine Steigerung der Werbeausgaben im Vergleich zu 1999 um 55,8 %.

INDUSTRIESEKTOR MIT DEN MEISTEN ANZEIGEN IM INTERNET

Der Industriesektor, der im Jahr 2000 am meisten für Internetwerbung ausgab, war die Medien- und Werbeindustrie mit Gesamtausgaben von 1.214,4 Mrd. DM. Den zweiten Platz belegte der Einzelhandel mit Bruttogesamtausgaben von 1.144,3 Mrd. DM.

WEBSITE MIT DEN HÖCHSTEN WERBEEINNAHMEN

Yahoo! Inc mit Sitz in Sunnydale, Kalifornien (USA), erzielte laut Competitive Media Reporting (CMR) im Jahr 2000 Werbeeinnahmen von 990,8 Mio. DM.

ERSTE LIVE-PREMIERE EINES KLASSISCHEN WERKS IM WORLD WIDE WEB

Am 19. November 1997 führte Sir Paul McCartney (GB) das 75-minütige symphonische Gedicht *Standing Stones* erstmals auf. Es wurde in einer Multimedia-Präsentation als Radio- und Fernsehsendung, interaktives Online-Interview und Audio- und Videosendung im World Wide Web live aus der Carnegie Hall in New York City (USA) übertragen.

HÖCHSTE STRAFE FÜR EIN VERBRECHEN IM INTERNET

US-amerikanische Abtreibungsgegner betrieben die Website „The Nuremberg Files". Sie enthielt „Steckbriefe" mit den Namen und Adressen von Ärzten, die Abtreibungen vornahmen. Die Betreiber der Site wurden am 3. Februar 1999 dazu verurteilt, 241,25 Mio. DM Schadensersatz zu leisten.

KLEINSTER WEBSERVER

Die Webseite des Wearables Laboratory an der Stanford University, Kalifornien (USA), wird durch den DIMM-PC von Jumptec unterstützt, einen Server von der Größe einer Streichholzschachtel mit den Maßen 6,86 x 4,32 x 0,64 cm. Der Server ist ein wenig länger und breiter als eine Streichholzschachtel, aber nur ein Drittel so dick und wiegt nur 20 g.

GRÖSSTE MEHRSPRACHIGE ÜBERTRAGUNG IM WEB

Im Dezember 1997 wurden die Eröffnungs- und Abschlussfeierlichkeiten der Third Conference of the Parties of the United Nations Framework Convention on Climate Change in Kyoto (J) gleichzeitig in sieben Sprachen – Arabisch, Chinesisch, Englisch, Französisch, Japanisch, Russisch und Spanisch – im Internet übertragen.

GRÖSSTES GOLFTURNIER IM INTERNET

Im Jahr 1999 beteiligten sich 11.000 Spieler an der Jack Nicklaus Online Golf Championship. Die letzte Runde fand am 10. Dezember 1999 statt. Chet Stone (USA) gewann den Titel und 11.200 DM nach einem Spiel über 36 Löcher auf einer digital dargestellten Version vom Golfplatz des Pelican Hill Golf Club, Kalifornien (USA).

GRÖSSTES INTERNET-PROJEKT FÜR SCHULEN

Das größte Internet-Projekt der Welt für Schulen ist Tesco SchoolNet 2000 (GB). Es wurde im September 1998 gestartet. Ziel des Projekts ist es, ein elektronisches „Domesday Book" für das 21. Jahrhundert zu erstellen, das aus den Nachforschungen von Kindern in ihren jeweiligen Gemeinden entsteht. Bis März 2001 hatten sich 133.986 Schüler und 17.312 Schulen angemeldet. Das Projekt sollte eigentlich Ende 2000 abgeschlossen werden, ist aber so beliebt, dass es fortgesetzt wird.

ZUGRIFF IN ALLEN BEREICHEN

Die Rekordzahl von 11 Mio. Menschen sahen ein Konzert von Madonna (links) am 28. November 2000 in der Brixton Academy, London (GB). Es wurde von Microsoft Network live im Internet übertragen. MSN informierte seine 75 Mio. Hotmail-Nutzer per E-Mails über das Ereignis und machte außerdem in 17 verschiedenen Sprachen auf über 30 Sites rund um den Erdball Werbung für das Konzert.

Das größte Konzert, das ausschließlich im Internet übertragen wurde, fand am 24. September 1998 statt. Roger Taylor und seine Bandmitglieder hatten einen 45-Minuten-Gig in der Cyberbarn in Thursley (GB). Das Publikum bestand aus der Rekordzahl von 9.804 Personen, die sich über das Internet einschalteten – nur so konnte man das Konzert erleben.

www.guinnessworldrecords.com/madonna
ACCESS CODE: ‹54431›

MARKTPLÄTZE

Wer in einem normalen Geschäft nicht findet, was er sucht, kann das oben abgebildete Einkaufszentrum im Internet besuchen. Es verfügt über die Rekordzahl von 27.000 virtuellen Geschäften mit über 1 Mio. Abonnenten in Großbritannien. Es steht in 150 Ländern zur Verfügung, seine Produktpalette reicht von Popcorn bis zur Autoversicherung.
Der teuerste Domain-Name im Internet – business.com – wurde am 1. Dezember 1999 von dem Unternehmer Marc Ostrofsky (USA) für 16,8 Mio. DM verkauft.

www.guinnessworldrecords.com/internetmall

ACCESS CODE: ‹54144›

GRÖSSTE INTERNET-ADRESSE

Die größte je gezeigte Internet-Adresse lautet www.rawmart.com. Die Adresse der Online-Handels-Site wurde im Juli 2000 in 4,1 m hohen Lettern auf die Bordwand des Überseefrachters *E-Trader* gemalt. Die gesamte Adresse war 118,59 m lang.

LÄNGSTER DOMAIN-NAME

Der längste Domain-Name ist http://www.llanfairpwllgwyngyll-gogerychwyrndrobwllllantysilio-gogogoch.co.uk/. Er gehört zu einer Site über ein altes Dorf namens Llanfairpwllgwyngyllgogerychwyrn-drobwllllantysiliogogogoch in North Wales (GB). Der Name bedeutet „St. Marys Kirche in der Senke des weißen Haselbuschs beim schnellen Strudel und die Kirche von St. Tysilio bei der roten Höhle".

GRÖSSTE ZAHL VON HACKER-ANGRIFFEN IN EINEM HACKER-WETTBEWERB

5,23 Mio. Angriffe wurden bei dem Wettbewerb Openhack III registriert. Bei dem Wettbewerb wurde die Sicherheitssoftware Pitbull der Firma Argus Systems von der Hacker-Community auf Fehler geprüft. Das Preisgeld von 112.000 DM konnte sich kein Hacker verdienen, denn Pitbull wurde nicht überlistet. Bei Openhack I und II war die Software noch geknackt worden.

MEISTGESUCHTE SPORTLERIN

Die russische Tennisspielerin Anna Kournikova ist die meistgesuchte Sportlerin im Internet.

MEISTGESUCHTER SPORTLER

Der US-amerikanische Golfspieler Tiger Woods ist der meistgesuchte Sportler im Internet.

FERNSTE CONCIERGE

Anna Morris (USA) arbeitet 130 km von dem Hotel entfernt, in dem sie als Concierge angestellt ist. Die Gäste im Westin Hotel, Santa Clara (USA), sprechen über Webcam mit Anna.

www.guinnessworldrecords.com/napster

OH, NAPPY DAYS

Shawn Fanning (USA, rechts) schrieb Mitte 1999 als 19-jähriger Informatikstudent an der Northeastern University in Boston (USA) den Quellcode für das Musiktauschprogramm Napster. Inzwischen ist Napster das am schnellsten wachsende Internet-Unternehmen der Welt geworden und verfügt weltweit über 32 Mio. Nutzer. Shawn gab dem Programm seinen eigenen Spitznamen Napster, den er seinen stets unordentlichen („nappy") Haaren verdankte.

ACCESS CODE: ‹90746›

World Wide Web 2

AM HÄUFIGSTEN GELADENES CYBER-HAUSTIER

Weltweit haben sich seit dem Web-Start im Oktober 1997 über 14 Mio. Internetnutzer *MOPy* heruntergeladen, einen naturgetreuen Fisch, der als Bildschirmschoner dient.

MEISTE CYBERSTAR-VARIANTEN

Es gibt schätzungsweise 2.000 Varianten von *Dancing Baby*, einem Cyberstar, der im Oktober 1996 von Kinetix, einem Tochterunternehmen von Autodesk Inc (USA), ursprünglich als 3D-Zeichentrickfigur entwickelt worden ist. *Dancing Baby* ist die einzige im Internet geschaffene Figur, die zuvor schon eine große Fangemeinde in den alten Medien hatte. Auf Hunderten von Websites kreierten Hobbyzeichentrickkünstler neue Varianten von *Dancing Baby*. Die offizielle Homepage von *Dancing Baby* verzeichnet durchschnittlich 55.000 Besucher im Monat.

BESTES MERCHANDISING EINES CYBERSTARS

Die T-Shirts von *Dancing Baby* erreichten im Jahr 1998 in den USA einen Umsatz von 6,27 Mio. DM. Der Umsatz der Musik-CD lag über 950.000 DM, die weltweiten und die amerikanischen Absatzzahlen der elektronischen Puppe *Dancing Baby* übertrafen 1,23 Mio. DM. Andere Artikel brachten in den USA, in Australien und Europa über 2 Mio. DM ein.

ALS DIE BÜCHER INS NETZ GINGEN

Der von Jeff Bezos (USA) 1994 gegründete Internet-Buchhändler Amazon.com (links) nahm im Juli 1995 den Betrieb auf und hat inzwischen an über 13 Mio. Kunden in mehr als 160 Ländern Waren verkauft, damit ist er der größte Online-Buchhändler. Sein Katalog umfasst 4,7 Mio. Bücher, CDs und Videos, darunter auch Titel, die nicht mehr gedruckt werden. Über 3 Mio. Bücher sind zur Zeit lieferbar, aber keine Buchhandlung könnte sie alle aufnehmen. Die größten konventionellen Buchläden führen rund 170.000 Titel. Als Bezos sein Unternehmen gründete, arbeitete er von einem Büro in seiner Garage in Seattle (USA) aus – er verpackte die Bestellungen selbst und fuhr sie mit dem Familienauto zur Post.

www.guinnessworldrecords.com/amazondotcom

ACCESS CODE: ‹53961›

MEISTE FRAGEN ONLINE

Paul McCartney wurden am 17. Mai 1997 in 30 Minuten über 3 Mio. Fragen online gestellt. Die Fans befragten ihn während eines Web-Events, mit dem er für sein Album *Flaming Pie* warb.

MEISTE BÖRSEN-TRANSAKTIONEN ONLINE

Nach Angaben der Korea Securities Dealers Association wurde im Januar 2000 in Südkorea 44,6 % des Börsenhandels online abgewickelt. Aktien im Wert von 51.000 Mrd. Won (101,9 Mrd. DM), die an der koreanischen Börse und im Kosdaq gelistet sind, wurden online gehandelt.

GRÖSSTE EINZELNE E-COMMERCE-TRANSAKTION

Der US-Internet-Tycoon Mark Cuban kaufte im Oktober 1999 über das Internet einen Firmenjet Gulfstream V. Der Jet wechselte für 89,6 Mio. DM den Besitzer.

GRÖSSTER KOSTENLOSER E-MAIL-DIENST

Hotmail ist der weltweit größte kostenlose E-Mail-Dienst im Internet. Im April 2001 hatte er über 70 Mio. Abonnenten. Jeden Tag kommen 100.000 neue Nutzer hinzu. Hotmail wird in 230 Ländern angeboten und verzeichnet 12 Mio. Log-Ins im Monat.

ERSTER REGISTRIERTER DOMAIN-NAME

Symbolics.com wurde laut NetNames Ltd. am 15. März 1985 als erster Domain-Name registriert.

BELIEBTESTES INTERNET-SUFFIX

Unter den weltweit 35,3 Millionen Domain-Namen (Stand: April 2001) ist das Suffix „.com" das beliebteste. Es wird von 22,3 Mio. Adresseninhabern genutzt. Es steht jedem frei, sich unter „.com" zu registrieren, weil es als eine globale Top-Level-Domain (TLD) angesehen wird.

HÖCHSTE DICHTE VON DOMAIN-NAMEN

Im Stadtgebiet von New York (USA) herrscht die höchste Konzentration von Domain-Namen. In diesem Bereich liegen 4,8 % aller Domain-Namen der ganzen Welt.

GRÖSSTER BESITZER VON DOMAIN-NAMEN

Das US-Unternehmen Namezero hat die Rechte an 1.307.300 Domain-Namen – mehr als jedes andere Unternehmen weltweit.

JÜNGSTES LAND IM CYBERSPACE

Palästina, das immer noch um seine internationale Anerkennung als unabhängiges Land kämpft, erreichte am 22. März 2000 seine Cyberspace-Autonomie. Die Internet Corporation for Assigned Names and Numbers (ICANN), die die Netz-Adressen vergibt, teilte der Palästinensischen Autonomiebehörde ein eigenes Suffix mit zwei Buchstaben zu. Die Autonomiebehörde kann jetzt Adressen unter ihrer eigenen Domain „.ps" registrieren, gleichberechtigt mit anderen Länderkürzeln wie „.fr" für Frankreich, „.de" für Deutschland oder „.it" für Italien.

MEISTE ELEKTRONISCHE GEBURTSTAGSGRÜSSE

Zum Geburtstag von „Posh Spice" (Victoria Beckham) wurde unter der Adresse www.dotmusic.com von 14.00 Uhr am 9. April bis 14.00 Uhr am 10. April 2000 eine Website für Geburtstagsgrüße reserviert. Es gingen 2.600 Glückwünsche aus der ganzen Welt ein.

ALLES EASY

Das größte Internet-Café der Welt ist das easyEverything (links) am Times Square in New York City (USA). Es wurde am 28. November 2000 eröffnet und verfügt über 760 Terminals. Das Cybercafé bietet auf zwei Ebenen mit einer Fläche von 5.221 m² an sieben Tagen in der Woche rund um die Uhr Zugang zum Internet. Das Café in New York wurde als erste Filiale von easyEverything in den USA eröffnet, bis dahin war die Kette nur in Europa präsent. Im April 2001 gab es weltweit 21 Internet-Cafés von easyEverything: fünf in London, zwei in Amsterdam, zwei in Barcelona und sowie je eins in anderen europäischen Städten wie z.B. Berlin. Der easyEverything-Gründer ist der in Griechenland geborene, in Großbritannien lebende Unternehmer Stelios Haji-Ioannou.

www.guinnessworldrecords.com/cybercafe

ACCESS CODE: ‹55978›

BELIEBTESTE LÄNDERDOMAIN

Laut NetNames Ltd. ist „.uk" (United Kingdom) mit über zwei Millionen registrierten Domains die beliebteste Länderdomain, dicht gefolgt von Deutschland („.de"; Stand: März 2001). Die USA haben zwar die meisten Internetsites, aber nur ein kleiner Teil verwendet das Suffix „.us" in ihrer URL.

MEISTE AUF EINER WEBSITE ABGEGEBENE STIMMEN

Auf der Website von MTV Europe Music Awards (www.mtv-vote.com), die von Compaq unterstützt wurde, gingen von 14.00 Uhr am 4. Oktober bis 12.00 Uhr am 11. November 1999 1.643.863 Stimmen ein. Die Website hatte einen Abwehrmechanismus, der verhinderte, dass Hacker mit Hilfe eines Stimmautomaten Tausende gefälschter Stimmen abgaben.

MEISTBESUCHTE WEBSITE ZU EINEM EREIGNIS

Während der Fußballweltmeisterschaft der FIFA in Frankreich vom 10. Juni bis zum 12. Juli 1998 verzeichnete die offizielle Website, www.france98.com, die Rekordzahl von 1.137.218.296 Zugriffen. In nur einer Minute öffneten am 29. Juni 1998 235.356 Besucher die Site. Am 30. Juni 1998 verzeichnete sie 10.290.429 Zugriffe in nur 60 Minuten, außerdem am selben Tag die Rekordzahl von 73.030.828 Zugriffen in 24 Stunden.

MEISTE WEBSITE-BESUCHER

Die Website der Microsoft Corporation www.msn.com verzeichnete nach Angaben der Web-Statistiker von alexa.com 10,5 Mrd. Zugriffe im März 2000. Davon entfielen 62 % auf Microsofts kostenlosen E-Mail-Dienst lw1fd.hotmail.msn.com.

MEISTBESUCHTE WEBSITE EINES KÖNIGSHAUSES

Die Gedenkseite auf der offiziellen Website des britischen Königshauses wurde im September 1997 nach dem Tod von Diana, Prinzessin von Wales, von 14 Mio. Menschen besucht. Die Rekordzahl von 580.000 Beileidsbekundungen ging ein.

HÖCHSTER ANTEIL AN ONLINE VERKAUFTEN FLUGTICKETS

Die Fluglinie easyJet verkauft 86,6 % ihrer Tickets über die Website www.easyjet.com (Stand: März 2001). Die Fluglinie hat sich vor allem auf Europa-Flüge spezialisiert.

www.guinnessworldrecords.com/battledotnet

ABGEKÄMPFT

Battle.net von Blizzard Entertainment bietet den Fans von Spielen wie *Diablo 2* (in dem Figuren wie The Sorceress vorkommen, rechts) und *Starcraft* eine Internet-Arena, in der sie online Multiplayer-Games spielen können. Seit dem Start im Jahr 1997 ist die Beliebtheit auf 8,2 Mio. aktive Nutzerkonten gestiegen, die sich täglich in über 6 Mio. Spiele einloggen. In Spitzenzeiten werden über 210.000 Spieler am Tag registriert. Battle.net ist der größte kostenlose Online-Spieledienst.

ACCESS CODE: ‹56574›

GUINNESS WORLD RECORDS™

Kultobjekte

KLEINSTER PERSÖNLICHER DIGITALER ASSISTENT

Im Jahr 1998 stellte Franklin Electronic Publishers, Burlington (USA), den REX PC Companion her, der so klein und so leicht wie eine Kreditkarte ist: 8,6 x 5,3 x 0,63 cm und 39,7 g. Der Benutzer kann ihn zum Datenaustausch in jedes kompatible Laptop stecken. REX kann bis zu 2.500 Namen, Adressen und Termine speichern.

VIELSEITIGSTER KUGELSCHREIBER

Für die Produktreihe Space Pen von Fisher Space Pen Co. (USA) sind spezielle Gasdruckminen mit einer zähflüssigen Tinte erforderlich. Diese Kugelschreiber schreiben auch mit der Spitze nach oben perfekt, ebenso bei extremer Hitze und Kälte, unter Wasser und sogar in der Schwerelosigkeit. Beim Flug von *Apollo 7* im Jahr 1968 wurden sie zum ersten Mal eingesetzt, seither gehören sie zur Standardausrüstung jedes Astronauten, auch auf der Internationalen Raumstation. Vor der Erfindung des Space Pen benutzten Astronauten im All Bleistifte, um sich etwas zu notieren. Beim Space Pen wird die Tinte mit einem Druck von fast 50 psi zu einer Kugel aus Wolfram und Karbid gepumpt. In der Mine hat die Tinte eine Konsistenz wie eine zähe Paste. Erst durch die Rollbewegung der Kugel verflüssigt sich die Tinte und fließt wie bei einem gewöhnlichen Kugelschreiber.

WER HAT AN DER UHR GEDREHT?

Die kleinste Uhr mit GPS ist die Casio PAT2GP-1V (links) mit den Maßen 58,5 x 51,5 x 21,0 mm. Anhand der Daten, die sie von Satelliten des Global Positioning System (GPS) erhält, bestimmt sie die Position des Uhrträgers überall auf der Erde mit einer Genauigkeit von 10 m. Zur Planung von Routen kann sie mit einem PC verbunden, die Route wiederum kann in der Uhr gespeichert werden.
Die Casio WQV1D-8CR ist die modernste digitale Uhrenkamera und wiegt 32 g. In dem Speicher von 1 MB haben bis zu 100 Bilder Platz. Die Bilder können auf einen PC geladen werden.

www.guinnessworldrecords.com/gpswatch
ACCESS CODE: ‹56399›

INTELLIGENTESTER STIFT UND INTELLIGENTESTES PAPIER

Die schwedische Firma Anoto hat einen digitalen Kugelschreiber erfunden, in dessen Speicher der Benutzer bis zu 50 Seiten Text ablegen kann. Die Daten können direkt in einen Computer oder via Internet an irgendeinen Computer auf der Welt übertragen werden. Mit dem Stift wird auf digitales Papier geschrieben, das es dem Stift ermöglicht, seine genaue Position auf dem Papier zu bestimmen. Das Papier ist in ein Gitter mit Quadraten von 2 x 2 mm unterteilt. In jedem Quadrat befindet sich ein Punktemuster, das sich mit dem Blickwinkel verändert. Angesichts der riesigen Zahl möglicher Punktkombinationen würde der Stift, rein theoretisch, auch auf einem Blatt Papier, das größer als Asien und Europa zusammen ist, immer genau wissen, wo er steht.

PUBLIKATION MIT DEN MEISTEN NUTZLOSEN ERFINDUNGEN

Chindogu (japanisch für „ulkiges Werkzeug") ist die Kunst der Erfindungen, die zunächst nützlich erscheinen, sich bei näherer Betrachtung aber als nutzlos erweisen. Kenji Kawakami (J) hat ein Buch über 101 sinnlose japanische Erfindungen geschrieben, zum Beispiel Staubtücher für Katzenpfoten, damit die Katze beim Laufen Staub wischt.

KRAFTWERK IM SCHUH

Die von Trevor Baylis (GB) und Texon Int. gegründete Electric Shoe Company will einen Schuh entwickeln, der beim Gehen Strom erzeugt. Im August 2000 testeten Trevor Baylis und John Grantham (GB) einen Prototyp bei einer 120 km langen Tour durch die namibische Wüste. Am Ende der Wanderung rief Baylis in Großbritannien über ein Mobiltelefon an, das mit den Schuhen aufgeladen wurde.

ERFOLGREICHSTES AUFZIEHRADIO

Der Erfinder Trevor Baylis (GB) entwickelte im Jahr 1993 ein Federsystem, das nach kurzem Aufziehen Strom für mehrere Minuten Sendezeit lieferte. Freeplay Energy entwickelte diese Idee weiter und hat bislang 2,5 Mio. Aufziehradios verkauft.

HÖCHSTE HANDYDICHTE

In Finnland sind Mobiltelefone am weitesten verbreitet. Auf 1.000 Einwohner kommen 651 Mobiltelefonkunden.

WILLST DU MIT MIR GEHEN?

Der Walkman wurde 1979 von Sony entwickelt und hat sich als das erfolgreichste tragbare Gerät aller Zeiten erwiesen. Das erste Modell im Handel hieß TPS-L2. Bis April 2001 sind 200–250 Mio. Kassettengeräte veräußert worden. Bis April 1999 wurden vom CD-Discman 54 Mio. und vom MiniDisc-Walkman 6,9 Mio. Einheiten verkauft. Im Laufe der Jahre ist der Sony Walkman immer kompakter geworden. Die neueste Version heißt NW-E3 (links) und kommt ohne mechanische Teile aus. Der MP-3-Player hat die Maße 8,1 x 3,2 x 1,46 cm und wiegt 33 g. Er verfügt über einen Flashspeicher von 64 MB, kann über eine USB-Schnittstelle mit einem PC verbunden werden und bis zu zwei Stunden Musik speichern.

www.guinnessworldrecords.com/walkman
ACCESS CODE: ‹56519›

LEICHTESTES FERNGLAS

Das Fernglas Minolta UCIII wiegt nur 120 g und ist mit dem Vergrößerungsfaktor sechs und acht erhältlich. Mit der 6 x 16-Version können Objekte in schon 1 m Entfernung scharf gestellt und beobachtet werden.

MODERNSTE HOLOGRAFISCHE UNTERWASSERKAMERA

Die holografische Unterwasserkamera HOLOMAR wurde von einem Team unter Anleitung der Aberdeen University, Schottland (GB), entwickelt. Sie kann 3D-Bilder von Objekten mit einem Durchmesser von nur 100 Mikron in bis zu 100 l Wasser aufnehmen.

www.guinnessworldrecords.com/thincamera

ACCESS CODE: ‹56541›

DURCH DICK UND DÜNN

SMaL Camera Technologies aus Massachusetts (USA) hat die Digitalkamera Ultra-Pocket (unten) entwickelt. Sie ist nur 6 mm dick und wiegt mit der wieder aufladbaren Lithium-Batterie 63,3 g. Die dünnste Kamera aller Zeiten mit den Maßen 85,6 x 6 x 54 mm ist so groß wie eine Kreditkarte und kann etwa 40 Farbbilder auf der zugehörigen 8-MB-MultiMediaCard speichern.

Die Speicherkapazität kann auch erhöht werden. Über eine USB-Schnittstelle können die Bilder auf einen PC geladen werden. Die Ultra-Pocket wurde zum ersten Mal bei der Internationalen Elektronikmesse in Las Vegas (USA) am 8. Januar 2001 präsentiert.

TASCHENMESSER MIT DEN MEISTEN KLINGEN

Das „Year Knife" wurde 1822 von Joseph Rodgers & Sons (GB) hergestellt. Ursprünglich hatte es 1.822 Klingen – für jedes Jahr eine. Diese Tradition wurde später fortgesetzt. Stanley Works (GB) Ltd aus Sheffield (GB) restaurierte das Messer 1999 und fügte für das Jahr 2000 eine Silberklinge hinzu.

KLEINSTER VIDEOSENDER

Der Sender AVX900T3 misst 0,9 x 1,9 x 0,5 cm und wird von Supercircuits aus Texas (USA) hergestellt. Er ist für den Einsatz bei Geheimoperationen und in Mikrorobotern gedacht und kann Videobilder über eine Entfernung von 300 m übertragen, obwohl er kleiner ist als ein gewöhnlicher Daumen und nur knapp 7,1 g wiegt.

Roboter

TEUERSTER HAUSROBOTER

Der teuerste verkäufliche Hausroboter ist der TMSUK IV, der von dem japanischen Unternehmen Thames entwickelt wurde. Am 23. Januar 2000 wurde er erstmals in Tokio (J) vorgestellt. Der 99,8 kg schwere Roboter ist 1,22 m groß und kostet umgerechnet etwa 95.000 DM. Er folgt aufs Wort, kann über ein Mobiltelefon ferngesteuert werden, erledigt Botengänge und kann sogar massieren.

SCHNELLSTER INDUSTRIEROBOTER

Der Hochgeschwindigkeits-Beförderungsroboter LR Mate 100i kann Gegenstände bis zu 3 km weit transportieren und kann sich in nur 0,58 Sekunden 2,5 cm nach oben und unten und über 30 cm vor und zurück bewegen. Aufgrund seiner Schnelligkeit und Beweglichkeit kann er in Fabriken und an Fließbändern schnell und präzise Teile be- und entladen. Der Roboter wurde 1997 von dem japanischen Unternehmen Fanuc entwickelt und ist um 79 % schneller als frühere Modelle.

KLEINSTER ROBOTER

Der kleinste Roboter der Welt ist der Mikro-Roboter Monsieur, der von der Seiko Epson Corporation (J) 1992 entwickelt wurde. Der lichtempfindliche Roboter ist knapp 0,15 cm lang, wiegt 1,5 g und wurde aus 97 Uhrenbauteilen gefertigt – das entspricht zwei gewöhnlichen Armbanduhren.

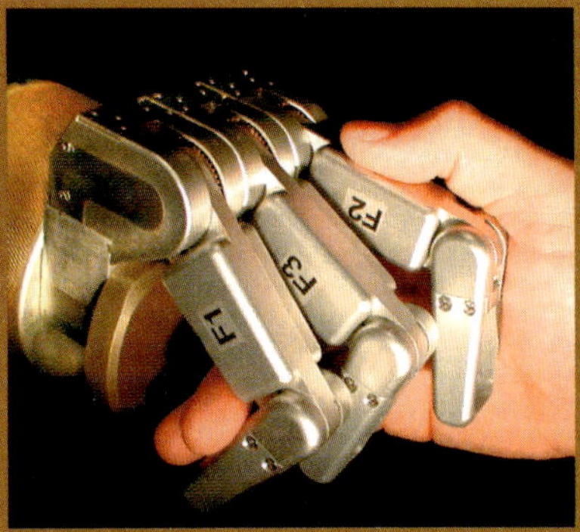

GEFÜHLSECHT

Die fortschrittlichste Roboterhand ist die BarrettHand BH8-262 (links), die von Barrett Techonology Inc (USA) im April 2001 auf den Markt gebracht wurde. Sie hat drei gegliederte Finger. Während gewöhnliche Robotergreifer nur eine einfache Zangenbewegung ausführen, kann BH8-262 alle drei Finger in weniger als einer Sekunde unabhängig voneinander in jede beliebige Richtung bewegen. Die nur 1,18 kg schwere Hand kann mit jeder Fingerspitze eine Kraft von bis zu 2 kg ausüben und damit eine Vielzahl von Gegenständen halten und bedienen. Die Hand muss nicht für jede Aufgabe umgebaut werden, sämtliche Änderungen der Funktionsweise werden vielmehr über die Software eingegeben.

www.guinnessworldrecords.com/robothand

ACCESS CODE: ‹56227›

MENSCHLICHSTER ROBOTER

Der 1,6 m große Roboter P3 wurde 1997 von dem japanischen Unternehmen Honda präsentiert. P3 sieht aus wie ein normaler Mensch mit Armen und Beinen. Er kann zur Seite und rückwärts gehen sowie Treppen und schräge Flächen hochsteigen. Außerdem kann P3 den Kopf drehen und verfügt über 3D-Sicht, sodass er über Hindernisse steigen und die Richtung wechseln kann. Wenn er gestoßen wird, ist er in der Lage das Gleichgewicht zu halten. Elf Jahre lang arbeiteten 150 Ingenieure an der fast 180 Mio. DM teuren Entwicklung. P3 soll in der Pflege und für Aufgaben eingesetzt werden, die für Menschen zu gefährlich sind – beispielsweise zur Beseitigung von Sprengkörpern.

GRÖSSTE ROBOTERAUSSTELLUNG

Auf der Internationalen Roboterausstellung in Tokio (J) werden alle zwei Jahre die neuesten Entwicklungen präsentiert. An der Ausstellung vom Oktober 1999 nahmen 700 Aussteller teil und zeigten ihre neuesten Roboter.

MEISTBENUTZTER INDUSTRIEROBOTER

PUMA (Programmable Universal Machine for Assembly) wurde in den 1970er Jahren von Vic Schienman (CH) entwickelt und von dem Schweizer Unternehmen Staubli Unimation hergestellt. Er ist der an Fließbändern und in Universitätslaboratorien am meisten benutzte Roboter.

ERFOLGREICHSTES KÜNSTLICHES OHR

Rod Saunders (AUS) wurde 1978 als erstem Menschen ein künstliches Innenohr (Cochlear-Implantat) eingepflanzt. Saunders war nach einem Schädeltrauma taub geworden. Der Prototyp aus der HNO-Abteilung der University of Melbourne, Vic (AUS), kam 1982 auf den Markt. Bis zum Jahr 2000 hatten weltweit über 20.000 Menschen ein künstliches Innenohr erhalten. Das von dem australischen Unternehmen Cochlear Limited hergestellte Implantat ist zehnmal so häufig eingesetzt worden wie das folgende Konkurrenzmodell.

FORTSCHRITTLICHSTER ROBOTERARM

Das US-Unternehmen Barrett Technology Inc entwickelte 1997 einen Roboterarm mit Kabeln, die die Funktion menschlicher Sehnen übernehmen (Preis rund 560.000 DM). Er kann Gewichte bis zu 5 kg in jeder beliebigen Position halten. Die insgesamt sieben Gelenke des Arms werden von elektronisch gesteuerten Motoren angetrieben. Unter anderem kann er beim Putzen, beim Ein- und Aussteigen im Bad, beim Öffnen von Türen und bei der Zubereitung von Mahlzeiten behilflich sein.

FORTSCHRITTLICHSTES KYBERNETISCHES ARM-IMPLANTAT

Kevin Warwick von der University of Reading, Berkshire (GB), ließ sich am 24. August 1998 einen kybernetischen Siliconchip in den Unterarm einpflanzen. Mit Hilfe des Chips konnte ein Computer seine Bewegung überwachen. Kevin war imstande, Computer und andere elektrische Geräte wie Lampen und Heizkörper zu bedienen, ohne sie zu berühren.

MEISTVERKAUFTER ROBOTER-RASENMÄHER

Weltweit ist der Robomower RL500, entwickelt und hergestellt in Israel von Friendly Robotics, über 5.000-mal verkauft worden. Er kostet knapp 3.500 DM. Der Rasenexperte mäht mit einer einzigen Ladung die Fläche eines Tennisplatzes.

HOPP, HOPP!

Die Sandia National Laboratories (USA) haben experimentelle „Hüpfroboter" entwickelt, die mit Hilfe von motorgetriebenen Kolben bis zu 9 m hoch springen. Die kleinen Roboter könnten etwa bei der Planetenforschung eingesetzt werden: Eine Raumfähre könnte mehrere Hüpfer aussetzen, um die nähere Umgebung zu erkunden.
Rush Robinett von Sandias Intelligent Systems and Robotics Center kam die Idee zu den Robotern, als er Grashüpfer fürs Angeln fing. Die Hüpfroboter können theoretisch mit einer Tankfüllung 100 Hüpfer machen. Auf Himmelskörpern wie dem Mond und dem Mars mit einer geringeren Anziehungskraft könnten sie höher springen und weitere Strecken zurücklegen.

www.guinnessworldrecords.com/jumpingrobot

ACCESS CODE: ‹56526›

NATURGETREUER ROBOTERFISCH

Mitsubishi Heavy Industries (J) arbeitete vier Jahre lang an einem naturgetreuen Roboterfisch. Eine ganze Serie von Roboterfischen wurde entwickelt, die nur bei genauem Hinsehen von echten Fischen zu unterscheiden sind. Für die Zukunft ist die Entwicklung von superschnellen U-Booten und Roboterfischen geplant, die die Ozeane nach Verschmutzungsquellen durchsuchen sollen. Mitsubishi entwickelt ferner Roboter-Nachbildungen von ausgestorbenen Fischen für virtuelle Aquarien.

BILLIGSTER ROBOTER

Der billigste Roboter der Welt kostete nicht einmal 4 DM. Er wurde im Los Alamos National Laboratory, New Mexico (USA), 1996 aus Resten eines Sony Walkman gebaut. „Walkman" war nur 12,7 cm groß und völlig unberechenbar. In Tests versuchte sich der Roboter zu befreien, wenn er entgegen seiner Programmierung festgehalten wurde. Dabei machte er nie zweimal die gleiche Bewegung.

SCHNELLSTVERKAUFTES ROBOTERHAUSTIER

Von Sonys Roboterhund Aibo wurden nach dem ersten Auftritt auf der japanischen Website von Sony am 31. Mai 1999 innerhalb von 20 Minuten 3.000 Stück verkauft – zum Preis von jeweils ca. 4.600 DM. Aibo („Kumpel") ist 27,9 cm lang und kann seine Umgebung über einen eingebauten Sensor erkennen. Er kann so programmiert werden, dass er Kunststücke vorführt. Am 1. Juni 1999 wurden über das Internet 2.000 Aibos in Amerika angeboten. Dem Käuferansturm waren die Server nicht gewachsen und brachen zusammen.

GRÖSSTE STÄNDIGE AUSSTELLUNG KOLLEKTIVER ROBOTER

Ein einzigartiges Set aus drei kollektiven Robotern (d. h. sie arbeiten im Team) ist ständig im Wellcome Wing des Science Museum in London (GB) zu sehen. Die Besucher können einen Roboter über einen Joystick steuern, die anderen beiden können angewiesen werden, alle seine Bewegungen nachzumachen.

EMPFINDSAMSTER ROBOTER

Der von Cynthia Breazeal (USA) im Massachusetts Institute of Technology entwickelte Roboterkopf Kismet wird von 15 vernetzten Computern und 21 Motoren gesteuert. Er soll im Kontakt mit Menschen Emotionen erkennen und darauf reagieren. Allein neun der 15 Computer steuern den Sehsinn von Kismet.

www.guinnessworldrecords.com/robonaut

ACCESS CODE: ‹56386›

DER ECHTE C3PO

Robonaut von der NASA (rechts) ist der fortschrittlichste Roboterastronaut. Der Prototyp eines mechanischen Astronauten soll den Weltraumreisenden bei gefährlichen Aufgaben helfen, vor allem bei Weltraumspaziergängen. Schon nach einigen Jahren wird er vermutlich zum ersten Mal ins All reisen. Er hat geschickte, menschenähnliche Hände, einen Stereoblick und ein einziges Bein, mit dem er sich mühelos außen um die Internationale Raumstation ISS bewegen kann, wo er ständig eingesetzt werden soll. Sein eher grobes Nervensystem – ein Netz aus Sensoren, Software und Schaltkreisen – ist der menschlichen Anatomie nachempfunden. Da für den kleinen Kopf kein „Gehirn" nötig ist, verlegten die Ingenieure den größten Teil der Steuermechanismen und -befehle in ein mechanisches Rückgrat. Zwei Kameras in Robonauts Kopf senden Bilder an eine Brille, die ein NASA-Techniker trägt. Er kann die Roboterarme und -finger durch die Bewegung seiner Hände steuern. Der Roboter bewegt sich also immer genau so, wie der ihn steuernde Mensch es möchte.

Helden des Alls

MEISTE MENSCHEN IM WELTRAUM
Am 14. März 1995 hielten sich 13 Menschen gleichzeitig im Weltall auf – soviel wie noch nie. Sieben Amerikaner befanden sich an Bord der US STS *67 Endeavour*; drei Kosmonauten in der russischen Raumstation *Mir* und zwei Kosmonauten sowie ein US-Astronaut in der *Sojus TM21*.

LANDUNG AUF DEM BISLANG KLEINSTEN RAUMKÖRPER
Am 12. Februar 2001 landete die Raumsonde *NEAR-Shoemaker* auf dem Asteroiden Eros. Bei der Landung funkte sie 69 Bilder von der Oberfläche des Asteroiden zur Erde. Zu erkennen waren Steine von wenigen Zentimetern Größe.

FERNSTE AUFNAHME DER ERDE
Am 4. Februar 1990 richtete die Raumsonde *Voyager 1* der NASA nach 12,5 Jahren Flug durch das Weltall ihre Kamera rückwärts auf die Sonne und die Planeten des Sonnensystems. Sie fotografierte die Erde aus einem Abstand von 6,5 Mrd. km. Die Aufnahmen, die sie zur NASA funkte, zeigten die Sonne als hellen Stern und die Erde als einen blassblauen Punkt.

WELTRAUMBUMMLER
Den längsten Weltraumspaziergang von Astronauten unternahmen Jim Voss (links) und Susan Helms (beide USA). Am 11. März 2001 verbrachten sie 8 Stunden 56 Minuten außerhalb ihrer Raumstation. Ihre Aufgabe bestand darin, an der Internationalen Raumstation ISS das Andocken des italienischen Fracht-Moduls *Leonardo* vorzubereiten, welches vom Raumtransporter *Discovery* in den Weltraum befördert worden war. *Leonardo* hatte ungefähr 5 t Ausrüstung an Bord. Nach Fertigstellung wird die Internationale Raumstation ISS 96,3 m lang sein. An ihrem Bau beteiligen sich 16 Nationen.

www.guinnessworldrecords.com/spacewalk
ACCESS CODE: ‹46910›

GRÖSSTES TELESKOP
Die Zwillingsteleskope vom Typ Keck auf dem Gipfel des Vulkans Mauna Kea auf Hawaii (USA) sind die größten optischen und Infrarot-Teleskope der Welt. Beide haben die Höhe eines achtstöckigen Hauses und wiegen 2.998 t. Ihre Spiegel haben einen Durchmesser von 9,8 m und bestehen aus 36 sechseckigen Segmenten, die zusammen eine geschlossene Spiegelfläche bilden. Durch das optische Teleskop wäre ein Golfball in 150 km Entfernung erkennbar.

GRÖSSTES SONNENPADDEL IM WELTALL
Am 5. Dezember 2000 entfalteten Astronauten des Space-Shuttles *Endeavour* das erste der vier Sonnenpaddel, die die Internationale Raumstation (ISS) mit Energie versorgen sollen. Mit den Paddeln, die in den nächsten Jahren hinzukommen, wird die ISS eines der hellsten Objekte am Nachthimmel sein. Heller strahlen dann nur noch der Mond, die hellsten Planeten und der Stern Sirius. Entfaltet haben die Paddel eine Länge von 73 m und liefern 64 kW Elektrizität, was einem Energiebedarf von 30 Haushalten entspricht.

SCHWERSTER BROCKEN AUS DEM ALL
Die einzigen Gesteinsproben vom Mond stammen aus Mondflügen des Apollo-Programms. Der größte Brocken ist Probe 61016 mit dem Spitznamen „Big Muley". Er wurde von Apollo 16 zur Erde gebracht und hat ein Gewicht von 11,7 kg.

LÄNGSTER BEMANNTER RAUMFLUG
Den längsten bemannten Raumflug unternahm Waleri Poljakow (RUS). Poljakow wurde am 8. Januar 1994 an Bord der *Sojus TM18* zur Raumstation *Mir* gebracht und kehrte am 22. März 1995 mit *Sojus TM20* zur Erde zurück. Sein Raumflug dauerte 437 Tage 17 Stunden 58 Minuten 16 Sekunden.

KÜRZESTER BEMANNTER RAUMFLUG
Am 5. Mai 1961 ging Alan Bartlett Shepard (USA) an Bord der *Mercury-Redstone 3*. Seine Mission unterhalb einer Umlaufbahn dauerte ganze 15 Minuten 28 Sekunden: Die Schubkraft der Trägerrakete vom Typ *Redstone*, die seine Kapsel *Freedom 7* in die Höhe trug, reichte nicht zu einem Aufstieg bis in den Orbit. Stattdessen beschrieb die *Freedom 7* eine parabolische Flugbahn und kehrte zur Erde zurück. Shepard erreichte eine Höhe von 187,49 km und war durch die Beschleunigung der elffachen Erdanziehungskraft ausgesetzt.

DER PATE DES WELTALLS
Einen Geschwindigkeitsrekord auf dem Mond stellte das bemannte Mondgefährt Rover von *Apollo 16* auf. Der Fahrer John Young (USA, links) erreichte bei einer Talfahrt eine Geschwindigkeit von 18 km/h. Mit 33,8 km stellte er zudem den bemannten Entfernungsrekord auf. Young ist einer der erfahrensten Astronauten der NASA und wird auch „Pate des Weltalls" genannt.

Bei der längsten Fahrt auf einem Himmelskörper wurde eine Entfernung von 37 km zurückgelegt. Aufgestellt wurde der Rekord zwischen dem 16. und 23. Juni 1973 von dem unbemannten sowjetischen Mondmobil *Lunochod 2*. Das Fahrzeug fuhr während des Mondtages mit Batterien, die von Sonnenpaddeln aufgeladen wurden.

www.guinnessworldrecords.com/lunarspeed
ACCESS CODE: ‹46948›

www.guinnessworldrecords.com/mir

ACCESS CODE: ‹56485›

RUNTER KOMMEN SIE IMMER

Das schwerste von Menschenhand geschaffene Objekt, das wieder in die Erdatmosphäre eintrat, war die russische Raumstation *Mir* (rechts). Durch einen kontrollierten Absturz wurde sie am 23. März 2001 aus dem Orbit geholt. Nach erstaunlichen 15 Jahren im Weltall zerbrach die 130 t wiegende Station in tausende kleiner Teile, die östlich von Neuseeland glühend in den Pazifik hinabregneten.

LEISTUNGSSTÄRKSTES GAMMASTRAHLEN-TELESKOP

Das 1991 in Betrieb genommene Compton Gamma Ray Observatory hält bis heute den Rekord für das leistungsstärkste Gammastrahlen-Teleskop der Welt. Es wog 17 t und wurde am 5. April 1991 von der Raumfähre *Atlantis* in eine niedere Erdumlaufbahn gebracht. Nach neun Jahren erfolgte der kontrollierte Absturz. Am 4. Juni 2000 verglühte es in der Erdatmosphäre.

FERNSTER BESTATTUNGSORT

Am 31. Juli 1999 schlug die amerikanische Sonde *Lunar Prospector* auf der Oberfläche des Mondes auf – an Bord ein Kunststoffbehälter mit 28 g Asche von Dr. Eugene Shoemaker (USA). Der Behälter war mit einer Metallfolie überzogen, die Darstellungen von Shoemakers bahnbrechenden Leistungen in der Wissenschaft von den Planeten zeigte. Das erste lunare „Begräbnis" ehrte einen Astronomen, der die Astronauten des Apollo-Programms zu Mondgeologen ausgebildet hatte.

GRÖSSTES FORSCHUNGSLABOR IM ALL

Das größte Forschungslabor, das zusammenhängend in den Weltraum geschossen wurde, war das *Skylab* 1973. Es hatte eine Länge von 24,9 m und wog 26.762 kg. Bis zum kontrollierten Absturz der *Mir* im Jahr 2001 war es das größte von Menschen geschaffene Objekt, das wieder in die Erdatmosphäre eintrat.

Luftfahrt

GRÖSSTER DERZEIT HERGESTELLTER HUBSCHRAUBER

Der größte im Einsatz befindliche Hubschrauber ist der russische Mil Mi-26 mit einer Gesamtlänge von 40 m und einem maximalen Startgewicht von 56 t. Sein achtblättriger Rotor hat einen Durchmesser von 32 m. Der Hubschrauber kann als Truppentransporter verwendet werden oder bis zu 80 Krankentragen befördern.

SCHNELLSTE ERDUMRUNDUNGEN PER HUBSCHRAUBER

John Williams und Ron Bower (beide USA) umrundeten mit einem Bell-430-Hubschrauber die Erde in 17 Tagen 6 Stunden 14 Minuten 25 Sekunden. Ihre Durchschnittsgeschwindigkeit betrug 91,76 km/h. Sie starteten am 17. August 1996 in Fair Oaks (GB), flogen gegen die vorherrschende Windrichtung nach Westen und kehrten am 3. September 1996 wieder nach Fair Oaks zurück.

Jennifer Murray (GB) umrundete die Erde allein in einem Hubschrauber des Typs Robinson R44. Bei einer Durchschnittsgeschwindigkeit von 16,99 km/h benötigte sie 99 Tage. Sie startete am 31. Mai 2000 auf dem Flugplatz Brooklands in Weybridge (GB), wo sie am 6. September wieder landete, nachdem sie 30 Staaten überflogen hatte.

LÄNGSTER SCHWEBEFLUG MIT DEM HUBSCHRAUBER

Doug Daigle, Brian Watts und Dave Meyer von Tridair Helicopters und Rod Anderson von Helistream Inc. (alle USA) blieben mit einem Bell 47B, Baujahr 1947, zwischen dem 13. und dem 15. Dezember 1989 für 50 Stunden 50 Sekunden im Schwebeflug.

GRÖSSTES PER FLUGZEUG TRANSPORTIERTES OBJEKT

Die größten Gegenstände, die auf dem Luftweg befördert werden, sind die 37,23 m langen Spaceshuttles der NASA. Sie werden auf einer umgebauten Boeing 747 „huckepack" von den verschiedenen Landeplätzen zurück nach Cape Canaveral geflogen. Die Shuttles – *Columbia*, *Discovery*, *Atlantis* und *Endeavour* – wiegen je 100 t.

GRÖSSTER WASSERBOMBER

Das größte Löschflugzeug ist der in Russland hergestellte Lufttanker Iljuschin 76TD. Er kann 42.000 l Wasser oder andere Feuerlöschmittel aufnehmen. Die Maschinen sind dem russischen Ministerium für Katastrophenschutz und Zivilverteidigung (EMERCOM) unterstellt. Fünf sind kurzfristig für humanitäre Einsätze und zum Verleih an Regierungen und Organisationen rund um die Welt verfügbar. Bei einem einzigen Überflug von 8–10 Sekunden kann eine Iljuschin 76TD ein Gebiet von 1.200 m Länge und 90 m Breite mit Wasser tränken.

GRÖSSTER HUBSCHRAUBER ALLER ZEITEN

Der russische Mil Mi-12 wog 103,3 t und war 37 m lang. Er wurde von vier 4.847-kW-Turboshaft-Triebwellen angetrieben und hatte einen Rotordurchmesser von 67 m. 1971 wurde ein Prototyp vorgestellt, kam aber nie zum Einsatz.

GRÖSSTES TRANSPORTFLUGZEUG

Das Flugzeug mit dem größten Laderaum ist der Airbus A300-600ST Super Transporter („Beluga"). Sein Frachtraum hat einen Rauminhalt von 1.400 m^3, ist 37,7 m lang und hat eine maximale Höhe und Breite von 7,1 m. Die größte zulässige Nutzlast des Flugzeugs beträgt 47 t. Die Hauptabteilung des Laderaums ist zwei Stockwerke hoch und länger als ein Basketballfeld.

GRÖSSTE FLÜGELSPANNWEITEN

Das achtmotorige, 193 t schwere Flugboot Hughes H4 Hercules, besser bekannt unter dem Namen „Spruce Goose", hatte die größte Flügelspannweite aller Zeiten. Sie betrug 97,51 m. Das 66,65 m lange Flugboot erreichte am 2. November 1947 bei einem Testflug von Howard Hughes vor Long Beach Harbor (USA) eine Flughöhe von 21,3 m und flog 914 m weit. Danach war es nie wieder in der Luft.

Mit 73,3 m hat die ukrainische Antonow An-124 die größte Spannweite aller modernen Flugzeuge. Zum Vergleich: Die Boeing 747-400 hat eine Spannweite von 64,4 m.

SCHWERSTES FLUGZEUG

Das Flugzeug mit dem größten Startgewicht ist mit 600 t die Antonow An-225 („Mrija", Traum). Das Flugzeug stieg am 22. März 1989 mit einer Nutzlast von 156.300 kg auf eine Höhe von 12.410 m und legte 2.100 km zurück. Zum Vergleich: Das maximale Startgewicht einer Boeing 747-400 beträgt 396,89 t.

BOMBER MIT DER GRÖSSTEN SPANNWEITE

Die zehnmotorige Convair B-36J („Peacemaker") hatte eine Flügelspannweite von 70,1 m, die größte, die ein Bomber je hatte. Ihr maximales Startgewicht betrug 185 t. Die B-36J wurde Ende der 1950er Jahre außer Dienst gestellt und durch die Boeing B-52 ersetzt.

SCHNELLSTES KAMPFFLUGZEUG

Das schnellste Kampfflugzeug ist der russische Jäger Mikojan MiG-25 (NATO-Codename „Foxbat"). Bei der Aufklärungsmaschine „Foxbat-B" wurde per Radar eine Geschwindigkeit von Mach 3,2 (3.395 km/h) gemessen. Der Jäger hat eine Spannweite von 13,95 m, ist 23,82 m lang und hat ein geschätztes maximales Startgewicht von 37,4 t.

SCHNELLSTES FLUGBOOT

Die Martin XP6M-1 *SeaMaster*, ein vierstrahliger Minenleger der US Navy, wurde 1955–59 geflogen. Sie war das schnellste je gebaute Flugboot mit einer Höchstgeschwindigkeit von 1.040 km/h.

SCHWERSTER BOMBER

Der vierstrahlige Bomber Tupolew Tu-160 („Blackjack") der alten Sowjetunion hat ein Startgewicht von 275 t, wenn er die maximale Bombenlast trägt. Sein Leergewicht beträgt 110 t. Die Höchstgeschwindigkeit von „Blackjack" liegt bei Mach 2,05 (2.200 km/h). Er ist 54,1 m lang und hat eine Flügelspannweite von 55,7 m.

SCHNELLER SCHWARZER VOGEL

Die Lockheed SR-71 („Blackbird") der US Air Force, ein Aufklärungsflugzeug (links), ist mit einer Höchstgeschwindigkeit von ca. Mach 3 (3.185 km/h) das schnellste Flugzeug der Welt. Die genaue Geschwindigkeit ist allerdings geheim. Die zweisitzige Maschine flog fast 25 Jahre lang Top-Secret-Einsätze. Ihren ersten Flug machte sie am 22. Dezember 1964. Der schnellste Flug über den Atlantik dauerte 1 Stunde 54 Minuten 56,4 Sekunden. Dieser Rekord wurde am 1. September 1974 von Major James V. Sullivan and Major Noel F. Widdifield (beide USA) aufgestellt. Ihre Durchschnittsgeschwindigkeit auf der 5.570,8 km langen Strecke New York–London betrug 2.908,02 km/h. Der „Blackbird" wurde 1990 außer Dienst gestellt. Die NASA setzt seit 1995 jedoch wieder mehrere Maschinen zu Forschungszwecken ein.

www.guinnessworldrecords.com/sfastjet

← ACCESS CODE: ‹43994›

VÖLLIG LOSGELÖST

Das propellergetriebene Flugzeug, das die größte Flughöhe erreichte, ist das ferngesteuerte, mit Sonnenenergie angetriebene Nurflügelmodell *Pathfinder*. Es erreichte am 6. August 1998 über den Hawaii-Inseln eine Höhe von über 24.384 m. Mit 270 kg wiegt *Pathfinder* viermal weniger als die meisten Autos. Flugzeuge dieser Bauart werden deshalb auch manchmal „leichter als Luft" genannt. Der Prototyp *Helios* (unten) ist ein größeres Nurflügelflugzeug, das auf *Pathfinder* basiert. Seine Konstrukteure hoffen, dass es eine Flughöhe von über 30.480 m erreichen wird. Ein drittes *Helios*-Flugzeug wird momentan getestet und soll monatelang in Höhen zwischen 15.000 und 21.000 m in der Luft bleiben.

ACCESS CODE: ‹56393›

JETS MIT ÜBERGRÖSSE

Das größte in Entwicklung befindliche Passagierflugzeug ist der Airbus A380 (oben). Baubeginn war im Dezember 2000, die ersten Flugzeuge sollen 2007 in Dienst gestellt werden. Der A380 hat eine Spannweite von 79,8 m und ist 73 m lang. Sein maximales Startgewicht wird 560 t betragen. Der Airbus wird 555 Fluggästen Platz bieten und unter anderem über Spielcasinos, Bars und Gymnastikräume verfügen. Die Boeing 747-400 bietet den meisten Fluggästen Platz. Sie kann maximal 566 Passagiere an Bord nehmen, ist jedoch mit einer Spannweite von 64,9 m und einer Länge von 70,6 m kleiner als der Airbus A380.

www.guinnessworldrecords.com/airbus

ACCESS CODE: ‹56382›

GRÖSSTER PROPELLER

Der größte jemals verwendete Flugzeugpropeller war der Garuda-Propeller. Er hatte einen Durchmesser von 6,9 m und gehörte zur Linke-Hofmann R II, die erstmals 1919 flog. Angetrieben durch vier Mercedesmotoren von je 195 kW machte er nur 545 U/min. Die Propeller heutiger kleiner Flugzeuge haben einen Durchmesser von etwa 2 m und rotieren mit ungefähr 2.500 U/min.

SCHNELLSTER BOMBER

Der US-amerikanische „Schwenkflügelbomber" FB-111A von General Dynamics, ein Bomber mit verstellbarer Tragflügelgeometrie, erreicht eine Höchstgeschwindigkeit von Mach 2,5, also zweieinhalbfache Schallgeschwindigkeit oder 2.655 km/h.

Der russische Schwenkflügelbomber Tupolew Tu-22M, von der NATO „Backfire" genannt, hat eine Höchstgeschwindigkeit von Mach 2.

GRÖSSTE LUFTSCHIFFE

Die größten Luftschiffe der Welt waren die 213,9 t schweren deutschen Luftschiffe *Hindenburg* (LZ 129) und *Graf Zeppelin II* (LZ 130). Sie waren jeweils 245 m lang und fassten je 200.000 m³ Wasserstoff. Der erste Flug der *Hindenburg* fand 1936 statt, am 6. Mai 1937 explodierte sie über New Jersey (USA). Die *Graf Zeppelin II* machte 1938 ihren Jungfernflug.

ERSTER HÜPFER MIT EINEM FLUGZEUG

Der erste „Hüpfer" mit einem bemannten, nur durch Eigenantrieb bewegten Flugzeug fand am 9. Oktober 1890 in Armainvilliers (F) statt. Der Franzose Clément Ader flog damals mit seiner *Éole* etwa 50 m weit. Sie wurde durch eine von Ader selbst gebaute, extra leichte Dampfmaschine angetrieben, die etwa 15 kW leistete. Der Flug war weder dauerhaft noch kontrolliert.

ERSTER FLUG MIT EINER DÜSENMASCHINE

Den ersten Flug mit einem Flugzeug, das von einem Strahlturbinentriebwerk getrieben wurde, machte der deutsche Flugkapitän Erich Warsitz am 27. August 1939 in Marienehe (D) mit einer Heinkel He 178. Trotz des erfolgreichen Tests kam dann die Messerschmitt Me 262 erst gegen Ende des Zweiten Weltkriegs, im Jahr 1944, zum Einsatz.

GRÖSSTES FLUGTÜCHTIGES PAPIERFLUGZEUG

Das größte flugtüchtige Papierflugzeug wurde von Studenten der Flugtechnik an der Technischen Universität Delft in den Niederlanden gebaut. Es hatte eine Flügelspannweite von 13,97 m und flog am 16. Mai 1995. Es wurde in einer großen Halle gestartet, in der es 34,8 m zurücklegte.

HERSTELLER DER MEISTEN FLUGZEUGE

Die Cessna Aircraft Company in Wichita (USA) ist der produktivste Flugzeughersteller der Welt. Das Unternehmen hat bis Ende 2000 insgesamt 182.804 Flugzeuge produziert.

Schiffe + U-Boote

SCHNELLSTES SEGELSCHIFF

Der Trimaran *Yellow Pages Endeavour* erreichte am 26. Oktober 1993 auf einer Messstrecke von 500 m in Sandy Point bei Melbourne (AUS) eine Rekordgeschwindigkeit von 46,52 Knoten (86,21 km/h).

GRÖSSTE SCHLACHTSCHIFFE IM EINSATZ

Die größten je eingesetzten Schlachtschiffe waren die *USS Missouri* und die *USS Wisconsin*. Sie waren 270 m lang und hatten bei voller Ladung eine Wasserverdrängung von 58.930 t. Bestückt waren sie unter anderem mit neun 40,6-cm-Geschützen. Sie wurden 1991 im Golfkrieg eingesetzt und konnten Geschosse über eine Entfernung von 39 km abfeuern.

ÄLTESTES IM DIENST BEFINDLICHES KRIEGSSCHIFF

1758 in Auftrag gegeben, benötigte der Bau der *HMS Victory* sechs Jahre. Heute ist sie das älteste noch in Dienst stehende Kriegsschiff der Welt. Mit eigenem Kapitän, eigenen Offizieren und eigener Mannschaft liegt sie im Historic Dockyard von Portsmouth (GB) vor Anker. Die *HMS Victory* sieht noch immer so aus wie bei ihrem Einsatz in der Seeschlacht von Trafalgar 1805.

JAHRHUNDERT-SCHIFF

Die *Royal Clipper* (links), die über der Wasserlinie ein 15-stöckiges Gebäude überragen würde, ist 133,8 m lang, hat fünf Masten und 42 Segel mit einer Gesamtfläche von 5.202 m². Damit ist sie der größte Rahsegler in Dienst. Sie wiegt 5.000 t, hat eine 106-köpfige Besatzung und kann in Luxuskabinen bis zu 228 Passagiere befördern. Zur Ausstattung gehören drei Swimmingpools, ein Salon mit Flügel, Luxusgeschäfte, ein Kur- und Gymnastikstudio, ein großer Speisesaal und eine Panorama-Lounge auf dem Vorderdeck. Die *Royal Clipper* kreuzt in der Karibik und im westlichen Mittelmeer.

www.guinnessworldrecords.com/clipper

ACCESS CODE: ‹43704›

SCHNELLSTE REGULÄRE ATLANTIK-ÜBERQUERUNG

Den Rekord der schnellsten regulären Atlantik-Überquerung zu kommerziellen Zwecken stellte das Linienschiff *United States* auf. Während seiner Jungfernfahrt vom 3. bis 7. Juli 1952 von New York (USA) nach Le Havre (F) und Southampton (GB) erreichte es in 3 Tagen 10 Stunden 40 Minuten eine Durchschnittsgeschwindigkeit von 35,39 Knoten (65,95 km/h). Die *United States* wurde 1969 außer Dienst gestellt und liegt heute in Philadelphia (USA) vor Anker.

GRÖSSTES KREUZFAHRTSCHIFF

FIN

Das größte Kreuzfahrtschiff der Welt ist die *Voyager of the Seas*. Sie ist 310 m lang, 48 m breit und wiegt 144.000 t. Sie bietet Platz für 1.181 Besatzungsmitglieder und 3.114 Passagiere. Das Schiff hat ein eigenes fünfgeschossiges Theater mit 1.350 Sitzplätzen, einen Golfplatz, eine Eisbahn und eine Hochzeitskapelle.

SEGELSCHIFF MIT DEN MEISTEN MASTEN

Der einzige je gebaute Schoner mit sieben Masten war die *Thomas W. Lawson*. Sie war 114,4 m lang und entstand 1902 in Quincy (USA). 1907 wurde sie vor den Isles of Scilly (GB) abgewrackt.

HÖCHSTER MAST

Die 47,9 m lange Schaluppe *Hyperion*, die von Wolter Huisman (NL) gebaut wurde, hat einen Mast von 59 m Höhe. Die *Hyperion* wurde 1995 von Jim Clark (USA) in Dienst gestellt, dem Gründer der Internet-Browser-Firma Netscape.

STÄRKSTE EISBRECHER

Die stärksten Eisbrecher sind die *Rossija*, die *Sowjezki Sojus* und die *Oktjabriskaja Rewoluzia*. Die *Rossija*, die 1985 in Leningrad (UdSSR), dem heutigen St. Petersburg (RUS), gebaut wurde, wiegt 23.460 t und hat einen Nuklearantrieb mit einer Leistung von 55.930 kW.

GRÖSSTES FLUGBOOT

Der vom sowjetischen zentralen Konstruktionsbüro für Tragflügelboote entwickelte Ecranoplan „Ungeheuer des Kaspischen Meeres" wog 540 t und war damit das größte je konstruierte Bodeneffekt-Flugboot. Als eine Kreuzung aus Flugzeug und Luftkissenfahrzeug schoss es über das Wasser und erreichte eine Geschwindigkeit von 500 km/h. Angetrieben wurde es von 10 Turboprop-Düsentriebwerken. Bei einem Unfall 1980 wurde es zerstört.

MEISTE U-BOOTE

Mit 128 Schiffen (92 davon mit Nuklearantrieb) verfügte die russische Marine 1997 über die größte U-Boot-Flotte der Welt.

DHAU-WOW!

Die *Al Hashemi II*, eine hölzerne arabische Dhau (links), die von den Radisson SAS Hotels Resorts in Kuwait in Auftrag gegeben wurde, hat die Rekordmaße von 80,4 m Länge und 18,7 m Breite. Ungefähr 80 t handgeschmiedete Nägel und Bolzen halten das reich ausgeschmückte arabische Frachtschiff zusammen. Im Januar 2000 fertig gestellt, wird die Dhau für Konferenzen und Empfänge genutzt. Dhaus sind traditionelle Holzschiffe mit charakteristischen dreieckigen Segeln – ein häufiger Anblick in den Häfen des Persischen Golfs und des Indischen Ozeans. Die Idee zur *Al Ashemi II* hatte Hussein Marafie. Es handelt sich um den Nachbau einer Dhau vom Typ Baghlah, die sein Urgroßvater im späten 19. Jahrhundert gebaut und *Al Hashemi* getauft hatte.

www.guinnessworldrecords.com/dhow

ACCESS CODE: ‹56603›

www.guinnessworldrecords.com/aircraftcarriers

ACCESS CODE: ‹43675›

SCHWIMMENDE FESTUNG

Die Kriegsschiffe mit der größten Wasserverdrängung bei voller Ladung sind die US-amerikanischen Flugzeugträger der Nimitz-Klasse *USS Nimitz*, *Dwight D. Eisenhower*, *Carl Vinson*, *Theodore Roosevelt*, *Abraham Lincoln*, *George Washington*, *John C. Stennis*, *Harry S. Truman* und *Ronald Reagan* (unten). Die fünf zuletzt genannten verdrängen ungefähr 98.550 t Wasser. Sie sind 332,9 m lang, haben ein Flugdeck von 1,82 ha und erreichen eine Spitzengeschwindigkeit von über 30 Knoten (56 km/h). Angetrieben werden sie von vier von Atomreaktoren befeuerten Dampfturbinen mit einer Leistung von je 194.000 kW. Die *Nimitz*, die verschiedene Aufgaben im Angriff und der U-Boot-Abwehr erfüllt, ist mit vier Katapulten vom Typ C-13 Mod 1 ausgestattet. Diese so genannten „Cats" (Katzen) katapultieren Flugzeuge vom Flugdeck in die Luft.

GRÖSSTES SCHIFFSWRACK

Am 12. Dezember 1979 explodierte in der Straße von Hormus im Persischen Golf der 321.186-t-Superfrachter *Energy Determination* und zerbrach in zwei Teile. Der Frachter verunglückte unbeladen, aber allein der Rumpf hatte einen Wert von 129,9 Mio. DM.

SCHNELLSTES U-BOOT

Die russischen Atom-U-Boote der Alpha-Klasse erreichten eine Spitzengeschwindigkeit von über 40 Knoten (74 km/h) und konnten bis zu 760 m tief tauchen. Heute ist nur noch eines von ihnen in Dienst.

ÄLTESTES ERHALTENES WASSERFAHRZEUG

Das älteste erhaltene Wasserfahrzeug ist ein Einbaum aus Kiefernholz. Er wurde in Pesse (NL) entdeckt und auf die Zeit um 6315 v. Chr. datiert. Heute wird er im Provinz-Museum der niederländischen Stadt Assen verwahrt. Die zweitältesten Seegefährte sind eine Flotte aus zwölf Flussbooten als Grabbeigaben, die 1991 im ägyptischen Abydos entdeckt wurden. Sie sollen aus der Zeit um 3000 v. Chr. stammen.

GRÖSSTE UNTERGEGANGENE NUKLEAR-FRACHT

Am 6. Oktober 1986 sank das russische Atom-U-Boot K-219 (Project 667-A der Yankee-Klasse) 600 Seemeilen (965 km) nördlich von Bermuda im Atlantischen Ozean. Das U-Boot hatte zwei Atomreaktoren und 16 Atomraketen an Bord – die größte Fracht dieses Typs, die je auf dem Meeresgrund blieb. Sie liegt in einer Tiefe von 5.800 m.

GUINNESS WORLD RECORDS™

Asphalt + Schiene

STAR AUF SCHIENEN: DIE UNERMÜDLICHE STRASSENBAHN

Die ältesten Straßenbahnen im öffentlichen Betrieb sind die Wagen 1 und 2 der Manx Electric Railway (oben), die regelmäßig die 28,5 km lange Strecke zwischen Douglas und Ramsey auf der Isle of Man (GB) befahren. Die Tram stammt noch aus der Zeit der Straßenbahnlinien- Eröffnung im Jahr 1893. Heute ist die MER eine beliebte Touristenattraktion, da man auf der Fahrt eine gute Aussicht auf die Inselküste hat.
Mit 2.402 Wagen auf 64 Linien und einem Schienennetz von 690,6 km verfügt St. Petersburg (RUS) über das größte Straßenbahnnetz. Die erste, von Pferden gezogene Straßenbahn wurde 1854 in den Vorstädten zum Frachttransport eingesetzt. Im 19. und 20. Jahrhundert dehnte sich das Schienennetz immer weiter aus, doch in letzter Zeit mussten mehrere Teilstrecken dem Straßenbau weichen.

www.guinnessworldrecords.com/trams

ACCESS CODE: ‹43477›

SCHNELLSTER WHEELIE IM LKW

F

Am 21. Oktober 2000 fuhr Patrick Bourny (F) in Lure (F) mit seinem umgebauten Sattelschlepper mit einer Geschwindigkeit von 90 km/h auf den Hinterrädern.

SCHNELLSTER MONSTER-TRUCK

Die höchste gemessene Geschwindigkeit eines Monster-Trucks betrug 111,5 km/h. Dan Runte (USA) erreichte sie am 11. September 1999 auf dem Smyrna-Flughafen in Nashville (USA) mit seinem „Bigfoot 14". Der Rekord wurde beim Anlauf zum weitesten Rampensprung mit einem Monster-Truck aufgestellt – Runte sprang mit dem Truck 61,6 m weit. Dasselbe „Team" aus Fahrzeug und Fahrer hält mit 7,3 m auch den Rekord im Monster-Truck-Hochsprung, aufgestellt am 14. Dezember 1999.

GRÖSSTER MULDENKIPPER

Der größte zweiachsige Muldenkipper der Welt ist der T 282 aus dem Hause Liebherr Mining Equipment Co. (USA). Er hat eine Ladekapazität von 327 t, mehr als das Eineinhalbfache seines Eigengewichts.

LÄNGSTER LASTZUG

Der längste Lastzug an einem einzelnen Sattelschlepper war 610,7 m lang. Die 45 Anhänger wurden von einem Kenworth Tri-Drive Cab des Modells K100 G über den Great Eastern Highway in Merredin (AUS) gezogen, am Steuer saß Greg Marley (AUS).

SCHNELLSTE RUNDFAHRT IN DER LONDONER U-BAHN

Die Rekordzeit für eine Rundfahrt über alle 272 Stationen der Londoner Underground beträgt 19 Stunden 57 Minuten 47 Sekunden. Robert Robinson, Chris Loxton, Chris Stubley, Chris Whiteoak, Olly Rich und Adam Waller Berks (alle GB) unternahmen diese Fahrt am 16. März 2000.

SCHNELLSTE MAGNET-SCHWEBEBAHN

Die höchste gemessene Geschwindigkeit einer Magnetschwebebahn waren die 552 km/h des MLX01 auf der Maglev-Teststrecke in Yamanashi (J) zwischen Otsuki (J) und Tsuru (J) am 14. April 1999. Die Strecke wird von der Central Japan Railway Company und dem Railway Technical Research Institute betrieben. Bei der Maglev-Technik (Magnetische Levitation) nutzt der Zug die Magnetkraft von Elektromagneten aus extrem leitfähigem Metall, um sich vom Boden abzuheben und vorwärts zu bewegen.

WEITESTE STRECKE EINES SELBSTSTÄNDIG FAHRENDEN ZUGES

Am 26. März 1884 gerieten in Akron östlich von Denver (USA) bei starkem Wind acht Kohlewagen in Bewegung und rollten 160 km weit über ein Strecke der Chicago, Burlington & Quincy Railroad. Die Waggons sollen auf einer Hangstrecke die Geschwindigkeit von 106 km/h erreicht haben.

SCHNELLSTER REISEZUG

Die Hochgeschwindigkeitszüge der Serie K500 Nozomi (*Shinkansen*) von der West Japan Railway fahren auf der Strecke vom Hiroshima (J) nach Kokura (J) im Durchschnitt 261,8 km/h schnell. Der Nozomi, dessen Name „Traum" bedeutet, ging 1997 in Betrieb und kann bis zu 1.324 Personen befördern.

WEITESTE STRECKE PER ZUG ZURÜCKGELEGT

Mona Tippins (USA) legte zwischen dem 7. Oktober 1994 und dem 11. Februar 1997 die Rekordstrecke von 128.492 km mit dem Zug zurück. Ihre Reise führte sie durch 33 Länder in Nordamerika und Europa.

LÄNGSTE UND KURVENREICHSTE U-BAHN

Das ausgedehnteste U-Bahnnetz ist die Subway in New York City (USA, links), deren Schienen über 1.355 km laufen. Dazu gehören 299 km Schienen für Rangierbereiche, Werkstätten und Depots, und 370 km eigentliche Transportstrecken. Das U-Bahnsystem, das jährlich etwa 1,3 Mrd. Passagiere befördert, verfügt mit 468 Stationen über mehr Bahnhöfe als jedes andere Netz. Die Züge fahren an allen Wochentagen rund um die Uhr überall in der Stadt – an einem durchschnittlichen Werktag legen sie etwa 1,6 Mio. km zurück.

www.guinnessworldrecords.com/newyorksubway

ACCESS CODE: ‹43824›

GRÖSSTES LANDFAHRZEUG

Das größte Landfahrzeug ist der 14.196 t schwere Großschaufelradbagger RB293, produziert von der MAN TAKRAF Fördertechnik (D). Die 220 m lange und bis zu 94,5 m hohe Maschine wird im Kohlentagebau eingesetzt, wo sie täglich bis zu 240.000 m^3 Erde umsetzen kann.

MEISTE BUSSE

Das Transportwesen des Staates Andhra Pradesh (IND) verfügte am 31. Oktober 1999 mit 18.397 Fahrzeugen über den weltweit größten Bestand an Bussen.

SCHNELLSTES BAHNSYSTEM

Den Geschwindigkeitsrekord auf einem staatlichen Eisenbahnnetz hält mit 515,3 km/h der Hochgeschwindigkeitszug TGV Atlantique der französischen SNCF, aufstellt am 18. Mai 1990 auf der Strecke von Courtalain (F) nach Tours (F).

WEITESTE STRECKE PER ZUG IN SIEBEN TAGEN

Andrew Kingsmell, Sean Andrews und Graham Bardouleau (alle GB) legten vom 28. November bis 5. Dezember 1992 21.090 km mit der französischen Bahn zurück. Die Reisezeit betrug 6 Tage 22 Stunden 38 Minuten.

LÄNGSTER GÜTERZUG

Der mit 7,3 km längste Güterzug der Welt, bestehend aus 660 Waggons, einem Tank- und einem Schaffnerwagen, fuhr am 26. und 27. August 1989 auf der Bahnstrecke Sishen–Saldanha in Südafrika. Gezogen von neun 50 kV-E-Loks und sieben Dieselloks legte er bei dieser Rekordfahrt in 22 Stunden 40 Minuten 861 km zurück. Nachdem der Bremsvorgang eingeleitet wurde, brauchte der Güterzug noch ganze 7 km, bis er schließlich zum Stehen kam.

www.guinnessworldrecords.com/fireengine

ACHTUNG, FEUER! USA

Das schnellste Feuerwehrauto der Welt ist der düsengetriebene Hawaiian Eagle (unten) von Tom Seydel (USA). Er erreichte am 11. Juli 1998 in Brainerd (USA) ein Tempo von 655 km/h. Der Lkw, Baujahr 1941, wird von zwei Rolls-Royce-Bristol-Viper-Motoren angetrieben, von denen jeder stolze 4.500 kW stark ist und es auf 5.450 kg Schubkraft bringt.

Das Feuerwehrauto mit der stärksten Pumpleistung ist der 640 kW starke achträdrige Oshkosh Firetruck der Firma Oshkosh Truck Corporation, Wisconsin (USA). In nur 150 Sekunden kann er durch zwei Löschtürme das Rekordvolumen von 189.000 l Schaum ausstoßen. Das imponierende Pumpfahrzeug wiegt 60 t und kommt bei Bränden in Flugzeugen und auf Landebahnen zum Einsatz.

Tolle Kisten

BESTVERKAUFTER SPORTWAGEN
Seit Produktionsbeginn im April 1989 hat Mazda die Rekordzahl von 531.890 Sportwagen des Modells MX-5 Miata hergestellt.

SCHNELLSTES SERIENMODELL
Die höchste jemals mit einem Serienwagen gefahrene Geschwindigkeit beträgt 386,7 km/h, erzielt von Andy Wallace (GB) mit einem McLaren F1 auf dem Volkswagen-Testgelände in Wolfsburg (D) am 31. März 1998. Von diesem Superauto wurden nur 100 Stück hergestellt. Der McLaren F1 ist gleichzeitig das stärkste Serienfahrzeug aller Zeiten. Für die Beschleunigung von 0 auf 96 km/h (von 0 auf 60 Meilen) benötigt er nur 3,2 Sekunden.

SCHNELLSTES DAMPFGETRIEBENES AUTO
Am 19. August 1985 brach Robert E. Barber (USA) den 79 Jahre alten Geschwindigkeitsrekord für Dampfautos. Sein *Steamin' Demon* aus der Werkstatt Barber-Nichols Engineering Co erreichte auf den Bonneville Salt Flats, Utah (USA), genau 234,33 km/h.

UNBEZAHLBAR
Der höchste Betrag, der nachweislich je für ein Auto gezahlt wurde, waren 15 Mio. Dollar (33,6 Mio. DM). Die Summe erhielt Nicholas Harley am 12. April 1990 von der Meitec Corporation of Japan für den 1931er Bugatti Typ 41 Royale Sports Coupé (links). Auch den Rekord für das längste Auto aller Zeiten hält ein Bugatti: der Royale Typ 41. Der erstmals 1927 gebaute Wagen des italienischen Herstellers Ettore Bugatti ist über 6,7 m lang. Abgesehen von seinen Ausmaßen ist das Bemerkenswerteste an diesem Auto seine Seltenheit: Nur sechs Exemplare wurden produziert.

www.guinnessworldrecords.com/pricеycar
← ACCESS CODE: ‹43465›

SCHNELLSTES DIESELMODELL
Ein Mercedes C111-III, ausgestattet mit einem fünfzylindrigen 3-l-Dieselmotor, erreichte bei Tests auf dem Ovalkurs in Nardo (I) zwischen dem 5. und 15. Oktober 1978 eine Höchstgeschwindigkeit von 327,3 km/h.

SCHNELLSTES SOLARAUTO
Die höchste gemessene Geschwindigkeit eines Fahrzeugs, das mit einer solargespeisten Batterie betrieben wird, erreichte mit 135 km/h der *Solar Star* von Star Micronics. Manfred Hermann (AUS) fuhr das Solarauto am 5. Januar 1991 auf der Richmond Base (AUS).

SCHNELLSTES AUTO MIT DÜSENANTRIEB
Am 23. Oktober 1970 erreichte Gary Gabelich (USA) mit dem vierrädrigen Raketenwagen *Blue Flame* auf den Bonneville Salt Flats, Utah (USA), eine Geschwindigkeit von 1.016,086 km/h. Das Auto wurde von einem Flüssiggas-/Wasserstoffperoxid-Motor angetrieben, der es auf eine Schubkraft von 9.979 kg brachte.

SCHNELLSTES ELEKTROAUTO
Am 22. Oktober 1999 schaffte das Elektroauto *White Lightning Electric Streamliner* mit Patrick Rummerfield (USA) am Steuer auf den Bonneville Salt Flats in Utah (USA) 395,821 km/h. Mit seiner aerodynamischen Karosserie aus Kohlenstofffasern wirkt der 7,62 m lange *White Lightning* eher wie eine Rakete als wie ein Auto. Innerhalb von acht Sekunden beschleunigt er von 0 auf 161 km/h.

HÖCHSTE GESCHWINDIGKEIT IM RÜCKWÄRTSGANG
In seinem Caterham Seven Blackbird erreichte Alistair Weaver (GB) auf dem Bruntingthorpe-Testgelände in Leicestershire (GB) am 7. März 2001 im Rückwärtsgang 138,4 km/h. Auf das Rekordtempo kam Weaver in 16,63 Sekunden, nachdem er in 9,32 Sekunden von 0 auf 96 km/h (von 0 auf 60 Meilen) beschleunigt hatte – eine respektable Leistung auch für vorwärts fahrende Autos.

LÄNGSTES AUTO
Das längste Auto der Welt ist eine 26-rädrige Limousine, entworfen von Jay Ohrberg (USA). Auf seinen 30,5 m Länge finden sich ein großzügig dimensioniertes Wasserbett, ein Schwimmbecken mit Sprungbrett und sogar ein Hubschrauberlandeplatz. Es soll eigentlich mit starrer Karosserie fahren, kann aber auch so umgerüstet werden, dass es bei Kurvenfahrten in der Mitte abknickt. Verwendung findet das Fahrzeug vor allem in Filmen und bei Ausstellungen.

MINIFAHRER
Die längste Fahrt im Mini unternahm Duncan Mortimer (GB, links), der in seinem hellgelben 1978er Mini Clubman 1275 GT vom 25. Mai 1999 bis 13. Februar 2000 ganze 36.460,3 km weit um die Welt fuhr. Er startete in New York (USA) und bis zu seiner Ankunft im heimischen England reiste Duncan durch weite Teile der USA, durch Australien, Indien, Pakistan, den Iran, die Türkei, Griechenland, Italien und Frankreich. Der Rekord für meisten Menschen in einem Mini gelang am 3. Juli 2000, als sich vor der National Indoor Arena in Birmingham (GB) insgesamt 18 Frauen in einen Mini Cooper zwängten und damit den bisherigen Rekord des Reading Ladies' Rugby Club (GB) um eine Person überboten.

www.guinnessworldrecords.com/minidriver
← ACCESS CODE: ‹56571›

HÖCHSTE GESCHWINDIGKEIT ZU LANDE
Der *Thrust SSC* mit Fahrer Andy Green (GB) durchbrach am 15. Oktober 1997 die Schallmauer und stellte zugleich den Geschwindigkeitsrekord für eine Landmeile (1,609 km) auf. Die Höchstgeschwindigkeit in der Black-Rock-Wüste in Nevada (USA) betrug 1.227,99 km/h.

ÄLTESTES HANDGEFERTIGTES AUTO
Der Morgan 4/4 feierte im Dezember 2000 seinen 65. Geburtstag. Beim Hersteller Morgan Motor Car Company of Malvern in Worcester (GB) werden bis heute alle Morgans in einer durchschnittlichen Produktionszeit von 23 Tagen handgefertigt. Das Unternehmen produziert im Jahr von vier Modellen etwa 540 Wagen. Kunden müssen Wartezeiten von sechs bis acht Jahren in Kauf nehmen.

LEICHTESTES AUTO
Louis Borsi (GB) baute und lenkte ein 9,5 kg schweres Auto mit einem Hubraum von 2,5 cm^3. Die Höchstgeschwindigkeit des Wagens beträgt 25 km/h.

TEUERSTER WAGEN
Das teuerste Auto der Welt ist der Mercedes-Benz CLK/LM. Er kostet 3.466.670 DM und fährt 320 km/h schnell. Er beschleunigt in 3,8 Sekunden von 0 auf 100 km/h.

SCHWERSTES AUTO
Das schwerste Auto der Welt ist die russische Limousine Zil-41047, die eine Spurbreite von 3,88 m hat und 3.335 kg wiegt. Eine „Stretch"-Version der Zil benutzte Ex-Sowjet-Präsident Michail Gorbatschow noch bis Dezember 1991. Sie war einschließlich der 75 mm dicken Panzerung 6 t schwer. Auf die Außenspiegel hatte man verzichtet, weil sie unnötig waren: Ohnehin wagte niemand, ihn zu überholen. Der russische Präsident Wladimir Putin importierte bei seinem Staatsbesuch im Jahr 2000 zwei Zils nach Großbritannien.

HÖCHSTE GESAMT-KILOMETERZAHL
Die längste dokumentierte Fahrstrecke sind die 3.029.685 km des 1966er Volvo P-1800 S im Besitz von Irvin Gordon (USA, Stand: April 2001). Er hatte das Auto 1966 gekauft und fuhr damit täglich 201 km zur Arbeit. 1998 sagte Gordon dann zufrieden, „er fährt sich immer noch wie ein Neuwagen".

LAND-WASSER-FAHRT IM AUTO
Am 8. Mai 1958 kam Ben Carlin (AUS) mit seinem Amphibien-Jeep Half-Safe in Montreal (CDN) an, nachdem er 62.765 km zu Land und 15.450 km zu Wasser (über Meere und Flüsse) zurückgelegt hatte – weiter kam kein anderes Amphibienfahrzeug zuvor.

WEITESTER RAMPENSPRUNG INS WASSER
Philippe Levèque (B) sprang am 10. Oktober 2000 in Tournai (B) mit seinem Auto von einer Rampe aus 57 m in einen Fluss. Bevor das Auto unterging, stieg Levèque unverletzt heraus.

WEITESTER RAMPENSPRUNG USA
Der weiteste Rampensprung mit einem Auto, das auf allen vier Rädern landete und danach direkt weiterfuhr, ging über 72,23 m. Am 23. August 1998 gelang dieser Sprung Ray Baumann (AUS) in Perth (AUS).

www.guinnessworldrecords.com/caracceleration

GIB GAS, ICH WILL SPASS!
Die schnellste auf der Straße gemessene Beschleunigung gelang am 15. Mai 1994 Graham Hathaway (GB) auf dem Millbrook-Testgelände in Bedfordshire (GB), als er in einem Ford RS200 *Evolution* (unten) in 3,07 Sekunden von 0 auf 96 km/h (von 0 auf 60 Meilen) beschleunigte. Der Prototyp wurde in den 1980er Jahren für die Teilnahme an Hochleistungsrallyes entwickelt. Während die meisten RS200er über einen Turbomotor mit 4,57 l verfügen, hat das Modell *Evolution* einen Hubraum von 5,3 l und bringt es auf 485 kW.
Der Geschwindigkeitsrekord für ein Auto, dessen Motor die Räder mechanisch über eine Welle antreibt, liegt bei 659,808 km/h. Dies ist das Durchschnittstempo aus zwei Rennen auf den Bonneville Salt Flats, Utah (USA), bei denen Al Teague am 21. August 1991 eine Spitzengeschwindigkeit von 696,331 km/h schaffte.

ACCESS CODE: ‹43547›

GUINNESS WORLD RECORDS™

PS + Pedale

EIN GANZ GROSSES RAD

Das größte Dreirad der Welt (oben) wurde im Juli 1998 von 16 Studenten am Community College in Michigan (USA) entworfen und gebaut. Sein Vorderrad hatte einen Durchmesser von 4,67 m, die Hinterräder waren 2,23 m hoch und seine Gesamthöhe betrug 7,13 m. Sein Bau kostete etwa 13.000 DM. Chuck Gold, der Dekan des Colleges, konnte nur mit Hilfe der Leiter eines Feuerwehrwagens in den 6 m hohen Sitz des Dreirads gelangen. Der Sitz ist nur eine Attrappe, die beiden eigentlichen Fahrer sitzen zwischen den Hinterrädern des Dreirads. Das Dreirad wurde bei Tests 76 m weit gefahren.

Die größte Anzahl von freistehenden Hochrädern in einer Reihe, deren Fahrer einander an den Händen halten, beträgt 69. Der Rekord wurde am 26. Februar 2000 von Mitgliedern der Velocipede Society in Evandale in Tasmanien (AUS) aufgestellt.

www.guinnessworldrecords.com/3wheelers

ACCESS CODE: ‹43650›

HÖCHSTER SPRUNG MIT DEM MOTORRAD

Den höchsten Sprung mit einem Motorrad machte Tommy Clowers (USA) am 21. Januar 2001 auf dem Van Nuys Airport in Kalifornien (USA). Nach einem Anfahrweg von 12,19 m sprang er von einer 3,04 m hohen Rampe 7,62 m hoch.

GRÖSSTER HOCHZEITSZUG MIT MOTORRÄDERN

Die Rekordanzahl von 597 Motorradfahrern auf ihren Bikes folgten Peter Schmidl und Anna Turčeková (SK) in einem Hochzeitszug, als diese am 6. Mai 2000 in der slowakischen Hauptstadt Bratislava heirateten.

LÄNGSTE MOTORRADFAHRT EINES PAARES

Jim Rogers und Tabitha Estabrook (beide USA) legten zwischen März 1990 und November 1991 auf ihrer Fahrt durch sechs Kontinente 91.766 km zurück.

WEITESTER RAMPENSPRUNG

An 9. Juli 2000 sprang Jason Rennie (GB) im Donington Park Grand Prix Circuit in Leicestershire (GB) mit einer Yamaha YZ250 77,1 m weit. Er stellte damit den von Doug Danger (USA) neun Jahre lang gehaltenen Rekord ein.

GRÖSSTER RÜCKWÄRTSSPRUNG

Einen Rekordsprung von 18 m rückwärts über sieben Autos erreichte Roger „Mr. Backward" Riddell (USA) im Mai 1987 mit seiner 650-cm³-Honda.

GRÖSSTE PARADE VON TRIUMPH-MOTORRÄDERN

Die größte Anzahl von Triumph-Motorrädern in einer Parade beträgt 313. Der Rekord wurde am 12. Juli 1998 in der Rallye of the Tigers in Chislehurst in Kent (GB) aufgestellt. Der Name der Rallye bezieht sich auf das berühmte Triumph-Modell Tiger.

WEITESTER MOTORRAD-SPRUNG MIT BEIFAHRER

Am 12. November 2000 gelang Jason Rennie (GB) mit einer Yamaha YZ250 auf dem Rednall Airfield in Shropshire (GB) der Rekordsprung von 29,26 m mit seiner Freundin Sian Phillips auf dem Rücksitz.

WEITESTER RAMPENSPRUNG AUF EINEN LASTWAGEN

USA

Der weiteste Rampensprung mit dem Motorrad auf einen Lastwagen betrug 41,1 m. Der 2,13 x 6,09 m große Lastwagen bewegte sich mit einer Geschwindigkeit von 96 km/h. Der Sprung wurde am 17. September 1999 von Roger Wells (USA) mit einer Honda CR500 durchgeführt.

TEUERSTES MOTORRAD

Das teuerste serienmäßig produzierte Motorrad der Welt ist die Morbidelli 850 V8. Die Maschine war 1998 für 180.000 DM im Handel. Das Design des Motorrads stammt von Pininfarina – einer Firma, die durch ihre Arbeit für Ferrari bekannt ist.

SPARSAMSTER MOTOR

Der geringste Verbrauch eines für den Straßenverkehr zugelassenen Fahrzeugs beträgt 0,1929 l auf 100 km. Der Rekord wurde 1998 in Silverstone (GB) mit einem motorisierten Dreirad aufgestellt, das von James Ouchterlony erfunden und gefahren wurde.

KING OF THE ROAD

Der Argentinier Emilio Scotto (links) machte vom 17. Januar 1985 bis 2. April 1995 die längste Motorradreise aller Zeiten. Mit seiner Honda Gold Wing umrundete er den Planeten sowohl im Uhrzeigersinn als auch gegen den Uhrzeigersinn und besuchte 214 Länder. Dabei legte er eine Strecke von 735.000 km zurück, was ungefähr einer Hin- und Rückreise zum Mond entspricht.
Die erste Frau, die die Erde allein auf dem Motorrad umrundete, war die Brasilianerin Monika Vega. Vom 7. März 1990 bis 24. Mai 1991 legte sie mit ihrer 125-cm³-Honda 83.500 km zurück und besuchte 53 Länder.

www.guinnessworldrecords.com/motorbikes
← ACCESS CODE: ‹43612›

www.guinnessworldrecords.com/roadski

NERVEN AUS STAHL

Am 18. April 1999 fuhr der Brite Gary Rothwell (unten) mit der Rekordgeschwindigkeit von 251,54 km/h „Straßenski“. Bei diesem todesmutigen Stunt stieg er über den Rücksitz seines dahinrasenden Motorrads ab und hängte sich hinten an die Maschine, wobei ihm 2 mm dicke Titansohlen als „Skier“ dienten. Gary Rothwell hat noch weitere Motorradtricks und Stunts auf Lager, die häufig die Gesetze der Physik außer Kraft zu setzen scheinen. So kann er liegend rückwärts fahren und nur mit den Füßen steuern und auf dem Hinterrad fahren, während er auf dem Lenker sitzt oder sich zwölf Personen auf der Maschine befinden.

ACCESS CODE: ‹53432›

ERSTES MOTORRAD

Das erste Zweirad mit einem Verbrennungsmotor hatte einen hölzernen Rahmen und wurde zwischen Oktober und November 1885 in Bad Cannstatt (D) gebaut. Seine Höchstgeschwindigkeit betrug 19 km/h. Das *Einspur* genannte Fahrzeug wurde 1903 bei einem Brand zerstört.

WEITESTER SPRUNG MIT STEHENDEM FAHRRAD (F)

Am 26. Oktober 2000 vollführte Marc Caisso (F) aus dem Stand mit einem Fahrrad einen Rekordsprung von 2,9 m.

HÖCHSTE ZAHL VON 360°-DREHUNGEN AUF DEM VORDERRAD EINES BMX-RADS (S)

Mit einem normalen Freestyle-BMX-Rad schaffte Andreas Lundqvist (S) am 2. Februar 2001 nur auf dem Vorderrad balancierend 34 volle Umdrehungen in einer Minute.

TEUERSTER MOTORROLLER

Der teuerste serienmäßig produzierte Motorroller der Welt ist der Yamaha XP500 Tmax. Die für den Straßenverkehr zugelassene Version kostet gegenwärtig 19.600 DM. Der Motorroller erreicht eine Höchstgeschwindigkeit von 168 km/h.

LÄNGSTES PEDAL-GETRIEBENES FAHRRAD

Roger Dumas (USA) baute ein 55-sitziges „Fahrrad“ mit einer Länge von 42,875 m. Es bestand aus mehreren zusammengeschweißten Fahrradrahmen und wurde in regelmäßigen Abständen von Rädern gestützt.
Am 29. Juli 2000 wurde es in Augusta (USA) von 52 Verwandten seines Erbauers 986 m weit gefahren.

SCHNELLSTES FAHRRAD

Die höchste je mit einem Fahrrad erreichte Geschwindigkeit beträgt 268,831 km/h. Der Rekord wurde am 3. Oktober 1995 in Utah (USA) von Fred Rompelberg (NL) aufgestellt. Er wurde angeschleppt, bis er 80 km/h schnell war, und beschleunigte dann im Windschatten des vorausfahrenden Autos aus eigener Kraft auf die Rekordgeschwindigkeit.

SCHNELLSTE RÜCKWÄRTSFAHRT ÜBER 50 KM

Am 28. August 1999 legte Matthew Poynter (CDN) in 2 Stunden 52 Minuten 11 Sekunden auf dem Fahrrad 50 km mit dem Rücken zur Fahrtrichtung zurück. Er saß auf dem Lenker und trat rückwärts in die Pedale.

Reisen + Transport

LÄNGSTE ROLLTREPPEN

Das längste Rolltreppensystem der Welt ist der Central Hillside Escalator Link in Hongkong (CHN). Das 800 m lange überdachte System befördert Pendler aus dem mittleren Stadtbezirk zum am Ufer gelegenen Central Market auf Hong Kong Island. Nach der morgendlichen Rush-Hour wechselt das System für den Rest des Tages die Richtung.

KÜRZESTE ROLLTREPPE

Die kürzeste Rolltreppe der Welt, gebaut von der Firma Hitachi, misst 83,4 cm und steht in der Okadaya More's Shopping Mall im japanischen Kawasaki-shi. Sie ist 20-mal kürzer als eine übliche Rolltreppe.

MEISTE PASSAGIERE

Der Flughafen mit den meisten Passagieren für Inlands- und Auslandsflüge ist der Hartsfield International Airport in Atlanta (USA). 1999 wurden dort 78.092.940 Passagiere abgefertigt. Der Flughafen mit dem höchsten Passagieraufkommen außerhalb der USA ist London Heathrow (GB) mit 62.263.365 Passagieren jährlich.

LÄNGSTES FLUGTICKET

Das längste Einzelflugticket war 12 m lang und wurde im Dezember 1984 dem Belgier Bruno Leunen für einen Rundtrip von 85.623 km mit 80 Fluggesellschaften und insgesamt 109 Zwischenlandungen ausgestellt.

BIS ANS ENDE DER WELT - UND ZURÜCK

Das am weitesten gereiste Ehepaar sind Dr. Robert Becker und seine Frau Carmen (USA, links). Beide haben alle souveränen Länder und bis auf sechs alle nicht souveränen Staaten und Territorien der Erde bereist, insgesamt 234 Ziele. Auf einer Reise erhielt Bob vom Kaiser von Japan ein Hemd zum Geschenk. Bislang hat das vorsichtige Ehepaar nur einmal – in Korea – sein Gepäck verloren.
Frederick W. Finn (GB) ist mehr Kilometer geflogen als jeder andere. Im Jahr 2000 stand sein Rekord bei 19.247.750 km. Finn pendelt regelmäßig zwischen London (GB) und New Jersey (USA) und hält zudem mit 714 Atlantiküberquerungen in der Concorde den Rekord für die meisten Überschallflüge als ziviler Passagier.

www.guinnessworldrecords.com/traveltwo
ACCESS CODE: ‹48606›

SCHNELLSTER TRIP VON LONDON NACH NEW YORK

Den Geschwindigkeitsrekord von der Londoner City (GB) nach New York (USA) per Hubschrauber und Concorde stellten David J. Springbett und David Boyce (beide GB) mit 3 Stunden 59 Minuten 44 Sekunden auf. Für die Rückreise benötigten sie 3 Stunden 40 Minuten 40 Sekunden. Beide Reisen fanden zwischen dem 8. und 9. Februar 1982 statt.

HÖCHSTER FLUGHAFEN

Der Bangda Airport auf dem „Dach der Welt" in Osttibet liegt 4.739 m über dem Meeresspiegel. Er hält mit 5.500 m zudem den Rekord für die längste Rollbahn.

TIEFSTGELEGENER FLUGHAFEN

Der am tiefsten gelegene Flughafen ist mit 4,5 m unter dem Meeresspiegel der Amsterdamer Airport Schiphol (NL).

SCHNELLSTE WELTUMRUNDUNG

Michael Bartlett und David J. Springbett (beide GB) umrundeten zwischen dem 18. und 21. März 2000 den Globus mit Linienflügen in einer Rekordzeit von 62 Stunden 15 Minuten. Insgesamt legten sie dabei 41.010 km zurück. Die Route verlief von London über Ti Tree Point (NZ), Auckland (NZ), Los Angeles (USA), Chicago (USA) und Madrid (E) zurück nach London (GB). Nach den Regeln für diesen so genannten „Antipodenrekord" müssen die Herausforderer zwei Punkte auf dem Globus passieren, die sich genau gegenüber liegen. Springbett und Bartlett wählten Ti Tree Point in Neuseeland und Madrid in Spanien.

WICHTIGSTE INTERKONTINENTALE FLUGROUTE

Die wichtigste interkontinentale Flugroute ist die Strecke London–New York. Die 5.539 km zwischen beiden Städten werden jährlich von über 3,82 Mio. Fluggästen zurückgelegt.

MEISTE PASSAGIERE EINER FLUGGESELLSCHAFT

Die Fluggesellschaft mit den meisten Passagieren für In- und Auslandsflüge ist die Delta Air Lines (USA). 1999 beförderte sie 105.534.000 Passagiere, die meisten davon (98.298.000) in Zielgebiete innerhalb der USA. Auf Platz zwei und drei folgen United Airlines und American Airlines mit 87.049.000 und 81.452.000 Passagieren.

MEISTE PASSAGIERE EINER INTERNATIONALEN FLUGGESELLSCHAFT

Dem internationalen Luftfahrtverband (IATA) zufolge ist British Airways (GB) die Fluggesellschaft mit den meisten Passagieren auf internationalen Flügen – 36,609 Mio. Passagiere jährlich. Auf Platz zwei folgt die deutsche Lufthansa mit 27,287 Mio. Passagieren.

WICHTIGSTE INTERNATIONALE FLUGROUTE

Die wichtigste internationale Route für Linienflüge verbindet Hongkong (CHN) mit Taiwans Hauptstadt Taipeh. Für 1999 verzeichnete die International Civil Aviation Organization 3,96 Mio. Passagiere. 1997 fertigten die 25 wichtigsten Flughäfen zusammen 968 Mio. Passagiere ab.

MEISTE SPUREN EINER STRASSE

Die Zufahrt zu einer Brücke zwischen San Francisco (USA) und Oakland Bay hat auf der Seite von Oakland (USA) 23 Spuren (17 nach Westen gehend).

DER WEG IST DAS ZIEL

Frankreich (links) zieht mehr Touristen an als jedes andere Land. Der Welttourismusorganisation zufolge besuchten 73 Mio. ausländische Touristen im Jahr 1999 Frankreich, das sind 11,2 % des weltweiten Aufkommens und damit mehr Touristen, als das Land Einwohner hat (59 Mio.). Europa ist weltweit das beliebteste Reiseziel für Touristen. Die 379,8 Mio. Einreisen nach Europa 1999 entsprachen 58,4 % des weltweiten Gesamtaufkommens.
Die US-Amerikaner gaben 1999 mit 120,96 Mrd. DM mehr Geld als alle anderen Reisenden im Ausland aus, 1998 waren es sogar 125,66 Mrd. DM. Platz zwei und drei bei touristischen Auslandsausgaben besetzten Deutschland und Großbritannien.

www.guinnessworldrecords.com/mosttourists
ACCESS CODE: ‹46014›

BREITESTE STRASSE
Die breiteste Straße der Welt ist die Monumentalachse, die in Brasilia (BR) auf einer Länge von 2,4 km den Rathausplatz mit der Plaza der drei Gewalten verbindet. Der sechsspurige Boulevard wurde im April 1960 eröffnet und ist 250 m breit.

STEILSTE STRASSE
Die steilste öffentliche Straße der Welt ist die Baldwin Street im neuseeländischen Dunedin. Sie hat eine maximale Neigung von 38° oder ein Gefälle von 42,2 %. Die Baldwin Street ist so steil, dass Motorradfahrer gewarnt werden, sie hinaufzufahren. Die beiden steilsten Straßen in San Francisco (USA) , die Filbert Street und die 22. Straße, haben nur eine maximale Neigung von 28,35° beziehungsweise ein Gefälle von 31 %.

ENGSTE STRASSE
Die schmalste Straße der Welt zieht sich durch das italienische Dorf Ripatransone. Sie heißt Vicolo della Virilità (Gasse der Männlichkeit) und ist nur 43 cm breit.

GRÖSSTE VERKEHRSDICHTE
Nach der Statistik des internationalen Straßenverkehrsverbandes (IRF) fahren in Monaco auf das Straßennetz bezogen die meisten Fahrzeuge. 1996, das letzte Jahr mit verfügbaren statistischen Daten, kamen auf jeden Kilometer Straße im Fürstentum 480 Fahrzeuge. Hintereinander geparkt, fände nur ungefähr die Hälfte der Fahrzeuge an den Straßen Platz.

KOMPLIZIERTESTES AUTOBAHNKREUZ
Das komplizierteste Autobahnkreuz der Welt ist das Interchange 2/22/57 im kalifornischen Orange County (USA). Das inoffiziell „Orangenpresse-Kreuz" genannte System besteht aus 34 Straßen auf nur zwei Ebenen. Es bewältigt täglich ein Verkehrsaufkommen von 629.000 Fahrzeugen. Das komplexeste Autobahnkreuz im britischen Straßennetz ist Gravelly Hill nördlich von Birmingham (GB).

GRÖSSTES STRASSENNETZ
Dem internationalen Straßenverkehrsverband IRF zufolge sind die USA das Land mit den meisten Straßenkilometern. 1999 wurden 6.348.227 km ausgebaute Straße registriert. Indien verfügt über 3.319.664 km, Brasilien über 1.724.924 km.

www.guinnessworldrecords.com/spacetourist

TOURIST IM WELTALL
Der US-amerikanische Geschäftsmann Dennis Tito (rechts, Mitte) zahlte der russischen Weltraumbehörde 44,8 Mio. DM für einen Besuch auf der Internationalen Raumstation ISS in ihrer Umlaufbahn um die Erde. Er hob am 28. April 2001 ab und kehrte am 6. Mai des selben Jahres zur Erde zurück. Da Tito seinen „Ausflug" komplett aus eigener Tasche bezahlte, kann dieser offiziell als die teuerste Tourismusreise aller Zeiten gelten. Frühere Zivilisten, die ins All flogen, waren entweder aktive Mitglieder der Besatzung, wie Helen Sharman (GB) und der Saudi-arabier Salman al-Saud, oder bekamen, wie der japanische Hörfunkjournalist Yoyohiro Akiyama, die Reise von ihrem Arbeitgeber bezahlt.
Das größte ins Weltall geschossene Raumfahrzeug war die Rakete Saturn V, die zwischen 1968 und 1972 Astronauten zum Mond beförderte. Sie war 110,6 m lang. Die kleinste Trägerrakete für Satelliten war die Pegasus mit einer Länge von 15,5 m. Sie startete erstmals 1990 ins All.

ACCESS CODE: ‹56604›

GUINNESS WORLD RECORDS™

Gebäude 1

GRÖSSTES AMPHITHEATER
Das 80 n. Chr. vollendete flavische Amphitheater oder Kolosseum in Rom hat eine Fläche von 20.000 m^2 und fasste 87.000 Zuschauer. Der elliptische Bau ist 187 m lang und 175 m breit. Auf dem Höhepunkt der Macht des römischen Weltreichs war das Kolosseum Schauplatz zahlloser Kämpfe mit Gladiatoren, Sklaven und wilden Tieren. Die Arena konnte sogar unter Wasser gesetzt werden, damit man Seeschlachten nachspielen konnte.

SÜDLICHSTER LEUCHTTURM
Im Jahr 1884 baute die argentinische Marine einen Leuchtturm auf der Isla de los Estados 100 Seemeilen von Kap Horn in Patagonien entfernt. Das Leuchtfeuer diente Schiffen bei der Fahrt durch die Magellanstraße als Orientierung. Der 1902 aufgegebene Leuchtturm wurde rekonstruiert und ist heute wieder im Einsatz.

KLEINSTE KIRCHE
Die kleinste Kirche der Welt ist Santa Isabel de Hungría in Colomares bei Benalmádena (E). Die aus mehrfarbigem Stein erbaute Kirche wurde am 7. April 1990 geweiht. Ihre Gesamtfläche beträgt 1,96 m^2. Bei besonderen Anlässen werden Messen in der Kirche gehalten, wobei jeweils nur eine Person in dem Gotteshaus beten kann.

VIEL PLATZ ZUM BETEN
Der größte buddhistische Tempel der Welt ist Borobudur auf Zentraljava in Indonesien (links). Das zwischen 750 und 842 n. Chr. errichtete Bauwerk bedeckt eine Fläche von 6 ha und ist 34,5 m hoch. Der Tempel ist in drei Schichten erbaut: eine pyramidenförmige Basis mit fünf Terrassen, ein Kegel mit drei Plattformen und oben eine glockenförmige Stupa.

www.guinnessworldrecords.com/borobudur
ACCESS CODE: ‹49868›

WEITESTE VERLEGUNG EINES GEBÄUDES
Das fünfstöckige Gem Theatre & Century Club-Gebäude im texanischen Detroit wurde 1997 um fünf Blocks verlegt. Bei dem Transport über eine Entfernung von 563 m kamen 72 Rollfahrzeuge mit je acht Gummireifen zum Einsatz. Der Umzug des 2.750 t schweren Gebäudes begann am 16. Oktober 1997 und dauerte 25 Tage.

VERLEGUNG DES SCHWERSTEN GEBÄUDES
Am 1. März 1998 wurde das 3.700 t schwere Empire Theatre in New York City (USA) im Zuge von Baumaßnahmen in der 42. Straße um 51,81 m nach Westen verlegt. Das Gebäude ruhte auf einem provisorischen Fundament aus hydraulischen Zylindern, als es auf acht Schienen dahinglitt. Es bewegte sich mit einer Geschwindigkeit von knapp 30 cm pro Minute und erreichte seinen neuen Standort in weniger als fünf Stunden.

GRÖSSTES KINO
Das größte Kino der Welt ist die Radio City Music Hall in New York City (USA). Es eröffnete am 27. Dezember 1932 und hatte 5.945 (heute 5.910) Sitze. Das 1979 zum Wahrzeichen von New York City und 1987 zum nationalen historischen Wahrzeichen erklärte Kino haben bis heute über 300 Mio. Menschen besucht.

ÄLTESTES EISTHEATER
Das älteste als solches errichtete Eistheater ist der Ice Drome am Pleasure Beach von Blackpool (GB). Das Theater wurde im Oktober 1937 eröffnet und ist seither kontinuierlich in Betrieb.

HÖCHSTES BAUWERK
Das höchste Bauwerk war der mit Seilen gespannte Sendemast von Radio Warschau bei Konstantynow in Polen. Er war 646,38 m hoch, bevor er am 22. Juli 1974 bei Renovierungsarbeiten zusammenbrach. Der Mast – von dem Polen Jan Polak konstruiert – wog 550 t.

EISKALT ÜBERNACHTEN FIN
Das größte je gebaute Iglu ist das Eishotel im schwedischen Jukkasjärvi (links) 200 km nördlich des Polarkreises. Es hat eine Fläche von insgesamt 4.000 m^2 und kann 150 Gäste pro Nacht beherbergen. Erstmals wurde es 1989 für die Ausstellung „Art-ic" gebaut, damals mit einer 60 m^2 großen Galerie. Seither wird es jeden November wieder aufgebaut, und jedes Jahr wird es größer. Es öffnet im Dezember und schließt in der Regel Ende April oder Anfang Mai, je nach Wetterlage. Die Temperaturen im Hotel schwanken zwischen -4 °C und -9 °C. Gegenwärtig zeigt das Hotel Eisskulpturen. Es verfügt über ein Kino und mehrere Saunas sowie über eine Kapelle und eine Bar aus Eis. Die Gäste müssen sogar auf Eisbetten schlafen, die aber zum Glück mit dicken Rentierfellen bedeckt sind.

www.guinnessworldrecords.com/igloo
ACCESS CODE: ‹52782›

Das höchste noch stehende Bauwerk ist ein außer Betrieb befindlicher Fernsehturm zwischen Fargo und Blanchard in North Dakota (USA). Er ist 629 m hoch.

HÖCHSTES GEBÄUDE
Der höchste frei stehende Turm ist der CN Tower in Toronto (CDN). Er erreicht eine Höhe von 553,34 m. In 351 m Höhe befindet sich ein Drehrestaurant, von dem aus man 120 km weit sehen kann.

HÖCHSTES BÜROGEBÄUDE
Die Petronas Towers in Kuala Lumpur in Malaysia wurden im März 1996 zum höchsten Bürogebäude, als auf den Dächern der 88-stöckigen Türme 73,5 m hohe Metallspitzen aus rostfreiem Stahl angebracht wurden, womit sich das Gebäude auf 451,9 m erhöhte. Da die Metallspitzen keine Funktion haben, besitzt der Sears Tower in Chicago (USA) immer noch das höchste genutzte Stockwerk.

HÖCHSTES HOTEL
Das Grand Hyatt im Shanghaier Geschäftsviertel Pudong (CHN) ist das höchste Hotel der Welt. Es nimmt die obersten 35 Stockwerke des 88-stöckigen Jin Mao Tower ein – des höchsten chinesischen Gebäudes. Im 57. Stockwerk befindet sich der höchstgelegene Fitnessclub der Welt.

HÖCHSTGELEGENES HOTEL
Das Hotel Everest View oberhalb von Namche in Nepal – der dem Basislager des Mt. Everest nächstgelegenen Stadt – liegt auf der Rekordhöhe von 3.962 m über dem Meeresspiegel. Das Hotel bietet eine exzellente Aussicht auf die Berge des Himalaya, wie z. B. auf den Mt. Everest, den höchsten Berg der Welt.

HÖCHSTGELEGENES RESTAURANT
Das höchstgelegene Restaurant der Welt befindet sich auf einem Berggipfel in dem bolivianischen Wintersportort Chacaltaya. Es liegt 5.340 m über dem Meeresspiegel. Von dem Restaurant aus ist der Titicacasee zu sehen, der höchstgelegene schiffbare See der Welt.

SMALL IS BEAUTIFUL
Das kleinste Haus aller Zeiten ist eine Fischerhütte aus dem 19. Jahrhundert (oben) bei The Quay, Wales (GB). Es besteht aus zwei kleinen Zimmern, einem Treppenhaus und einem Schlafzimmer – alles Notwendige außer einem Badezimmer. Seine Vorderfront ist nur 1,82 m breit, es ist 3,09 m hoch und 2,54 m lang. Ein durchschnittlich großer Mann könnte quer darin liegen. Sein Besitzer, Robert Jones, reiste quer durch Großbritannien und vermaß alle kleinen Häuser, um zu beweisen, dass seines wirklich das kleinste ist.

www.guinnessworldrecords.com/tinyhouse

ACCESS CODE: ‹50055›

GRÖSSTES INDUSTRIEGEBÄUDE
Das größte mehrstöckige Industriegebäude ist der Containerfracht-Bahnhof von Asia Terminals im Containerhafen Kwai Chung in Hongkong (CHN). Das 15-stöckige Gebäude hat eine Fläche von 865.937 m^2.

GRÖSSTES VERWALTUNGSGEBÄUDE
Das Pentagon in Arlington (USA) hat die größte Grundfläche aller Bürogebäude. Es ist Sitz des amerikanischen Verteidigungsministeriums. Seine Außenwände haben eine Länge von je 281 m und sein Umfang beträgt 1.405 m. Die fünf Stockwerke haben eine Nutzfläche von 604.000 m^2 und die Korridore eine Länge von insgesamt 28 km. 23.000 militärische und zivile Angestellte arbeiten in dem Gebäude. Es wurde am 15. Januar 1943 fertig gestellt und kostete rund 200 Mio. DM.

GRÖSSTER HINDU-TEMPEL AUSSERHALB INDIENS
Der größte traditionell gebaute Hindu-Tempel außerhalb Indiens ist der Shree Swaminarayan Mandir in Neasden, London (GB), mit einer Gesamtfläche von 6.071 m^2. Der Tempel wurde aus insgesamt 26.300 Steinen in Indien errichtet. Genau 1.526 Handwerker haben das Heiligtum mit Schnitzereien versehen. Erst ein Jahr nach seiner Eröffnung in Indien am 20. August 1995 wurde der Tempel dann an seinen Bestimmungsort nach London gebracht.

GRÖSSTE MOSCHEE
Die größte Moschee der Welt ist die Faisal-Moschee bei Islamabad in Pakistan. Der Gesamtkomplex steht auf einem Gelände von 189.700 m^2 einschließlich einer überdachten Gebetshalle von 4.800 m^2. Die Moschee fasst 100.000 Gläubige in der Gebetshalle und dem Hof, weitere 200.000 finden auf dem angrenzenden Gelände Platz.

GRÖSSTE MITTELALTERLICHE BURG
Die größte mittelalterliche Burg ist der Hradschin in Prag (CZ). Das imposante Bauwerk aus dem 9. Jahrhundert bildet ein unregelmäßiges, längliches Vieleck mit einer Achse von 570 m Länge, einer durchschnittlichen Breite von 128 m und einer Fläche von 72.800 m^2.

www.guinnessworldrecords.com/largestwindows

VOLLER DURCHBLICK
Die größten Fenster der Welt hat das Centre National des Industries et Techniques am Rondpoint de la Défense in Paris (F, unten). Die drei Fenster bestehen aus einer Vielzahl einzelner Glasscheiben. Die Fenster sind enorme 218 m breit und haben eine maximale Höhe von 50 m bei einer Dicke von 15 mm. Das Centre National des Industries et Techniques wurde unter der Regierung de Gaulle Ende der 1950er Jahre als nationales Ausstellungszentrum erbaut.

Diese Konstruktion ging dem Ausbau des Viertels La Défense voraus, und schon bald war das Centre National des Industries et Techniques von Büros, Geschäften und Wohngebäuden umgeben. Die größten je hergestellten Glasplatten waren zwei identische Scheiben von 21,64 m Länge und 2,9 m Breite. Sie wurden von der französischen Firma Saint Gobain angefertigt und im August 1996 in ihrem Werk in Chanterine (F) bei Paris eingebaut.

ACCESS CODE: ‹49682›

GUINNESS WORLD RECORDS

Gebäude 2

KLEINSTES KOMMERZIELLES THEATER
Das Theatre of Small Convenience in Malvern (GB) war einst eine viktorianische Herrentoilette. Es bietet Platz für zwölf Zuschauer und hat eine Fläche von 10,14 m². Das Theater wurde am 6. November 1999 eröffnet und wird von Amateuren und professionellen Künstlern genutzt.

GRÖSSTES OPERNHAUS
Das Metropolitan Opera House im Lincoln Center in New York City (USA) ist das größte Opernhaus der Welt. Es fasst 4.065 Personen. Der Zuschauerraum ist 137 m lang, die Bühne ist 70 m breit und 45 m tief.

GRÖSSTE MARKISE
Eine gewaltige Markise, die ein Gelände von 17.500 m² überspannte, wurde 1958 von der Firma Deuter aus Augsburg (D) auf der Weltausstellung in Brüssel (B) errichtet.

GRÖSSTER OBELISK
Der Obelisk des Pharaos Tuthmosis III. wurde 357 v. Chr. von Kaiser Konstantin aus dem ägyptischen Assuan nach Italien gebracht. Am 3. August 1588 wurde er in Rom (I) auf der Piazza San Giovanni di Laterano wieder aufgestellt. Der Obelisk ist 32,81 m hoch und wiegt 455 t.

EWIGES DREIECK
Die Stufenpyramide des Djoser (links) in Sakkara (ET) ist die älteste Pyramide der Welt. Sie wurde um 2630 v. Chr. während der Dritten Dynastie von Imhotep (dem Architekten Djosers) erbaut und ist 62 m hoch. Sie gilt als das erste Grab in Ägypten, das ganz aus Stein errichtet wurde.
Die größte Pyramide der Welt und das größte je errichtete Bauwerk ist die Pyramide des Quetzalcóatl bei Cholula, 101 km südöstlich von Mexico City (MEX). Sie ist 54 m hoch, und ihre Basis bedeckt ein Gebiet von fast 18,2 ha. Ihr Rauminhalt wird auf 3,3 Mio. m³ geschätzt, dagegen beträgt der Rauminhalt der Cheops- oder Khufu-Pyramide in Giseh (ET) nur 2,4 Mio. m³.

www.guinnessworldrecords.com/djoser
ACCESS CODE: ‹49728›

TIEFSTER UNTERWASSER-BRIEFKASTEN
Der tiefste Unterwasserbriefkasten liegt 10 m unter der Oberfläche der Susami-Bucht in Japan. Sporttaucher können dort spezielle wasserfeste Plastikpostkarten einwerfen. Der Briefkasten gehört offiziell zum Postamt von Susami (J) und wird täglich geleert. 1999, in seinem ersten „Betriebsjahr", wurden über 4.270 Karten eingeworfen.

GRÖSSTE ZAHL VON ZIMMERN IN EINEM HAUS
Das Haus mit den meisten Zimmern ist Knole House bei Sevenoaks in Kent (GB). Es hatte angeblich 365 Zimmer, eines für jeden Tag des Jahres. Das Gebäude ist um sieben Innenhöfe herum errichtet und von der vorderen bis zur hinteren Seite etwa 120 m lang. Der Bau wurde 1456 von Thomas Bourchier, dem Erzbischof von Canterbury, begonnen und um 1603 von Thomas Sackville, dem ersten Earl of Dorset, erweitert. Heute wird Knole vom National Trust verwaltet.

GRÖSSTES TOR
Die vier Tore des Vehicle Assembly Building in der Nähe von Cape Canaveral in Florida (USA) haben die Rekordhöhe von 140 m. Das Gebäude wird von der NASA genutzt, um ihre Raumfahrzeuge zusammenzubauen und sie für den Flug in das Weltall vorzubereiten.

HÖCHSTGELEGENE VORGEFERTIGTE STRASSENBRÜCKE
Die höchstgelegene Straßenbrücke ist die Bailey-Brücke 5.602 m über dem Meeresspiegel, die von Sir Donald Bailey konstruiert wurde und aus vorgefertigten Teilen besteht. Die Brücke wurde im August 1982 in Ladakh (IND) errichtet und ist 30 m lang. Brücken dieser Bauart spielten bei der alliierten Invasion in Europa im Zweiten Weltkrieg eine große Rolle. Sie ermöglichten schnelle Flussüberquerungen, wenn die festen Brücken gesprengt waren.

LÄNGSTE BRÜCKE
Mit 38,42 km die längste Brücke der Welt ist der Second Lake Pontchartrain Causeway, der in Louisiana (USA) die Städte Mandeville und Metairie verbindet. Der 1969 vollendete Damm ist so lang, dass man in keiner Richtung Land sieht, wenn man in der Mitte steht.

LÄNGSTE HÄNGEBRÜCKE
Die im Mai 1997 eingeweihte Tsing Ma Bridge in Hongkong (CHN) hat eine Spannweite von 1.377 m – die größte Spannweite einer Hängebrücke für Straßen- und Schienenverkehr.

HÖCHSTE BRÜCKE
Die Pylone der Akashi-Kaikyo-Brücke zwischen den Inseln Honshu und Awaji (J) erreichen eine Höhe von 299 m, ihre Fundamente reichen 70 m unter den Meeresgrund. Die Kabel für die Aufhängung sind 1 m dick. Die Brücke ist so gebaut, dass sie Windgeschwindigkeiten von 290 km/h und Erdbeben mit der Stärke 8,5 auf der Richterskala übersteht.

GRÖSSTE MAUER AUS BÜCHERN
Am 30. November 2000 wurde im spanischen Lugo eine von Luz Darriba (E) entworfene Mauer aus 649.000 Büchern auf einem 6 m langen Fundament enthüllt. Die Mauer nimmt eine Fläche von 11.800 m² ein. 6.000 Personen benötigten 100 Tage für ihren Bau.

IM VORGARTEN DES PARADIESES
Der größte Strandgarten der Welt (links) erstreckt sich von Emissario Submarino bei der Insel Urubuquecaba bis zur Zufahrt des Hafenkanals zwischen Sao Vicente und den Santo-Amaro-Inseln in Santos (BR). Er bedeckt eine Fläche von 218.800 m² und besitzt 719 Blumenbeete sowie 1.746 Bäume. Ein 5.247 m langer Pfad führt durch den Garten.
Der größte Garten der Welt ist wahrscheinlich der Garten, den André Le Nôtre in Versailles (F) Ende des 17. Jahrhunderts für Ludwig XIV. anlegte. Die raffinierte architektonische Garten- und Parklandschaft wurde einem sumpfigen Gelände abgerungen. Sie bedeckt über 6.070 ha, der berühmte Park erstreckt sich über 100 ha.

www.guinnessworldrecords.com/beachgarden
ACCESS CODE: ‹52135›

www.guinnessworldrecords.com/gettymuseum

ACCESS CODE: ‹50947›

KUNST IM BAU

Das Getty Center in Los Angeles (USA, unten) ist das teuerste Museum der Welt. Es wurde ermöglicht durch Mittel einer Stiftung, die nach dem Tod des Ölbarons J. Paul Getty 1976 mit ca. 9,6 Mrd. DM ausgestattet worden war. Der Bau des Museums kostete beispiellose 2,24 Mrd. DM und dauerte 13 Jahre. Das Getty Center steht auf einem 4 ha großen Gelände auf einem Hügel und bietet einen Blick auf die Stadt und das Meer. Das Bauwerk hat eine Fläche von 93.000 m² und wurde von Richard Meier (USA) entworfen. Getty hatte schon 1954 auf dem Grundstück seines Hauses in Malibu ein Museum eröffnet. Die ersten Kunstwerke, die dort ausgestellt wurden, waren Antiquitäten und Gemälde aus Frankreich. 1974 baute Getty eine neue Villa für seine Sammlungen, die 1997 eröffnet wurde. Das Getty Center hält auch den Rekord für das größte Budget eines Museums für Neuerwerbungen. Bei seiner Gründung im Januar 1974 bekam es ein Budget von umgerechnet 1,568 Mrd. DM. Heute hat es ein Jahresbudget von über 220 Mio. DM. Mit dem Geld werden Kunstwerke für die 38 Galerien gekauft.

GRÖSSTES TIPI

Das größte Tipi der Welt ist 12,8 m hoch. Es hat einen Umfang von 76,8 m und einen Durchmesser von 15,2 m. Gebaut wurde es von Dr. Michael Doss (USA) von dem Indianerstamm der Crow.

GRÖSSTE DUSCHE

Die größte Dusche der Welt wurde am 27. Mai 2000 im Jones Beach State Park, New York (USA), gebaut. Sie ist 24,47 m lang, 2,43 m breit und 3,65 m hoch. 200 Badegäste können dort gleichzeitig duschen.

HÖCHSTER SCHORNSTEIN

Der Schornstein von Kohlekraftwerk Nr. 2 im kasachischen Ekibastus ist 420 m hoch. Der Durchmesser des Kamins beträgt 44 m an der Basis und 14,2 m an der Spitze.

GRÖSSTES EINKAUFSZENTRUM

Die West Edmonton Mall in Edmonton (CDN) hat eine Fläche von 492.387 m². Das Einkaufszentrum enthält über 800 Geschäfte und Dienstleistungsbetriebe sowie elf große Warenhäuser. Geparkt wird auf dem größten Parkplatz der Welt mit über 20.000 Stellplätzen. Die Mall verfügt außerdem über den größten Vergnügungspark, den größten Wasserpark und den größten künstlichen See innerhalb eines Gebäudes.

GRÖSSTER HÄNGEKORB

Jos de Troyer (B) schuf im belgischen Gent einen Hängekorb mit einem Durchmesser von 10,5 m und einem Gewicht von 45 t. Er wurde am 20. April 2000 erstmals ausgestellt und hängt über dem Emile-Braunplein-Platz im historischen Stadtzentrum. Für das Ereignis wurde eine besondere Biersorte aus Blumen gebraut.

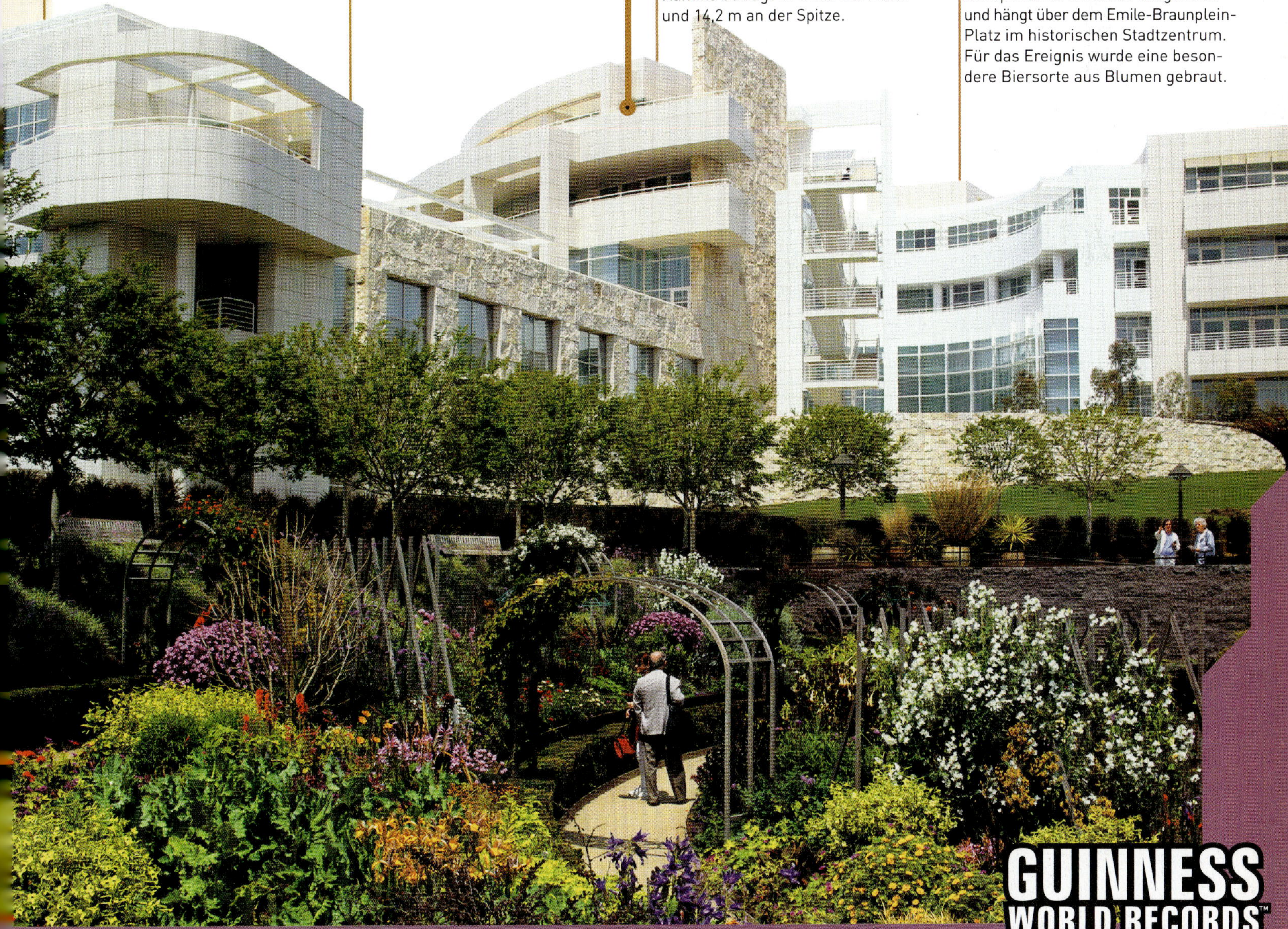

www.guinnessworldrecords.com/sports

Spitzen-Sport

GUINNESS WORLD RECORDS

Baseball

HÖCHSTE TREFFERQUOTE BEI OLYMPISCHEN SPIELEN

Wenn er am Schlag war, traf Luigi Carrozza (I) 1996 in Atlanta (USA) in 57,1% der Versuche und erreichte danach wenigstens das erste Base. Das ist die höchste Trefferquote eines Spielers bei Olympischen Spielen.

MEISTE VON EINEM PITCHER GEWONNENE SPIELE

Bei Olympischen Spielen gelang es bislang vier Pitchern, jeweils drei Spiele zu gewinnen: Chieh-Fu Kuo Lee (RC) 1992, Seth Greisinger (USA) und Omar Luis (C) 1996 und Ryan Franklin (USA) 2000. Einem Pitcher wird dann der Sieg zugesprochen, wenn sein Team den entscheidenden Run während eines Innings geschafft hat, in dem er die Mehrzahl der Bälle warf.

MEISTE STRIKE-OUTS DURCH EINEN PITCHER BEI OLYMPISCHEN SPIELEN

Dem japanischen Pitcher Tomohito Ito gelangen 1996 in Atlanta (USA) 27 Strike-Outs, das Ausschalten des Batters durch geschickte Würfe.

MEISTE TREFFER BEI OLYMPISCHEN SPIELEN

Omar Linares (C) brachte es 1992 in Barcelona (E) und 1996 in Atlanta (USA) auf jeweils 20 Treffer.

DER GEBORENE LÄUFER

Henry Louis „Hank" Aaron (USA, links) hält mit 755 Home Runs den Rekord. Dabei war er 733-mal für die Milwaukee Braves (1954–65) und die Atlanta Braves (1966–74) in der National League und 22-mal für die Milwaukee Brewers (*AL*, 1975–76) erfolgreich. Der 1943 geborene Aaron wuchs in einer Gegend mit Rassentrennung in Mobile, Indiana, auf. Schon als Kind hatte er sich in den Kopf gesetzt, Baseball-Profi zu werden, und brachte sich das Spiel selbst bei. Da seine High School kein eigenes Team hatte, spielte Aaron bei Amateurvereinen, bis er von den Milwaukee Braves unter Vertrag genommen wurde. Er war einer der ersten Schwarzen, der die damals noch herrschende Rassentrennung überwinden konnte.

www.guinnessworldrecords.com/aaron

ACCESS CODE: ‹45657›

MEISTE TITEL DER US-PROFILIGEN

Im US-Baseball gibt es zwei Ligen, die 1876 gegründete *NL* (National League) und die 1901 gegründete *AL* (American League). Die Meister jeder Liga tragen die World Series gegeneinander aus und die jeweils besten Spieler bestreiten das All Star Game: *NL* gegen *AL*.
Die New York Yankees halten mit 38 Titeln in der American League von 1921 bis 2000 den Rekord.

Den Rekord für die meisten *NL*-Titel halten mit 18 Meisterschaften die LA Dodgers (zuvor Brooklyn Robins bzw. Brooklyn Dodgers genannt).

MEISTE SIEGE BEI DER WORLD SERIES

Als Finale zwischen den Siegern der *NL* und der *AL* wurde die World Series inoffiziell erstmals 1903, seit 1905 dann offiziell ausgetragen. Seit dem ersten Titel 1923 brachten es die New York Yankees (*AL*) auf 26 Siege bei 38 Auftritten in der World Series.

MEISTE WORLD SERIES-SPIELE

Lawrence Peter „Yogi" Berra (USA) bestritt für die New York Yankees (*AL*) zwischen 1947 und 1963 14 Spiele in der World Series.

MEISTE HOME RUNS IN EINEM SPIEL

Mehr als vier Home Runs hat noch kein Spieler in den Profi-Ligen erzielt. Erstmals gelang diese glänzende Leistung Robert Lincoln Lowe (USA) am 30. Mai 1894 für Boston (*NL*) gegen Cincinnati (*NL*). Seither haben es ihm elf Spieler nachgemacht, zuletzt Mark Whiten (USA) am 7. September 1993 für St. Louis im Spiel gegen Cincinnati (*NL*).

MEISTE HOME RUNS BEI OLYMPISCHEN SPIELEN

Mit neun Home Runs (in neun Spielen) stellte Orestes Kindelan (C) 1996 in Atlanta (USA) den Rekord für die meisten Home Runs bei Olympischen Wettkämpfen auf.

MEISTE HOME RUNS IN EINEM SPIEL DER WORLD SERIES

Der Rekord in der World Series steht bei drei Home Runs und wurde von George Herman „Babe" Ruth (USA), der für die New York Yankees (*AL*) spielte, am 6. Oktober 1926 und am 9. Oktober 1928 aufgestellt, sowie von Reginald Martinez Jackson (USA) ebenfalls für die New York Yankees (*AL*) am 18. Oktober 1977. Der Einfluss von Babe Ruth auf den Baseballsport ist unübertroffen, zu Recht gilt er als „größter Spieler aller Zeiten".

LÄNGSTER HOME RUN

Der Rekord für den längsten bei einem Profi-Spiel gemessenen Home Run steht bei 193 m. Er gelang Mickey Mantle (USA) von den New York Yankees beim Spiel gegen die Detroit Tigers (*AL*) am 10. September 1960 im Briggs Stadium in Detroit (USA).

MEISTE SPIELE IN FOLGE

Cal Ripken Jr. (USA), einer der berühmtesten Baseball-Spieler, trat vom 30. Mai 1982 bis zum 19. September 1998 in 2.632 Spielen in Folge für die Baltimore Orioles (*AL*) an.

MEISTE BASE HITS IN EINER KARRIERE

Peter Edward Rose (USA) mit dem Spitznamen „Charlie Hustle" erzielte die meisten Base Hits (Treffer mit Erreichen des ersten Base) in einer Karriere. Von 1963 bis 1983 traf er 4.256-mal für Cincinnati, Philadelphia, Montreal und wieder Cincinnati.

TREFFER! TREFFER! TREFFER!

In der Saison 1998 stellte Mark McGwire (links) von den St. Louis Cardinals (*NL*) mit 70 Home Runs in 162 Spielen den Rekord für die US-Profi-Ligen auf. Der 1963 in Pomona, Kalifornien, geborene McGwire besuchte die Damien High School, wo er neben Baseball auch Basketball und Golf spielte. 1981 ging er an die University of Southern California, bevor er Profi-Sportler wurde. Anfangs spielte er als Pitcher, als seine Schlagkraft erkannt wurde, wechselte er auf das dritte Base. Er gewann mit dem US-Olympia-Team 1984 beim Demonstrationswettbewerb Silber. Mit den Oakland Athletics (*AL*) spielte er dreimal in der World Series mit. McGwire engagiert sich für gemeinnützige Organisationen und nimmt regelmäßig an Golfturnieren zu wohltätigen Zwecken teil.

www.guinnessworldrecords.com/mcgwire

ACCESS CODE: ‹45653›

MEISTE STEALS IN EINER KARRIERE
Dem so genannten „Man of Steal" Rickey Henley Henderson (USA) gelangen die meisten „Steals" (Vormogeln zum nächsten Base, ohne dass der Ball getroffen wurde) in einer Baseball-Karriere. Er brachte es von 1979 bis 2001 auf die Rekordzahl von 1.376 „Stolen Bases" für Oakland (*AL*), New York (*AL*), Oakland (*AL*), Toronto (*AL*), Oakland (*AL*), San Diego (*NL*), Anaheim (*AL*), Oakland (*AL*), New York (*AL*), Seattle (*AL*) und San Diego (*NL*).

MEISTE STRIKE-OUTS IN EINER KARRIERE
Nolan Ryan (USA), „The Ryan Express", warf in seiner Karriere von 1966 bis 1993 für New York (*NL*), California (*AL*), Houston (*NL*) und Texas (*AL*) 5.714 Strike-Outs. Nolan Ryan gelangen auch die meisten Strike-Outs in einer Spielzeit. 1973 warf er für California (*AL*) 383 Strike-Outs.

MEISTE STRIKE-OUTS IN EINEM SPIEL
Die Rekordzahl von 20 Strike-Outs warfen in einem Profi-Spiel über neun Innings Roger „The Rocket" Clemens für Boston (*AL*) gegen Seattle (*AL*) am 29. April 1986 und gegen Detroit (*AL*) am 18. September 1996 sowie Kerry Wood für Chicago (*NL*) gegen Houston (*NL*) am 6. Mai 1988 und zuletzt Randy Johnson für Arizona (*NL*) gegen Cincinnati (*NL*).

MEISTE VON EINEM PITCHER GEWONNENE SPIELE
Der Pitcher Denton True „Cy" Young (USA) gewann die meisten Spiele in einer Karriere. Er entschied von 1890 bis 1911 für Cleveland (*NL*), St. Louis (*NL*), Boston (*AL*), Cleveland (*AL*) und Boston (*NL*) 511 Spiele. In seinen 749 Spielen kam er auf die Rekordzahl von 7.356 Innings.

MEISTE SHUTOUTS IN EINER PITCHER-KARRIERE
Die meisten Shutouts (kein einziger Run für den Gegner) in einer Karriere gelangen Walter Perry Johnson (USA) für Washington (*AL*). Von 1907 bis 1927 erzielte er 110 Shutouts. Johnson, alias „Big Train", zählt zu den schnellsten Pitchern aller Zeiten.

MEISTE BASEBALLSPIELE
Peter Edward Rose (USA) trat in 3.562 Spielen an und war 14.053-mal am Schlag für die Cincinnati Reds (*NL*), die Philadelphia Phillies (*NL*) und die Montreal Expos (*NL*). Nach seinem Rücktritt führte Rose die Reds als Manager viermal in Folge auf Platz zwei.

MEISTE WELTCUP-SIEGE
Den 1938 eingeführten Weltcup hat Kuba 21-mal gewonnen, 1939–40, 1942–43, 1950, 1952–53, 1961, 1969–73, 1976, 1978, 1980, 1984, 1986, 1990, 1994 und 1998. Baseball wurde in Kuba 1866 als Sport eingeführt und ist bis heute sehr beliebt.

www.guinnessworldrecords.com/rodriguez

MEHR VERDIENT NIEMAND
Den höchsten Vertrag, gemessen an dem durchschnittlichen Gehalt während der Laufzeit, schloss Alex Rodriguez (USA, rechts) von den Texas Rangers (*AL*) über 56 Mio. DM jährlich ab. Der im Dezember 2000 unterzeichnete Vertrag läuft über zehn Jahre. Rodriguez begann 1994 im Alter von 18 Jahren als Shortstop bei den Seattle Mariners seine Profikarriere, einer der jüngsten Spieler auf der Position zwischen zweitem und drittem Base. 1996 war er mit 20 Jahren der jüngste Shortstop in einem All-Star Game.

ACCESS CODE: ‹45664›

American Football

HÖCHSTE NFL-PUNKTZAHL

Die höchste Punktzahl in einem Saison-Pflichtspiel der National Football League (NFL) erzielten die Washington Redskins am 27. November 1966 bei ihrem 73:41-Sieg über die New York Giants in Washington (USA). Auch die Gesamtpunktzahl von 114 ist Weltrekord.

LÄNGSTER PASS

Ein Pass über 99 yd (1 yd = 0,91440 m) ist bisher achtmal in der NFL-Geschichte gefangen worden und endete jedes Mal mit einem Touchdown. Das jüngste Beispiel war der Pass von Brett Favre auf Robert Brooks für die Green Bay Packers beim Spiel gegen die Chicago Bears am 11. September 1995.

MEISTE TOUCHDOWNS IN EINEM NFL-SPIEL

Drei Spielern gelangen sechs Touchdowns in einem NFL-Spiel: Ernie Nevers für die Chicago Cardinals gegen die Chicago Bears am 28. November 1929, William Jones für die Cleveland Browns gegen die Chicago Bears am 25. November 1951 und Gale Sayers für die Chicago Bears gegen die San Francisco 49ers am 12. Dezember 1965.

STRASSENFEGER

Die Fernsehübertragung des 30. Superbowl zwischen den Dallas Cowboys und den Pittsburgh Steelers am 28. Januar 1996 (links) verfolgten 138,5 Mio. Zuschauer – absoluter Rekord für ein American Football-Match. Schätzungsweise schalten 45 % aller US-Haushalte den alljährlichen Superbowl ein. Das Spiel erreicht etwa 100 Mio. Zuschauer. Im Jahr 1998 kostete ein Werbespot von 30 Sekunden während des 32. Superbowl zwischen den Denver Broncos und den Green Bay Packers die Rekordsumme von 2,9 Mio. DM – das Vierfache des üblichen Preises zu dieser Sendezeit.

www.guinnessworldrecords.com/superbowl
ACCESS CODE: ‹47871›

WEITESTES FIELD GOAL

Zwei Spieler erzielten aus 63 yd Entfernung das weiteste Field Goal in einem NFL-Spiel: Tom Dempsey am 8. November 1970 für die New Orleans Saints und Jason Elam am 25. Oktober 1998 für die Denver Broncos.

GRÖSSTER RAUMGEWINN DURCH LÄUFE

Corey Dillon stellte für die Cincinnati Bengals im Spiel gegen die Denver Broncos am 22. Oktober 2000 den Rekord von 278 yd auf.

MEISTE FIELD GOALS

Sieben Field Goals in einem NFL-Spiel erzielten Jim Bakken für die St. Louis Cardinals gegen die Pittsburgh Steelers am 24. September 1967 und Rick Karlis für die Minnesota Vikings gegen die Los Angeles Rams am 5. November 1989.

GRÖSSTER RAUMGEWINN

Glyn Milburn erreichte am 10. Dezember 1996 einen Rekordraumgewinn von insgesamt 404 yd für die Denver Broncos gegen die Seattle Seahawks. Milburn hatte 1995 die Ehre, in der Ligaauswahl Pro Bowl mitzuspielen, als er die NFL-Wertung mit durchschnittlich 27 yd beim Kickoff-return anführte und bei 96 Spielen in Folge kein einziges Mal fehlte.

MEISTE PÄSSE ANGENOMMEN

Tom Fears von den LA Rams fing in einem NFL-Spiel gegen die Green Bay Packers am 3. Dezember 1950 18 Pässe. Frears wurde im Jahr 1970 in die American Football Hall of Fame aufgenommen.

MEISTE TOUCHDOWN-PÄSSE

Folgende Spieler haben in einem NFL-Spiel den Rekord von sieben Touchdown-Pässen geworfen: Sid Luckman für die Chicago Bears am 14. November 1943, Adrian Burk für die Philadelphia Eagles am 17. Oktober 1954, George Blanda für die Houston Oilers am 19. November 1961, Y. A. Tittle für die New York Giants am 28. Oktober 1962 und Joe Kapp für die Minnesota Vikings am 28. September 1969.

GRÖSSTER RAUMGEWINN DURCH ANNAHME VON PÄSSEN

Willie Lee Anderson von den Los Angeles Rams erzielte in einem NFL-Spiel gegen die New Orleans Saints am 26. November 1989 einen Raumgewinn von 336 yd. Er nahm 15 Pässe an und verhalf den Rams zu einem 20:17-Sieg nach 6 Minuten 38 Sekunden Verlängerung, als die Annahme eines 26-yd-Passes der Ausgangspunkt für das spielentscheidende Field Goal wurde.

DIE GOLDEN BOYS

Jerry Rice von den San Francisco 49ers (links) hält den Rekord für die meisten Touchdowns in einer Profikarriere: 187 von 1985 bis 2000. Er hält auch die Superbowl-Rekorde für die meisten Touchdowns (sieben), den größten Raumgewinn durch Passannahmen (512 yd) und die meisten Passannahmen (28). Der 1962 in Starkville (USA) geborene Jerry Rice stellte an der Mississippi Valley State University den College-Rekord von 4.693 yd Raumgewinn durch gefangene Pässe auf. 1985 ging er zu den San Francisco 49ers und bildete mit Joe Montana eins der besten Duos der NFL. Rice wurde beim Superbowl von 1989 zum wertvollsten Spieler gewählt. Die 49ers halten auch den Rekord für die höchste Zuschauerzahl bei einem Pflichtspiel. 102.368 Zuschauer kamen am 10. November 1957 zu dem Spiel gegen die LA Rams im LA Coliseum, Kalifornien (USA).

www.guinnessworldrecords.com/49ers
ACCESS CODE: ‹55569›

www.guinnessworldrecords.com/dallascowboys

ACCESS CODE: ‹45813›

ERFOLGSSTORY DALLAS
Jeweils fünf Superbowl-Siege haben die Dallas Cowboys (1972, 1978, 1993, 1994 und 1996) und die San Francisco 49ers (1982, 1985, 1989, 1990 und 1995) vorzuweisen. Der Superbowl wurde 1967 zum ersten Mal zwischen den Siegern der NFL und der AFL ausgespielt. Die Dallas Cowboys (rechts), die auch „America's Team" genannt werden, sind die erfolgreichste Mannschaft der Football-Geschichte und haben schon achtmal um den Superbowl gespielt.

GRÖSSTER RAUMGEWINN DURCH PÄSSE IN EINEM NFL-SPIEL
Norm Van Brocklin von den LA Rams erzielte am 28. September 1951 gegen die New York Yanks mit Pässen einen Raumgewinn von 554 yd.

MEISTE HEIMSPIELE VON VERSCHIEDENEN TEAMS ANGESEHEN
Paul Sansone (USA) sah sich in der Saison 1998 ein Heimspiel von jedem der 30 NFL-Teams an. Paul unterstützte mit seiner Tour durch die Stadien die American Cancer Society.

HÖCHSTE ZUSCHAUERZAHL
Zum 14. Superbowl zwischen den Pittsburgh Steelers und den LA Rams am 20. Januar 1980 kamen 103.985 Zuschauer in die Rose Bowl im kalifornischen Pasadena.

WEITESTE LÄUFE IN EINER CFL-KARRIERE
George Reed lief für die Saskatchewan Roughriders von 1963 bis 1975 mit 16.116 yd den Rekord der Canadian Football League (CFL).

MEISTE CFL-TOUCHDOWNS
Mit 137 Touchdowns von 1963 bis 1975 hält George Reed von den Saskatchewan Roughriders auch den Rekord für die meisten Touchdowns in einer Karriere.

GUINNESS WORLD RECORDS™

Basketball

HÖCHSTE PUNKTZAHL IN EINEM NBA-SPIEL

Die meisten Punkte, die ein Einzelspieler je in einem Spiel der National Basketball Association (NBA) erzielte, waren die 100 Punkte von Wilt Chamberlain (USA) in einem Spiel der Philadelphia Warriors gegen die New York Knicks am 2. März 1962.
In NBA-Spielen zählt ein Korbwurf zwei Punkte, wenn er aus einer Zone direkt vor dem Korb geworfen wurde. Diese Zone wird mit der so genannten Drei-Punktelinie gekennzeichnet, einem Halbkreis auf dem Spielfeld mit einem Radius von 6,25 m; außerhalb dieser Drei-Punktelinie zählen Korbwürfe 3 Punkte. Regelverstöße können mit Freiwürfen bestraft werden, die ihrerseits einen Punkt wert sind.

HÖCHSTE GESAMTPUNKTZAHL IN EINEM NBA-SPIEL

Beim 186:184-Sieg der Detroit Pistons über die Denver Nuggets am 13. Dezember 1983 in Denver (USA) wurden 370 Punkte erzielt. Nach einem 145:145-Unentschieden in der regulären Spielzeit gab es eine Verlängerung.

HÖCHSTER PUNKTE-DURCHSCHNITT IN EINER NBA-KARRIERE

Den höchsten Punktedurchschnitt aller Spieler, die im Verlauf ihrer Karriere mehr als 10.000 Punkte sammelten, erreichte mit 31,5 Punkten pro Spiel Michael Jordan. Von 1984 bis 1998 machte er für die Chicago Bulls in 930 Spielen 29.277 Punkte.

MEISTE PUNKTE IN EINER NBA-SAISON

Wilt Chamberlain (USA) erzielte für die Mannschaft der Philadelphia Warriors in der Saison 1961/62 die Rekordzahl von 4.029 Punkten.

GRÖSSTER BASKETBALL-SPIELER

Suleiman Ali Nashnush, der 1962 für die libysche Nationalmannschaft spielte, soll 2,45 m groß gewesen sein.

MEISTE SPIELE IN EINER NBA-KARRIERE

Zwischen 1976 und 1997 absolvierte Robert Parish (USA) 1.611 Pflichtspiele. Für vier Teams stand er in seinen 21 Spielzeiten auf dem Feld: die Golden State Warriors (1976–80), die Boston Celtics (1980–94), die Charlotte Hornets (1994–96) und die Chicago Bulls (1996-1997).

MEISTE PUNKTE IN EINER NBA-KARRIERE

Kareem Abdul-Jabbar (USA) machte während seiner NBA-Karriere von 1969 bis 1989 insgesamt 38.387 Punkte, das sind im Durchschnitt 24,6 Punkte pro Spiel. In Pflichtspielen erzielte er dabei 15.837 Feld-Korbtreffer, dazu 5.762 Punkte in Playoff-Spielen.

MEISTE SPIELE IN EINER NBA-SAISON

Wilt Chamberlain (USA) absolvierte auch die meisten vollständigen Spiele in einer NBA-Saison mit 79 Auftritten für die Philadelphia Warriors in der Spielzeit 1961/62. Er stand während der Rekordzeit von 3.882 Minuten auf dem Spielfeld.

MEISTE NBA-SPIELE IN FOLGE

Zwischen dem 19. November 1986 und dem 20. März 2001 absolvierte A. C. Green (USA) insgesamt 1.177 Spiele in Folge. Dabei stand Green für vier Teams auf dem Platz: die Los Angeles Lakers, die Phoenix Suns, die Dallas Mavericks und die Miami Heat.

MEISTE SIEGE IN EINER NBA-SAISON

Die Chicago Bulls gingen in der Saison 1995/96 ganze 72-mal als Sieger vom Platz.

LÄNGSTE SIEGESSERIE

Den Rekord für die meisten NBA-Siege in Folge halten die Los Angeles Lakers. Zwischen dem 5. November 1971 und dem 7. Januar 1972 brachen die Lakers mit ihrer ununterbrochenen Serie von 33 NBA-Siegen alle Rekorde.

MEISTE NBA-TITEL

Die Boston Celtics gewannen mehr NBA-Meisterschaften als jede andere Mannschaft. 16-mal holten sie sich den Titel, und zwar in den Jahren 1957, 1959–66, 1968, 1969, 1974, 1976, 1981, 1984 und 1986.

ÄLTESTER NBA-SPIELER

Der älteste Spieler, der je an einem NBA-Spiel teilnahm, war Robert Parish (USA). Bei seinem letzten Spiel mit den Chicago Bulls am 19. April 1997 war er 43 Jahre 231 Tage alt.

GRÖSSTER NBA-SPIELER

Der größte Spieler in der Geschichte der NBA ist der in Rumänien geborene Gheorghe Muresan von den Washington Bullets. Muresan, der 1994 sein Profi-Debüt gab, ist 2,31 m groß.

MEISTE BASKETBALL-GOLDMEDAILLEN BEI DEN PARALYMPICS DER FRAUEN

Mit drei Siegen holten die Kanadierinnen die meisten Basketball-Goldmedaillen bei den Paralympics. Sie siegten 1992, 1996 und 2000.

MEISTE WELTMEISTERTITEL IM ROLLSTUHLBASKETBALL DER MÄNNER

Die USA gewannen mit ihren Siegen von 1979, 1983, 1986, 1994 und 1998 fünfmal den Weltmeistertitel. Zum ersten Mal fand die Weltmeisterschaft 1973 statt. Bei der jüngsten Veranstaltung im Jahr 2000 kämpften zwölf Herren- und acht Damenmannschaften um den Titel.

WENN FRAUEN NUR NOCH SIEGEN

Das US-Basketballteam der Frauen holte die Rekordzahl von vier olympischen Goldmedaillen. Sie siegten bei den Spielen von 1984, 1988, 1996 und 2000. Teresa Edwards (USA, links) spielte in allen amerikanischen Goldmannschaften mit.
Frauenbasketball wurde 1976 bei den Spielen von Montreal (CDN) als olympische Disziplin eingeführt. Die UdSSR ging mit einer makellosen internationalen Siegesserie in den Wettkampf, die bis 1958 zurückreichte. Mit ihren Olympiasiegen von 1976 und von 1980 in Moskau (ehem. UdSSR) blieb die sowjetische Mannschaft auch weiterhin ungeschlagen. 1980 bewiesen sie ihre Überlegenheit, als sie die Italienerinnen mit 119:53 schlugen. Seit 1984 gingen aber alle Goldmedaillen im olympischen Frauen-Basketball an die USA mit Ausnahme der Spiele von 1992, die die Gemeinschaft Unabhängiger Staaten (GUS) für sich entschied.

www.guinnessworldrecords.com/womensbasketball

← ACCESS CODE: ‹45627›

IM ROLLSTUHL SPITZE

Die US-Mannschaft der Rollstuhlbasketballer (oben) holte fünf Paralympics-Titel. Sie siegte 1960, 1964, 1972, 1976 und 1988. Rollstuhlbasketball ist mit dem Standardspiel fast identisch. Der Korb hängt auf derselben Höhe, und das Spielfeld hat dieselben Maße. Rollstuhlbasketballer müssen über große Geschicklichkeit und körperliche Fitness verfügen.

www.guinnessworldrecords.com/chairflair

ACCESS CODE: ‹56470›

MEISTE WELTMEISTERTITEL IM ROLLSTUHLBASKETBALL DER FRAUEN

Bei den Frauen holte Kanada zweimal den WM-Titel im Rollstuhlbasketball, nämlich 1994 und 1998. Die ersten Weltmeisterschaften wurden 1990 ausgetragen.

MEISTE BASKETBALL-WELTMEISTERTITEL DER FRAUEN

Sowohl die UdSSR als auch die USA schafften die Rekordzahl von sechs WM-Titeln im Basketball. Die Sowjetunion siegte 1959, 1964, 1967, 1971, 1975 und 1983, die Vereinigten Staaten siegten 1953, 1957, 1979, 1986, 1990 und 1998. Die ersten Frauenweltmeisterschaften wurden 1953 ausgetragen.

MEISTE BASKETBALL-WELTMEISTERTITEL DER MÄNNER

Die meisten WM-Titel bei den Männern errang Jugoslawien mit seinen vier Siegen in den Jahren 1970, 1978, 1990 und 1998. 1950 fand die Basketball-WM der Männer zum ersten Mal statt.

MEISTE OLYMPIASIEGE BEIM BASKETBALL DER MÄNNER

Die USA-Herrenmannschaft stellte den Rekord von zwölf Goldmedaillen im olympischen Basketball auf. Olympische Disziplin ist Basketball seit 1936, und die Amerikaner gewannen ihre ersten 63 Spiele in Folge. Die 36-jährige Siegesserie der USA endete in München (D) bei den Spielen von 1972, als das Team in einem heiß umkämpften Finale mit 50:51 der UdSSR unterlag.

HÖCHSTER SLAM-DUNK

Am 1. April 2000 stopfte Michael „Wild Thing" Wilson (USA) von den Harlem Globetrotters einen der Norm entsprechenden Basketball von oben durch den Ring eines in 3,65 m Höhe aufgehängten Korbes.

LÄNGSTE SERIE VON FREIWURFTREFFERN

Am 28. April 1996 gelang Ted St. Martin (USA) in Jacksonville (USA) der Rekord von 5.221 Freiwurftreffern in Folge.

WEITESTER WURF

Am 8. April 1996 traf Iain McKinney (GB) mit einem Wurf aus 27,6 m in den Korb – erzielt für die Sheffield Sharks bei einem Freundschaftsspiel.

www.guinnessworldrecords.com/bryant

EIN TALENT AUF DEM SPRUNG NACH GANZ OBEN

Als jüngster Spieler in einem NBA-Match ging am 28. Januar 1997 Kobe Bryant (USA, oben), der Sohn von Ex-NBA-Spieler Joe „Jellybean" Bryant, ins Spiel. Bei seinem Einsatz für die Los Angeles Lakers war er gerade 18 Jahre 158 Tage alt. Sein erster Spielgegner waren die Dallas Mavericks. 1998 war Bryant mit 19 Jahren 169 Tagen der jüngste Teilnehmer an einem NBA-All-Star-Game.

ACCESS CODE: ‹56524›

DRIBBLING MIT DEN MEISTEN BÄLLEN

Joseph Odhiambo (USA) kann gleichzeitig mit fünf Basketbällen dribbeln. Er dribbelt mit jeder Hand zwei Bälle und einen weiteren mit den Füßen.

MEISTE ZUSCHAUER BEI EINEM BASKETBALLSPIEL

80.000 Zuschauer sahen am 4. April 1968 das Finale im Europapokal der Cupsieger zwischen AEK Athen und Slavia Prag. Die Athener schlugen Prag mit 89:82.

MEISTE FREIWURF-TREFFER IN 10 MINUTEN

Von 326 Versuchen innerhalb von 10 Minuten traf Jim Connolly (USA) am 12. Oktober 1998 in Pacifica (USA) 280 Freiwürfe in den Korb.

WEITESTER SLAM-DUNK VOM TRAMPOLIN

Joseph Gibby (USA) drückte nach einem Sprung von einem Trampolin, das 5,79 m vor dem Brett stand, einen Basketball in den Korb. Der Slam-Dunk gelang am 21. Januar 2001 auf dem Flughafen Van Nuys in Kalifornien (USA).

Eishockey

MEISTE EINZELGEWINNE IN FOLGE BEI NHL-SPIELEN
Gerry Cheevers (CDN) hält den Rekord für die meisten Einzelgewinne in aufeinander folgenden Spielen der NHL (National Hockey League): In der Saison 1971/72 siegte er 32-mal hintereinander mit den Boston Bruins.

MEISTE TORE EINES EINZELSPIELERS IN EINEM NHL-SPIEL
Die meisten Tore eines Einzelspielers in einem NHL-Spiel erzielte Joe Malone (CDN). Im Spiel der Quebec Bulldogs gegen die Toronto St. Patricks in Quebec City (CDN) schoss er am 31. Januar 1920 sieben Tore.

MEISTE PUNKTE IN EINER NHL-KARRIERE
Die Rekordzahl von 2.857 Punkten machte Wayne Gretzky (CDN) zwischen 1979 und 1999 für die Edmonton Oilers, Los Angeles Kings, St. Louis Blues und die New York Rangers. Sie verteilen sich auf 894 Tore und 1.963 Assists in 1.487 Spielen.

MEISTE TORE IN EINER NHL-SAISON
Wayne Gretzky (CDN) schoss in der NHL-Saison 1981/82 für die Edmonton Oilers 92 Tore.

MEISTE PUNKTE IN EINER NHL-SAISON EINSCHLIESSLICH PLAY-OFFS
Für die Edmonton Oilers erzielte Wayne Gretzky (CDN) in der Saison 1984/85 die Rekordzahl von 255 Punkten, einschließlich Play-offs. Die Punkte bekam er für 90 Tore und 165 Assists.

MEISTE PUNKTE IN EINER NHL-SAISON
Die höchste Punktzahl in einer NHL-Saison erzielte Wayne Gretzky (CDN) mit 215 Punkten für die Edmonton Oilers in der Saison 1985/86, darunter die Rekordzahl von 163 Assists.

HÖCHSTER PROZENTSATZ VON GEWINNEN IN EINER NHL-SAISON
Der höchste Prozentsatz von Spielgewinnen in einer NHL-Saison betrug 87,5 Prozent und wurde in der Saison 1929/30 von den Boston Bruins erreicht, die von 44 Spielen 38 gewannen.

MEISTE SHUTOUTS ALS TORWART IN EINER NHL-KARRIERE
Die meisten Shutouts als Torwart erzielte Terry Sawchuk in seiner NHL-Karriere von 1949 bis zu seinem Tod 1970. Er spielte für Detroit, Boston, Toronto, Los Angeles und die New York Rangers. In 103 Spielen kassierte er nicht ein einziges Gegentor.

WENIGSTE NIEDERLAGEN IN EINER SAISON
In der Saison 1976/77 verloren die Montreal Canadiens von 80 Matches nur acht Spiele (bei 60 Gewinnen und zwölf Unentschieden), die niedrigste Zahl in einer Saison mit mindestens 70 Spielen. Dies brachte ihnen die Rekordzahl von 132 Punkten ein.

SIEGER IN SERIE
Die Detroit Red Wings (oben) gewannen in der NHL-Saison 1995/96 die Rekordzahl von 62 Spielen. Zwischen 1935 und 1955 gewann das Team sieben Stanley Cups und konnte mit einigen der besten Spieler aller Zeiten glänzen. Auf den Sieg des Teams 1955 folgte eine 40 Jahre dauernde Pechsträhne, es gab häufige Trainer- und Spielerwechsel. 1993 begann mit Trainer Scotty Bowman eine neue Ära der Stabilität. Nun ging es wieder aufwärts mit der Mannschaft, die wegen ihrer ständigen Niederlagen „Detroit Dead Things" genannt wurde.

www.guinnessworldrecords.com/redwingwin
ACCESS CODE: ‹44947›

HÖCHSTES ERGEBNIS
Der höchste Spielstand in einem Weltmeisterschaftsspiel betrug 58:0. Der Rekord wurde am 15. März 1987 in Perth beim Sieg von Australien über Neuseeland aufgestellt.

LÄNGSTES SPIEL
Das längste Eishockeyspiel dauerte 19 Stunden 8 Minuten 44 Sekunden und wurde am 23. und 24. Februar von einem Team aus 34 Spielern beim Labatt Blue NHL Pick-up Marathon in Red Deer (CDN) ausgetragen.

MEISTE STANLEY-CUP-GEWINNE
Die Montreal Canadiens gewannen in 32 Endspielen insgesamt 24-mal den Stanley Cup: 1916, 1924, 1930–31, 1944, 1946, 1953, 1956–60, 1965–66, 1968–69, 1971, 1973, 1976–79, 1986 und 1993.

MEISTE STANLEY-CUP-GEWINNE EINES EINZELSPIELERS
Henri Richard (CDN) gewann zwischen 1956 und 1973, als er für die Montreal Canadiens spielte, die Rekordzahl von elf Stanley Cups. Er gehörte in den Jahren 1956–60, 1965, 1966, 1968–69, 1971 und 1973 der Siegermannschaft an.

BRUDERLIEBE
Die längste Spielserie ohne Niederlage in einer NHL-Saison schafften die Philadelphia Flyers (links), die in 35 Spielen zwischen dem 14. Oktober 1979 und dem 6. Januar 1980 ungeschlagen blieben (25 Siege und zehn Unentschieden). Die Philadelphia Flyers wurden am 5. Juni 1967 nach der NHL-Erweiterung gegründet. Passenderweise ist die Mannschaft, die aus der „Stadt der brüderlichen Liebe" kommt, dafür bekannt, dass die Spieler sich wie eine große Familie fühlen. Die Flyers hatten auf Anhieb Erfolg und gelangten in ihrer ersten Saison an die Spitze der Liga. 1974 und 1975 gewannen sie den Stanley Cup – ihre einzigen Erfolge bei diesem Wettbewerb.

www.guinnessworldrecords.com/phillyflyers
ACCESS CODE: ‹44948›

MEISTE TORE IN EINEM STANLEY-CUP-SPIEL

Fünf Spieler (alle CDN) teilen sich den Rekord für die meisten Tore in einem Stanley-Cup-Spiel. Je fünf Tore schossen am 1. März 1919 Newsy Lalonde für Montreal (gegen Ottawa), am 23. März 1944 Maurice Richard für Montreal (gegen Toronto), am 22. April 1976 Darryl Glen Sittler für Toronto (gegen Philadelphia), am 6. Mai 1976 Reggie Leach für Philadelphia (gegen Boston) und am 25. April 1989 Mario Lemieux für Pittsburgh (gegen Philadelphia).

FRÜHESTES TOR

Das früheste Tor in einem NHL-Spiel fiel fünf Sekunden nach Spielbeginn. Den Rekord teilen sich drei Spieler: Doug Smail (CDN) am 20. Dezember 1981 in Winnipeg für die Winnipeg Jets (gegen St. Louis Blues); Bryan Trottier (CDN) am 22. März 1984 in Boston für die New York Islanders (gegen Boston Bruins); Alexander Mogilny (UdSSR) am 21. Dezember 1991 in Toronto für die Buffalo Sabres (gegen Toronto Maple Leafs).

MEISTE OLYMPISCHE GOLDMEDAILLEN

Eishockey war erstmals 1920 als Sportart bei Olympischen Spielen vertreten. Die UdSSR gewann insgesamt acht olympische Goldmedaillen: 1956, 1964, 1968, 1972, 1976, 1984, 1988 und 1992 (als GUS).

Die Frauen spielten Eishockey erstmals bei den Olympischen Winterspielen von 1998. Die USA gewannen gegen Kanada die Goldmedaille.

MEISTE WELTMEISTERSCHAFTSTITEL

Die Eishockey-Weltmeisterschaften für Amateure wurden erstmals 1920 in Verbindung mit den Olympischen Spielen ausgetragen. Seit 1976 laufen die Weltmeisterschaften separat. Die UdSSR gewann 22 Titel – zwischen 1954 und 1990 (Russland gewann 1993) einschließlich der olympischen Titel von 1956, 1964 und 1968.

Die Frauen-WM wird seit 1990 ausgetragen und wurde jedesmal von Kanada gewonnen: 1990, 1992, 1994, 1997, 1999, 2000 und 2001. Kanada hat dabei kein Spiel verloren.

www.guinnessworldrecords.com/roygoaltend

DER PUCK GEHÖRT MIR

Patrick Roy (CDN, links) von den Colorado Avalanche konnte in seiner Karriere als NHL-Torwart bis zum 22. März 2001 die Rekordzahl von 481 Siegen verbuchen. Der Rekord wurde am 17. Oktober 2000 bei einem Spiel gegen die Washington Capitals aufgestellt und Roy ist nach wie vor aktiver Spieler. Der vorherige Rekordhalter war Terry Sawchuk. In seiner 16-jährigen Karriere verpasste Roy lediglich die Play-off-Spiele einer Saison, 1994/95, er gewann mit den Canadiens 1986 und 1993 zweimal den Stanley Cup und einmal, 1996, mit den Avalanche. Er war ein sportliches Kind und beschloss im Alter von acht Jahren, Torwart zu werden, nachdem er bei Sportsendungen im Fernsehen das Trikot des Torwarts bewundert hatte.

ACCESS CODE: ‹55751›

Golf

HÖCHSTES PREISGELD FÜR EIN TURNIER
Das Gesamtpreisgeld der Players Championship, die vom 23. bis 27. März 2000 in Sawgrass (USA) ausgetragen wurde, betrug 13,7 Mio. DM. Der Gewinner des Turniers, Hal Sutton (USA), bekam 2,42 Mio. DM.

HÖCHSTE GESAMTEINNAHMEN BEI DER US-LPGA-TOUR
Die höchsten Einnahmen einer Frau bei der Tour der US Ladies Professional Golf Association (LPGA) erzielte Annika Sorenstam (S). Zwischen Anfang 1993 und April 2001 verdiente sie 15,58 Mio. DM.

MEISTE GEWINNE EINER MANNSCHAFT IM RYDER CUP
Der alle zwei Jahre ausgetragene Ryder Cup ist ein Mannschaftswettbewerb von Berufsgolfern zwischen den USA und Europa (bis 1978 Großbritannien). Er findet seit 1927 statt. 1999 stand es 24 zu 7 für die USA (bei zwei Unentschieden).

MEISTE TITEL BEI DEN US OPEN
Willie Anderson, Bobby Jones Jr., Ben Hogan und Jack Nicklaus (alle USA) haben die US Open je viermal gewonnen – Willie Anderson 1901 und 1903–05; Bobby Jones 1923, 1926, 1929 und 1930; Ben Hogan 1948, 1950, 1951 und 1953; Jack Nicklaus 1962, 1967, 1972 und 1980.

DER BESTE GOLFER ALLER ZEITEN?
Jack Nicklaus (USA, links) gewann in den Jahren 1963, 1965, 1966, 1972, 1975 und 1986 insgesamt sechsmal das US-Masters-Turnier – öfter als jeder andere Golfer. Viele halten ihn für den besten Spieler in der Geschichte des Golfsports. Er wurde 1962 Profi und dominierte die Golfwelt in den 1960er und 1970er Jahren. 1973 erreichte er als erster Spieler einen Gesamtverdienst von über 4,8 Mio. DM und 1986 gewann er mit 46 Jahren als ältester Spieler das Masters. Jack Nicklaus und Walter Hagan (USA) halten gemeinsam den Rekord für die meisten PGA-Titel. Jeder gewann fünf: Walter Hagan 1921 und 1924–27, Jack Nicklaus 1963, 1971, 1973, 1975 und 1980.

www.guinnessworldrecords.com/jacknicklaus
ACCESS CODE: ‹55734›

MEISTE TITEL BEI DEN BRITISH OPEN
Harry Vardon (GB) gewann sechsmal die British Open, und zwar 1896,1898, 1899, 1903, 1911 und 1914. Er begann als Caddy und stieg allmählich zur Weltspitze auf, bis er als einer der ersten Golfer internationale Berühmtheit erlangte. Er gewann das britische Turnier sogar dann noch zweimal, als er bereits an Tuberkulose erkrankt war.

MEISTE GEWINNE IM SOLHEIM CUP
Das dem Ryder Cup entsprechende Frauenturnier ist der Solheim Cup. Das Turnier wird seit 1990 zwischen den besten Berufsspielerinnen aus Europa und den USA ausgetragen. Die USA gewannen viermal: 1990, 1994, 1996 und 1998. Europa gewann zweimal: 1992 und 2000.

MEISTE EINZELSIEGER BEIM SOLHEIM CUP
Dottie Pepper (USA) gewann zwischen 1990 und 2000 13 von 20 Spielen. Laura Davies (GB) gewann im selben Zeitraum 13 von 23 Spielen. Die höchste Punktzahl beträgt 14 und wurde sowohl von Davies als auch von Pepper erzielt.

SCHNELLSTE GOLFRUNDE EINER EINZELPERSON
Die schnellste Golfrunde, bei der der Ball vor jedem neuen Schlag still lag, wurde am 18. Juni 1987 in 27 Minuten 9 Sekunden von James Carvill (GB) auf dem irischen Warrenpoint Golf Course (18 Löcher, 5.628 m) gespielt.

NIEDRIGSTE SCHLAGZAHL EINER FRAU ÜBER 18 LÖCHER
Die niedrigste dokumentierte Schlagzahl für einen Kurs mit 18 Löchern (5.120 m) für eine Frau beträgt 59. Den Rekord erzielte Annika Sorenstam (S) am 16. März 2001 im Standard Register PING im Moon Valley Country Club, Phoenix (USA).

MEISTE EINZELSIEGER BEIM RYDER CUP
Nick Faldo (GB) gewann 23 von 46 Spielen und hält zusätzlich den Rekord von 25 erzielten Punkten, weil er in vier weiteren Spielen je einen halben Punkt machte.

Arnold Palmer (USA) gewann die Rekordzahl von 22 Spielen für die USA. Billy Casper erzielte den US-Rekord von 23,5 Punkten in 37 Spielen.

SCHNELLSTE GOLFRUNDE EINER MANNSCHAFT
Die Golfmannschaft der Fore Worcester's Children schaffte am 9. September 1996 im Tatnuck Country Club, Worcester, Massachusetts (USA), 18 Löcher in 9 Minuten 28 Sekunden. Sie brauchte 70 Schläge.

NIEDRIGSTE GESAMTZAHL VON SCHLÄGEN EINER FRAU ÜBER 72 LÖCHER
Die niedrigste Schlagzahl in vier Runden eines Turniers der US-amerikanischen LPGA Championship beträgt 261. Der Rekord wird von zwei Frauen gehalten: Se Ri Pak (ROK) benötigte 71, 61, 63 und 66 Schläge beim Jamie Farr Kroger Classic, Sylvania (USA), vom 9. bis 12. Juli 1998, Annika Sorenstam (S) brauchte 65, 59, 65 und 68 Schläge beim 2001 Standard Register PING im Moon Valley Country Club, Phoenix (USA), vom 15. bis 18. März 2001.

LÄNGSTES GOLFLOCH
Das längste Loch der Welt ist das 7. Loch (Par 7) auf dem Satsuki-Golfkurs in Sano (J). Es ist 881 m lang.

SCHLAGARTIG REICH
Im Jahr 1999 erzielte Karrie Webb (AUS, links) bei der LPGA-Tour in den USA die höchsten Einnahmen, die je in einer Saison verdient wurden: 3,57 Mio. DM. Karrie begann als Achtjährige Golf zu spielen. Als sie 1994 Profi wurde, hatte sie in internationalen Wettkämpfen bereits sechsmal für Australien gespielt. Trotz eines gebrochenen Knochens im Handgelenk qualifizierte sie sich für die LPGA-Tour. Als frischgebackener Profi gewann sie 1996 vier Turniere und war damit der zweitbeste Neuling aller Zeiten. Sie erreichte als erste Frau in einer einzigen Saison die 1-Mio.-Dollar-Marke, und zwar in nur 10 Monaten 3 Tagen.

www.guinnessworldrecords.com/karriewebb
ACCESS CODE: ‹53361›

NIEDRIGSTE SCHLAGZAHL EINES MANNES ÜBER 18 LÖCHER

Mindestens fünf Spieler haben einen langen Kurs (über 5.950 m) mit 58 Schlägen gespielt. Shigeki Maruyama (J) schaffte am 5. Juni 2000 bei einem Qualifikationsturnier für die US Open 2000 im Woodmont Country Club (Par 71, 5.979 m), Rockville (USA), eine Runde mit 58 (29 + 29) Schlägen, darunter elf Birdies und ein Eagle. Ein Birdie bedeutet, dass der Spieler einen Schlag weniger für eine Spielbahn benötigt, als diese vorsieht (Par); ein Eagle bedeutet zwei unter Par und ein Albatross drei. Beim Turnier der US Professional Golf Association (PGA) beträgt der Rekord für 18 Löcher 59 Schläge. Er wird von Al Geiberger, Chip Beck und David Duval (alle USA) gemeinsam gehalten. Geiberger schaffte ihn am 10. Juni 1977 in der zweiten Runde des Danny Thomas Classic auf dem Colonial-Golfkurs (72 Par, 6.628 m) in Memphis (USA) mit 30 + 29. Beck spielte am 11. Oktober 1991 die dritte Runde des Las Vegas Invitational auf dem Sunrise-Golfkurs (72 Par, 6.381 m) in Las Vegas (USA) mit 59 Schlägen. Und Duval schaffte am 24. Januar 1999 in der letzten Runde des Bob Hope Chrysler Classic in La Quinta (USA) 31 + 28 Schläge.

GRÖSSTE ENTFERNUNG ZWISCHEN ZWEI RUNDEN GOLF AN EINEM TAG

Nobby Orens (USA) spielte am 20. Juli 1999 sowohl im Stockley Park in Uxbridge (GB) als auch im Braemar Country Club in Tarzana (USA) – die Plätze sind 9.582 km voneinander entfernt.

HÖCHSTER GOLFSCHLAG

Vladímir Mysík (CZ) schlug am 9. Juli 1997 einen Golfball auf dem 8.068 m hohen Gipfel des Gasherbrum I im Karakorum-Gebirge in Kaschmir an der Grenze zwischen Indien und Pakistan ab.

GRÖSSTER BUNKER

Der größte Bunker der Welt ist Hell's Half Acre auf dem siebten Loch (535 m) des 1912 gebauten Pine-Valley-Kurses in Clementon (USA). Der Kurs gilt als der schwierigste der Welt.

LEICHTESTER GOLFSCHLÄGER

Der leichteste Golfschläger normaler Größe ist der Driver JBeam Win.1, hergestellt von der Japan Golf Equipment Co Ltd aus Tokio (J). Er wiegt nur 220 g. Sein Titankopf wiegt 160 g, der Schaft aus Kohlenstofffaser 35 g und der Griff 25 g. Der japanische Golfmarkt ist der zweitgrößte Golfmarkt der Welt. Ein privates Forschungsinstitut schätzte den Großhandelsumsatz für 1998 auf 3,740 Mrd. DM.

BESTE BEHERRSCHUNG EINES GOLFBALLS

Jonas Belander (S) schaffte es am 3. Februar 2001, einen Standard-Golfball durch abwechselnde Schläge mit zwei Sandwedge-Schlägern 13 Minuten 47 Sekunden in der Luft zu halten.

www.guinnessworldrecords.com/tigerwoods

ACCESS CODE: ‹53362›

DER TIGER IST LOS

Die höchsten Gesamteinnahmen aller Zeiten auf der PGA-Tour erzielte Tiger Woods (USA, rechts). Zwischen August 1996 und März 2001 verdiente er 53,24 Mio. DM. Eldrick „Tiger" Woods wurde am 30. Dezember 1975 geboren. Er begann sich schon im frühen Alter von sechs Monaten für Golf zu interessieren, als er seinen Vater imitierte, der Golfbälle in ein Netz schlug. Als Zweijähriger puttete er mit Bob Hope in der *Mike Douglas Show*. Seit 1996 ist er Profi und hat sich als einer der begabtesten Spieler in der Geschichte des Golfsports erwiesen. Er ist der einzige Spieler, der je einen Grand Slam schaffte, und hat die meisten Einnahmen erzielt. Der Einnahmenrekord in einer Saison der PGA-Tour in den USA wird ebenfalls von Tiger Woods gehalten. Im Jahr 2000 verdiente er insgesamt 20,58 Mio. DM. Im Juni 2000 gewann er die US Open mit einem Vorsprung von 15 Schlägen – ein Rekord bei einem wichtigen Turnier. Er beendete das Turnier mit insgesamt 272 Schlägen, erstaunliche 12 unter Par.

GUINNESS WORLD RECORDS™

Fussball 1

GRÖSSTES FUSSBALLTURNIER
Am Turnier der 2. Bangkok-Liga vom 9. Januar bis zum 25. April 1999 nahmen 5.098 Mannschaften mit 35.686 Spielern teil.

MEISTE LANDESMEISTERSCHAFTEN
Mit elf Meistertiteln in der Nationalliga von 1988 bis 1999 war der libanesische Verein Al-Ansardie die erfolgreichste Mannschaft. Bei den elf Meisterschaften wurde die Mannschaft von Adnan Mekdashi trainiert und von Klub-Präsident Salim Diab geführt.

MEISTE SPIELE
Der Torwart Peter Shilton (GB) erzielte einen Rekord mit 1.390 Pflichtspielen in der ersten Mannschaft, davon 1.005 Ligaspiele in England – ebenfalls ein Rekord: 286 für Leicester City (1966–74); 110 für Stoke City (1974–77); 202 für Nottingham Forest (1977–82); 188 für Southampton (1982–87); 175 für Derby County (1987–92); 34 für Plymouth Argyle (1992–94); ein Spiel für die Bolton Wanderers (1995) und neun für Leyton Orient (1996–97). Außerdem stand er in einem Liga-Relegationsspiel im Tor, bei 86 Football-Association (FA) und 102 Liga-Pokalspielen, in 125 Länderspielen, 13 U-23-Länderspielen, in vier Spielen der Ligaauswahl und in 53 Spielen bei europäischen und anderen Klub-Wettbewerben.

MEISTE AUFEINANDER FOLGENDE HATTRICKS
Masashi Nakayama (J) von Jubilo Iwata (J) schaffte in vier aufeinander folgenden japanischen Erstliga-Spielen einen Hattrick: Er schoss fünf Tore gegen Cerezo Osaka (J) im Nagai-Stadion am 15. April 1998, vier Tore gegen Sanfrecce Hiroshima (J) im Jubilo-Iwata-Stadion am 18. April 1998, vier Tore gegen Avispa Fukuoka (J) im Kumanmoto-Stadion am 25. April 1998 und drei Tore gegen Consadole Sapporo (J) am 29. April 1998.

LÄNGSTER BALL IN DER LUFT
Ricardinho Neves (BR) jonglierte am 15. und 16. Juli 1994 einen Fußball 19 Stunden 5 Minuten 31 Sekunden ohne Unterbrechung auf dem Fuß, den Beinen und dem Kopf, ohne dass der Ball den Boden des Los Angeles Convention Center in Kalifornien (USA) berührte. Den entsprechenden Rekord bei den Frauen hält Cláudia Martini (BR). Sie jonglierte den Ball am 12. Juli 1996 in Caxias do Sul (BR) 7 Stunden 5 Minuten 25 Sekunden.

SCHNELLSTES TOR
Schon einige Tore sollen in den ersten 3 Sekunden nach Anpfiff eines Spiels gefallen sein. Filmaufnahmen belegen einen solchen Treffer von Ricardo Olivera (ROU). Nur 2,8 Sekunden nach Anpfiff traf er im Spiel seines Vereins Rio Negro (ROU) gegen Soriano (ROU) am 26. Dezember 1998 ins Netz – das schnellste Tor im Erstliga-Fußball. Olivera hatte gesehen, dass der gegnerische Torwart zu weit vor dem Tor gestanden hatte und ihn mit einem Heber überrascht.

REALE SIEGE
Die meisten Siege im Europacup (seit 1957) verbucht Real Madrid (E, links) mit acht Pokalen in den Spielzeiten 1955/56, 1956/57, 1957/58, 1958/59, 1959/60, 1965/66, 1997/98 und 1999/2000. 1998 von der FIFA als Mannschaft des Jahrhunderts geehrt, blickt das Team auf riesige Erfolge zurück, die sich bis zum Amtsantritt des 10. Präsidenten Santiago Bernabéu 1943 zurückverfolgen lassen. Er konnte die besten Spieler und Trainer für seinen Traum begeistern, aus Real Madrid die beste Mannschaft der Welt zu machen. Real Madrid besitzt auch den teuersten Spieler der Welt, den Flügelstürmer Luis Figo, der für die Rekordsumme von 9,9 Mrd. Pesetas (118 Mio. DM) im Juli 2000 von Barcelona (E) nach Madrid (E) wechselte.

www.guinnessworldrecords.com/realmadrid
← ACCESS CODE: ‹45617›

MEISTE TORE EINES TORWARTS IN EINEM SPIEL
In der argentinischen Profiliga verwandelte José Luis Chilavert (Vélez Sarsfield/PY) im Spiel gegen Ferro Carril Oeste drei Elfmeter.

WEITESTER EINWURF
Am 4. Juni 1998 warf Michael Lochner (USA) an der Bexley High School in Ohio (USA) den Ball über eine Rekorddistanz von 48,17 m ins Spielfeld.

JÜNGSTER BRITISCHER HATTRICK-SCHÜTZE
Als jüngster Spieler des britischen Fußballs schaffte mit 17 Jahren 5 Tagen Tommy Lawton am 10. Oktober 1936 einen Hattrick bei seinem Antrittsspiel für Burnley gegen Spurs in Turf Moor. Der jüngste Spieler in der obersten Spielklasse war mit 18 Jahren 52 Tagen Michael Owen (GB) im Spiel Liverpool gegen Sheffield am 14. Februar 1998.

MEISTE TORE IM VERLAUF EINER KARRIERE
Die meisten Tore schoss der Brasilianer Edson Arantes do Nascimento, besser bekannt als Pelé: 1.279 Treffer in 1.363 Spielen für die brasilianische Nationalmannschaft, für den FC Santos und New York Cosmos in der Zeit vom 7. September 1956 bis zum 1. Oktober 1977. Sein bestes Jahr war 1959 mit 126 Toren. Den tausendsten Treffer (Milésimo) schaffte er in seinem 909. Erstligaspiel, als er am 19. November 1969 in Maracanã-Stadion in Rio de Janeiro (BR) für den FC Santos einen Elfmeter verwandelte. Nach seinem Rücktritt erzielte er bei Einladungsspielen noch zwei Tore.

MEISTE TORE IN EINEM SPIEL
Die höchste Trefferzahl in einem Erstliga-Spiel liegt bei 36. Dieses Rekordergebnis wurde am 15. September 1885 beim Heimsieg von Arbroath mit 36:0 über Bon Accord in einem schottischen Pokalspiel aufgestellt.

RIO GRANDE
Rio Ferdinand (GB, links) wurde im November 2000 mit seinem Wechsel von West Ham United (GB) zu Leeds United (GB) zum teuersten Abwehrspieler der Welt. Dabei floss die Summe von 56,88 Mio. DM. Der am 8. November 1978 in London (GB) geborene Rio Ferdinand kam 1994 als Schüler zu West Ham United. Nach seinem ersten Auftritt in der obersten englischen Spielklasse 1996 etablierte er sich dort als Stammspieler. Der teuerste Torwart aller Zeiten ist Angelo Peruzzi (I). Er wechselte im Juni 1999 für die Rekordablöse von 33,3 Mio. DM von Juventus Turin (I) zu Inter Mailand (I). Damit wurden für ihn fast 9,5 Mio. DM mehr bezahlt als für seinen schärfsten Rivalen Fabien Barthez (F), den Manchester United (GB) für 24,87 Mio. DM in Monaco einkaufte.

www.guinnessworldrecords.com/riogrande
← ACCESS CODE: ‹54326›

DER SCHNELLSTE HATTRICK

Den schnellsten Hattrick eines einzelnen Spielers schaffte der Ire Jimmy O'Connor. Am 19. November 1967 schoss er im Dallymount Park im irischen Dublin in 2 Minuten 13 Sekunden drei Tore für Shelbourne im Spiel gegen die Bohemians.

HÖCHSTER SIEG IM ENDSPIEL EINES NATIONALEN POKALWETTBEWERBS

1935 erzielte Lausanne Sports mit einem 10:0 gegen Nordstern Basel im Endspiel des Schweizer Pokals den höchsten Sieg in einem Finale der Landesmeisterschaft, verlor aber 1937 im Endspiel des gleichen Wettbewerbs mit gleichem Ergebnis gegen Grasshopper Zürich.

LÄNGSTES ELFMETERSCHIESSEN

Im Viertelfinale der Freight Rover Trophy der Southern Section zwischen Aldershot Town und Fulham in Aldershot (GB) wurden am 10. Februar 1987 nach einem 1:1-Gleichstand in der Verlängerung insgesamt 28 Elfmeter geschossen. Sieben wurden verschossen. Aldershot gewann mit 11:10.

MEISTE DIREKT VERWANDELTE ECKSTÖSSE

Luis „Gita" Barroso (P) schoss am 2. Juli 1946 für den FC de Famalicão gegen den SC Olhanese in einem portugiesischen Pokalspiel zwei Tore direkt aus einer Ecke, die höchste je von einem Spieler erreichte Anzahl.

SCHNELLSTES LEDER IN DER HALLE

Auf die Rekordgeschwindigkeit in der Halle von 109,43 km/h beschleunigte der marokkanische Fußballer Hassan Kachloul vom FC Southampton (GB) den Ball am 27. April 2000.

MEISTE BALLBERÜHRUNGEN IN 30 SEKUNDEN

Die größte Anzahl von Berührungen mit einem Fußball, der für 30 Sekunden in der Luft gehalten wird, erzielte am 22. Januar 1999 Ferdie Adoboe (USA) im Fort Lowell Park in Tucson (USA). Er berührte den Ball 136-mal. Bei der gleichen Gelegenheit schaffte er 262 Berührungen in einer Minute.

UNFAIRSTES FUSSBALLSPIEL

Am 3. November 1969 verwarnte der Schiedsrichter beim Regionalpokalspiel zwischen dem Tongham Youth Club und Hawley (beide GB) alle 22 Spieler und einen Linienrichter. Einer der verwarnten Spieler war gerade auf dem Weg ins Krankenhaus.

WEITESTE ANREISE

Die weiteste Entfernung zwischen zwei Fußballclubs an der Tabellenspitze einer nationalen Profiliga sind die 4.766 km zwischen dem heimischen Rasen von LA Galaxy im kalifornischen Los Angeles (USA) und dem von New England Revolution in Foxboro, Massachusetts (USA), aus der US Major League.

TEUERSTES FUSSBALLTRIKOT

Das rote Fußballtrikot, das der Stürmer Geoff Hurst (GB) 1966 im Finale der Weltmeisterschaft zwischen England und Deutschland trug, wurde am 28. September 2000 für umgerechnet 289.930 DM bei Christie's in London (GB) versteigert.

www.guinnessworldrecords.com/manunited

ACCESS CODE: ‹54710›

CLUB MIT MEHRWERT

Manchester United (unten) ist der teuerste Fußballclub der Welt. Sein Marktwert betrug am 8. März 2000 3,16 Mrd. DM – nie zuvor hatte ein Fußballclub diese Summe erreicht. Seinen größten Triumph feierte er 1999 – nach dem Sieg im Pokalendspiel der Football Association und dem Gewinn der Meisterschaft in der Premier League schlug er den FC Bayern München im Finale der europäischen Champion's League – eine einmalige Leistung im englischen Fußball.

GUINNESS WORLD RECORDS™

Fussball 2

MEISTE WELTMEISTERTITEL
Die FIFA (Fédération Internationale de Football Association), gegründet am 21. Mai 1904, richtete die erste Fußballweltmeisterschaft am 13. Juli 1930 in Montevideo in Uruguay aus. Seither finden die Weltmeisterschaften alle vier Jahre statt. Brasilien hält mit seinen vier Titelgewinnen 1958, 1962, 1970 und 1994 den Rekord.

MEISTE WM-TITEL DER FRAUEN
Die Fußball-WM der Frauen, die seit 1991 ausgetragen wird, findet ebenfalls alle vier Jahre statt. 1991 und 1999 gewannen die USA, 1995 ging der Titel an Norwegen.

SCHNELLSTES TOR IN EINEM WM-SPIEL
Das schnellste Tor in der Endrunde einer Weltmeisterschaft schoss Vaclav Masek (CSSR) am 7. Juni 1962 in der 15. Sekunde gegen Mexiko in Viña del Mar in Chile. In einem Vorbereitungsspiel erzielte Davide Gualtieri nach nur 7 Sekunden den ersten Treffer für San Marino gegen England. Die Begegnung fand am 17. November 1993 in Bologna (I) statt.

FRAUEN MIT BALLGEFÜHL
Die meisten Einsätze bei internationalen Spielen der Fußballdamen hat mit offiziellen 225 Auftritten die Nr. 13 der USA, Kristine Lilly (links), von 1987 bis 2000 absolviert. Bei den internationalen Frauenwettbewerben ist das beste je erzielte Ergebnis ein 21:0. Es konnte viermal bejubelt werden: von Japan gegen Guam am 5. Dezember 1997 in Guangzhou (CHN); von Kanada gegen Puerto Rico am 28. August 1998 in Toronto (CDN); und von Australien gegen American Samoa sowie von Neuseeland gegen Samoa, beide am 9. Oktober 1998 im Mt. Smart-Stadion in Auckland (NZ).

www.guinnessworldrecords.com/kristinelilly
ACCESS CODE: ‹56488›

JÜNGSTER SPIELER IN EINER WM-FINALRUNDE
Der jüngste Spieler, der je ein Spiel bei der WM bestritt, ist Norman Whiteside (GB). Mit 17 Jahren 41 Tagen trat er am 17. Juni 1982 für Nordirland gegen Jugoslawien an.

MEISTE LÄNDERSPIELE
An den meisten Länderspielen nahm Hossam Hassan (ET) teil. Zwischen 1985 und 2001 war er für seine Nationalmannschaft insgesamt 156-mal im Einsatz.

LÄNGSTE ZEIT OHNE GEGENTOR
Abel Resino (E) von Atlético Madrid (E) ist der Schlussmann, der in Erstligaspielen am längsten ohne Gegentor blieb: In 14 Spielen vom 10. Dezember 1990 bis zum 1. April 1991 hielt er das Tor 1.275 Minuten sauber.

Den Rekord bei Länderspielen hält mit 1.142 Minuten (fast 13 Spiele) Dino Zoff (I) von September 1972 bis Juni 1974.

Der Rekord bei britischen Fußballklubs liegt bei 1.196 Minuten. Ihn hält Chris Woods (GB) für die Glasgow Rangers (GB) vom 26. November 1986 bis 31. Januar 1987.

HÄUFIGSTER EUROPAMEISTER
Deutschland hat mit drei Siegen 1972, 1980 und 1996 (die ersten beiden entfallen auf die alte Bundesrepublik) die meisten Europameister-Titel gewonnen.

Eine Europameisterschaft der Frauen wurde erstmals 1984 ausgetragen. Auch hier hält Deutschland den Rekord für die meisten Titel. Es gewann viermal: 1989, 1991, 1995 und 1997.

MEISTE TEILNAHMEN AN WM-ENDRUNDEN
Fünfmal bei WM-Endrunden dabei waren der mexikanische Torwart Antonio Carbajal (1950, 1954, 1958, 1962, 1966) und Lothar Matthäus (D). Matthäus kam bei den fünf Turnieren von 1982 bis 1998 auf die Rekordanzahl von 25 Einsätzen.

JÜNGSTER TORSCHÜTZE IN EINEM WM-ENDRUNDENSPIEL
Der jüngste Torschütze in einem WM-Endspiel ist der Brasilianer Pelé (Edson Arantes do Nascimento). Der „Perola Negra" (Schwarze Perle) genannte Nationalheld erzielte am 19. Juni 1958 im Alter von nur 17 Jahren 239 Tagen in Göteborg (S) gegen Wales einen Treffer für Brasilien.

MEISTE WM-TITEL IM HALLENFUSSBALL
Seit der ersten Austragung 1989 hält Brasilien den Rekord für die meisten Titel bei der Hallenfußball-WM. Bei dem alle vier Jahre stattfindenden Ereignis errang Brasilien dreimal den Titel: 1989, 1992 und 1996.

MIT DER KRAFT DER ZWEI FÜSSE
Albert Roger Milla spielte am 28. Juni 1994 im Rekordalter von 42 Jahren und 39 Tagen in einem WM-Spiel für Kamerun gegen Russland. Mit seinem Treffer in dem Spiel wurde er zudem zum ältesten Torschützen in der Finalrunde. Nach seiner Ernennung zum afrikanischen Fußballer des Jahres 1976 ging Milla 1977 nach Frankreich und wurde zweimal französischer Meister. Nach 81 Spielen für die Nationalmannschaft zog er sich zurück, trat aber 1994 noch einmal für Kamerun an.

William Henry „Billy" Meredith (GB) hat als ältester Fußballer an einem Länderspiel teilgenommen. Am 15. März 1920 war er mit 45 Jahren 229 Tagen für Wales gegen England in London (GB) im Einsatz. Insgesamt spielte er international über eine Rekordzeit von 26 Jahren.

www.guinnessworldrecords.com/milla
ACCESS CODE: ‹54336›

www.guinnessworldrecords.com/highestscore

ACCESS CODE: ‹56656›

TORJÄGER
Im Qualifikationsspiel der Gruppe 1 der Oceania Football Confederation zur WM-Endrunde wurden in dem Spiel Australien gegen American Samoa am 11. April 2001 in Coffs Harbour (AUS) gleich zwei Rekorde aufgestellt: Australien siegte mit 31:0. Dabei erzielte Archie Thompson (AUS, rechts) 13 Treffer, die meisten Tore eines einzelnen Spielers in einem WM-Spiel.

MEISTE VERBÄNDE BEI EINER WM-QUALIFIKATION
Eine Rekordzahl von 198 Verbänden meldete sich für die Qualifikationsspiele der FIFA für die Weltmeisterschaft 2002 in Südkorea und Japan an. Ausnahmen sind die Fußballverbände von Nordkorea, Niger, Afghanistan, Burundi und Papua-Neuguinea. Mit Blick auf Einnahmen und Zuschauerzahlen ist die Fußball-WM der weltgrößte Wettkampf in einer einzelnen Sportart.

MEISTE SIEGE BEIM EUROPAPOKAL DER POKALSIEGER
Die meisten Erfolge beim bis 1999 ausgetragenen Europapokal der Pokalsieger erreichte der FC Barcelona. Er gewann viermal: 1979, 1982, 1989 und 1997. Barcelona hat jeden größeren Wettbewerb gewonnen und als einziger Verein in Europa seit Einführung der europäischen Wettbewerbe 1955 jedes Jahr daran teilgenommen.

MEISTE MEISTERSCHAFTEN DES CONCACAF
Costa Rica hält mit zehn Erfolgen zwischen 1941 und 1989 den Rekord bei den Siegen in der Meisterschaft des CONCACAF (Bund der nord- und mittelamerikanischen sowie karibischen Fußballverbände).

Der im Jahr 2000 eingeführte Wettbewerb der Frauen wurde von den USA gewonnen.

MEISTE SÜDAMERIKANISCHE MEISTERSCHAFTEN
Rekordsieger bei südamerikanischen Meisterschaften (seit 1975 als Copa America ausgetragen) ist Argentinien mit 15 Titeln zwischen 1910 und 1993.

MEISTE TORE EINES SPIELERS IN EINEM MATCH
Den Rekord für die meisten Treffer eines Spielers in einem Match hält Stephan Stanis (F). Im Heimspiel seiner Mannschaft Racing Club de Lens (F) gegen Aubry-Asturies (F) am 13. Dezember 1942 traf er 16-mal.

Den Rekord für die meisten Tore bei den Olympischen Spielen halten gemeinsam Sofus Nielsen mit zehn Toren für Dänemark gegen Frankreich (Endstand 17:1) 1908 in London (GB) und Gottfried Fuchs (D), der seine Mannschaft 1912 zu einem 16:0-Sieg gegen Russland führte.

SCHNELLSTER HATTRICK BEI EINEM LÄNDERSPIEL
Der japanische Nationalspieler Masashi „Gon" Nakayama erzielte den schnellsten Hattrick bei einem Länderspiel: Bei einem Asian Cup-Qualifikationsspiel gegen Brunai am 16. Februar 2000 schoss er schon nach 3 Minuten 15 Sekunden sein drittes Tor. Seine beiden ersten Tore fielen in der 1. und 2. Minute.

GRÖSSTE ZUSCHAUERANZAHL BEI EINEM SPIEL
199.854 Zuschauer kamen zum WM-Endspiel zwischen Brasilien und Uruguay am 16. Juli 1950 ins Maracanã-Stadion in Rio de Janeiro (BR).

MEISTE SIEGE IM ARFICA CUP
Den Rekord für die meisten Erfolge im Africa Cup of Nations, der alle zwei Jahre stattfindet, halten mit vier Siegen gemeinsam Ghana (1963, 1965, 1978, 1982) und Ägypten (1957, 1959, 1986, 1998).

MEISTE SIEGE IM ASIAN CUP
Den Rekord im Asian Cup halten mit je drei Titeln der Iran (1968, 1972, 1976) und Saudi-Arabien (1984, 1988, 1996).

GUINNESS WORLD RECORDS™

Tennis

MEISTE GRAND-SLAM-SIEGE DER MÄNNER
Den Rekord bei den Männern hält mit 13 Einzelsiegen bei Grand-Slam-Turnieren der US-Amerikaner Pete Sampras, der zwischen 1990 und 2000 sieben Siege in Wimbledon, vier in den USA und zwei in Australien errang. Bei seinem ersten Erfolg bei den US Open 1990 war er mit 19 Jahren der jüngste Sieger dieses Turniers.

DIE BESTEN GRAND-SLAM-SPIELER
Fred Perry (GB) hat mit seinem Sieg in Frankreich 1935 als Erster bei den Herren die vier wichtigsten Meisterschaften im Einzel (Wimbledon, US, Australian und French Open) gewonnen.

Don Budge (USA) hielt als erster Mann 1938 alle vier Titel gleichzeitig. Er siegte zudem 1937 in Wimbledon und bei den US Open, womit er sechs Erfolge hintereinander in Grand-Slam-Turnieren feiern konnte.

Der erste Spieler, der den Grand Slam zweimal schaffte, war Rod Laver (AUS). Er siegte 1962 als Amateur und erneut 1969, als die Titel auch Profispielern offen standen.

MEISTE GRAND-SLAM-SIEGE DER FRAUEN
Den Rekord von 24 Einzelsiegen bei Grand-Slam-Turnieren errang Margaret Court (AUS) zwischen 1960 und 1973: elf bei den Australian Open, fünf bei den US Open, fünf bei den French Open und drei in Wimbledon.

DIE BESTEN GRAND-SLAM-SPIELERINNEN
Vier Frauen haben den Grand Slam geschafft: Maureen Connolly (USA) 1953, Margaret Court (AUS) 1970 und Martina Navratilova (USA) 1983 und 1984. Alle drei haben zudem hintereinander sechs Grand-Slam-Turniere gewonnen. Als vierte schaffte Steffi Graf (D) den Grand Slam 1988 – und gewann zudem olympisches Gold im Einzel der Damen. Pam Shriver (USA) errang mit Martina Navratilova im Doppel einen Rekord von acht aufeinander folgenden Titeln bei Grand-Slam-Turnieren und 109 Spielen in Folge in allen Wettbewerben von April 1983 bis Juli 1985.

MEISTE WIMBLEDON-SIEGE
Pete Sampras (USA) gewann 1993–95 und 1997–2000 sieben Wimbledon-Titel im Einzel der Herren. Dieser Rekord wurde nach Abschaffung der Herausforderer-Runde 1922 aufgestellt. Zuvor hatte William Charles Renshaw (GB) 1881–86 und 1889 sieben Einzeltitel bei den Herren gewonnen.

Martina Navratilova (USA) gewann in den Jahren 1978–79, 1982–87 und 1990 in Wimbledon neun Einzeltitel bei den Damen.

IN DECKUNG, ER SCHLÄGT AUF!
Beim ATP Champion's Cup in Indian Wells (USA) am 14. März 1998 erreichte der Aufschlag von Greg Rusedski (GB, links) die Rekordgeschwindigkeit von 239,8 km/h. Sein bestes Jahr erlebte Rusedski 1997 mit der Wahl zum TV-Sportler des Jahres durch die BBC und Platz vier auf der Tennis-Weltrangliste.
Den schnellsten Aufschlag im Damentennis erreichte mit 205 km/h Venus Williams (USA) bei den europäischen Hallenmeisterschaften in Zürich (CH) am 16. Oktober 1998. 1997 erreichte sie als erste ungesetzte Spielerin das Finale der US Open und errang seither acht Grand-Slam-Titel, den letzten am 8. Juli 2001 in Wimbledon.

www.guinnessworldrecords.com/rusedski
ACCESS CODE: ‹44299›

EIN MANN HAT AUSGESORGT
Pete Sampras (USA, oben) hat im Verlauf seiner Karriere bis zum März 2001 die Rekordsumme von 92,5 Mio. DM verdient und hält zugleich die Rekorde für die höchsten Einnahmen in einer einzigen Saison (14,5 Mio. DM 1997) und das höchste je gewonnene Preisgeld (2 Mio. Dollar beim Grand Slam Cup in München 1990). Steffi Graf (D) hält den Rekord für die meisten Einnahmen in einer Karriere bei den Damen: 48,8 Mio. DM zwischen 1982 und 1999. Den Rekord für die meisten Einnahmen in einer Saison hält bei den Frauen Martina Hingis (CH) mit 7,6 Mio. DM 1997.

www.guinnessworldrecords.com/sampras
ACCESS CODE: ‹44300›

Elizabeth Montague Ryan (USA) gewann von 1914 bis 1934 insgesamt 19 Doppeltitel, zwölf Damendoppel und sieben gemischte. Die sieben Titel im Mix sind ebenfalls ein Rekord.

Billie-Jean King (USA) gewann zwischen 1961 und 1979 die Rekordzahl von 20 Wimbledon-Titeln: sechs Einzel, zehn Damendoppel und vier gemischte Doppel. Keine Frau vor ihr hat so viele Wimbledon-Titel gewonnen. King war 1974 an der Gründung der Women's Tennis Association (WTA) beteiligt und ihre erste Vorsitzende.

Die Rekordanzahl von 13 Wimbledon-Titeln bei den Herren gewann Hugh Doherty (GB) mit fünf Titeln im Einzel (1902–06) und acht im Doppel (1897–1901 und 1903–05). Sein Doppel-Partner war sein Bruder Reginald Frank Doherty (GB).

MEISTE SIEGE BEI DEN FRENCH OPEN
Die Australierin Margaret Court gewann von 1962 bis 1973 die Rekordanzahl von 13 Titeln: fünf im Einzel, vier im Damendoppel und vier im gemischten Doppel.

Rekordhalter bei den Herren ist Henri Cochet (F) mit neun Titeln zwischen 1926 und 1930. Er holte vier Titel im Einzel, drei im Herrendoppel und zwei im gemischten Doppel.

Den Rekord im Dameneinzel bei den French Open hält Chris Evert (USA) mit sieben Titeln: 1974–75, 1979, 1980, 1983, 1985 und 1986. Die Women's Sports Foundation kürte sie 1985 zur größten Sportlerin der letzten 25 Jahre. 1992 wurde ihr zudem der WTA Award verliehen.

Rekordhalter bei den Herren ist der Schwede Björn Borg mit sechs Einzeltiteln 1974–75 und 1978–81.

MEISTE SIEGE BEI DEN US OPEN

Die meisten Siege im Herreneinzel errang mit sieben Titeln Bill Tilden (USA) 1920–25 und 1929. Ebenfalls sieben Titel im Einzel gewannen Richard Sears (USA) 1881–87 und William Larned (USA) 1901–02 sowie 1907–11.

Die Rekordanzahl von acht Titeln im Dameneinzel gewann Molla Mallory (USA) 1915–18, 1920–22 und 1926.

Die meisten Titel bei den Herren gewann mit insgesamt 16 Bill Tilden (USA).

Die meisten US-Open-Siege bei den Damen errang mit 25 Titeln Margaret Du Pont (USA): 13 im Damendoppel, neun im gemischten Doppel und drei Einzeltitel zwischen 1941 und 1960. Die Titel im Damendoppel gewann sie mit ihrer Partnerin Louise Brough (USA).

MEISTE SIEGE BEI DEN OFFENEN AUSTRALISCHEN MEISTERSCHAFTEN

Der Australier Roy Emerson gewann 1961 und 1963–67 die Rekordzahl von sechs Titeln im Herreneinzel. Insgesamt errang er zwölf Grand-Slam-Siege im Einzel und 16 im Doppel.

Margaret Court (AUS) gewann die Rekordzahl von 21 Titeln: elf im Dameneinzel (1960–66, 1969–71 und 1973), acht im Damendoppel (1961–63, 1965, 1969–71 und 1973), zwei im gemischten Doppel (1963 und 1964).

Thelma Long (AUS) errang mit 16 Titeln die meisten Siege im Doppel.

MEISTE SIEGE IM DAVIS CUP

Die meisten Siege im Davis Cup, der internationalen Mannschaftsmeisterschaft der Männer, errangen mit 31 Titeln zwischen 1900 und 1995 die USA.

Die meisten Einsätze bei Siegermannschaften hatte mit acht Roy Emerson (AUS), 1959–62 und 1964–67.

Bill Tilden (USA) spielte die Rekordzahl von 28 Matches in der Finalrunde und gewann den Rekord von 21 Spielen (17 von 22 Spielen im Einzel und vier von sechs Doppel). Er holte mit seiner Mannschaft sechsmal den Cup (1920–26) und verlor dann viermal das Finale (1927–30).

LÄNGSTES GRAND-SLAM-MATCH

Das längste Match in einem Grand-Slam-Turnier dauerte 5 Stunden und 31 Minuten. Es spielten der Spanier Alex Corretja und der Argentinier Hernán Gumy in der dritten Runde der French Open am 31. Mai 1998. Corretja gewann schließlich mit 6:1, 5:7, 6:7, 7:5 und 9:7.

MEISTE PLATZIERTE AUFSCHLÄGE IN FOLGE

Den Rekord für die meisten platzierten Aufschläge (ohne Doppelfehler) in Folge stellte mit 8.017 Rob Peterson (USA) am 5. Dezember 1998 in Port Aransas (USA) auf. Er brauchte dafür 10 Stunden 7 Minuten.

www.guinnessworldrecords.com/kournikova

NIEMAND SIEGTE JÜNGER

Die jüngste Siegerin in einem Match des Federation-Cup ist Anna Kurnikowa (RUS, rechts). Am 25. April 1996 schlug sie mit gerade einmal 14 Jahren Anna-Karin Svensson (S) 6:0 und 6:3 und verhalf damit Russland zum 3:0-Sieg über Schweden. Anna spielt seit ihrem fünften Lebensjahr Tennis und wurde 1995 Profispielerin.

ACCESS CODE: ‹56525›

GUINNESS WORLD RECORDS™

Leichtathletik

MEISTE WELTREKORDE AN EINEM TAG

Jesse Owens (USA) stellte am 25. Mai 1935 in Ann Arbor (USA) innerhalb von 45 Minuten sechs Weltrekorde auf. Um 15.15 Uhr lief er die 100 yd (1 yd = 0,91440 m) in 9,4 Sekunden, um 15.25 Uhr sprang er 8,13 m weit, um 15.45 Uhr lief er die 220 yd (gilt auch als Rekord über 200 m) in 20,3 Sekunden und um 16.00 Uhr lief er die 220-yd-Hürden (gilt auch als Rekord über 200 m Hürden) in 22,6 Sekunden.

LÄNGSTE LAUFSIEGESSERIE

Fast ein Jahrzehnt lang dominierte Edwin Moses (USA) den 400-m-Hürdenlauf. Seine bemerkenswerte Serie von 122 Siegen in Folge begann am 2. September 1977 und endete am 4. Juni 1987, als er von Danny Harris (USA) in Madrid (E) geschlagen wurde. Moses beherrschte die Konkurrenz nach Belieben und hielt eine Zeitlang die 13 schnellsten Zeiten.

LÄNGSTE SPRUNGSIEGESSERIE

Iolanda Balas (RO) gewann von 1956 bis 1967 die Rekordzahl von 150 Hochsprungwettkämpfen in Folge, darunter waren Landes-, Europa-, Weltmeisterschaften und Olympische Spiele.

ERFOLGREICHSTER SPORTLER BEI DER GOLDEN LEAGUE DER IAAF

Der Läufer Hicham el-Guerrouj (MAR) hat als einziger Athlet zweimal einen Anteil aus dem Jackpot der Golden League der IAAF (International Amateur Athletics Federation) gewonnen. Für den Jackpot muss ein Athlet fünf der sieben Grand Prix-Meetings in einer Saison gewinnen und darf keinen Wettkampf verlieren. Ursprünglich war der Jackpot mit 1 Mio. Dollar (2,24 Mio. DM) dotiert, inzwischen sind es 50 kg Gold.

ÄLTESTE OLYMPIASIEGER

Der älteste Leichtathlet, der eine olympische Goldmedaille gewann, war der in Irland geborene Patrick Joseph „Babe" McDonald (USA). Im Alter von 42 Jahren 26 Tagen gewann er am 21. August 1920 in Antwerpen (B) den Gewichteweitwurf (25 kg).

Die älteste Olympiasiegerin war Lia Manoliu (RO). Im Alter von 36 Jahren 176 Tagen gewann sie am 18. Oktober 1968 das Diskuswerfen bei den Olympischen Spielen in Mexico City (MEX) mit einer Weite von 58,28 m.

JÜNGSTE OLYMPIASIEGER

Barbara Pearl Jones (USA) war mit 15 Jahren 123 Tagen die jüngste Leichtathletik-Olympiasiegerin. Sie lief am 27. Juli 1952 in Helsinki (FIN) in der siegreichen 4 x 100-m-Staffel der USA.

Jüngster Olympiasieger bei den Männern war Robert Bruce Mathias (USA). Mit 17 Jahren 263 Tagen gewann er am 5. und 6. August 1948 den Zehnkampf bei den Olympischen Spielen in London (GB).

MEISTE HALLENWELTMEISTERTITEL

Iván Pedroso (C) hält mit fünf Titeln im Weitsprung (1993, 1995, 1997, 1999 und 2001) den Rekord für die meisten Einzeltitel.

Zwei Athletinnen haben je viermal den Weltmeistertitel gewonnen: Stefka Kostadinova (BG) im Hochsprung in den Jahren 1985, 1987, 1989, 1993 und Gabriela Szabo (RO) über 3.000 m 1995, 1997, 1999 und über 1.500 m 1999.

MEISTE WELTMEISTERTITEL

Die Leichtathletik-Weltmeisterschaften wurden 1983 in Helsinki (FIN) eingeführt. Michael Johnson (USA) hält mit neun Goldmedaillen den Rekord. Er gewann die 200 m 1991 und 1995, die 400 m 1993, 1995, 1997 und 1999, und die 4 x 400-m-Staffel 1993, 1995 und 1999.

Bei den Frauen hält Gail Devers (USA) mit fünf Goldmedaillen den Rekord. Sie gewann die 100 m 1993, die 100-m-Hürden 1993, 1995 und 1999, und die 4 x 100-m-Staffel 1997.

ÄLTESTER WELTREKORDLER

Der älteste Mensch, der einen offiziellen Weltrekord aufstellte, war Gerhard Weidner (D). Mit 41 Jahren 71 Tagen schaffte er am 25. Mai 1974 im 20-Meilen-Gehen die Rekordzeit von 2 Stunden 30 Minuten 38,6 Sekunden.

JÜNGSTE WELTREKORDLER

Thomas Ray (GB) übersprang im Alter von 17 Jahren 198 Tagen am 19. September 1879 die Stabhochsprung-Weltrekordhöhe von 3,42 m.

Die Chinesin Wang Yan stellte am 9. März 1986 im Alter von 14 Jahren 334 Tagen mit 21 Minuten 33,8 Sekunden einen Rekord im 5-km-Gehen auf.

MEISTE WELTMEISTERTITEL IM CROSSLAUF

Grete Waitz (NOR) hat die Crosslauf-Weltmeisterschaft der Frauen fünfmal gewonnen: 1978–81 und 1983.

Auch bei den Männern liegt der Rekord bei fünf Titeln. Er wird von John Ngugi (EAK, 1986–89 und 1992) und Paul Tergat (EAK, 1995–99) gehalten.

Den Mannschaftstitel bei der Crosslauf-Weltmeisterschaft (erstmals 1973 ausgetragen) gewann Kenia 15-mal, von 1986 bis 2000.

Bei den Frauen hält die UdSSR den Rekord für die meisten Mannschaftssiege im Crosslauf. Sie hat insgesamt achtmal den Titel geholt: 1976–77, 1980–82 und 1988–90.

LÄNGSTER LAUF ALLER ZEITEN

Der längste Laufwettkampf aller Zeiten war der Transkontinentallauf von 1929 über 5.850 km von New York City (USA) nach Los Angeles (USA). Johnny Salo (FIN) gewann nach 79 Tagen vom 31. März bis zum 17. Juni 1929. Mit der Zeit von 525 Stunden 57 Minuten 20 Sekunden (ein Durchschnitt von 11,12 km/h) war er nur 2 Minuten 47 Sekunden schneller als Pietro Gavuzzi (GB).

ÄLTESTER MARATHON

Mit einer ununterbrochenen 104-jährigen Geschichte ist der Boston Marathon offiziell der älteste Marathon. Der erste Boston Marathon fand am 19. April 1897 nach dem Vorbild des Laufes bei den Olympischen Spielen von 1896 statt.

MITTELFRISTIG AM SCHNELLSTEN

Die Rekordzeit für einen Halbmarathon (21,097 km) bei den Männern liegt bei 59 Minuten 5 Sekunden. Paul Tergat (EAK, links) stellte den Rekord am 26. März 2000 in Lissabon (P) auf. Masako Chika (J) lief mit 66 Minuten 43 Sekunden am 19. April 1997 in Tokio (J) die offizielle Rekordzeit für Frauen auf der Halbmarathonstrecke. Paul Tergat hält auch den Rekord für die meisten Einzelsiege bei Halbmarathon-Weltmeisterschaften der IAAF. Er gewann 1999 und 2000. Tegla Loroupe (EAK) holte sich dreimal den Titel bei den Frauen: 1997, 1998 und 1999.
Der Rekord für die meisten Mannschaftssiege im Halbmarathon liegt bei sechs und wird von den kenianischen Männern (1992–95, 1997 und 2000) und von den rumänischen Frauen (1993–97 und 2000) gehalten.

www.guinnessworldrecords.com/halfmarathons

← ACCESS CODE: ‹45718›

www.guinnessworldrecords.com/mauricegreene

ACCESS CODE: ‹51642›

SCHNELL WIE DER BLITZ

Der Sprinter Maurice „The Phenomenon" Greene (USA, rechts) rasiert sich vor großen Rennen immer den Kopf kahl. Zur Zeit hält er die Hallenweltrekorde über 50 m und über 60 m. Außerdem hält er den Weltrekord über 100 m. Bei den Olympischen Spielen 2000 in Sydney (AUS) gewann er mit der US-Staffel über 4 x 100 m die Goldmedaille.

LÄNGSTER JÄHRLICH DURCHGEFÜHRTER LAUF

Jedes Jahr wird der Sri-Chinmoy-Lauf über 3.100 Meilen (4.989 km) auf einer 400-m-Bahn in Jamaica (USA) ausgetragen. Den Rekord für die schnellste Zeit hält mit 46 Tagen 17 Stunden 2 Minuten 6 Sekunden Istvan Sipos (H). Er lief vom 13. Juni bis zum 28. Juli 1998 und durfte so viele Pausen einlegen, wie er wollte.

SÜCHTIG NACH GOLD

Bei den alle zwei Jahre ausgetragenen Weltmeisterschaften gewann Merlene Ottey (JA, oben) 14 Medaillen – Rekord. Sie gewann dreimal Gold (4 x 100 m 1991; 200 m 1993 und 1995); dreimal Silber (100 m 1993 und 1995, 4 x 100 m 1995) und achtmal Bronze (100 m 1987–91; 200 m 1987, 1991, 1997; 4 x 100 m 1983, 1993).
Carl Lewis (USA) hält mit zehn WM-Medaillen den Rekord bei den Männern. Er gewann acht Goldmedaillen (100 m, Weitsprung und 4 x 100 m 1983; 100 m, Weitsprung und 4 x 100 m 1987; 100 m und 4 x 100 m 1991).

www.guinnessworldrecords.com/goldmedals

ACCESS CODE: ‹45730›

SCHNELLSTE 100 x 1 MEILE-STAFFEL

Den Rekord für 100 Meilen von 100 Läufern stellte am 20. Dezember 1998 mit 7 Stunden 35 Minuten 55,4 Sekunden der Canadian Milers Athletic Club an der York University, Toronto (CDN), auf.

Bei den Frauen lief der Anderson College Athletics Club aus San Francisco (USA) am 15. Juni 1997 im Foothill College, Los Altos Hills (USA), die Rekordzeit von 9 Stunden 38 Minuten 39,14 Sekunden.

MEISTE TEILNEHMER AN EINEM STAFFELLAUF

An dem 175 km langen Lauf Batavierenrace von Nimwegen nach Enschede (NL), der am 24. April 1999 ausgetragen wurde, nahmen 7.175 Staffelläufer teil (287 Teams mit 25 Läufern). Dieser jährlich ausgetragene Lauf beginnt um Mitternacht und dauert etwa 18 Stunden. Jeder Läufer ist mit einem Mikrochip ausgerüstet, auf dem jeder Laufabschnitt registriert wird.

SCHNELLSTER TRANSAMERIKA-LAUF

Der Rekord für den schnellsten Lauf quer durch Amerika (San Francisco nach New York) liegt bei 46 Tagen 8 Stunden 36 Minuten. Frank Giannino Jr. (USA) lief die 4.989 km vom 1. September bis zum 17. Oktober 1980.

Den Transamerika-Rekord bei den Frauen hält mit 69 Tagen 2 Stunden 40 Minuten Mavis Hutchinson (ZA), die Amerika vom 12. März bis zum 21. Mai 1978 durchquerte.

Olympische Spiele

LÄNGSTE ZEITSPANNE BEI DEN MÄNNERN
Die längste Zeitspanne, über die ein Sportler an Olympischen Spielen teilgenommen hat, beträgt 40 Jahre. Ivan Joseph Martin Osiier (DK) nahm in der Disziplin Fechten teil (1908–32 und 1948); Magnus Andreas Thulstrup Clasen Konow (NOR) in der Disziplin Segeln (1908–20, 1928 und 1936–48); ebenso Paul Elvstrøm (DK; 1948–60, 1968–72 und 1984–88) und Durward Randolph Knowles (GB 1948, damals Bahamas; 1948–72 und 1988).

LÄNGSTE ZEITSPANNE BEI DEN FRAUEN
Die längste Zeitspanne, über die eine Sportlerin an Olympischen Spielen teilgenommen hat, beträgt 28 Jahre. Beide Rekordhalterinnen sind Dressurreiterinnen. Anne Jessica Ransehousen (USA) ritt 1960, 1964 und 1988, und Christilot Hanson-Boylen (CDN) 1964–76, 1984 und 1992.

MEISTE GOLDMEDAILLEN IN FOLGE FÜR OLYMPIA-TEAM
Aladár Gerewitsch (H), der von 1932–60 der siegreichen Säbelfechter-Mannschaft angehörte, gewann sechs Goldmedaillen in Folge – ein Rekord in der Geschichte der Olympischen Spiele.

VOLLES HAUS
An den sehr erfolgreichen Olympischen Sommerspielen (die Eröffnungsfeier, links) vom 15. September bis 1. Oktober 2000 in Sydney AUS) nahm die Rekordanzahl von 11.084 Athleten teil, darunter 4.245 Frauen. Die Spiele 2000 in Sydney halten mit 199 auch den Rekord für die meisten teilnehmenden Länder an Olympischen Sommerspielen. Außerdem gewannen bei den Spielen in Sydney die meisten Länder in der Geschichte der Olympiade eine Medaille: 80 Nationen konnten mindestens eine Medaille für sich verbuchen.

www.guinnessworldrecords.com/sydney2000
ACCESS CODE: ‹44741›

MEISTE GOLDMEDAILLEN IN FOLGE FÜR OLYMPIONIKEN
Die einzigen Olympia-Sportler mit vier Titelsiegen in Folge in derselben Disziplin sind Al Oerter (USA) 1956–68 im Diskuswerfen und Carl Lewis (USA) 1984–96 im Weitsprung. Allerdings gewann Raymond Clarence Ewry (USA) jeweils im Weit- und Dreisprung sowie im Hochsprung aus dem Stand bei den Spielen von 1900, 1904, 1906 und 1908. (Wenn die Zwischenspiele von 1906 mitgerechnet werden, die offiziell vom Internationalen Olympischen Komitee ausgerichtet wurden.)

Der Segler Paul Elvstrøm (DK) gewann in der Einzelwertung zwischen 1948 und 1960 viermal Gold in Folge, obwohl sich die Klassen änderten (1948 Firefly-Klasse, 1952–60 Finn-Klasse).

MEISTE MEDAILLEN BEI SOMMERSPIELEN
Die USA gewannen in der Geschichte der Olympischen Sommerspiele 1896–2000 mehr Medaillen als jedes andere Land. Insgesamt 2.112 Medaillen wurden in dieser Zeit verliehen, darunter die Rekordanzahl von 872 Goldmedaillen.

Die USA sind auch das Land, das die meisten Goldmedaillen bei einer Veranstaltung errungen hat. Sie gewannen 1984 bei den 23. Olympischen Spielen in Los Angeles (USA) 83-mal Gold.

Außerdem halten die USA den Rekord für die meisten Medaillen bei einer Veranstaltung. 1904 errangen sie bei den 3. Olympischen Spielen in St. Louis (USA) 242 Medaillen.

MEISTE GOLDMEDAILLEN EINER SPORTLERIN IN FOLGE
Birgit Fischer (D) errang mit vier Siegen im Kanufahren die meisten olympischen Goldmedaillen in Folge. Sie nahm erstmals 1988 an den Olympischen Spielen in Südkorea teil und war auch 2000 in Sydney erfolgreich.

MEISTE MEDAILLEN BEI WINTERSPIELEN
Norwegen gewann mit 239 Auszeichnungen die meisten Medaillen in der Geschichte der Olympischen Winterspiele 1924–98.

Die meisten Medaillen bei einer Winterveranstaltung errang mit 29 Auszeichnungen die UdSSR, und zwar 1988 bei den 15. Winterspielen in Calgary (CDN). Den gleichen Rekord stellte Deutschland 1998 bei den 18. Winterspielen in Nagano (J) auf.

Die UdSSR gewann mit 87 Auszeichnungen die meisten Goldmedaillen bei Olympischen Winterspielen. Sie gewann auch die Rekordzahl von 13 Goldmedaillen 1976 bei bei den 12. Olympischen Winterspielen in Innsbruck (A).

ERIC DER AAL
Der Schwimmer Eric Moussambani (links) aus Äquatorialguinea brachte es mit 1 Minute 52,72 Sekunden auf die langsamste je gemessene Zeit in der Geschichte der Olympischen Spiele für die 100-Meter-Freistil. Er stellte den Rekord am 19. September 2000 bei den Spielen in Sydney (AUS) auf. Er gewann den Vorlauf, nachdem seine beiden Kontrahenten wegen Fehlstarts disqualifiziert worden waren. Eric, der auf Grund seines Schwimmstils „Eric der Aal" genannt wird, hatte nie zuvor ein Becken mit olympischen Bahnen (50 m) gesehen und hatte überhaupt erst neun Monate zuvor schwimmen gelernt. Trainiert hatte er in dem einzigen, 20 m langen Schwimmbecken Äquatorialguineas und in Flüssen. Er war mehr als 7 Sekunden langsamer als der Goldmedaillengewinner über 200-m-Freistil der Männer.

www.guinnessworldrecords.com/erictheeel
ACCESS CODE: ‹56613›

MEISTE TEILNEHMER AN PARALYMPICS

An den Paralympics 2000 in Sydney (AUS) nahmen 3.824 Sportler teil – mehr als je zuvor. Sie kamen aus 125 Ländern.

MEISTE OLYMPISCHE MEDAILLEN EINES SPORTLERS

Die meisten olympischen Medaillen, insgesamt 15, gewann der Turner Nikolai Andrianow (UdSSR). Von 1972 bis 1980, im Alter von 19 bis 27 Jahren, holte er siebenmal Gold, fünfmal Silber und dreimal Bronze.

MEISTE OLYMPISCHE MEDAILLEN EINER SPORTLERIN

Die meisten olympischen Medaillen, nämlich 18, gewann die Turnerin Larissa Semjonowna Latinina (UdSSR). Von 1956 bis 1964, im Alter von 21 bis 29 Jahren, gewann sie neunmal Gold, fünfmal Silber und viermal Bronze.

www.guinnessworldrecords.com/redgrave

ACCESS CODE: <55805>

IMMER WEITER RUDERN!

Die meisten in Folge gewonnenen olympischen Goldmedaillen bei Ausdauersportarten sind die fünf Medaillen von Steve Redgrave (GB, unten Mitte). Er holte sie im Rudern bei fünf aufeinander folgenden Olympischen Spielen von 1984 bis 2000. Zudem brachte er es auf die Rekordanzahl von neun Weltmeisterschaftstiteln: 1986 im Zweier mit Steuermann, 1987, 1991, 1993–95 im Zweier ohne Steuermann und 1997–99 im Vierer ohne Steuermann. Redgrave begann in der Schule in Marlow (GB) mit dem Rudern, nachdem er sein Talent schon in anderen Sportarten bewiesen hatte. Er verließ die Schule mit 16 Jahren, um sich ganz dem Training zu widmen. 1989 begann er mit dem Bobfahren und holte im selben Jahr den britischen Titel mit seinem Viererbob-Team. Redgrave wurde für seine Verdienste um den Sport am 1. Mai 2001 zum Ritter geschlagen.

MEISTE MEDAILLEN BEI DEN PARALYMPICS

Seit den ersten Sommer-Paralympics 1960 in Rom (I) gewannen die USA mit 1.938 die meisten Medaillen, darunter die Rekordzahl von 693 Goldmedaillen. Seit den ersten Winter-Paralympics 1976 in Örnsköldsvi (S) gewann Österreich die Redkordzahl von 250 Medaillen. Norwegen hat mit 97 die meisten Goldmedaillen bei Paralympischen Winterspielen gewonnen.

Autosport

MEISTE SIEGE BEI GROSSEN NASCAR-RENNEN
Von den vier großen Rennen der NASCAR-Serie (National Association for Stock Car Auto Racing) – Daytona 500, Winston 500, Southern 500 und Coca Cola 600 – gewannen drei US-Fahrer in einer Saison je drei Rennen: Dave Pearson (1976), Bill Elliott (1985) und Jeff Gordon (1997). Im Jahr 1969 siegte Lee Roy Yarbrough (USA) in allen drei Rennen dieses Jahres – das Winston 500 wurde 1970 zum ersten Mal ausgetragen.

IMMER IN BEWEGUNG
Alain Prost (F, oben) hält den Rekord für die meisten Grand-Prix-Punkte in einer Formel-1-Karriere. In 199 Rennen von 1980 bis 1993 holte er 798,5 Punkte. Er hält auch den Rekord für die meisten Grand-Prix-Siege eines Fahrers. Von 199 Rennen zwischen 1980 und 1993 gewann er 51. Insgesamt 106-mal stieg er als Erster, Zweiter oder Dritter eines Rennens aufs Treppchen. Der erfolgreichste Formel-1-Fahrer der Welt wird auch „Le Professeur" genannt. 1992 gab er seine Fahrerkarriere auf, ist der Formel 1 jedoch treu geblieben. Seit 1993 war er zunächst als PR-Berater für Renault, dann als Berater für McLaren tätig. 1997 stieg er dann mit einem eigenen Rennstall ins Formel-1-Geschäft ein. Er kaufte das Team Ligier und benannte es 1998 um in Team Prost.

www.guinnessworldrecords.com/prost

ACCESS CODE: ‹44854›

MEISTE NASCAR-SIEGE
Richard Petty (USA) hat in seiner Karriere als Stock-Car-Fahrer die meisten Rennsiege errungen. Zwischen 1958 und 1992 hat er 200 seiner 1.184 Rennen gewonnen.

MEISTE NASCAR-TITEL
Zwei Fahrer haben siebenmal den Titel des NASCAR-Champions gewonnen: Richard Petty (USA) 1964, 1967, 1971–72, 1974–75 und 1979 sowie Dale Earnhardt (USA) 1980, 1986–87, 1990–91 und 1993–94.

MEISTE POLE-POSITIONS IN EINER FAHRERKARRIERE
Von 1958 bis 1992 stand Richard Petty (USA) 126-mal beim Start eines NASCAR-Rennens auf der Pole-Position (Platz 1 als schnellster Fahrer in der Qualifikation).

MEISTE COCA-COLA-600-SIEGE
Darrell Waltrip (USA) hat das Rennen Coca Cola 600 – das längste der NASCAR-Serie – fünfmal gewonnen: 1979–80, 1985 und 1988–89.

MEISTE DAYTONA-500-SIEGE
Die meisten Siege beim Daytona 500 – dem mit einem Preisgeld von 10 Mio. Dollar (22,4 Mio. DM) am höchsten dotierten Rennen der NASCAR-Serie – hat Richard Petty (USA) vorzuweisen: 1964, 1966, 1971, 1973–74, 1979 und 1981.

MEISTE SOUTHERN-500-SIEGE
Das älteste Rennen der NASCAR-Serie, Southern 500, das 1950 zum ersten Mal ausgetragen wurde, gewann Cale Yarborough (USA) fünfmal: 1968, 1973–74, 1978 und 1982.

MEISTE RALLYE-WELTMEISTERSCHAFTSSIEGE IN EINER SAISON
Didier Auriol (F) gewann 1992 die Rekordzahl von sechs Rennen innerhalb einer Saison der Rallye-Weltmeisterschaft. Auriol fuhr 1979 seine erste Rallye und trat damit in die Fußstapfen seines älteren Bruders.

SCHNELL REICH WERDEN
Dale Earnhardt (USA, oben) hat während seiner Karriere als NASCAR-Fahrer von 1975 bis 2001 Preisgelder in Höhe von rund 93 Mio. DM gewonnen. Auf tragische Weise kam er am 18. Februar 2001 beim Rennen Daytona 500 ums Leben. Sein Sohn Dale Jr. folgt jedoch der Reifenspur seines Vaters, genau wie Dale seinem Vater Ralph gefolgt war. Der Name Earnhardt bleibt der NASCAR-Serie also erhalten.
Al Unser Jr. (USA) hält den Rekord für die höchsten Einnahmen nur aus Rennen der CART-Serie. In der Saison 2000 hat er über 42 Mio. DM an Preisgeldern kassiert.

www.guinnessworldrecords.com/earnhardt

ACCESS CODE: ‹56448›

MEISTE WINSTON-500-SIEGE
Dale Earnhardt (USA) hat das Rennen Winston 500 – das schnellste der NASCAR-Serie – viermal gewonnen: 1990, 1994, 1999 und 2000.

MEISTE CART-MEISTERTITEL
Den Titel des CART-Champions (Championship Auto Racing Teams) holte sich A. J. Foyt (USA) siebenmal in den Jahren 1960–61, 1963–64, 1967, 1975 und 1979.

MEISTE RALLYE-WELTMEISTERTITEL
Zwei Fahrer halten den Rekord von vier Siegen in der Rallye-Weltmeisterschaft: Juha Kankkunen 1986–87, 1991 und 1993 und Tommi Makinen (beide FIN) 1996–99.

JÜNGSTER RALLYE-WELTMEISTER
Der jüngste Rallye-Weltmeister ist Colin McRae (GB). Bei seinem Titelgewinn 1995 war er 27 Jahre 89 Tage alt.

SCHNELLSTES FUNNY CAR
Dragster-Rennen gehen über eine Distanz von 440 yd (402 m). John Force (USA) erreichte am 21. März 1999 in Gainesville (USA) in einem 99er Ford Mustang aus dem Stand eine Spitzengeschwindigkeit von 521,50 km/h.

KÜRZESTES FUNNY-CAR-RENNEN
Mit seinem 99er Ford Mustang der Klasse Funny Car legte John Force die 440-yd-Strecke am 11. April 1999 in Houston (USA) in nur 4,788 Sekunden zurück.

JÜNGSTER SIEGER EINES FORMEL-1-RENNENS
Bruce McLaren (NZ) war am 12. Dezember 1959 bei seinem Sieg im US Grand Prix in Sebring, Florida, erst 22 Jahre 104 Tage alt.

ÄLTESTER FORMEL-1-WELTMEISTER
Juan Manuel Fangio (RA) gewann am 4. August 1957 mit 46 Jahren 41 Tagen seinen letzten Weltmeistertitel für das Mercedes-Benz-Team – der älteste Formel-1-Weltmeister aller Zeiten.

JÜNGSTER FORMEL-1-WELTMEISTER
Der jüngste Formel-1-Weltmeister aller Zeiten war Emerson Fittipaldi (BR). Am 10. September 1972 wurde er mit 25 Jahren 273 Tagen zum ersten Mal Weltmeister.

MEISTE GRAND-PRIX-SIEGE EINES HERSTELLERS
Den Rekord für die meisten Grand-Prix-Siege eines Herstellers hält Ferrari (I) mit 139 Siegen in 656 Rennen. Ferrari gewann 1952 alle sieben Rennen und die ersten acht (von neun) im Jahr 1953 – der Rekord wurde bis heute nicht gebrochen.

MEISTE SIEGE EINES HERSTELLERS IN EINER FORMEL-1-SAISON
Im Jahr 1988 sicherte sich das Team von McLaren (GB) 15 Siege in 16 Grand-Prix-Rennen. Ayrton Senna (BR) gewann acht Rennen und Alain Prost (F) sieben. Die von Honda-Motoren angetriebenen McLaren holten in diesem Jahr dreimal so viele WM-Punkte wie Ferrari, McLarens härtester Rivale.

SCHNELLSTES PRO-STOCK-MOTORRAD
Der Geschwindigkeitsrekord für ein benzinbetriebenes Motorrad mit Zylindermotor (Pro Stock) liegt bei 308,15 km/h und wurde am 31. Oktober 1999 von Matt Hines (USA) auf einer 95er Suzuki GSX-R aufgestellt.

KÜRZESTE ZEIT FÜR EIN PRO-STOCK-MOTORRAD
Am 19. Mai 2000 legte Matt Hines (USA) in Englishtown (USA) die 440 yd (402 m) in der Rekordzeit von 7,138 Sekunden auf seinem Pro-Stock-Motorrad zurück, einer 95er Suzuki GSX-R.

SCHNELLSTER NHRA-DRAGSTER
Den Geschwindigkeitsrekord für einen NHRA-Dragster (National Hot Rod Association) über 440 yd (402 m) stellte Tony Schumacher (USA) am 22. Oktober 1999 auf: atemberaubende 526,11 km/h.

KÜRZESTE ZEIT FÜR EINEN TOP-FUEL-DRAGSTER
Gary Scelzi (USA) benötigte am 31. Oktober 1999 in Houston (USA) mit einem Top-Fuel-Dragster für die 440 yd (402 m) nur 4,48 Sekunden – Weltrekord.

www.guinnessworldrecords.com/formula1

DIE SIEGER-FORMEL
Neun Grand-Prix-Siege in einem Jahr haben bisher nur Michael Schumacher (D, rechts) 1995 und 2000 und Nigel Mansell (GB) 1992 geschafft. Mansell wechselte 1993 zu Indy-Car-Rennen und gewann als erster Anfänger gleich den Meistertitel. Schumacher begann im Alter von vier Jahren mit Go-Kart-Rennen. Mit sechzehn wurde er Vizejuniorenweltmeister, zwei Jahre später Europameister. Nach 15 Jahren Kart-Rennen wechselte er zu den Rennautos. 1990 kam er in das Mercedes-Benz-Team für die Sportwagen-Weltmeisterschaft und wurde parallel dazu deutscher Meister in der Formel 3. Beim Grand Prix von Belgien 1991 gab er sein Debüt als Fahrer für das Jordan-Team der Formel 1. Dies war der Beginn seiner Formel-1-Karriere.

ACCESS CODE: <44850>

GUINNESS WORLD RECORDS

Zweiradsport

SIEGE BEIM GIRO D'ITALIA
Drei Fahrer schafften den Rekord von fünf Siegen beim *Giro d'Italia*: Alfredo Binda (I) 1925 und 1927–29 und 1933, Fausto Coppi (I) 1940, 1947, 1949, 1952–53, Eddy Merckx (B) 1968, 1970 und 1972–74.

MEISTE WELTMEISTERSCHAFTSTITEL EINER FRAU
Jeanie Longo (F) gewann zwölf WM-Titel, den ersten 1985 und den letzten 1997. In diesem Zeitraum siegte sie fünfmal in Straßenrennen, was keiner anderen Frau je gelang, allein viermal nacheinander in den Jahren 1985 bis 1989. Die restlichen Titel errang sie im Zeitfahren, Punktefahren und Verfolgungsfahren.

GRÖSSTE RADLERVERANSTALTUNG
Mit 48.615 Teilnehmern war die Udine Pedala 2000 am 11. Juni 2000 die größte Radlerveranstaltung aller Zeiten. Sie wurde in der nahe der slowenischen Grenze gelegenen italienischen Stadt Udine von Rolo Banca 1473 organisiert. Die Teilnehmer umfuhren die Stadt auf einem 29,3 km langen Rundkurs.

MEISTE SIEGE BEI DER SPANIENRUNDFAHRT
Tony Rominger (CH) hält mit seinen drei Siegen von 1992 bis 1994 den Rekord bei der Spanienrundfahrt *Vuelta a España*.

GRÖSSTE IN 24 STUNDEN GEFAHRENE RAD-STRECKE
Den 24-Stunden-Rekord mit Schrittmacher hält Michael Secrest (USA). Er legte am 26. und 27. April 1990 auf dem Phoenix International Raceway, Arizona (USA), 1.958,2 km zurück.

SCHNELLSTE AMERIKADURCHQUERUNG DURCH EIN TEAM VON ZWEI RADFAHRERN
Die schnellste Amerikadurchquerung durch ein Team von zwei Radfahrern fand vom 22. bis 30. Juli 1998 statt, sie dauerte 7 Tage 9 Stunden 56 Minuten. Ricardo S. Arap und Alexandre Ribeiro (beide BR) legten die 4.828 km lange Strecke mit einer Durchschnittsgeschwindigkeit von 28,6 km/h zurück.

GRÖSSTE IN EINER STUNDE GERADELTE STRECKE
Der offizielle Ein-Stunden-Rekord der UCI (Union Cycliste Internationale) bei selbstständigem Start aus dem Stand liegt für Männer bei 49,441 Kilometer. Chris Boardman (GB) stellte ihn am 27. Oktober 2000 in Manchester (GB) auf.

Für Frauen liegt der Ein-Stunden-Rekord bei selbstständigem Start aus dem Stand bei 45,094 km. Jeanie Longo (F) stellte ihn am 7. Dezember 2000 in Mexico City (MEX) auf. Sie gewann außerdem Gold im olympischen Straßenrennen von 1996.

DER KÖNIG DER SUPERBIKER
Die Rekordzahl von vier WM-Titeln in der Superbike-Klasse hält Carl Fogarty (GB, oben). Fogarty, Spitzname „Lion King", fuhr sein erstes Rennen 1983, errang jedoch erst 1985 seinen ersten Sieg. Als Fahrer von Ducati wurde er 1994 und 1995 Weltmeister in der Superbike-Klasse. 1996 wechselte er von Ducati zu Honda, schaffte jedoch in der Weltmeisterschaft nur den vierten Platz. 1997 kehrte er zu Ducati zurück und wurde zunächst Vizeweltmeister, bevor er den Titel 1998 und 1999 wieder gewann.

www.guinnessworldrecords.com/superbike
ACCESS CODE: ‹52800›

MEISTE WELTMEISTERSCHAFTSTITEL EINES MÄNNLICHEN RADPROFIS
Die meisten Weltmeisterschaftstitel bei den männlichen Profis gewann Koichi Nakano (J), der beim Sprint zwischen 1977 und 1986 zehn Titel errang.

MEISTE SIEGE EINES HERSTELLERS IN DER SUPERBIKE-KLASSE
Die meisten Siege in der Superbike-Klasse errang der Hersteller Ducati mit 161 Siegen zwischen 1989 und 1999. Ducati hält auch den Rekord für die meisten Weltmeisterschafts-Titel in der Superbike-Klasse: neun Titel von 1991 bis 1996 und von 1998 bis 2000.

MEISTE WELTMEISTERSCHAFTSTITEL IN SPEEDWAY-RENNEN
Hans Hollen Nielsen (DK) ist mit acht Mannschaftstiteln bei den 1993 letztmals ausgetragenen Paar-Meisterschaften, neun Mannschaftstiteln und vier Einzeltiteln der erfolgreichste Fahrer bei Weltmeisterschaften. Er hat damit die Rekordzahl von 21 WM-Titeln erfahren.

HÄUFIGSTE FINALTEILNAHME BEI SPEEDWAY-WELTMEISTERSCHAFTEN
Barry Briggs (NZ) erzielte zwischen 1954 und 1972 die Rekordzahl von 18 Finalteilnahmen bei Speedway-Weltmeisterschaften. Viermal, 1957, 1958, 1964 und 1966, wurde er Weltmeister.

EIN AMERIKANER IN PARIS
Die höchste Durchschnittsgeschwindigkeit bei der *Tour de France* – 40,276 km/h – wurde 1999 von Lance Armstrong (USA, links) erzielt. Vier Fahrer schafften den Rekord von fünf Siegen bei der *Tour de France*: Jacques Anquetil (F), 1957 und 1961–64, Eddy Merckx (B), 1969–72 und 1974, Bernard Hinault (F), 1978–79, 1981–82 und 1985, und Miguel Induráin (E), 1991–95.
Den knappsten Sieg bei der *Tour de France* gab es 1989. Nach 23 Tagen (1.–23. Juli) und einer Strecke von 3.267 km beendete Greg LeMond (USA) in Paris die Tour mit der Zeit von 87 Stunden 38 Minuten 35 Sekunden. Damit war er gerade einmal 8 Sekunden schneller als der Franzose Laurent Fignon.

www.guinnessworldrecords.com/tourdefrance
ACCESS CODE: ‹45315›

MEISTE WM-PUNKTE
Barry Briggs (NZ) errang zwischen 1954 und 1972 die Rekordzahl von 201 WM-Punkten in 87 Weltmeisterschaftsrennen.

MEISTE SIEGE IN MOTORRADRENNEN
Die meisten Siege bei Motorradweltmeisterschaften erzielte Giacomo Agostini. Zwischen dem 24. April 1965 und dem 25. September 1977 gewann er insgesamt 122 Rennen (68 in der 500 cm^3-Klasse und 54 in der 350 cm^3-Klasse).

MEISTE WM-TITEL IM MOTORRADRENNEN
Mit 15 Erfolgen holte Giacomo Agostini (I) die meisten WM-Titel als Motorradfahrer. Er siegte zwischen 1968 und 1974 siebenmal in der 350 cm^3-Klasse und von 1966 bis 1972 sowie 1975 achtmal in der 500 cm^3-Klasse.

MEISTE WM-TITEL IM TRIAL
Den Rekord mit sieben WM-Titeln im Trial hält Jordi Tarrés (E). Er wurde 1987, 1989–91 und 1993–95 Weltmeister.

MEISTE WM-TITEL IN DER 125 CM^3-KLASSE
Angel Roldán Nieto (E) hält den Rekord von sieben WM-Titeln in der 125 cm^3-Klasse, die er 1971, 1972, 1979 und 1981–84 errang.

MEISTE EINZELTITEL IM SPEEDWAY
Die höchste Zahl von Einzeltiteln in der Speedway-WM beträgt sechs. Ivan Mauger (NZ) hat sie in den Jahren 1968–70, 1972, 1977 und 1979 gewonnen.

MEISTE WM-TITEL IN DER 250 CM^3-KLASSE
Die meisten WM-Titel in der 250 cm^3-Klasse errang Phil Read (GB). Er siegte viermal: 1964, 1965, 1968 und 1971.

MEISTE MOTORRADRENNSIEGE IN EINER EINZELKLASSE
Der Rekord über die meisten Siege in einer Einzelklasse bei Motorradweltmeisterschaften liegt bei 79. Er wird von Rolf Biland (CH) in der Seitenwagen-Klasse gehalten.

MEISTE WM-TITEL IM SEITENWAGEN
Die meisten WM-Titel im Seitenwagen errang Rolf Biland (CH). Er siegte 1978, 1979, 1981, 1983 und 1992–94.

MEISTE TITEL IM MANNSCHAFTSFAHREN
Die World Pairs Championship wird offiziell seit 1970 ausgetragen. Seit 1994 heißt sie World Team Championships. Rekordweltmeister ist Dänemark mit neun Siegen.

www.guinnessworldrecords.com/poleposition

TOLLKÜHNE MÄNNER AUF FLIEGENDEN MASCHINEN
Zwischen 1996 und März 2001 erzielte Troy Corser (AUS, rechts) die Weltrekordanzahl von 25 Pole-Positions bei den Weltmeisterschaften der Superbike-Klasse. 1996 gewann er mit 24 Jahren die Superbike-WM und wurde der jüngste Superbike-Weltmeister aller Zeiten. Seither belegte er stets den 3. Platz.

ACCESS CODE: ‹52808›

Extrem-Sport 1

TIEFSTES ABSEILEN
Am 2. November 1993 seilte sich eine Mannschaft von vier Royal Marines (alle GB) über die Rekorddistanz von 1.105,5 m in die Boulby Potash Mine in Cleveland (GB) ab. Sie begannen ihren Abstieg 7,6 m unter der Erdoberfläche und seilten sich ab, bis sie den Boden des Schachtes erreichten.

TIEFSTES ABSEILEN AN EINEM GEBÄUDE
Der Rekord im Abseilen an einem Gebäude liegt bei 446,5 m und wurde von zwei zwölfköpfigen Mannschaften der britischen Royal Marines und der kanadischen School of Rescue Training aufgestellt. Alle 24 Mann seilten sich am 1. Juli 1992 vom Space Deck des CN Tower in Toronto (CDN) bis auf den Boden ab.

WEITESTES HERABGLEITEN AM SEIL
Die Rekorddistanz im Herabgleiten an einem Seil liegt bei 1.746,5 m. Am 31. August 1994 ließen sich Lance-Corporal Peter Baldwin (GB) von den Royal Marines und Stu Leggett (CDN) von der kanadischen Canadian School of Rescue Training vom Gipfel des Mt. Gibraltar, Alberta (CDN), bis zum Fuß des Berges herabgleiten. Auf einer Teilstrecke des Abstiegs waren beide über 160 km/h schnell.

WENN ES KEINE BRÜCKE GIBT
Die längste Seiltraverse der Welt (ein festes Seil über ein Hindernis, z.B. eine Schlucht oder ein Fluss) war 953,63 m lang und überspannte die Elbe zwischen Belveder und Dolni Zleb (CZ). Die Traverse wurde vom tschechischen Höhlenrettungsdienst gebaut und von Zdenek Kadlec (CZ, links) überquert. Er zog sich im Gurtzeug an dem Seil hängend am 3. Juli 1998 in 59 Minuten 6 Sekunden über den Fluss. Die Strecke war länger als bei dem Rekord, den die slowakischen Höhlenretter im Jahr zuvor aufgestellt hatten.

www.guinnessworldrecords.com/tyrolrope
ACCESS CODE: ‹44786›

LÄNGSTE DISTANZ ALS „MENSCHLICHE FLIEGE"
Die bisher längste Distanz als „menschliche Fliege" legte Daniel Goodwin (USA) am 25. Mai 1981 zurück, als er an der Fassade des 443,2 m hohen Sears Tower in Chicago (USA) emporkletterte. Für sein todesmutiges Unternehmen benutzte er nur ein System von Saugnäpfen und Metallklammern.

SCHNELLSTER FREECLIMBER
USA

Dan Osman (USA) erkletterte den 120 m hohen Felsen „Lover's Leap" am Lake Tahoe, Kalifornien (USA), in 5 Minuten 52 Sekunden. Er vollbrachte diese verblüffende Leistung am 29. Mai 1997 ohne Seile und Gurte.

WEITESTER SPRUNG INS SEIL
USA

Dan Osman (USA) sprang am 12. Oktober 1998 an der Felsformation „Leaning Tower" im Yosemite National Park, Kalifornien (USA), 305 m tief ins Seil. Er stürzte Hunderte von Metern im freien Fall, bis er von dem an seinem Gurtgeschirr befestigten Seil aufgefangen wurde. Osman starb knapp drei Wochen, nachdem er diesen Rekord aufgestellt hatte, bei einem anderen Sprung am selben Ort.

SCHNELLSTER GRASSKI-FAHRER
Der Geschwindigkeitsrekord im Grasski-Fahren liegt bei 92,07 km/h. Klaus Spinka (A) stellte ihn am 24. September 1989 in Waldsassen (D) auf.

HÖCHSTE GESCHWINDIGKEIT EINES LANDSEGLERS
Die höchste dokumentierte Geschwindigkeit eines Landseglers beträgt 187,8 km/h. Sie wurde am 20. März 1999 auf dem Ivanpah Dry Lake, Prim (USA), auf der *Iron Duck* von Bob Schumacher (USA) erreicht. Den Segler hat Bob Dill in Burlington (USA) entworfen und gebaut.

HÖCHSTER SPRUNG IN DER HALLE MIT INLINE-SKATES IN EINER HALFPIPE
F

Taïg Khris (F) sprang am 6. Dezember 2000 mit Inlineskates in einer Halfpipe 3,1 m hoch.

WEITESTER SPRUNG MIT DEM SKATEBOARD
USA

Brian Patch machte auf seinem Skateboard den Rekordsprung von 17,06 m. Brian stammt aus Westminster (USA) und stellte seinen Weitsprungrekord auf dem Van Nuys Airport in Kalifornien (USA) am 21. Januar 2001 für die Fernsehsendung GUINNESS WORLD RECORDS PRIMETIME auf.

DER SPIN-DOCTOR
Tony Hawk (USA, links) schaffte am 27. Juni 1999 bei den X Games von 1999 in San Francisco (USA) mit dem Skateboard den ersten 900-Grad-Spin von der Halfpipe. Beim so genannten „900" rotiert der Skateboarder zweieinhalbmal in der Luft. Hawk ist bis heute der einzige Mensch, der dies in einem Wettkampf geschafft hat. Als Jugendlicher wirkte er zunächst gar nicht wie ein Sportler, konnte jedoch dank seiner Begeisterung für das Skateboardfahren seine körperlichen Schwächen überwinden und wurde schon mit 14 Jahren Profi. Er ist einer der wenigen Skateboarder, der ein echter Superstar ist, Computerspiele und andere Produkte tragen seinen Namen. Im August 2000 ist seine Autobiographie erschienen: *Hawk, Beruf: Skateboarder*.

www.guinnessworldrecords.com/spinboard
ACCESS CODE: ‹52726›

www.guinnessworldrecords.com/flipboard

AUF SAND GESPRUNGEN

Am 20. Mai 2000 vollführte der Skateboarder Josh Tenge (USA, rechts) einen Back-Flip mit dem Sandboard, der die Rekordlänge von 13,6 m hatte. Der Rekord wurde auf dem X-West Huck Fest in Sand Mountain (USA) aufgestellt. Sandboarding ist mit dem Wellenreiten verwandt und existiert seit den 1940er Jahren. Sandboards fahren auf laminierten Kunststoffen (Formica™) und werden über 80 km/h schnell.

ACCESS CODE: ‹54689›

HÖCHSTER „AIR" AUF EINEM SKATEBOARD

Danny Way (USA) gelang am 3. August 1998 in Brown Field, San Diego (USA), von einer Halfpipe aus ein Method-Air-Sprung von 5 m Höhe. Beim Method Air packt der Skateboarder mit der vorderen Hand den hinteren Rand des Bretts und zieht das Brett zu sich herauf, dabei sind beide Knie gebeugt. In der Halfpipe kann der Körper des Fahrers dabei parallel zum Boden sein.

HÖCHSTER SKATEBOARD-DROP IN EINE QUARTERPIPE

USA

Jason Ellis (AUS) gelang am 21. Januar 2001 auf dem Van Nuys Airport, Kalifornien (USA), der höchste Skateboard-Drop in eine Quarterpipe. Er erreichte die Höhe von 8,53 m.

MEISTE RÜCKWÄRTSSALTOS AUF INLINESKATES

USA

Jason Stinsmen (USA) schaffte am 20. Januar 2001 auf dem Van Nuys Airport, Kalifornien (USA), mit Hilfe einer Rampe einen doppelten Rückwärtssalto auf Inlineskates.

BACKFLIP MIT DEM ROLLER

USA

Jarret Reid (USA) schaffte einen Backflip mit dem Roller. Er landete mit beiden Füßen auf dem Roller, als er von einer 5,48 m hohen Rampe absprang. Der Rekord wurde auf dem Van Nuys Airport in Kalifornien (USA) am 21. Januar 2001 aufgestellt.

ABFAHRTS-WELTMEISTERSCHAFT IM MOUNTAINBIKING

Nicolas Vouilloz (F) hält mit sieben WM-Titeln im Downhill-Moutainbiking den Weltrekord – er wurde von 1992–94 dreimal Juniorenweltmeister und holte 1995–98 vier Titel bei den Erwachsenen.

Anne-Caroline Chausson (F) hält den Rekord bei den Frauen. Sie wurde fünfmal Weltmeisterin – zweimal bei den Junioren (1994 und 1995) und dreimal bei den Erwachsenen (von 1996 bis 1998).

SCHNELLSTE SANDBOARDER

Erik Johnson (USA) erreichte am 12. April 1999 beim Sand Master Jam in den Dumont Dunes, Kalifornien (USA), mit dem Sandboard die Rekordgeschwindigkeit von 82 km/h.

Die schnellste Frau ist Nancy Sutton (USA). Sie war am 19. September 1998 in Nevada (USA) 71,94 km/h schnell.

WEITESTER ASSISTIERTER SPRUNG MIT DEM BMX-RAD

Der Profi-Stuntman Colin Winkelmann (USA) sprang 20. Dezember 2000 in den Agoura Hills, Kalifornien (USA), mit seinem BMX-Rad die Rekordweite von 35,63 m von einer Rampe. Winkelmann wurde von einem Motorrad gezogen, damit er die erforderliche Geschwindigkeit von fast 100 km/h erreichte, und klinkte sich erst unmittelbar vor der Rampe aus.

MEISTE TITEL BEIM MOTOCROSS-STEP-UP-SPRUNG-WETTBEWERB

Am 18. August 2000 übersprang Tommy Clowers (USA) bei den X Games im Motocross-Step-Up-Wettbewerb die Rekordhöhe von 10,67 m. Die Sportart ist praktisch Hochsprung mit dem Motorrad. Hinter einer Absprungrampe wird ein Balken platziert, den es zu überspringen gilt.

SCHNELLSTE SKATEBOARDER

Die höchste dokumentierte Geschwindigkeit eines Skateboarders beträgt 126,12 km/h. Sie wurde am 15. März 1990 auf einer Rennstrecke bei Los Angeles (USA) von Roger Hickey erreicht. Er fuhr in Bauchlage.

Den Geschwindigkeitsrekord für das Skaten in aufrechter Haltung stellte Gary Hardwick (USA) auf. Am 26. September 1998 erreichte er in Fountain Hills (USA) 100,66 km/h.

GUINNESS WORLD RECORDS™

Extrem-Sport 2

MEISTE HELIKOPTER-SPINS

GB

Die meisten Helikopter-Spins in der Skysurfing-Stellung (man dreht sich kopfunter mit an den Füßen befestigtem Surfbrett) gelangen Chris Gauge aus St. Agnes (GB). Er schaffte am 31. März 1999 am Himmel über dem Aerodrome in Sierra Morena (E) 64 Spins in 20 Sekunden.

WEITESTE VON KITESURFERN ZURÜCKGELEGTE STRECKE

Drei Surfer des Drachenherstellers Flexifoil International überquerten den Ärmelkanal mit Drachensurfboards – eigens angefertigte Surfbretter gezogen von 4,9 m² großen Drachen. Chris Calthrop und Andy Preston (beide GB) schafften die 42,9 km lange Überquerung von Hythe (GB) nach Wissant (F) am 17. September 1999 in 2 Stunden 30 Minuten, Jason Furness (GB) legte die Strecke in 3 Stunden zurück.

LÄNGSTER FALLSCHIRMSPRUNG

Der längste Fallschirmsprung dauerte 40 Minuten. Lieutenant Colonel H. Rankin (USA) vom US Marine Corps war am 26. Juli 1956 dank thermischer Aufwinde so lange in der Luft.

TIEFSTER FREIER FALL

USA

Den tiefsten freien Fall aller Zeiten erlebte Captain Joseph W. Kittinger am 16. August 1960. Er fiel 25.820 m aus einem in 31.330 m Höhe über Tularosa (USA) schwebenden Ballon. In einer Höhe von 27.400 m erreichte er die Höchstgeschwindigkeit von 1.006 km/h – etwas mehr als Schallgeschwindigkeit. Sein freier Fall dauerte 4 Minuten 37 Sekunden.

MEISTE FALLSCHIRMSPRÜNGE IN 24 STUNDEN

Die größte Zahl von Fallschirmsprüngen innerhalb von 24 Stunden (in Übereinstimmung mit den Regeln der United States Parachute Association) beträgt 476. Der Rekord wurde vom 12. bis 13. November von Jay Stokes (USA) in Yuma (USA) aufgestellt. Es waren Mediziner anwesend, die Jay Fragen stellten und sicherstellten, dass er tatsächlich weiterspringen konnte.

FALLSCHIRMSPRUNG VON HÖCHSTGELEGENEM SIMS

Am 26. August 1992 sprangen Nicholas Feteris und Glenn Singleman (beide AUS) mit dem Fallschirm von einem 5.880 m hoch gelegenen, als „Great Trango Tower" bekannten Felsvorsprung in Pakistan.

IN 99 TAGEN UM DIE WELT

Colin Bodill (GB, oben) umrundete die Erde mit seinem Microlight-Flugzeug des Typs Mainair Blade 912 Flexwing in 99 Tagen, zwischen dem 31. Mai und dem 6. September 2000. Er startete und landete auf dem Brooklands-Flughafen in Weybridge (GB). Colin überflog 30 Länder und legte dabei rund 35.000 km zurück. Bei den ersten World Air Games 1997 in der Türkei gewann er die Goldmedaille in der Microlight-Klasse.
Der Höhenrekord mit dem Microlight-Flugzeug beträgt 9.720 m. Serge Zin (F) schraubte ihn am 18. September 1994 in Saint Auban (F) auf diese Höhe.

www.guinnessworldrecords.com/microlight
ACCESS CODE: ‹52011›

HÖCHSTER KOMMERZIELL ANGEBOTENER BUNGEE-SPRUNG

Der höchste kommerziell angebotene Bungee-Sprung der Welt wird auf der 216 m hohen Bloukrans River Bridge in Südafrika organisiert. Die Springer fallen, nachdem sie von der Brücke gesprungen sind, in der Regel vier Sekunden lang frei, bevor die Bremswirkung des Bungee-Seils einsetzt. Der ganze Sprung dauert dann noch einmal vier Sekunden, die gesamte Fallstrecke beträgt zwischen 160 und 180 m.

TIEFSTER BUNGEE-SPRUNG

Am 19. September 1997 machte der bekannte Stuntman und Bungee-Springer Jochen Schweizer (D) von einem Hubschrauber des Typs SA 365 Dauphine in 2.500 m Höhe über Reichelsheim (D) einen Bungee-Sprung von 1.012 m. Danach schnitt er das Seil durch, ging in den freien Fall und landete schließlich mit dem Fallschirm in der Nähe von Frankfurt (D).

MEISTE BODYBOARDING-MEISTERTITEL

Mike Stewart (USA) hat neun Weltmeisterschaften, acht nationale Tour-Titel und 21 Titel im Pipeline-Bodyboarding gewonnen.

WEITESTER WASSERSKISPRUNG

Der Rekord der International Water Ski Federation für den weitesten Wasserskisprung liegt bei 70,9 m. Er wurde am 22. Oktober 2000 beim Tri-Lakes-Late-Bloomer-Springen in Zachary (USA) von Jimmy Siemers (USA) aufgestellt.

Der Rekord für den weitesten Wasserskisprung einer Frau beträgt 52,7 m. Toni Neville (AUS) stellte ihn am 25. Juni 2000 bei den US Open in Sacramento (USA) auf.

DIE KLIPPENSPRINGER VON ACAPULCO

Die tiefsten regelmäßig ausgeführten Kopfsprünge unternehmen Berufstaucher im Alter von 12–50 Jahren in Acapulco (MEX). Seit 1934 springen sie aus einer Höhe von 35 m mit dem Kopf voraus in gerade einmal 3,6 m tiefes Wasser. Sie springen von der Felsformation La Quebrada (links), die aus zwei Felsen mit einer großen Spalte dazwischen besteht und durch eine Sprengung entstand. Deshalb heißt die Formation heute „die Lücke in den Felsen". Ein Sprung von La Quebrada entspricht dem Sprung von einem zehnstöckigen Gebäude. Die Springer müssen 8,2 Meter von der Felswand entfernt eintauchen, um nicht auf die Klippen aufzuschlagen.

www.guinnessworldrecords.com/divers
ACCESS CODE: ‹48667›

www.guinnessworldrecords.com/surf

ACCESS CODE: ‹44355›

GRÜSS MIR DIE WELLE

Bei den Profiweltmeisterschaften im Surfen der Frauen (eingeführt 1979) liegt der Weltrekord bei vier WM-Titeln. Frieda Zamba (USA) wurde 1984–86 und 1988 Weltmeisterin, ebenfalls viermal holte Wendy Botha (AUS, früher ZA) 1987, 1989 und 1991–92 den Titel, und Lisa Andersen (AUS, unten) gewann 1994–97. Andersen zog sich in der Saison 1998 wegen chronischer Rückenprobleme zurück, nahm dann jedoch ab Ende 1999 wieder an den Profimeisterschaften teil und erreichte 2000 immerhin den vierten Platz. Den WM-Titel der Männer hat 1992 und 1994–98 sechsmal der legendäre Kelly Slater (USA) gewonnen. Er hält damit die meisten WM-Titel im Surfen.

WEITESTER WASSERSKIFLUG

Der Rekord der International Water Ski Federation für Skifliegen beträgt 91,1 m. Er wurde am 14. Mai 2000 beim Big-Air-Challenge-Springen in Orlando (USA) aufgestellt.

Bei den Frauen liegt die Rekordweite im Skiflug bei 66,6 m. Toni Neville und Emma Sheer erreichten sie im September 2000 in West Palm Beach (USA).

WEITESTER BARFUSS AUSGEFÜHRTER WASSERSKISPRUNG

Der Weltrekord für den weitesten barfuß ausgeführten Wasserskisprung beträgt 25,8 m. Er wurde im August 1998 in den USA von Jon Kretchman (USA) aufgestellt.

SCHNELLSTER WASSERSKILÄUFER

Der Geschwindigkeitsrekord beim Wasserski liegt bei 230,26 km/h. Christopher Massey (AUS) stellte ihn am 6. März 1983 auf dem Hawkesbury River in Windsor (AUS) auf.

Die schnellste Wasserskiläuferin ist Donna Patterson Brice. Sie war am 21. August 1977 in Long Beach (USA) 178,8 km/h schnell.

LÄNGSTE KANU-FAHRT VON EINEM WASSERFALL USA

Die längste Fahrt mit dem Kanu einen Wasserfall hinunter beträgt 30 m. Der Rekord wurde am 23. August 1999 bei den Upper Johnstone Canyon Falls im Banff National Park, Alberta (CDN), von Tao Berman (USA) aufgestellt.

Wintersport 1

SCHNELLSTES SNOWBOARD AUF EINER BOBBAHN

Reto Lamm (CH) erreichte im November 1998 bei der Abfahrt auf einer Bobrennbahn mit seinem Snowboard eine Rekordgeschwindigkeit von 80 km/h.

MEISTE SNOWBOARD-WM-TITEL

Karine Ruby (F) hat die Rekordanzahl von drei WM-Titeln (einschließlich olympischer Titel) gewonnen. 1996 siegte sie im Riesenslalom, 1998 bei den Olympischen Spielen und 1997 im Boardercross (ein Abfahrtslauf mit vier Konkurrenten).

MEISTE HÖHENMETER AUF DEM SNOWBOARD

Tammy McMinn (USA) fuhr am 20. April 1998 auf dem Snowboard in Atlin im kanadischen British Columbia 101-mal einen Abhang hinab – ein Rekord-Höhenunterschied von insgesamt 93,124 km.

MEISTE SIEGE IM SNOWBOARD BEI DEN US OPEN

Terje Haakonsen (NOR) hat mit seinen drei Erfolgen 1992, 1993 und 1995 die meisten Siege in der Halfpipe bei den US Open errungen.

SCHNEEADLER AUF DEM SPRUNG

Der weiteste Skisprung bei den Herren während eines Wettbewerbs liegt bei 225 m. Den Rekord stellte Andreas Goldberger (A, links) im slowenischen Planica am 18. März 2000 auf. Am Vortag war sein voriger Weltrekord von 223 m von dem 18-jährigen Österreicher Thomas Hoerl gebrochen worden. Goldberger soll eingeräumt haben, dass ihm bei der Rückeroberung des Titels der Wind geholfen hatte.

Bei den Damen liegt der Rekord bei 112 m. Eva Ganster (A) stand sie am 7. Januar 1994 in Bischofshofen (A). Die Rekordhalterin begann ihre Karriere mit zehn Jahren.

www.guinnessworldrecords.com/goldberger

ACCESS CODE: ‹44485›

HÖCHSTE GESCHWINDIGKEIT AUF EINEM SNOWBOARD

Die Rekordgeschwindigkeit auf einem Snowboard erreichte mit 201,907 km/h am 2. Mai 1999 Darren Powell (AUS) in Les Arcs (F).

WEITESTE STRECKE IM SKILANGLAUF IN 24 STUNDEN

Nordische Skier sind nur an der vorderen Spitze eines laufschuhähnlichen Stiefels befestigt. Die weiteste Strecke, die von einem nordischen Skifahrer in 24 Stunden zurückgelegt wurde, sind 415,5 km: Den Rekord stellte Seppo-Juhani Savolainen (FIN) zwischen dem 8. und 9. April 1988 im finnischen Saariselkä auf.

Der Rekord bei den Damen liegt bei 333 km: Kamila Horakova (CZ) schaffte die Strecke zwischen dem 12. und 13. April 2000 im Canmore Nordic Centre im kanadischen Alberta.

MEISTES BIATHLON-GOLD

Der Rekord bei den olympischen Einzeltiteln im Biathlon – Langlauf mit eingeschobenem Schießen – liegt bei zwei: Magnar Solberg (NOR) erreichte ihn mit Siegen 1968 und 1972 und Frank-Peter Rötsch (DDR) mit Erfolgen 1988 auf 10 km und auf 20 km. Alexander Tichonow (UDSSR) gewann vier Goldmedaillen in der 7,5-km-Staffel im Biathlon von 1968 bis 1980 sowie Silber über 20 km 1968.

Anfissa Reszowa (RUS) und Myriam Bédard (CDN) halten den Rekord bei den meisten olympischen Titeln im Biathlon der Damen. Reszowa holte 1992 Gold über 7,5 km und 1994 in der 4 x 7,5-km-Staffel. Bédard gewann 1994 Gold über 7,5 km und 15 km.

MEISTE WM-TITEL IM BIATHLON

Frank Ullrich (DDR) hält den Rekord mit sechs Einzeltiteln. Er siegte viermal über 10 km von 1978 bis 1981, einschließlich der Goldmedaille bei den Olympischen Spielen 1980, und gewann 1982 und 1983 noch zwei Titel über 20 km.

MEISTE TITEL IN NORDISCHEN SKI-DISZIPLINEN

Bjørn Dæhlie (NOR) gewann mit insgesamt 17 die meisten Titel in nordischen Ski-Disziplinen (einschließlich Olympiasiegen). Sein Rekord setzt sich zusammen aus zwölf Einzel- und fünf Mannschaftssiegen zwischen 1991 und 1998. Einen weiteren Rekord hält Dæhlie mit insgesamt 29 Medaillen (Gold, Silber und Bronze) zwischen 1991 und 1999.

17 Damentitel erkämpfe sich Jelena Välbe (RUS): Zwischen 1989 und 1998 gewann sie zehn Einzelkämpfe und siebenmal mit der Staffel. Mit ihren sieben Silber- und Bronzemedaillen hält sie zudem einen Rekord von insgesamt 24 Medaillen.

WINTERSPORT X'TREME

Das Extremsportereignis Winter-X-Games wurde erstmals 1977 auf Initiative des Sportkanals ESPN veranstaltet. Disziplinen sind Eisklettern, Schnee-Mountain-Bike, Freestyle, Snowboard und Boardercross. Shaun Palmer (USA, links) hat den Rekord von drei Goldmedaillen im Boardercross (ein Rennen zwischen vier Fahrern über eine Abfahrtspiste) bei den ESPN-X-Games 1997, 1998 und 1999 gewonnen. Shaun entdeckte das Snowboard mit 14 Jahren und wurde drei Jahre später Profi.

Den Frauenrekord über die meisten Medaillen bei den X-Games hält mit sechs Siegen Barrett Christy (USA). Sie errang die Goldmedaille im Big-Air-Wettkampf (Sprungakrobatik von einer Rampe) und eine Silbermedaille im Slopestyle (Akrobatik auf einem Abhang mit Schienen und anderen Raffinessen) bei den Winter-X-Games 1999.

www.guinnessworldrecords.com/palmer

ACCESS CODE: ‹52658›

MEISTE WELTCUPSIEGE
Den Rekord der meisten Weltcupsiege bei Einzelwettbewerben in alpinen Ski-Wettbewerben hält Ingemar Stenmark (S) mit 86 (46 im Riesenslalom und 40 im Slalom bei insgesamt 287 Rennen). Er sammelte die Titel zwischen 1974 und 1989 und stellte dabei einen Herrenrekord von 13 Erfolgen in einer Saison zwischen 1978 und 1979 auf. Zehn davon sind Teil eines Rekords von 14 Siegen im Riesenslalom in Folge zwischen dem 18. März 1978, seinem 22. Geburtstag, und dem 21. Januar 1980.

Annemarie Moser (A) hält den Damenrekord mit 62 Einzelsiegen von 1970 bis 1979. Einen weiteren Rekord stellte sie mit elf Siegen in Folge im Abfahrtslauf von Dezember 1972 bis Januar 1974 auf.

MEISTE WELTCUPSIEGE IM FREESTYLE
Die meisten Gesamttitel bei den Damen, insgesamt zehn, errang Connie Kissling (CH) zwischen 1983 und 1992.

Bei den Herren war Eric Laboureix (F) mit fünf Siegen 1986–88 und 1990–91 am erfolgreichsten.

MEISTE WELTCUPSIEGE IM ABFAHRTSLAUF
Franz Klammer (A) gewann zwischen 1974 und 1984 die Rekordzahl von 25 Abfahrtsläufen.

MEISTE TITEL IM FREESTYLE
Die erste Freestyle-WM fand 1986 im französischen Tignes statt. Titel wurden in Ballett, Buckelpiste, Kunstspringen und in der Kombination dieser Disziplinen vergeben. Edgar Grospiron (F) hat den Rekord von drei Titeln erreicht – Buckelpiste 1989 und 1991 sowie Kunstspringen 1995. Zudem holte er 1992 den olympischen Freestyle-Titel.

Ebenfalls drei Titel holte Candice Gilg (F) bei den Frauen, die den Buckelpisten-Wettbewerb 1993, 1995 und 1997 für sich entscheiden konnte.

HÖCHSTE GESCHWINDIGKEIT IM OLYMPISCHEN SKILAUF
Die höchste Durchschnittsgeschwindigkeit beim olympischen Abfahrtslauf mit 107,24 km/h fuhr Jean-Luc Cretier (F) im japanischen Nagano am 13. Februar 1998.

HÖCHSTE GESCHWINDIGKEIT AUF SKIERN
Die höchste Geschwindigkeit eines Skiläufers sind die 248,105 km/h des Österreichers Harry Egger in Les Arcs (F) vom 2. Mai 1999.

Die höchste Geschwindigkeit einer Skiläuferin liegt bei 234,528 km/h. Erreicht wurde sie am 2. Mai 1999 von Karine Dubouchet (F) am gleichen Ort.

MEISTE SIEGE IM NATIONS CUP
Den Nations Cup, der durch eine Gesamtwertung der Einzelleistungen der Männer und Frauen im Weltcup vergeben wird, hat Österreich 22-mal gewonnen: 1969, 1973–80, 1982 und von 1990 bis 2001.

MEISTE SKI-SALTOS IN 10 MINUTEN
Tommy Waltner (USA) führte am 25. April 2000 in nur 10 Minuten 23 Überschläge nach vorn aus. Den Rekord stellte er auf dem Aspen Mountain, Colorado (USA), anlässlich einer Spendensammelkampagne „Loops for Lupus" auf (Lupus ist eine Erkrankung des Immunsystems). Die Kampagne sollte die Krankheit stärker ins öffentliche Bewusstsein rücken. Tommy war bei seinem Rekord 50 Jahre alt.

www.guinnessworldrecords.com/ruby

SNOWBOARD-JUWEL
Snowboard-Fahren wurde 1998 olympische Disziplin und gehört der Fédération Internationale du Ski an. Eine Serie von Weltcups begann 1995, im folgenden Jahr wurden Weltmeisterschaften ausgetragen. Karine Ruby (F, unten) holte die meisten Weltcuptitel auf dem Snowboard: 14 Siege, darunter den Gesamtweltcup 1996–98 und 2001, den Slalom 1996–98, den Riesenslalom von 1995–98 und 2001 sowie das Boardercross von 1997 bis 2001.

Die meisten Weltcuptitel bei den Männern holte mit insgesamt fünf Mathieu Bozzetto (F) mit dem Gesamtweltcup von 1999 bis 2000 und den Titeln im Slalom und Parallelslalom von 1999 bis 2001.

Wintersport 2

HÖCHSTE GESCHWINDIGKEIT IM RENNRODELN

Die höchste durch Foto-Zeitmessung belegte Geschwindigkeit im Rennrodeln liegt bei 137,4 km/h. Asle Strand (NOR) erreichte sie am 1. Mai 1982 in Tandådalens Linbana (S).

MEISTE SIEGE IM VIERER-BOB

Die meisten WM-Titel im Vierer-Bob holte mit 20 Siegen die Schweiz: 1924, 1936, 1939, 1947, 1954–57, 1971–73, 1975, 1982–83, 1986–90 und 1993. Dazu gehören auch fünf Olympiasiege 1924, 1936, 1956, 1972 und 1988.

MEISTE SIEGE IM ZWEIER-BOB

Die Schweiz hält mit 17 Siegen bei Welt-Titelkämpfen den Rekord im Zweier-Bob: 1935, 1947–50, 1953, 1955, 1977–80, 1982–83, 1987, 1990, 1992 und 1994. Darunter sind vier Olympiasiege: 1948, 1980, 1992 und 1994.

MEISTES OLYMPISCHES GOLD IM BOB

Den Rekord für die meisten olympischen Goldmedaillen eines Einzelnen im Bob halten mit je drei Erfolgen Meinhard Nehmer und Bernhard Germeshausen (beide DDR) im Zweier-Bob von 1976 und im Vierer-Bob von 1976 und 1980. Nach seinem Rückzug aus dem aktiven Sport 1991 wurde Nehmer Trainer der Bob-Nationalmannschaft der USA.

AUF DER ÜBERHOLSPUR

Die meisten Titel bei internationalen Meisterschaften im Shortrack der Frauen erreichten Sylvie Daigle (CDN) 1983 und 1988–90 sowie Yang Yang (CHN, links) zwischen 1998 und 2001.
Bei den Männern errang Marc Gagnon (CDN) die meisten Titel. Er gewann 1993–94 und 1996–98.

www.guinnessworldrecords.com/daigle
ACCESS CODE: ‹44915›

MEISTE OLYMPISCHE BOB-MEDAILLEN EINES EINZELNEN

Bogdan Musiol (DDR, später D) gewann zwischen 1980 und 1992 sieben olympische Medaillen: einmal Gold, fünfmal Silber und einmal Bronze. In seiner Bob-Karriere nahm Musiol an vier Olympischen Spielen teil und holte jedesmal eine Medaille.

MEISTE BOB-WM-TITEL

Eugenio Monti (I) gewann von 1957 bis 1968 elf WM-Titel, acht mit dem Zweier- und drei mit dem Vierer-Bob. Damit ist er der erfolgreichste Bobfahrer in der Geschichte beider Disziplinen.

SCHNELLSTE ZEIT AUF DEM CRESTA RUN AB GABELUNG

Die Cresta Run-Skeletonbahn in St. Moritz (CH) ist 1.212 m lang mit einem Höhenunterschied von 157 m. Sie hat zwei Starts: an der Spitze (über die volle Länge) und an der Gabelung (wenn die volle Länge wegen Schneefall nicht gefahren werden kann). Johannes Badrutt (CH) fuhr am 17. Januar 1999 ab der Gabelung (890 m) eine Rekordzeit von 41,02 Sekunden.

SCHNELLSTE ZEIT AUF DEM GESAMTEN CRESTA RUN

Die schnellste Zeit, die auf dem gesamten Cresta Run gemessen wurde, waren die 50,09 Sekunden mit einer Durchschnittsgeschwindigkeit von 87,11 km/h des Briten James Sunley vom 13. Februar 1999.

J. M. Baguley (GB) fuhr den Cresta Run in einem Rennen am 13. Januar 1925 als letzte Frau hinunter. Am 6. Januar 1929 wurden Damen ausgeschlossen: Die Strecke galt als zu gefährlich.

SCHNELLSTE 16 ENDS IM CURLING

Bei Wettkämpfen im Curling treten zwei Teams mit je vier Spielern gegeneinander an. Sie müssen einen 20-kg-Stein über eine Eisbahn zu einem Ring aus konzentrischen Kreisen stoßen. Das Team, das dem Zentrum der Ringe am nächsten kommt, erhält einen Punkt. Ein Match besteht aus acht Durchgängen (Ends), jeder Spieler stößt zwei Steine. Daraus ergeben sich 16 Ends. Die schnellsten 16 Ends wurden in der Rekordzeit von 6 Minuten 49,90 Sekunden am 22. Dezember 1999 bei den 16-ender National Finals in Stirling (GB) erreicht. Die siegreichen Teams wurden von Hammy McMillan (GB) geleitet.

MEISTE WM-TITEL IM CURLING

Kanada hält den Rekord mit 26 Titeln bei Curling-Weltmeisterschaften: 1959–64, 1966, 1968–72, 1980, 1982–83, 1985–87, 1989–90, 1993–96, 1998 und 2000.

Die kanadischen Frauen halten mit zwölf Titeln ebenfalls einen Rekord: 1980, 1984–87, 1989, 1993–94, 1996–97 und 2000–01.

MEISTE OLYMPISCHE GOLDMEDAILLEN IM EISKUNSTLAUF

Jeweils drei olympische Goldmedaillen im Eiskunstlauf gewannen Gillis Grafstrom (S) 1920, 1924 und 1928, Sonja Henie (NOR) – die von Grafstrom trainiert wurde – bei den Winterspielen 1928, 1932 und 1936, sowie Irina Rodnina (UdSSR). Rodnina gewann ihre Titel im Paarlauf mit zwei verschiedenen Partnern: 1972 mit Alexej Ulanow (UdSSR) sowie 1976 und 1980 mit Alexander Saizew (UdSSR). Nach ihrem Rückug aus dem Sport 1980 arbeitet Rodnina jetzt in Kalifornien (USA) als Trainerin.

LÄNGSTER EISSCHNELLLAUF INNERHALB VON 24 STUNDEN

Martinus Kuiper (NL) legte am 12. und 13. Dezember 1988 in Alkmaar (NL) innerhalb von 24 Stunden 546,65 km auf Kufen zurück und stellte damit einen neuen Weltrekord auf.

MEISTE DREHUNGEN AUF DEM EIS

Der Rekord für die meisten zusammenhängenden Drehungen auf einem Fuß auf dem Eis liegt bei 60 Rotationen. Der Engländer Neil Wilson führte sie am 1. Juli 1997 in Guildford (GB) durch.

IM EISKANAL NUR DAS GOLD IM BLICK

Sechs Rodel-WM-Titel (einschließlich Olympiasiege, die auch als WM-Titel zählen) gewann Georg Hackl (D, links). Er gewann im Einer 1989, 1990, 1992, 1994, 1997 und 1998.
Stefan Krausse und Jan Behrendt (beide ehem. DDR, später D) gewannen im Rodel-Doppelsitzer 1989, 1991–93, 1995 und 1998. Das meiste olympische Gold im Rennrodeln der Frauen holte Steffi Walter (ehem. DDR) mit zwei Siegen im Einer 1984 und 1988.
Margit Schumann (ehem. DDR) gewann bei den Frauen die meisten WM-Titel mit vier Erfolgen 1973–75 und 1977. Zudem errang sie 1976 die olympische Goldmedaille.

www.guinnessworldrecords.com/hackl
ACCESS CODE: ‹45550›

DEUTSCHE EISKÖNIGIN

Acht Mehrkampf-WM-Titel im Eisschnelllauf der Frauen gewann Gunda Niemann-Stirnemann (D, oben) 1991–93 sowie 1995–99. Die „Eiskönigin", wie die populäre Sportlerin genannt wird, erhielt bereits mehrere wichtige Sportauszeichnungen und wurde 1995 in Deutschland zur Sportlerin des Jahres gewählt.
Jeweils fünf WM-Titel bei den Männern gewannen der Norweger Oscar Mathisen 1908,1909 und 1912–14 sowie der Finne Clas Thunberg 1923, 1925, 1928–29 und 1931.

www.guinnessworldrecords.com/niemann-stirnemann

ACCESS CODE: ‹44913›

MEISTE OLYMPISCHE GOLDMEDAILLEN IM EISSCHNELLLAUF

Lydia Pawlowna Skoblikowa (UdSSR) gewann sechs olympische Goldmedaillen: zwei 1960 und vier 1964.

Das meiste Olympia-Gold bei den Männern sammelten mit jeweils fünf Titeln der Finne Clas Thunberg (bei den Spielen 1924 und 1928) und Eric Arthur Heiden (USA, alle Goldmedaillen 1980 im amerikanischen Lake Placid).

MEISTE OLYMPISCHE MEDAILLEN IM EISSCHNELLLAUF

Der Rekord für die meisten olympischen Medaillen bei den Männern liegt bei sieben Auszeichnungen. Gehalten wird er von Clas Thunberg (FIN) und Ivar Ballangrud (NOR). Thunberg gewann neben der Rekordzahl von fünfmal Gold einmal Silber und einmal Bronze zwischen 1924 und 1928. Ballangrud gewann viermal Gold, zweimal Silber und einmal Bronze zwischen 1928 und 1936.

MEISTE WM-TITEL ÜBER EINZELDISTANZEN IM EISSCHNELLLAUF

Gunda Niemann-Stirnemann (D) hat mit elf Siegen die meisten WM-Titel auf den Einzeldistanzen im Eisschnelllauf der Frauen geholt: über 1.500 m (1997), 3.000 m (1996–99, 2001) und 5.000 m (1997–2001).

Sieben Titel bei den Männern hat Gianni Romme (NL) errungen: über 5.000 m (1998–2000) und 10.000 m (1996–98 und 2000). Bei seinen Erfolgen war ein innovatives Kufendesign hilfreich.

MEISTE MEDAILLEN IM ICE-CLIMBING BEI DEN X-GAMES

Kim Csizmazia (USA) hält mit drei Erfolgen den Rekord für die meisten Eiskletter-Medaillen. 1998 und 1999 holte sie die Schwierigkeitsmedaille, 1998 die Geschwindigkeitsmedaille.

www.guinnessworldrecords.com/coomber

KNOCHENHARTE RUTSCHPARTIE

Alex Coomber (GB, rechts) gewann mit zwei Siegen beim Weltcup und einem WM-Sieg die meisten Titel im Skeletonfahren. Nach einer Pause von 54 Jahren wird Skeleton erstmals wieder im Februar 2002 bei den Olympischen Winterspielen in Salt Lake City (USA) ausgetragen. Favoritin beim ersten Frauen-Wettkampf ist die gegenwärtige Inhaberin des Weltcuptitels Alex Coomber. Sie hat ihren Titel während der Saison 2000/01 erfolgreich verteidigt. Dagegen verlor sie ihren WM-Titel von 2000 an Maya Pedersen (CH) mit einem Rückstand von nur sieben Hundertstelsekunden bei den Meisterschaften 2001.
Der Skeleton-Sport entstand Anfang des 19. Jahrhunderts im schweizerischen St. Moritz. Sein Kennzeichen ist die Bauchlage mit Kopf nach vorn. Den Namen verdankt der Sport den früher eingesetzten Metallschlitten, die an Skelette (engl. „Skeleton") erinnerten.

ACCESS CODE: ‹56666›

Wassersport

SCHWIMMER IM GOLDRAUSCH

Mit fünf Goldmedaillen gewann Krisztina Egerszegi (H, oben) die meisten Goldmedaillen in Einzeldisziplinen: über 100-m-Rücken 1992, über 200-m-Rücken 1988, 1992 und 1996 sowie über 400-m-Lagen 1992. 1988 hatte sie bei den Olympischen Spielen in Seoul mit erst 14 Jahren Silber und Gold gewonnen.

Vier Goldmedaillen sind der Männerrekord in Einzeldisziplinen. Sie wurden gewonnen von: Charles Meldrum Daniels (USA) 1904 über 220-yd- sowie 440-yd-Freistil, über 100-m-Freistil 1906 und 1908; Roland Matthes (DDR) jeweils über 100-m- und 200-m-Rücken 1968 und 1972; Mark Spitz (USA) über 100-m- und 200-m-Freistil sowie über 100-m- und 200-m-Schmetterling (alles 1972); Tamás Daryni (H) über 200-m-Lagen 1988 und 1992 sowie über 400-m-Lagen 1988 und 1992; und Alexander Popow (RUS) über 50-m-Freistil 1992 und 1996 sowie über 100-m-Freistil 1992 und 1996.

www.guinnessworldrecords.com/egerszegi
ACCESS CODE: ‹44333›

MEISTES OLYMPISCHES GOLD IM SCHWIMMEN IN FOLGE

Nur zwei Schwimmer holten dreimal hintereinander beim gleichen Ereignis Gold: Dawn Fraser (AUS) gewann über 100-m-Freistil 1956, 1960 und 1964; Krisztina Egerszegi (H) über 200-m-Rücken 1988, 1992 und 1996.

MEISTES OLYMPISCHES GOLD IM SCHWIMMEN DER FRAUEN

Kristin Otto (DDR) gewann 1988 sechs Goldmedaillen im Schwimmen: über 50-m-Freistil, 100-m-Freistil, 100-m-Rücken, 100-m-Schmetterling, 4 x 100-m-Freistil und über 4 x 100-m-Lagen.

MEISTES OLYMPISCHES GOLD IM SCHWIMMEN DER MÄNNER

Die Rekordzahl von neun olympischen Goldmedaillen gewann Mark Spitz (USA): über 100-m- und 200-m-Freistil (1972), über 100-m- und 200-m-Schmetterling (1972), in der 4 x 100-m-Freistil-Staffel (1968 und 1972), in der 4 x 200-m-Freistil-Staffel (1968 und 1972) und in der 4 x 100-m-Lagen-Staffel (1972). Alle Medaillen außer einer (der in der 4 x 200-m-Freistil-Staffel von 1968) wurden in neuen Weltrekordzeiten erschwommen. Spitz gewann zudem einmal Silber (100-m-Schmetterling) und einmal Bronze (100-m-Freistil) 1968 und hält damit auch den Rekord von elf olympischen Medaillen.

Den Rekord mit sieben Medaillen bei den Olympischen Spielen eines Jahres (1972) teilt sich Spitz mit Matt Biondi (USA), der 1988 fünfmal Gold, je einmal Silber und Bronze holte. Biondi gewann ebenfalls die Rekordzahl von elf olympischen Medaillen. 1984 holte er noch einmal Gold, 1992 zweimal Gold und einmal Silber.

MEISTE OLYMPISCHE MEDAILLEN IM SCHWIMMEN DER FRAUEN

Die Rekordzahl von acht Medaillen bei den Frauen holten Dawn Fraser (AUS) mit vier Gold- und vier Silbermedaillen (1956–64); Kornelia Ender (DDR) ebenfalls mit vier Gold- und vier Silbermedaillen (1972–76) sowie Shirley Babashoff (USA) mit zwei Gold- und sechs Silbermedaillen (1972–76).

MEISTES OLYMPISCHES GOLD IM KANUFAHREN DER MÄNNER

Gert Fredriksson (S) gewann von 1948 bis 1960 die Rekordanzahl von insgesamt sechs olympischen Goldmedaillen. Mit einer weiteren Silber- und einer Bronzemedaille hält er mit acht Auszeichnungen zudem den Medaillenrekord bei den Kanuten.

MEISTES OLYMPISCHES GOLD IM KANUFAHREN DER FRAUEN

Birgit Fischer (geb. Schmidt, DDR, später D) gewann bei den Frauen die meisten Goldmedaillen. Zwischen 1980 und 2000 holte sie siebenmal das begehrte Metall. Mit zusätzlich dreimal Silber hält sie den Rekord von insgesamt zehn olympischen Medaillen.

MEISTE WM- UND OLYMPISCHE TITEL IM KANUFAHREN DER MÄNNER

Den Rekord mit 13 WM- und olympischen Titeln halten gemeinsam Gert Fredriksson (S, 1948–60), Rüdiger Helm (DDR, 1976–83) und Ivan Patzaichin (ROU, 1968–84).

MEISTE WM- UND OLYMPISCHE TITEL IM KANUFAHREN DER FRAUEN

Birgit Fischer (DDR, später D) gewann neben sieben olympischen Goldmedaillen 27 WM-Titel zwischen 1979 und 1998. Damit hält sie den Rekord mit insgesamt 34 Titeln.

LÄNGSTE KANUFAHRT MIT PORTAGEN

Verlen Kruger und Steven Landick (beide USA) legten mit ihrem Kanu eine Entfernung von 45.129 km zurück. Sie starteten am 29. April 1980 in Red Rock (USA) und erreichten ihr Ziel, Lansing in Michigan (USA), am 15. Dezember 1983.
Die Route verlief über Missouri, die Großen Seen, die Atlantikküste, den Golf von Mexiko, den Mississippi, durch Kanada und Alaska die Pazifikküste hinunter zum Kalifornischen Golf, den Colorado River hinauf und wieder zurück nach Michigan. Alle Portagen (Tragetransport des Kanus) erfolgten mit Muskelkraft.

LÄNGSTE KANUFAHRT OHNE PORTAGEN

Bei der längsten Kanufahrt ohne Portagen und andere Hilfen legten Richard H. Grant und Ernest Moose Lassy (beide USA) eine Entfernung von 9.820 km von zurück. Sie durchfuhren zwischen dem 22. September 1930 und dem 15. August 1931 den Osten der USA über Chicago, New Orleans, Miami, New York und die Großen Seen.

SCHNELLSTE KANUFAHRT ÜBER 200 METER

Bei der Weltmeisterschaft von 1998 in Szeged (H) gewann der ungarische Vierer den Titel über 200 m in einer Zeit von 31,155 Sekunden. Dies entspricht einer Durchschnittsgeschwindigkeit von 23,11 km/h.

SCHNELLSTE KAJAKFAHRT ÜBER 1.000 METER

Olympisches Gold im Viererkajak ging in Atlanta (USA) am 3. August 1996 an das deutsche Team. Es legte die 1.000 m in der Rekordzeit von 2 Minuten 51,52 Sekunden zurück – also mit einer Durchschnittsgeschwindigkeit von 20,98 km/h.

LÄNGSTE RITTE AUF DEN WELLEN

In der Matanchen Bay bei San Blas (MEX) rollen bis zu sechsmal im Jahr Wellen ein, die Ritte über Entfernungen von rund 1.700 m erlauben.

GEMEINSAM SIND WIR SCHNELL

Der Weltrekord in der 4 x 100-m-Freistil-Staffel der Damen liegt bei 3 Minuten 36,61 Sekunden. Aufgestellt wurde er von der Olympiastaffel der USA mit Amy van Dyken, Dara Torres, Courtney Shealy und Jenny Thompson (links, von links nach rechts). Gestoppt wurde die Rekordzeit am 16. September 2000 bei den Olympischen Spielen in Sydney (AUS). Das US-Team brach damit einen seit sechs Jahren bestehenden Weltrekord. Jenny Thompson war bereits Mitglied der Siegerstaffel während der letzten drei Olympischen Spiele – ein Rekord, den sie mit ihrem Landsmann Matt Biondi teilt.

www.guinnessworldrecords.com/usswimteam

ACCESS CODE: ‹52934›

www.guinnessworldrecords.com/ianthorpe

DER THORPEDO

Den Weltrekord der Männer im 400-m-Freistil stellte mit 3 Minuten 40,59 Sekunden Ian Thorpe (AUS) am 16. September 2000 bei den Olympischen Spielen in Sydney (AUS) auf. Seit März 2001 hält Thorpe mit 1 Minute 44,69 Sekunden auch den Weltrekord über 200-m-Freistil und mit 7 Minuten 41,59 Sekunden über 800-m-Freistil. Er gilt als einer der besten Schwimmer aller Zeiten.

ACCESS CODE: ‹52321›

MEISTE OLYMPISCHE GOLDMEDAILLEN IM SEGELN

Mit vier Goldmedaillen in der Einzelwertung ist Paul Elvstrøm (DK) bis heute der erfolgreichste Segler. 1948 siegte er in der Leuchtkäfer-Klasse, 1952, 1956 und 1960 in der Finn-Klasse. Zudem holte er acht weitere internationale Titel in insgesamt sechs Klassen.

LÄNGSTES NONSTOP-RENNEN

Mit 22.500 Seemeilen oder 41.652 km ist das Vendée Globe Challenge mit Start und Ziel in Les Sables d'Olonne (F) die längste Nonstop-Segel-Regatta der Welt. Sie fand erstmals am 26. November 1989 statt. Das Rennen wird mit Einhand-Jachten mit Längen von 50 bis 60 Fuß (ca. 15–18 m) ausgetragen.

LÄNGSTE DURCHSCHWOMMENE ENTFERNUNG IM WILDWASSER

Eine Entfernung von 12,07 km legte am 5. Juni 1999 Thom Stanton (USA) im James River von Mayo Island zum Bosher's Damin in Virginia (USA) zurück. Nur mit Schwimmflossen und -handschuhen ausgerüstet, arbeitete er sich die Stromschnellen des James River hinauf. Dabei legte er Pausen von 29 Minuten und 24 Sekunden ein. Den Rekord stellte er in 5 Stunden 50 Minuten 30 Sekunden auf.

LÄNGSTER RITT AUF EINEM FLUSS

Der längste aufgezeichnete Ritt auf einer Welle im Fluss wurde auf dem Severnbore (GB) aufgestellt. Nach dem offiziellen Rekord des Britischen Surfverbandes ritt David Lawson (GB) am 29. August 1996 auf seinem Brett von Windmill Hill nach Maisemore Weir 9,1 km weit.

MEISTE DREHUNGEN UNTER WASSER OHNE LUFTHOLEN

Virginie Dedieu (F), Gewinnerin einer Bronzemedaille im Synchronschwimmen bei den Olympischen Spielen in Sydney (AUS), führte in Paris (F) am 26. Oktober 2000 den Rekord von 22 Umdrehungen unter Wasser aus, ohne dabei Luft zu holen.

Rugby

SCHNELLSTER TRY IN EINEM INTERNATIONALEN RUGBY-LIGASPIEL

Den Rekord für den schnellsten Try (der Versuch, den Ball hinter die Grundlinie im Spielfeld des Gegners abzulegen) in einem internationalen Spiel erzielte mit 15 Sekunden Bobby Fulton im Spiel Australien gegen Frankreich am 1. November 1970 im Odsal Stadion, Bradford (GB).

Den schnellsten Try in einem Spiel der Rugby-Liga schaffte Lee Jackson (GB). Am 6. Oktober 1992 erzielte er im Don Valley Stadion in Sheffield (GB) nach neun Sekunden ein Tor für Hull im Spiel gegen die Sheffield Eagles im Halbfinale des Yorkshire Cups.

MEISTE TORE IN RUGBY-LIGA

Den Rekord für die meisten Tore in einem Rugby-Ligaspiel hält Ngati Pikiao aus Rotorua. Am 10. Juli 1994 schlug die Mannschaft ihren Gegner Tokoroa United in einem Ligaspiel der Bay of Plenty Rugby League (unter 17-Jährige) in Pikiao (NZ) mit 148:0 Toren.

MEISTE TRYS IN EINER AMATEUR-LIGA

Richard Lopag (GB) erzielte die Rekordzahl von 142 Trys in einer Rugby-Amateurliga in der Saison (1998/99) für die Deighton Juniors (unter Neunjährige) in West Yorkshire (GB). Richard spielt seit seinem fünften Lebensjahr für das Team.

WO RUGBY ZUHAUSE IST

Der Weltcup der Rugby League fand erstmals 1954 statt. Australien (links) schaffte die Rekordzahl von acht Siegen und holte sich den Cup 1957, 1968, 1970, 1977, 1988, 1992 und 2000. Dazu kommt noch ein Sieg in der Weltmeisterschaft von 1975. Australien gewann auch am häufigsten die Webb Ellis Trophy (den Weltcup der Rugby Union). Seit der Einführung 1987 holte sich Australien den Titel 1991 und 1999 und ist damit die einzige Mannschaft, die ihn mehr als einmal gewann. Eine Vorform von Rugby wurde vermutlich seit 1820 in Australien gespielt, der erste Rugby-Club wurde aber erst 1864 an der Universität Sydney gegründet. Die australische Rugby Union existiert seit 1949.

www.guinnessworldrecords.com/ausrugby
ACCESS CODE: ‹44564›

MEISTE PUNKTE IN EINEM INTERNATIONALEN RUGBY-LIGASPIEL

Die höchste Punktzahl in einem Profispiel beträgt 48 Punkte (16 Tore, 4 Trys). Erzielt wurde sie von Hazen El-Masri für den Libanon in einem Weltmeisterschafts-Qualifikationsspiel gegen Marokko am 17. November 1999 in Avignon (F).

WEITESTER DROPKICK IM RUGBY

Den weitesten Dropkick in einem Rugby-Ligaspiel schaffte mit 56 m Joseph „Joe" Lydon (GB) am 25. März 1989 für Wigan in einem Halbfinalspiel des Challenge Cup gegen Warrington in Maine Road (GB).

HÖCHSTE RUBGY-TORPFOSTEN

Die weltweit höchsten Rugby-Torpfosten messen 33,54 m und stehen im Roan Antelope Rugby Union Club in Luanshya (Z). Die Höhe entspricht zwölf übereinander gestapelten Bussen.

JÜNGSTER SPIELER EINES INTERNATIONALEN SPIELS

Der jüngste Spieler in einem internationalen Rugby-Ligaspiel ist Paul Newlove (GB). Im Alter von 18 Jahren 72 Tagen nahm er am ersten Testspiel für Großbritannien gegen Neuseeland am 21. Oktober 1989 im Stadion Old Trafford, Manchester (GB), teil.

MEISTE ZUSCHAUER BEI EINEM RUGBY-UNION-SPIEL

Bei Neuseelands 39:35-Sieg über Australien am 15. Juli 2000 im Stadium Australia in Sydney (AUS) sahen 109.874 Menschen zu – Zuschauerrekord bei einem internationalen Rugby-Spiel.

SCHNELLSTER RUGBY-UNION-TRY

Der schnellste Try wurde am 22. November 1990 nach gerade mal 8 Sekunden von Andrew Brown (GB) im Spiel der Widden Old Boys gegen die Old Ashtonians in Gloucester (GB) erzielt.

DER MANN MIT DEM GEWISSEN KICK

Neil Jenkins (GB, links) schaffte die meisten internationalen Punkte einer Spielerkarriere in der Rugby Union. Von 1991 bis März 2001 erzielte er in 86 Spielen 1.052 Punkte: für Wales 1.011 Punkte in 83 Spielen und für die British Lions 41 Punkte in drei Spielen. Dieses Ergebnis verdankt Jenkins vor allem seinen hervorragenden Kick-Fähigkeiten. Er wurde zum erfolgreichsten Torkicker in der Geschichte des internationalen Rugby. Der weiteste erfolgreiche Dropkick in der Geschichte der Rugby Union gelang am 2. Januar 1932 Gerald „Gerry" Hamilton Brand mit 82 m für Südafrika im Spiel gegen England in Twickenham (GB). Der Dropkick erfolgte 6 m innerhalb der englischen „Hälfte", 50 m von den Torpfosten entfernt, und der Ball fiel über die Feldauslinie.

www.guinnessworldrecords.com/kickrugby
ACCESS CODE: ‹52110›

MEISTE LÄNDERSPIELE FÜR DIE RUGBY UNION

Der Franzose Philippe Sella spielte für Frankreich von 1982 bis 1995 die Rekordzahl von 111 Länderspielen. In den 13 Jahren seit seinem ersten Einsatz gegen Rumänien schaffte Sella 30 Trys und spielte bei drei Weltmeisterschaften, bei denen er 1987 eine Sibermedaille gewann.

MEISTE TRYS IN LÄNDERSPIELEN DER RUGBY UNION

Die Rekordzahl von 64 Trys in einer internationalen Karriere schaffte David Campese von 1982 bis 1996 in 101 Länderspielen für Australien. Campese ist der für die meisten Matches aufgestellte Spieler Australiens. 1996 erhielt er als einer der größten Sportler des Jahrhunderts eine UNESCO-Auszeichnung.

MEISTE EINZELPUNKTE IN EINEM RUGBY-WM-SPIEL

Der Neuseeländer Simon Culhane erzielte am 4. Juni 1995 mit 45 Punkten die meisten Punkte eines Einzelspielers in einem WM-Spiel im Spiel Neuseeland gegen Japan (145:17) in Bloemfontein (ZA). Im selben Spiel schaffte Culhane den Rekord von 20 Verwandlungen. Das Endergebnis brachte Neuseeland den Rekord für die höchste von einem Team bei einer WM erreichte Punktzahl ein. In diesem Spiel gelangen der Mannschaft zudem 21 Trys.

MEISTE EINZELPUNKTE IN RUGBY-UNION-LÄNDERSPIEL

Ashley Billington aus Hongkong (CHN) erzielte mit zehn Trys in einem WM-Qualifikationsspiel der Rugby Union die Rekordzahl von 50 Punkten. Das Spiel fand am 27. Oktober 1994 in Kuala Lumpur (MAL) zwischen Hongkong und Singapur statt.

MEISTE INTERNATIONALE MEISTERSCHAFTSTITEL

England hat von 1884 bis 2000 mit 23 Siegen die internationalen Rugby-Meisterschaften öfter gewonnen als jede andere Ländermannschaft. Unentschieden ausgegangene Spiele werden nicht gezählt, da in diesem Fall der Titel geteilt wird.

MEISTE SIEGE BEI DEN HONG KONG SEVENS

Den Rekord für die meisten Siege in der Hong Kong Rugby Union Sevens hält Fidschi. Das Team gewann neunmal: 1977–78, 1980, 1984, 1990–92 und 1998–99. 1997 wurde der Wettbewerb durch den World Cup Sevens ersetzt, den Fidschi ebenfalls gewann. 1976 wurde der weltweit angesehenste internationale Wettbewerb für Siebener-Mannschaften erstmals ausgetragen.

www.guinnessworldrecords.com/tryrugby

UND NOCH EIN PUNKT

Jonny Wilkinson (GB) hält den Rekord für die meisten in einem Weltmeisterschaftsspiel der Rugby Union erzielten Einzelpunkte. Den Rekord von 35 Punkten erreichte er am 17. Februar 2001 in Twickenham (GB) im Spiel England gegen Italien (80:23). Die Punktzahl setzt sich aus vier Strafstößen (je drei Punkte), neun Verwandlungen (je zwei Punkte) und einem Try (fünf Punkte) zusammen. Die von Wilkinson in diesem Spiel erzielten 13 Tore sind Rekord für ein WM-Spiel.

Englands 80 Punkte waren zudem die höchste Punktzahl einer Mannschaft in einem WM-Spiel. Die höchste Punktzahl in einem Länderspiel der Rugby League erzielte Australien beim 110:4-Sieg gegen Russland während des Rugby League World Cup am 4. November 2000 in Hull (GB).

MEISTE STRAFSTÖSSE IN LÄNDERSPIELEN DER RUGBY UNION

Die höchste Zahl erfolgreich ausgeführter Strafstöße in einem Rugby-Länderspiel ist neun. Sie erzielte am 9. Mai 1999 Keiji Hirose für Japan im Spiel gegen Tonga (44:17) in Tokio (J). Am 24. Juli 1999 wiederholte Andrew Mehrtens für Neuseeland gegen Australien (34:15) in Auckland (NZ) den Rekord.

MEISTE TITEL FÜR FRAUEN BEI DEN HONG KONG SEVENS

Neuseeland gewann bei dem seit 1997 ausgetragenen Mannschaftswettbewerb für Siebener-Teams der Frauen viermal den Titel: 1997, 1999, 2000 und 2001.

Ballspiele 1

MEISTE HANDBALL-OLYMPIASIEGE BEI DEN MÄNNERN
Die Mannschaft der ehemaligen UdSSR hat dreimal den Olympiasieg im Handball der Männer geholt: 1976, 1988 und 1992.

MEISTE HANDBALL-OLYMPIASIEGE BEI DEN FRAUEN
Jeweils zweimal Olympiasieger bei den Frauen wurden die UdSSR (1976 und 1980) und Südkorea (1988 und 1992).

HÖCHSTE TORZAHL BEI OLYMPISCHEN WETTKÄMPFEN
Der Rekord einer Herren-Handballmannschaft bei Olympischen Spielen liegt bei 44 Toren und wurde 1980 von Jugoslawien gegen Kuwait 1980 in Moskau (UdSSR, heute RUS) erzielt. Schweden zog mit 44 Treffern gegen Australien bei den Olympischen Spielen von Sydney (AUS) 2000 gleich. Mit 45 Toren erzielte Österreich bei den Olympischen Spielen in Sydney (AUS) die meisten Treffer einer Frauen-Handballmannschaft.

HÖCHSTE TORZAHL IM HANDBALL
Die Handballer der UdSSR warfen bei ihrem 86:2-Sieg über Afghanistan in Ungarn im August 1981 die meisten Tore, die jemals in einem Länderspiel erzielt wurden.

MEISTERINNEN UNTER DEM NETZ
Das australische Netballteam der Frauen (links) ist eine der erfolgreichsten Mannschaften im australischen Sport. Die Frauen sind mit acht Titeln Rekordweltmeister: 1963, 1971, 1975, 1979, 1983, 1991, 1995 und 1999. Neben dem Weltmeistertitel sind sie auch Open-Sieger und haben als erste Mannschaft die offiziellen Commonwealth Games 1998 gewonnen. Jedes Jahr werden nach Abschluss der Qantas Netball Nationals 20 Athletinnen für die Nationalmannschaft ausgewählt. Sie trainieren das ganze Jahr, und nur zwölf von ihnen werden für die Wettkämpfe nominiert. Gegenwärtig steht Kathryn Harby an der Spitze des australischen Teams. Sie wurde 1995 zur Netball-Spielerin des Jahres gewählt.

www.guinnessworldrecords.com/netball
ACCESS CODE: ‹44764›

MEISTE FRAUENHANDBALL-WELTMEISTERTITEL
Rumänien, die DDR und die UdSSR haben je dreimal den Weltmeistertitel im Frauenhandball gewonnen. Die Rumäninnen gewannen die Feldmeisterschaft 1956 und 1960 sowie die Hallenmeisterschaft 1962. Je drei Hallentitel holten sich die DDR (1971, 1975 und 1978) und die UdSSR (1982, 1986 und 1990).

MEISTE VOLLEYBALL-WELTMEISTERTITEL
Die Herrenmannschaft der UdSSR hat sechs Volleyball-WM-Titel gewonnen: 1949, 1952, 1960, 1962, 1978 und 1982.

MEISTE PUNKTE BEI NETBALL-WELTMEISTERSCHAFTEN
Irene van Dyk (ZA) hat bei Netball-Weltmeisterschaften die höchste Punktzahl erzielt. Bei den Wettkämpfen 1995 warf sie den Ball 543-mal ins Netz.

HÖCHSTE PUNKTZAHL EINER MANNSCHAFT BEI NETBALL-WELTMEISTERSCHAFTEN
Die Mannschaft der Cook-Inseln hat bei Netball-Weltmeisterschaften die höchste Punktzahl erzielt. Sie schlug am 9. Juli 1991 in Sydney (AUS) die Mannschaft von Vanuatu mit 120:38.

MEISTE WASSERBALL-TORE IN EINEM LÄNDERSPIEL
Debbie Handley erzielte bei der Weltmeisterschaft 1982 in Guayaquil (EC) für Australien 13 Tore in einem Länderspiel im Wasserball. Ihr Team siegte mit 16:10 über Kanada.

MEISTE WASSERBALL-WELTMEISTERTITEL
Drei Länder haben je zweimal den Titel bei den Weltmeisterschaften im Wasserball gewonnen: die UdSSR 1975 und 1982; Jugoslawien 1986 und 1991; Italien 1978 und 1994.

MEISTE OLYMPIASIEGE IM WASSERBALL
Ungarn hat sich sechsmal den Olympiasieg im Wasserball der Männer gesichert: 1932, 1936, 1952, 1956, 1964 und 1976. Das Heimatland dieser Sportart dominierte von Anfang der 1930er Jahre bis in die 1980er Jahre alle internationalen Wettkämpfe.

MEISTE VOLLEYBALL-OLYMPIASIEGE
Die UdSSR hat im Frauenvolleyball vier Olympiasiege errungen (1968, 1972, 1980 und 1988). Bei den Männern war die UdSSR dreimal erfolgreich: 1964, 1968 und 1980. Seit der Aufnahme von Volleyball in die Olympischen Wettkämpfe für Männer und Frauen im Jahr 1964 dominieren die Russen. Nur zweimal sind sie ohne Medaillen von Olympischen Spielen heimgekehrt: 1992 aus Barcelona (E) und 1996 aus Atlanta (USA). 1984 boykottierte die UdSSR die Spiele.

HÖCHSTE PUNKTZAHL BEI EINER KORFBALL-WELTMEISTERSCHAFT
Den Rekord von 191 Punkten bei einem Spiel um die Korfball-Weltmeisterschaft stellten die Niederlande 1999 auf. Korfball wurde 1901 von dem Amsterdamer Lehrer Nico Broekhuysen erfunden und ähnelt Netball und Basketball, wird aber mit gemischten Mannschaften gespielt. Die Regeln sind so angelegt, dass Jungen und Mädchen auf dem gleichen Niveau miteinander spielen. Korfball ist die einzige echte gemischte Sportart und wurde 1902 in Holland zum ersten Mal gespielt.

PERFEKTE HANDARBEIT
Schweden (links, hier gegen Australien bei den Olympischen Spielen 2000 in Sydney) hält mit Rumänien den Rekord von vier Hallenhandball-WM-Titeln. Schweden gewann die WM 1954, 1958, 1990 und 1999, Rumänien 1961, 1964, 1970 und 1974. Den Titel im Feldhandball sicherte sich die deutsche Mannschaft fünfmal zwischen 1938 und 1966. Handball wurde in Deutschland in den 1920er Jahren vom Fußball ausgehend entwickelt. Wie beim Fußball hatte jede Mannschaft elf Spieler. Zunächst wurden die Spiele auf einem Feld von der Größe eines Fußballplatzes ausgetragen. Heute wird fast ausschließlich die Hallenvariante mit sieben Spielern pro Mannschaft gespielt. Feldhandball wurde nur 1936 bei den Olympischen Spielen ausgetragen. Hallenhandball ist seit 1972 olympisch.

www.guinnessworldrecords.com/handball
ACCESS CODE: ‹45019›

www.guinnessworldrecords.com/beachvolleyball

ACCESS CODE: ‹53783›

BEACH-VOLLEYBALL-ASSE

Brasilien ist unangefochtener Weltmeister im Beach-Volleyball. Der Wettkampf wurde 1997 zum ersten Mal für Frauen und Männer ausgetragen und findet alle zwei Jahre statt. Brasilien hat 1997 und 1999 den Titel bei den Männern und den Frauen gewonnen (unten). Beach-Volleyball wurde bereits in den 1920er Jahren gespielt. Als Geburtsort gilt Santa Monica (USA). Am Strand wurden Plätze markiert, und in der Regel spielten Sechser-Teams gegeneinander. Die Sportart breitete sich rasch in den USA aus. Amerikanische Soldaten brachten sie nach dem Zweiten Weltkrieg nach Europa. Die heutige Spielweise Zwei gegen Zwei hat sich in den 1930er Jahren eingebürgert. 1947 wurde in State Beach (USA) der erste Wettkampf mit Zweierteams ausgetragen. Lange zuvor war Volleyball 1895 unter dem Namen „Mintonette" von einem YMCA-Trainer als Alternative zum Basketball erfunden worden.

MEISTE KORFBALL-WELTMEISTERTITEL

Die Niederlande haben den Titel seit der ersten Austragung der Weltmeisterschaft im Jahr 1978 fünfmal gewonnen: 1978, 1984, 1987, 1995 und 1999.

KNAPPSTES KORFBALL-FINALE

Zweimal wurde das Finale der Korfball-WM mit nur einem Punkt Vorsprung entschieden: 1978 schlugen die Niederlande Belgien mit 14:13 und 1991 schlug Belgien die Niederlande mit 11:10.

GRÖSSTER ABSTAND IN EINEM FINALE DER KORFBALL-WM

Der größte Abstand in einem Finale der Korfball-WM beträgt 23 Punkte: 1999 besiegten die Niederlande Belgien mit 34:11.

MEISTE KORFBALLTITEL BEI DEN WORLD GAMES

Seit der Aufnahme von Korfball in die World Games haben die Niederlande alle vier ausgespielten Titel gewonnen: 1985, 1989, 1993 und 1997.

MEISTE AFL-TITEL

In Australien gibt es drei große Football-Ligen: die AFL (Australian Football League), die South Australian National Football League und die Western Australian Football League. Die AFL ist die größte, von 1906 bis 1995 haben die Carlton Blues 16-mal diesen Titel gewonnen. Port Adelaide sammelte von 1884 bis 1991 36 South Australian NFL-Titel, und East Fremantle hat die Western Australia FL von 1900 bis 1998 30-mal gewonnen.

GRÖSSTE ZUSCHAUERMENGE BEI EINEM GRAND FINAL

Das Grand Final ist der Saisonhöhepunkt im Australian Football. Am 26. September 1970 verfolgte die Rekordzahl von 121.696 Zuschauern den Sieg von Carlton über Collingwood in Victoria (AUS).

MEISTE TORE IN EINER AFL-KARRIERE

Tony Lockett erzielte während seiner AFL-Karriere von 1983 bis 1999 1.357 Treffer. Im Durchschnitt traf er in jedem Match fünfmal.

HÖCHSTE MANNSCHAFTSPUNKTZAHL IN EINEM AFL-SPIEL

Die Rekordzahl von 239 Punkten (37 Touchdowns – 17 Feldpunkte) in der AFL erzielte Geelong am 3. Mai 1992 gegen Brisbane.

HÖCHSTE GESAMTPUNKTZAHL

Die höchste Gesamtpunktzahl (die Punkte von beiden Teams) in einem AFL-Spiel steht bei 345 Punkten und wurde bei dem 204:141-Sieg von St. Kilda über Melbourne am 6. Mai 1978 erreicht.

Ballspiele 2

MEISTE TISCHTENNIS-WM-TITEL
Die Herrenmannschaften von China und Ungarn sicherten sich die meisten WM-Titel im Tischtennis. Sie durften zwölfmal den begehrten Swaythling Cup mit nach Hause nehmen: China 1961, 1963, 1965, 1971, 1975, 1977, 1981, 1983, 1985, 1987, 1995 und 1997; Ungarn 1926, 1928–31, zweimal 1933 (zwei Meisterschaften wurden ausgetragen) und je einmal 1935, 1938, 1949, 1952 und 1979.

Die Liste der Frauenweltmeister führt unangefochten China an. 13-mal gewannen die Chinesinnen den alle zwei Jahre ausgespielten Marcel-Corbillon-Cup. Den ersten Titel gewannen sie 1965, von 1975 bis 1989 folgten acht Siege in Folge und auch 1993, 1995, 1997 und 2000 waren sie erfolgreich.

MEISTE TISCHTENNIS-GOLDMEDAILLEN BEI OLYMPISCHEN SPIELEN
Liu Guoliang (CHN) gewann 1996 in Atlanta die Rekordzahl von zwei Goldmedaillen, eine im Einzel und eine im Doppel mit Kong Linghui.

Bei den Frauen hält Deng Yaping (CHN) mit vier Olympiasiegen den Rekord. Sie holte 1992 und 1996 jeweils Gold im Einzel und im Doppel (beide Male mit Qiao Hang). In ihrer zehnjährigen Karriere hat das Naturtalent insgesamt 18 Weltmeistertitel gewonnen.

MEISTE TISCHTENNIS-SCHLÄGE IN EINER MINUTE
Gemeinsam brachen Jackie Bellinger und Lisa Lomas (beide GB) den Rekord für die meisten Tischtennisschläge in einer Minute. Sie spielten sich am 7. Februar 1993 im Northgate Sports Centre, Ipswich (GB), insgesamt 173-mal den Ball zu.

MEISTE SQUASH-WELTMEISTERTITEL
Das australische Herrenteam im Squash hat die Rekordzahl von sechs WM-Titeln geholt (1967, 1969, 1971, 1973, 1989 und 1991). 1993 zog Pakistan mit dem sechsten Titel gleich (1977, 1981, 1983, 1985 und 1987).

Die australischen Damen haben die Mannschaftsweltmeisterschaft ebenfalls sechsmal gewonnen: 1981, 1983, 1992, 1994, 1996 und 1998.

Susan Devoy (NZ) gewann die Rekordzahl von vier Titeln bei World-Open-Turnieren: 1985, 1987, 1990 und 1992.

SCHNELLSTER FEDERBALL
Bei Tests im Warwickshire Racquets and Health Club in Coventry (GB) schlug Simon Archer (GB) am 5. November 1996 einen Federball mit einer Rekordgeschwindigkeit von 260 km/h.

MEISTE WELTMEISTERTITEL IM BADMINTON-EINZEL
Vier Chinesen halten den Rekord von zwei Einzeltiteln bei Badminton-Weltmeisterschaften. Yang Yang hat das Herreneinzel 1987 und 1989 gewonnen. Im Fraueneinzel haben Li Lingwei (1983 und 1989), Han Aiping (1985 und 1987) und Ye Zhaoying (1995 und 1997) je zweimal triumphiert.

MEISTE WELTMEISTERTITEL IM BADMINTON
Mit fünf Titeln hat Park Joo-bong (ROK) die meisten Weltmeistertitel im Badminton gesammelt. Er siegte im Doppel der Herren 1985 und 1991 und im gemischten Doppel 1985, 1989 und 1991.

EIN FEDERLEICHTER SCHMETTERBALL
Indonesien hat die Badminton-Weltmeisterschaft der Herren am häufigsten gewonnen. Schon zwölfmal hat das Team den Thomas Cup mit nach Hause genommen: 1958, 1961, 1964, 1970, 1973, 1976, 1979, 1984, 1994, 1996, 1998 und 2000. Bei den letzten beiden Wettkämpfen war Hendrawan (oben) einer der wichtigsten Spieler. Der Thomas Cup ist nach Sir George Thomas benannt, dem 21-fachen All-England-Meister. Der Wettbewerb wurde jedoch erst nach dem Zweiten Weltkrieg im Jahr 1949 ausgetragen. Bis 1982 wurde er alle drei Jahre ausgespielt, seither alle zwei Jahre. An dem Wettkampf nehmen Sechser-Mannschaften teil. Badminton wurde nach Badminton House in Großbritannien benannt, wo die Familie des Herzogs von Beaufort sich im 19. Jahrhundert mit diesem Spiel die Zeit vertrieb. Es entwickelte sich aus den Vorläufern des heutigen Federball sowie aus einem ähnlichen Spiel, das in China schon vor 2.000 Jahren verbreitet war.

www.guinnessworldrecords.com/badminton

ACCESS CODE: ‹45671›

MEISTE MANNSCHAFTS-WELTMEISTERTITEL IM BADMINTON
China hält den Rekord in der Mannschaftswertung im Badminton und gewann siebenmal den Uber-Cup: 1984, 1986, 1988, 1990, 1992, 1998 und 2000.

KÜRZESTES BADMINTON-MATCH
Ra Kyung-min (ROK) gewann das kürzeste Spiel aller Zeiten. In nur sechs Minuten fertigte sie am 19. Mai 1996 Julia Mann (GB) mit 11:2 und 11:1 beim Uber-Cup in Hongkong (CHN) ab.

HÖCHSTER HOCKEYSIEG
Die indische Herren-Hockeymannschaft schlug die USA bei den Olympischen Spielen von 1932 in Kalifornien (USA) mit dem Rekordergebnis von 24:1. Die Inder waren auch danach nicht zu bremsen und gewannen sechsmal in Folge von 1928 bis 1956 die Goldmedaille bei Olympischen Spielen.

MEISTE HOCKEY-LÄNDERSPIELE
Seit seinem Debüt 1985 spielte Jacques Brinkman (NL) bis zum Januar 2001 in 337 Hockeyspielen für sein Land.

Karen Brown (GB) brachte es im Hockey von 1984 bis 1999 auf die Rekordzahl von 355 Länderspieleinsätzen für England und Großbritannien.

HÄUFIGSTER IRLAND-MEISTER IM HURLING
Die irische Traditionssportart Hurling ist eine Mischung aus Fußball, Handball und Hockey. Sie wird mit einem hockey-ähnlichen Holz, dem „Hurley" gespielt. Es gibt keine Beschränkung der Verwendung des Schlägers. Der Puck kann mit Hand und Fuß berührt werden, und durch das zusätzliche Schlagholz wird das Spiel sehr schnell. Mit 28 Titeln in der All-Ireland Championship von 1890 bis 1999 hält die Mannschaft aus Cork den Rekord.

GRÖSSTE ZUSCHAUERZAHL BEI EINEM HURLING-MATCH
Die Rekordanzahl von 84.865 Zuschauern verfolgte das All-Ireland

ZUM SQUASH GEBOREN
Jahangir Khan aus Pakistan (oben) hat die World Open, die Profi-WM, sechsmal gewonnen, von 1981 bis 1985 und 1988. Er gilt als der erfolgreichste Spieler in der Geschichte des Squashsports. Jahangir, der Sohn von Roshan Khan, dem Gewinner der British Open 1956, fing im Alter von 10 Jahren mit Squash an und gewann mit 15 seinen ersten Weltmeistertitel der Amateure.

www.guinnessworldrecords.com/squash

ACCESS CODE: ‹44362›

Hurling-Endspiel zwischen Cork und Wexford 1954 im Croke Park in Dublin (IRL).

WEITESTER SCHLAG IM HURLING

Die Rekordweite für einen Hurling-Schlag aus der Luft liegt bei 118 m. Tom Murphy von den Three Castles aus Kilkenny (IRL) schlug den Puck in einem Weitschlagwettbewerb 1906 über diese enorme Distanz. Seitdem hat der Rekord bestand.

MEISTE SHINTY-TITEL

Der mit dem irischen Hurling verwandte, hauptsächlich in Schottland gespielte Sport Shinty hat ebenfalls einen Rekordmeister. Das Team Newtonmore aus Highland (GB) hat den Camanachd Association Challenge Cup von 1907 bis 1986 28-mal gewonnen.

HÖCHSTER SIEGE BEI EINER LACROSSE-BEGEGNUNG DER FRAUEN

Beim Lacrosse passen und fangen die Spieler mit einem netzartigen Schläger einen Hartgummiball und versuchen diesen in das gegnerische Tor zu schießen. Den höchsten Sieg in einer internationalen Lacrosse-Begegnung der Frauen verbuchte das irisch-britische Team, das bei einer USA-Tournee 1967 die Auswahl von Long Island mit 40:0 besiegte.

MEISTE WELTMEISTERTITEL IM LACROSSE

Das Frauenteam der USA hat fünf Lacrosse-WM-Titel zu verbuchen. Sie haben die Weltmeisterschaft von 1974 gewonnen und in den Jahren 1982, 1989, 1993 und 1997 den Weltcup geholt, der die Weltmeisterschaft abgelöst hat.

Das Männerteam der USA hat sieben von acht Lacrosse-Weltmeistertiteln geholt (1967, 1974, 1982, 1986, 1990, 1994 und 1998). Den achten gewann Kanada 1978 mit einem knappen 17:16-Sieg über die USA.

HÖCHSTE SIEGE BEIM LACROSSE

Den höchsten Sieg in einem Lacrosse-Weltcup-Match der Männer errang Schottland am 25. Juli 1994 mit dem 34:3 über Deutschland in Greater Manchester (GB).

Den Rekord in der Worldcup Premier Division erzielten die USA mit ihrem 33:2-Sieg über Japan in Greater Manchester am 21. Juli 1994.

www.guinnessworldrecords.com/hockey

GOLDENE HOCKEYSCHLÄGER
Die Champions' Trophy im Frauenhockey hat Australien (rechts) am häufigsten gewonnen. Seit 1991 triumphierte das Team fünfmal in Folge: 1991, 1993, 1995, 1997 und 1999. Der Wettkampf wurde 1987 eingeführt und wird alle zwei Jahre ausgetragen. Die sechs besten Mannschaften der Welt kämpfen um den begehrten Pokal.

ACCESS CODE: ‹45007›

Tierische Athleten

MEISTE SIEGE BEIM 3-TAGE-BADMINTON
Das 3-Tage-Rennen von Badminton hat Lucinda Jane Green (GB) sechsmal gewonnen: 1973 auf Be Fair, 1976 auf Wide Awake, 1977 auf George, 1979 auf Killaire, 1983 auf Regal Realm und 1984 auf Beagle Bay.

HÖCHSTE PREISGELDSUMME IN EINER TRAINERLAUFBAHN
Wayne Lukas (USA) trainiert seit 1967 hauptberuflich Rennpferde. In seiner Karriere hat er 396,5 Mio. DM an Preisgeldern gewonnen. Allein 1988 waren es rund 40 Mio. DM – das höchste Preisgeld eines Trainers in einem Jahr. Viermal wurde er als Trainer des Jahres mit dem Eclipse Award ausgezeichnet.

SCHNELLSTE RENNPFERDE
Die höchste Geschwindigkeit, die ein Rennpferd erreichte, betrug 69,62 km/h. Am 5. Februar 1945 wurde dieses Tempo bei Big Racket in Mexico City, (MEX), gestoppt und am 27. September 1993 bei Onion Roll in Thistledown (USA).

Den Rekord über 1,5 Meilen (2.414 m) hält mit 60,86 km/h der dreijährige Hengst Hawkster. Mit 54,9 kg auf dem Rücken lief er am 14. Oktober 1989 im Santa Anita Park in Arcadia (USA) nach 2 Minuten 22,8 Sekunden durchs Ziel.

RENNGLÜCK
Von 1974 bis April 2000 gewann der Jockey Christopher McCarron (USA, links) Preisgelder in Höhe von über 528 Mio. DM – die höchste Summe im Pferderennsport. McCarron betrachtet seinen Sieg auf Alysheba im Kentucky Derby als Höhepunkt seiner Karriere. Im Jahr 1994 feierte er in Hollywood Park (USA) seinen insgesamt sechstausendsten Sieg.

www.guinnessworldrecords.com/mccarron
ACCESS CODE: ‹55548›

HÖCHSTER SPRUNG EINES PFERDES
Der offizielle Hochsprungrekord der Fédération Equestre Internationale liegt bei 2,47 m und wurde von Huaso mit dem Reiter Alberto Larraguibel Morales in Santiago (RCH) am 5. Februar 1949 aufgestellt.

TEUERSTES RENNPFERD
Robert Sangster (GB) und seine Partner zahlten am 23. Juli 1985 in Keeneland (USA) für den einjährigen Hengst Seattle Dancer 29,3 Mio. DM.

ERFOLGREICHSTER RODEO-BULLE
Der Bulle Red Rock warf von 1980 bis 1988 312 Reiter ab und wurde erst am 20. Mai 1988 von Lane Frost (USA), dem Rodeo-Weltmeister von 1987, bis zum Läuten nach acht Sekunden geritten. Der rotgescheckte Brahma-Hereford-Bulle bestritt seine letzte Saison 1987, trat danach aber noch zu Schaukämpfen an.

HÖCHSTER SPRUNG IN DER HALLE
Optibeurs Leonardo, geritten von Franke Sloothaak (D), sprang am 9. Juni 1991 in Chaudefontaine (CH) die Rekordhöhe von 2,4 m.

BESTER RODEO-BESUCH
Das größte Rodeo der Welt ist das National Finals Rodeo (USA), das von der Professional Rodeo Cowboys Association (PRCA) und von der Women's Professional Rodeo Association (WPRA) organisiert wird. Die zehn Vorführungen der Finalwettkämpfe 1991 besuchten insgesamt 171.414 Zuschauer – bis heute ein Rekord.

HÖCHSTE SIEGPRÄMIE IN EINEM WINDHUNDRENNEN
Den höchsten Preis in einem Windhundrennen gewann mit 280.000 DM Ben G. Speedboat am 23. August 1986 im Great Greyhound Race of Champions in Seabrook (USA).

SPORT DER KÖNIGE – KÖNIGE DES SPORTS
Von den fünf ausgetragenen Polo-Weltmeisterschaften hat Argentinien drei gewonnen. Die Mannschaft von Argentinien siegte 1987 im eigenen Land, 1992 in Chile und 1998 in den USA. Die Weltmeisterschaft findet alle drei Jahre unter der Schirmherrschaft der Federation of International Polo (FIP) statt. Mariano Uranga (links) gehörte der argentinischen Mannschaft an, die im März 2001 an der Polo-Weltmeisterschaft in Australien teilnahm.
Im Spiel Argentinien gegen USA im September 1936 in Meadowbrook (USA) wurde mit 30 Toren die höchste Gesamtzahl bei einem Länderspiel erzielt. Argentinien siegte mit 21:9 Toren.

www.guinnessworldrecords.com/polochamps
ACCESS CODE: ‹54456›

SCHNELLSTER WINDHUND
Die höchste Geschwindigkeit, die bei einem Windhund gemessen wurde, beträgt 67,32 km/h oder 366 m in 19,57 Sekunden. Star Title stellte den Rekord am 5. März 1994 auf der Geraden in Wyong (AUS) auf.

HÖCHSTER SPRUNG EINES HUNDES
Der Hochsprungrekord bei Hunden über eine glatte Holzwand (ohne Rillen oder Kletterhilfen) liegt bei 3,72 m. Ein 18 Monate alter Lurcher namens Stag überwand am 27. September 1993 auf dem Volksfest von Cotswold Country in Cirencester (GB) unter den Augen seiner stolzen Besitzer, des Ehepaares Matthews, das Hindernis.

LÄNGSTES SCHLITTENHUNDERENNEN
Das längste Schlittenhunderennen ist der 2.000 km lange Berengia Trail von Esso nach Markowo (RUS), der im April 1990 zunächst über 250 km ausgetragen wurde. Die Rekordzeit in dem jährlich stattfindenden Rennen stellte 1991 Pawel Lasarew (RUS) mit 10 Tagen 18 Stunden 17 Minuten 56 Sekunden auf. Das entspricht einer Durchschnittsgeschwindigkeit von 8 km in der Stunde.

ÄLTESTES SCHLITTENHUNDERENNEN
Das älteste Schlittenhunderennen ist der 1.688 km lange Iditarod Trail von Anchorage nach Nome, Alaska (USA), der bereits im Jahr 1910 gefahren wurde. Seit 1967 ist er die Route eines jährlichen Rennens. Die Rekordzeit von 9 Tagen 58 Minuten 6 Sekunden – also einer Durchschnittsgeschwindigkeit von ebenfalls 8 km in der Stunde – stellte Doug Swingley (USA) vom 6. bis zum 14. März 2000 auf.

TEUERSTE TAUBE
Ein vierjähriger Täuberich, der 1992 den Wettbewerb Barcelona International gewann und von da an Invincible Spirit hieß, brachte seinem Besitzer Martin Biemans (NL) 350.000 DM ein – die höchste Summe, der je für eine Taube bezahlt wurde. Der Taubenhändler Louella Pigeon World (GB) erwarb das Tier im Juli 1992.

FANTASTISCHES FRETTCHEN

Bei den in Blythe (GB) ausgetragenen North England Ferret Racing Championships lief das Albino-Frettchen Warhol (oben), das Jacqui Adams (GB) gehört, am 11. Juli 1999 in der Rekordzeit von 12,59 Sekunden durch die 10 m lange Röhre – und ließ 150 Konkurrenten hinter sich. Da es Warhols erstes Rennen war, ist die Leistung besonders bemerkenswert. Er trat mit einem Startgewicht von 2,7 kg an. Frettchen gehören zur Familie der Marder.

www.guinnessworldrecords.com/ferret

ACCESS CODE: ‹53067›

GRÖSSTE FLUGSTRECKE EINER TAUBE

In ihrer Wettkampfzeit von 1990 bis 1997 flog Brazilian Beauty, ein Blue-Check-Weibchen, die Rekordstrecke von 41.050 km. Die Taube gehört Robert Koch (ZA).

SCHNELLSTES SCHNECKENRENNEN

Die Weltmeisterschaft im Schneckenrennen wird alljährlich im Juli in Congham (GB) vor der St. Andrew's Church auf einem Rundkurs mit 33 cm Durchmesser ausgetragen. Einige Schnecken kommen in mehreren Läufen zum Einsatz. 1995 stellte der von Carl Bramham trainierte Archie mit 2 Minuten 20 Sekunden einen Rekord auf, der seither ungebrochen ist. Der Sieger wird zur Belohnung auf einen Kohlkopf gesetzt.

www.guinnessworldrecords.com/camelfight

KAMELRINGKAMPF

Zu den Kamelringkämpfen in Selçuk (TR) 1994 kamen 20.000 Zuschauer und verfolgten in dem 2000 Jahre alten Stadion der antiken Stadt Ephesus, wie 120 Dromedare miteinander kämpften. Das ist Zuschauerrekord bei einem Kamelringkampf. Kamelkämpfe (unten) haben in der Türkei eine sehr lange Tradition. Ein Kamelbulle wird vor einem Weibchen in die Arena geführt. Als Teil des Werbungsrituals wirft sich der Bulle auf den Boden und wälzt sich vor der Kuh im Sand. Dann wird sie weggeführt und an ihrer Stelle kommt ein Bulle. Zwischen den Bullen entbrennt ein eifersüchtiger Kampf. Da Kamele teuer sind, legt man ihnen Maulkörbe an, damit sie sich keine ernsthaften Verletzungen zufügen. Zwei Kamelrassen werden gekreuzt, um die so genannten Tulu-Kamele für die Ringkämpfe zu erhalten. Der Besitzer eines Siegerkamels erhält ein Preisgeld von umgerechnet 125 DM und einen Teppich. In der Türkei gibt es etwa 1.200 Kampfkamele. Der Sport ist in der ganzen Türkei verbreitet.

ACCESS CODE: ‹56083›

GUINNESS WORLD RECORDS™

Kampfsport

MEISTE HERREN-WELTMEISTERTITEL IM JUDO
David Douillet (F) hat insgesamt sechs Titel gewonnen. Bei Weltmeisterschaften in den Klassen Über 95 kg (1993, 1995 und 1997) und Offen (1995); bei Olympischen Spielen in den Klassen Über 95 kg (Atlanta 1996) und Über 100 kg (Sydney 2000). Yasuhiro Yamashita (J), der von 1977 bis 1985 neunmal in Folge japanischer Meister wurde, gewann fünf Titel bei Weltmeisterschaften und Olympischen Spielen: Über 95 kg (1979, 1981 und 1983), Offen (1981) und die Offene Klasse bei den Spielen von 1984. Nach 203 Siegen in Folge verabschiedete er sich 1985 vom aktiven Sport.

DER UNBESIEGBARE
Alexander Karelin (RUS, links), der Literatur, Oper und Ballett studiert hat, begann im Alter von 13 Jahren mit dem Ringen. Er hatte schnell Erfolg und wurde 1987 Juniorenweltmeister. Von 1988 bis 1999 hat er zwölf WM-Titel im Griechisch-Römischen Stil in der Klasse Unter 130 kg gewonnen – mehr als jeder andere Ringer. Neben den WM-Titeln hat Karelin in Seoul, Barcelona und Atlanta olympisches Gold gewonnen. Er beherrschte seine Klasse im Griechisch-Römischen Stil nach Belieben und entwickelte eine eigene Technik, den „Rückwärtsheber", mit dem er die Gegner im Rückwärtsfallen aushebelte.

www.guinnessworldrecords.com/karelin
ACCESS CODE: ‹44189›

MEISTE OLYMPIASIEGE BEI DEN HERREN
Zwei olympische Goldmedaillen im Judo haben bislang sechs Judokas erzielt: Wilhelm Ruska (NL) in den Klassen Über 93 kg und Offen (1972), Peter Seisenbacher (A) in der 86-kg-Klasse (1984 und 1988), Hitoshi Saito (J) in den Klassen Über 95 kg (1984) und Offen (1988), Waldemar Legien (PL) in der 78-kg- (1988) und der 86-kg-Klasse (1992), David Douillet (F) Über 95 kg (1996) und Über 100 kg (2000) und Tadahiro Nomura (J) in der 60-kg-Klasse (1996 und 2000).

MEISTE DAMEN-WELTMEISTERTITEL IM JUDO
Ingrid Berghmans (B) hat sich viermal den Weltmeistertitel in der Offenen Klasse (1980, 1982, 1984 und 1986) und zweimal in der Klasse Unter 72 kg (1984 und 1989) geholt.

MEISTE WÜRFE IN 10 STUNDEN
Patrick Hurley und Tony Cox (beide GB) vom Leeds Central Aikido Club führten am 30. Mai 1998 in Leeds (GB) innerhalb von 10 Stunden 46.261 Judo- und Aikido-Würfe vor.

UNGEWÖHNLICHSTE SUMO-NIEDERLAGE
Bei dem Mai-Wettkampf in der Ringarena Kokugikan im Stadtteil Sumida-ku von Tokio (J) verlor am 13. Mai 2000 der Sumo-Profi Asanokiri (J) im Rang eines *Sandanme* einen Kampf gegen Chiyohakuho (J), weil sein Lendenschurz herunterfiel – zum ersten Mal in den 83 Jahren seit Einführung des Regelwerks endete ein Kampf auf diese Weise. Der Sumo-Ringrichter brach den Kampf ab, als Asanokiri entblößt dastand. Die *Mawashis*, die Ringergürtel, sind etwa 8 m lang und werden mehrere Male eng um die Körper der Ringer gewickelt.

SCHWERSTER LEBENDER SPORTLER
Der schwerste Sportler der Welt ist der Sumo-Ringer Emmanuel Yarborough (USA). Er ist 2,03 m groß und bringt 319,3 kg auf die Waage.

HÖCHSTER FUSSTRITT USA
Den Rekord für den höchsten gemessenen Fußtritt hält Jessie Frankson (USA). Am 21. Dezember 2000 trat er gegen ein Objekt in 2,94 m Höhe, an dem eine Nadel befestigt war, die dann einen Luftballon zum Platzen brachte.

GRÖSSTE ZUSCHAUERZAHL BEI EINEM BOXKAMPF
Zu vier Weltmeisterschaftskämpfen im Aztekenstadion in Mexico City (MEX) kam am 20. Februar 1993 die Rekordanzahl von 132.274 zahlenden Zuschauern. Höhepunkt der Veranstaltung war die erfolgreiche Verteidigung des WBC-Titels im Superleichtgewicht durch Julio César Chávez (MEX) gegen Greg Haugen (USA).

Den Rekord für die meisten nicht zahlenden Zuschauer hält mit 135.132 der Kampf zwischen Tony Zale und Billy Pryor (beide USA) am 16. Juni 1941 im Juneau Park, Milwaukee (USA).

KLEINSTE ZUSCHAUERZAHL BEI EINEM BOXKAMPF
Den Schwergewichts-Titelkampf zwischen Cassius Clay (Muhammad Ali) und Sonny Liston (beide USA) am 25. Mai 1965 in Lewiston (USA) wollten nur 2.434 Zuschauer sehen.

DIE GRÖSSTEN ALLER ZEITEN
Bis zum Mai 2001 ist Ricardo López (MEX, links) während seiner ganzen Profi-Karriere kein einziges Mal besiegt worden. Von 49 Kämpfen im Laufe von 16 Jahren 8 Monaten hat er 48 gewonnen, einer endete unentschieden. Kein anderer Boxer hat es geschafft, so lange ungeschlagen zu bleiben.
Joe Louis (USA) hält den Rekord für die längste Zeit als Boxweltmeister. Im Schwergewicht blieb er 11 Jahre 252 Tage ungeschlagen – eine Rekordzeit für alle Box-Klassen. Joe Louis starb im Jahr 1981 und gilt als einer der größten Kämpfer aller Zeiten.
Tony Canzoneri (USA) war nur 33 Tage lang vom 21. Mai bis zum 23. Juni 1933 Weltmeister im Halbweltergewicht. In einem kürzeren Zeitraum hat noch kein Boxer den Titel im Ring gewonnen und wieder verloren.

www.guinnessworldrecords.com/ricardolopez
ACCESS CODE: ‹52552›

www.guinnessworldrecords.com/chyna

ACCESS CODE: ‹56478›

EINE DIVA RINGT SICH DURCH

Laut *Forbes*-Liste erzielte „Chyna" (rechts) mit umgerechnet 2,24 Mio. DM das höchste Jahreseinkommen einer Wrestlerin im Jahr 2000. Chynas richtiger Name lautet Joanie Laurer (USA). Sie wurde am 27. Dezember 1971 geboren und begann im Alter von 15 mit dem Gewichtheben. 1995 trainierte sie dann unter Walter „Killer" Kowalski. Chyna ist professionelle Ringerin und seit 1997 Mitglied der World Wrestling Federation (WWF). Als erste Frau in der Geschichte des Sports stand sie 1999 das Royal Rumble Match durch. Im selben Jahr wurde sie auch die erste Interkontinentale Meisterin, und ihre Fans wählten sie zur WWF-Diva des Jahres. Im September 2000 veröffentlichte sie das Video *Chyna Fitness: More than Meets the Eye*. 2001 erschien ihre Autobiographie *If Only They Knew (Wenn sie das nur geahnt hätten)*.

MEISTE WELTMEISTERTITEL IM KICKBOXEN

Don Wilson (USA), genannt „The Dragon", hat elf Weltmeistertitel in drei Gewichtsklassen (Schwergewicht, Superschwergewicht und Cruisergewicht) und für sechs Organisationen (WKA, STAR, KICK, ISKA, PKO und IKF) gewonnen.

MEISTE BETONBLÖCKE IN EINER MINUTE S

Mikael Bigersson (S) zertrümmerte am 3. Februar 2001 in Stockholm (S) mit der Hand in einer Minute 21 Betonblöcke. Von den jeweils 60 x 20 x 7 cm großen Quadern waren ein, zwei, drei, vier, fünf und zuletzt sechs Blöcke aufeinander gestapelt.

MEISTE BETONBLÖCKE IN DER LEISTENGEGEND ZERSCHLAGEN USA

Am 12. August 1998 wurde in Los Angeles (USA) die Rekordzahl von zwei Betonblöcken auf die Leiste des Kampfsportlers Cliff Flenoy (USA) gelegt und danach mit einem Vorschlaghammer zertrümmert.

GRÖSSTE ZUSCHAUERZAHL BEI EINEM KARATEWETTKAMPF

Der Wettkampf Sabaki Challenge ist das Maß aller Dinge für den Vollkontakt-Karatesport ohne Handschuhe in den USA. Rund 7.500 Zuschauer kommen regelmäßig zu der Veranstaltung und Millionen auf der ganzen Welt verfolgen die Kämpfe vor dem Fernsehapparat.

MEISTE GLASSCHEIBEN ZERBROCHEN USA

Mit einem einzigen Karateschlag zerschlug Maurice Elmalem (USA) am 12. März 2001 in Los Angeles (USA) 50 Glasscheiben, die jeweils 9,84 cm breit, 38,1 cm lang und 0,4 cm dick waren. Zwischen den Scheiben lagen schmale Blöcke (8,9 x 1,27 x 0,32 cm). Um sich nicht zu schneiden, musste Elmalem doppelt so stark zuschlagen wie sonst benötigt, um Holz zu zertrümmern.

SCHNELLSTER 100-GEGNER-KUMITE

Am 22. März 1995 kämpfte Francisco Alves Filho (BR) in nur 3 Stunden 8 Minuten nacheinander gegen 100 Gegner im Vollkontakt-Knockdown-Karate. Er gewann 26 Kämpfe durch *Ippon* (höchste Wertung), 50 durch Richterentscheid, machte 24 Unentschieden und verlor keinen einzigen Kampf. Der 100-Gegner-Kumite ist der absolute Härtetest im Kyokushin-Karate und wird nur in dieser Disziplin ausgetragen. Der Kandidat muss in zweiminütigen Kämpfen gegen 100 Gegner im Vollkontakt-Knockdown-Kampf antreten. Wenn er länger als fünf Sekunden am Boden bleibt, hat er den Wettkampf verloren – auch wenn es der letzte Kampf war.

Gymnastik + Gewichtheben

MEISTE LIEGESTÜTZE IN EINER MINUTE
Sergeant Paul Dean (GB) von den Royal Marines schaffte am 25. Juli 2000 in der Marine Training Base in Lympstone (GB) die Rekordzahl von 116 Liegestützen in einer Minute.

MEISTE PARALLELE BEUGESTÜTZE AM BARREN IN EINER STUNDE
Simon Kent (GB) gelangen am 5. September 1998 im Farrahs Health Centre in Lincoln (GB) in einer Stunde 3.989 parallele Beugestütze.

SCHNELLSTE VORWÄRTSROLLEN
Am 25. November 2000 benötigte Ashrita Furman auf dem Victory Field Track in Forest Park (USA) 19 Minuten 11 Sekunden, um mit gymnastisch korrekten Vorwärtsrollen eine Entfernung von 1,6 km zurückzulegen.

MEISTE VORWÄRTSROLLEN
Ashrita Furman überwand am 30. April 1986 in 10 Stunden 30 Minuten mit 8.341 Vorwärtsrollen eine Strecke von 19,67 km zwischen Lexington und Charleston (USA).

MEISTE DREHUNGEN AUF DEM SEITPFERD
Tyler Farstad (CDN) schaffte am 27. November 1993 in der Surrey Gymnastic Society in Surrey (CDN) auf einem Seitpferd 97 Kreisdrehungen mit paralleler Beinhaltung hintereinander.

MEISTE RÄDER IN EINER MINUTE
Brianna Schroeder (USA) schlug am 1. November 1997 an der Gym Carolina Gymnastics Academy in Raleigh (USA) die Rekordzahl von 48 vollständigen Rädern in 60 Sekunden.

SCHNELLSTE RÜCKWÄRTSSALTOS
Am 31. August 1995 machte Witalij Scherbo (BY) Rückwärtssaltos über die Rekorddistanz von 50 m in 10,22 Sekunden. Der Rekord wurde in der Makuhar Messe Event Hall im japanischen Chiba aufgestellt.

MEISTE HOCKEN IN EINER STUNDE
Paddy Doyle (GB) ging in einer Stunde die Rekordzahl von 3.743-mal in die Hocke. Er stellte den Rekord am 4. Mai 1998 im Stamina Boxing Kickboxing Gym in Erdington (GB) auf.

STARKE FRAU
Das Rekordgewicht von 100 kg im Reißen in der 53-kg-Klasse schaffte Yang Xia (CHN, oben) am 18. September 2000 bei den Olympischen Spielen in Sydney (AUS). Yang erzielte am selben Tag auch im Stoßen mit 125 kg einen Olympia- und Weltrekord. Diese beiden Gewichte wurden zum Gesamtgewicht addiert. Mit insgesamt 225 kg erzielte Yang mit ihren Rekordleistungen drei Welt- und drei Olympia-Rekorde in ihrer Klasse.

www.guinnessworldrecords.com/barred
ACCESS CODE: ‹51810›

AM HÄUFIGSTEN DAS EIGENE KÖRPERGEWICHT GEHOBEN
Lamar Gant (USA) stellte 1985 einen Deadlift-Rekord auf, indem er mit 299,5 kg fünfmal sein eigenes Körpergewicht hob. Er wog zu dieser Zeit 59,5 kg.

Cammie Lynn Lusko (USA) ist die einzige Frau, die mit einem Arm mehr als ihr eigenes Körpergewicht heben kann. Am 21. Mai 1983 hob sie in Milwaukee (USA) 59,5 kg. Sie selbst wog zu diesem Zeitpunkt 58,3 kg.

MEISTE SCHERSPRÜNGE IN EINER STUNDE
Ein zehnköpfiges Turnerteam der Blue Falcons-Turngruppe der Chelmer Valley Highschool in Chelmsford (GB) schaffte am 2. Dezember 1999 in einer Stunde die Rekordzahl von 4.095 Schersprüngen, 6,8 Sprünge pro Minute.

JÜNGSTE INTERNATIONALE TURNERIN
Pasakevi Voula Kouna (geboren am 6. Dezember 1971) war zu Beginn der Balkan-Spiele in Serres (GR) am 1. Oktober 1981, wo sie Griechenland vertrat, erst 9 Jahre 299 Tage alt.

MEISTE OLYMPISCHE MEDAILLEN EINER TURNERIN
Larissa Latynina (UdSSR) gewann bei drei Olympischen Spielen 1956–64 18 Medaillen im Turnen: neunmal Gold (sechs in der Einzel-, drei in der Mannschaftswertung), fünfmal Silber und viermal Bronze.

MEISTE OLYMPISCHE MEDAILLEN EINES TURNERS
Die meisten olympischen Medaillen im Turnen, insgesamt 15, holte sich Nikolai Andrianow (UdSSR) von 1972 bis 1980. Er gewann siebenmal Gold, fünfmal Silber und dreimal Bronze.

SIE HAT DEN RHYTHMUS
Den Rekord für die meisten Einzel-WM-Titel in der Rhythmischen Sportgymnastik teilen sich mit jeweils drei Auszeichnungen zwei bulgarische Turnerinnen: Maria Petrowa (links) 1993, 1994 und 1995 (geteilt) und Maria Gigowa 1969, 1971 und 1973 (geteilt).
Bei dem Allround-Wettbewerb muss jede Turnerin vier verschiedene von fünf gymnastischen Disziplinen zeigen: Seil, Ball, Band, Reifen und Keulen. Jede Disziplin wird einzeln gewertet.
Den Rekord von sieben olympischen Goldmedaillen in Einzelwettbewerben hält Vera Cáslawská (CSSR). 1964 gewann sie dreimal in Tokio (J) und 1968 viermal (darunter eine „geteilte" Goldmedaille) in Mexico City (MEX).

www.guinnessworldrecords.com/rhythmicgym
ACCESS CODE: ‹45037›

MEISTE GOLDMEDAILLEN IN EINZELWETTBEWERBEN

Den Rekord von sechs Goldmedaillen in der Einzelwertung halten Boris Schachlin (UdSSR) und Nikolai Jefimowitsch Andrianow (UdSSR). Schachlin gewann einmal 1956, viermal 1960 (darunter zwei „geteilte" Medaillen) und einmal 1964. Andrianow siegte einmal 1972, viermal 1976 und einmal 1980.

GEWICHT AM KLEINEN FINGER

Das höchste mit dem kleinen Finger gehobene Gewicht beim Deadlift sind 89,6 kg. Bei einem Deadlift muss der Gewichtheber die Stange vom Boden hochheben und mit geschlossenen Knien und nach hinten gedrückten Schultern aufrecht stehen. Die Stange wird weder über den Kopf noch auf die Schultern gehoben, und die Arme werden gerade nach unten gehalten. Der Rekord wurde von Barry Anderson (GB) am 14. Oktober 2000 im Bass Museum, Burton-upon-Trent (GB), aufgestellt. Barry nahm in der Masters-Kategorie für Sportler von 65 bis 69 Jahren in der 100-kg-Gewichtsklasse teil. Er hob das Gewicht mit dem kleinen Finger der rechten Hand.

www.guinnessworldrecords.com/weights

SCHWERMETALL

Die Rekordzahl von drei olympischen Goldmedaillen im Gewichtheben holten sich Pyrros Dimas (GR, rechts) und Naim Suleymanoglü (TR). Dimas gewann seine Goldmedaillen 1992 in der 82,5-kg-Klasse in Barcelona (E), 1996 in der 83-kg-Klasse in Atlanta (USA) und 2000 in der 85-kg-Klasse in Sydney (AUS).

ACCESS CODE: ‹44205›

REKORD AM BARREN

493-mal in einer Stunde stemmte der Pole Tomasz Szanca seinen Körper an einem Gymnastikbarren hoch (von vertikaler in horizontale Haltung). Er stellte den Rekord am 23. Mai 1999 in Szczecin (PL) auf.

MEISTE WELTMEISTERSCHAFTSTITEL IM POWERLIFTING

Die Gewinnerin der meisten WM-Titel im Powerlifting bei den Frauen ist Natalia Rumjantschewa aus Russland. Sie errang von 1993 bis 1999 sieben Titel in der 82,5-kg-Klasse.

LÄNGSTES WANDSITZEN

Rajkumar Chakraborty (IND) saß am 22. April 1994 im Panposh Sports Hostel in Rourkela (IND) ohne Hilfsmittel 11 Stunden 5 Minuten lang an einer Wand. Bei diesem kraftraubenden Rekord lehnte sein Rücken an der Mauer und seine Beine bildeten einen 45-Grad-Winkel.

24-STÜNDIGES BANKDRÜCKEN

Ein Rekord im Bankdrücken wurde vom 11. bis 12. April 1998 von einer neunköpfigen Mannschaft im Sport- und Freizeitzentrum Pontefract (GB) aufgestellt. Das Team wuchtete in 24 Stunden 4.748.283 kg in die Höhe.

GUINNESS WORLD RECORDS™

Sport: Rekord-Ergebnisse

BASEBALL

AL - American League
NL - National League

WEITESTER BASEBALLWURF EINER FRAU
90,2 m, Mildred Ella Zaharias (USA), 25. Juli 1931

REKORDE DER WORLD SERIES

MEISTE RUNS IN EINEM SERIES-SPIEL
6, Robert Richardson (New York, *AL*), 8. Oktober 1960

MEISTE SERIES-AUFTRITTE EINES PITCHERS
11, Whitey Ford (New York, *AL*), 1950–64

MEISTE STRIKEOUTS IN EINEM SPIEL
17, Robert Gibson (St. Louis, *NL*), 2. Oktober 1968

PERFECT GAME (9 INNINGS)
Donald James Larsen (New York, *AL*) gegen Brooklyn, 8. Oktober 1956

MEISTE AUSZEICHNUNGEN ALS BESTER SPIELER
2, Sandy Koufax (Los Angeles, *NL*, 1963, 1965);

Bob Gibson (St. Louis, *NL*, 1964, 1967); Reggie Jackson (Oakland, *AL*, 1973; New York, *AL*, 1977)

PROFILIGEN PITCHERREKORDE

MEISTE SPIELE OHNE HIT
In einer Karriere: 7, Nolan Ryan, 1973–91

MEISTE SHUTOUTS (ZU-NULL-SIEGE)
110, Walter Johnson (Washington, *AL*), 1907–27

MEISTE SPIELE GEWONNEN
In Folge: 24, Carl Owen Hubbell (New York Giants), 1936–37
In der Saison: 60, Hoss Radbourn (Providence, *NL*), 1884
In einer Karriere: 511, Cy Young (Cleveland, *NL*; St. Louis, *NL*; Boston, *AL*; Cleveland, *AL*; Boston, *NL*), 1890–1911

MEISTE INNINGS INSGESAMT
7,356, Cy Young (Cleveland, *NL*; St. Louis, *NL*; Boston, *AL*; Cleveland, *AL*; Boston, *NL*), 1890–1911

SCHLAGREKORDE DER PROFILIGEN

MEISTE RUNS GESCHLAGEN
In einem Inning: 7, Edward Cartwright (St. Louis, *AL*), 23. September 1890
In einer Saison: 191, Lewis Robert Hack Wilson (Chicago, *NL*), 1930
In einer Karriere: 2.297, Henry Hank Aaron, 1954–76

MEISTE RUNS
In einer Saison: 196, William Robert Hamilton (Philadelphia, *NL*), 1894
In einer Karriere: 2.245, Tyrus Raymond Ty Cobb, 1905–28

MEISTE BASES
In einem Spiel: 12, James Bottomley (St. Louis, *NL*), 16. September 1924; Mark Whiten (St. Louis, *NL*), 7. September 1993
In einer Karriere: 6.856, Henry Hank Aaron, 1954–76

AMERICAN FOOTBALL

SUPER BOWL-REKORDE

MEISTE FIELD GOALS
In einem Spiel: 4, Don Chandler (Green Bay Packers), 1968; Ray Wersching (San Francisco 49ers), 1982
In einer Karriere: 5, Ray Wersching (San Francisco 49ers), 1982–85

MEISTE PÄSSE
In einem Spiel: 31, Jim Kelly (Buffalo Bills), 1994
In einer Karriere: 83, Joe Montana (San Francisco 49ers), 1982, 1985, 1989–90

MEISTE PÄSSE GEFANGEN
In einem Spiel: 11, Dan Ross (Cincinnati Bengals), 1982; Jerry Rice (San Francisco 49ers), 1989
In einer Karriere: 28, Jerry Rice (San Francisco 49ers), 1989–90, 1995

PUNKTEREKORD
In einem Spiel: 18, Roger Craig (San Francisco 49ers), 1985; Jerry Rice (San Francisco 49ers), 1990, 1995; Ricky

Watters (San Francisco 49ers), 1995; Terrell Davis (Denver Broncos), 1998
In einer Karriere: 42, Jerry Rice (San Francisco 49ers), 1989–90, 1995

MEISTE AUSZEICHNUNGEN ALS BESTER SPIELER
3, Joe Montana (San Francisco 49ers), 1982, 1985, 1990

MEISTE TOUCHDOWN-PÄSSE
In einem Spiel: 6, Steve Young (San Francisco 49ers), 1995
In einer Karriere: 11, Joe Montana (San Francisco 49ers), 1982, 1985, 1989–90

MEISTE TOUCHDOWNS
In einem Spiel: 3, Roger Craig (San Francisco 49ers), 1985; Jerry Rice (San Francisco 49ers), 1990, 1995; Ricky Watters (San Francisco 49ers), 1995; Terrell Davis (Denver Broncos), 1998

RAUMGEWINN DURCH PÄSSE
In einem Spiel: 414 yd, Kurt Warner (St. Louis Rams), 30. Januar 2000
In einer Karriere: 1.142 yd, Joe Montana (San Francisco 49ers), 1982, 1985, 1989–90

RAUMGEWINN DURCH PASSANNAHME
In einem Spiel: 215 yd, Jerry Rice (San Francisco 49ers), 1989

RAUMGEWINN DURCH LÄUFE
In einem Spiel: 204 yd, Timmy Smith (Washington Redskins), 1988
In einer Karriere: 354 yd, Franco Harris (Pittsburgh Steelers), 1975–76, 1979–80

NFL-REKORDE

HÖCHSTER GESAMT-RAUMGEWINN
In einer Saison: 2.535 yd, Lionel James (San Diego Chargers), 1985
In einer Karriere: 21.803 yd, Walter Payton (Chicago Bears), 1975–87

MEISTE FIELD GOALS
In einer Saison: 39, Olindo Mare (Miami Dolphins), 1999
In einer Karriere: 461, Gary Anderson, (Pittsburgh Steelers, 1982–94; Philadelphia Eagles, 1995–96; San Francisco 49ers, 1997; Minnesota Vikings, 1999–2000)

MEISTE PÄSSE
In einer Saison: 404, Warren Moon (Houston Oilers), 1991

In einer Karriere: 4.967, Dan Marino (Miami Dolphins), 1983–2000

MEISTE PASSANNAHMEN
In einer Saison: 123, Herman Moore (Detroit Lions), 1995
In einer Karriere: 1.281, Jerry Rice (San Francisco 49ers), 1985–2000

PUNKTEREKORD
In einer Saison: 176, Paul Hornung (Green Bay Packers), 1960
In einer Karriere: 2.059, Gary Anderson, (Pittsburgh Steelers, 1982–94; Philadelphia Eagles, 1995–96; San Francisco 49ers, 1997; Minnesota Vikings, 1999–2000)

MEISTE TOUCHDOWN-PÄSSE
In einer Saison: 48, Dan Marino (Miami Dolphins), 1984
In einer Karriere: 420, Dan Marino (Miami Dolphins), 1983–99

MEISTE TOUCHDOWNS
In einer Karriere: 180, Jerry Rice (San Francisco 49ers), 1985–99

RAUMGEWINN DURCH PÄSSE
In einer Saison: 5.084 yd, Dan Marino (Miami Dolphins), 1984
In einer Karriere: 61.631 yd, Dan Marino (Miami Dolphins), 1983–99

RAUMGEWINN DURCH PASSANNAHMEN
In einer Saison: 1.848 yd, Jerry Rice (San Francisco 49ers), 1995

In einer Karriere: 19.247 yd, Jerry Rice (San Francisco 49ers), 1985–2000

RAUMGEWINN DURCH LÄUFE
In einer Saison: 2.105 yd, Eric Dickerson (Los Angeles Rams), 1984
In einer Karriere: 16.726 yd, Walter Payton (Chicago Bears), 1975–87

BASKETBALL
NBA – National Basketball Association

HÖCHSTER PUNKTEDURCHSCHNITT
In NBA-Play-off-Spielen: 33,4 (5.987 Punkte in 179 Spielen), Michael Jordan (Chicago Bulls), 1984–98
In einer NBA-Saison: 50,4 Punkte pro Spiel, Wilt Chamberlain (Philadelphia Warriors), 1961/62

MEISTE KÖRBE
In einem NBA-Spiel: 36, Wilt Chamberlain (Philadelphia Warriors), 2. März 1962
In einer NBA-Saison: 1.597, Wilt Chamberlain (Philadelphia Warriors), 1961/62

HÖCHSTE PUNKTZAHL EINER MANNSCHAFT
In einem Spielviertel: 58, Buffalo Braves, 20. Oktober 1972
In einer Spielhälfte: 107, Phoenix Suns, 11. November 1990
In einem Spiel: 186, Detroit Pistons, 13. Dezember 1983

MEISTE FREIWÜRFE VERWERTET
In einem NBA-Spiel: 29, Wilt Chamberlain (Philadelphia Warriors), 2. März 1962; Adrian Dantley (Utah Jazz), 5. Januar 1984

HÖCHSTER PUNKTEABSTAND
In einem NBA-Spiel: 68 Punkte (148:80), Cleveland Cavaliers, 17. Dezember 1991

MEISTE MINUTEN AUF DEM FELD
In einer Karriere: 57.446 Minuten, Kareem Abdul-Jabbar (USA), Milwaukee Bucks (1969–75) und Los Angeles Lakers (1975–89)

MEISTE NBA-PLAY-OFFS
In einer Karriere: 237, Kareem Abdul-Jabbar (USA), Milwaukee Bucks (1969–75) und Los Angeles Lakers (1975–89)

GOLF

PGA – Professional Golfers Association

MEISTE TITEL BEI GROSSEN MEISTERSCHAFTEN
Britischer Amateurmeister: 8, John Ball (GB), 1888, 1890, 1892, 1894, 1899, 1907, 1910, 1912
US-Amateurmeister: 5, Bobby Jones Jr. (USA), 1924, 1925, 1927, 1928, 1930
US-Amateurmeisterin: 6, Glenna Vare (USA), 1922, 1925, 1928–30, 1935
US Women's Open: 4, Betsy Earle-Rawls (USA), 1951, 1953, 1957, 1960; und Mickey Wright (USA), 1958, 1959, 1961, 1964

REKORDERGEBNISSE
US Open, 18-Loch: Jede Runde 63 Schläge, Johnny Miller (USA), 17. Juni 1973; Jack Nicklaus (USA), 12. Juni 1980; Tom Weiskopf (USA), 12. Juni 1980
US Open, 72-Loch: 272 Schläge, Jack Nicklaus (USA), 63, 71, 70, 68, 12.–15. Juni 1980; Lee Janzen (USA), 67, 67, 69, 69, 17.–20. Juni 1993; Tiger Woods (USA), 65, 69, 71, 67, 13.–16. Juni 2000
The Open, 18: Jede Runde 63 Schläge, Mark Hayes (USA), 7. Juli 1977; Isao Aoki (J), 19. Juli 1980; Greg Norman (AUS), 18. Juli 1986; Paul Broadhurst (GB), 21. Juli 1990; Jodie Mudd (USA), 21. Juli 1991; Nick Faldo (GB), 16. Juli 1993; Payne Stewart (USA), 18. Juli 1993
The Open, 72: 267 Schläge (66, 68, 69, 64), Greg Norman (AUS), 15.–18. Juli 1993
US Masters, 18: Jede Runde 63 Schläge, Nick Price (ZW), 1986; Greg Norman (AUS), 1996
US Masters, 72: 270 Schläge (70, 66, 65, 69), Tiger Woods, 1997
US PGA, 18: 63 Schläge, Bruce Crampton (AUS), 1975; Raymond Floyd (USA), 1982; Gary Player (ZA), 1984; Vijay Singh (FJ), 1993; Michael Bradley (USA), 1995; Brad Faxon (USA), 1995; José Maria Olazábal (E), 2000
US PGA, 72: insgesamt 267 Schläge, Steve Elkington (AUS), 68, 67, 68, 64, 1995; Colin Montgomerie (GB), 68, 67, 67, 65, 1995

TENNIS

ALTERSREKORDE

JÜNGSTE SIEGER

French Open, Doppel: 15 Jahre 339 Tage, Andrea Jaeger; 16 Jahre 296 Tage, Jimmy Arias (beide USA), 1981

French Open, Einzel: 16 Jahre 169 Tage, Monica Seles (YUG, heute USA), 1990
French Open, Herreneinzel: 17 Jahre 109 Tage, Michael Chang (USA), 1989
Australian Open, Einzel: 16 Jahre 117 Tage, Martina Hingis (CH), 1997
Australian Open, Herreneinzel: 17 Jahre, Rodney Heath (AUS), 1905
Wimbledon, Damendoppel: 15 Jahre 282 Tage, Martina Hingis (CH) mit Helena Sukova (CZ), 1996
Wimbledon, Dameneinzel: 15 Jahre 285 Tage, Charlotte Dod (GB), 1887
Wimbledon, Herreneinzel: 17 Jahre 227 Tage, Boris Becker (D), 1985
US Open, Herrendoppel: 15 Jahre 139 Tage, Vincent Richards (USA), 1918
US Open, Dameneinzel: 16 Jahre 271 Tage, Tracey Austin (USA), 1979
US Open, Herreneinzel: 19 Jahre 28 Tage, Pete Sampras (USA), 1990

JÜNGSTE NR. 1 DER WELTRANGLISTE

Damen: 16 Jahre 182 Tage, Martina Hingis (CH), 31. März 1997
Herren: 20 Jahre 234 Tage, Marat Michailowitsch Safin (RUS), 17. September 2000

Jüngste Wimbledon-Teilnehmer
Match-Sieger: 14 Jahre 89 Tage, Jennifer Capriati (USA), 1990
Gesetzter Teilnehmer: 14 Jahre 89 Tage, Jennifer Capriati (USA), 1990

ÄLTESTE SIEGER

French Open, Damendoppel: 42 Jahre 88 Tage, Elizabeth Ryan (USA), 1934
French Open, Einzel: 34 Jahre 301 Tage, Andrés Gimeno (E), 1972
Australian Open, Herrendoppel: 46 Jahre 60 Tage, Norman Everard Brookes (AUS), 1924
Australian Open, Einzel: 37 Jahre 62 Tage, Kenneth Robert Rosewall (AUS), 1972

GRAND SLAM-REKORDE

MEISTE SIEGE IM DOPPEL

Damen: 20 (12 x US Open, 5 x Wimbledon, 3 x French Open), Althea Louise Brough (USA) und Margaret Evelyn du Pont (geb. Osborne, USA), 1942–57; Martina Navratilova (USA) und Pam Shriver (USA), 7 x Australian Open, 5 x Wimbledon, 4 x French Open, 4 x US Open, 1981–89
Herren: 12 (5 x Wimbledon, 4 x Australian Open, 2 x French Open, 1 x US Open), John Newcombe (AUS) und Tony Roche (AUS), 1965–1976

ATP-TOUR REKORDE

MEISTE SIEGE

Doppel: 7, John McEnroe und Peter Fleming (beide USA), 1978–84

Einzel: 5, Ivan Lendl (CSSR, heute USA), 1982, 1983, 1986, 1987

MEISTE QUALIFIKATIONEN

zur ATP-Weltmeisterschaft: 16 (14 in Folge), Jimmy Connors (USA), 1972–85, 1987, 1988

LEICHTATHLETIK

HALLENWELTREKORDE DER FRAUEN

50 M

5,96, Irina Priwalowa (RUS), Madrid (E), 9. Februar 1995

50-M-HÜRDEN

6,58, Cornelia Oschkenat (DDR), Berlin (D), 20. Februar 1988

60 M

6,92, Irina Priwalowa (RUS), Madrid (E), 11. Februar 1993 und 9. Februar 1995

60-M-HÜRDEN
7,69, Ljudmila Naroshilenko (RUS), Tscheljabinsk (RUS), 4. Februar 1993

200 M
21,87, Merlene Ottey (JA), Liévin (F), 13. Februar 1993

400 M
49,59, Jarmila Kratochvílovà (CSSR), Mailand (I), 7. März 1982

800 M
1:56,40, Christine Wachtel (DDR), Wien (A), 13. Februar 1988

1.000 M
2:30,94, Maria Mutola (MOC), Stockholm (S), 25. Februar 1999

1.500 M
4:00,27, Doina Melinte (RO), East Rutherford (USA), 9. Februar 1990

1 MEILE
4:17,14, Doina Melinte (RO), East Rutherford (USA), 9. Februar 1990

3.000 M
8:32,88, Gabriela Szabo (RO), Birmingham (GB), 18. Februar 2001

5.000 M
14:47,36, Gabriela Szabo (RO), Dortmund (D), 13. Februar 1999

4 x 200-M-STAFFEL
1:32,55, SC Eintracht Hamm (D) – Helga Arendt, Silke-Beate Knoll, Mechthild Kluth, Gisela Kinzel, Dortmund (D), 19. Februar 1988; LG Olympia Dortmund (D) – Esther Möller, Gabi Rockmeier, Birgit Rockmeier, Andrea Phillip, Karlsruhe (D), 21. Februar 1999

4 x 400-M-STAFFEL
3:24,25, Russland – Tatjana Tschebykina, Swetlana Gontscharenko, Olga Kotljarowa, Natalja Nasarowa, Maebashi (J), 7. März 1999

3.000-M-GEHEN
11:40,33, Claudia Iovan (RO), Bukarest (RO), 30. Januar 1999

FÜNFKAMPF
4.991 Punkte, Irina Belowa (RUS), Berlin (D), 14./15. Februar 1992
60-m-Hürden: 8,22; **Hochsprung:** 1,93 m; **Kugelstoßen:** 13,25 m; **Weitsprung:** 6,67 m; **800 m:** 2:10,26

WEITSPRUNG
7,37 m, Heike Drechsler (DDR), Wien (A), 13. Februar 1988

DREISPRUNG
15,16 m, Ashia Hansen (GB), Valencia (E), 28. Februar 1998

HOCHSPRUNG
2,07 m, Heike Henkel (D), Karlsruhe (D), 9. Februar 1992

STABHOCHSPRUNG
4,70 m, Stacy Dragila (USA), Pocatello (USA), 17. Februar 2001

KUGELSTOSSEN
22,50 m, Helena Fibingerová (CSSR), Jablonec (CSSR), 19. Februar 1977

HALLENWELTREKORDE DER MÄNNER

50 M
5,56, Donovan Bailey (CDN), Reno (USA), 9. Februar 1996;
Maurice Greene (USA), Los Angeles (USA), 13. Februar 1999

50-M-HÜRDEN
6,25, Mark McCoy (CDN), Kobe (J), 5. März 1986

60 M
6,39, Maurice Greene (USA), Madrid (E), 3. Februar 1998 und 3. März 2001

60-M-HÜRDEN
7,30, Colin Jackson (GB), Sindelfingen (D), 6. März 1994

200 M
19,92, Frank Fredericks (NAM), Liévin (F), 18. Februar 1996

400 M
44,63, Michael Johnson (USA), Atlanta (USA), 4. März 1995

800 M
1:42,67, Wilson Kipketer (DK), Paris (F), 9. März 1997

1.000 M
2:14,96, Wilson Kipketer (DK), Birmingham (GB), 20. Februar 2000

1.500 M
3:31,18, Hicham El Guerrouj (MA), Stuttgart (D), 2. Februar 1997

1 MEILE
3:48,46, Hicham El Guerrouj (MA), Gent (B), 12. Februar 1997

3.000 M
7:24,90, Daniel Komen (EAK), Budapest (H), 6. Februar 1998

5.000 M
12:50,38, Haile Gebrselassie (ETH), Birmingham (GB), 14. Februar 1999

4 x 200-M-STAFFEL
1:22,11, Großbritannien – Linford Christie, Darren Braithwaite, Ade Mafe, John Regis, Glasgow (GB), 3. März 1991

4 x 400-M-STAFFEL
3:02,83, USA – Andre Morris, Dameon Johnson, Deon Minor, Milton Campbell, Maebashi (J), 7. März 1999

5.000-M-GEHEN
18:07,08, Michail Schtschennikow (RUS), Moskau (RUS), 14. Februar 1995

SIEBENKAMPF
6.476 Punkte, Dan Dion O'Brien (USA), Toronto (CDN), 13./14. März 1993
60 m: 6,67; **Weitsprung:** 7,84 m; **Kugelstoßen:** 16,02 m; **Hochsprung:** 2,13 m; **60-m-Hürden:** 7,85; **Stabhochsprung:** 5,20 m; **1.000 m:** 2:57,96

WEITSPRUNG
8,79 m, Carl Lewis (USA), New York (USA), 27. Januar 1984

DREISPRUNG
17,83 m, Aliecer Urrutia (C), Sindelfingen (D), 1. März 1997

HOCHSPRUNG
2,43 m, Javier Sotomayor (C), Budapest (H), 4. März 1989

STABHOCHSPRUNG
6,15 m, Sergej Bubka (UA), Donezk (UA), 21. Februar 1993

KUGELSTOSSEN
22,66 m, Randy Barnes (USA), Los Angeles (USA), 20. Januar 1989

WELTREKORDE DER FRAUEN (STADION)

100 M
10,49, Florence Griffith-Joyner (USA), Indianapolis (USA), 16. Juli 1988

100-M-HÜRDEN
12,21, Jordanka Donkowa (BG), Stara Zagora (BG), 20. August 1988

200 M
21,34, Florence Griffith-Joyner (USA), Seoul (ROK), 29. September 1988

400 M
47,60, Marita Koch (DDR), Canberra (AUS), 6. Oktober 1985

400-M-HÜRDEN
52,61, Kim Batten (USA), Göteborg (S), 11. August 1995

800 M
1:53,28, Jarmila Kratochvílova (CSSR), München (D), 26. Juli 1983

1.000 M
2:28,98, Swetlana Masterkowa (RUS), Brüssel (B), 23. August 1996

1.500 M
3:50,46, Qu Yunxia (CHN), Peking (CHN), 11. September 1993

1 MEILE
4:12,56, Swetlana Masterkowa (RUS), Zürich (CH), 14. August 1996

2.000 M
5:25,36, Sonia O'Sullivan (IRL), Edinburgh (GB), 8. Juli 1994

3.000 M
8:06,11, Wang Junxia (CHN), Peking (CHN), 13. September 1993

3.000-M-HINDERNISLAUF
9:40,20, Cristina Iloc-Casandra (RO), Reims (F), 30. August 2000

5.000 M
14:28,09, Jiang Bo (CHN), Peking (CHN), 23. Oktober 1997

10.000 M
29:31,78, Wang Junxia (CHN), Peking (CHN), 8. September 1993

1 STUNDE
18.340 m, Tegla Loroupe (EAK), Borgholzhausen (D), 7. August 1998

20.000 M
1:05:26,6, Tegla Loroupe (EAK), Borgholzhausen (D), 3. September 2000

25.000 M
1:29:29,2, Karolina Szabó (H), Budapest (H), 23. April 1988

30.000 M
1:47:05,6, Karolina Szabó (H), Budapest (H), 23. April 1988

4 x 100-M-STAFFEL
41,37, DDR – Silke Gladisch, Sabine Rieger, Ingrid Auerswald, Marlies Göhr, Canberra (AUS), 6. Oktober 1985

4 x 200-M-STAFFEL
1:27,46, USA – LaTasha Jenkins, Chryste Gaines, Nanceen Perry, Torri Edwards, Philadelphia (USA), 29. April 2000

4 x 400-M-STAFFEL
3:15,17, UdSSR – Tatjana Ledowskaja, Olga Nasarowa, Marija Pinigina, Olga Brysgina, Seoul (ROK), 1. Oktober 1988

4 x 800-M-STAFFEL
7:50,17, UdSSR – Nadeschda Olisarenko, Ljubow Gurina, Ljudmila Borissowa, Irina Podjalowskaja, Moskau (RUS), 5. August 1984

SIEBENKAMPF
7.291 Punkte, Jacqueline Joyner-Kersee (USA), Seoul (ROK), 23./24. September 1988
100-m-Hürden: 12,69; **Hochsprung:** 1,86 m; **Kugelstoßen:** 15,80 m; **200 m:** 22,56; **Weitsprung:** 7,27 m; **Speerwurf:** 45,66 m; **800 m:** 2:08,51

WEITSPRUNG
7,52 m, Galina Chistjakowa (UdSSR), Leningrad (UdSSR), 11. Juni 1988

DREISPRUNG
15,50 m, Inessa Krawez (UA), Göteborg (S), 10. August 1995

HOCHSPRUNG
2,09 m, Stefka Kostadinowa (BG), Rom (I), 30. August 1987

STABHOCHSPRUNG
4,70 m, Stacy Dragila (USA), Pocatello (USA), 27. April 2001

KUGELSTOSSEN
22,63 m, Natalja Lissowskaja (UdSSR), Moskau (UdSSR), 7. Juni 1987

DISKUS
76,80 m, Gabriele Reinsch (DDR), Neubrandenburg (D), 9. Juli 1988

HAMMER
76,07 m, Mihaela Melinte (RO), Rüdlingen (D), 29. August 1999

SPEERWERFEN
69,48 m, Trine Solberg-Hattestad (NOR), Oslo (NOR), 28. Juli 2000

WELTREKORDE DER MÄNNER (STADION)

100 M
9,79, Maurice Greene (USA), Athen (GR), 16. Juni 1999

110-M-HÜRDEN
12,91, Colin Jackson (GB), Stuttgart (D), 20. August 1993

200 M
19,32, Michael Johnson (USA), Atlanta (USA), 1. August 1996

400 M
43,18, Michael Johnson (USA), Sevilla (E), 26. August 1999

400-M-HÜRDEN
46,78, Kevin Young (USA), Barcelona (E), 6. August 1992

800 M
1:41,11, Wilson Kipketer (DK), Köln (D), 24. August 1997

1.000 M
2:11,96, Noah Ngeny (EAK), Rieti (I), 5. September 1999

1.500 M
3:26,00, Hicham El Guerrouj (MAR), Rom (I), 14. Juli 1998

1 MEILE
3:43,13, Hicham El Guerrouj (MAR), Rom (I), 7. Juli 1999

2.000 M
4:44,79, Hicham El Guerrouj (MAR), Berlin (D), 7. September 1999

3.000 M
7:20,67, Daniel Komen (EAK), Rieti (I), 1. September 1996

3.000-M-HINDERNISLAUF
7:55,72, Bernard Barmasai (EAK), Köln (D), 24. August 1997

5.000 M
12:39,36, Haile Gebrselassie (ETH), Helsinki (FIN), 13. Juni 1998

10.000 M
26:22,75, Haile Gebrselassie (ETH), Hengelo (NL), 1. Juni 1998

20.000 M
56:55,6, Arturo Barrios (MEX, heute USA), La Flèche (F), 30. März 1991

1 STUNDE
21.101 m, Arturo Barrios (MEX, heute USA), La Flèche (F), 30. März 1991

25.000 M
1:13:55,8, Toshihiko Seko (J), Christchurch (NZ), 22. März 1981

30.000 M
1:29:18,8, Toshihiko Seko (J), Christchurch (NZ), 22. März 1981

4 x 100-M-STAFFEL
37,40, USA – Michael Marsh, Leroy Burrell, Dennis Mitchell, Carl Lewis, Barcelona (E), 8. August 1992; USA – John Drummond Jr., Andre Cason, Dennis Mitchell, Leroy Burrell, Stuttgart (D), 21. August 1993

4 x 200-M-STAFFEL
1:18,68, Santa Monica Track Club (USA) – Michael Marsh, Leroy Burrell, Floyd Wayne Heard, Carl Lewis, Walnut (USA), 17. April 1994

4 x 400-M-STAFFEL
2:54,20, USA – Jerome Young, Antonio Pettigrew, Tyree Washington, Michael Duane Johnson, New York (USA), 23. Juli 1998

4 x 800-M-STAFFEL
7:03,89, Großbritannien – Peter Elliott, Garry Peter Cook, Stephen Cram, Sebastian Coe, London (GB), 30. August 1982

4 x 1.500-M-STAFFEL
14:38,8, Deutschland – Thomas Wessinghage, Harald Hudak, Michael Lederer, Karl Fleschen, Köln (D), 17. August 1977

ZEHNKAMPF
9.026 Punkte, Roman Sebrle (CZ), Götzis (A), 26./27. Mai 2001
1. Tag
100 m: 10,64; **Weitsprung:** 8,11 m; **Kugelstoßen:** 15,33 m; **Hochsprung:** 2,12 m; **400 m:** 47,79
2. Tag
110-m-Hürden: 13,92; **Diskus:** 47,92 m; **Stabhochsprung:** 4,80 m; **Speerwurf:** 70,16 m; **1.500 m:** 4:21,98

WEITSPRUNG
8,95 m, Mike Powell (USA), Tokio (J), 30. August 1991

DREISPRUNG
18,29 m, Jonathan Edwards (GB), Göteborg (S), 7. August 1995

HOCHSPRUNG
2,45 m, Javier Sotomayor (C), Salamanca (E), 27. Juli 1993

STABHOCHSPRUNG
6,14 m, Sergej Bubka (UA), Sestriere (I), 31. Juli 1994

KUGELSTOSSEN
23,12 m, Randy Barnes (USA), Los Angeles (USA), 20. Mai 1990

DISKUS
74,08 m, Jürgen Schult (DDR), Neubrandenburg (D), 6. Juni 1986

HAMMER
86,74 m, Juri Sedych (UdSSR, heute RUS), Stuttgart (D), 30. August 1986

SPEERWURF
98,48 m, Jan Zelezny (CZ), Jena (D), 25. Mai 1996

RADSPORT

WELTREKORDE DER FRAUEN

ZEITFAHREN (AUS DEM STAND)
500 m: 34,017, Felicia Ballanger (F), Bogotá (CO), 29. September 1995
3 km: 3:30,816, Leontien Zijlaard-van Moorsel (NL), Sydney (AUS), 17. September 2000

ZEITFAHREN (FLIEGENDER START)
200 m: 10,831, Olga Sljussarewa (RUS), Moskau (RUS), 25. April 1993

WELTKREKORDE DER MÄNNER

ZEITFAHREN (AUS DEM STAND)
1 km: 1:00,148, Arnaud Tournant (F), Mexico City (MEX), 16. Juni 2000
4 km: 4:11,114, Chris Boardman (GB), Manchester (GB), 29. August 1996

ZEITFAHREN (FLIEGENDER START)
200 m: 9,865, Curtis Harnett (CDN), Bogotá (CO), 28. September 1995
500 m: 26,649, Alexander Kiritschenko (UdSSR), Moskau (RUS), 29. Oktober 1988

MANNSCHAFTS-VERFOLGUNG
4 km: 3:59,710, Deutschland – Robert Bartko, Guido Fulst, Jens Lehmann, Daniel Becke, Sydney (AUS), 19. September 2000

SKISPORT

REKORDE DER DAMEN

MEISTE OLYMPIASIEGE
Alpin: 3, Vreni Schneider (CH), Riesenslalom, Slalom 1988; Slalom 1994; Katja Seizinger (D), Abfahrt 1994; Kombination, Abfahrt 1998; Deborah Campagnoni (I), Super-G 1992; Riesenslalom 1994; Riesenslalom 1998
Nordisch: 6, Ljubow Jegorowa (RUS), 10 km, 15 km, 4 x 5 km 1992; 5 km, 10 km, 4 x 5 km 1994

MEISTE WELTCUPSIEGE ALPIN
Gesamt: 6, Annemarie Moser-Pröll (A), 1971–75, 1979
Abfahrt: 7, Annemarie Moser-Pröll (A), 1971–75, 1978–79
Slalom: 6, Vreni Schneider (CH), 1989–90, 1992–95
Riesenslalom: 5, Vreni Schneider (CH), 1986–87, 1989, 1991, 1995
Super-G: 5, Katja Seizinger (D), 1993–96, 1998

MEISTE WELTCUPSIEGE NORDISCH
Langlauf: 4, Jelena Wälbe (UdSSR/RUS), 1989, 1991–92, 1995

REKORDE DER HERREN

MEISTE OLYMPIASIEGE
Alpin: 3, Anton „Toni" Sailer (A), Abfahrt, Slalom, Riesenslalom, 1956; Jean-Claude Killy (F), Abfahrt, Slalom, Riesenslalom, 1968; Alberto Tomba (I), Slalom, Riesenslalom, 1988; Riesenslalom, 1992
Nordisch: 8, Bjørn Dæhlie (NOR), 15 km, 50 km, 4 x 10 km, 1992; 10 km, 15 km, 1994; 10 km, 5 km, 4 x 10 km, 1998
Skisprung: 4, Matti Nykänen (FIN), 70-m-Schanze, 1988; 90-m-Schanze, 1984, 1988; Mannschaft 1988

MEISTE WELTCUPSIEGE ALPIN
Gesamt: 5, Marc Girardelli (LUX), 1985–86, 1989, 1991, 1993
Abfahrt: 5, Franz Klammer (A), 1975–78, 1983
Slalom: 8, Ingemar Stenmark (S), 1975–81, 1983
Riesenslalom: 7, Ingemar Stenmark (S), 1975–76, 1978–81, 1984
Super-G: 4, Pirmin Zurbriggen (CH), 1987–90

MEISTE WELTCUPSIEGE NORDISCH
Sprung: 4, Matti Nykänen (FIN), 1983, 1985–86, 1988
Langlauf: 5, Gunde Svan (S), 1984–86, 1988–89; Bjørn Dæhlie (NOR), 1992–93, 1995–97

EISSCHNELLLAUF

REKORDE DER DAMEN

500 m: 37,29, Catriona LeMay Doan (CDN), Salt Lake City (USA), 9. März 2001
1.000 m: 1:14,13, Monique Garbrecht-Enfeldt (D), Salt Lake City (USA), 10. März 2001
1.500 m: 1:54,38, Anni Friesinger (D), Calgary (CDN), 4. März 2001
3.000 m: 3:59,26, Claudia Pechstein (D), Calgary (CDN), 2. März 2001
5.000 m: 6:52,44, Gunda Niemann-Stirnemann (D), Salt Lake City (USA), 10. März 2001

NIEDRIGSTE PUNKTZAHL EINER WELTMEISTERIN

161,479 Punkte, Gunda Niemann-Stirnemann (D), Hamar (NOR), 6./7. Februar 1999

SHORT TRACK

500 m: 43,873, Ewgenia Radanowa (BG), Lake Placid (USA), 18. Februar 2000
1.000 m: 1:31,991, Yang Yang (CHN), Nagano (J), 21. Februar 1998
1.500 m: 2:25,146, Ewgenia Radanowa (BG), Szekesfehervar (H), 6. November 1998
3.000 m: 5:01,976, Eun-kyung Choi (ROK), Calgary (CDN), 22. Oktober 2000
3.000-m-Staffel: 4:16,260, Südkorea – An Sang-mi, Chun Lee-kyung, Kim Yun-mi, Won Hye-kyung, Nagano (J), 17. Februar 1998

REKORDE DER HERREN

500 m: 34,32, Hiroyasu Shimizu (J), Salt Lake City (USA), 10. März 2001
1.000 m: 1:08,28, Jeremy Wotherspoon (CDN), Salt Lake City (USA), 11. März 2001
1.500 m: 1:45,20, Kyu-Hyuk Lee (ROK), Calgary (CDN), 15. März 2001
3.000 m: 3:42,75, Gianni Romme (NL), Calgary (CDN, 11. August 2000
5.000 m: 6:18,72, Gianni Romme (NL), Nagano (J), 30. Januar 2000
10.000 m: 13:03,40, Gianni Romme (NL), Heerenveen (NL), 26. November 2000

NIEDRIGSTE PUNKTZAHL EINES WELTMEISTERS

152,651 Punkte, Rintje Ritsma (NL), Hamar (NOR), 6./7. Februar 1999

SHORT TRACK

500 m: 41,938, Nicola Franceschina (I), Bormio (I), 29. März 1998
1.000 m: 1:28,23, Marc Gagnon (CDN), Seoul (ROK), 4. April 1997
1.500 m: 2:15,50, Kai Feng (CHN), Groningen (NL), 11. November 1997
3.000 m: 4:46,727, Kim Dong-sung (ROK), Szekesfehervar (H), 8. November 1998
5.000-m-Staffel: 6:49,618, Südkorea, Chang Chun (CHN), 5. Dezember 1999

EISKUNSTLAUF

MEISTE GRAND-SLAM-TITEL

Der Grand Slam im Eiskunstlauf umfasst die Titel Europameister, Weltmeister und Olympiasieger.
Damen: 2, Sonja Henie (NOR), 1932, 1936; Katarina Witt (DDR), 1984, 1988
Herren: 2, Karl Schäfer (A), 1932, 1936

WELTMEISTERSCHAFTS-REKORDE

MEISTE TITEL

Damen: 10, Sonja Henie (NOR), 1927–36
Herren: 10, Ulrich Salchow (S), 1901–05, 1907–11
Paarlauf: 10, Irina Rodnina (4 mit Alexej Nikolajewitsch Ulanow, 1969–72; 6 mit Alexander Gennadjewitsch Saizew, 1973–78)
Eistanz: 6, Ljudmila Alexejewna Pachomowa und ihr Ehemann Alexander Georgijewitsch Gorschkow (UdSSR), 1970–74, 1976

JÜNGSTER WELTMEISTER

Einzeltitel: 14 Jahre 286 Tage, Tara Lipinski (USA), 22. März 1997

WETTBEWERBSREKORDE

HÖCHSTNOTEN

Damen: 7 Höchstnoten 6,0, Midori Ito (J), Eiskunstlauf-Weltmeisterschaften, Paris (F), 1989
Herren: 7 Höchstnoten 6,0, Donald George Jackson (CDN), Prag (CSSR), 1962
Eistanz: 29 Höchstnoten 6,0, Jayne Torvill und Christopher Dean (beide GB), Ottawa (CDN), 22./24. März 1984

SCHWIMMEN

KURZBAHNREKORDE – FRAUEN

RÜCKEN

50 m: 27,25, Haley Cope (USA), Indianapolis (USA), 7. März 2000
100 m: 58,45, Mia Nakamura (J), Sagamihara (J), 23. März 2001
200 m: 2:06,09, He Cihong (CHN), Palma de Mallorca (E), 5. Dezember 1993

BRUST

50 m: 30,60, Penny Heyns (ZA), Durban (ZA), 26. September 1999
100 m: 1:05,40, Penny Heyns (ZA), Durban (ZA), 26. September 1999
200 m: 2:19,25, Hiu Qi (CHN), Paris (F), 28. Januar 2001

SCHMETTERLING

50 m: 25,36, Anna-Karin Kammerling, (S), Stockholm (S), 25. Januar 2001
100 m: 56,56, Jenny Thompson (USA), Athen (GR), 18. März 2000

200 m: 2:04,16, Susan O'Neill (AUS), Sydney (AUS), 18. Januar 2000

FREISTIL

50 m: 23,59, Therese Alshammar (S), Athen (GR), 18. März 2000
100 m: 52,17, Therese Alshammar (S), Athen (GR), 17. März 2000
200 m: 1:54,17, Claudia Poll (CR), Göteborg (S), 18. April 1997
400 m: 4:00,03, Claudia Poll (CR), Göteborg (S), 19. April 1997
800 m: 8:15,34, Astrid Strauß (DDR), Bonn (D), 6. Februar 1987
1.500 m: 15:43,31, Petra Schneider (DDR), Gainesville (USA), 10. Januar 1982
4 x 50-m-Staffel: 1:38,21, Schweden – Annika Lofstedt, Therese Alshammar, Johanna Sjöberg, Anna-Karin Kammerling, Valencia (E), 15. Dezember 2000
4 x 100-m-Staffel: 3:34,55, China – Le Jingyi, Na Chao, Shan Ying, Nian Yin, Göteborg (S), 19. April 1997
4 x 200-m-Staffel: 7:49,11, Großbritannien – Claire Huddart, Nicola Jackson, Karen Legg, Karen Pickering, Athen (GR), 16. März 2000

LAGEN

100 m: 59,30, Jenny Thompson (USA), Hongkong (CHN), 2. April 1999
200 m: 2:07,79, Allison Wagner (USA), Palma de Mallorca (E), 5. Dezember 1993
400 m: 4:29,00, Dai Gouhong (CHN), Palma de Mallorca (E), 2. Dezember 1993
4 x 50-m-Staffel: 1:48,31, Schweden – Therese Alshammar, Emma Igelström, Anna-Karin Kammerling, Johanna Sjöberg, Valencia (E), 16. Dezember 2001
4 x 100-m-Staffel: 3:57,46, University of Georgia (USA) – Courtney Shealy, Kristy Kowal, Keegan Walkley, Maritza Correia, Indianapolis (USA), 16. März 2000

KURZBAHNREKORDE – MÄNNER

RÜCKEN

50 m: 23,42, Neil Walker (USA), Athen (GR), 16. März 2000
100 m: 50,75, Neil Walker (USA), Athen (GR), 19. März 2000

200 m: 1:51,62, Matt Welsh (AUS), Melbourne (AUS), 13. Oktober 2000; Gordon Kozulj (HR), Berlin (D), 21. Januar 2001

BRUST

50 m: 26,70, Mark Warnecke (D), Sheffield (GB), 11. Dezember 1998
100 m: 57,66, Ed Moses (USA), Minneapolis (USA), 24. März 2000
200 m: 2:06,40, Ed Moses (USA), Minneapolis (USA), 25. März 2000

SCHMETTERLING

50 m: 22,87, Mark Foster (GB), Sheffield (GB), 17. Januar 2001
100 m: 50,44, Lars Frolander (S), Athen (GR), 17. März 2000
200 m: 1:51,58, Franck Esposito (F), Antibes (F), 13. Januar 2001

FREISTIL

50 m: 21,13, Mark Foster (GB), Paris (F), 28. Januar 2001
100 m: 46,74, Alexander Popow (RUS), Gelsenkirchen (D), 19. März 1994
200 m: 1:41,10, Ian Thorpe (AUS), Berlin (D) , 5. Februar 2000
400 m: 3:35,01, Grant Hackett (AUS), Hongkong (CHN), 2. April 1999
800 m: 7:34,90, Kieren Perkins (AUS), Sydney (AUS), 25. Juli 1993
1.500 m: 14:19,55, Grant Hackett (AUS), Sydney (AUS), 27. September 1998

4 x 50-m-Staffel: 1:26,78, USA – Bryan Jones, Matt Ulricksson, Robert Bogart, Leffie Crawford, Minneapolis (USA), 23. März 2000
4 x 100-m-Staffel: 3:09,57, Schweden – Johan Nystrom, Lars Frolander, Mattias Ohlin, Stefan Nystrand, Athen (GR), 16. März 2000
4 x 200-m-Staffel: 7:01,33, USA – Josh Davis, Neil Walker, Scott Tucker, Chad Carvin)
Athen (GR), 17. März 2000

LAGEN

100 m: 52,79, Neil Walker (USA), Athen (GR), 18. März 2000
200 m: 1:54,65, Jani Sievinen (FIN), Kuopio (FIN), 21. Januar 1994; Atilla Czene (H), Minneapolis (USA), 23. März 2000
400 m: 4:04,24, Matthew Dunn (AUS), Perth (AUS), 24. September 1998
4 x 50-m-Staffel: 1:35,51, Deutschland – Thomas Rupprath, Mark Warnecke, Alexander Luderitz, Stephane Kunzelmann; Schweden – Daniel Carlsson, Patrik Isaksson, Jonas Akesson, Lars Frolande, Sheffield (GB), 13. Dezember 1998
4 x 100-m-Staffel: 3:29,88, Australien – Matt Welsh, Phil Rogers, Michael Klim, Chris Fydler, Hongkong (CHN), 4. April 1999

REKORDE DER FRAUEN (50-M-BAHN)

RÜCKEN

50 m: 28,25, Sandra Völker (D), Berlin (D), 17. Juni 2000
100 m: 1:00,16, He Cihong (CHN), Rom (I), 10. September 1994
200 m: 2:06,62, Krisztina Egerszegi (H), Athen (GR), 25. August 1991

SCHMETTERLING

50 m: 25,64, Inge de Bruijn (NL), Sheffield (GB), 26. Mai 2000
100 m: 56,61, Inge de Bruijn (NL), Sydney (AUS), 17. September 2000
200 m: 2:05,81, Susan O'Neill (AUS), Sydney (AUS), 17. Mai 2000

BRUST

50 m: 30,83, Penny Heyns (ZA), Sydney (AUS), 28. August 1999

100 m: 1:06,52, Penny Heyns (ZA), Sydney (AUS), 23. August 1999
200 m: 2:22,99, Hiu Qi (CHN), Hangzhou (CHN), 3. April 2001

FREISTIL

50 m: 24,32, Inge de Bruijn (NL), Sydney (AUS), 23. September 2000
100 m: 53,77, Inge de Bruijn (NL), Sydney (AUS), 20. September 2000
200 m: 1:56,78, Franziska van Almsick (D), Rom (I), 6. September 1994
400 m: 4:03,85, Janet Evans (USA), Seoul (ROK), 22. September 1988
800 m: 8:16,22, Janet Evans (USA), Tokio (J), 20. August 1989
1.500 m: 15:52,10, Janet Evans (USA), Orlando (USA), 26. März 1988
4 x 100-m-Staffel: 3:36,61, USA – Amy van Dyken, Dara Torres, Courtney Shealy, Jenny Thompson, Sydney (AUS), 16. September 2000
4 x 200-m-Staffel: 7:55,47, DDR – Manuela Stellmach, Astrid Strauß, Anke Möhring, Heike Friedrich, Straßburg (F), 18. August 1987

LAGEN

200 m: 2:09,72, Wu Yanyan (CHN), Shanghai (CHN), 17. Oktober 1997
400 m: 4:33,59, Jana Klotschkowa (UA), Sydney (AUS), 16. September 2000
4 x 100-m-Staffel: 3:58,30, USA – Megan Quann, Jenny Thompson, BJ Bedford, Dara Torres, Sydney (AUS), 23. September 2000

REKORDE DER MÄNNER (50-M-BAHN)

RÜCKEN

50 m: 24,99, Lenny Krayzelburg (USA), Sydney (AUS), 28. August 1999
100 m: 53,60, Lenny Krayzelburg (USA), Sydney (AUS), 24. August 1999
200 m: 1:55,87, Lenny Krayzelburg (USA), Sydney (AUS), 27 August 1999

BRUST

50 m: 27,39, Ed Moses (USA), Austin (USA), 31. März 2001
100 m: 1:00,29, Ed Moses (USA), Austin (USA), 28. März 2001
200 m: 2:10,16, Mike Barrowman (USA), Barcelona (E), 29. Juli 1992

SCHMETTERLING

50 m: 23,60, Geoff Huegill (AUS), Sydney (AUS), 14. Mai 2000

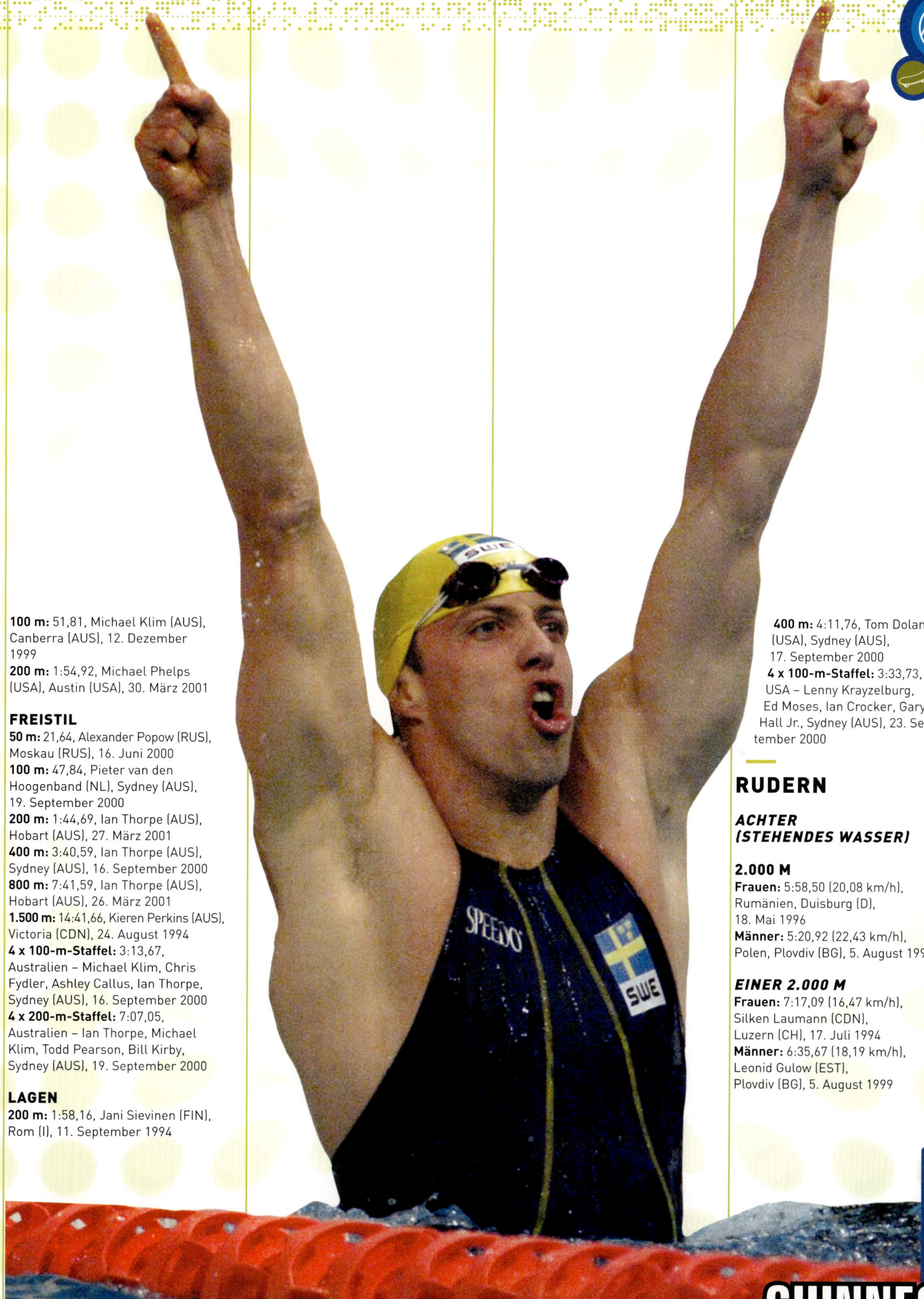

100 m: 51,81, Michael Klim (AUS), Canberra (AUS), 12. Dezember 1999
200 m: 1:54,92, Michael Phelps (USA), Austin (USA), 30. März 2001

FREISTIL

50 m: 21,64, Alexander Popow (RUS), Moskau (RUS), 16. Juni 2000
100 m: 47,84, Pieter van den Hoogenband (NL), Sydney (AUS), 19. September 2000
200 m: 1:44,69, Ian Thorpe (AUS), Hobart (AUS), 27. März 2001
400 m: 3:40,59, Ian Thorpe (AUS), Sydney (AUS), 16. September 2000
800 m: 7:41,59, Ian Thorpe (AUS), Hobart (AUS), 26. März 2001
1.500 m: 14:41,66, Kieren Perkins (AUS), Victoria (CDN), 24. August 1994
4 x 100-m-Staffel: 3:13,67, Australien – Michael Klim, Chris Fydler, Ashley Callus, Ian Thorpe, Sydney (AUS), 16. September 2000
4 x 200-m-Staffel: 7:07,05, Australien – Ian Thorpe, Michael Klim, Todd Pearson, Bill Kirby, Sydney (AUS), 19. September 2000

LAGEN

200 m: 1:58,16, Jani Sievinen (FIN), Rom (I), 11. September 1994
400 m: 4:11,76, Tom Dolan (USA), Sydney (AUS), 17. September 2000
4 x 100-m-Staffel: 3:33,73, USA – Lenny Krayzelburg, Ed Moses, Ian Crocker, Gary Hall Jr., Sydney (AUS), 23. September 2000

RUDERN

ACHTER (STEHENDES WASSER)

2.000 M

Frauen: 5:58,50 (20,08 km/h), Rumänien, Duisburg (D), 18. Mai 1996
Männer: 5:20,92 (22,43 km/h), Polen, Plovdiv (BG), 5. August 1999

EINER 2.000 M

Frauen: 7:17,09 (16,47 km/h), Silken Laumann (CDN), Luzern (CH), 17. Juli 1994
Männer: 6:35,67 (18,19 km/h), Leonid Gulow (EST), Plovdiv (BG), 5. August 1999

RIVER THAMES RUDERREGATTA
Roundhouse, Lechlade bis Gravesend Pier, Großbritannien (234 km):
60 Stunden 23 Minuten, Peter Goodchild (GB), 15.–17. Dezember 1996

CONCEPT2 HALLENRUDERN

1.000 KM
Herrenmannschaft (aus 12):
66 Stunden 44 Minuten 54 Sekunden, HMP Downview, Sutton (GB), 3.–6. August 1999

2.000 M
Frauen: 6:33,4, Kathrin Boron (D), 1998
Herren: 5:38,3, Rob Waddell (NZ), 1998

CRICKET

INNINGS-REKORDE

LÄNGSTES CRICKET-INNINGS
16 Stunden 55 Minuten, Rajiv Nayyar (IND) erzielte 271 Ringe für Himachal Pradesh (IND), 1.–3. November 1999

LÄNGSTES INNINGS OHNE WERTUNG
First Class: 101 Minuten, Geoff Allott, Neuseeland gegen Südafrika, Auckland (NZ), 2. März 1999. Allott nahm 77 Deliveries in Folge an.

HÖCHSTES CRICKET-INNINGS
Punkte: Brian Lara, 501, 7 Stunden 5 Minuten lang verlor Warwickshire gegen Durham nicht den Ball in Edgbaston (GB), 3. und 6. Juni 1994. Im selben Innings: Meiste Runs an einem Tag (390 am 6. Juni), meiste Runs nach Vierern und Sechsern (308, 62 Vierer und 10 Sechser)
Test: Brian Lara, 375 in 12 Stunden 48 Minuten für Westindische Inseln gegen England, St John's (ANT), 16.–18. April 1994

REKORDE DER WICKET-KEEPER

FANGREKORD IN EINER KARRIERE
First Class: 1.473, Bob Taylor (GB), 1960–88
Test: 353, Ian Healy (AUS), 1988–99 (111 Tests)

MEISTE STUMPINGS IN EINER KARRIERE
First Class: 418, Leslie Ames (GB), 1926–51
Test: 52, William Oldfield (AUS), 1920–37 (54 Tests)

MEISTE DISMISSALS (AUSSCHEIDEN) IN EINER KARRIERE
First Class: 1.649, Bob Taylor (GB), 1960–88
Test: 381, Ian Healy (AUS), 1988–99 (111 Tests)
One Day International: 234 (195 ct, 39 st), Ian Andrew Healy, in 168 Spielen, 1988–97

BOWLING-REKORDE

MEISTE WICKETS
In einem Innings (Test):
10–53, Jim Laker (GB), England gegen Australien, 31. Juli 1956; 10–74, Anil Kumble, Indien gegen Pakistan, Neu-Delhi (IND), 7. Februar 1999
In einem Match (First Class):
19 mit 90 Punkten (9–37 und 10–53), Jim Laker, England gegen Australien, 27.–31. Juli 1956
In einer Karriere (First Class):
4.187, Wilfred Rhodes (GB, av 16,71), 1898–1930

SCHNELLSTER BOWLE
160,45 km/h, Jeffrey Robert Thomson, Australien gegen Westindische Inseln, Dezember 1975

SCHLAGREKORDE

MEISTE CENTURIES (HUNDERT PUNKTE)
First Class: 197, Jack Hobbs (in 1.315 Innings), Surrey/England, 1905–34
Testmatch: 34, Sunil Gavaskar (in 214 Innings), Indien, 1971–87

FELDSPIELREKORDE

MEISTE ANNAHMEN
Testmatch: 157, Mark Taylor (in 104 Tests), Australien, 1989–99

REKORDE IM BLINDEN-CRICKET

Der erste Cricket World Cup für Blinde fand in Neu-Delhi, Indien, im November 1998 statt.

HÖCHSTE EINZELPUNKTZAHL
262 Not Outs, Mansood Jan, Pakistan gegen Südafrika, 19. November 1998

BESTE BOWLING-WERTUNG
3–12, Bhalaji Damor, Indien gegen Sri Lanka, 18. November 1998

SPIELER

JÜNGSTER CAPTAIN
Test: 21 Jahre 77 Tage, Nawab von Pataudi (später Mansur Ali Khan), Indien gegen Westindische Inseln, Barbados, 23. März 1962

JÜNGSTE SPIELER
First Class: 11 Jahre 261 Tage, Esmail Ahmed Baporia (IND), Gujarat gegen Baroda, Ahmedabad (IND), 10. Januar 1951
Test: 15 Jahre 124 Tage, Mushtaq Mohammad, Pakistan gegen Westindische Inseln, 26. März 1959

ÄLTESTER CRICKET-NATIONALSPIELER
International Cricket Council Mitgliedsland: 65 Jahre, 269 Tage, Wally Glynn, Malta gegen Griechenland, 21. August 1997

BOGENSCHIESSEN

Bogenschießen war bereits bei den Olympischen Spielen von 1900, 1904, 1908 und 1920 vertreten, doch jedes teilnehmende Land hatte seine eigenen Regeln. Wegen der Verwirrung wurde die Sportart herausgenommen. 1972 wurden nach der Gründung der Fédération Internationale de Tir à l'Arc (FITA) als internationaler Dachorganisation des Sports wieder Wettkämpfe nach standardisierten internationalen Regeln ausgetragen.

REKORDE DER FRAUEN

RINGE-REKORDE IN FITA-WETTKÄMPFEN

FITA: 1.384 von 1.440 Ringen, Chung Chang-sook (ROK), Wonju (ROK), November 2000
Mannschaft: 4.094 von 4.320 Ringen (3 x 1440), Südkorea – Cho Youn-jeong, Kim Soo-nyung und Lee Eun-kyung), Südkorea, 1992
30 m: 360 von 360 Ringen, Ha Na-young (ROK), Wonju (ROK), August 1998
50 m: 345 von 360 Ringen, Kim Moon-sun (ROK), Ch'ungjo (ROK) November 1996
60 m: 350 von 360 Ringen, Kim Jo-soon (ROK), Ye-chun (ROK), September 1998
70 m: 345 von 360 Ringen, Choi Nam-Nak (ROK), Wonju (ROK), August 2000

REKORDE DER HERREN

RINGE-REKORDE IN FITA-WETTKÄMPFEN

FITA: 1.379 von 1.440 Ringen, Oh Kyo-moon (ROK), Wonju (ROK), November 2000
Mannschaft: 4.053 von 4.320 Ringen (3 x 1440), Südkorea – Oh Kyo-moon, Lee Kyung-chul und Kim Jae-pak, Jakarta (RI), August 1995
30 m: 360 von 360 Ringen, Han Seuong-hoon (ROK), Seoul (ROK), Juni 1994; Oh Kyo-moon (ROK), Wonju (ROK), November 2000
50 m: 351 von 360 Ringen, Kim Kyung-ho (ROK), Wonju (ROK), September 1997
70 m: 345 von 360 Ringen, Jackson Fear (AUS), Kyongju (ROK), Juni 1997
90 m: 332 von 360 Ringen, Oh Kyo-moon (ROK), Wonju (ROK), November 2000

PFERDESPORT

OLYMPISCHE REKORDE

MEISTE GOLDMEDAILLEN
Dressur: 6, Reiner Klimke (D), Mannschaft: 1964–88, Einzel: 1984
Springreiten: 5, Hans Günter Winkler (D), Mannschaft: 1956, 1960, 1964, 1972, Einzel: 1956

MEISTE EINZELGOLDMEDAILLEN
Dressur: 2, Henri St. Cyr (S), 1952, 1956; und Nicole Uphoff (D), 1988, 1992

MEISTE MANNSCHAFTSSIEGE
Dressur: 10, Deutschland (BRD 1968–90), 1928, 1936, 1964, 1968, 1976, 1984, 1988, 1992, 1996, 2000

MEISTE MANNSCHAFTSMEDAILLEN
Springreiten (Preis der Nationen): 7, Deutschland, 1936, 1956, 1960, 1964, 1996 (D), und 1972, 1988 (BRD)

NIEDRIGSTE PUNKTZAHL (OHNE FEHLER)
Springreiten: Frantisek Ventura (CSR), 1928; Alwin Schockemöhle (D), 1976; und Ludger Beerbaum (D), 1992

WELTREKORDE

MEISTE WELTMEISTERTITEL IM SPRINGREITEN
Damen: 2, Janou Tissot (geb. Lefebvre, F), 1970, 1974
Herren: 2, Hans Günter Winkler (D), 1954, 1955; Raimondo d'Inzeo (I), 1956, 1960

Mannschaft: 2, Frankreich, 1982, 1990; Deutschland, 1994, 1998

SCHIESSEN

REKORDE DER FRAUEN

GEWEHR
50 m (3 x 20 Schuss): 689,7 (592 + 97,7), Wessela Letschewa (BG), München (D), 15. Juni 1995; 689,7 (591 + 98,7), Wang Xian (CHN), Mailand (I), 29. Mai 1998

LUFTGEWEHR
10 m (40 Schuss): 503,5 (398 + 105,5), Gaby Buehlmann (CH), München (D), 24. Mai 1998

PISTOLE
25 m (60 Schuss): 696,2 (594 + 102,2), Diana Jorgowa (BG), Mailand (I), 31. Mai 1994

LUFTPISTOLE
10 m (40 Schuss): 493,5 (390 + 103,5), Jie Ren (CHN), München (D), 22. Mai 1998

TRAP
100 Ziele: 95 (71 + 24), Satu Pusila (FIN), Nikosia (CY), 13. Juni 1998; Delphine Racinet (F), Sydney (AUS), 26. März 2000

DOPPELTRAP
120 Ziele: 150 (115 + 35), Yafei Zhang (CHN), Nikosia (CY), 20. Oktober 2000

SKEET
100 Ziele: 99 (75 + 24), Swetlana Demina (RUS), Kumamoto City (J), 1. Juni 1999

REKORDE DER MÄNNER

GEWEHR
50 m (3 x 40 Schuss): 1.287,9 (1.186 + 101,9), Rajmond Debevec (SLO), München (D), 29. August 1992
50 m liegend: 704,8 (600 + 104,8), Christian Klees (D), Atlanta (USA), 25. Juli 1996

LUFTGEWEHR
10 m: 700,7 (597 + 103,7), Artjom Chadshibekow (RUS), München (D), 18. November 2000

SCHNELLFEUERPISTOLE
25 m: 699,7 (596 + 103,7), Ralf Schumann (D), Barcelona (E), 8. Juni 1994

LUFTPISTOLE
10 m: 695,1 (593 + 102,1), Sergej Pyshjanow (UdSSR), München (D), 13. Oktober 1989
50 m: 676,2 (577 + 99,2), William Demarest (USA), Mailand (I), 4. Juni 2000

LAUFENDE SCHEIBE
10 m: 687,9 (586 + 101,9), Ling Yang (CHN), Mailand (I), 6. Juni 1996

TRAP
125 Ziele: 150 (125 + 25), Marcello Tittarelli (I), Suhl (D), 11. Juni 1996

DOPPELTRAP
150 Ziele: 194 (Vorrunde 146 + 48), Daniele di Spigno (I), Tampere (FIN), 7. Juli 1999

SKEET
125 Ziele: 150 (125 + 25), Jan Henrik Heinrich (D), Lonato (I), 5. Juni 1996; Andrea Benelli (I), Suhl (D), 11. Juni 1996; Ennio Falco (I), Lonato (I), 19. April 1997; Harald Jensen (NOR), Kumamoto City (J), 1. Juni 1999; Franck Durbesson (F), Sydney (AUS), 31. März 2000; Mikola Miltschew (UA), Sydney (AUS), 23. September 2000

LUFTGEWEHR AUFLAGE (GENAUESTE SALVE)
10 Schuss auf 1.000 yd (914 m): 8,003 cm, John Voneida (USA), Williamsport (USA), 8. Juli 1995
5 Schuss auf 500 m: 26,6 mm, Dave Goodridge (AUS), Canberra (AUS), 29. August 1998

TONTAUBEN
500 Schuss und Treffer: 30 Minuten 31 Sekunden, Scott Hutchinson (USA), Lake Placid (USA), 18. September 1999
Treffer in einer Minute: 27, Scott Hutchinson (USA), Lake Placid (USA), 18. September 1999

OLYMPISCHE REKORDE

MEISTE GOLDMEDAILLEN IM EINZEL
3, Gudbrand Gudbrandsönn Skatteboe (NOR), 1906

MEISTE MEDAILLEN
Frauen: 5 (2 x Gold, 1 x Silber, 2 x Bronze), Marina Logwinenko (geb. Dobrantschewa, RUS), 1988–96
Männer: 11 (5 x Gold, 4 x Silber, 2 x Bronze), Carl Townsend Osburn (USA), 1912, 1920 und 1924

GEWICHTHEBEN

Am 1. Januar 1998 führte der Internationale Gewichtheberverband (IWF) neue Gewichtsklassen ein und hob zugleich alle bestehenden Weltrekordmarken auf. Diese Liste enthält die gültigen Weltrekorde für die neuen Gewichtsklassen. Als Rekord werden Ergebnisse bei IWF-Wettkämpfen anerkannt, die beim Reißen oder Stoßen um 0,5 kg bzw. bei der Gesamtwertung um 2,5 kg über der bisherigen Rekordmarke liegen.

IWF-REKORDE DER FRAUEN

48 KG KÖRPERGEWICHT
Stoßen: 113,5 kg, Donka Mintschewa (BG), Athen (GR), 21. November 1999
Reißen: 87,5 kg, Liu Xiuhua (CHN), Montreal (CDN), 6. Juni 2000
Gesamt: 197,5 kg, Liu Xiuhua (CHN), Montreal (CDN), 6. September 1999

53 KG KÖRPERGEWICHT
Stoßen: 125 kg, Yang Xia (CHN), Sydney (AUS), 18. September 2000
Reißen: 100 kg, Yang Xia (CHN), Sydney (AUS), 18. September 2000
Gesamt: 225 kg, Yang Xia (CHN), Sydney (AUS), 18. September 2000

58 KG KÖRPERGEWICHT
Stoßen: 131,5 kg, Ri Song Hui (DVRK), Osaka (J), 3. Mai 2000
Reißen: 105 kg, Chen Yanqing (CHN), Athen (GR), 22 November 1999
Gesamt: 235 kg, Chen Yanqing (CHN), Athen (GR), 22. November 1999

63 KG KÖRPERGEWICHT
Stoßen: 132,5 kg, Xiong Meiyin (CHN), Athen (GR), 23. November 1999
Reißen: 112,5 kg, Chen Xiaomin (CHN), Sydney (AUS), 19. September 2000
Gesamt: 242,5 kg, Chen Xiaomin (CHN) Sydney (AUS), 19. September 2000

69 KG KÖRPERGEWICHT
Stoßen: 143 kg, Sun Tianni (CHN), Athen (GR), 24. November 1999
Reißen: 112,5 kg, Erzsebet Markus (H), Sydney (AUS), 19. September 2000
Gesamt: 252,5 kg, Lin Weining (CHN), Wuhan (CHN), 3. September 1999

75 KG KÖRPERGEWICHT
Stoßen: 142,5 kg, Sun Tianni (CHN), Osaka (J), 6. Mai 2000
Reißen: 116 kg, Tang Weifang (CHN), Wuhan (CHN), 4. September 1999
Gesamt: 257,5 kg, Sun Tianni (CHN), Osaka (J), 6. Mai 2000

+ 75 KG KÖRPERGEWICHT
Stoßen: 160,5 kg, Ding Meiyuan (CHN), Osaka (J), 6. Mai 2000
Reißen: 135 kg, Ding Meiyuan (CHN), Sydney (AUS), 22. September 2000
Gesamt: 285 kg, Ding Meiyuan (CHN), Athen (GR), 27. November 1999

IWF-REKORDE DER MÄNNER

56 KG KÖRPERGEWICHT
Stoßen: 168 kg, Halil Mutlu (TR), Trenčín (SK), 24. April 2001
Reißen: 138,0 kg, Halil Mutlu (TR), Sydney (AUS), 16. September 2000
Gesamt: 305.0 kg, Halil Mutlu (TR), Sydney (AUS), 16. September 2000

62 KG KÖRPERGEWICHT
Stoßen: 180,5 kg, Le Maosheng (CHN), Athen (GR), 23. November 1999
Reißen: 152,5 kg, Shi Zhiyong (CHN), Osaka (J), 3. Mai 2000
Gesamt: 325 kg (Weltrekord)

69 KG KÖRPERGEWICHT
Stoßen: 196,5 kg, Galabin Boewski (BG), Sydney (AUS), 20. September 2000
Reißen: 165 kg, Georgi Markow (BG), Sydney (AUS), 20. September 2000
Gesamt: 357,5 kg, Galabin Boewski (BG), Athen (GR), 24. November 1999

77 KG KÖRPERGEWICHT
Stoßen: 210 kg, Oleg Perepetschenow (RUS), Trenčín (SK), 27. April 2001
Reißen: 170,5 kg, Chatschatur Kjapanaktsjan (ARM), Athen (GR), 25. November 1999
Gesamt: 375 kg, Oleg Perepetschenow (RUS), Trenčín (SK), 27. April 2001

85 KG KÖRPERGEWICHT
Stoßen: 218 kg, Zhang Yong (CHN), Tel Aviv (IL), 25. April 1998
Reißen: 181 kg, Georgi Asanidse (GE), Sofia (BG), 29. April 2000
Gesamt: 395 kg (Weltstandard)

94 KG KÖRPERGEWICHT
Stoßen: 232,5 kg, Szymon Kolecki (PL), Sofia (BG), 29. April 2000
Reißen: 188 kg, Akakios Kakiashvilis (GR), Athen (GR), 27. November 1999
Gesamt: 417,5 kg (Weltstandard)

105 KG KÖRPERGEWICHT
Stoßen: 242,5 kg (Weltstandard)
Reißen: 197,5 kg (Weltstandard)
Gesamt: 440 kg (Weltstandard)

+ 105 KG KÖRPERGEWICHT
Stoßen: 262,5 kg (Weltstandard)
Reißen: 212,5 kg, Hossein Rezazadeh (IR), Sydney (AUS), 26. September 2000
Gesamt: 472,5 kg, Hossein Rezazadeh (IR), Sydney (AUS), 26. September 2000

Der Weg zum Weltrekordler

Um einen noch stärkeren internationalen Rekord-Wettkampf anzuregen und die Rekorde noch besser auf internationalem Niveau miteinander vergleichen zu können, haben wir die GUINNESS-Redaktionen in aller Welt noch enger miteinander vernetzt. Zusätzlich war hierzu eine interne Umstrukturierung bei der Prüfung und Bewertung der Rekordanmeldungen nötig: Zukünftig wird diese Arbeit zentral in unserer englischen Stammredaktion erfolgen.

Jeder, der einen Rekord brechen oder einen neuen Rekord aufstellen möchte, setze sich bitte mit der englischen Redaktion in Verbindung, um zu erfahren, ob die Idee für einen Weltrekord geeignet und was zu deren Umsetzung notwendig ist. Der Rekordversuch sollte in jedem Fall rechtzeitig gemeldet werden, damit die Experten befragt und gegebenenfalls neue Richtlinien aufgestellt werden können.

Die Kontaktaufnahme ist ganz einfach: Per Internet, Brief, Fax oder Telefon. Die englische GUINNESS-Redaktion bearbeitet die eingehenden Anmeldungen und Anfragen und verschickt Regeln, Richtlinien sowie eine Aufstellung der nötigen Dokumentationsunterlagen. Die Einhaltung dieser Vorgaben ist Pflicht, da sonst die strengen GUINNESS-Richter den Rekordversuch nicht anerkennen können.

Um absolut sicher zu sein, sollte jeder, der einen Weltrekord brechen oder aufstellen möchte, sich in jedem Fall vor seinem Versuch mit uns in Verbindung setzen und sich informieren, ob der Rekord in der Zwischenzeit überboten wurde.

DER ERSTE SCHRITT:

• **Der Online-Service** auf http://www.guinnessworldrecords.com ist der schnellste und bequemste Weg für die Anmeldung eines Rekordes. Ein ausgefülltes Online-Anmeldeformular genügt. Anschließend wird eine persönliche ID-Nummer vergeben, mit der der aktuelle Bearbeitungsstand der Anmeldung online abgerufen werden kann.

• **Schreiben Sie an:**
Records Research Services
Guinness World Records
338 Euston Road
London NW1 3BD

Telefon/Fax
Tel.: 00 44/ 8 70/ 2 41 66 32
Fax: 00 44/ 2 07/ 8 91 45 01

Achtung: Anfragen per Brief, Fax oder Telefon benötigen mehr Zeit zur Bearbeitung.

Für Anregungen, weiterführende Fragen oder Hilfe bei der Bearbeitung der englischen Unterlagen steht selbstverständlich jederzeit die deutsche Redaktion zur Verfügung:

GUINNESS VERLAG GMBH
Guinness-Redaktion
Harvestehuder Weg 42
20149 Hamburg

Tel.: 0 40 / 44 188 4 88
Fax: 0 40 / 44 188 3 01
E-Mail:
info@guinnessworldrecords.de

Die größte Eis-Torte der Welt

GUINNESS WORLD RECORDS

Akrobatik + Kraft

MEISTE SPARGELSTANGEN JONGLIERT

Am 12. Mai 2000 jonglierte und balancierte das Jonglierduo Goidon, alias Matthias Goike (D) und Martin Doin (D), im Europa Center in Berlin (D) mit 160 Spargelstangen.

SCHWIERIGSTE FUSSBALL-JONGLAGE

Einen Fußball mit dem Fuß jonglierend erklomm Paul Sahli aus Lostorf (CH) am 7. Mai 2000 in Laufenburg (D) rückwärts 106 Stufen einer Feuerwehrleiter und verbesserte damit seinen alten Rekord um zwei Stufen. Die Leiter hatte eine Höhe von 30 m. Für die Besteigung brauchte der 53-Jährige 6 Minuten 10 Sekunden.

MEISTE BIERFLASCHEN-LIEGESTÜTZE

Johann Schneider aus Alpbach (A) vollführte 16 Liegestütze auf drei Bierflaschen und stellte dabei 16 Bierflaschen in eine Kiste zurück. Er stützte sich mit den beiden Daumen seiner Hände und einem großen Zeh auf den drei Flaschen auf, während er mit einem Zeh des anderen Fußes die auf dem Boden stehenden Bierflaschen in eine Kiste räumte. Durchgeführt wurde der Rekordversuch am 26. März 2000 in Duisburg (D) bei der ZDF-Sendung „Wetten, dass...?".

BESTER BILLARDKUGEL-FUSSJONGLEUR

Manfred Wagner aus Leuzingen (D) jonglierte am 14. August 2000 in Arch (D) eine Billardkugel 10 Minuten mit den Füßen.

BESTER KISTEN-KLETTERER

Ist ein Mädchen! Die elfjährige Rabia Piro aus Essen (D) hält den Weltrekord im Bierkistenklettern. Hervorgegangen aus einem Vorausscheidungs-Wettbewerb unter 2.500 Schülern der Stadt Essen (D), bestieg sie am 3. September 2000 auf dem Essener Burgplatz einen ca. 12,60 m hohen Turm aus 63 handelsüblichen Bierkisten, der frei und ungesichert stand. Rabia selbst war durch ein Seil an einem Kran gesichert, bestieg den Turm allerdings ohne fremde Mithilfe.

FITNESSARTISTIK

Hans Tschamler aus Bad Vilbel (D) balancierte am 17. Juli 2000 frei stehend auf einem Gummiball von 2 m Durchmesser, wobei er in beiden Händen jeweils einen rollenden „GyroTwister" hielt. Das Hand-Fitnessgerät erreicht durch Eigenrotation bis zu 10.000 Umdrehungen pro Minute und erzeugt bis zu 15 kg Kreiselkraft. In puncto Balance-Schwierigkeitsgrad übertrifft der pensionierte Polizeihauptkommissar damit seinen Rekord von 1997.

MEISTE FLÖTEN

Der Musiker Ralf Grombacher aus Mühlheim/Main (D, links) ist in der Lage, die in Irland gebräuchlichen „Tin Whistles" mit der Nase statt wie üblich mit dem Mund zu spielen. Diese Disziplin wird als „Nose-Whistle-Solo" bezeichnet. Ferner beherrscht er auch das „Double-Whistle"-Spiel mit zwei Flöten gleichzeitig an den Lippen. Die Krönung seiner Kunst ist allerdings sein „Nose-Double-Whistle"-Spiel: Zwei Flöten – eine im Mund, eine in der Nase – werden synchron gespielt.

SCHARF IM MUND

Im Rahmen eines mittelalterlichen „Spectaculums" am 10. September 2000 in Hamburg (D) drehte der Fakir und Entfesselungskünstler Harald Thran aus Neuwied (D) in einer Stunde eine handelsübliche Rasierklinge 2.628-mal in seinem Mund, ohne sich zu verletzen.

WASSERSKI AUF DREHTELLER

Oliver Knautz aus Neukirchen (D) fuhr im April 2001 auf vier Stühlen, die auf einem Drehteller befestigt waren, stehend Wasserski. Der Turm war ca. 2,10 m hoch und bestand aus zwei Stühlen, einem Barhocker und einem Kinderstuhl, die während der Fahrt aufeinander gestapelt wurden.

LÄNGSTER EIERLAUF IM HANDSTAND

Siegfried Sachs aus Irxleben (D) kann Eierlauf im Handstand. Mit einem rohen Hühnerei, auf einem speziell gebogenen, 19 cm langen Aluminium-Löffel, den er im Mund hielt, legte der Berufsschullehrer am 23. März 2001 auf den Händen laufend eine Strecke von 34,51 m zurück. Dann fiel das Ei herunter.

HULA-HOOP MIT TRAKTORREIFEN

Roman Schneider aus Hörbranz (A) schwang beim Festival der Rekorde in Bregenz (A) einen 24 kg schweren Traktorreifen 1 Minute 11 Sekunden wie einen Hula-Hoop-Ring um seine Hüften. Der Reifen war fabrikneu und hatte einen Durchmesser von 1 m.

LEITER-FREECLIMBING

Im Rahmen der EXPO 2000 in Hannover (D) kletterte Karsten Feist aus Rettenbach (D) am 31. Juli 2000 eine 5 m hohe frei stehende Leiter auf der einen Seite hoch und auf der anderen Seite wieder herunter. Der Artist balancierte sie ausschließlich durch Verlagerung seines Körpergewichtes aus.

BLINDFAHRT IM LKW

Jörg Hoffmann, alias Massimo der Zauberer, aus Weilmünster (D) fuhr am 11. März 2001 mit verbundenen Augen den LKW einer Fahrschule über die Strecke von 12 km. Neben dem Steuer saß ein Fahrlehrer, um im Notfall zu bremsen. Die Blindfahrt von Weilburg nach Weilmünster war ordnungsgemäß genehmigt und fand unter großen Sicherheitsvorkehrungen statt.

SCHÜTZENBRÜDER

Der 39-jährige George Olesen (DK, links) stellte sich am 7. Juli 2000 auf dem Tummelum Festival der Rekorde in Flensburg (D) im Abstand von 30 cm vor eine Kanone und ließ eine 7,4 kg schwere Kugel auf sich abfeuern. Olesen fing das Geschoss, das eine Geschwindigkeit von ca. 300 km/h besaß. Blessur: Rippenprellung.

Mit elf Armbrüsten schoss sich Mr. Dangerous alias Christoph H. Möller aus Schwerin (D) am 13. Oktober 2000 in Stavenhagen (D) einen Apfel von seinem Kopf. Die Armbrüste waren dafür auf Stative montiert und so ausgerichtet worden, dass der erste abgeschossene Pfeil die zweite Armbrust in Betrieb setzte und so weiter, bis der Pfeil der letzten Armbrust den Apfel durchbohrte. Für die Ausrichtung der Armbrüste brauchte Möller knapp zwei Stunden, der Weltrekordversuch dauerte dann nur zwei Sekunden.

TIPP MIT REISSLEINE

Am 15. August ermittelten sechs Fallschirmspringer in Münster (D) einen Lottotipp, indem sie aus 1.200 m Höhe auf einen 500 m^2 großen Lottoschein sprangen. Die Zahl, auf der ein Fallschirmspringer landete, wurde angekreuzt.

STÄRKSTE MODELL-LOKS

Die Eisenbahnfreunde Friesland aus Wilhelmshaven (D) um Organisator Jürgen Rode schufen im Rahmen der EXPO-Veranstaltung „EXPO am Meer" in 800 Mannstunden Bauzeit eine Konstruktion, in der 250 Modell-Loks des Typs E-94 „Deutsches Krokodil", Maßstab 1:87, am 3. Juni 2000 ihre Kräfte gebündelt dazu nutzten, den 436 BRT schweren Marineschlepper „Knechtsand" über 6 m durch das Hafenbecken zu ziehen. Dabei wurden 24 Spanplatten, 1.092 m Gleis, ca. 11.600 Tackerklammern und 1.100 Steckverbindungen auf 84,4 m^2 Fläche verarbeitet.

GRÖSSTER YTONG-STEIN-ZERSTÖRER

Tekin Dogan aus Immenstadt (D) zerschlug am 13. Mai 2000 in der Kampfkunstschule WTKS Sonthofen mit dem Ellenbogen 18 aufeinander liegende Ytong-Steine mit einem Schlag und mit beiden Fäusten 156 Ytong-Steine in 7 Sekunden.

STRAMME BAUCHMUSKELN

Adriano Schmid aus Emmenbrücke (CH) ließ am 24. April 1999 in Luzern (CH) innerhalb von 40 Minuten 101 PKWs mit einem jeweiligen Mindestgewicht von 1.400 kg über seinen Bauch fahren.

STÄRKSTER SCHLAG

Die 20-jährige Michéle Thompson Gruber aus Unna (D) ist die „Destruction Queen" beim Kampfsport-Bruchtest. Sie durchschlug am 26. August 2000 in Unna (D) mit der Handkante 20 übereinander gestapelte Betonplatten mit einem Schlag. Die Platten waren je 5 cm dick, 32 cm breit, 100 cm lang und hatten ein Gesamtgewicht von 443 kg. Thompson Gruber ist mehrfache Welt- und Europameisterin und besitzt den 5. Dan im Kuk Sool Won, einer koreanischen Kampfkunst.

FIT FORT FUN

13 Mitglieder der Tauziehgemeinschaft des AC Soest zogen am 15. Oktober 2000 im Fort Fun Abenteuerland in Wasserfall (D) eine 48,1 Tonnen schwere Westerneisenbahn über eine Strecke von 67,41 m.

KRÄFTIGSTER SCHIFFZIEHER

Der Kraftsportler Martin Hoi aus Klagenfurt (A) zog auf dem Wörthersee am 26. Mai 2000 in einem Motorboot sitzend ein 160 t schweres Schiff so schnell, dass ein Wasserskiläufer 58 Sekunden aufrecht stehend hinter dem Schiff hergezogen wurde.

BRINGEN SCHERBEN GLÜCK?

Ein einschneidendes Erlebnis: Frank Rössler aus Nulingen/Nu. (D, links) lag am 3. November 2000 im Leine-Center Laatzen (D) mit dem Gesicht in einem Glasscherbenhaufen, als ein 114 kg schwerer Mann fünf Sekunden lang auf seinem Hinterkopf stand.

Rainer Schröder aus Altenburg (D) legte sich auf dem Festival der Rekorde in Bregenz (A) am 24. September 2000 mit freiem Oberkörper in einen Scherbenhaufen. Dann stellten sich zwölf Personen mit einem Gesamtgewicht von 871 kg auf ein Holzbrett, das auf seinem Bauch lag. Der Artist hielt diese Last 10 Sekunden aus.

Das Grösste

GRÖSSTER SCHWENKGRILL
Die Fleischer-Innung Arnsberg benutzte am 7. Mai 2000 in Arnsberg (D) einen an einem Kran aufgehängten Schwenkgrill mit einem Rost von 5,02 m Durchmesser, um einen Bratwurstkringel von 5 m Durchmesser zuzubereiten. Für die Beilagen wurde eine Salatplatte von 100,8 m Länge aufgebaut, indem auf aneinander gereihten Tischen eine durchgehend aus Aluminiumfolie geformte „Schüssel" mit einer Salat-Komposition aus diversen Salaten gefüllt wurde.

FROHE WEIHNACHTEN
Carsten Staude (oben) aus Lippstadt (D) brachte im Dezember 2000 als Weihnachtsmann 220 kg auf die Waage. Er ist 198 cm groß und hat einen Gürtelumfang von 180 cm.
Ein Double gibt es auch, allerdings aus Nudeln: Monika Veidt aus Schönebeck (D) stellte in 76 Tagen bzw. 218,12 Stunden einen 2 m hohen bunten Weihnachtsmann aus Nudeln her. Sie verbrauchte dabei 25.846 Nudeln, 315 Klebestifte, 500 g Graupen, 23 Lasagne und 815 ml Farbe.
Doch das ist immer noch zu klein für die größte Zipfelmütze, denn die passte exakt auf den Düsseldorfer Schlossturm, wo sie am 19. Dezember 2000 zu bestaunen war. Von der Firma E-Plus Mobilfunk GmbH aus Düsseldorf (D) hergestellt, besaß die Rekordmütze einen Durchmesser von 18 m und eine Höhe von 11 m bei einem Volumen 1.100 m³. Es wurden 1.500 m² Stoff mit Nähten von insgesamt 1.600 m Länge verarbeitet. Das Gewicht der Mütze betrug 370 kg.

GRÖSSTER SCHNAPS-FLASCHEN-FERNSEHTURM
Heinz Böhme aus Limbach-Oberfrohna (D) hat den Berliner Fernsehturm im Maßstab 1:58 aus Kümmerling-Flaschen nachgebildet. Der Turm hat eine Höhe von 6,35 m und ein Gewicht von 290 kg. Für das Bauwerk wurden 5.428 Flaschen und 639 Verschlusskappen verwendet.

GRÖSSTES HÜHNEREI
Otto Brandner aus Jessen (D) fand am 11. Mai 2000 in seinem Hühnerstall ein Hühnerei mit einer Länge von 21 cm, einem Umfang von 19 cm und einem Gewicht von 140 g.

GRÖSSTE SCHAUFELRAD-DAMPFER-WASSERSKI-PYRAMIDE
13 Mitglieder des DSMC Deutsch-Schweizerischer Motorboot-Club e.V. aus Konstanz (D) bildeten am 5. September 2000 auf dem Bodensee eine dreistöckige Wasserski-Pyramide, während sie von einem Schaufelraddampfer gezogen wurden. Ebenfalls an diesem Tag zogen die vier Vereinsmitglieder Alan Dittrich, André Kress, Mark Koslowski und Helmut Sorgius mit einem Ruderboot (Doppelvierer) den zehnjährigen Wasserskisportler Phillip Aich aus dem Wasser und 3 Minuten 45 Sekunden hinter sich her.

GRÖSSTE KEKSPYRAMIDE
Das „De Beukelaer Keksteam", bestehend aus Jan Vinzenz Krause, Julia Löcherbach, Michael Masur und Eva Schneiter, baute während der Veranstaltung „Tage der Rekorde" vom 2. bis 4. November 2000 im Leine-Center Laatzen in Hannover (D) eine Kekspyramide aus 8.775 Butterkeksen. Die Pyramide hatte am Ende eine Höhe von 139 cm und wog 69 kg.

GRÖSSTES DRUCKDATENVOLUMEN
Zur EXPO 2000 in Hannover (D) lieferte die Heudorfer GmbH + Co aus Kirchheim (D) für den Themenpark Color-Großbilder für ein Bilderfries von ca. 800 m Länge und ca. 5 m Höhe mit einer Gesamtfläche von 3.505 m². Pro Quadratmeter Bildfläche wurde ein Datenvolumen von 66,5 MB verarbeitet. Damit führte die Firma einen Druck mit einem Gesamtdatenvolumen von 244.463.000.000 Bytes durch.

SCHMUCK FÜR DIE ALM
D
Anlass war das Zentral-Landwirtschaftsfest in München (D). Der Kuhglockenfreund Georg Krenn aus Miesbach (D) kam auf die Idee, dort die größte Kuhglocke der Welt zu präsentieren und stellte in rund 350 Arbeitsstunden bis zum 24. Juni 2000 eine so genannte „Froschmaulschelle" mit den Maßen 2,25 m x 2,25 m x 1,6 m und einem Gewicht von 220 kg her. Die dazu passende Kuh wird noch gesucht.

LÄNGSTE GRAFFITI-WAND
Die Stadt Großenhain (D) inszenierte vom 29. bis 30. April 2000 ein Graffiti-Event, bei dem mit 2.300 Farbdosen und 4.800 Sprühkappen die mit 934 m längste Graffiti-Wand der Welt besprüht wurde. 160 Sprayer waren dabei am Werk.

GRÖSSTE MALAKOFF-TORTE
Günter Hierzer aus Kaindorf (D) und vier Mitstreiter präsentierten am 16. Juli 2000 in Dienersdorf (D) eine Malakoff-Torte mit einem Durchmesser von 4,86 m. Zur Erstellung wurden 690 Eier, 50 kg Mehl, 50 kg Zucker, 186 l Sahne, 26.000 Stk. Biskotten und 2 kg Mandeln verwendet. Die Backzeit betrug acht Stunden. Die vier Helfer benötigten zwölf Stunden, um die Biskotten zu verlegen und mit Sahne zu bestreichen.

LÄNGSTES GÄNSEBLÜMCHEN
Markus Konopatzky aus Münster (D) fand am 2. August 2000 in seinem Garten ein Gänseblümchen von 27,5 cm Länge.

LÄNGSTER FITNESS-RIEGEL
Der Bäckermeister Volker Maas präsentierte am 1. Juli 2000 im Fitness-Studio Fun Factory in Gaildorf (D) einen 11,3 m langen Fitness-Riegel, der dann zum Verspeisen freigegeben wurde.

LÄNGSTES DREIRAD
Aus Anlass ihres 20. Jubiläums konstruierte die Männerriege Gettnau aus Gettnau in der Schweiz das längste Dreirad der Welt. Das so genannte „Getenova Trike" ist 12,05 m lang und bietet Platz für 15 Personen.

GRÖSSTES HAARKUNSTWERK
Die Haarstylistin Eleonore Einfeldt aus Rosengarten Eckel (D) präsentierte bei der Friseur-Weltmeisterschaft 2000 in Berlin (D) ein Haarkunstwerk in Form des Brandenburger Tores. Das Objekt ist 1,75 m hoch, 1,93 m breit und 75 cm tief und wurde in 280 Arbeitsstunden aus Draht und ca. 2 km Kunsthaar gefertigt. Bei einem Gewicht von ca. 60 kg wird das Tragen zu einer schweißtreibenden Angelegenheit.

GROSSE HAPPEN
Christian Tappeser (links) aus Kreuztal (D) ist der Held im Angelsportverein Kranburg (D), denn er zog am 2. November 1996 einen Zeilkarpfen mit einer Länge von 1,05 m und einem Gewicht von 43 Pfund aus dem Wasser.
Für den Verzehr empfehlen wir als Beilage den größten Bauernsalat, der allerdings erst am 23. September 2000 anlässlich des Weltkindertages von Etem Arslan aus Duisburg (D) und seinen Helfern aus 2,5 Tonnen Zutaten zubereitet wurde. Die selbst gebaute „Schüssel" hatte einen Durchmesser von 10 m. Der Salat bedeckte eine Fläche von 78,5 m². Drei Personen brauchten 15 Stunden für die Salatbereitung.

GRÖSSTES LEBKUCHENHAUS

Schülerinnen und Schüler der Höheren Bundeslehranstalt für Tourismus aus Krems (A) bauten mit ihren Fachlehrern auf dem Schulgelände am 28. April 2000 das größte Lebkuchenhaus der Welt. Die Ausmessung mittels eines Lasermessgerätes ergab eine Grundfläche von 10,6 m Länge und 6,08 m Breite bei einer Höhe von 5,16 m.

LÄNGSTES SCHNITZEL

Der Fleischermeister Rudolf Muckenhuber aus Kematen am Innbach (A) präsentierte beim Hallenfest des örtlichen Sportvereins am 23. Juli 2000 ein 5,11 m langes Wiener Schnitzel vom Schwein. Gebraten wurde das aus einem Stück geschnittene Schnitzel in einer eigens für diesen Rekord hergestellten, über 7 m langen Schnitzelpfanne.

LÄNGSTE MURMELBAHN

300 Kinder und Jugendliche der Jugendvereine Jungwacht und Blauring im Kanton Uri (CH) bauten am 20. Mai 2000 eine 7.935 m lange Murmelbahn von Haldi (CH) nach Schattdorf (CH). Die Bahn bestand aus über 6.000 Kartonröllchen, die in zehn Stunden mit 160 Rollen Klebeband zusammengeklebt wurden. Die eingesetzte Murmel bewältigte die gesamte Strecke in 45 Minuten 4 Sekunden und überwand dabei eine Höhendifferenz von 730 m.

GRÖSSTER WURST-BAUM

Am 29. Mai 2000 behängte Peter Sahm aus Bad Grund (D) einen 9,65 m hohen Baum mit mehr als 700 Würsten, die zusammen über 300 kg wogen, und schuf damit den größten Wurst-Baum der Welt.

GRÖSSTER WECHSEL-BILDERRAHMEN

Franz Stoiber aus Furth im Wald (D) präsentierte am 6. Mai 2000 einen 6,86 x 4,07m großen Wechsel-Bilderrahmen aus Holz und Glas mit Bild und Rückwand. Der Rahmen ist vorgesehen für Bilder von einer Größe bis zu 6,02 x 3,23 m.

GRÖSSTER SONNENBLUMENSTRAUSS

Der Pfalzwein e.V. aus Neustadt/Weinstraße (D) band mit tatkräftiger Hilfe der Landjugend Hambach am 27. August 2000 auf dem Marktplatz in Neustadt (D) in acht Stunden einen Sonnenblumenstrauß aus 5.090 Einzelblumen.

GRÖSSTES MAISFELD-SONNENSYSTEM

In Twisteden (D) stand von Juli bis Oktober 2000 das größte Maisfeld-Sonnensystem der Welt. Josi und Johannes Tebartz-van-Elst aus Kevelaer (D) stellten auf einem 60.000 m² großen Maisfeld mit ca. 1,2 Mio. Maispflanzen unser Sonnensystem dar. Sonne, Planeten und Umlaufbahnen wurden in das Feld gefräst bzw. gesät.

GRÖSSTE SCHOKOLADE-POKALE

Die Firma Kraft Foods Österreich präsentierte am 8. Juli 2000 in Bludenz (A) Ski-Weltcup-Pokale von 3 m Höhe, die aus Milka Schokolade gefertigt wurden.

GRÖSSTE STROHPUPPE

Die Volkstanzgruppe Gunskirchen um Karl Gruber errichtete bis zum 21. Juni 2000 in Gunskirchen (A) eine Strohpuppe – einen „Sonnwendhans'l" – mit einer Größe von 19,70 m. Die Freude an diesem Riesenhans'l währte jedoch nur kurz, er wurde noch am gleichen Abend im Rahmen einer traditionellen Sonnenwendfeier verbrannt.

GRÖSSTES GEZEICHNETES LABYRINTH

Der Schüler Simon Viernekes aus Obertheres (D) zeichnete in einem Zeitraum von zehn Monaten bis zum Juli 2000 ein Labyrinth mit einer Größe von 3,45 x 2,60 m (8,97m²) aus rund 358.800 5 x 5 mm kleinen Kästchen.

HOCHSTAPELNDE AMTSANWÄRTER

Mandy Belz, Jenny Geroldschmidt, Sandro Gottwald und René Westphal – alle vier Auszubildende des Landratsamtes Hildburghausen (D) – stapelten bei einem Kreativ- und Erlebnistag ihres Amtes am 27. Mai 2000 sehr hoch. Sie errichteten ohne stützende Hilfsmittel in einer Zeit von 15 Minuten aus leeren, genormten Aktenordnern einen Aktenordner-Turm von 3,80 m Höhe.

GRÖSSTE PRÄPARIERTE MOTTE

René Göllner aus Berlin (D) besitzt einen präparierten Altspinner *Attacus caesar* mit einer Spannweite von 28 cm. Er berechnete die Flügelfläche dieses Exemplares auf ca. 267,4 cm².

Das Kleinste

KLEINSTER ZAHNÄRZTLICHER BOHRER

In der Poliklinik für Zahnerhaltung der Uniklinik Münster (D) stellten Prof. Dr. Klaus Ott und Joachim Höhle am 20. und 21. Juni 2000 den kleinsten zahnärztlichen Bohrer der Welt vor. Der Bohrer wurde aus Edelstahl gefertigt, hat einen Durchmesser von 0,7 mm am Schaft, 0,5 mm am Bohrkopf und ist nur 6,2 mm kurz.

LIEBE ZUM DETAIL

Die Dekorationen seiner Modell-Eisenbahn werden immer kleiner. Im April 2000 fertigte Franz Stellmaszyk aus Köln (D) die kleinste Bügelflasche der Welt und überbot damit seinen letztjährigen Rekord. Die Flasche im Maßstab 1:22,5 ist mit einem funktionsfähigen Bügelverschluss versehen und fasst 0,05 ml Flüssigkeit. Sie hat eine Höhe von 15,96 mm und einen Durchmesser von 4,85 mm.

KLEINSTE EINBAUKÜCHE

Die Firma Detlef Pest aus Holzminden (D) baute am 23. September 2000 in einem geschlossenen Raum mit einer Fläche von 1105 x 1500 mm die kleinste funktionsfähige Einbauküche der Welt ein.

KLEINSTES ÖLGEMÄLDE

Mit einem Drei-Haar-Pinsel und einer Lupe schuf Alfredo Osvaldo Eiler aus Gelsenkirchen (D) am 28. September 2000 ein 0,6 x 0,8 mm kleines Jesus-Portrait in Öl.

WENN DER KLEINE HUNGER KOMMT...

Valentin Britzmann aus Miklauzhof (A, links) baute den kleinsten, funktionsfähigen Grill der Welt. Der Grill ist 4 cm lang, 3 cm breit und 6 cm hoch. Sein 2,5 cm² kleiner Rost reicht für den Bruchteil einer Bratwurst und wurde aus Nirosta-Stahl gefertigt. Als Besteck dient eine Pinzette.

Mini hin oder her – zu einem zünftigen Grillfest gehört auch ein Bier. Das bekommt man an der kleinsten Theke, die Willy Grewig aus Soest (D) baute. Sie besteht aus einem 5-l-Fass, aus dem gezapft wird, und das eine Halterung für kleine Gläser besitzt. Sein „Zapfknecht" ist 53 cm hoch und 30 cm breit. Eine Kasse gibt es nicht, denn gezahlt wird beim Wirt.

KLEINSTER KRAN

Der passionierte Modellbauer Klaus Ponsens aus Wesseling (D) bereicherte seine Modellfahrzeug-Sammlung um den kleinsten Modell-Kran. Er schuf im Verhältnis 1:87 einen Nachbau eines zum Mobilkran umgebauten Smart, der in natura bei einer Firma in Holland seinen Dienst tut.

KLEINSTE DRILLMASCHINE

Gotthard Krischke aus Tappenback (D) stellte am 21. Mai 2000 eine voll funktionsfähige Drillmaschine mit einer Breite von 36 cm und einer Höhe von ca. 15 cm der Öffentlichkeit vor. Sie ist Teil seiner Sammlung von selbst erstellten Miniatur-Landmaschinen.

KLEINSTE SANDUHR

Der Restaurator Lothar Hasselmeyer aus Dresden (D) besitzt eine 12 mm kleine Sanduhr. Die vom Eigner nach einjähriger Planung und einwöchiger Bauzeit selbst hergestellte Uhr hat eine Laufzeit von 2 Sekunden. Als Sand wird gemahlenes grünes Glas mit einer Korngröße kleiner als 5/100 mm verwendet.

PÄARCHEN MIT KLEINSTEM ALTERSUNTERSCHIED

Ob Tobias Judenmann aus Alteglofsheim (D) und Svenja Ginzel aus Neutraubling (D), die am gleichen Tag geboren sind, heute noch zusammen sind, war zum Redaktionsschluss nicht bekannt. Zur Rekordanmeldung am 18. März 2000 waren sie es jedenfalls, und ihr Altersunterschied betrug lediglich 4 Stunden 44 Minuten.

KLEINSTE PHILATELISTEN-JUGENDGRUPPE

Rekordverbesserung durch Mitgliederschwund. Die Philatelisten-Jugendgruppe e.V. Heidenheim (D) um Andreas Bachert besteht nun insgesamt aus nur noch zwei Mitgliedern.

KLEINSTES EIERGEMÄLDE

Angelika Betz aus Gotha (D) bemalte im Januar 2001 zwei Eier einer Gartenschnecke. Das kleinere der beiden Eier hat eine Größe von 2,9 x 2,5 mm und wurde mit einer Kirche und einem Rotkehlchen verziert. Zum Bemalen benutzte die Künstlerin einen Rotmarderpinsel mit zwei Haaren und eine einzelne Schweineborste.

KLEINSTE DAMPF-MASCHINENMODELLE

Der Konstukteur Ulrich Hintzler aus Wolfsburg (D) stellte sieben Dampfmaschinenmodelle her, die zusammen in einen Fingerhut passen. Der Fingerhut hat einen Innendurchmesser von 13 mm und innen eine Höhe von 19 mm. Alle sieben Modelle sind funktionsfähige Maschinen historischer Bauart. Drei von ihnen bestehen teilweise aus Gold und Silber. Die übrigen Materialien sind Messing und Edelstahl.

KLEINSTER PIPPO

Martin Voß aus Berlin (D) faltete am 31. Januar 2001 einen Mini-Pippo mit zwei Faltebenen, der eine Kantenlänge von 5 mm besaß.

KRÖNUNG IN WINDELN

Am 11.11. um 11:11 Uhr des Jahres 2000 wurde im Rathaus der Stadt Weißenfels (D) das bisher jüngste karnevalistische Prinzenpaar gekrönt. Paul I. und Vivien I. waren zu diesem Zeitpunkt knapp fünf Monate alt.

FLACHSTER UMSTECKGRIFF

Der Fachbegriff für die auswechselbaren Schraubköpfe von Steckschraubendrehern lautet: „Bit". Für 1/4''-Bits fertigte Jürgen Schock aus Zaberfeld (D) einen Umsteckgriff, der nur 10 mm flach ist.

KLEINSTE WÄSCHEKLAMMER

Der Goldschmied Franz Rosenberger aus Preding (D) fertigte im Febraur 2001 eine 6,5 mm lange, 1,4 mm breite, funktionsfähige Wäscheklammer. Sie besteht aus 14 Karat Gelbgold, die Feder ist aus Weißgold.

BITTE GENAU HINSCHAUEN!

Josef Karl aus Denzlingen (D, links) baute im Mai 2000 ein 10 x 10 mm kleines Schachspiel aus Edelholzfurnier. Die einzelnen Felder haben eine Größe von je 1,25 x 1,25 mm. Das kleine Schachspiel ist in einem Feld eines herkömmlichen Schachbrettes integriert.

Sicherlich wäre bei der Fertigstellung dieser Miniatur der funktionsfähige, kleinste Hobel von Olaf Matias aus Ahlden (D) sehr hilfreich gewesen. Das Miniwerkzeug ist aus Buche, 15,5 x 4,5 x 10 mm klein und erzeugt Späne wie sein großer Bruder.

Eine passende Auszeichnung für Gewinner von Kleinst-Schachturnieren gäbe es auch, denn Hermann Straeten aus Geldern (D) bastelte im Februar 2001 Mini-Pokale mit eingedrechselten Ringen. Die kleinen Holztrophäen sind 18 bis 20 mm hoch und haben einen Durchmesser von 8 mm.

KLEINSTER STAUBSAUGER
Der kleinste funktionsfähige Staubsauger wurde zum 28. Januar 2001 von Christof Zingg aus Steinach (CH) fertig gestellt. Er besteht aus einem Strohhalm, einem Elektromotor und bringt 77 Gramm auf die Waage. Über „Watt an der Düse" gibt es keine Angaben. Der Sägemehl-Test wurde jedoch bestanden.

KLEINSTER TEDDY
Der handgenähte Gelenk-Teddybär von Gabriele Flöck aus Flomborn (D) besteht aus 21 Einzelteilen und ist 14 mm klein.

KLEINSTES MOBILTELEFON
Zur CeBit 2001 stellte die Firma Siemens ein Mobiltelefon mit den Abmessungen 40 x 60 x 15 mm und einem Volumen von 28 cm^3 vor. Das neue Mini-Handy schlägt alle Rekorde und wird wie eine Armbanduhr getragen.

KLEINSTES LAPTOP
Das kleinste Laptop stammt von Alois Haberl aus Augsburg (D). Der Minirechner wurde im Maßstab 1:160 gebaut, ist 2,3 mm lang, 1,7 mm breit und nicht funktionsfähig. Dafür gibt es aber eine CD dazu (0,9 mm).

KÜRZESTES BANDPROJEKT
Bereits zehn Minuten nach Gründung löste sich am 1. April 2001 die deutschsprachige Country-Punk-Ska-Elektro-Band „Eisen & Stahl" – Olaf, Ralf, Imke, Andreas, Dirk, Juliane und Peter – wegen unüberbrückbarer musikalischer Differenzen wieder auf.

KLEINSTER HÜHNERGOTT
Ein „Hühnergott" ist ein Feuerstein mit einem Loch. Das bislang kleinste Exemplar des Sammlerobjektes fand Markus Thiede aus Genthin (D) am 16. Februar 2001 am Strand der Ostseehalbinsel Darß (D). Es ist 9,8 mm lang und 6,1 mm breit.

KLEINSTER TRABI
XXS-Trabi-Rekord-Halter Mathias Richter aus Langenau (D) stellte zum 19. Juni 1998 sein verbessertes Modell „201 C deluxe" vor. Das Cabrio ist 2,02 m lang, 0,96 m breit und 1,0 m hoch, hat einen Hubraum von 150 cm^3, 7 PS und ist straßentauglich.

KERNIGE SCHNITZEREI
Lothar Lauterbach aus Luth. Eisleben (D) fertigte im Januar 2001 Miniaturschnitzereien, die in Kernen Platz finden. Er schnitzte einen Tannenwald, der in einen Kirschkern eingearbeitet wurde. Ein anderer Nadelwald fand im Kern einer Schwarzdornfrucht (Schlehe) Platz. Die Miniaturen wurden jeweils in eine Walnussschale eingesetzt.

KLEINSTER TRETROLLER
Den bislang kleinsten Tretroller konstruierte Gunter Ebert aus Altenburg (D). Das Gefährt ist 198 mm lang, hat einen Raddurchmesser von 14 mm, einen Radstand von 182 mm und eine Höhe von 170 mm. Die Funktionstüchtigkeit bewies der Erbauer am 23. März 2001, als er eine Strecke von 5,5 m fuhr.

KLEINSTES SCHRAFFELE
Wilhelm Ausserhofer aus Mühlwald (I) baute 1998 ein 31 cm x 11 cm kleines Schraffele aus Fichte und Buche. Das Instrument hat drei Saiten am Griffbrett und fünf Zusatzsaiten zur Begleitung.

KLEINSTER REVOLVER
Am 10. November 2000 präsentierte Günter Finke aus Laatzen (D) im Leine Center sein Revolverchen vom Kaliber .1.2. Die funktionsfähige Waffe ist 2,5 cm lang und hat fünf Trommeln.

KÜRZESTER MUSIKCLIP
Der Clip zu der im März 2001 erschienenen Single „Yoko Ono" der Berliner (D) Band Die Ärzte hat alles, was ein vollständiges und amtliches Musikvideo braucht: Intro, Spannungsaufbau, Special Effects und ein spektakuläres Finale. Allerdings ist dieses Video von „der allerbesten Band der Welt" und Regisseur Sven Bollinger nur ganze 47 Sekunden lang. Immerhin sind das 16 Sekunden mehr als das Musikstück selbst dauert.

Das Längste

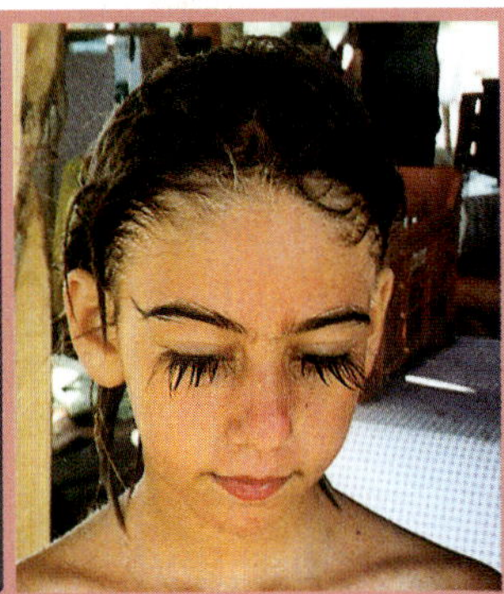

MARKANTES PROFIL
Wind durch Wimpernschlag: Die 10-jährige Ciedem Tunc aus Antalya (TR) hat natürliche Wimpern, die 6,5 cm lang sind.
Die längste Zunge befindet sich im Mund von Annika Irmler aus Tangstedt (D). Beim A-Sagen wurde bei ihr am 14. Oktober 2000 im Heroldcenter in Norderstedt (D) eine Zungenlänge ab Oberkiefer-Schneidezahn von 70 mm gemessen.

LÄNGSTER GRILLSPIESS

In Decker's Frische Center in Oberkirch (D) wurde am 22. Juli 2000 ein 173,6 m langer Grillspieß gefertigt. Der gesamte Spieß bestand aus 1.255 Einzelspießen, die an den Enden ineinander gesteckt wurden. Insgesamt wurden 106,5 kg Hackfleisch verarbeitet.

LÄNGSTE WASSERWAND

Mehr als 800 Jugendliche aus 76 Jugendfeuerwehren um Initiator Berthold Dienhart schufen beim Kreisjugendfeuerwehrtag des Landkreises Berkastel-Wittlich (D) am 13. August 2000 in Piesport (D) eine 1.120 m lange Wasserwand mittels 374 Strahlrohren.

LÄNGSTE OSTERFACKEL

Dirk Volker aus Herzburg (D) schwenkte am 22. April 2000 eine 6,66 m lange, brennende Osterfackel beim Osterfeuer in Sieber (D).

LÄNGSTE PRALINE

Fünf Konditoren präsentierten nach vier Arbeitstagen am 9. April 2000 in Ballrechten-Dottingen (D) eine 282,07 m lange Praline. Für die aus einem Stück bestehende Leckerei wurden 100 kg Marzipan, 50 kg Kuvertüre, 40 kg Nougat und 4 kg Pistazien verwendet.

LÄNGSTES OPEN-AIR-FESTIVAL

Artur Silber aus München (D) organisierte den Theatron Musik Sommer 2000, ein Musik-Open-Air-Festival, bei dem an 31 aufeinander folgenden Tagen vom 1. bis 31. August 2000 auf der Seebühne im Olympiapark der Stadt München (D) Konzerte präsentiert wurden.

LÄNGSTE KEGELBAHN

Auf dem Firmengelände der Brennerei Berentzen in Haselünne (D) wurde bis zum 16. September 2000 eine Kegelbahn mit einer Rekordlänge von 27 m errichtet.

LÄNGSTE DAUNENDECKE

In Lörrach (D) lässt sichs gut kuscheln. Die dort ansässige Oberbadische Bettfedernfabrik GmbH fertigte bis zum 2. September 2000 eine 1,5 m breite und 100 m lange Bettdecke an, die vollständig mit Daunen gefüllt war.

LÄNGSTER GLEICHENDENDER REIM

„Jetzt geht's los und nicht so schnell vorbei / die Sache mit der Schreiberei". In dieser Form schrieb Volker Kennemund aus Schwerte (D) im Sommer 2000 einen 3000-zeiligen Reim, bei dem jede Zeile auf „ei" endet.

LÄNGSTE PAPIERRINGKETTE

Für die Kinder des Blauring Bütschwil (CH) war der Höhepunkt des Sommerlagers der 20. Juli 2000, als sie in Arosa (CH) ihre aus Papierringen bestehende, 8,5 km lange Kette auslegten.

LÄNGSTE TANZKURSSTUNDE

Am 21. Oktober 2000 veranstaltete die Tanzschule Driese aus Münster (D) einen 12 Stunden dauernden Tanzkurs. Vom Samba über Boogie Woogie bis zum Quick Step kam in dieser „Tanzstunde" alles dran, was man für eine flotte Sohle auf dem Parkett braucht.

LÄNGSTE WEISSWURST

Zu einer Gewerbeschau am 12. Mai 2000 in Postbauer-Heng (D) ließ der Gewerbeverband Postbauer-Heng nach einer Idee seines 1. Vorsitzenden Hans Fischer von der örtlichen Metzgerei Hentschel eine 256 m lange Weißwurst herstellen. Der Andrang der Besucher bei der Präsentation war dann so groß, dass die Riesen-Weißwurst binnen 2 Stunden mit 100 kg süßem Senf verzehrt werden konnte.

LÄNGSTE KAFFEETAFEL

Die Niederrheinische Versorgung und Verkehr AG und die Firma Melitta SystemService aus Minden (D) stellten anlässlich der Eröffnung des neu gestalteten Europaplatzes in Mönchengladbach (D) am 19. August 2000 eine 660 m lange Kaffeetafel auf und beköstigten dort 2.800 Personen.

LÄNGSTE MAULTASCHE

Die längste Maultasche der Welt wurde am 17. Dezember 2000 in Baiersbronn (D) präsentiert. Im Rahmen eines Weihnachtsmarktes der Stadt stellten 23 gastronomische Betriebe eine 1.005,75 m lange Maultasche mit einer Fleisch-Gemüse-Füllung her, deren Verkauf wohltätigen Zwecken zugute kam.

LÄNGSTE ZEIT OHNE MAGEN

Günther Westphal sen. aus Tuttlingen (D) lebt seit 1975 ohne Magen und Milz. Die totale Gastrektomie war wegen eines Karzinoms nötig geworden. Vom eigenen Dünndarm wurden ihm 35 cm entnommen und dann, in einer Silberdrahtspirale eingefasst, an Speiseröhre und Darm angenäht. Die Ärzte der Medizinischen Hochschule Hannover (D) gaben ihm damals eine Lebenserwartung von zwei Jahren, tatsächlich kommt er aber schon seit 26 Jahren ohne seinen Magen aus.

LÄNGSTER CHA-CHA-CHA-TANZ

In der Tanzschule Oesen in Wilhelmshaven (D) fand am 18. November 2000 ein Rekordevent im Dauer-Cha-Cha-Cha statt, bei dem 24 Paare an den Start gingen. Corinna Major aus Schortens (D) und Holger Wahl aus Wilhelmshaven (D) hielten am längsten durch und holten sich den Rekord mit einer Zeit von elf Stunden.

LÄNGSTE FUSSGÄNGERSEILBRÜCKE

Das Hans Karcher dipl.-ing. (FH) Ingenieurbüro aus Ottersweiler (D) entwarf und plante eine Fußgängerseilbrücke von 218 Metern Länge, die als Attraktion im Freizeit- und Erlebnispark „Bergwelt Steinwasen" bei Freiburg (D) errichtet und im März 2001 fertig gestellt wurde. Die Brücke ist frei gespannt und besitzt einen nicht ausgesteiften Gehwegpfad. Das Gesamtgewicht des schwingenden Bauwerkes beträgt 68 t.

KOPF HOCH; HUT AB
Immer mehr Shampoo braucht Susanne Kalb aus Saarlouis (D), denn ihre Haare sind bis zum März 2001 auf eine Länge von 194 cm gewachsen. Mit der neuen Bestmarke übertrifft sie auch ihren Rekord vom letzten Jahr – Hut ab.
Apropos: Am 28. Mai 2000 präsentierte die Firma Mayser GmbH & Co. KG aus Lindenberg (D) einen Riesenhut von 2,96 m Länge, 2,56 m Breite und 0,815 m Höhe. Der Hut besteht aus Polyestertextil und entspricht einer Hutgröße von 580 – zu groß für Frau Kalb, denn der potenzielle Träger dieser Kopfbedeckung müsste eine Körpergröße von 18 m besitzen.
Auch Flugzeuge tragen Hüte: Zur Indienststellung des 30. Langstrecken-Airbusses A 340 der Lufthansa ließ die Flughafen München GmbH am 6. Oktober 2000 einen gigantischen Trachtenhut auf dem Flieger installieren. Der Hut hatte eine Höhe von 3,45 m, einen Durchmesser von 3,45 m und einen Umfang von 17,85 m.

LÄNGSTER BUS-KONVOI

Gemeinsam mit Ihren Kolleginnen und Kollegen von der Hamburger Hochbahn AG brachte Birgit Limbach einen 1.368 m langen Bus-Konvoi zum Rollen. 114 Busse der Verkehrsgesellschaft mit einer Länge von je 12 m fuhren am 10. September 2000 mit Fahrgästen in einer Schlange durch die Hamburger (D) Innenstadt und umrundeten einmal die Binnenalster.

LÄNGSTES MUSIKSTÜCK

Die Schülerband Aimless Virus aus Heilbronn (D) spielte am 23. März 2001 in der Turnhalle des Gymnasiums den Bob Dylan-Song „Knocking on heavens door" ohne Unterbrechung 12 Stunden lang. Bei dem Rekordversuch waren immer mindestens drei Musiker des sechsköpfigen „ziellosen Virus" auf der Bühne und rund 30 Zuschauer in der Halle.

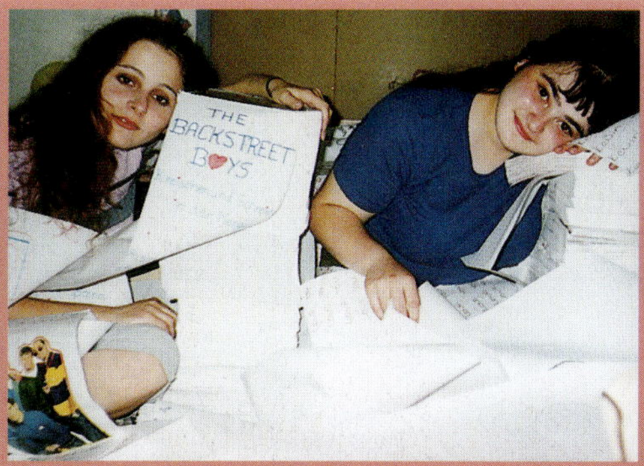

FANS IN ÄKTSCHN

Smaro Pavlidou aus Schweinfurt (D) und Nula Crimpaki aus Stangenroth (D) lieben die Backstreet Boys und verfassten auf Computerpapier vom 1. Mai bis 12. Dezember 2000 einen handgeschriebenen 5 km langen Fan-Brief.

Auch Sabine Kestler aus Übersee (D) und Sandra Stroh aus Herxheim-Haynahaben (D) haben eine Lieblingsgruppe. Die allerdings heißt Pur. Die beiden fertigten ein Transparent mit dem Logo der Gruppe an, das 18 x 40 m maß. Das Banner wurde am 30. September 2000 in Anwesenheit zahlreicher Fans und Schaulustiger sowie den Pur-Bandmitgliedern vom Bietigheimer Viadukt (D) heruntergerollt.

LÄNGSTE FRÜHSTÜCKSTAFEL

Zur 1111-Jahr-Feier am 9. September 2000 stellte die Ortsgemeinschaft Buldern e.V. (D) eine 1.111 m lange Frühstückstafel auf, über die sich eine Mettwurst der gleichen Länge schlängelte. Gespeist wurde auf der Hauptstraße.

LÄNGSTES FAHRRAD

Die neue Rekordlänge bei Fahrrädern, ohne dass ein drittes Rad zur Stabilisierung angebracht ist, beträgt 30,2 m. Gebaut wurde das Gefährt von der Freiwilligen Feuerwehr Piflas (D). Es bietet sechs Personen Platz und fuhr am 30. Juli 2000 in Ergolding (D) eine Strecke von 380 m.

LÄNGSTE TRAKTOR-SCHRÄGFAHRT

Der österreichische Stuntman Johann Redl aus Saxen (A) fuhr am 28. Oktober 2000 in Kottingbrunn (A) 43 Minuten lang auf zwei Rädern eines serienmäßigen Traktors der Marke Lindner Geotrac 70. In dieser Zeit legte er eine Strecke von 14,560 km zurück und überbot damit seinen alten Rekord um über sieben Kilometer.

LÄNGSTE PERLENKETTE

Auf einer Hochzeitsmesse in Erfurt (D) präsentierte Juwelier Jasper aus Erfurt (D) am 21. Januar 2001 eine 59,75 m lange Perlenkette. Die Kette besteht aus 10.000 chinesischen Süßwasserperlen und japanischen Akoyaperlen und hat einen Wert von 20.000 DM. Zwei Mitarbeiter benötigten insgesamt 96 Stunden, um die Perlen aneinanderzureihen.

Jäger + Sammler

MEISTE STOFFEINKAUFSBEUTEL
Bis zum 30. Mai 2000 hat Helmut Boehnke aus Lütjenburg (D) 466 unterschiedliche Stoffeinkaufsbeutel mit Aufdrucken verschiedener Werbeträger gesammelt.

MEISTE KONZERTBESUCHE
Kurt-Peter Kuhna aus Haigerloch (D) hat von 1974 bis zum Jahr 2000 belegbar 484 Konzerte der Sparten Pop, Rock und HipHop besucht.

DREHWURM
Auf der Viktorkirmes in Dülmen (D) fuhr Manfred „Iron Manni" Sandmann aus Dülmen in der Zeit vom 6. bis 8. Oktober 2000 in einer Gesamtfahrzeit von 24 Stunden 250-mal im Karussell „Disco-Jet". Er nahm bei seinem Rekordversuch insgesamt 5 kg ab.

GRÖSSTE GUSSEISEN-FENSTER-SAMMLUNG
Bis zum 26. Juni 2000 sammelte Elke Oppermann aus Esens (D) 205 verschiedene Gusseisen-Fenster. Die Maße der Fenster reichen von 0,20 x 0,15 m bis zu 3,90 x 0,95 m.

GRÖSSTE KINDERSPRÜCHE-SAMMLUNG
Pfarrer i.R. Hartmut Preß aus Bamberg (D) hat in den Jahren 1987–2000 insgesamt 2.026 Kindersprüche zusammengetragen und in vier Büchern dokumentiert. Die Sprüche wurden ihm aus der ganzen Bundesrepublik zugetragen.

GRÖSSTE SCHRAUBEN-MUTTER-SAMMLUNG
Michael Heuberger aus Falkenstein (D) sammelte bis zum Juli 1998 über 4,1 Mio. Schraubenmuttern. Seine Sammlung hat ein Gewicht von rund 1,6 t.

MEISTE SKETCHE
Der Österreicher Martin Wagner aus Strasshof (A) erstellte bis zum 10. Oktober 2000 1.063 Minuten Film, auf dem 359 Sketch-Titel mit einem oder mehreren selbst produzierten Sketchen zu sehen sind.

GRÖSSTE BARBIEPUPPEN - SAMMLUNG
Die größte Barbiepuppen-Sammlung der Welt gibt es in Düsseldorf (D). Bis zum Oktober 2000 hat Bettina Dorfmann 1.500 Barbiepuppen vor allem aus den 1960er und 1970er Jahren mit den originalen Bekleidungen gesammelt.

BITTE NICHT STÖREN
Heinz T. Juchmes aus München/Grünwald (D) sammelte von 1972 bis zum Dezember 2000 insgesamt 2.660 Hotel-Türanhänger. Alle Anhänger sind mit der Botschaft „please do not disturb" beschriftet. Sie wurden aus 97 Ländern zusammengetragen.

MEISTE SESAM-STRASSEN-ARTIKEL
Ein, Ernie, zwei, Ernies, ... Für die Anmeldung seiner Sesamstraßen-Sammlung spielte Uwe P. Bures aus Bremen (D) am 25. März 2001 „Graf Zahl" und zählte 460 verschiedene Exponate wie Figuren, T-Shirts, Spielzeug etc.

GRÖSSTE WITZSAMMLUNG
Anton (Toni) Maschek aus Wittlich (D) hat viel zu lachen: In mehr als 50 Jahren sammelte er bis zum März 2001 3,5 Mio. Witze in Büchern, Heften, auf Schallplatten und Kassetten.

MEISTE TOILETTENPAPIER-ROLLEN
Leidenschaft für runde Pappe: In fünf Jahren sammelte Ole Griebenow aus Tasdorf (D) 7.180 leere Toilettenpapierrollen. In Zusammenarbeit mit sieben Mitschülern bildete er aus ihnen den Schriftzug „SIC TRANSIT GLORIA MUNDI!".

PAPIER IST GEDULDIG
Für viel Leserpost sorgt der Justizbeamte Leif Boysen (links) aus Harrislee (D). In der Zeit von September 1983 bis März 2001 wurden 1.570 seiner Einsendungen in 73 nationalen Zeitschriften veröffentlicht. Insgesamt hat Herr Boysen in dieser Zeit über 6.000 Leserbriefe verfasst.
Wogegen Olaf Boehme aus Bautzen (D) „No Satisfaction" bekommt, wenn es um Zeitungs- und Zeitschriftenartikel über die Rolling Stones geht. In zehn Jahren bis zum 31. März 2001 sammelte er 5.464 Original-Print-Artikel über die britische Rockband.
Ein weiterer Hobby-Experte ist Wolfgang Sroka aus Bad Frankenhausen (D). Er weiß alles über die Tennisspielerin Martina Hingis. Bis zum 23. März 2001 trug er in vier Jahren insgesamt 2.600 Berichte über die Schweizer Sportlerin zusammen.

HERZLICHSTE SAMMLUNG
Ein Herz für Anita Reimers aus Wentorf (D). Bis zum 15. März 2001 ist ihre Sammlung herzförmiger Gegenstände auf 1.362 Exponate angewachsen.

GRÖSSTE JOGHURTBECHERDECKEL-SAMMLUNG
Die meisten Joghurtbecherdeckel besitzt Stefan Unger aus Maintal (D). Seit 1989 sammelte er bis dato 12.570 verschiedene Exemplare aus 27 Ländern.

PLAN HABEN
Michael Hartmann aus Bielefeld (D) sammelte bis zum 22. März 2001 3.459 verschiedene Fahrpläne des öffentlichen Personen-Nahverkehrs in deutschen und ausländischen Regionen.

DES TRAMPERS LIEBLING
Sieht Dieter Wesch aus Mannheim (D) einen Daumen, tritt er auf die Bremse. Seit Januar 1976 „sammelt" er Anhalter. Der Fahrpreis: Ein Eintrag in das Auto-Gästebuch. Bis zum 10. Juni 2000 brachte er es bei 608.350 km auf die Rekordanzahl von 9.528 Mitfahrern.

MEISTE CHIPSTÜTEN
Die meisten Chipstüten gibt es nicht mehr in England, sondern in Deutschland: Bernd Sikora aus Vreden (D) sammelte in sieben Jahren bis zum 27. März 2001 1.003 Chipstüten aus 31 Ländern.

MEISTE RADKAPPEN
Chrom, Plastik, Alu. Die größte Sammlung von Radkappen besitzt nach wie vor Marko Reich aus Oelsnitz/Erz (D), die am 24. März 2001 3.785 Exemplare umfasste.

PINS
Am 26. März 2001 zählte Ekkehard Diez aus Ammerbuch (D) 1.260 verschiedene Porsche-Pins und verbesserte seinen Rekord vom Vorjahr.

Die Pins von Gerhadt Kühler aus Herdorf (D) haben Frauen als Motiv. Er meldet eine Sammlung von 1.023 Exemplaren und besitzt damit die weltgrößte Anzahl von Pin-Up-Pins.

MEISTE STRASSENSCHILDER
Viel Blech gab es am 2. November 2000 im Leine Center in Laatzen (D) zu sehen, als Klaus Straube aus Heumingen (D) seine Sammlung ausgemusterter Straßenschilder ausstellte. Die Sammlung umfasste 1.950 Schilder mit Straßennamen.

MEISTE HÜHNER
Am 27. März 2001 zählte Hans Harald Hahn in seinem Gasthaus Hahn in Ottenstein (D) seine Hühner-Sammlung und kam auf 1.215 Hähne und Hennen in allen erdenklichen Ausführungen.

SCHLIPSSCHMUCK
25 Jahre brauchte Dr. Walter Grasser aus München (D), um bis zum Januar 2001 eine Sammlung von 500 verschiedenen Krawattennadeln aus dem 19. und 20. Jahrhundert zusammenzutragen. Unter ihnen sind seltene und kostbare Preziosen aus Gold oder Platin, verziert mit verschiedenen Edelsteinen, Perlen, Korallen und ähnlichem.

GERN UMWORBEN
„Bitte keine Werbung" kann man an vielen Briefkästen lesen – nicht bei Hildegard Obst aus Heckelberg (D). Sie sammelt Werbepost und hat von 1997 bis zum 1. März 2001 von 176 verschiedenen Versandhäusern aus Deutschland 3.333 Briefumschläge zusammengetragen.

ALLES BOBO ODER WAS?
„Bobo is watching you!" Im Zimmer von Sina Heinlein aus Saalfeld (D) hingen im März 2001 insgesamt 101 verschiedene Poster von DJ Bobo.
Bei Maren Müller aus aus Clenze (D) ist alles Alf. Bis zum 5. März 2001 sammelte sie 291 unterschiedliche Alf-Objekte. Neben diversen Alf-Figuren und -Bildern besitzt sie auch eine Alf-Deckenleuchte, Alf-Joghurtbecher und einen Alf-Kleiderschrank-Dufthänger.

MEISTE GEFLÜGEL-BRIEFMARKEN
Auf einer Rassegeflügelausstellung in Hannover (D) präsentierte der Philatelist Friedel Müschen aus Salzhemmendorf (D) am 13. und 14. Januar 2001 seine Sammlung von 700 verschiedenen Briefmarken mit Motiven von Park-, Zier- und Rassegeflügel. Diese stellen allerdings nur einen kleinen aber feinen Teil seiner Gesamtsammlung von über 120.000 Marken aus aller Welt dar.

MEISTE MINIATUR-FASNETS-MÄSKLE
„Ihr liebi Lit, ihr mache alle mit – 's isch Fasnet – 's isch Fasnetzit..." und zwar das ganze Jahr im Miniatur-Fasnets-Mäskle-Museum in Starzach (D). Hier ist die Mäskle-Sammlung von Gerold Weschenmoser zu bestaunen, die bis März 2001 3.500 Exponate aus Baden-Württemberg, der Schweiz, Österreich, dem Elsass und Süd-Tirol umfasste. Natürlich wächst die Kollektion weiter, getreu dem Motto: Schaffe, schaffe, Mäskle sammle.

MEISTE TAGESPOST-STEMPEL
Abgestempelt: Im Jahr 2000 sammelte Ortwin Peschke aus Fulda (D) 26.128 Tagespoststempel auf Grußkarten, Briefumschlägen und -marken sowie auf Postsammelkarten.

MEISTE VERSTEINERTE SEEIGEL
Rita Scherlies aus Fehrbellin (D) besitzt die größte Sammlung versteinerter Seeigel. Bis zum 16. Februar 2001 fand sie an der Ostsee 1.386 verschieden große Exemplare des Fossils.

Schnell + geschickt

FIX UND FERTIG
Ein 17-köpfiges Team (oben), bestehend aus Lehrlingen, Gesellen, und Meistern der Parkettbranche, verlegte und verklebte am 14. Januar 2001 in Hannover (D) gemeinsam Fertigparkett-Elemente schachbrettartig auf einer achteckigen Fläche von 14,2 m² in der Rekordzeit von 3 Minuten 46 Sekunden.
Ein weiterer Rekord, den man vielleicht schon bald „aufm Bau" erleben kann, wurde von zwei Mitarbeitern der Firma Markgraf GmbH & Co. KG aus Bayreuth (D) aufgestellt. Sie verlegten auf einer Baustelle in Kempten (D) am 12. April 2000 in nur 42 Minuten 6,36 t Baustahl. Möglich wurde diese Leistung, für die sonst etwa 70 Mann benötigt würden, durch ein neuartiges Bewehrungssystem, mit dem Baustahl für Betondecken wie ein Teppich ausgerollt werden kann.
Auch die Fensterbauer halten mit: Sieben Mitarbeiter der Firma Record Fenster GmbH aus Stadelbach (A) fügten am 9. September 2000 in Drautal (A) ein 90 cm x 100 cm großes Kunststofffenster in der Rekordzeit von 11 Minuten 55,57 Sekunden zusammen.

SCHNELL & GLÄNZEND
Vier Schuhputzer putzten am 21. Mai 2000 vor dem Schuhladen Hasselbach in Edewecht (D) in acht Stunden die Rekordanzahl von 15.051 Paar Schuhen.

SCHNELLSTER BRETTER-BRUCHTEST
Bernd Höhle aus Stadthagen (D) zerschlug am 18. Juni 2000 im Kampfkunst-Center in Stadthagen (D) zehn frei fallende Bretter mit einer Stärke von 3 cm in 17 Sekunden.

SPEED-BLINZELN
Gute Lidmuskeln hat Yvonne Spahr aus Konstanz (D). Sie blinzelte am 24. März 2001 in 1 Minute 250-mal.

SCHNELLPIERCING
Der Body-Artist Mister Machine aus Messingen (D) machte bei der Tattoo-Gala in Meppen (D) am 16. September 2000 seinem Namen alle Ehre, als er einen Körper in 37 Minuten mit 528 Piercings verzierte.

SCHNELLSTER RADROLLENFAHRER
Manfred Nüscheler aus Bern (CH) erreichte am 16. September 2000 in Bern (CH) mit einem Rennvelo auf der Radrolle eine Geschwindigkeit von 164,1 km/h.

SCHNELLSTER STAHLKNOTENSCHMIEDER
Günter Weber aus Kreuztal (D) schmiedete am 15. April 2000 bei einer Hitze von 1000–1300 °C einen Knoten aus einem 30er Rundstahl. Er benötigte dafür drei Minuten.

SCHNELLSTE KRABBENPULERIN
Die schnellste Krabbenpulerin kommt aus Norderstedt (D). Margret Hahnel pulte am 13. Oktober 2000 im Herold-Center in Norderstedt (D) in 20 Minuten 505 Gramm Krabbenfleisch aus den kleinen Meeresbewohnern.

SCHNELLSTE BETTENBEZIEHERINNEN
Die Krankenschwestern Romy Schneider aus Henstedt-Ulzburg (D) und Brigitta Burkowski aus Norderstedt (D) bezogen am 11. Oktober 2000 im Herold-Center in Norderstedt (D) zusammen ein Krankenhausbett in 12,56 Sekunden. Die Ausstattung bestand aus einem Bettlaken, einem Stecktuch, einem Kopfkissenbezug und einem Bettdeckenbezug.

SCHNELLSTE BIG FOOT-FAHRT
Der Zimmermann und Hobby-Stuntman Hubert Weishaupt aus Leutkirch (D) stellte am 28. Mai 2000 einen Geschwindigkeitsrekord mit Big Foots (Kurzski) auf. Auf dem Flugplatz von Tannheim (D) ließ er sich von einem Flugzeug ziehen und erreichte dabei eine Geschwindigkeit von 207,09 km/h.

STRANDBALL-AKROBATIK
Sebastian D. Rico aus Wentorf (D) und sein Vater spielten sich am 17. August 2000 in 1 m tiefem Wasser stehend einen Strandball 389-mal pritschend zu, ohne dass dieser die Wasseroberfläche berührte.

SCHNELLSTER KOPFRECHNER
Reinhard Tröstler aus Ettenheim (D), auch bekannt als Zauberkünstler „Perkeo", erstellte am 14. Oktober 2000 ein sechzehnteiliges magisches Quadrat ohne Sichtkontakt in 28 Sekunden. Bei einem magischen Quadrat muss die Quersumme der vier Felder horizontal, vertikal und quer immer gleich sein. Vorgegeben wurde eine zweistellige Quersummenzahl (37), und es durfte keine der sechzehn Ziffern des Quadrates doppelt vorkommen.

SCHNELLSTER MAULTASCHENHERSTELLER
Helmut Bantle aus Oberndorf a.M. (D) stellte am 25. September 2000 auf der Messe Süffa 2000 in einer Stunde 2.500 Maultaschen mit einem selbst entwickelten Handgerät her.

SCHNELLSTE SÄNFTEN
Zwei Schnelligkeitsrekorde mit Inlineskates wurden aus Porrau (A) gemeldet. Beim „1. Speeddownhill" am 26. August 2000 in Porrau beförderten Hannes Wolf aus Ampass (A) und Franz Ledinsky aus Wien (A) den Organisator der Veranstaltung Hubert Weissnegger aus Wilfersdorf (A) auf Inlineskates in einer Sänfte und erreichten dabei eine Geschwindigkeit von 42,56 km/h, ohne dass der Passagier mit eigenen Inlineskates die Träger unterstützte.
Einen zweiten Rekord in dieser Kategorie stellten die Sänftenträger Franz Kreinz und Gerhard Laister aus Wien (A) auf, die ihre unten offene Sänfte mit dem mitrollenden Passagier Guido Pichlerbauer aus St. Andrä-Wördern (A) auf bemerkenswerte 52,13 km/h brachten.

SCHNELLSTER TEMPOJONGLEUR
Daniel Bösch aus Lustenau (A) jonglierte am 10. August 2000 kontinuierlich mit sieben Bällen und schaffte im Kaskaden-Jonglieren mit vier Bällen 100 Würfe (200 Handbewegungen) in 11 Sekunden. Das sind 9,09 Würfe pro Sekunde, bzw. mehr als 18 Handbewegungen in der Sekunde. Dies ist nicht nur schwindelerregend, sondern auch ein neuer Rekord.

SCHNELLSTER WURZELZIEHER

Dr. Gert Mittring aus Bonn (D) hat beim Tummelum Festival der Rekorde in Flensburg (D) am 7. Juli 2000 die Quadratwurzel einer spontan erstellten sechsstelligen Zahl auf acht Stellen genau in Rekordzeit gezogen. Die Aufgabe war, im Kopf und ohne Hilfsmittel die Quadratwurzel aus 829.017 zu ermitteln. Für das Ergebnis – 910,50370 – brauchte Dr. Mittring 44,7 Sekunden.

SCHNELLSTE RECHENMASCHINEN-BEDIENERIN

Am 7. Juli 2000 rechnete Angela Sohrweide aus Flensburg (D) beim dortigen Rekord-Festival 489 Zahlen eines 5 m langen Papierstreifens mit einer Rechenmaschine in 8 Minuten 44,6 Sekunden zusammen.

SCHNELLSTES AUSDRÜCKEN UND EINSAUGEN EINER TUBE ZAHNPASTA

Josef Frank aus Krumpendorf (A) verbesserte am 11. Dezember 2000 seinen Rekord im Ausdrücken und Einsaugen des Inhaltes einer Zahnpastatube: Für diesen erstaunlichen Vorgang benötigte er lediglich 5 Sekunden.

MEISTE POMMES FRITES

Die Schüler Lorenz Pestinger aus Bad Homburg (D) sowie Constantin und Clarissa Fritzsche aus Wien (A) stellten am 5. Januar 2001 innerhalb von 4 Stunden 10 Minuten aus 20 kg Kartoffeln 18,3 kg Pommes frites her, die sie innerhalb dieser Zeit selbst schälten, schnitten und frittierten.

PORTRAIT-BLINDZEICHNEN

Am 14. Mai 2000 zeichnete Gero Hilliger aus Berlin (D) in Ohrdruf (D) innerhalb von 180 Sekunden das Portrait einer ihm fremden Person mit verbundenen Augen. Der Berufszeichner tastete sein Modell, den Ohrdrufer Bügermeister, lediglich mit den Händen ab.

SCHNELLSTER ABWASCH

Patrick Krines aus Eltmann (D) und sein Freund wären ein Segen für jedes Restaurant. Nach einem opulenten Mahl für zwölf Personen erledigten sie am 12. März 2001 den Abwasch in der sensationellen Zeit von 1 Minute 55 Sekunden.

SCHNELLSTER ELEKTRO-KRANKENFAHRSTUHL

Das Elektro-Seniorenfahrzeug „Classic" ist ein zugelassener Krankenfahrstuhl, der zwischen 10 und 30 km/h fährt. Wenn man allerdings die Spannung des Motors verändert, kann man mit dem Gefährt, wie der Student Armin Ritter aus Ravensburg (D), eine Geschwindigkeit von 111 km/h erreichen. Dies geschah nicht im Altersheim, sondern auf einer Panzerpiste in Kloten (CH).

SCHNULLERDREHEN

Mit großer Aufmerksamkeit verfolgte das Fachpublikum im Kindergarten Pfahlbronn (D), wie Jeanette Schambach aus Alfdorf-Brech (D) am 28. März 2001, ohne Zuhilfenahme der Hände, in 30 Sekunden einen Schnuller 50-mal im Mund umdrehte.

SCHNELLSTER SKATSPIEL-CHECKER

Christian Raczek aus Groß-Rohrheim (D) benötigte am 17. März 2001 2 Minuten 30 Sekunden, um bei zehn Skatspielen herauszufinden, welche Karte jeweils fehlt.

BALLONHUNDE RÜCKWÄRTS

Am 23. September 2000 blies Tip Top Till aus Augsburg/Stadtbergen (D) 100 Modellierballons auf und formte sie anschließend hinter seinem Rücken zu je einem 10-Bubble-Hund. Er brauchte dafür 21 Minuten 52 Sekunden.

SCHLOSS-KNACKER

Sebastian Steinkamp aus Köln (D) öffnete beim Schlüsseldiensteinsatz am 10. Oktober 1999 ein Bundbartschloss mit sechs Schließdioden mittels eines selbst gebogenen Draht-Dietrichs in 3,5 Sekunden.

SCHNELLSTUDIUM

Anja-Marion Braune aus Homberg (D) absolvierte ihr Studium im Fach Sozialwesen in nur fünf Semestern. Die Regelstudienzeit in diesem Fach beträgt neun Semester. Für das komplette theoretische Studium mit allen Leistungsnachweisen benötigte sie lediglich zwei Semester, dazu kamen die in der Studienordnung vorgegebenen berufspraktischen Studien und die Diplomprüfungen, die drei Semester der Gesamtstudienzeit in Anspruch nahmen.

Sport + Fun

WAS MOTORRÄDER ALLES VERZEIHEN

Toni Roßberger (oben) aus Penzberg (D) sprang am 20. Februar 1999 mit einem Motorrad von der Olympiaschanze in Garmisch-Partenkirchen (D) und erzielte eine Weite von 80 m. Nicht von der Schanze, aber dennoch weit sprang der Stuntman Jürgen Baumgarten aus Neuhof (D) am 1. Juli 2000 in Hamburg (D) im Rahmen einer Veranstaltung auf dem Gelände der Detlef Louis Motorradvertriebsges. GmbH. Mit einem Satz sauste er an diesem Tag über 54 Motorräder hinweg.

Am weitesten – ganz ohne Sprünge – kam der Motorradfahrer Heinrich Ackermann aus Melle (D). Er fuhr von April 1996 bis Oktober 2000 auf seiner Honda 78.000 Kilometer mit einer Original-Kette.

Nur eine Farbe hat das Motorrad von Nikolaus Jung aus Duisburg (D) – und zwar gelb. 633 sichtbare Teile seiner Yamaha RS 100 wurden von ihm in einem Zeitraum von fünf Jahren bis zum Juni 2000 einzeln lackiert und wieder zusammengebaut. Die einzigen nicht gelben Teile der Maschine sind die Reifen, die Bremsscheibe, die Lampengläser und das Tachozifferblatt. Die Maschine ist fahrbereit und angemeldet.

GRÖSSTES STREETBALLTURNIER

Im Rahmen der Treptower Festtage in Berlin (D) veranstaltete das Bezirksamt Treptow unter Federführung von Siegfried Abé vom 2. bis 3. Juni 2000 im Park Center Treptow ein 24-Stunden-Streetballturnier, an dem 153 Mannschaften aus Deutschland und Europa mit 600 Spielern teilnahmen. 186 Spiele à 15 Minuten wurden gespielt und dabei 1.989 Körbe geworfen.

NICHT UNTERZUKRIEGEN

Wolfgang Hieber aus Köln (D) ist seit 55 Jahren vor allem mit dem Rad und zu Fuß unterwegs und hat bei seinen dokumentierten Reisen insgesamt zwölf Wüsten durchquert. Beachtlich ist seine Bewegungs-Lebensleistung. Insgesamt legte er bis zum Jahr 2000 per Rad über 300.000 km und per pedes über 130.000 km zurück und besuchte dabei 93 Länder. Auch zwei Schiffsuntergänge hat er überlebt.

TEEBEUTEL-WEITWURF

Christhard Müller aus Schmeckwitz (D) warf am 6. Mai 2000 einen Teebeutel der Marke Messmer classic 27,58 m weit. Der Teebeutel durfte befeuchtet oder gefaltet werden, geworfen werden musste er allerdings mit dem Firmenschild am Ende des Teebeutelfadens. Der Wettkampf fand auf dem Frühlingsfest des Sportvereins Tomogara Kamenz (D) statt.

BESTES TORVERHÄLTNIS

Die E-3 Jugend-Fußballmannschaft von Fortuna Hagen (D) um Trainer Frank Phipps hat in der Saison 1999/2000 jedes ihrer 17 Meisterschaftsspiele gewonnen und dabei mit einem Torverhältnis von 103:7 Toren die Spielzeit äußerst erfolgreich beendet.

KICKBOARD-MARATHON

Auf einen 400-m-Rundkurs fuhr Manfred Sandmann aus Dülmen (D) am 26. August 2000 auf einem Kickboard die Marathonstrecke von 42,195 km in der Rekordzeit von 1 Stunde 51 Minuten 0,94 Sekunden.

MEISTE KNIEBEUGEN

Mit 3.764 Kniebeugen hält Kurt Scharf aus Wolgast (D) den Rekord für die meisten Kniebeugen in einer Stunde. Er führte seinen Rekordversuch am 17. September 2000 im Existenzgründerzentrum in Wolgast (D) durch.

ROPE SKIPPING DOUBLE DUTCH

Den „Springmäusen" aus dem saarländischen Nalbach (D) gelang es, am 7. Dezember 2000 mit 40 Personen in 33 Sekunden den so genannten „Double Dutch" mit 11,9 m langen Seilen zu springen. Beim „Double Dutch" werden zwei Seile gegeneinander geschwungen. Bei jedem Seilschlag durften höchstens zwei Personen dazukommen. Das Zeitlimit für den Rekordversuch betrug 90 Sekunden, die maximal erlaubte Seillänge 12 m.

LÄNGSTER PARAGLEITER-FLUG

Christian Amon aus Hallstatt (A) und Christian Besendorfer aus Bad Goisern (A) absolvierten am 10. Mai 2000 gemeinsam dem längsten Flug mit einem Tandem-Paragleiter. Sie starteten ihren Dreiecksflug auf dem Loser und landeten nach 7 Stunden 15 Minuten in Altaussee (A).

HÖCHSTER PARAGLEITER-START

Der Testpilot Mike Küng aus Maurach a. Achensee (A) startete am 21. Mai 2000 in Holledau (D) mit seinem Paragleiter aus 8.068 m Höhe NN von einem Heißluftballon aus und landete nach mehr als 1 Stunde sicher in Eggenfelden (D).

MEISTE STOCKSCHÜSSE

Der ausdauerndste Stockschütze kommt aus Österreich. Peter Nessmann aus Treffen (A) schoß am 28. und 29. Juli 2000 auf einer Stockschießanlage in 20 Stunden Eisstöcke 3.060-mal die Bahn auf und ab. Er bewegte dabei insgesamt 16,4 t, und die Eisstöcke legten eine Gesamtentfernung von 27,7 km zurück.

SCHNELLSTE SCHWIMM-STAFFEL (1.000 x 100 M)

Zwei neue Schwimmstaffel-Rekorde wurden am 26. und 27. Mai 2000 in Neuss (D) aufgestellt. Über 70 Aktive des Neusser Schwimmvereins schwammen eine 1.000 x 100 m-Staffel in 18 Stunden 23,25 Minuten. Im Rahmen dieser Staffel wurde auch der 100 x 100 m-Staffelrekord auf 1 Stunde 37,40 Minuten verbessert.

FLASHDANCE

Ulf und Synje Kohlmann (links) aus Wees (D) vollführten beim Tummelum Festival der Rekorde in Flensburg (D) am 8. Juli 2000 in einer Minute 42 Doulaines. Ein Doulaine ist eine Figur aus dem Rock'n'Roll-Tanzsport, bei der die Tanzpartnerin in einer Schraubenbewegung um den Kopf ihres Partners gewirbelt wird. Weniger schnell drehten sich die Teilnehmer der Wiener-Walzer-Staffel, die die Tanzschule Nickel Wienhold aus Neustadt (D) am 1. Juni 2000 veranstaltete. 31 Paare tanzten abwechselnd eine Strecke von 100 Metern Wiener Walzer und reichten einen Hut als „Staffelholz" weiter. Der Hut legte so in der Zeit von 5 Stunden 20 Minuten eine Strecke von 24,8 km im 3/4-Takt zurück.

GRÖSSTER MASSEN-BUNGEE-SPRUNG

31 Personen, unter ihnen Serder Sanver aus München (D), vollführten am 8. Juli 2000 beim Tummelum Festival der Rekorde in Flensburg (D) den größten Massen-Bungee-Sprung. Die 21 Frauen und zehn Männer ließen sich zusammengeschnürt als „Menschenpaket" aus einer an einem Kran in 65 m Höhe befestigten Gondel fallen.

HÄUFIGSTES BEINHEBEN

Das schafft kein Hund: Am 22. Dezember 1997 hob Adriano Schmid aus Emmenbrücke (CH) in einem Luzerner Fitness-Center in 2 Stunden 25 Minuten 10.000-mal das Bein.

MEISTE TRETROLLER-TRITTE

Andrea Hammer aus Rückersdorf (D) fuhr vom 30. Juli bis 4. August 2000 auf ihrem Tretroller (Kickbike) bei einem Fahrradrennen mit und legte mit ca. 92.000 Tritten pro Fuß eine Strecke von 430 km zurück.

MEISTE ULTRATRIATHLONS

Der Schweizer Triathlet Beat Knechtle aus Haslen (CH) beendete in der Saison 2000 alle acht von der International Ultratriathlon Association (IUTA) für dieses Jahr anerkannten Ultratriathlons und legte dabei eine Strecke zurück, die 27 „normalen" Ironman-Triathlons entspricht.

HÄRTESTE BEACHVOLLEYBALLER

Bei einem 24-Stunden-Beachvolleyball-Turnier am 17. Juni 2000 im Freizeitbad monte mare in Rengsdorf (D) pritschten und baggerten elf Mitglieder des A.S.S. Rengsdorf aufgeteilt in drei Teams 24 Stunden nonstop gegen wechselnde Gegner. Organisiert von Rolf Weingarten wurde bei diesem im Mixed-Modus ausgetragenen Turnier gegen vier gegnerische Teams gespielt, wobei die A.S.S.ler bei 48 halbstündigen Matches 30-mal als Sieger vom Platz gingen.

MEISTE TISCHTENNIS-BALLWECHSEL

Christian und Tobias Rotter aus Birkenau (D) gelangen am 9. Dezember 2000 in Birkenau (D) bei einem Tischtennisballwechsel in 2 Minuten 10 Sekunden 316 Ballkontakte ohne Ballverlust.

GRÖSSTE RINGERBRÜCKE

Peter Jesche und Rainer Pillep aus Frankfurt/Oder (D) organisierten am 21. Oktober 2000 einen Event in der örtlichen Brandenburghalle, bei dem 153 Ringer im Alter von 12 bis 15 Jahren eine Minute lang über-, unter- und nebeneinander eine Ringerbrücke auf der Kampffläche einer Ringermatte bildeten.

SICH DIE KUGEL GEBEN

Sein zweites Zuhause ist die Kegelbahn: Wolfgang Buuck, „der Major", aus Wedemark (D) vom Kegelklub „Rand oder Sand" wiederholte im Jahr 2000 bis zum 30. Dezember das Bundeskegelsportabzeichen 3.200-mal. Darüber hinaus absolvierte der Hobbykegler innerhalb dieser Zeit in drei Tagen mit 15.000 Kugeln 150 Wiederholungen und schaffte in 13 Stunden 5.500 Wurf.

SCHNELLSTER EISHOCKEY-HATTRICK

Bei einem Eishockeyspiel der Jugendmannschaft des Vereins EHC Wolfsburg (D) gelang Sebastian Lehmann aus Salzgitter (D) am 4. März 2001 innerhalb von 18 Sekunden ein Hattrick gegen den zu dieser Zeit Tabellenersten Bad Nauheim (D).

BESTER ARMBRUSTSCHÜTZE

Bei den Welt-Titelkämpfen im Januar 2001 in Hamilton (NZ) stellte Jürgen Baumann aus Alzenau (D) im Armbrustschießen in der Kategorie Feldarmbrust sechs Weltrekorde auf. Er „erzielte" folgende Ergebnisse: Einzeldisziplin: 1. 35-m-Distanz – 296 Ringe; 2. Halbprogrammwertung – 864 Ringe (280/288/296); 3. Gesamtwertung – 1.721 Ringe (857/864); 4. Gesamtwertung + Finale 1.819 Ringe (1.721/98). Mannschaftsdisziplin: 5. Halbprogramm 3.384 von 3.600 möglichen Ringen; 6. Gesamtwertung 6.755 von 7.200 möglichen Ringen.

HAFLINGER-HOCHSPRUNG

Auf einem Amateur-Turnier sprang Roland Spitzer aus Timmersdorf (D) am 1. Juli 2000 mit seinem Haflinger Strommer 144 cm hoch.

Das Meiste

MEISTE MINI-SCOOTER-HÜPFER
Der Schüler Johannes Glöggler aus Dornstadt (D) hüpfte am 7. September 2000 um 18.37 Uhr in Tomerdingen (D) in einer Minute 234-mal mit einem Mini-Scooter auf und ab.

VIELFLIEGER
Michael Kattner aus Wien (A) absolvierte bis zu seinem 21. Lebensjahr im Zeitraum von 1997–2000 als Pilot 5.786 Flüge.

MEISTE MARMELADEN
Romy Wyss aus Umiken (CH) stellte im Jahr 2000 in einer Erntesaison 40 verschiedene Sorten Konfitüre und Gelee her – von der Erdbeermarmelade bis zum Rosmaringelee. Dabei bediente sie sich vornehmlich aus dem eigenen Garten, nur drei Sorten exotischer Früchte wurden gekauft.

PERSONENBEFÖRDERUNG
Der Klub der Großen in Deutschland e.V. aus Dresden (D) unter der Leitung von Maik Hoffmann aus Pirna (D) schaffte es, am 30. September 2000 in Torgau (D) zwölf mindestens zwei Meter große Mitglieder gleichzeitig in einem Trabant mitfahren zu lassen, bei dem die Türen geschlossen und keine Umbauten vorgenommen worden waren.

FEINSTER ORIENTTEPPICH
Die Möbel Pfister AG aus Suhr (CH) besitzt einen Orientteppich aus chinesischer Seide mit 11,5 Mio. Knoten/m^2. Gefertigt wurde er von der Teppichknüpferin Song Dongye in der Provinz Henan (CHN) in einem Zeitraum von 2 Jahren.

GESEGNETEN UMSATZ...
...bringt Manfred Greif aus Berlin (D). Er schloss im Zeitraum vom 1. Oktober 1992 bis zum 29. Juli 2000 insgesamt 2.076 Werklieferungsverträge mit einem Gesamtumsatz von 58.570.354,93 DM ab.

WEIDMANNSHEIL WEIDMANNSDANK
Die Schlange maß 93 Meter, als ebensoviele, im Abstand von ca. 1 Meter aufgestellte Bläser der Jagdhorn-Bläsergruppe in Buchsachen (A) am 11. Juni 2000 ins Horn stießen.

BESTER GLÜHBIRNEN-MERKER
Der Däne Jan Formann aus Laudenbach (D) ist Meister im Glühbirnen-Memorieren. Bei einem Herbstmarkt in Weinheim (D) am 24. September 2000 schaffte er es, die Reihenfolge von 93 wahllos an- oder ausgeschalteten Glühbirnen nach nur einer Minute Bedenkzeit ohne Fehler aufzusagen.

GANZ SCHÖN ENG
19 Schüler der Klasse 4 der HLA Wiener Neustadt (A, links) drängten sich am 19. Mai 2000 gleichzeitig in einer Telefonzelle mit zugezogener Tür.
Ein Ford Ka hatte am 23. September 2000 14 Basketballspieler mit einer Durchschnittsgröße von 192 cm zu ertragen, als sich diese auf dem Bregenzer Festival der Rekorde (A) in den Kleinwagen zwängten und dann die Türen schlossen.

LAUTESTES HANDYGEKLINGEL
Bei einem von Réthy László aus Halle (D) organisierten „Handylidü"-Contest in Halle (D) erreichten am 24. September 2000 ca. 400 gemeinsam klingelnde Handys einen vom TÜV Nord gemessenen maximalen Schallpegel von 88,9 dB und bescherten der Öffentlichkeit damit das lauteste Handyklingeln der Welt. Zum Vergleich: 90 Dezibel entsprechen einem in 5 m Entfernung vorbeifahrenden Lastwagen.

MEISTE LUFTBALLON-FIGUREN
Der Künstler Salvatore Sabbatino aus Hamburg (D) modellierte am 24. Oktober 2000 in einer Stunde 436 verschiedene Figuren aus selbst aufgeblasenen Ballons.

RÄTSELMACHER
„Rätselkönig" Walter Josef Olbrich aus Köln (D) erfand in zehn Jahren bis zur Rekordanmeldung im November 2000 315 neue, unveröffentlichte Rätsel. Es handelt sich hierbei nicht um klassische Kreuzworträtsel, sondern um logische Füllrätsel in diversen Formen und von unterschiedlichem Schwierigkeitsgrad.

MEISTE DREHUNGEN AUF EINEM BARTISCH
Frage: Was macht ein Bartisch in der Schule? Antwort: Andrea Chelariu aus Bruchhausen-Vilsen (D) brauchte ihn, um sich am 2. Dezember 2000 im Raum 061 des Gymnasiums Syke (D) innerhalb von drei Minuten 200-mal auf ihm zu drehen.

MEISTE VOGELSCHEUCHEN
Räuberische Vögel hatten es im Herbst 2000 in Wippenham (A) schwer. Das Lory-Hof-Team um Josef Zeilinger aus Wippenham organisierte den Bau von 2.647 Vogelscheuchen, die bis zum 1. Oktober 2000 auf dem Gelände des Lory-Hofes aufgestellt wurden.

UMWERFENDE BÜCHER
Bücher sind nicht nur zum Lesen gut. Christine Lochbrunner, Sven Ott und Ilka Schwettmann von der Stadtteilbibliothek Grötzingen (D) der Stadtbibliothek Karlsruhe (D) bauten am 21. Oktober 2000 in der Grundschule von Grötzingen 2.518 Bücher zu einer Dominokette auf, von denen 2.515 Bücher bei der folgenden Kettenreaktion umfielen.

DER MIT DEM PFERD FÄHRT
Der Huf- und Fahrzeugschmied Beat Krähenbühl aus Wisen (CH) kutschierte 1993 das Pferd Chevel (Stockmaß 1,60 m) und das Pony Blacky (Stockmaß 0,90 m) zusammen in einem Cabrio über sein Hofgelände. Da hatte sein Auto zwei PS mehr.
Noch mehr „natürliche Pferdestärken" hatte Christoph Lenk aus Pausa (D), als er am 30. Juli 2000 30 Reitponys in Zweierformation vor eine Kutsche spannte. Das Gespann war 49 m lang, die Leinenlänge betrug zusammen 650 m. Gefahren wurde auf dem 50 m x 100 m großen Turnierplatz des Vogtländisch-Ostthüringer Ponysportverein Wenigenauma e.V.
Rekordverdächtig Pferdiges auch aus Eisenach (D). In den letzten elf Jahren bis zum 22. März 2001 sammelten Antje und René Rößner 1.912 verschiedene Nilpferde.

AUSDAUERNDSTER SQUARE-DANCER
Gerhard-Dieter Töller aus Büdelsdorf (D) tanzte in 154 aufeinander folgenden Tagen 154-mal auf 72 verschiedenen offiziellen Square-Dance-Veranstaltungen. Er legte bei dieser Mammut-Tanztour 26.330 km zurück.

GRÖSSTE KIWI-ERNTE
Auf der Restaurantterrasse des Gastronoms Albert Romaski aus Trier (D) wächst eine Kiwi-Pflanze, von der im Herbst 2000 2.528 Kiwis geerntet werden konnten.

MEISTE WELTMEISTER
Zum Worldchampions Day lud ein Organisationskomitee um Theo und Oscar Camenzind sowie Peter Vincens am 24. Juni 2000 nach Gersau (CH). 151 offiziell anerkannte Schweizer Weltmeister unterschiedlichster Couleur konnten zu diesem Anlass auf einer Bühne versammelt werden.

TRAGFÄHIGSTE KONSTRUKTION
Die angehenden Architekten Jens Meyerrose aus Haren (D) und Daniel Arztmann aus Einbeck (D) von der Fachhochschule Hildesheim-Holzminden-Göttingen (D) bauten im Rahmen einer Semesterarbeit bei ihrem Professor Helmut Drewes im November 2000 ein Tragewerk, das bei einer Stützweite von 60 cm und einem Gewicht von 37 g eine Last von 46,225 kg trug (Faktor 1.250). Zum Bau der Konstruktion wurden Balsaholz, Nylonfaden und Holzleim verwendet.

DICKSTER KORKBODEN
Friedbert Bleile aus Lörrach (D) verlegte vom 4. bis 8. November 2000 in der Ortschaft Kork (D) einen ca. 70 m² großen Korkboden aus über 100.000 gesammelten Flaschenkorken. Der Recycling-Boden hat eine Stärke von 38 mm.

IN DIE UNI VERLIEBT
Helmut Frohn aus Berlin (D) ist mit 75 Semestern der Student mit der höchsten Semesterzahl. In Kaiserslautern, Saarbrücken und Berlin (alle D) studierte er u.a. Betriebswirtschaft, Politologie und Sonderpädagogik. In seiner bisherigen Studienzeit absolvierte er vier Staatsexamen und ein Diplom. Zurzeit ist Helmut Frohn im Fachbereich Sinologie an der Freien Universität Berlin eingeschrieben.

MEISTER SCHAUM BEI SCHAUMPARTY
Andreas Berg aus Orenhofen (D) ist Mitinitiator der Trierer Offense-Party (D), bei der am 13. Mai 2001 auf dem Herzogtel-Gelände 15.000.000 l Schaum auf die Tanzflächen gesprüht wurden. Viele der 5.000 Gäste nahmen ein komplettes Dancefloor-Schaumbad, denn die Flocken standen zeitweise eineinhalb Meter hoch.

MEISTE NÄGEL GESTAPELT
Am 20. September 2000 stapelte Ralf Laue in Schwerin (D) 112 handelsübliche Nägel mit einer Stärke von 100 mm auf einen aufrecht stehenden, in Holz angeschlagenen Nagel. Ohne Zuhilfenahme von Klebstoff übertraf der Nagelstapler aus Leipzig (D) den bisherigen Rekord um einen Nagel.

FAHRRAD MIT MEISTEN FEATURES
Mit der Fertigstellung seines Luxus-Fahrrades erfüllte sich für Winfried Reimann aus Bochum (D) nach zehnjähriger Arbeit ein Traum. Das spacige Gefährt mit Schalensitz ist fast schon ein Auto. Es besitzt eine Alu-Karosserie, ein Multifunktionslenkrad, Bordtelefon, eine Stereoanlage, ein Cockpit mit allen erdenklichen Instrumenten, Kfz-Beleuchtung und vieles mehr – nur keinen Motor. Das Fahrrad wurde erstmalig im Jahr 2000 auf einer Messe vorgestellt.

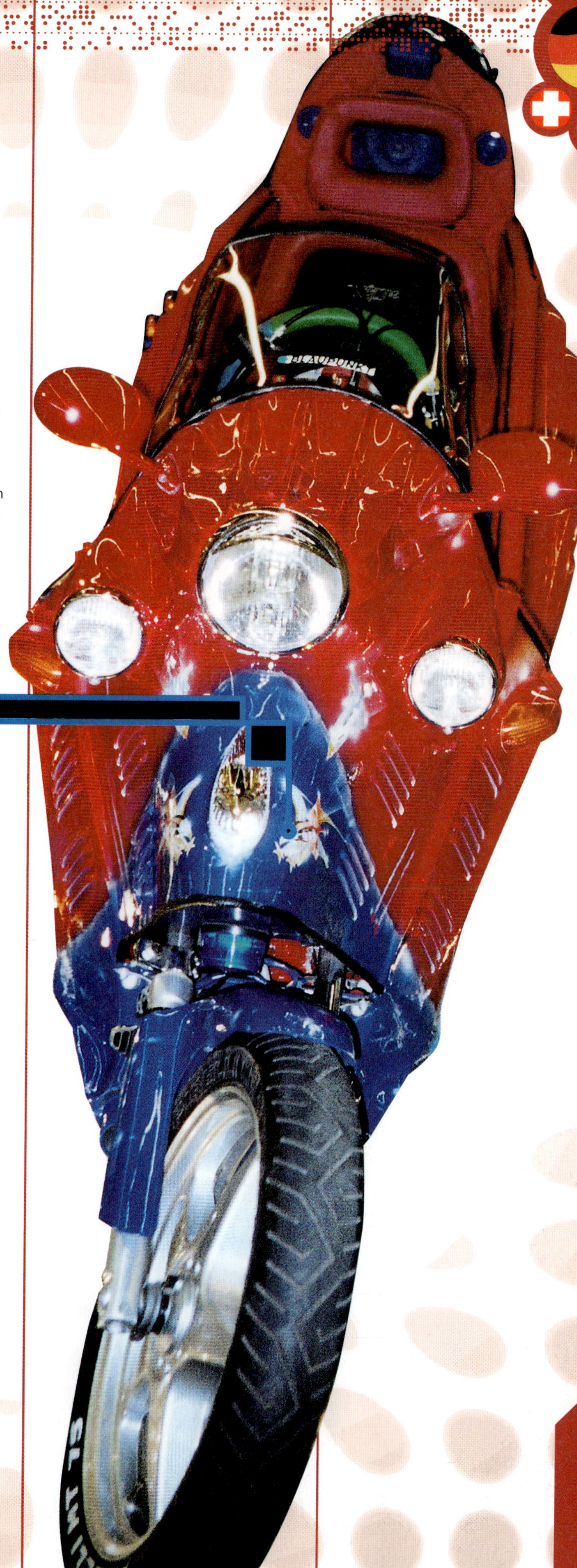

STIMMEN IM BAUCH
Der Bauchredner Peter Moreno aus Mainhausen (D) ist in der Lage, mit 20 verschiedenen Bauchstimmen zu reden. Am 11. November 2000 legte er diese während eines Auftrittes im Wechsel 20 Gästen in den Mund und sorgte so für rege Unterhaltung.

GRÖSSTE PIZZAAUSWAHL
Am 26. September 2000 standen auf der Speisekarte in Georgio Toneguttis „La Piazetta" in Ratlingen (D) 155 verschiedene Pizzen, die an diesem Tag auch gebacken und verzehrt wurden.

Menschen – mengen

MEISTE FRÜHSTÜCKER

Am 27. Mai 2000 veranstaltete der „Arbeitskreis Europastraßenfest" in Stadtallendorf (D) eine Brotzeittafel von 701,8 m Länge. An dieser Tafel kamen 3.385 Personen zusammen, die ein Frühstück aus Nutella-Broten verspeisten.

MAINZ ERLEBEN

Der Verein „Geographie für Alle e.V." aus Mainz (D) organisierte vom 2. auf den 3. Juni 2000 eine Rekord-Stadtführung durch Mainz. Innerhalb von 26,5 Stunden nahmen insgesamt 1.116 Personen an dem Mammutmarsch teil, 16 von ihnen von der ersten bis zur letzten Minute.

HEISS & NUR FÜR MÄNNER?

Am 25. Mai 2000 gab es in den Züricher Messehallen (CH) die einmalige Gegelenheit, in einem Kurs das Bügeldiplom zu bestehen. Einziger Haken: Es konnten nur Männer teilnehmen. Insgesamt standen 209 Herren an den Brettern (oben) und übten sich unter professioneller Anleitung im Glätten von Hemd und Hose. Der Stromverbrauch der Aktion lag bei 360.000 Watt.
Genau anders herum wurde bei der „ADONIS-Europe's Finest Men"-Show am 24. April 2000 in Nürnberg (D) gezählt. Als die Herren ihre Hüllen fallen ließen, waren dem Computer der Einlasskontrolle nach 12.067 Zuschauerinnen anwesend, was die bislang höchste weibliche Besucherzahl beim Menstrip markiert. Das Potenzial dieser nackten Tatsachen schien laut Veranstalter auch die Stadtväter Nürnbergs (D) zu überzeugen, diese „Ladies Night" zum festen Bestandteil des örtlichen Frühlings- und Herbstvolksfestes zu befördern.

GRÖSSTE UMZUGSTRUPPE

Am 26. August 2000 zog die Kinderbibliothek der Stadt Halberstadt (D) mit Hilfe von 900 Kindern und Eltern um, indem eine 500 m lange Schlange gebildet wurde und so die 7.000 Kinderbücher in 1 Stunde 45 Minuten in die neuen Räumlichkeiten „wanderten".

GRÖSSTES KONZERTANTES HUPKONZERT

Die Firma HC Promotion aus Klosterburg (A) organisierte am 27. Juli 2000 das größte konzertante Hupkonzert. Die Kolonne aus 40 Geländewagen mit speziell abgestimmten Hupen fuhr auf den 1.300 m hohen Ronachkopf bei Zell am See (A), wo dann die „Ode an die Freude" fehlerfrei intoniert wurde.

GRÖSSTES KREBSESSEN

3.350 Personen nahmen am 19. Juli 2000 im Parkhaus der Walldorfer (D) Niederlassung der IKEA Deutschland Verkaufs-GmbH & Co. Einrichtungs KG an einem schwedischen Krebsessen teil. Es wurden sechs Tonnen Krebse bereitgestellt und auch verspeist.

GRÖSSTES PIANOORCHESTER

Die Kawai Deutschland GmbH organisierte am 18. Juni 2000 in Krefeld (D) ein Konzert mit 293 Pianisten, die gleichzeitig an 166 Pianos spielten. Dirigent war Peter Grote. Geboten wurden Werke von Elgar und Strauß.

MUSIK LIEGT IN DER LUFT

Der AABF-Förderverein der Aleviten Gemeinden e.V. brachte am 13. Mai 2000 in Köln (D) 1.246 Baglama-Spieler (oben) und 674 Senah-Tänzer/innen jeweils gleichzeitig auf die Bühne.
Bei der Landesmeisterschaft der Spring- und Dressurreiter in Burgstädt (D) hieß es „Hoch auf dem gelben Wagen", als am 3. Juli 1999 der größte Reiterchor der Welt gebildet wurde. Der Reitverein „St. Georg" aus Burgstädt (D) versammelte 674 eingetragene Mitglieder verschiedener Reit- und Zuchtvereine, die das beliebte Volkslied intonierten.
Die IKK Niedersachsen aus Hannover (D) hat sogar ein eigenes Lied: 550 Mitarbeiter des Betriebschors sangen am 6. Januar 2001 ihren „Kassenschlager" „Gemeinsam geh'n".

GRÖSSTES KLASSENTREFFEN

Am 20. Mai 2000 fand in Falkensee (D) das größte Klassentreffen der Welt statt. Ein Festkomitee um Heiko Richter, Ralph Parpart und Raoul Marschke organisierte in zweijähriger Arbeit diese Veranstaltung, bei der 4.591 ehemalige Schülerinnen und Schüler von Falkenseer Schulen zusammenkamen. Die älteste Teilnehmerin war 90 Jahre alt.

LOBET DIE SCHULE

Aus Anlass des 125-jährigen Bestehens ihrer Schule bildeten 708 Schüler der Valckenburgschule in Ulm (D) am 11. Mai 2000 das größte Menschen-Gedicht der Welt. Jeder Schüler war mit einem einzelnen Buchstaben oder Leerzeichen auf dem Rücken versehen. Nach dem Startschuss formierten sich alle Schüler in einem abgesteckten Bereich des Münsterplatzes in Ulm innerhalb von 100 Sekunden so, dass von oben ein Lobgedicht auf die Schule zu lesen war.

GRÖSSTE INDOOR-DISCO-PARTY

Die größte Discotheken-Indoor-Party veranstaltete am 18. November 2000 der Discothekenbetreiber G&T in 43 deutschen Discotheken. Unter demselben Motto feierten zeitgleich in sämtlichen Betrieben (FUN Discotheken, Lollipop Tanzcafés, Alpenmax Tanzhäuser u.a.) 100.423 Menschen eine Party.

TANDEMAUFLAUF

Beim 9. Niederrheinischen Radwandertag versammelte sich in der Stadt Wegberg (D) am 2. Juli 2000 ein Rekord-Teilnehmerfeld von 280 TandemfahrerInnen, die an diesem Tag bei großer Hitze mit ihren 140 Tandems bei der beliebten radtouristischen Veranstaltung zwischen Rhein und Maas starteten.

MEISTE HULA-HOOP-SPORTLER

Am 12. August 2000 kamen, organisiert vom SV Avenwedde e.V., 310 Sportlerinnen und Sportler in Gütersloh-Avenwedde (D) zusammen, um gleichzeitig Hula-Hoop-Reifen um ihre Hüften kreisen zu lassen. Mit dieser Aktion verbesserten sie den alten Rekord, der bei 289 Teilnehmern lag.

LÄNGSTE SKATER-KETTE

Babara Lässig aus Dresden (D) organisierte die längste Kette aus Inline-Skatern und Rollstuhlfahrern. 8.000 Teilnehmer trafen sich am 9. Juni 2000 in Dresden (D), fassten sich an den Händen und rollten so gemeinsam durch den Großen Garten der Stadt.

MITARBEITERMOTIVATION

122 tapfere Mitarbeiter der Deutsche Telekom AG, Kundenniederlassung Saarbrücken, liefen am 4. Februar 2000 vor der Kongresshalle in Saarbrücken (D) nacheinander barfuß über glühende Kohlen. Das schweißt zusammen.

SCHNELLSTE „EIERSPEIS"-VERSPEISER

Das Disco Riedl Team aus Leopoldsdorf (A) um Siegfried Riedl bereitete am 5. Mai 2000 in 30 Minuten eine Eierspeise aus 2.000 Eiern mit Speck und Zwiebeln zu, die dann von 400 Personen in der gleichen Zeit „verputzt" wurde.

GRÖSSTE FAN-REISEGRUPPE

4.000 deutschsprachige Europäer reisten mit dem TV-Moderator Karl Moik zu einer Sendung seines „Musikantenstadl" nach China. Die Aufzeichnung der Show fand am 16. Oktober 2000 in der so genannten Verbotenen Stadt in Peking (CHN) statt.

MEISTE STUDENTEN, DIE ZUSAMMEN EINE KLAUSUR SCHRIEBEN

Am 5. März 2001 traten 1.288 Studenten der Westfälischen-Wilhelms-Universität in Münster (D) zur Klausur in der Messehalle Mitte der Halle Münsterland an. Die Prüfung wurde im Fachbereich Wirtschaftswissenschaften durchgeführt und musste ausgelagert werden, da die Hörsäle der Uni für die Teilnehmer zu wenig Plätze boten.

MEISTE PERSONEN, DIE EIN BILD MALTEN

Bei einem Kinderfest führte der BDKJ am 6. Mai 2000 in Heidelberg (D) eine Malaktion durch, bei der 6.635 Personen aus 94 Ländern gemeinsam an einem Bild zum Thema „Lebens(t)räume" mitwirkten. Das Gemeinschaftswerk ist 1.000 m lang, 80 cm breit und wurde in 6 Stunden vollendet.

MEISTE PIANISTEN AN EINEM KLAVIER

Am 3 Juni 2000 spielten in Bad Herrenalb (D) zwölf Pianisten, darunter das Klavierensemble Piano4te aus Ubstadt-Weiher (D), zusammen an einem Flügel den „Galop-Marche" von Albert Lavignac. Im Anschluss führten dieselben Pianisten, diesmal sich stündlich fliegend abwechselnd, an vier Flügeln zu acht Händen das 3 Stunden 1 Minute 22 Sekunden dauernde Werk „Blaumond" von Uli Johannes Kieckbusch auf.

Schlagworte

S

T

U

V

W

Y

Z

Bildnachweis

4 Vincent Yu / AP
4 Kevork Djansezian / AP
4 Fox Broadcasting
5 TFI / SIPA / REX
5 Brain Surlock / Empics
5 Clive Brunskill / Allsports
5 REX
5 Fox Broadcasting (4)
6 One Bad Monkey
10 Brett Coomer / AP
10 Lon Beale / Sandboard.com
11 Playstation
11 Tom Hauck / Allsport
14 Ron Tom / Fox Broadcasting
14 Thaddius Harden
15 Ross Parry
16 Mr Mahendra
16 Corbis
17 Rex
18 Hasan Jamah/ AP
18 David Scott
19 Antonio Todde
20 Mike Jones / Fox Broadcasting
20 Rex
21 Rex
22 Rex
22 Rex
23 James Webb / Robert Harding
24 Rex
24 Popperfoto / Reuters
25 Axel Koester
26 Gregory Smith / AP
26 Hank Morgan / SPL
27 Rex
28 Nancy Palmeri / AP
28 Corbis
29 Bill Janscha / AP
32 Rex
32 Rex
33 Lucy Nicholson / AFP
33 Gregorio Borgia / AP
34 Rex
35 Brooke Bond
35 Rex
36 Rex
36 Rex
37 Corbis
38 Rex
38 Garth Vaughan / AP
39 Mark J.Terrill / AP
40 Rex
40 Rex
41 Rex
41 Torsten Blackwood/AFP
42 Corbis
42 Rex
43 Mike Derer / AP
44 Tom Ewart / AP
44 Rex
45 Corbis
46 Christie's South Kensington
46 Playmaxx
47 Rex
48 Popperfoto / Reuters
48 Rex
49 Vincent Yu / AP
50 Rex
50 Corbis
51 Matt Campbell / AFP
54 Bob Martin/Allsport
55 Tom Bennett
55 Eric Jamison / AP
56 Barry Norman / WKVL
56 James Janssen
57 Fiona Hanson / PA
58 Kim Stallknecht / AFP
58 Ted Stevens
59 Stone
60 Ramon de la Rocha / AP
60 Donald Stampflis / AP
61 Rex
61 Franck Prevel / AP
62 McKinlay & Murrie
62 Corbis
63 TF1/Sipa/Rex
64 Steven Darvill
64 Abakash
65 Gary Wixom
65 John Stillwell / PA
66 Mike Jones / Fox Broadcasting
66 Dave Harris/Picture Link
67 Mike Jones / Fox Broadcasting
68 Corbis
69 Sutton Motor Sports Images
69 Rex
70 Peter Poole
70 Rhett Bobzien
71 TF1/Sipa/Rex
72 Stacey Studio
72 Taipei Twins Association
73 Denis Doyle / AP
74 Stuart Claxton
75 Carlos Virgili Ribe
75 The Independent/ Syndication/ Tom Pilston
78 NASA
78 Anglo-Australian Observatory
79 Science Photo Library
80 NASA
80 NASA
81 NASA
82 Paulo Santos / AP
82 Carol Kane
83 Still Pictures
84 Bruce Coleman
84 Theresa Schuch / AP
85 Matt York / AP
85 Corbis
86 NASA
87 NASA
87 Corbis
88 Rex
88 Hulton Archive
89 Still Pictures
90 Patrick Valasseris / PA
90 Ch. Roshan
91 Getty / Image Bank
92 Corbis
92 Corbis
93 FLPA
94 Corbis
94 Corbis
95 Corbis
96 Corbis
97 Rex
98 Corbis
98 Corbis
99 PA Photos
100 Rex
100 Oxford Scientific Films
101 The Gorilla Foundation
102 Jeff Morris
102 Dr Chai Khanchanakom
103 Rex
106 Popperfoto / Reuters
106 Honda
107 Edson Silva-Gazeta de Povo / AP
108 Katsumi Kashara / AP
108 Pat Wellenbach / AP
109 Still Pictures
110 Popperfoto / Reuters
110 Rex
111 Corbis
112 Hulton Archive
112 AeroVironment Inc.
113 Corbis
114 Newspix / News Limited
115 Toshihiko Sato / AP
116 STR / AP
116 Hulton Archive
116 Hulton Archive
117 Koji Sasahara / AP
120 Kampgrounds of America
120 Gremi Provincial de Patisseria, Confiteria I Bolleria School
121 Corbis
122 Monika Gumm/White Star, Hamburg
122 David Leeson
123 Bethel Chamber of Commerce
124 Science Museum, London
124 Sergio Rodriguez Villarreal
125 Rocketbuster Boots, Texas
126 Neil Barnes
126 Ramesh Chand Dhiman
127 Supercircuits, Texas
128 Suhail Mohd. Al Zarooni
128 Jeri Pace
129 The Gnome Reserve
130 John Reznikoff
130 Peter Lavinger
131 Graham Barker
134 The Ronald Grant Archive
134 Rex
135 Universal Pictures
136 The Ronald Grant Archive
136 The Ronald Grant Archive
137 PA Photos
138 HO / Apple / AP
139 Warner Bros. Television
140 AP
140 Popper/Reuters/Kieran Doherty
141 NBC Photo
142 Fox Broadcasting
142 Miramar Air Show
143 The Ronald Grant Archive
144 Corbis
145 Pictorial Press
145 Popperfoto / Reuters
146 Popperfoto / Reuters
146 Popperfoto
147 Pictorial Press
148 Corbis
148 Mark J Terrill / AP
149 Corbis
150 Rachel Johnson
150 Rex
151 Stefan Hesse / AFP
152 Shochiku Co. Ltd.
153 Fox Broadcasting
153 Rex
154 Bankers Audition Ltd.
154 Corbis
155 Cliff Wright/Harry Potter & the Prisoner of Azkaban
156 Sigma-Tau Pharmaceuticals Inc.
156 Rex
157 Still Pictures
158 The Ronald Grant Archive
159 Carole Kane
159 Corbis
160 AS Rekato Ltd.
160 SAC Neil Armstrong/RAF Leeming
161 Lazaros Pilarinos / Audio Visual Ent.
162 Rex
162 Rolf Kay Photography
163 Corbis
164 Corbis
164 AP Photo/TimFleck/ Sandusky Register
164 Tania Gardner
165 Nagashima Kanko Kaihatsu
168 Popperfoto / Reuters
168 Popperfoto / Reuters
169 Playstation
169 Compaq
170 Corbis
170 AP
171 Carole Kane
172 Panasonic
172 Jonas Ekstromer / AFP
173 AP
173 Corbis
174 Barry Sweet / AP
174 Easy Everything
175 Blizzard entertainment
176 Casio
176 Sony
177 Smal Camera Technologies
178 Barrett Technology Inc.
178 Randy Montoya
179 Brett Coomer / AP
180 NASA
180 NASA
181 NASA
182 NASA
183 Rex
183 NASA
184 Star Clippers
184 Radisson SAS Hotels
185 Mario Tama / AFP
186 Isle of Man Transport
186 Christopher Seydel
187 Rex
188 Bugatti Trust
188 Duncan Mortimer
189 Ford
190 Bay de Noc Community College
190 Emap Automotive
191 Emilio Scotto
192 Robert and Carmen Becker
192 Rex
193 Mikhial Metzel / AP
194 Rex
194 Rex
195 Rex
195 Corbis
196 Rex
196 Tadeu Nascimento
197 Corbis
200 AP
200 Andy Lyons / AP
201 Mike King / AP
202 Al Bello / Allsport
202 George Nikitin / AP Photo
203 Brian Bahr / Allsport
204 Mark Dadswell / Allsport
205 Adam Pretty / Allsport
205 Brian Spurlock / Empics
206 Donald Miralle / Allsport
206 Brian Bahr / Allsport
207 Andy Lyons / Allsport
208 Don Morley / Empics
208 Jon Buckle / Empics
209 Harry How / Allsport
210 Empics
210 Empics
211 Laurence Griffiths / Allsport
212 Jon Buckle / Empics
212 Tony Marshall / Empics
213 Darren England / Allsport
214 Jon Buckle / Empics
214 Steve Mitchell / Empics
215 Mike Egerton / Empics
216 Tom Honan / Empics
217 Corbis
217 Tony Marshall / Empics
218 Mike Powell / Allsport
218 Ulf Palm / Empics
219 Mike Hewitt / Allsport
220 Mark Thompson / Allsport
220 Jamie Squire / Allsport
221 Pascal Rondeau / Allsport
222 Jed Leicester / Empics
222 Doug Pensinger / Allsport
223 Steve Mitchell / Empics
224 Milan Kapusda
224 Corbis
225 Lon Beale / Sandboard.com
226 Frederick M. Brown / AFP
226 Corbis
227 Rob Griffith / AP
228 Clive Brunskill / Allsport
228 Long Photography / AP
229 Allsport
230 Jon Buckle / Empics
230 Clive Brunskill / Allsport
231 Tony Marshall / Empics
231 Doug Pensinger / Allsport
232 Tony Marshall / Empics
233 Al Bello / Allsport
233 Al Bello / Allsport
234 Phil Walter / Empics
234 Phil Cole / Allsport
235 Tony Marshall / Empics
236 Hamish Blair / Allsport
237 Scott Barbour / Allsport
237 Stu Forster / Allsport
238 Scott Barbour / Allsport
238 Hamish Blair / Allsport
239 Tony Marshall / Empics
240 Mike Hewitt /Allsport
241 Craig Prentis / Allsport
241 Darren McNamara / Allsport
242 Andy Lyons / Allsport
242 Darren McNamara / Allsport
243 Jacqui Adams
243 Murad Sezer / AP
244 Michael Steele / Empics
244 Al Bello / Allsport
245 Tina Fineberg / AP
246 Empics/Jon Buckle
246 Popperfoto / Reuters
247 Corbis
248 Allsport
248 Todd Warshaw / Allsport
248 Todd Warshaw / Allsport
249 Stephen Dunn / Allsport
249 Braib Bahr / Allsport
250 Erza Shaw / Allsport
250 Johnathan Daniel / Allsport
250 Andrew Redington / Allsport
251 Jon Buckle / Empics
251 Jon Buckle / Empics
251 Michael Steele / Allsport
252 Michael Steele / Allsport
252 Sean Garsworthy / Allsport
252 Andy Lyons / Allsport
253 Michael Steele / Empics
253 Adam Pretty / Allsport
254 Jon Buckle / Empics
255 Jon Buckle / Empics
255 Neal Simpson / Empics
256 Tony Marshall / Empics
256 Nick Wilson / Allsport
256 Tony Marshall / Empics
257 Tony Marshall / Empics
258 Jamie Squire / Allsport
258 Darren England / Allsport
258 Shaun Botterill / Allsport
259 Hamish Blair / Allsport
260 Hamish Blair / Allsport
260 Ross Kinard / Allsport
260 Craig Prentis / Allsport
261 Darren McNamara / Allsport
261 Tony Marshall / Empics
262 Jamie Squire / Allsport
262 Gary M. Prior / Allsport
262 Adam Pretty / Allsport

DANKSAGUNGEN

GUINNESS WORLD RECORDS möchte den folgenden Personen und Institutionen danken für ihre Unterstützung an der Erstellung von GUINNESS WORLD RECORDS 2002/GUINNESS BUCH DER REKORDE 2002:

Airports Council International (ACI)
Al Turner, World Waterparks Association
Andy Milroy
Ashrita Furman
Attilio Costaguta, ICAO
Barry Norman, WKVL Amusement Research Library
Bill Palantonio, Marty Tenney and Eric Schotz for LMNO Productions
British Antarctic Survey
Christie's
Clive Everton
Craig Hilton Taylor, Coordinator of Red List Program, UK
Darrell Kirk Nordstrom and Charles Alpers, US Geological Survey
Dave McAleer
Dave Roberts
David Wallechinsky
Dr. Anja Richter
Emma Dixon
Eric Schlosser
Estève Font Canadell
Ewan Vinnicombe
Forbes
Fortune
Fox Television
Giles Marion
GUINNESS – Die Show der Rekorde, ARD
Guinness Rekord TV, TV3
Guinness World Records, Channel 4
Guinness World Records, ITV
Guinness World Records, NTV
Guinness World Records: Primetime, Fox Television
Hoover's
Ilumi
International Road Federation (World Road Statistics 2000)
International Union for the Conservation of Nature
James Carlyle, Casella CEL Inc.
Jeff Sniegowski
Jill Paski, North Coast Redwood Interpretive Association, USA
Jo Steel
Karl Shuker
Karola Gadja
Kate Stuart-Cox
Kevin Warwick
L'Émission des Records, TF1
L.M. Cunningham
Malcolm Smith
Mark Carwardine
Mark Hertsgaard
Maureen Kane
Mike Cowley
Mike Foster, Jane's Information Group
Munich Re
NASA
National Science Foundation
NetNames
Nigel Richards
Nik Bambrick
One Bad Monkey Limited
Peter Matthews
PPARC
Rebecca Adcock
RIAA
Roger Hawkins
Roger Launius
Salvador Pujol
Simon Gold
Sir Peter Johnson
Sotheby's
Stan Greenberg
Suzanne Collins
The Economist
Tim Footman
World Tourism Organisation
World Wildlife Fund
W.B.J. Rees
Yamaha

ISBN 3-89681-005-7

INTERNATIONALE AUSGABE

Managing Editor: Antonia Cunningham

Editors: Jackie Freshfield, Carla Masson, Virginia Robins, James Bradley

Research Director: Chris Sheedy

Researchers: Stuart Claxton, Jerramy Fine, David Hawksett, Della Howes, Hein le Roux, Stewart Newport, Louise Whetter

Research Assistants: Keely Hopkins, Jo Violette

Proofreading: Sasha Heseltine, Susan Niner Janes

Americaniser: Marion Dent

Index: Indexing Specialists

Fulfilment Co-ordinator: Claire Curtice

Design Concept: Lesley Horowitz and Dominic Sinesio at Office Group NYC

Design and Production: Karen Wilks, Juliet MacDonald

Picture Manager: Betty Halvagi

Picture Librarian: Roger Wemyss Brooks

Picture Assistant: James Thackwell

Production Director: Patricia Langton

Production Co-ordinator: David D'Arcy

Website: Jennifer Banks, Samantha Harris, John Harry, Anthony Liu, Joe Lynham, Simon Rasalingham, Daniel Stott

Colour Origination: Colour Systems, London, UK

Printing and Binding: Printer Industria Grafica, SA, Barcelona, Spain

DEUTSCHSPRACHIGE AUSGABE

Redaktions- und Objektleitung: Olaf Kuchenbecker

Redaktion deutschsprachige Rekorde: Peter Dwertmann, Dirk Laabs, Andreas Reth

Redaktionsassistenz: Imke Ebel

Übersetzung: Helmut Dierlamm, Enrico Heinemann, Norbert Juraschitz, Cäcilie Plieninger, Elsbeth Ranke

Redaktion Übersetzung: Ursel Schäfer, Werner Wahls

Schlussredaktion: Peter Dwertmann

Gestaltung deutschsprachige Ausgabe: servicemedia, Ralf Schneider

Herstellung: Roland Kraft

Reproduktionen: Alphabeta Druckformdienst GmbH, Hamburg

Druck und Verarbeitung: Mohn Media, Mohndruck GmbH, Gütersloh

Verlagsanschrift
GUINNESS VERLAG GMBH
Harvestehuder Weg 42
20149 Hamburg

Hergestellt in Deutschland 2001

Redaktionsstand:
01. April 2001

Redaktionsschluss für die nächste Ausgabe:
01. April 2002

Director of Television
Michael Feldman

Vice President Media
Ian Castello-Cortes

REKORDBEDINGUNGEN

Ein Rekord für das GUINNESS BUCH DER REKORDE ist eine Anstrengung, die erstmals vollbracht wird oder eine vorhandene Leistung verbessert und interessant genug ist, um öffentliches Interesse zu wecken und damit Gegenstand eines weit verbreiteten, möglichst internationalen Wettbewerbs zu werden. Eine Rekordleistung sollte besondere Fähigkeiten erfordern, messbar und vergleichbar sein und ungewöhnliche Dimensionen (Menge, Größe, Geschwindigkeit etc.) erreichen. Wir raten dringend von Rekordversuchen ab, die in irgendeiner Art und Weise die Gesundheit des Rekordlers oder anderer Beteiligter gefährden könnten. Extreme Rekorde sind nur deshalb im Buch, weil sie von professionellen Stuntmen unter sorgfältigsten Sicherheitsbedingungen vollbracht wurden. GUINNESS WORLD RECORDS LTD und die GUINNESS VERLAG GMBH übernehmen keine Verantwortung für Unfälle oder Krankheiten, die im Zusammenhang mit einem Rekordversuch entstehen können. Wir schlagen vor, dass in allen Fällen eine medizinische Versorgung gewährleistet ist.

REKORDPRÜFUNG

Obwohl GUINNESS WORLD RECORDS LTD und die GUINNESS VERLAG GMBH ein gründliches und umfassendes System zur Prüfung und Anerkennung von Rekorden einsetzen, sind etwaige Fehler in dieser Publikation nicht auszuschließen. GUINNESS WORLD RECORDS LTD und die GUINNESS VERLAG GMBH lehnen jegliche Verantwortung für diese Fehler ab und bitten die Leser um Anregungen und Hinweise, damit etwaige Fehler korrigiert und zukünftig vermieden werden können.

BENUTZTE ABKÜRZUNGEN

A – Österreich
ANG – Angola
ANT – Antigua
AUS – Australien
AZ – Aserbaidschan
B – Belgien
BG – Bulgarien
BR – Brasilien
BRD – Bundesrepublik Deutschland (ehem.)
BY – Weißrussland
C – Kuba
CDN – Kanada
CHN – Volksrepublik China
CL – Sri Lanka
CO – Kolumbien
CR – Costa Rica
CSR – Tschechoslowakische Republik (vor dem 2. Weltkrieg)
CSSR – Tschechoslowakische Sozialistische Republik (ehem.)
CY – Zypern
CZ – Tschechische Republik
D – Deutschland
DDR – Deutsche Demokratische Republik (ehem.)
DK – Dänemark
EAK – Kenia
EAT – Tansania
EAU – Uganda
EC – Ecuador
EST – Estland
ET – Ägypten
ETH – Äthiopien
FJ – Fidschi
GB – Großbritannien
GE – Georgien
GR – Griechenland
H – Ungarn
HR – Kroatien
I – Italien
IL – Israel
IND – Indien
IR – Iran
IRL – Irland
JA – Jamaika
JOR – Jordanien
KSA – Saudi-Arabien
L – Luxemburg
LT – Litauen
LUX – Luxemburg
MAL – Malaysia
MAR – Marokko
MEX – Mexiko
MOK – Mosambik
NAM – Namibia
NEP – Nepal
NL – Niederlande
NOR – Norwegen
NZ – Neuseeland
P – Portugal
PE – Peru
PL – Polen
RA – Argentinien
RC – Republik China (Taiwan)
RCH – Chile
RI – Indonesien
RL – Libanon
RO – Rumänien
ROK – Südkorea
ROU – Uruguay
RUS – Russland
S – Schweden
SK – Slowakei
SLO – Slowenien
THA – Thailand
TR – Türkei
UA – Ukraine
UdSSR – Union der Sozialistischen Sowjetrepubliken (ehem.)
VAE – Vereinigte Arabische Emirate
VN – Vietnam
YEM – Jemen
Z – Sambia
ZA – Südafrika
ZW – Simbabwe

„BRD" (Bundesrepublik Deutschland) steht für West-Deutschland, „DDR" (Deutsche Demokratische Republik) für Ost-Deutschland. Beide Länder wurden 1990 wiedervereinigt. Die Abkürzungen werden für Sport-Rekorde verwendet, die vor 1990 aufgestellt wurden. Die „UdSSR" (Union der Sozialistischen Sowjet-Republiken) löste sich 1991 auf.Das größte der nun wieder eigenständigen Länder ist Russland (RUS). Die Abkürzung „UdSSR" wird für Sport-Rekorde verwendet, die vor 1991 aufgestellt wurden. Die „CSSR" (Tschechoslowakische Sozialistische Republik) teilte sich 1993 in die Tschechische Republik (CZ) und die Slowakei (SK). Die Abkürzung „CSSR" wird für Sport-Rekorde verwendet, die vor 1993 aufgestellt wurden.

GUINNESS WORLD RECORDS™ 2002

www.guinnessworldrecords.com